U0559935

受　　浙江大学文科高水平学术著作出版基金　　　资助
　　　　中央高校基本科研业务费专项基金

经纶文库

主编：赵鼎新　朱天飚　执行主编：郦菁

儒法国家
中国历史新论

The Confucian-Legalist State
A New Theory of Chinese History

赵鼎新　著

徐峰　巨桐　译

ZHEJIANG UNIVERSITY PRESS
浙江大学出版社

总　序

"习坎示教，始见经纶。"这是近百年前马一浮先生所作之词，意在申明浙江大学"求是""求真"之宗旨，并期待教育应如流水静深，言传身教方能培养经世济国的"经纶之才"。而在 21 世纪的第三个十年开始之际，我们必须面对一个截然不同的世界，这也许是信仰教育救国的中国学术前辈难以预料的。

20 世纪建构的政治价值和制度正面临着各种困境，文艺复兴后产生的各种近代思潮受到前所未有的冲击，宗教势力特别是宗教极端主义在全球很多地区发生了回归。欧美的主导价值-政治秩序不断受到移民问题、族裔冲突、宗教/价值观撕裂、阶级矛盾、疫病持续等多方面的挑战，世界地缘政治格局正在重组；环境危机、资本金融化和新兴技术的飞速发展对既有政治经济秩序带来多重的冲击，而国际犯罪和全球流行病也在不断挑战民族国家的权力边界与治理框架。概而言之，国际关系、政治治理模式、国家合法性基础乃至国家与社会方方面面的关系都面临着重塑。这种种的不确定性，使得既往社会科学的定见和浮泛经验很难提供新的教谕，遑论培育我们时代的经纶之才。某种程度上，我们的社会科学对于急遽变动的现实是失语的，或者继续坚持着某种一管之见的启蒙思想，或者停留在过去的安稳幻觉之中，或者梦想回归某种时空倒错的"传统"，或者把急就章当作新时代的宏大方案。

在此种背景下，"经纶文库"秉承"求是""经纶"之精神，力图尝试打破学科间的僵化藩篱，引介一批国外优秀的社会学作品，涵盖历史社会学、政治社会学等领域，并推介国内若干高质量原创作品，以期对现实有所诊断，对学术发展有所借鉴；同时，涵育一个开放和多元的学术交流平台，促进公共讨论，培育能坚持理性精神、直面新时代的社会科学。"经

纶文库"亦获得由浙江大学社会科学研究院与浙江大学联合设立的"浙
江大学文科高水平学术著作出版基金"的支持。

　　"经纶文库"将秉持两种重要的精神。一是所选作品多有内在的历
史维度，而无论其是否进行严格意义上的历史研究。对于长时段历史的
观照使得这些作品秉持更为宏大的视野，关注宏观的结构和思潮的变
迁。这一方面使得作品拥有更长久的学术生命，不随流行议题的流转而
消退；另一方面也是重新建立过去、当下和未来之间联系的一种思想实
验。在这个意义上，这些作品把历史作为一种对话的方法，期待经由历
史来认识当下，并窥探通往未来的道路。二是文库作品往往关注当代主
导中西方社会政治经济和思想秩序中的结构性变化，并以切实的实证经
验研究来诊断和回应现代性的迫切危机。其中的主要议题将包括但不
限于：国家建构的历史与当下挑战、社会运动的结构性变化、精英联盟
（或联盟破裂）的机制与政治后果、发展型国家的过去与未来、政治/经济
理念的建构与流变、国家-社会关系的变迁等。这些作品将提供难得的
比较视角，使读者更深入地理解现代性如何以多元形态展开，以及当下
中国问题的普遍性和特殊性。

　　这就是我们时代的经纶之术。这既是 20 世纪初精英教育精神的延
续，也是对新的时代的回应。我们希望，这一努力能成为更广泛意义上
的公共讨论的催化剂，以延引和启发更多的读者，来共同认识和回应当
下的困境，创造新的时代。

　　是为序。

赵鼎新　朱天飚

2021 年 12 月 30 日

前　言

　　这本书写作的源头可以回到 1974 年。40 多年前,我还是宁夏银川一家工厂里的工人①,厂里的一位宣传干事组织了一个写作小组,我是其中的一员。在 1974 年初,政府发起了"批林批孔"运动,而我们厂的这个写作组就是这场运动的一个基层组织。林彪是战争年代一位杰出的军事将领,同时也是毛泽东所发动的"文化大革命"的主要支持者。1969 年,林彪在"九大"中被指定为毛泽东的"接班人"。但之后,林彪很快失去了毛泽东的信任。1971 年 9 月 13 日,林叛逃苏联,机毁人亡于蒙古国温都尔汗。1973 年,在毛泽东提出林彪"尊孔反法"后,"批林批孔"运动遂在全国展开。从 1919 年 5 月 4 日的五四运动开始,就有很多受过教育的人认为儒家思想是中国积病积弱的根源。江青以"批林批孔"运动的负责人自居,以此来攻击作风温和、在党内有很高声望的总理周恩来。

　　在这场运动中,一批御用文人采用了高度庸俗化了的"历史唯物主义视角"写了大量文章。他们把阶级斗争视为历史前进的动力,把所谓的"儒法斗争"看作中国历史上阶级斗争的主线。孔子和儒家思想在这些文章中遭到了贬低,而林彪及其追随者则被刻画成罪恶的儒学在当代的化身。我们写作小组的任务非常简单:撰写教条的文章批判林彪和他所谓的"追随者",并将林彪的"叛国"定性为儒家思想的恶性遗产。我当时毕竟年轻,也富有热情,我想相信这批御用历史学家。我也怀揣着真诚的希望去理解中国的历史,试图写出揭露过去和现在恶习的文章。对

---

① 我是在 1969 年,正值"文化大革命"期间离开上海去银川的。1970—1978 年,我在宁夏回族自治区银川市的一家工厂做工。

我而言，参与写作组意味着严肃的阅读和思考。

　　我们这代人成长于一个极其畸形的环境。在参加写作小组之前，我从未有机会接触过任何古代中国哲学原著或者由专业史学家撰写的作品。而加入这一小组使我第一次有机会阅读孔子、孟子、老子、庄子、墨子、荀子、管子、韩非子等人的哲学著作，以及由西汉学者记录整理的《盐铁论》和由唐代著名文学家柳宗元创作的《封建论》等历史名篇。这也是我第一次深入阅读由一流的马克思主义史学家如郭沫若、范文澜、任继愈等人撰写的作品。虽然我当时的知识水平极低，所看过的一些当代著述的观点也比较机械，且我也并不了解这些著述产生的历史背景。但即便如此，直觉仍然告诉我：中国古代的哲学是高度折衷的，中国历代思想家不能简单地被归类为法家或儒家。我感觉中国古代的历史似乎并不是什么儒法斗争史。

　　这些疑惑令我感到惊惧。因为在"文革"时期，独立思考是非常危险的事情。1970年，银川有三位青年因为组织了一个名为"共产主义自修大学"的学习小组，并且发表了一些独立的观点而遭到严酷的迫害。在我们厂里，有一位青年工人在小组会批判刘少奇的《论共产党员的修养》时[1]，仅仅因为说了一句"我看这里面不就说了一些大实话吗？"而受到批判并被处以记过。在这种环境下，沉默就是对自己最好的保护。结果，在参加学习小组近一年的时间里，我没有贡献过一行字。我能看出厂里的宣传干事对我的失望。我有时也自感惭愧，特别是与我的一个好友相比——他在小组中脱颖而出，连续在当时国内各大报刊上发表批判文章，笔锋犀利，所向披靡。[2] 但是，我在写作小组的经历是十分宝贵的。它让我有机会接触到一些在当时本来是很难接触到的古籍，我对中国历史，特别是对春秋战国（前770—前221年）历史的兴趣大大加深，这一时期正是几大中国古代哲学的发端之时。本书中提出的若干问题就可以追溯到我在宁夏生活的那段时期。但是随着我读的书越来越多，一些老问题被摒弃或重新思考，新的问题不断出现。

　　毛泽东在1976年逝世。此后不久，中国社会走向改革开放。1977年，中国大学恢复招生，我幸运地通过了高考选拔，在1978年进入了复

---

[1] 刘少奇：《论共产党员的修养》（1951）。刘少奇曾任中国国家主席，"文革"期间被斗倒，1969年逝世。

[2] 毛泽东逝世，"四人帮"垮台后，我的朋友为他在写作中无情的个人攻击承担了后果，他很多年被禁止研究生学习。

旦大学。虽然我在复旦主修生物学专业,但是我依然保持着对政治和历史的兴趣,广泛阅读了相关书籍。在各种书籍中,有一本书引起了我特别的注意,那就是金观涛和刘青峰所著的《兴盛与危机:论中国社会超稳定结构》。该书提出了帝制中国历史"超稳定结构"的理论,其核心观点是:帝制中国的各个朝代随着时间的推移都免不了出现官僚体系膨胀、专制腐败、土地兼并、恶霸横行等"无组织力量"的发展并最终导致王朝的垮台。但是,由于中国存在着儒生这样一个阶层,他们所持的儒家学说为建立新的国家结构起着理论指导作用,而儒生本身又是王朝重建的核心力量,所以帝制中国的新兴王朝总是旧日王朝的翻版。帝制中国"系统"这种强大的"修复性机制"使得它在朝代更替中永远停滞不前,成为所谓的"超稳定结构"。这使得中国的专制体制得以延续,也使中国没有任何机会可以实现向工业资本主义的突破。

从我现在的学术标准来看,这本书的局限性很明显,但当时的我可不这么认为。金、刘两氏的著作发表于 20 世纪 80 年代。在唯物主义历史观被庸俗化的当时,此书读起来让人有耳目一新之感。彼时,我们还没有机会阅读更多最新西方学者的相关著作。此书对那个时代受过教育的中国人具有启发性和影响很正常。也是在这本书的刺激下,我重新思考那些我还在工厂做工时期就在琢磨的问题。带着更为专注的兴趣,我开始阅读大量历史书籍。汤因比(Arnold Toynbee)、魏特夫(Karl Wittfogel)、费正清(John Fairbank)的著作向我纷至沓来。甚至在 1986 年转到加拿大攻读昆虫生态学博士学位之前,我还读了马克斯·韦伯(Max Weber)的《新教伦理与资本主义精神》。

1990 年,我弃理从文,在麦吉尔大学转攻社会学博士学位。我非常感激麦吉尔大学在这一方面给我至深影响的两位教授。一位是唐纳德·冯·埃森(Donald von Eschen)。在两个学期由他讲授的有关社会变迁的课程中,他向我介绍了巴林顿·摩尔(Barrington Moore)、埃里克·沃尔夫(Eric Wolf)、佩里·安德森(Perry Anderson)、伊曼努尔·沃勒斯坦(Immanuel Wallerstein),以及许多其他一流学者的著作。可以说他在我身上花费了大量的时间,督导我进行了大量的阅读,助我摆脱来自我原先作为自然科学学者的局限和偏见。唐纳德真是一位伟大的学者和敬业的老师,他的教导非常宝贵。另一位教授是约翰·霍尔(John Hall),他的课"国家社会学"令我大开眼界。我们在课堂上阅读讨论当时他刚出版的新书《权力与自由》(*Powers and Liberties*),在该书中，他对工业资本主义在西欧而不是欧亚大陆其他地区发展起来的原因有经典的分析。这本书还启发我意识到政治权力与意识形态权力之间有着非常关键的连结。当我在课堂内外阅读了约翰推荐的大量的最前沿的历史社会学著作后，他又引我来到了查尔斯·梯利（Charles Tilly）与迈克尔·曼（Michael Mann）的著作面前。这两位学者的学识为我设定了一个我当时渴望达到的新标准。正是在上了约翰的课后，我对中国历史型态的普通兴趣才得以升华成一个理想的研究计划。我将永远铭记约翰对我的教导和我们的友谊。

这部著作得以完成，离不开众多学者、朋友和机构的支持。卜正民（Timothy Brook）、许倬云、孔诰烽（Ho-fung Hung）、戴梅可（Michael Nylan）、普鸣（Michael Puett）、夏含夷（Edward Shaughnessy）和余国藩（Anthony Yu）阅读了全部或部分初稿，提出了宝贵的批评与建议，我不胜感激。对戴梅可教授，我尤感敬意，她一丝不苟地阅读了整部初稿，给我寄来了超过 30 页单倍行距的评语，除了助我加强论据外，也帮我避免了许多令人难堪的错误。

芝加哥大学的同事和许多其他社会学同行以及政治学者或完整或局部阅读了我的初稿，或者就本书的话题与我进行了充分的讨论。他们是安德鲁·阿伯特（Andrew Abbott）、塞缪尔·克拉克（Samuel Clark）、托马斯·珥特曼（Thomas Ertman）、彼得·伊万斯（Peter Evans）、金世杰（Jack Goldstone）、约翰·霍尔、凯瑟（Edgar Kiser）、爱德华·劳曼（Edward Laumann）、乔治·劳尔森（George Lawson）、唐纳德·莱文（Donald Levine）、迈克尔·曼、约翰·列维·马丁（John Levi Martin）、麦克亚当（Doug McAdam）、白威廉（William Parish）、沃尔特·沙伊德尔（Walter Scheidel）、魏昂德（Andrew Walder）以及已故的查尔斯·梯利。他们提出了不胜枚举的精辟的建议，他们的这份慷慨和友谊，我将永远珍视。

我还要感谢 2010 年 10 月在巴黎举行的中国国家历史论坛的参会者，特别是让·菲利普·贝贾（Jean-Philippe Beja）、潘鸣啸（Michel Bonnin）、弗雷德里克·王（Frederic Wang）及魏丕信（Pierre-Etienne Will）。他们全都阅读了我的初稿，给出了关键和富有建设性的评价与建议，促进我进行新一轮的修订。

陈彦堂、宋镇豪、王明芩与张立东，还有许多其他中国考古学者，在我的田野调查中对我有很多帮助，谨致谢忱！

　　我的学生 Jean Lin、孙砚菲、田耕、王利平、张杨阅读了全部或部分初稿,给了我许多有用的反馈。林芬、毛睿曦和钟星也辅助了我的研究工作。有这样一群无论是仍然在读,还是业已毕业的学生,我都为之骄傲与自豪。

　　这本书的许多部分曾经在工作坊、研讨会、论坛等各类形式的场合展示交流过。这些场所包括了加州大学伯克利分校、加州大学洛杉矶分校、哈佛大学、斯坦福大学、西北大学、哥伦比亚大学、密歇根大学、伊利诺伊大学厄巴纳—香槟分校、多伦多大学、西安大略大学、香港中文大学、香港大学、香港科技大学、台湾“中央研究院”历史语言研究所、中国社会科学院、北京大学、清华大学、浙江大学、中国人民大学、复旦大学、上海大学、中山大学、厦门大学和武汉大学。在此期间得到的反馈意见帮助我完善了许多薄弱之处,一并表示感激。

　　我还要感谢诺布尔·李察(Noble Richard)女士对英文书稿出色的编辑工作和富有洞见的评论。没有她的帮助,这本书不会有目前的样子。同样感谢芝加哥大学约瑟夫·雷根斯坦图书馆（The Joseph Regenstein Library)的塞缪尔·布朗(Samuel Brown)先生,他帮助我制作了书中所有的图表。

　　我的研究得到芝加哥大学戴维·格林斯通(J. David Greenstone)纪念基金和中国委员会研究基金的资助。蒋经国国际学术交流基金会资助了我 2006—2007 年的学术休假,本书的大部分内容是在那期间完成的。2009—2010 年我在斯坦福大学行为科学高等研究中心担任客座研究员,我在那里完成本书的第一稿。研究中心的罗伯特·斯科特(Robert Scott)与佩克尔·哈玛莱宁(Pekker Hamalainen)给了我许多建议。我谨向我在研究中心受到的无论是机构还是个人层面的支持表示感谢。

　　最后但同样重要的是,我要衷心地感谢周轶群。多年以来,她一直支持着我的这项研究计划。她多次阅读了本书初稿的每一章,提出的宝贵建议和批评数不胜数。如果没有她的帮助,这本书就不会有现在的模样。我感谢沈文璟和郦菁对本书英文版的整体性阅读以及在翻译等方面所提出的宝贵意见。

目　录

第一部分　问题与理论

第二部分　东周历史的背景

第三部分　东周时期战争驱动的历史发展

第四部分　儒法国家和中国历史的基本型态

第一部分

问题与理论

绪　　论

本书是一部旨在对中国历史型态作出解释的社会学著作。我使用"中国"一词是为了表述上的方便,实际上,它所指涉的是一个版图在历史上时有变化的地区,在那里,汉字作为主要的书面交流工具,而其居民则凝聚于一个虽有更新变化但终可辨识的文化综合体内。这个文化综合体也就是今天我们所说的"中华文明"。本书分为四个部分。第一部分由绪论和理论概述所组成。第二部分中的两章分析了中华文明的形成期,即西周时代(约前 1045—前 771)的政治、社会、思想与经济背景,同时也对这一时期的地理和气候环境有所讨论。第三部分是全书的核心,涵盖了自春秋战国时代(前 770—前 221)至西汉(前 206—8)初期的历史①。由于春秋战国时代大约与周王朝势力衰落到秦一统天下的"东周"时代(前 770—前 249)相重合,故以下对这一时期亦以"东周"相称。第三部分的六个章节研究的则是那些激发了中国的哲学思想、市场关系与官僚制帝国的兴起或至少是使这些历史现象得以在中国出现的社会因素与历史动力,同时探讨了秦的统一与"儒法国家"在西汉的肇始。

本书采用查尔斯·梯利(Charles Tilly)对国家的定义,即国家是"在相当规模的领土范围内,一种有别于家庭与亲属组织,在某些方面凌驾于其他社会组织之上,行使强制性权力的组织"②。本书中,"帝国"这

---

① 公元前 221 年,秦始皇(前 246—前 210)扫灭六国并建立起统一的帝国,宣告了春秋战国时代的结束。然而,对于春秋的起始年代,学界仍有争论。有些学者会追溯至公元前 722 年,也就是《春秋》开篇的鲁隐公元年。但本书的作者遵循大多数学者的观点,即以公元前 770 年为春秋时代的起点。这是因为在该年,周平王(前 770—前 720 年在位)为避犬戎,东迁洛邑。这一事件标志着西周时代的终结。

② 梯利 Tilly(1992,第 1 页)。

一称谓具有特指的含义，指的是前现代农业国家的一种类型。这一类国家控制着多个城市中心，拥有广阔的腹地，对不同种族背景的人群实行因地制宜的统治。由于前现代国家的社会渗透能力有限，帝国对于地方社会和边疆地区只能实行间接统治①。

"儒法国家"这一政治型态形成于西汉，并在此后延续两千余载。"延续"一词绝非意味着这一政治型态历经两千多年而无任何变化。确切地说，这种型态具有足够的灵活性，并且，它的某些特征对于统治者和上层集团具有长久的吸引力。因此，历朝历代的君王都多多少少试图改良它，而非将它抛弃。然而，也正是因为这种政治体制富有弹性，以至于尽管自北宋（960—1127）起，中国就在世界上一直保持着经济繁荣与技术领先，但却并没有像西欧一样发展出工业资本主义（对于这一结果，我不作任何价值判断）②。由于对不同学科的众多学者而言，"儒法国家"政治型态的长期稳定性以及工业资本主义在中国历史上的发展可能性都是非常流行的论题，我决定在本书第四部分的四个章节中，根据本书的理论框架来讨论儒法国家如何奠定了中国历史的发展模式，并以此作为本书的一个超长的结论。

在本书的撰写过程中，我力图将"竞争/冲突"的逻辑加入迈克尔·曼（Michael Mann）版的韦伯式理论中，以发展出一套新的历史变迁理论③，并探索一种新的社会学研究方法——我尝试把结构分析与机制性解释统一起来，并将历史的时间性（historical temporality）作为一个关键要素

---

① 有关这一概念形形色色的使用，更系统的讨论参见斯坦梅茨 Steinmetz（2006，第141—149页）。

② 除非特别指出，本书中出现的欧洲指的就是"西欧"，即从地中海到斯堪的那维亚这一片大陆。在这片大陆上，罗马帝国衰亡后，天主教成为主导性宗教；世界性的历史事件，如文艺复兴、宗教改革、科学革命、启蒙运动、法国大革命、民族国家的兴起，以及工业革命均在这一地区发生。除非绝对必要，当比较中国与欧洲时，我不会特别指出比较的对象具体是哪一个国家。例如，当讨论工业资本主义何以没有在18世纪、19世纪的中国出现这一问题时，我的比较对象是欧洲而不是英格兰，虽然工业革命发生于英格兰。我的理由是：早期现代欧洲的政治与经济皆是高度竞争且紧密联系的，同时，工业革命是一项世界性的历史事件，不可能完全与发生在欧洲的诸如文艺复兴、宗教改革、科学革命，以及民族国家的兴起等历史发展割裂开来。从中国的视角看，工业革命不单单是英国现象，更是欧洲现象。

③ 与大多数研究"冲突"的理论家一样，笔者视竞争为社会冲突的根源。不过，要在现实情境中清晰地区别竞争与冲突的概念是较困难的，原因之一即一个人的价值观会影响他（她）对某一情势究竟是竞争还是冲突的判断。在一个保守主义者眼里的公平竞争，在激进主义者看来，却是掌握着不同资源的两个行动者之间的冲突。即便是一项公平的竞争，在失败的一方看来也往往会是不公平的，从而可能引发冲突。

融合在本书的叙述、解读（interpretation）和解释（explanation）①之中。

　　本书既是一部历史学作品，也是一部社会学作品。说它是历史学作品，因为本书以过去发生的事情作为分析对象，故而注重历史情境与时间性（temporality）问题。当下学界流行的观点认为，历史既没有目的（nonteleological），也没有方向，甚至是偶然的。在这一观点的引导下，今天的历史学家往往会把注意力局限于历史在某一短暂时间内的某一个方面。在分析历史的发展变化时，历史学家往往会侧重于与其研究领域相切近的社会力量和社会因素（例如，大多数经济史家倾向于通过经济和人口因素来分析某一社会的经济发展潜力；军事史家则视战争为社会变化最重要的引擎）②。而在本书中，我将探究的是中国历史上某些最具普遍意义的历史型态。我试图展示，尽管历史没有目的且充满偶然性，但它却仍有方向，并有规律可循。况且，如果像当下许多历史学家所做的那样，将某一社会中相互交错的政治力量、军事力量、意识形态力量和经济力量机械地割裂开来，那么，即便我们对于过去所知越来越多，也仍无法从中积累更多的历史智慧。有鉴于此，本书要做的乃是一项融会性的工作（synthesis），它旨在阐述中国的历史型态是如何被给定历史时期中社会行动者们的意义性行为（meaningful activities）——而非某种单一的社会力量——所塑造，尽管这些行为要受到社会中政治、经济、军事以及意识形态力量构成之格局（constellation）的限制，并且，社会行动者们的行为也改变着这些社会力量本身。

　　说本书同样也是一部社会学作品，是因为本书的分析强调了结构性力量与社会机制对塑造历史发展动态的极端重要性。但是，大部分的比较历史社会学研究往往提出一个或几个具体的经验问题，然后用一个或几个变量抑或机制来分析和解答这些问题。探究宏观结构条件的改变所引发的某些机制的社会重要性及其作用方式的变化，以及人类的意义性行为在这些宏观结构和微观机制的重要性及其作用方式的变化中所发挥的作用，则超出了大部分研究的视野。与这些研究形成对比的是，本书提出了大量的问题，它们涉及中国历史的多个时期与多个面向，其中包括那些与中国历史的宏观历史型态相关的若干问题。本书试图用一个既可以包容特定历史情境下的因果关系，又能兼顾历史不确定性

① 关于"解读"和"解释"的差别，请参见赵鼎新：《解释传统还是解读传统？——当代人文社会科学的出路何在》（《社会科学文摘》，2004 年第 6 期，第 32—33 页）。——译者

② 本书的第十三章可视为对经济史家所做工作的在经验层面的批判。

的、并具有足够灵活性的单一理论来分析和回答这些问题[①]。

我无意贬低传统学术研究对历史学和社会学所做的贡献。在当今这样一个解构与知识碎片化的时代，我只恳请读者能够接纳本书所采用的融整体性与辩证性为一体的宏观历史分析方法。我同时也希望读者能够接受一个源自古希腊认识论的核心标准，即一个好的理论应该用尽可能少的解释性工具来解释尽可能多的现象（关于这一点，本章最后一节将有详述）。

接下来，我将列举本书试图研究的主要问题，以及试图解释的某些中国历史的主要型态特征。我还将运用本书的理论（下一章将对此详述）提前对几个重要问题予以分析。绪论的最后两节则将阐述本书的研究方法与认识论原则。如果读者对本书的历史叙事部分更感兴趣，可以略过它们不读。

研究问题

虽然本书要探讨的问题众多，但欲达成的主要目的只有两个：其一是解释中国为何且如何由秦统一并发展出官僚制帝国[②]；其二是探讨早在西汉时期就被制度化的政治/文化结构为何有如此强的韧性，以至于长盛不衰并绵延至 19 世纪，尽管其间经历了人口结构、社会经济结构、种族构成、市场关系、宗教、技术、山川地貌等诸多方面的改变，以及由叛乱或游牧族群入侵所带来的种种变化[③]。下面，就让我从中华文明形成

---

① 我的同事安德鲁·阿伯特 Andrew Abbott（2011）曾经极具洞察力地讨论了历史社会学家面临的诸多方法论难题。本书采用的方法论和叙述风格可被视为处理这些难题的一种尝试。

② 一些历史学界的朋友对我使用的这类表达方式（另一个例子是"秦征服中国"）提出过异议。我的回应是，为求行文简洁，我们有时不得不诉诸"具体化"（reification）和"转喻"（metonymy）的表述方式——"具体化"是指我们有时需要"将统一的利益、理性的能力、联合的行动归之于国家、统治阶级，或者处于它们共同管制下的民众"；"转喻"是指我们有时谈论"统治者"或"精英集团"，犹如这些概念代表了一个固定的主体或者"整个决策机构，从而将一系列复杂变动的社会关系还原成一个单一的点"（梯利 Tilly 1992，第 34 页）。正如梯利指出，"如果不采用具体化和转喻的简化模式来进行分析，我们就不可能在欧洲国家形成的复杂过程中辨析出主要的关系"。他的观点同样适用于本书的分析。

③ 尤锐 Pines（2012）将此归因于政治文化。他认为正是"维持帝国运行的具体原则"的持续与发展保证了中华帝国的"长期绵延"。这种具体原则包括：政治大一统的观念、君主制、士人的行为规范，以及处理与地方精英和平民关系的准则。本书无意挑战尤锐的观点，而是从社会学的角度分析在政治力量和意识形态力量的交互作用下儒法国家政治文化的形成与巩固。

的关键时期——东周——开始,提出我们的具体问题。

　　东周时期,中国社会经历了如下几个影响深远的重要变化①。在政治领域,一百多个小型的、以宗族关系为基础的城市国家(city-states)转变为控制着广袤领土并拥有选贤任能的官僚制度的农业帝国②。在意识形态领域,中国的主要哲学思想,也就是被后世称为儒家、法家、道家的诸子学说已初具雏形③。在军事领域,中国出现了大规模的常备军、新式武器,以及博大精深的兵书战策。在经济领域,大规模远程贸易成为常态;繁华的大都市开始出现;货币广泛流通。对某些学者而言,这些引人注目的发展让东周时期的中国与第二个千年时期的欧洲非常相似④。然而,这种相似实际上仅仅是一种表象。因为,彼时的欧洲保存了多国体系,实现了代议制政府,且发展出了工业资本主义;而这些在东周时期的中国则无一存在。相反,在东周后期,法家学说成为盛行的国家意识形态,军队日益被国家所掌控,商人无法将财富转换成具有自主性的政治权力。换言之,虽然东周时期的中国几乎在所有领域都经历了前所未有的发展,但政治力量赢得了最终的胜利,这导致拥有庞大常备军的官僚制农业帝国的崛起。这种现象被黄仁宇称为"政治早熟"⑤。为什么东周时期的中国能在政治、意识形态、军事及经济领域获得如此不同寻常的快速发展? 为什么在东周后期,国家权力的主导性地位愈趋增强,并最终催生出军事实力强大的官僚制帝国⑥? 秦国为何,又如何能够兼并六国、一匡天下? 本书的第三部分将对这三个问题予以解答。

　　尽管强大的秦帝国拥有令人生畏的军事实力,常备军超过 50 万人,然而其国祚极短,仅仅统治了 15 年。始皇帝于公元前 210 年驾崩,不久

---

① 下面关于东周历史转型的性质与规模的概述已经得到学界的广泛接受(陆威仪 Lewis,1990,第 5 页)。

② 在西周和东周早期,宗族是社会经济、政治以及军事组织的基础。中国人的"宗族"可被定义为一个父系血缘组织,其成员可以通过一系列明确可考的谱系关系上溯到一个已知的祖先。而对于一个更大的血缘组织类别,其成员相信他们源自一个共同的祖先但其间的谱系关系模糊不可确知,这一组织则可被定义为"氏族"。见罗泰 Falkenhausen(2006,第 23 页)。

③ 用"儒家"、"道家"和"法家"这些概念来指称始于东周时期的各种学说时,显然会引起误会。这些概念的准确含义及其变化将在第六、九与十二章中讨论。

④ 许倬云(1965)、Victoria Hui(2005)。还可参见陆威仪 Lewis (1990,第 6 页)对许倬云论述的评论。

⑤ 黄仁宇 (1997,第 34 页)。

⑥ 韦伯 Weber(1951,第 61—62 页)是最早提到战国时期的中国与近代欧洲在"行政理性化"上具有相似性的学者。

秦帝国便爆发了大规模的叛乱。在秦亡后的一片战火与混乱中,西汉王朝得以建立①。汉立后的 70 年,儒家学说——这一成形于公元前 6 世纪末,但此前从未获得政治主导权的思想传统——被重塑并尊为国家意识形态。为什么秦帝国虽有虎狼之师,却如此脆弱与速朽?儒家思想又是如何上升为主宰性的国家意识形态?本书将在第三部分第九章重点讨论这些问题。

秦一统天下后,尤其在西汉时期,中国历史逐渐形成了下述特征,其中的一些是中国所独有的。其一,世界上只有中国的帝国体系,从公元前 221 年秦统一中国到 1911 年辛亥革命爆发,共延续了两千余载。其二,在世界几大文明中,中国的国家传统可以说发展得最为强大。其三,中国早在西汉时期就实行了文官统治(civilian rule)。虽然,文官统治在魏晋南北朝(220—581)与晚唐时期严重受挫,但在北宋时它又得以复兴。在整个第二个千年中,除去混乱的王朝过渡期,中国的武将们从未能赢得哪怕是短暂的政治统治权。然而在前现代欧洲,军事将领即使在和平时期也掌握着非同寻常的政治力量;文官统治基本上是进入现代才发展起来的。其四,世界上绝大多数帝国都通过军事征服来扩张领土,而中国在很大程度上却是因为被游牧和半游牧族群所征服而被动性地成就了领土的拓展,并且,那些马上得天下的征服者们之后又都采纳了儒法国家这一统治模式②。其五,帝制中国算得上唯一一个超验性宗教未能在政治领域施加重大影响的世界性文明。同时,强大的帝国政府对多种宗教信仰持以宽容甚至是鼓励的态度(不仅对具有世界性影响的宗教如此,对民间宗教亦如是)③。最后,与近代欧洲的城市相比,晚期中华帝国的城市,即使相当大一部分已经高度商业化,却仍然由国家任命的官员管理。因此,商人在整个帝制中国都无法在政治领域担当重要角

---

① 刘邦(前 256—前 195)是西汉王朝的建立者,他在公元前 206 年称"汉王"。在刘邦于公元前 202 年击败强敌项羽后,西汉王朝建立。公元 8 年,王莽(前 45—23)废黜了西汉王朝最后一位皇帝,建立短命的新朝(9—23),随后东汉王朝(25—220)建立。因此有史学家将西汉王朝的年代定在公元前 202 年至公元 8 年。由于众多历史事件精确的日期对于本书的分析与观点并不是至关重要的,故多数时候,我对本书使用的历史日期不再会做进一步的讨论。

② 顾立雅 Creel(1970,第 197 页)。

③ 民间宗教在南亚和东南亚地区一样兴旺,在这些地区,"非零和性的世界宗教"(non-zero-sum world religions),如婆罗门教与佛教很发达。不过,中国是世界上唯一一个民间宗教的发展能够挤压世界宗教发展空间的地方。第十二章会给出民间宗教的定义,并详细讨论儒法国家统治下民间宗教发展的问题。

色。本书也试图解释上述历史型态的起源,并且分析为什么这些型态会在帝制中国出现并且长期持续,尽管在漫漫历史长河中,中国的人口、环境、意识形态、经济等方面都发生了许多变化;本书还要分析其中若干历史型态如何抑制了工业资本主义在中国本土的发展。

除了上述"宏观/时间性"(macro/temporal)问题外,本书还力图解答众多对于理解中国历史型态十分重要的中观/微观层面的问题。这些问题包括:西周王朝时期所出现的城市国家的性质是什么? 为什么在东周早期霸主体制下的邦国关系并非传统史家所惯常认为的那样,是由霸权更迭所支配的历史? 既然礼仪在古代中国战争中颇为重要,那么,为什么战争礼仪对东周时期某些最重要的战争型态并没有发挥决定性的作用? 为什么先秦思想家发展出了具有高度折衷性(eclectic)的哲学思想①? 为什么历史理性主义(即,通过历史先例与"整体/辩证"的视角来评判行动的有效性)在中国古代思想家中是一种主流的思维模式? 这种主流思维模式又导致了怎样的后果? 尽管东周时期战争频繁而激烈,但为什么在古代中国②,某种"民族认同"对于塑造精英群体的思维方式并没有扮演重要角色? 为什么楚国在东周早期的地位举足轻重,到了后期却雄风不再? 为什么齐国在东周后期从来就不曾像史家通常所认为的那样,是一个超级大国? 怎样的环境塑造了游牧族群与定居农耕族群及其政治组织之间的动态关系? 为什么世界上大多数威震欧亚的游牧帝国均出现在中国的北部,而不是在欧亚大陆的其他地方? 为什么像满人这样一支半游牧部落族群比纯粹的游牧族群更有能力建立一个持久的帝国? 为什么我们不应如西方许多史家那样将南宋(1127—1279)、晚明及晚清时期士绅积极参与地方事务理解成那种能够削弱"儒法国家"的"公共空间"之萌芽? 在中华帝国的晚期,一方面人口快速增长,另一方面官僚机构人员相对较少且数量稳定。在这一情形下,国家如何维持其有效统治? 为什么在宋代及其后,中国的民间宗教能挤压佛教与道教这样的制度性宗教(institutional religions)而得到充分发展? 为什么晚明的非正统儒学思想运动没能摧毁新儒学在中国的思想领域与实践领域中的主导性地位? 为什么准噶尔在地缘政治竞争中不敌清王朝(1644—1911)?

---

① "折衷性"在本书的含义,请参见第 197 页注⑥。——译者
② 在本书中,秦一统之前的中国被称为"古代中国"(ancient China)或"早期中国"(early China)。

上述的某些问题是与时间/历史变化（temporal/historical variation）有关的。为了将历史在时间过程中的变化融入解释中，我尽可能按照时间线索来展开叙述和分析。这样做的目的，不仅是出于对历史进程存在各种偶然性的敏感，也是为了更好地将本书的分析和论点置于具体的历史情境之中，从而避免作出时代错置（anachronistic）的结论。

理论与主要观点

下面我将简要叙述对本书分析具有指导作用的宏观历史变迁（macro-historical dynamism）理论。该理论的核心可以概括成一句话，那就是竞争与竞争结果制度化的辩证互动是历史变迁的根本性动力。在随后的理论章节（第一章）以及本书展开历史分析的章节中，我会对此理论作出进一步完善。本书提出的宏观历史变迁理论基于两个前提：其一，人类是具有竞争性和易于发生冲突的动物；其二，人类个体或集体通过政治、军事、意识形态以及经济四个面向的竞争获得主导权。这四个面向，即迈克尔·曼所称的社会权力的四种"理想型"（ideal type）来源，或四种权力资源[1]。从这两个前提出发，我们可以通过推理得出本书第一章理论中五个最为关键的要点。

第一，历史是累积性发展的（cumulative developmental）。所谓"累积性发展"，我指的是一种促进人类创造与积聚财富的能力的社会变化。这种变化之所以会发生，是因为人类为了在军事和经济领域的竞争中占据上风，就必须发挥工具理性，从而更好地组织起来并更有效率地生产。而且，在军事和（或）经济领域中谋求主导权也会触发政治和意识形态权力的发展。

第二，政治与意识形态权力的性质以及围绕这两种权力竞争所产生的一些特殊性质给了历史发展一种非线性的特性和很大程度上的不确定性。发生在政治和意识形态领域中的竞争（这儿指的是"理想型"意义上的竞争）并不依赖效率导向型（efficiency-driven）的物质生产。当政治和意识形态的竞争在社会中起主导作用时，社会累积性发展的潜力将会受到抑制。给定社会中政治、意识形态、军事与经济权力四个面向不同的竞争强度、重要程度及它们之间的组合方式，将形塑一个社会的发展

---

[1] 曼 Mann（1986、1993）。

形态。前现代的政治与意识形态行动者一般都不会喜欢累积性发展，因为累积性发展会松动政治和意识形态行动者主宰的基础。当政治和意识形态竞争，以及与之相应的行动者在一个社会中占据主导时，该社会就会出现停滞不前，甚至倒退的状况。因此，一个社会累积性发展的潜力在很大程度上取决于该社会由哪类竞争以及与之相应的行动者占据主导。

第三，虽然军事和经济竞争能导致累积性发展，但军事竞争会往往会促进国家的权力的增大，导致社会权力集中在少数人手中，而经济竞争则会促进社会权力的弥散化。

第四，军事竞争和经济竞争均会推动工具理性思维及其相应行为在社会中的兴起。所不同的是，军事竞争刺激了公域导向或以公共利益为导向的工具理性（publicly-oriented instrumental rationalsim，即提供更多公共物品的工具性行为）的兴起，而经济竞争则促进了私域导向的工具理性（privately-oriented instrumetal rationalism，即某些个人或小群体获取私有物品的工具性行为）的兴起①。

第五，在政治、军事、经济和意识形态四个权力面向所能组成各种两两组合中，政治与意识形态权力的组合最为关键。当社会行动者赢得了主导权，他们会努力通过政治控制和意识形态教化将他们的主导权进行制度化。不同的意识形态及其与国家政治的关联方式不仅会产生各种各样使政治统治得以合法化/制度化的价值观，同时也为个体的生存与社会行动者的竞争创造千差万别的社会情境。由此造成的四种社会权力的组合形式以及相应的四类权力行动者的关系，则为社会历史发展增添了更多的复杂性。基于这一理论，现在我将详细说明我分析中国历史发展的一些主要观点。

西周王朝晚期，或者说公元前 8 世纪早些时候，在黄河、长江流域及毗邻地区大约有 150 个诸侯国（我们亦可把它们称为"城市国家"）同时存在着。这些诸侯国中的大部分都曾是周王室分封的国家（我在第二、四两章中会专门讨论它们的性质）。公元前 770 年，或许是为了避开犬戎南下的锋芒，周王室被迫东迁。自此，周王室对这些诸侯国的控制力就更加衰减。随着西周王朝的覆灭，大大小小的城市国家陷入了持续逾

---

① 私域导向的或以公共利益为导向的工具理性都是就理想型而言的。现实情况远比此复杂，古代世界尤甚。在古代世界，家庭是一个重要的组织单元，而且私人领域与公共领域还没有清晰的界限。

五百年之久的相互攻伐之中。大部分早期的军事冲突规模不算太大，这主要是因为被卷入的诸侯国既没有常备军，其所拥有的军备资源又不足以负担大规模的战争，并且各国的行为也受到当时邦国关系的性质所制约。随着越来越多的诸侯国被兼并，出现了拥有常备军的规模更大的国家，列国之间的关系愈发纷繁混乱，战争的规模、持续时间和强度也都开始升级。我认为，正是那个时代高强度的军事竞争促进了工具理性文化的兴起——它起初发生在军事领域，随后扩散至政治、经济和意识形态等领域。这就导致了军事技术和军事战略的迅速发展，然后是大型中心城邑和货币经济的出现、哲学的繁荣，以及由择优选拔出来的官员所经营的复杂国家官僚机构的诞生。

然而，上述这样的社会变化并未一直持续下去。到了东周末期，推崇绝对国家权力以及将国家暴力合法化的法家思想成了盛行的政治哲学；军队被牢牢掌控在国家手中；商人无法将其财富转化为政治权力。早期中国的迅速发展最终促进了国家权力的强化与集中，也为秦国一统天下奠定了基础。这样的发展型态是由军事竞争主导了其他形式的竞争（即发生在经济、政治和意识形态诸领域的竞争）所造就的。而这一切之所以发生，是因为诸侯国之间激烈的战争不断增强着国家的力量，导致所有其他领域的行动者都臣服于国家权力。下面，我将把早期中国与欧洲第二个千年的发展型态进行比较，以进一步阐述我的观点。

早期中国与第二个千年期间的欧洲均深陷列国竞争之中。军事竞争都为这两个社会带来了许多剧烈变化[1]。但是，欧洲朝着代议制政府和工业资本主义的方向发展；而中国却朝着官僚制帝国的方向发展。这是因为，与早期中国相比，欧洲社会历史的发展动态处于一个更为复杂的由四种权力资源与多个强大的社会行动者（它们包括国家、教会、贵族以及城市资产阶级等）相互交织所构成的格局里。这些行动者中的每一个，在某些方面、某些时间与空间中各具优势。它们的性质不同，目标迥异，杂乱地共处在同一个社会之中，由此形成了一个高度复杂的竞争结构。最值得关注的是，在中世纪的欧洲，发生在国家、教会与贵族之间的竞争有效地抑制了国家权力，也即抑制了四种社会权力资源中的政治力量。而在文艺复兴与宗教改革之后，随着天主教势力走向衰落，一方面，不断升级的国际大战导致了国家力量的不断增强；但另一方面，资产阶

---

[1]　顾立雅 Creel(1970)、许倬云(1965)、韦伯 Weber(1951)。

级力量同时也在迅速崛起。欧洲激烈的军事竞争和经济竞争迫使所有政治行动者不得不增强它们的组织能力、征税能力,以及攫取自然资源的能力。这种竞争压力也使欧洲弥漫了一种积极进取的社会氛围。这种氛围如此之强烈,以至于欧洲哲学家建构出各式各样的推崇进步的线性历史观。虽然军事竞争和经济竞争共同推动了欧洲社会的累积性发展,但它们促成了不同的发展结构。军事竞争加强了国家权力,经济竞争扩大了社会权力。这两种类型竞争之间的平衡牵制,加之欧洲宗教行动者仍拥有可观的影响力,使得教会、大学、城市、行会等都能组成享有法律地位的,或者说其权利与地位能得到保障的实体性组织。由此,这些相互竞争或合作的权力行动者们促进了其权力受宪法制衡的官僚制国家在欧洲的形成。这个历史过程同时也助长了古典自由主义思想的出现,壮大了资产阶级力量,并使私域导向的、个人利益至上的工具理性主义的意识形态慢慢得以盛行。连同其他一些有利条件[①],这种社会历史发展的迅猛势头触发了工业资本主义发展的"重大突破"。

　　相比之下,东周时期的社会历史动态则是在四种权力资源与相关的社会行动者所构成的、要简单许多的社会格局里发展起来的。东周伊始,几乎所有的城市国家规模都比较小,且四种权力资源之间没有清晰的界限。彼时,一个城市国家可以同时是一个宗族、一个宗教组织,以及一个经济组织和军事防御单元。而且,不受国家直接控制的宗教组织实际上是不存在的。唯有国家和贵族才是强大的社会行动者。在欧洲,军事和经济层面的激烈竞争共同推动了工具理性文化的兴起,以及技术与组织能力快速的累积性发展;而在东周时期的中国,社会的累积性发展则主要是由军事竞争而非经济竞争所驱动,而且,竞争仅是逐渐地从军事领域向经济和意识形态领域缓慢地扩散开来。军事竞争所驱动的社会发展成为主要的发展模式,则使国家权力不断增强——起初只有贵族势力对国家权力有所制衡。然而,随着战争规模的不断扩大,贵族日渐无力与国家相抗衡,一种精英官僚体制开始生根发芽,法家思想成为主导性的国家意识形态。自公元前 5 世纪末,战争需求、法家意识形态与国家权力,这三个因素的相互协同作用主导了社会与历史的发展:残酷的战争有利于促使国家在其组织和行动中变得更加工具理性化;法家所

---

① "其他一些有利条件",指的是关键性技术——特别是蒸汽机——的出现以及捍卫私人逐利活动的意识形态。

强制推行的战时法令增强了国家驾驭贵族以及强取豪夺民间资源的能力；那些更有能力践行工具理性原则并更加彻底地推行法家之"法制"的国家，便更有可能在激烈的诸侯国竞争中脱颖而出。正是这逐步坐大的国家权力，连同其他一些条件（见第八章）共同襄助了公元前221年秦统一中国的霸业。

扫灭六国一统天下之后，秦掌控着逾50万人的军队、高度复杂的官僚系统、先进的交通运输网络。孰料仅仅15年后，曾经趾高气扬的秦帝国竟被推翻，成了中国几大王朝里最短命的一个。随后，经过一段战乱与纷争，西汉王朝诞生。成型于公元前6世纪末但并未获得政治支配地位的定义松散的儒家思想，在西汉成立后不到70年的时间里，被重塑为国家意识形态。这一法家主宰向儒家主宰的快速转变，缘于在东周末期形成的政治力量与意识形态力量关系之间一种很不稳定的结晶（crystallization）状态①。法家的意识形态及其政治制度与军事动员之间的协同关系极大地增强了秦国的国家力量及其军事优势，这就鼓舞着秦的统治者遵行严苛的法家统治术，而不依靠国家与社会之间的合作以及社会的规范性共识来进行统治。西汉初期的统治者从这种不稳定的结构状态及其导致的秦朝的速朽中吸取了经验教训。他们的治国策略受此影响，为中国造就了一种四种权力之间具有高度稳定关系的结晶——"儒法国家"，即一种将政治力量和意识形态力量融为一体、军事力量受到严格控制、经济力量被边缘化的统治体系。在这一体系中，一方面，皇室遵奉儒家学说为统治意识形态，皇权自身也受到儒家文官系统的制约；但另一方面，体制内外的儒生都支持皇权统治，并为国家提供了官员选拔的来源，在被拣选成为各级官吏后，他们用儒家伦理以及法家的法制和统治技术管理整个国家。皇权与儒生之间的这种共生关系孕育了一个以前现代标准来说非常强大的政治体制——这种体制具有强大的弹性和适应性，以至于历经无数挑战它仍能顽强地存续下去，直至1911年辛亥革命的爆发。在西汉王朝及之后出现的所有历史型态均滥觞于"儒法国家"这一四种权力资源的特殊结晶。

迈克尔·曼认为，前现代帝国极大地受制于它们有限的社会渗透能

---

① 此处，我借用了曼Mann(1993，第75页)的"结晶"这一概念。曼本来是借此描绘四种权力资源的特定关系所构成的相对稳定的格局（constellation）（这里的"格局"，传统上被称为"社会结构"），但不同于传统上那些有关社会结构的概念，"结晶"旨在表达的不仅仅是社会结构性力量稳定的一面，同样也意涵着它们形成和消解的不稳定的一面。

力而难以在广袤的领土范围内建立有效且直接的统治,因此它们需要通过从臣民那里取得"强制性合作"(compulsory cooperation)来维持统治①。在他论及的几种强制性合作中,最为精妙高明的一种是"强制性扩散"(coerced diffusion),也就是说,使同质性的生活方式和文化习俗在帝国疆域内的精英群体中得到广泛传播。在曼的论述中,罗马帝国就做到了这一点②。但是,随着儒法体制在宋代(960—1279)臻于成熟(见第十二章),中国达到了帝国的"强制性合作"这种统治形式的新高峰,且远比罗马更为复杂和有效:罗马的精英阶层不过是分享了一种差不多相似的世俗文化,而中国的儒家精英则长期浸淫于准宗教性的新儒学价值观;罗马统治者在基督教兴起后试图对其镇压或者寻求与之合作,却都未取得成功③,而中国统治者则主动采纳儒家思想作为统治意识形态,促成了政治力量和意识形态力量的合而为一。这种融合造成了如下几个结果。

首先,它赋予中国帝制体系很强的弹性和韧性。一旦这种帝制体系得以占据主导性地位,中国任何一朝的新君,无论有无外族背景,都有兴趣寻求与儒家精英阶层合作,改良而非推翻"儒法国家"的政治格局。这就是为什么大多数来自游牧和半游牧族群的统治者迟早都会采纳儒法体制,拥抱华夏文化④。中国政治的根本型态是超越族群的⑤,但如果外族统治者与外族百姓想要被中国人所接受的话,他们就不得不采纳儒家文化及其政治原则⑥。

其次,政治力量与意识形态力量的合而为一辖制了军事力量。在"儒法国家"中,武将受文官领导,在政治决策上他们没有真正的地位。即使武将篡夺了帝位(自第二个千年以后,这种现象在中国就很少见了),要想维持其权力,他们仍不得不同儒家官员/儒生群体建立紧密的联盟,以便组织一个新的文官政府,而军队将领在其中仍然没有实权。进而言之,任何军事将领一旦夺权篡位、黄袍加身(例如,北宋开国之君

---

① 曼 Mann(1986,第 5 章)。

② 曼 Mann(1986,第 279 页)。

③ 可以肯定,基督教并非导致罗马帝国衰亡的主要力量。不过,在罗马帝国衰亡之后的欧洲,它对阻止另一个大一统帝国崛起起到了决定性作用。

④ 依从狄宇宙(Di Cosmo,1999a,第 889 页)的观点,我将游牧生活定义为"基于一种固定迁徙周期的、很大程度上依赖于动物产品的社会经济体系"。

⑤ 顾立雅 Creel(1970,第 197 页)、黄仁宇(1997)、利文森 Levenson(1965)。

⑥ 这在一定程度上解释了为什么中国的民族主义的发展并没有遵循学者们提出的一种普遍模式,即,民族主义由西方向东方扩散,种族民族主义逐渐代替公民民族主义(多伊奇 Deutsch,1966;盖尔纳 Gellner,1983)。

赵匡胤),都会从自己的发家史中汲取教训,运用更高明的手腕对军队进行分化与控制。从北宋开始,武将再也不是国家的主要威胁了。

另外,虽然成形于汉代的帝制儒学更多的是一套现世的道德规范,而不是一种超验性的宗教[①],但它吸纳了很多常见的宗教元素,比如祖先崇拜、天(被拟人化的凌驾万民的监察者)、占卜、预言,以及阴阳宇宙观等。在许多方面,儒家意识形态在中国扮演着类似于犹太教、基督教、伊斯兰教、婆罗门教,以及佛教在其他社会中所扮演的角色。最大的区别在于,儒家学者并非为一位或多位神明服务的神父或祭司,而是国家官僚机构中有学识的精英[②]。由于儒家学者与国家之间的共生关系,超验性宗教不可能如同它们在其他文明中那样深入地渗透进政治领域。因此,中华帝国更乐于对宗教采取一种多元化的态度;如前所述,数不胜数的民间宗教不仅能够与普世性宗教共同繁荣,甚至有些时候还会反过来挤压后者的发展空间。

最后,政治力量与意识形态力量的融合还导致了经济力量的边缘化。虽然,这种融合并没有阻止中国历史上商业活动的繁荣,但正如前面提到的那样,栖身于"儒法政体"之中的中国商人既没有维护自身利益的权力基础(像中世纪欧洲那些自治性商业城市中的商人那样),也不具备能为其经商谋利活动赋予积极意义的意识形态武器。从北宋到明、清,市场在社会生活中始终扮演着重要角色,中国的城市也承载着很多重要的经济功能,但商人们却没有能力将其经济影响力转化为组织化的政治权能,而那些对商业活动抱以同情的学术著作也绝不可能撼动儒家世界。中国的商人只能通过结交攀附儒家精英,像儒家士大夫一样行为处事,并获得儒士的尊重与信任,才能使其在个人层面上得到地位的提升与事业的发展。因此,在帝制时代晚期,虽说中国的社会建构(society-making)非常活跃[③],但在 19 世纪来临之前,"儒法国家"的政治/意识形态架构仍像"压顶石"(capstone)一样发挥着作用[④],并没有受到严重削弱;正因为如此,在中国迫于西方与日本的帝国主义压力而发

[①] 有关帝制儒学在西汉的兴起,更多讨论见第九章。

[②] 高万桑 Goossaert(2006,第 310 页)甚至使用"教士"一词来形容儒家学者在帝制中国中扮演的某些角色。

[③] 卜正民 Brook(2005,第 8 页)。另请参见本书第十二章有关宋、明、清三代的社会构建的动因及其限制。

[④] 参见霍尔 Hall(1986)有关"压顶石国家"(capstone state)的讨论。

生改变前,工业资本主义并没有在中国得到真正的发展与突破。

对本章理论与概念的一些说明

以上,我扼要地谈了我的主要研究问题和基本观点。也许,其中一些未经阐明的概念与未及详述的理论会使读者感到茫然。现在,让我来说明一下我这样写作的原因。首先,上文所提到的一些概念,诸如"儒家""法家"或者"儒法国家"等,我仅一笔带过,目的是把我想讨论的问题连贯顺畅地呈现在读者面前。并且,因为这些概念在本书中会频繁出现,所以我将在具体的篇章中再对它们做详细的介绍。

其次,我提出的军事竞争与经济竞争推动一个社会累积性发展的观点,与形形色色的以人类竞争为出发点的社会变迁理论有一定相似之处。在自然科学与社会科学中,这类模型包括进化论、社会达尔文主义、马尔萨斯的人口理论以及微观经济学等[①]。我对那些试图在遗传与文化行为之间建立起某种机械联系的理论缺乏好感。这是因为,生物进化主要发生在基因变异和环境选择等层面上,遵循达尔文进化原则。而社会变迁则主要发生在文化层面上,遵循拉马克进化原则[②]。社会变迁之所以主要遵循拉马克原则,是因为有效的人类行为既可以被模仿学习,又可以通过正反馈机制强化,还可以同时以这两种方式被不断加强和扩散,从而成为占有主导地位的文化特性。社会变迁的拉马克属性意味着人类文化系统相较于被遗传基因编码的本能有着很大的适应性与灵活性。然而,这种适应性与灵活性也给我们带来极大的危险:它怂恿人类掠夺自然资源乃至强行改变自然运行的规律以满足种种眼前利益;它使某些社会群体将他们对自然界或其他群体的征服标榜为一种"进步";它让人类对其自身理性和行为的正当性产生一种既可怕又可疑的自信;它甚至赋予现代人制造出大规模杀伤性武器的能力,这些武器足以毁灭人类文明许多次。不过,即便我们拒绝接受近代欧洲思想家们在历史进步名义下对征服与统治的大肆吹捧,我们也无法否定他们理论中所强调的竞争逻辑。比如,达尔文的进化思想的确在很大程度上受到了19世纪英国高度竞争的社会现实的启发。但是,几乎没有生物学家会因为这一

---

① 萨林斯 Sahlins (1977)。

② 拉马克进化理论的核心内容是一个人在生活中习得的生物学性状(例如,通过体育锻炼塑造的强健肌肉)可以直接遗传给他或她的后代。

事实而否定现代进化论的正确性(即,在现代遗传学兴起后发展出的一种达尔文进化论的修正版本)[1]。又如,很少有人会否认现代微观经济学理论既是一种意识形态,又是一种可以合理地解释以竞争为基础的西方市场体系的理论模型[2]。还有,我想也不会有哪位严肃的学者会否认特定条件下战争和经济竞争在促进社会累积性发展中所起到的作用。但是,我们必须看到生物进化与人类竞争本质上是两种不同的现象;并且,不应将效率导向型的发展看成理所当然的社会进步。有鉴于此,本书既不谴责,也不标榜竞争与发展;本书也不是要对工具理性文化、工业资本主义,或者宪政与民主的崛起进行批评,抑或赞颂。在本书中,"累积性发展"一词只是用来描述人类日益增长的组织能力、生产能力以及日益精纯的对思想与观念的表达能力。我在使用这个词时候,不带任何目的论(teleology)色彩,也没有任何褒扬、称赞之意。

最后,本书旨在为有关持久绵延的儒法政治体制的众多问题提供一种全新的解释。上文总结的这些问题以及中国历史型态特征大多不是我个人的创造。它们要么是被广为接受的事实(比如,秦在公元前221年统一中国),要么则是被历史学家反复申述过的历史特征[3]。然而,在这个解构主义盛行的时代,我想强调的是,任何对社会现象特征的概括,或者对社会现象的概念化,都很容易被指责为是一种"本质主义化"(essentializing)的做法,且都面临着被新概念或者视角"去稳定化"(destabilizing)的风险——虽然,这些新概念和新视角往往比它们所批

---

① 施密特 Schmidt (1971,第 46 页)。

② 正是因为市场的高度竞争性,进化隐喻在经济学中据有一个突出的位置。(多普弗 Dopfer 2005;霍奇森 Hodgson 1993;尼尔森 Nelson 与温特 Winter 1982)。

③ 自卡尔·马克思与马克斯·韦伯以来,上述这些中国的历史模式不仅被广为接受,也在形形色色的分析与解释中被当作事实依据而被广泛使用(顾立雅 Creel 1970;艾森施塔特 Eisenstadt 1986;伊懋可 Elvin 1973;费正清 Fairbank 与 戈德曼 Goldman 2006;许倬云 1965;黄仁宇 1997;麦克尼尔 McNeill 1982;尤锐 Pines 2009;魏特夫 Wittfogel 1957)。例如,韦伯在分析"理性化过程"在近代欧洲的出现以及在中国的缺失时,他至少对上文列出的 6 种历史模式中的 4 种作了详细的讨论,它们是:帝制政府的中央集权、城市缺少政治自治性、儒家对各色宗教和鬼神崇拜的宽容以及文官政府的统治(及其与近代欧洲"行政理性化"现象的相似之处)。在对中国与欧洲的封建制进行比较时,顾立雅 Creel(1970,第 1—28 页)同样总结了上述 6 种历史模式中的绝大部分内容。伊懋可 Elvin(1973,第 17—22 页)曾经提出过为什么中国能够在数千年始终保持着广阔疆域的问题,并且尝试从技术的角度和一种决定论的方式来对此予以回答。最近,塞缪尔·E.芬纳(Finer,1997)在其三卷本的力作《统治史》中,几乎提到了上面概述的 6 种历史模式的全部内容。遗憾的是,顾立雅和芬纳均未对上述历史模式的形成原因这一根本问题给予应有的关注。

评的概念和观点带有更多的偏见。例如,如果我们接受马克斯·韦伯的看法,声称前现代中国的城市是由政府委派官员管理的,并且商人在政治中无法赢得自主地位,有人可能立即就会反驳说,中国城市的性质在晚唐及宋代"中世纪城市革命"之后经历了巨大变化①。他们还会指出,在宋代及其后出现了大量具备重要商业功能的城市②。当有人立论说,帝制时代中国的军人在政治上处于附属地位时,其他人可能很容易就举出那些在中国历史上——特别是魏晋南北朝以及中唐到晚唐分裂时期——军阀混战和武将叛乱的反例。当有人强调帝制中国的内敛性时③,便会有人指出帝制中国对边疆地区的军事远征活动,特别是发生在唐代初年和明代早期的一些例子,或指出清代统治者保留着部分游牧民族的特征并积极投身于内亚的地缘政治。同样地,对我研究问题里所提到的其他历史型态特征也可以做出类似的批评,这里就不再举例了。诚然,注意中国的历史型态在时间上的变化和在地域上的差异是非常重要的。但是,上述所列出的中国历史型态特征早已被学者们在对中国(作为一个整体的中国)与其他文明,特别是与西方文明的比较中,详细阐述过。比如,尽管帝制时代的中国确实有过军人叛乱甚至军阀割据的情况,但只要拿中国与罗马帝国相比较,我们便会立即发现中国的武将在政治上的影响实在微不足道④。再比如,尽管前现代中国的城市性质随时代而变化,但中国的商人们却从未拥有过他们的前现代欧洲同行们所享有的自治权。我所概括的关于帝制中国的其他几项特征,也都可以通过类似的方式予以辩护和证明,这里不再赘述。要言之,对帝制中国在时间和空间上多样性的关注无疑能够带来许多其他洞见,但是,因为前述的中国历史型态特征是建立在对中国不同历史时期进行比较,以及对中国与其他几大文明进行比较的基础上得出的,所以各种解构性论点并不会构成对本书论述的根本挑战。

---

① 伊懋可 Elvin(1973)、施坚雅 Skinner(1977,第23—31页)。
② 参见约翰逊 Johnson(1993)、施坚雅 Skinner(1977)关于宋代及其后长江三角洲经济重要性的研究。
③ 费正清 Fairbank(1968,第4、8页)。
④ 芬纳 Finer(1997)。

研究方法

本书的资料有三个来源:经典文献、考古发现,以及我对东周历史核心事件发生地的实地考察。这些年来,我曾前往陕西省、山西省、河南省、湖北省和山东省进行调研①。无论去何地,我都会参观当地的博物馆、考古所和重要的考古遗址。我经常拜访当地考古研究所的田野考古学家们,并就某些我很感兴趣但一时还无头绪的问题向他们请教。这是一段收获颇丰的经历。在此期间,我对一系列问题有了更切身的体会,比如,主要诸侯国的地形、地貌②;东周文明的规模与其技术成就;早期中国的社会分层、礼仪与葬制习俗;诸侯国间的文化差异;以及,某些城邑与地区具有战略重要性的原因;古代行军征战何以会有特定的优选路线;等等。

不过,在这项研究中,最重要的资料是经典文献,尤其是《左传》与《史记》。简单起见③,下面的讨论主要围绕《左传》展开,因为相比《史记》,《左传》的成书年代与真实性更具争议。我将着重讨论《左传》文本的性质,并且说明我是如何使用来自《左传》及其他早期经典文献的信息的。《左传》是现存的、为中国第一部编年体史书《春秋》——这部著作简要地记录了公元前 772—前 481 年发生在鲁国或影响了鲁国的主要事件——做注解的三部著作之一。《左传》的内容主要涉及鲁国的内政外交、军事冲突,及其所参与的诸侯会盟,同时还记录了诸多自然现象,如日食、月食、洪水、地震、气候异象、虫灾和瘟疫等。在现存的《春秋》"三传"中,《左传》的记载上起公元前 722 年,下至前 468 年,是时间跨度最长的一部;同时,它还涵盖了发生在这一时期前后的一些重要事件。因而,《左传》是研究东周历史内容最丰富的材料来源。

传统上认为左丘明是《左传》的编著者,他是鲁国太史,与孔子可能

---

① 我还从今天的宁夏固原旅行至西安,以便对泾渭流域的地理环境、黄土高原与山关隘口的地貌,以及游牧部落进入中原的通道等获取切身体验。李峰(2006)对于我研究的这片区域的历史地理也有精彩的论述。

② 当然,地形地貌过去两千余年中已经发生了很大的变化。例如,由于气候变化与人类活动,华北地区的河流水位已经下降了不少;一些河流已经改道;并且,许多地方由于过度砍伐,森林消失。与当地居民的交流为我提供了许多关于近年来一些变化的第一手信息。

③ 在下面章节中,凡早期中国文献首次被引用时,我都将对其做简要讨论。另可参见鲁惟一Loewe(1993)对所有现存的早期中国文献所做的目录学研究。

是同时代的人。然而自唐（618—907）以来，这一观点不断受到质疑①。在当今学术界，大部分学者认为《左传》出现在公元前 4 世纪末，即孔子（前 551—前 479）死后大约一个半世纪的时候②。争议的另一个焦点在于《左传》记录的真实性。五四一代反传统的学者，如顾颉刚（1893—1980），就认为《左传》历史价值不高，但大多数当代学者并不赞同这一看法。这部著作内容丰富，几乎覆盖了古代社会的方方面面。《左传》的主体是记录事件日期年代的编年史。在那些日期年代可以通过科学方法进行确认的事件上（如日、月食与其他天文现象），这部著作展现了极高的历史精确性③。不同于同一时期其他的经典文本，《左传》还包含了众多不附加明确道德评判的历史记录与历史故事。它所记录的言论和事件揭示了一个与战国时期儒家道德观并不相吻合的社会④。《左传》的文本描绘了许多重要历史人物的生活与活动，但却不像小说故事那样对人物的刻画保有一贯性，对于同一人的活动，书中有些地方会予以肯定，而在别的地方却又会加以批评。最后，目前的考古发现也常会为《左传》所记录之事件和人物的存在提供有力证据，并佐证了其他许多历史细节，这些细节足以增强我们对这一文本历史价值的信心。

　　当然，包括《左传》在内的任何历史记载都肯定有其片面性。《左传》的编撰者定然有自己的价值观。这些价值观不但影响着他们在选取历史材料时作出的各种取舍，并且给了他们按照自己的价值观来改造历史材料的动力。比如，《左传》中有大量传文讲的竟然是一些智者成功"预测"了日后发生的历史事件。又如，史嘉柏（David Schaberg）在《左传》的谏辞中观察到一种固定的修辞模式⑤，这说明《左传》的编纂者们对其所记录的言论进行过大胆的编辑与调整。但是，固定的修辞模式并不意味着这些言论都是人为捏造的。更有可能的是，编纂者们利用当时所能获得的材料，通过加工整理，编辑出了我们今天看到的《左传》。这也就是为什么尤锐（Yuri Pines）会发现《左传》中言论的内容在几个世纪中发生了若干重要变化，并且强调，这反映出春秋时代思想文化的演变过

①　程艾蓝（1993，第 69—70 页）。
②　杨伯峻（1979）。根据《左传》中所记录的言论只能预言发生在公元前 4 世纪末这一事实，镰田正（Kamata Tadashi）也做出了相同的结论；另见史嘉柏 Schaberg（1997，第 136 页）。
③　史嘉柏 Schaberg（1997，第 134 页）。
④　例如，这个文本以一种纪实的风格生动地记录了许多战争场景和暴力场面。
⑤　史嘉柏 Schaberg（1997，2001）。

程[①]。尤锐的研究表明，即便是在最意识形态化的言论中，我们也可以通过小心求证汲取有用的历史信息。

鉴于其他早期中国文献都有和《左传》类似的问题，我在引用历史资料时采取了两个标准。第一，相较于那些带着强烈道德说教意味的言论和记述，本书更加倚重基本事实性信息（例如，战争爆发的时间以及结局）。《左传》《史记》及其他早期中国文献中有相当多的事实性记录，它们包含着下列几类有用的信息，比如"某公"是如何掌权的（是通过王位世袭还是宫廷政变）；"某公"的统治是如何终结的（是自然死亡还是被刺杀，或者被某一个诸侯国征服）；贵族卿士是如何被提拔至某个位置，以及他们来自哪一支宗族；一个盟会有多少个诸侯国参与，盟会召开的原因和结果；诸侯国中贵族世家的显赫地位维持了几代；一国被另一国征服的具体年份；哪些国家参与了某一场战争以及战争的结果如何；等等。只要我们将这些内容置于具体的历史脉络中来理解，那么我们便可以从中收获很多其他方法难以获取的信息。

在对这些信息的情境化（contextualization）处理上，我主要的努力之一即是将早期中国文献中不同种类的高频事件进行量化研究。其中最富成效的部分是对战争相关数据的量化研究。这一研究提供了许多意料不到的视角，并由此引出了一些新的结论。

我收集了发生在公元前 722—前 221 年共 776 场国家之间军事冲突的资料[②]。这份数据排除了发生在诸侯国内部公室与卿士家族，以及卿士家族之间的争端。但是，如果内部冲突导致一个新国家的诞生（如，在晋国内部，曲沃政权与翼政权之间的战争），或者如果国内争端也令其他国家卷入其中，那么这样的一场军事对抗同样也会被视为国与国之间的战争。较早（前 722—前 468）的战争数据主要来自《左传》和《史记》，而其后（前 467—前 221）的数据则主要来自《史记》[③]。然而，对于东周后期而言，现存的史料都不像《左传》记录春秋时代那样翔实，因此，在创建这一阶段的数据时，我也参考了许多现代史家的著作，尤其是傅仲侠等人编写的《中国军事史》、杨宽的《战国史》及林剑鸣的《秦史稿》[④]。

---

① 尤锐 Pines(1997，2002)。

② 虽然许多军事冲突注定会为文献资料所遗漏，但是我的战争数据肯定涵盖了当时一些比较重要的战争与战役。

③ 特别是《史记·六国年表》。

④ 傅仲侠(1986)；林剑鸣(1981)；杨宽(1998)。

　　战争数据包含了战争爆发的年代和季节、发起国、参战国数量及名称、持续时间、起因与结果①，以及从发起国的都城到战场的距离（即战争距离）。如果资料允许的话，我还会记录参战士兵的数量和伤亡总数。我对于战争距离的测量基于五个标准：（1）除非已知入侵军队具体的行军路线，否则我会以《中国历史地图集》中的地图为准，计算从战争发起国的都城到战场的最短距离作为战争距离②。（2）虽然，东周后期的大多数战场都是有记载的，但东周早期则不然。对于后者，我将以战争发起国到被入侵国的两国都城之间的距离作为战争距离。因为东周早期的城市国家只防御他们的都城及其邻近腹地，故用都城之间的距离作为战争距离还是合理的③。（3）对于一场不止两个国家参与的战争来说，战争距离指的是两个最强大的交战国之间的距离。具体测量方法参考以上两条。（4）如果军队分兵几路出发，战争距离以最远的进军距离为准。（5）如果没有任何关于交战国的战场或者位置的信息，那么我也不做估测。所幸这样的战争并不太多，也主要是发生在非华夏起源的国家之间。

　　第二，虽然我是带着怀疑的眼光来阅读史料中带有道德说教意味的言论和叙事的，但我绝不会将它们仅仅当作虚构而随意弃之。我会认真地对待这些古典文本的编纂者们想传达的道德讯息，但认真的程度仅限于让我能够更好地理解编纂者们所处时代的思想文化氛围以及他们可能的偏见。另外，在这些道德化的言论与叙事中，编纂者难免会在不经意间透露出某些连他们自身也并不明确的潜在预设，以及他们所处时代的某些时代特征。这些其实都是非常有用的信息。将这些无意间从道德化的言论与叙事中透露出的信息与从有纪年的事件中所发现的历史规律进行对照，我们就能从经典文本中重建一种历史叙事，而这种叙事可能比仅从字面上读出的历史要可信得多。

　　我将频繁使用社会学机制来评估史书中某些说法是否可信。让我举一个例子来说明。在东周即将结束的时候，秦国成为任何其他诸侯国都无法匹敌的超级强权，而《史记》的叙事中也开始出现如下这种剧情：在一场战役之中或之前，秦国会派间谍潜入敌国散布谣言，声称他们的军事统帅要叛逃秦国；随后的情节是，那个国家的国君会信以为真，解除

---

①　对战争冲突起因的编码方式会在第八章中讨论。

②　谭其骧（1982）。

③　顾栋高（1993）。

该将军的职务,甚至会将其处死,并代之以一名能力稍逊的将军①,秦国因此在一场战争中取得了胜利②。本书中,我运用社会机制评价了这类故事的合理性③。比方说,在当今社会,很少有人相信一个大公司的首席执行官(CEO)会跳槽到一个前景黯淡的小公司这样的谣言。但相反,如果是一个小公司的首席执行官即将接手一个更大和更有前途的公司,这样的消息则更令人信服。同样的机制在东周后期也可能发挥着作用。不像近代欧洲,民族主义思想在东周时代的中国还没有发展起来(见第八章)。那时的谋士或者将领其实有点类似于现代公司的首席执行官:他们可以轻易地投奔他国另谋高就;并且,无论是叛离者,还是欣然接纳他们的国君,对于这种行为似乎都不觉得有何不妥。正因这种风气的盛行,秦国才可以适时地使用谣言作为有效的武器。用社会学语言说就是,弱国的谋士或者将领有着一种"结构性"(structurally embedded)的"跳槽"到强秦的理由,这就使得弱国的国君在面对谋士或者将领叛离的谣言时很难无动于衷④。在史籍所记载的故事情节里发现类似隐藏着的社会机

---

① 《史记·赵世家》(裴骃集解、司光贞索隐、张守节正义,1959,第1829—1832页)中有好几则这样的故事。一个故事讲述了孝成王(前265—前245年在位)听信廉颇欲降秦国的谣言而以赵括替换廉颇为军事将领。另一个故事则是秦国派间谍离间赵幽缪王(前235—前228年在位)与大将李牧,前者听信谣言杀了后者。第三个见载于《史记·魏世家》(第1863页),讲述了秦国派间谍离间魏安釐王(前276—前243年在位)与信陵君,导致信陵君兵权被解除。

② 到东周后期,随着所有的大国都在扩张领土,国力日益强大,各国国君皆自称为王。

③ 本书第八章会对这些谣言及其在东周后期的影响有进一步的讨论。

④ 在东周后期,其他六国同样散布谣言来影响他们竞争对手的政治,但是他们的策略有着非常不同的性质。例如,《史记·乐毅列传》(1959,第2429页)记录了燕师攻下齐国城邑70多座,只有莒和即墨没有收服。齐国大将田单造谣说燕将乐毅之所以不拿下那两座城邑,是因为他想控制燕国自立为王。根据司马迁记载,燕惠王(前279—前272年在位)相信了谣言,因为他本就怀疑乐毅。这里需要特别指出,燕国是战国七雄中最弱小的一个国家,而燕国当时的军队却主要控制在乐毅手上。从结构上说,乐毅在此时"跳槽"和自立都并不困难。因此,燕王很难在听了谣言后仍不怀疑乐毅对他的忠诚。《史记·白起王翦列传》(1959,第2335—2336页)同样也记载了一则故事:秦国大将白起在长平之战后欲乘胜拿下赵国。为了生存,赵国便派使节赴秦劝说应侯范雎。使臣提醒范雎,如果赵国灭亡,白起位居三公无疑,范雎将居屈下位。范雎于是向秦昭王(前306—前251年在位)进言停战,签订对己有利的条约。虽然这些都属于策略性地离间敌国的例子,但具体手段却依具体情况的不同而有所不同。比如,齐国让燕惠王猜疑他最优秀的将军对他的忠诚。秦国也做过类似之事,比如它让魏安釐王轻信谣言从而解除了信陵君的兵权。但是,赵国并没有直接离间敌国的国君与臣属,而是在某位将军与某位文官卿士之间制造嫌隙,这两者往往地位相近,但职权不同。我在东周后期的历史中还没有发现哪个弱小国家可以成功地在秦王与其文臣或将军之间散布引起他们不和的谣言,因为这种谣言是很难使人相信的。即便在赵国离间白起和范雎的例子中,离间的手段要能奏效,仍需要一些更令人信服的证据。毕竟,在秦昭王决定停战前,这场战争已进行了数年,秦国士兵连续作战,过于疲乏,难有好的作战效果(其实,白起对当时的形势也有同样评价:"今秦虽破长平军,而秦卒死者过半,国内空。")

制,不仅使我更加确信了经典文本中某些信息的可靠性,同时也极大地增进了我对东周后期中国社会与政治的理解。

认识论原则

上文关于运用社会学机制的讨论引出了本书两个相关的认识论特点。这两个认识论特点关乎我在资料收集和分析过程中对社会学机制的倚重,也关乎我在克服机制性解释(mechanism-based explanations)的局限上所做的努力[1]。

机制性解释差不多是半个多世纪前由美国社会学的一些领军人物提出的"中层理论"(middle-range theory)的核心。在今天的社会学研究中,它仍然是主导性的研究方法[2]。这一类的研究通常以一个或数个"为什么"的问题开始(比如,为什么英格兰发展了代议制民主制,日本产生了法西斯主义,而中国最终发生了共产主义革命)[3],接下来则会描述一系列用以解释这些问题的机制/因素,然后借助定量检验或/及定性叙述来论证这些问题是如何被嵌合在社会机制/因素中的逻辑所解释的。机制性研究有许多优点,其最大的成果是揭示出社会中存在着数不清的社会机制,并说明这些机制如何发挥作用。正是由于这类研究,社会现象背后的逻辑才得以澄清。然而,这类研究方法可以处理的研究问题数量非常有限[4]。这就导致了过度决定(overdetermination)这一认识论问题(也可以称之为"多对一问题"[the many-to-one problem]);也就是说,研究问题的数量越少,越容易找到不同的、合乎逻辑的机制/因素来回答这些问题,同时,也越容易为这些问题的机制性解释提供在经验层面看似合理的论证支持[5]。由于这个缘故,基于机制的实证性论证很容

---

① 本书中,"社会机制"被定义为由已知或未知条件引发的一种因果关系模式(Elster 1998,第45页)。

② 科尔曼 Coleman(1990)、默顿 Merton(1969、1968)、斯廷奇库姆 Stinchcombe(1991)。

③ 摩尔 Moore(1996)。

④ 尽管一个社会学领域的研究问题通常可以用许多不同的机制来解释,但一个机制仅是一个固定的因果模式并只能回答一个特定的问题。因此除非我们有一个理论可以将众多机制(因果关系)有机地组合起来,否则单靠提出多个研究问题并用一个独立的机制来对其中的每一个予以解释,只会讲出许多彼此不相干的叙事。同时,在实证层面,社会学家经常基于若干案例的比较来构建机制性解释。正如我稍后将要表明的,我们能比较研究所提出的问题数量其实是非常有限的。

⑤ 拉金 Ragin(1997)使用"因果关系的复杂性"来描述这个问题。

易遭到人们的批评①。为了避免这种问题，我将恪守古希腊人探索知识的认识论标准，即通过将理论所适用的研究问题的数量最大化来增强该理论的解释效力。故而，本书试图提出和回答大量在历史学和社会学中都具有重要价值的问题。此外，由于某些作为我研究问题的历史型态特征虽然仅与特定的时间和地点相关，我也会对这些特例做出相应的解释。采纳这种认识论标准促使我在理论构建的同时会去关注更广泛的、不同型态的历史证据，这也就提高了其他学者对本书理论进行证伪的难度；也就是说，如果读者不满意本书对某一历史现象的解释，并想要提出其他解释来批驳本书的理论，那么在这样做之前，读者就不得不思考他所提出的那种解释是否可以成为一个更大的理论中紧密连贯的组成部分，并且，该理论涵盖的问题是否比本书所提出的还要多②。这是一条如此重要的认识论标准，它的应用不应仅被局限于自然科学的研究中；如果一项人文社科研究的目标是构建起能容纳社会现象复杂性的理论和叙事，那么，该研究也同样需要服从这一标准。正是在这一认识论标准的要求下，我尽可能多地将中国历史方方面面的材料融汇纳入到一个连贯一致的解释框架中来。

一旦我决定遵循这一认识论标准，那么平衡比较（balanced comparison）（即，其研究问题及对于问题解释都建基于对少数相似或相反的案例进行系统比较）③这一社会学的主要分析模式，对我来说就不再是一种方法论上的选择了。因为，不管研究者如何努力，其能有效归纳入单一比较中的研究问题的数量终归会受制于案例的性质。下面，让我用两个研究问题来对此予以说明。这两个问题都出自最近关于早期

---

① 在当今的社会学实践中，机制性解释的价值更多的是在于其角度的新颖，而非经验上的可靠性。大多数实证性的社会学分析时至今日仍不失为经典之作，并不是因为它们在经验层面上非常令人信服，而是由于这些研究在解释中所使用的机制/结构性力量是最具最普遍意义的社会学力量。

② 读者也许会觉得一项研究以非常少的研究问题为起点无可厚非，因为只要其他学者看到了以前研究存在的问题，他们就会发展出能解释更多问题的，或者说更好的理论。这种方法有时候是奏效的。不过，从一个或几个问题入手会大大降低解释的难度，从而误导我们从那些带有偏见的假设和并不重要的问题出发来开展研究。不少社会学子领域的发展在目前都处于停滞不前状态，其背后的原因就在于这些学科的起点假设和起点问题往往偏离了事物的本质。

③ 金世杰 Goldstone（1991）、古德温 Goodwin（2001）、马奥尼 Mahoney 与瑞彻斯迈耶 Rueschemeyer（2003，第 1 章）、摩尔 Moore（1996）、斯考切波 Skocpol（1979）。

中国国家形成的研究①。在 Victoria Hui 的研究中,她提出了这样一个问题:为什么东周战争以中国的统一告终,但发生在近代欧洲的相似事件却促成了国际社会的形成②?凯瑟与蔡泳的研究问题则是:为什么在中国秦代产生了半官僚行政体系,而在罗马帝国时期却没有?这两个问题问得都有道理,但是,如果我们将两个问题合在一起的话——即,为什么东周时期的发展既导致了官僚行政体系的出现,又走向了大一统的结局?——那么,上述的中国与近代欧洲或罗马帝国之间的比较就都不能成立了。近代欧洲不再是一个好的比较对象,因为近代欧洲虽然没能统一,但的确发展出了官僚行政体系。同理,拿罗马帝国来做比较也不再恰当,因为罗马人虽然建立了一个统一的帝国,但直到罗马帝国很晚的时候,官僚行政体系才发展起来。

既然平衡比较不能满足本书所致力达到的认识论标准,我便转向一种深入的历史研究方法,并在本书许多地方引入例证性比较(illustrative comparisons)以便对比不同历史进程的动力学,并揭示它们内在的不同或者相似的社会学逻辑。比如,当我将东周时期中国的历史发展与近代欧洲对比时,我的目标不是建立一个理论来解释为什么工业资本主义没有在古代中国产生,却在近代欧洲出现(这样问问题便犯了时代错置的错误),或者解释为什么一个统一的帝国在古代中国出现,却没有在近代欧

---

① Victoria Hui (2005)、凯瑟 Kiser 与蔡泳 Cai(2003)。

② 在撰写本书时,我收到一些来自不同学科的同事们的意见,这些意见因此带有不同学科的印迹。例如,一位社会科学家告诉我说,我的书最有启发性的部分是对《战争与国家形成:春秋战国与近代早期欧洲之比较》(Victoria Hui, 2005)一书的批评,并且建议我可以沿着这条线索构建我的理论。但是一位从事早期中国研究的历史学家则问我为什么花这么多时间来批评一本不应该值得关注的著作。我试着努力听取同事们的评论和建议,但同时我也有意识地对他们的意见进行平衡。现在让我专门谈一谈对于《战争与国家形成:春秋战国与近代早期欧洲之比较》的两种相互对立的意见以及我的看法,以此来为我所选择的立场做些辩护。此书虽已在政治科学领域广受关注,但却在早期中国研究领域遭遇冷落。此书在资料收集以及对历史证据的情境化处理和解读上存在严重缺陷,并且从现有证据来看,作者的论点问题很大。从这个意义上讲,我同意那位研究早期中国学者的见解。不过,我们也必须认识到,Victoria Hui 所用的平衡比较方法在社会科学领域是被广为接受的,并且她也很好地遵循了其自身学科的话语模式。换言之,此书的缺点更多的是缘于政治科学这门学科的缺陷而非她自己的学术水准。既然我们说到学科缺陷,我们能否列举出在当今的人文社科领域里(也包括早期中国历史研究),有哪门学科不曾采用过今后来的学者要么不感兴趣,要么会觉得荒谬的方法论与视角呢?况且,此书在政治科学领域颇受好评(获得过两次政治科学著作奖)。相较于早期中国史研究大量的作品,此书可能被更多人所知道。因此,我觉得在我的书中完全不提 Victoria Hui 的著作是不明智的,而将本书的核心内容建构成是对她的批评也同样不明智。

洲产生(这两个比较对象之间有着巨大的差异,以至于任何过于简单的理论都不可避免地会曲解历史情境)。引入例证性比较既是为了揭示各种具有普遍社会学意义的社会机制如何发挥作用(比如,频繁的、胜负难料的国际战争会诱发以公共利益为导向的工具理性主义的兴起),同时,也是为了阐明相似的社会机制如何在不同的历史背景中产生完全不同的结果。简言之,本书的研究属于历史社会学而非比较历史社会学的范畴。

本书的第二个认识论特点关系到我对机制分析局限性的关切。另外,它亦反映了我对历史及社会学分析本质的理解。让我们回到之前讨论过的问题——为什么弱国的国君会听信诸如他的军队统帅会背叛他而投奔强国之类的谣言?在稍前的讨论中,我用社会机制对这个问题做了解释,并指出只有当潜在的叛离者缺乏强烈的爱国意识或民族意识时(正如东周后期的情况),这种机制才有解释效力。社会机制的重要性会由于不同的宏观结构性条件和历史背景而发生改变(如这个例子所提示的那样),这构成了社会科学研究中机制性解释的众多缺陷之一[1]。以下,我列出了在社科研究中运用机制性解释时将会面临的一些问题[2]:(1)一个机制在社会生活中扮演的角色很大程度上取决于相关行动者是否意识到这种机制的存在[3]。(2)由于存在太多的社会机制,任何一个哪怕是不太复杂的历史过程都可以被多个不同的机制所解释。我们很难评判这些可以相互替代的解释中哪一个机制的作用更为重要,除非我们对案例背后的情境有深入的理解。(3)现实中的历史进程通常是由多个而非单一机制所塑造的。(4)众多社会机制之间有着极其多变和灵活的关联方式。不同的机制以不同的先后次序在不同的领域里对不同的历史进程发挥着不同的影响。(5)在某一历史进程中,一些机制的相对重要性以及它们之间的相互关系都由社会的宏观结构性条件所塑造。

对机制性解释大加推崇,却没有充分认识到这种研究方法的不足之处,使得社会学朝着让我们"只见树木不见森林"的方向在发展。因此,以上的讨论突出了本书第二个关键的认识论特点:本书将在解释中运用

---

① 阿伯特 Abbott(2001,第212页)曾恰当地指出:"社会学家们提出的普遍规律本身要受到历史变迁的大环境所制约。这些规律仅仅适用于某一特定的历史时期或历史时刻,因而它们各自有各自的特殊性。"

② 见赵鼎新(2009a)有关社会学研究中机制性分析的性质与局限的更多讨论。

③ 举例而言,如果一个组织的领导已经对"搭便车"机制所产生的问题有所重视,那么"搭便车"现象便不会在此组织中盛行。见奥尔森 Olson(1965)关于"搭便车"机制的系统讨论。

大量的社会机制,并将这些机制和机制间变化着的关系,及其对整体格局影响的变化,以及更宏观社会结构的变化有机地结合在一起。

　　遵循着我所致力达到的认识论标准,本书所采纳的研究与叙事策略或可被称为"宏观结构观照下以机制为基础的研究"(macrostructure-informed, mechanism-based study)。不像传统的机制性研究,这个新的研究和叙事策略不仅仅是要研究某些机制/因素在特定历史背景下的运作方式,而且还要关注如下几个方面:这些与研究问题相关的机制/因素所构成的整体格局;特定机制/因素在这一整体格局中的角色;这一格局随时间流逝而产生的变化;以及最后一点,在某一时期某个社会中的政治、意识形态、经济与军事力量结构关系的"观照"下,机制/因素所构成的整体格局的形成过程。故而这种研究方法既是一门科学,又是一门艺术。说它是一门科学,是因为我对宏观、中观层面历史进程的解释大部分是机制性的(因此是科学的)。说它同样是一门艺术,是因为机制/因素处于四种权力资源的结构安排之下,要描绘机制/因素的相对重要性、整体格局和规律性变化格外倚重于我们对历史的敏感性和辩证的想象力。最后,一个理论所能解释的研究问题的数量可被用来评判该研究的艺术构思和想象力的高下优劣。这一评判过程便将本书的两个认识论标准综合了起来。

　　本书的理论不像物理学中牛顿运动定律那样是一种系统理论。实际上,我所提出的理论甚至与生物学中达尔文进化论那样的一个对于生物学来说具有统一性的覆盖性法则(covering law)相比也相去甚远。这是因为社会行动者为他们自己的行动赋予意义,他们学习、犯错,且要面对难以预料的行动后果。于是,作为社会根基的四种权力资源也就交错演变出无数种可能的关系,又以千差万别却往往是相互对立的方式塑造着社会。要对如此复杂的社会现象进行描述,任何单一的覆盖性法则都是无法胜任的。同时,由于本书对某些细琐的历史曲折并没有做具体解释,而只是做了情境化的解读,故诠释(hermeneutics)也是我的历史叙事中的重要部分。此外,本书的理论并不能对中国历史上发生的所有事情予以解释。从新的研究问题出发或从其他层面进行分析自然会得出与本书不同的见解和理论。本书所提供的只是一种对中国历史可能的叙事,而非唯一的叙事。不过,本书既以上述两个认识论原则为圭臬,则试图建立一个标准,也就是:倘若其他学者提出另一理论来解释与本书相同的研究问题,则他就需要说服读者他的理论所能解释的问题比本书更多。

第一章
历史变迁理论

　　我的历史变迁理论可以用一句话来概括——**竞争与竞争结果的制度化（institutionalization）的辩证性互动是历史变迁的主要动力**。这一理论基于两个前提：首先，人类有着为了主导权而竞争的强烈倾向，无论竞争的主体是个人还是集体；其次，人类竞争的手段可能是意识形态的、政治的、经济的、军事的，也可能是其中几种的组合，抑或是它们的全部[1]。

　　虽然竞争是人类与生俱来的本性，且在社会中普遍存在，但真正促成重要历史型态出现的，是社会中主导性的社会行动者间的竞争以及作为竞争结果的制度化[2]之间的辩证性互动。在前现代世界，在"人民"作为强大的社会行动者登上历史舞台之前，精英之间的冲突以及精英群体的发展是历史变迁至关重要的推动力[3]。不同的社会产生出不同类型的主导性的社会行动者。这些社会行动者的性质强烈地塑造着精英之间的竞争以及历史的发展型态。社会竞争的性质随着技术、人口以及地理与环境等背景条件的变化而变化，反过来，这些条件又在一定程度上被

---

[1]　本章所提出的历史变迁理论指导了我对中国历史型态的分析。因为本书的本质是一项实证性研究而非理论探讨，所以，我将理论探讨仅限定在这一章中。我不会综述所有的相关文献，并且对于大部分重要概念的定义及其成立条件，我仅会在脚注中作简要说明。

[2]　这里所谓"作为竞争结果的制度化"，意指：这种制度化既可以是胜利者对其胜利成果的制度化，也可以是胜利者对竞争规则的制度化。——译者

[3]　见帕特克夏·克龙 Crone（1989，第4章）与 理查德·拉克曼 Lachmann（2000、2010）。

社会竞争的结果——即,制度化了的权力关系网络——所塑造[1]。

虽然我将人类竞争视为历史变迁的最根本的动力,但我并没有采用斯宾塞的这样一种观念,即他认为竞争必然把人类社会带向一个具有"连贯性(coherence)、多样性(mutliformality)与明确性(definiteness)"的更美好的社会[2]。人类竞争在文化层面运行,并遵循正反馈性的拉马克机制,而这类机制可以带来迅速的变化,但缺乏制约与平衡[3]。相比于遗传的本能,人类竞争的这一性质赋予我们的文化以更大的可塑性与适应性,但同时,正如我在绪论中所指出的,它也会带来许多危险,并会对人类社会的存在构成根本性的威胁。虽然人类竞争在我的理论中占据中心地位,但我对竞争以及作为竞争结果的历史变迁的分析并不附带任何目的论色彩或者褒贬之意[4]。

我的理论与新功能主义者(neofunctionalist)的社会—文化达尔文主义理论有某些相似之处。不过,两者之间有两点非常重要的差异。第一,虽然某些新功能主义者采用了"为强化而斗争"(struggle for reinforcement)的概念[5],但在他们的理论中,历史变迁的动力不是竞争而是诸如创新(innovation)、偶然的社会突变、分化(differentiation)、扩散、条件约束(conditioning)、惯习化(habituation)、文化熏染(enculturation)、同构性(isomorphism),或者缝隙间增长(interstitial development)等因素[6]。

---

[1]　技术与人口条件在很大程度上都属于被结构因素所限制的人类活动的产物。在这个意义上,它们内在于我的社会变迁理论。然而,某种技术因素或者人口条件一旦存在,它对历史发展的影响,就很难再被完全还原成某种社会结构性条件对历史之影响。地理与环境在根本上都是外在于人类社会的,虽然近代特别是工业资本主义兴起以来,人类改变地理环境的能力在呈指数级地增长。当然,我们也不能忘记前现代的一些人类活动也导致了大范围的森林砍伐与沙漠化效应,从而对人类社会的进一步发展产生了影响(伊懋可 Elvin 2004)。我将在本章的结尾部分讨论这些背景性条件在我理论中的角色。

[2]　斯宾塞 Spencer (1967,第 216 页)。

[3]　参见保罗·皮尔森 Pierson (2004,第 1 章)关于正反馈机制的一般性质以及具有正反馈属性的各类社会过程的精彩论述。

[4]　斯宾塞式的理论疏于考虑这样一个事实,即人类并不会因为一个单一的原因而竞争,而是出于一系列原因——从军事和经济到政治与意识形态——之间的相互组合。这些诱因中的每一个都会滋生出性质不同的竞争与型态各异的社会变化。因此,斯宾塞的社会达尔文主义是一种社会化程度很不充分的理论(undersocialized theory)。

[5]　布鲁特 Blute (1981)、兰顿 Langton (1979)。

[6]　参见亚历山大 Alexander (1988)、亚历山大 Alexander 与克罗密 Colomy (1990)、布鲁特 Blute (1981)、克拉克 Clark (2005)、迪马乔 DiMaggio 与鲍威尔 Powell (1983)、克鲁肯 Krücken 与乔瑞 Drori (2009)、朗西曼 Runciman (2003)、曼 Mann (1986)、特纳 Turner (2003)。

我并不完全否认以上这些因素在宏观历史发展中的作用,但是更强调它们往往居于次要的地位。换句话说,我的以竞争为动力的理论更接近于冲突理论而非新功能主义理论。第二,可能更重要的是,大多数新功能主义者并不像我在书中所做的那样,区分社会力量所具有的如经济、政治、军事与意识形态的不同类型。我理论的核心是人类竞争在不同理想型(ideal typical)面向上会产生非常不同的选择性压力,而新功能主义理论中并没有发展出这些概念。

在详细阐述我的理论之前,我必须指出我理论中的很大一部分是建筑在对理想型类别的演绎推理(deduction)之上的[①]。在社会科学中,用演绎逻辑较多的主要是分析哲学家与经济学家。然而,他们往往会从某一预先假定的社会状态(如罗尔斯的"无知之幕",或者奥尔森的"流寇")出发,推导出一个"美好社会"如何得以出现[②]。这些理论的决定论(或者目的论)性质对于我们解释纷繁杂乱的历史型态没有太大帮助。相反,理想型的演绎推理并非始于人为构建的假设,而源自人类竞争的四种理想型的可能面向:经济、政治、军事与意识形态。在不同的理想型

---

① 我们的思考与分析必须以概念为基础,但有关社会现象的概念所要把握的社会现实却几乎总是混杂的。因此,将一个源于特定时间、地点的概念应用于看上去相似但发生在不同时间、地点的事件,肯定就会出现各种偏差。为了处理这个问题,我采纳了韦伯的理想型方法(韦伯 Weber 1949,第 89—90 页;1968,第 20—22 页)。本书中使用的几乎所有概念,如封建、宗教、儒法国家、新儒学,都应该被当作理想型来理解,因为这些概念中的每一个都试图反映发生在极其不同的时代与地点的边界模糊的社会现象。当某一社会现象之各式各样的变种服从于正态分布时,理想型所把握的是这类现象的分布中心(centrality)。但是,在大多数情况下,某一社会现象的各类变种并不遵循任何数学模式。创造理想型概念的目的是为了体现某种社会现象的本质,从而使得在特定研究问题引导下的实证性分析成为可能。理想型是一种思想建构,或者用韦伯的话说,是一个"乌托邦"。它是"一种为了用以认识模糊、多变、难以把捉的现实而创造出的清晰、精确、完全抽象的'非现实'。"(艾布拉姆斯 Abrams 1982,第 79 页)。然而,即便理想型只不过是一种思想建构,某一特定理想型之优劣还是可以根据它对那些被公认为重要的理论和经验问题的解释效力而判定。一种理想型能够引导我们回答的问题越多,该理想型所具有的价值就越高。而那些能抓住某类社会现象之最重要"维度"的理想型集(ideal-type set),对于我们的经验分析与理论建构来讲,是极为有用的工具。

② 罗尔斯 Rawls(1971)、奥尔森 Olson(2000)。罗尔斯的"无知之幕"概念广为人知。不太为人所知的是奥尔森的"流寇"理论,它可以被简要总结如下:当一群流寇来到一个地方,他们理论上会做两件事中的一件:杀死原住民,占有他们的财富,或者征服当地居民,向他们收取"保护费"。根据奥尔森的理论,流寇倾向于采纳后一种策略,摇身一变成为"坐寇",因为,向当地居民收税在多数情况下是一个利益更大且更可持续的策略。不过一旦盗寇们开始收税,他们就会希望当地居民有更高的产出,以使他们可以收更多的税。为了达到这个目的,盗寇最后必须允许当地人民也享有一定的权利。奥尔森认为整个过程不但会使国家—社会关系变得愈发紧密,甚至还会迎来宪政与民主政治。

面向上开展的竞争又产生了不同类型的社会机制（本章详后讨论）。因此，这四种理想型面向——或者说是四种权力资源——所构成之格局，不仅差异化地塑造着人类竞争的结构，而且也导致不同的社会机制占据主导地位，造成了不同的历史变迁型态。因此，本章所阐发的理论具有一种非决定论的灵活性，从而与当代史学思维相兼容。与此同时，本章的理论仍保持了传统结构分析的严密，而这恰是当代许多史学研究所缺乏的。

一旦拥有了一个历史变迁的基本理论，我们经验研究的任务就变得清晰了。我们需要在一个特定社会中找到四种权力资源的历史嵌入性构造；辨别出由这些构造可能导致的历史发展型态；详细描述这些构造变化背后的逻辑，以及这些变化所催生的新的竞争结构与历史动态。正如我在绪论中所表明的那样，要弄清四种权力资源所构成的特定格局以及这些格局的变化规律是需要历史的敏感性与艺术的想象力的，而我们所构建的权力资源的格局所能回答研究问题的数目则是最终判断我们所做分析之有效性的标准。

虽然韦伯创造性地提出用理想型的方法来处理复杂的社会现象，但他却并没有致力于以理想型为基础的演绎推理。后辈学者倾向于将韦伯的理想型方法当作一种分类工具，而非一种方法来使用——这种方法使经验归纳（induction）得以向演绎推理转换的同时，却不失经验的复杂性。因此，我的方法可以被视为是对理想型分析在其理论、方法论和实证性上加以完善所迈出的一步。请读者务必注意的是，我的演绎方法并不是数学上的推导。在我的理论中，一定数量的归纳和解读总是与我的演绎推理共存。我在本书中所做的工作应该被看作社会科学分析中对理想型演绎的一种尝试。如果理想型演绎在未来成为一种主导性的研究方法，那么对以后的学者而言，我的这种尝试肯定是不成熟的。

本书的理论

人类与黑猩猩有很多相似之处。黑猩猩会表现出攻击性、会捍卫它们的领土、发展出某种"政治"关系，并能使用工具从环境中获取资源——这一切都和人类如出一辙。但是，与黑猩猩所不同的是，人类还具有论证生命的意义，向自己和同伴证明行动与意图之正当性的能力。人类的竞争行为受限于人类行为的基本特性，也就是说，被他们的领土行为、政治行为、经济行为与规范性/意识形态行为之特性所限制。这些行为特性构成了人类竞争的四个理想型面向，也就是社会权力的四个来源（four power sources），或者说四种资源[①]。更具体地讲，**经济权力**来源于人类对增强他们获取、改造、分配与消费自然物的能力之欲求[②]；**军事权力**源自人类的地域性以及由此而来的对组织性防卫的需要；**意识形态权力**来源于人类为其生活与行动的意义和正当性进行申辩和标榜的需要；**政治权力**则源于人类的社会属性，以及为了确保统治与合作而形成集中强制性（centralized-coercive）规则的需要。由这四种社会权力资源衍生出交错重叠的权力关系网络与组织关系网络。并且，四种权力资源不同的主导性地位将形成不同的整体格局，产生不同样态的社会。

我们应当在理想型层面来理解这四种权力资源。现实社会中的人与组织**在行为和功能上都是非常驳杂的（functionally multifarious）**；也就是说，具体的人和组织在行为和功能上所表现的都不会是一种单一的权力资源[③]。例如，国家是理想型政治权力最重要的体现，但在现实社会中，一个国家可能还往往管控着经济、意识形态与军事方面的力量，从而国家之间的竞争可以呈现出人类竞争的所有面向。教会是意识形态权力重要的体现之一，但中世纪的天主教教会在其巅峰时期也拥有着大量土地（经济权力）及自己的军队（军事权力），并在西欧政治的各个方面都扮演一定角色（政治权力）。在现实社会中，任何一种权力资源的拥有者一旦获得了支配权，它在功能和行为上就会变得驳杂，即，它会尽可能地将其控制范围扩张到其他权力资源的拥有者那里，直至这种扩张遭到其他权力资源拥有者在竞争的某个面向上对其发起有效的抵制。因此，在这个意义上，一个行动者所拥有权力之驳杂程度的强弱体现了它在社会中力量的高下。

我的理论很大程度上受益于迈克尔·曼在其杰作《社会权力的起

[①] 此处，"社会权力"（social power）被理解为社会行动者为了追求他们自己的目标而重塑人类与自然环境的能力。越强大的社会行动者就越有能力令他们的主张合法化、向人们灌输他们的想法，或者对别人的主张不予理睬，甚至动用资源来压制异议者。波齐 Poggi（1990，第 3 页）给出了一个与此差不多相同的定义。

[②] 四种权力资源的定义来自曼（1993，第 7—9 页）。曼最初的定义强调的是四种权力资源的功能性；在此处的定义中，我还加入了人类竞争以及人类对主导权的欲求等因素。

[③] 曼创造了"功能性混杂"（functionally promiscuous）这一术语来表现社会权力多方面的性质，参见曼 Mann（1986，第 17 页）。

源》一书中所构画的理论①。我借用了曼发展出来的概念,如缝隙中增长(interstitial development)、社会笼(caging)、结晶(crystallization)以及他关于权力特性的区分,诸如,广泛性(extensive)权力之于集约性(intensive)权力、权威性(authoritative)权力之于弥散性(diffuse)权力②、集体性(collective)权力之于分配性(distributive)权力、专制性(despotic)权力之于基础性(infrastructural)权力③。曼和我的关键区别在于我们对历史变迁的根本动力有着不同的认识。

曼同样运用四种社会权力资源的概念,但将四种权力资源的运作限定在其功能上。他认为历史变迁由诸如"缝隙中增长"和"非预期后果"(unexpected consequences)等所致④。然而,在我的理论中,这四种权力资源是社会行动者为了获得主导权而展开竞争的四个理想型领域,并且,竞争与竞争结果制度化的辩证性互动,而非"缝隙中增长"才是历史变迁的最为关键的引擎。因此,本书的叙述与分析会对社会行动者的规律性行为予以更多关注。

当然,曼并没有忽视竞争在历史变迁中所起的作用。例如,他曾说道:"为控制意识形态、经济、军事及政治权力组织而展开的争斗给社会发展这场大戏提供了核心剧情。"⑤在分析现代欧洲崛起时,曼同样谈到

① 曼 Mann(1986、1993)。

② 根据曼 Mann(1986,第7—9页),广泛性权力(extensive power)是指一种把分布在辽阔领土上的众多人民组织起来使他们进行分工合作的能力,这种能力并不考虑合作化程度的高低。集约性权力(intensive power)指的是一种将人民紧密组织起来,并协调他们开展高水平的协作活动的能力,这种能力不考虑组织活动所涉及区域的大小或人数的多少。权威性权力(authoritative power)则是个人或群体行使的一种权力,它由明确的命令和有意识的服从所构成。与权威性权力相对应的是弥散性权力(diffusive power),这是一种遍及于全体民众,可以导致类似社会实践活动的权力型态,但是它所导致的社会活动虽然体现了权力关系,但却并不是在明确的命令要求下进行的。

③ 曼对"基础性权力"(infrastructural power)的定义与在经验研究方面的应用所强调的是我所谓的"基础性硬件条件"(infrastructural hardware)——道路建设、货币铸造,以及交通、通信技术的发展等使某种或某些社会基础性权力得以实现的硬件条件。然而,曼显然忽略了人民是否愿意跟权力行动者主动合作这一问题,即我所谓的"基础性软件条件"(infrastructural software)。这同样也是基础性权力的一个重要方面(赵鼎新2001,第18页)。

④ 在生物学中,"缝隙中增长"这一术语指的是一种进化发展趋势。它主要的进化动力并非来自优势物种,而是来自不同生态位夹缝中生存的物种,这些物种只有当环境发生改变时才会变得重要。在社会学的说法中,这意味着,虽然社会关系制度化的形式往往有利于占有主导性的社会行动者,但是总会有一些边缘性的社会关系与之共存,随着后者变得越来越强大,就会产生无法预料的后果(如在前现代的欧洲,资产阶级就是从社会权力的缝隙中兴起的)。

⑤ 曼 Mann(1993,第9页)。

基督教欧洲（Christian Europe）是一个高度竞争性的文明[1]。不过，在曼的理论与经验论述中，竞争并不是历史变迁的关键动力。相反，曼用"社会笼"理论来解释文明与城市国家的兴起，用传统帝国通信和运输能力的有限性来分析和解释传统帝国的性质和发展，并用天主教世界发展过程中产生的三大未预期后果（即天主教提供了一种跨地域的身份认同、维系了欧洲文明、推动了远程贸易）来解释现代欧洲的崛起[2]。虽然，曼对历史发展每一阶段的分析都很有洞见，但在历史是如何从一个阶段发展到另一阶段这个问题上却语焉不详。总体来讲，阅读曼的著作，我们可能会产生这样一种印象，即，他的经验分析是描述性的、后置性的（postpositive）和碎片化的，而且他的解释多少给人以理论化程度不足的感觉。

经济权力与军事权力

经济竞争以及随之产生的经济权力[3]展现出五种特征。第一，竞争者容易对各自的表现作出评估。换句话说，理想型的经济竞争有着非常明确的胜负标准。第二，经济竞争中的胜利者必须比其对手能更有效地进行生产或获取自然资源。这就引发了累积性发展，或者某种使人类创造与累积财富的能力得以增强的社会变化。第三，竞争中所得的收益归竞争参与者私有。第四，因为纯粹的经济交易只能在交易双方自愿的基础上发生，所以经济权力是非强制性的。第五，相较政治权力与军事权力，经济权力是相对去中心化的，或者说，有更强的分散性。这是因为每一个个体或多或少都会出于维持生计或谋取利益的动机而参与到经济活动中来，而且没有哪一个或哪几个经济组织能够主宰经济生活中每一个可能的领域。

和经济竞争一样，理想型的军事竞争同样有一个鲜明的胜负标准（也就是说，对参战者而言，无论大小战斗最终都只有战胜或战败两种明

---

[1] 曼 Mann（1986，第504页）。

[2] 曼 Mann（1986，第3、5、9、12章）。

[3] 对于四种社会权力（力量）中的 power 一词，译名依据具体语境的不同而作不同处理：当 power 强调其拥有者的主体性，或反映某种权力关系时，将之译为"权力"；而当 power 指涉的是某种结构性的社会力量（即不强调拥有者的主体性）时，将之译为"力量"。特此说明。——译者

确的结果）。而且，为了在军事竞争中取得胜利，竞争的参与者也同样必须比他们的对手更加有效地生产或获取自然资源，因而军事竞争也会触发累积性发展。军事力量和经济力量的相似之处就止于此。他们的区别在于军事竞争将破坏作为目标，而生产只是它的一个非预期后果①。另一方面，经济竞争者的目标是将有效生产最大化，但可能在无意中会带来负面结果，比如经济危机、巨大的收入差距和环境恶化。然而，理想型的军事竞争却总会以带来某些类型的公共物品（比如，取得土地和资源，或者提升民族自豪感）作为结果。然而，军事力量一般都掌握在少数强大的社会行动者手中，而且使用它的方式是强制性的。因此，军事力量甚至比政治力量更容易走向集中化，并具有更强的压制性。

基于上述特征，我们可以推论经济竞争与军事竞争会以下列方式塑造历史变迁：第一，虽然 19 世纪与 20 世纪早期的哲学家与历史学家倾向于认为历史受一种有目的的力量所驱动，但大多数当代历史学家则坚持认为每一段历史与每一个历史事件都是独特的，甚而完全否定历史普遍规律的存在。这种当代的认识论已经成了无数历史研究的基础。这些研究关注的历史细节越来越细碎，并且其研究者力图摒弃前人的各种所谓"本质化"（essentialized）的概念与观点。而从上述的经济竞争与军事竞争的性质我们可以推理得出，历史肯定是累积性发展的，尽管历史并无目的可言，并且也不受某一个或某几个机械性地组合在一起的历史逻辑所推动。这主要是因为经济竞争与军事竞争都有着清晰的胜负标准。这种竞争结构刺激了军事与经济竞争者为得到或维持主导权而获取更多资源，并进行更有效率的生产②。

---

① 由于过度扩张，军事力量可以导致一个国家的衰落或者崩溃。军事竞争所制造的破坏有时可以导致一个地区或者整个文明的普遍衰退（奈夫 Nef 1950）。不过，迄今为止的历史呈现出如下趋势：当一个国家因为军事过度扩张而衰落时，其他国家将会趁此机会发展壮大；当一个国家或者一个文明被战争所毁灭后，它在军事竞争中所获得的组织能力和技术经验并不会完全丧失，反而会成为推动进一步累积性发展的至关重要的动力。

② 文化史学家，如彼得·伯克 Peter Burke（1992，第 134—135 页），同样认识到了军事与经济竞争的累积性动力。今天一流的文化史学家已经开始注意到他们方法的缺陷，并且重新发现了"结构性力量"在塑造社会变迁时所起的作用。下面来自休厄尔 Sewell（2005，第 49 页）的评论也突显了和我观点相同的意思："在这个历史学家已欣然抛弃了结构决定论的时代，我们自己社会的型态却随着世界资本主义结构的变化而发生了根本的改变。"

一直以来，学者们致力于分析战争对社会的各种重塑作用①。他们多多少少会把斯宾塞关于战争影响社会变迁的说法视为理所当然。这种观点认为战争迫使所有的参战方发挥工具理性、加强组织能力、攫取自然资源、提高生产效率；总括起来，这些工具理性行为推动了社会的发展。不过，我必须提醒读者，与理想型的军事竞争相比，实际的战争对于社会变迁却有着与此相异且更为复杂的影响。例如，如果某个国家在一场战役中彻底摧毁了另一个国家（如一次游牧民族的成功侵略），被击败的国家就再也没有机会从失败中学习经验教训了，尽管这场战争可能对密切关注它的其他国家造成深刻影响。只有在那些双方都不能一次击败对方的战争中，胶着对抗的双方才会有能力、有可能做各种改变以使自身在战争中占据上风②。在传统社会中，封建国家之间的战争最有可能带来迅速的累积性发展，因为军事力量旗鼓相当的多个国家之间经年累月的竞争为这类发展提供了动力。这就是为什么东周时期的中国以及第二个千年的欧洲都经历了非同寻常的历史发展③。

第二，虽然历史是累积性发展的，但它却不是线性的。历史发展之所以是非线性的，乃因为不同时空会影响四种权力资源的格局，也会相应地影响了累积性发展的性质与速度④。当四种权力资源被按照某种方式构成一定的格局时，历史甚至可能出现停滞或者倒退⑤。只有在四种权力资源的配置中经济竞争与/或军事竞争处于主导性地位时，累积性发展才会在一个社会中加速进行。

第三，当经济竞争与军事竞争在一个社会中占主导地位时，它们的重要性也会反映在社会思想上。诸如社会达尔文主义、经济自由主义、黑格尔的线性史观以及马克思主义全部出现在 19 世纪的欧洲：它们的出现在相当大的程度上是因为西方帝国主义与工业资本主义已经极大

---

① 例如参见安德烈斯基 Andreski（1971）、贝利 Bayley（1961）、贝斯特 Best（1982）、布莱克 Black（1991）、布劳尔 Brauer 与凡塔利 van Tuyll（2008）、坎贝尔 Campbell（2002）、克拉克 Clark（1958）、克瑞顿 Creighton 与肖 Shaw（1987）、唐宁 Downing（1992）、黑尔 Hale（1985）、霍华德 Howard（1976）、帕克 Parker（1988）、罗伊 Roy（2006）与温特 Winter（1975）。

② 例如，在百年战争（1337—1453）结束时，法国与英国都通过新发展起来的征税能力、常备军、军事技术（特别是长弓）而极大地增强了它们的国家能力。

③ 有关战争与第二个千年欧洲发展的分析，参见梯利 Tilly（1992）与温特 Winter（1975）。

④ 这就是为什么历史变迁速度的差异在布罗代尔（1980）的理论建构中居于核心地位。

⑤ 例如，在前现代的印度与伊斯兰世界，军事竞争所带来的累积性发展动力受到各自社会中的政治力量与意识形态力量之间的结构关系所抑制（霍尔 Hall 1987）。

地激发了西方社会的生产能力，并让那个时代的知识分子误以为历史是线性发展的。

第四，随着经济与军事竞争不断升级，社会行动者的组织、生产与获取自然资源的能力都得到极大增强，政治权力与意识形态权力及其拥有者的性质与发展便会受这些变化的影响产生出可预期的以及不可预期的后果。这些影响包括但不限于：能服务于政治控制与信息传播的技术得到发展，政治与意识形态行动者可获得的资源不断增多，政治制度与意识形态制度日趋复杂精致，经济与军事竞争中的工具主义逻辑向着政治与意识形态领域扩散。当然，四种权力资源之间的关系不是单向的，而是辩证的，彼此交织、相互建构的。

第五，虽然经济与军事竞争胜负分明，且都加快了累积性发展，但是它们对社会权力的分配却有着不同的影响。军事力量很容易被少数人掌控①。当军事力量由国家控制，军事竞争便会促使国家的统治者更有效率地进行管理与征税，并使他们有能力运用已掌握的军事力量主导国内局面②。军事竞争因此往往会强化国家集权。相反，一个竞争性的商业环境不仅提高了社会中经济资源的总体数量，而且也促进了社会内大大小小许多经济权力拥有者的出现。经济竞争因此导致了社会权力的分散化。

第六，经济与军事竞争都会塑造人们的行为动机。在经济或军事竞争中明确的成功标准使其参与者不得不发挥工具理性以占取上风。这些种类的竞争刺激了工具理性的发展（即对目标—手段的理性计算是其决策的唯一基础）并使工具性动机在累积性社会变迁中成为强有力的推动力。然而，理想型的意识形态竞争并没有明确的赢者与输家，也不会强化工具理性思维及其行动。因此，在一个社会里，不同种类的社会力量以及围绕它们展开的竞争必然会导致在人群中发展出不同的动机结构（motivational structures）。故而，人类的动机在社会变迁中并不是一

---

① 曼 Mann（1986，第28页）。
② 珥特曼 Ertman（1997）、芬纳 Finer（1975）、辛兹 Hintze（1975）、曼 Mann（1986，第13章）、拉斯勒 Rasler 与汤普森 Thompson（1989）、梯利 Tilly（1992）。梯利 Tilly（1975，第42页）认为战争会"促进领土的合并与集中化、政府机构的分化，并使强制性手段占据垄断地位"。波特 Porter（1994，第10页）则观察到，军事冲突会从多个方面增强国家权力，比如通过"破坏那些对中央集权起到抑制作用的传统社会结构与社会抵抗资源；促使国家领导人压制敌对派系、扩充军队、增加税收，并为这些行为提供道德上的正当性；助长了某种社会危机感，并使社会易于接受高压统治及随之而来的国家暴力"。

个不变的常量[1]。

第七,一旦战争取胜,胜利一方的所有人或多或少都会获益。军事竞争因而激发了公域导向的工具理性的发展。相反,在理想型的经济竞争中,只有获胜者本人会获得好处。换句话说,经济竞争促进了私域导向的工具理性的发展。而且,要获得战争的胜利,国家与军队必须在武器制造、征税、指挥结构等诸方面提高效率,因此军事竞争同样促进了官僚制度的发展。

第八,虽然人们在政治和意识形态上的追求各有不同(种类上的不同),但几乎每一个群体或个人都渴望获得经济利益。换言之,几乎每一个人都会参与到竞争性的经济活动中来。而且,与经济竞争相伴的非预期后果通常能够在悄无声息之中有效地改变社会的几乎每个方面,从人口数量、城市化水平、分层与流动、教育与技术发展到人们的行为动机与社会文化[2]。

合法性与理性

在探讨意识形态权力和政治权力的性质及它们在历史变迁中的角色之前,我先要讨论两个对我的经验分析至关重要的概念——合法性与人类理性。

韦伯认为习惯、情感与理性计算是人类服从(compliance)的三个基础;相应地,他将传统合法性、魅力合法性与法理合法性看作是社会权力得以合法化的三种理想型手段[3]。相形之下,我并不将合法性的理想型来源等同于人类服从的基础,而是将之等同于使统治合法化的可能路径,即,通过采用公平的法律法规及社会程序、提供公共物品,以及提供社会共同价值观(这些价值观可以来源于传统、宗教,或者世俗意识形态)来对统治进行合法化。相应地,我将处于主导地位的社会行动者们的合法性资源分为如下三类:法律—程序合法性(legal-procedural legitimacy)、绩效合法性(performance-based legitimacy),以及意识形态

---

[1] 不是像曼 Mann(1986,第 2—3 页)所声称的那样,人类动机在历史中的角色是固定不变的。

[2] 例如,近来中国市场经济的崛起已使社会中多个重要方面发生了根本性变化。这些变化要比之前那些在毛泽东时代国家试图改造社会所带来的变化来得悄无声息,且对社会的影响也要更加长久。

[3] 韦伯 Weber (1978,第 28 页)、本迪克斯 Bendix (1962,第 290—297 页)。

合法性(ideological legitimacy)。

当法律法规对所有相关社会群体具有约束力,且社会规程一般通过被广泛接受的程序(如定期选举)所确立,则主导性社会行动者享有**法律—程序合法性**。当人们认为统治者的行为能为他们提供有益的公共物品,则主导性社会行动者享有**绩效合法性**。当大多数人认为政治统治赖以维系的价值观与人们自身的观念一致或相似之时,则主导性社会行动者享有**意识形态合法性**[①]。

与合法性主题密切相关的,是韦伯关于人类理性的分类,但这一点却被曼所忽视,这可能是因为曼深信在历史变迁中人类的动机是一个作用不大的常量[②]。然而,人类的动机是多样的,并且,每一类动机在塑造群体动机结构的变化上都各具重要性,而群体动机结构改变则会对社会产生重大影响。根据斯蒂芬·卡尔伯格(Stephen Kalberg)的研究[③],从韦伯的著作中可以归纳出四种不同的理想型理性。它们分别是工具理性、理论理性、形式理性与价值(实质)理性。工具理性驱动着那些纯粹实用性的、自利的社会行为;价值理性则根据特定的原则或传统来指导社会行为;形式理性为那些遵循法律、规则与条例的社会行为提供了正当性;理论理性则"通过构建越来越精确抽象的概念,而非借助行动,有意识地把握现实"[④]。

我对韦伯的分类做了如下调整。首先,我保留了工具理性的概念,但将之再细分出两种类型,它们是**私域导向的工具理性**(即,为了私人和小团体的利益而对目标—手段进行理性计算)与**公域导向的工具理性**(即,为了大集体的利益而对目标—手段进行理性计算)。其次,我将理论理性与形式理性合为一类,即,**理论—形式理性**。虽然理论理性与形式理性有着不同的思维模式,但作为辅助理性思维的两个最为重要的工具,它们都能够拓展人类工具性计算的能力,并且有助于将人类的特定价值观或意识形态发展成复杂的理论。而且,它们也都倾向于在工具理性文化所主导的社会中得到更充分的发展,这是因为它们可以非常有效

[①] 在这一新的分类中,韦伯的魅力型合法性可以是对其中任何一类合法性的补充,但它往往是意识形态合法性的一种极端形式。另见赵鼎新(2001,第19—23页)关于法律—程序合法性、意识形态合法性与绩效合法性概念更深入的讨论。比瑟姆 Beetham(1991)对于合法性资源有另一种分类。赫克托 Hechter(2009)对这个题目也有新的研究。

[②] 曼 Mann(1986,第2—3页)。

[③] 卡尔伯格 Kalberg(1980)。

[④] 卡尔伯格 Kalberg(1980,第1152页)。

地辅助工具理性的计算①。

最后，我保留了价值理性的概念，但是将它的使用限定在基于既定价值或传统的理性计算上。另外，在韦伯原来的理论构建中，他将那些在历史过往经验指导下进行的理性计算看作是对价值理性的运用。但是，我提议将这种理性作为一种新的理性类别——**历史理性**。虽然，在本书的第六章我会更为详细地阐述历史理性及其对中国历史的结构性影响（中国是历史理性早熟的国家），但此处我有必要对历史理性的定义，以及它与其他人类理性形式的区别作以简要的讨论。

在理想型意义上，历史理性可以被定义为人类有意识地通过理解历史规律来认识过去与现在的一种理性。历史理性推重的是整体性方法（holistic approaches）。这种理性使社会行动者较少关注社会行动的直接因果效应，而使他们更专注于历史性的力量与社会行动主体之间的相互关联、历史发展的非预期后果，以及历史变迁的辩证本质。它也使得合于历史智慧的社会行为得以合法化，而这些历史智慧来自于人们当时对历史规律的认识。

如同理论—形式理性，历史理性也是一种辅助我们进行理性思维的工具，但是从理想型上讲，这两种理性或许是对立的。理论—形式理性倾向于进行深入、抽象的推理与思考，旨在建立因果规律——由此可以揭示出某些被孤立起来进行分析的关系中存在的特定模式。然而，历史理性则采用整体性方法，旨在理解更宏阔的历史图景。理论—形式理性在历史理性早熟的地区一般较难发展，反之亦然②。甚至在今天，这种对立的倾向仍旧存在。因此，对于那些相信人类理性有能力在理论—形式工具的帮助下为世界建立起理性秩序的社会行动者而言，他们总会把历史感（historical sensibility）视作是传统的和非理性的；同理，对具有极强历史感的社会行动者而言，那些衷心相信人类理性足以建立并重整世界秩序的行动者则是目光短浅之辈。

---

① 关于基督教在宗教改革期间与之后面临的许多问题，曼 Mann（1986，第 14 章）也有过精彩的讨论。

② 第六章会对这种对立作进一步讨论，届时我将分析东周时期中国高度发达的历史理性及其对古代中国哲学的塑造。

意识形态权力与政治权力

理想型的意识形态竞争如同蒙面人之间的辩论。这样的竞争不会激发一个社会的累积性发展,因为人类生产能力的增长不可能通过口头上的争论来实现。除了那些可以被明确证伪的观念,比如自然科学中的一些理论,人类所创造的大多数观念属于价值观领域、意识形态领域以及审美领域。正因为关于这类知识的论断无法被明确证伪,所以辩论也就难以解决人与人之间的分歧。因此,意识形态竞争没有清晰的胜负标准。就其理想型而言,这类竞争也不是强制性的,也就是说,没有人必须听信和服从争论对手的信仰。而且,我们对世界的认识和对意识形态的理解总是以个体经验为其基础,而不同人的体验和经验又大相径庭,这就意味着意识形态力量在本质上是高度多元化的。最后,意识形态可以用于论证社会行动者行为正当性。它因而具有一种可以赋予个体行为,乃至现存社会权力结构合法性的力量(a legitimating power)。

理想型的政治竞争(和平选举或派系竞争是较接近于这种理想型的例子)则有着明确的判定输赢的标准。并且,同军事竞争与经济竞争一样,其竞争策略也可以是工具理性的。但是,理想型的政治竞争较少引发效率导向型的物质生产或资源分配,因此对累积性发展贡献很少[①]。事实上,前现代政治行动者与意识形态行动者基本上都不喜欢累积性发展,因为累积性发展总会松动某种政治统治与意识形态主宰的基础。由于这个缘故,在前现代社会,国家的发展(以及在一定程度上,意识形态的发展)更多是累积性发展的结果,而不是其原因[②]。像军事权力一样,政治权力也是集中性的、强制性的[③]。而且,与军事组织相同,政治组织也在不同群体之间的竞争中发挥着关键作用。不过,与军事组织不同的是,政治组织还必须调节群体内的竞争与合作。一个政治组织所需提供的规则、法律,及其他公共物品赋予了政治权力以绩效合法性,而这是其

[①] 这就是为什么更纯粹的政治竞争(如宫廷阴谋与选举)所引发的累积性发展,要比那些牵涉其他权力资源与行动者的政治竞争少得多。

[②] 这是一个简化了的逻辑。在现实世界,一旦一个前现代的国家由于累积性发展而获得力量,它就会变得更加有能力发动战争,而战争可以进一步触发累积性发展与国家发展。梯利(1975,第42页)有一句格言:"战争制造国家,国家也制造战争。"军事竞争与国家发展之间的关系是辩证的。

[③] 曼 Mann(1986,第27页)、波齐 Poggi(1990,第5页)、梯利 Tilly(1992)。

他三种权力资源所不具备的。

在阐述了所有四种权力资源的基本特征后，我们现在就来考察这些权力资源对历史变迁的其他路径的影响。让我们先从意识形态权力开始。

正如前面提到的，理想型的意识形态竞争并不引发累积性发展。但是，它可以通过其他许多方式来塑造历史变迁。例如，因为意识形态竞争没有清晰的胜负标准，那么在一个充斥着意识形态竞争的社会中，工具理性就会受到压制。但是，由于意识形态力量是非强制性的，并且个人对某一意识形态的理解与其个体经验密切相关。因此，不仅那些有着不同社会/家庭背景、利益诉求或个性特征的个人可能会接受不同的意识形态，即便是那些信奉相同信仰的人对那种信仰也可能有着迥异的理解。在特定的时间与地区，决定一种意识形态或一位思想家能否被广泛接受的，往往不是该意识形态或思想家著作的品质，而是：

（1）是否有来自强制性的（如国家、军队）或半强制性的（如宗教组织、一流大学、主流媒体）社会行动者直接与间接的支持[1]；（2）人们是否对重大历史事件拥有共同的经历和体验（比如，第二次世界大战或苏联解体都会给当时的人们带来一种共同的经历和体验）[2]。然而，那些经由重大历史事件而产生的社会共识终会烟消云散，而且它的消散总比其拥护者所预期的要快。这是因为：四种权力背后的行动者们有着不同的利益诉求，他们会利用这种社会共识达到不同的目的；也因为社会共识会产生重要的非预期后果；还因为后辈无法拥有那些产生了父辈们社会共识的生活经验。

今天我们总认为不同观念之间的"自由"竞争（我指的是理想型意义上的自由，因为现实生活中意识形态竞争很少能摆脱其他力量的干涉）会使人们达成共识，并且相信在大多数情况下，这种竞争也能催生出更好的观念。然而，这是一种经济学还原主义（economic-reductionist）的思考方式。诚然，思想观念的自由竞争确实有利于多种观念的共存，并

---

[1] 革命者很了解意识形态权力的性质。例如，青年土耳其党人运动（Young Turks movement）的领袖明确声明："单靠宣传与出版，发动不了革命。"（温戈尔 Üngör 2011，第 29 页）

[2] 在一场经济或者军事竞争中，当一种意识形态的支持者击败了另一种意识形态的支持者，无论是赢者还是输家都会将胜利与胜利者的意识形态联系在一起。于是，这种意识形态便会流行开来。这就是为什么"二战"之后西方的观念与生活方式会迅速蔓延。

可以使一些人更深入、更清晰地思考问题,但它绝对不保证最好的观念能被社会所广泛接受。以上所提出的这些意识形态权力的基本性质也应该是我们研究历史记忆的根本性指南。

在四种权力资源中,政治权力最可能凌驾于其他三种之上。这是因为,从理想型上讲,经济权力与意识形态权力都更具扩散性(或者是去中心化的),并且,意识形态权力依靠的是劝导和游说。经济权力与意识形态权力本质上没有一个是强制性的。而军事权力虽然在性质上是强制性的,但是当一个军事将领控制了一片规模可观的领土,就必须接管越来越多的非军事性职能,并且基本上要开始扮演一个政治行动者或者国家行动者的角色,否则那个将领所掌握着的军事力量就会缺乏合法性[1]。政治权力不同于其他三种权力资源之处在于它既是强制性的又来自于单一中心。为了对内施行强制性统治、对外防御领土入侵,政治行动者就不得不建立军队,并寻求控制军队的方法。政治行动者的权力也就随着军事冲突而得以迅速发展,因为在战争中总是规模更大、实力更强的国家容易取得胜利[2]。

历史上,军事将领常会篡夺他们曾经奋力保护过的政权。但是,一旦篡权成功,军事行动者就会发现自己几乎转变成了政治行动者,并因此须要向他所刚刚征服的被统治者们提供公共物品(如法律与秩序,灾荒期间的救济,等等)。然而,即便政治行动者同样也控制着军队,他们却不可能把自己转变成军事行动者。这是因为,只有在某些最低限度的公共物品(即被统治者的最低需求)能够得到满足的情况下,被统治者才会对政治行动者保持忠诚。需要向被统治者提供公共物品的义务赋予了政治行动者绩效合法性,而这是其他理想型的社会行动者们所不享有的。这就是为什么中世纪欧洲的国王在多数时候仍有能力掌控教会,尽管罗马帝国崩溃后国家权力已经大规模衰落了[3]。政治权力的绩效合法性还解释了为什么许多近代欧洲思想家,从霍布斯到卢梭,都会捍卫并

---

[1]　芬纳 Finer(1988,第 3 章)。芬纳认为,除了缺少合乎道德的名义来进行统治外,军事力量也无法有效地管理一个高度复杂的社会,因为这种社会的运转需要巧妙的协调与游说,以及许多非强制的激励性结构。

[2]　梯利 Tilly(1985,第 175 页)。

[3]　斯特雷 Strayer 与芒罗 Munro(1970)详尽地论述了中世纪时教会与国家之间的关系所发生的变化。

倡导那种只被某些"社会契约"所限制的国家权力①。简言之,尽管在过去的几千年中,国家权力经历了起伏涨落,但它还是朝着对社会的统治不断加强的方向发展,而这种发展是以不断地牺牲其他类型的社会权力为代价的。现代国家已经变成这样的"利维坦",以至于当代哲学家在他们的政治理论中往往都会极力推崇非国家的政治行动者(nonstate political actors)所发挥的作用②。

然而,绩效是一种不稳定的合法性资源,因为具体的绩效承诺一旦兑现就会将人们的期望抬高,而一旦承诺未被履行,便会诱发政治危机③。因此政治行动者也必须诉诸价值观——世俗意识形态、宗教或者传统——来支撑他们的合法性。

意识形态的合法化功能对于意识形态与政治权力之间的关系极其重要。不同的意识形态可以催生出不同型态的国家,有些意识形态加强了国家权力,而有些则会使之弱化。约翰·霍尔(John Hall)在其开创性的著作《权力与自由》(*Powers and Liberties*)中对这一重要洞见就有过清晰的阐述④。然而,必须附加说明的是:意识形态是多变的,也就是说,意识形态(或者宗教或传统)能够在不同的社会背景中不断地改头换面,从而与其他权力资源发展出各种新的关系,而这些关系将会结晶在新的形式之中。任何声称政治权力与意识形态权力之间有一种固定关系的说法都会在现实中碰到与之严重不符的情形和相违背的反例。不过,超验性的(transcendental)意识形态常会孕育出具有自主性的意识形态思维方式与制度⑤,在此情形下,国家很难与这种意识形态建立起稳定的关系。另一方面,内在性的(immanent)的意识形态则倾向于加强(或削弱)现存的权力关系,它所造就的意识形态思维方式与制度则

---

① 例如,卢梭 Rousseau(1997,第 61、119 页)曾主张政治实体(国家)应该具有"凌驾于其成员之上的绝对权力",这是因为只有它才具有提供公共物品的能力,并且他认为这种绝对权力不应该受到干预,"除非它变得与公共利益不相容"(或者与人民的"公意"相悖)。当然,卢梭的政治理论被指责为与法国大革命期间的恐怖统治以及 20 世纪的"极权民主"难脱干系。(例如伯克 Burke 1987;康斯坦特 Constant 2003;塔尔蒙 Talmon 1952)。

② 我想到的是哈贝马斯 Habermas(1984、1989)与其众多追随者。

③ 赵鼎新(2009b)。

④ 霍尔 Hall(1986)。

⑤ 曼 Mann(1993,第 7 页)。根据曼 Mann(1986,第 23—24 页),意识形态可以产生两种权威形式:一种是权威的"神圣"形式,它具有更强的自主性,并且这种权威形式凌驾于全部现有的社会群体之上;另一种则是权威的社会界定形式,它增强了已有社会群体的凝聚力和权力。当然,不同的意识形态对权威形式的这两种倾向所产生的影响是不一样的。

会支持（或反对）现存的政治秩序。当然，现实情况远比我在这里的讨论更加复杂，因为许多意识形态同时拥有超验性与内在性两个方面，并且性质很容易发生变化。

现代性与私域导向工具理性的价值化

相较于其他三种权力资源，政治权力在一定意义上是影响历史变迁的首要因素。然而，我们也不能说马克思主义者认为经济力量在塑造历史变化的决定性因素中占有首要地位是完全错误的看法。经济权力源于人类维持生活的最基本需求——食品、衣物、居所以及生产这些物质条件的工具。经济权力是所有社会行动者存在的"基础"。由经济交换产生的价格机制同样普遍地影响着所有个体和集体行动者的行为（无论他们持有怎样的价值观）以及社会结构。然而，经济权力与那些掌握经济力量的社会行动者却有着组织上以及意识形态上的弱点。在传统社会中，这些弱点的具体体现就是经济竞争是推动社会变迁的一种弱驱动力。不像军事与政治行动者，理想型的经济行动者缺乏集中性的、强制性的手段来获得社会权力网络中的主导地位。同样重要的是，不像理想型的政治与意识形态行动者，理想型的经济行动者是通过以自我为中心的工具理性方式来表达自己。但是，人类却习惯于按照某种价值观来论证行为的正当性[1]。那些在价值观上无法自圆其说的行为很难让行动者感到满意（或者至少不如预期的那样令其满意），并且这样的行为肯定会使其同伴与之逐渐疏远。私域利益驱动的经济行为由于在本质上是机会主义的，因而无法主动营造舆论环境而只能被动地对舆论做出反应[2]。因而在传统社会中，私域利益驱动的经济活动无法抵挡来自价值观层面的指控。在这样的社会中，商人容易遭到人们的鄙薄，除非他们能拿出一套价值观层面的说辞来论证他们经济活动的正当性。

学者们长期致力于探求现代性的关键特征。他们所列出的特征已包括了诸如工业资本主义、官僚化、世俗化、民主化、全球化、性别平等、理性化、个人主义的崛起，以及工具理性的主导，等等[3]。在这些特征中，

---

① 涂尔干 Durkheim（1951，2001）。

② 卡尔伯格 Kalberg（1980，第 1164 页）。

③ 见亚当斯 Adams、克莱门 Clemens、奥尔洛夫马 Orloff（2005，第 14 页）；特纳 B. Turner（1992，第 13 页）也列举了类似的现代性要素。

"工具理性的主导"算得上是最贴切的一个,因为其他那些特征在某种程度上都是相对次要的,或者是由别的特征衍生出来的。例如,韦伯认为官僚行政制度是现代社会的一个核心现象①。但在现代性兴起之前,官僚制已经在世界上的某些地方得到了相当充分的发展②。这在很大程度上是因为官僚制可以提升许多不同类型组织的工作效率,包括那些在其价值观上坚决"反现代"的组织。因此,官僚行政制度本身并不是现代性的最为关键的特征③。

我认为意识形态赋予经济权力以正当性,即我所谓"私域导向工具理性的价值化及其主导化"(the valuation and domination of privately oriented instrumental rationalism),是现代性至关重要的特征。这一特征标志着社会出离了传统价值观念及其经济行为,是社会向着现代性进发的重要转折点④。

工业资本主义仅仅是私域导向工具理性在被价值化后最重要的结果之一。只有当社会认可了私人谋利活动的正面价值,并视其价值和其他社会价值等同的时候,资本主义精神方会繁荣,工业资本主义才会得以发展。工业资本主义之所以成了现代性的一个特征,乃是由于私域导向工具理性主义的价值化及其在社会中获得了主导性地位⑤。

随着私域导向工具理性在社会中兴起并获得主导性地位,现代科学与世俗意识形态也一并发展起来,它们要么为私域导向的工具理性提供正当性(如自由主义、社会达尔文主义),要么或多或少与之对立(如社会主义、法西斯主义、民族主义)。当私域导向工具理性主导了社会的发展,工业资本主义便随之崛起,而工业资本主义又促进了人口迁徙、城市化与全球化。众多世俗意识形态及其权力关系网络(特别是世俗化的民族国家)的兴起又将宗教从政治的中心挤压出去,从而使宗教成了意识形态权力的一种更加纯粹的表现,这便是所谓的世俗化现象⑥。然而,世俗化并不意味着宗教不能适应现代环境。伊斯兰教原教旨主义的崛起

① 韦伯 Weber (1968,第 223—225、1394—1395 页)、比瑟姆 Beetham (1974,第 15 页)。

② 艾森施塔特 Eisenstadt (1963)。

③ 不过,的确如韦伯所说,现代性强化了官僚行政体系。

④ 我想再次强调的是,这个转变是一个持续了数个世纪的缓慢过程(吉登斯 Giddens 1990,第 1—10 页;赫希曼 Hirschman 1977)。

⑤ 关于"私域导向工具理性的价值化"在西方工业资本主义兴起过程中所起的作用,本书第十三章有更详细的讨论。

⑥ 布鲁斯 Bruce (2002)、马丁 Martin (1978)、麦克劳德 McLeod (2000)。

与基督教福音派的发展壮大证明了宗教教义、制度以及宗教行动者极其多变的性质以及它们重新赢得支持者和进入政治领域的潜力[①]。

科学在现代世界的地位日益提升，部分是因为科学为私域导向工具理性提供了正当性并拓展了它的力量。意志的自由、选择的自由，及个人成就现在都获得了正面价值。这些价值观的变化从根本上重塑了受其影响的人类群体的行为动机结构[②]，转而进一步为历史变迁的发展轨道重新确定了方向。

现代性的核心，正是私域导向的工具理性得到了正面性的评价并主导了社会的发展。而当人类能够克制私域导向工具理性的狂热，却又不再会落入传统主义与极权主义的桎梏中时，或许可以说一个后现代的时代才真正来临了[③]。私域导向工具理性是在三个相辅相成的条件下才得以在欧洲成为一种正面价值观的：（1）先前在夹缝中生存的商人逐渐获得了足够的政治力量、意识形态力量以及军事力量（资产阶级掌握了对城市的管理权正是这一点的一个缩影），使得他们对传统的政治与意识形态行动者能够保持一定的压力，同时支持并影响了一批"进步"知识分子著书立说为谋利活动与资产阶级权力张目。（2）国家行动者越来越依赖于通过与商人的结盟来赚取更多金钱、维持帝国扩张以及对殖民地的管理。（3）成熟的理论——形式理性的发展有助于欧洲知识分子将他们对谋利是一种正面价值的解读进行系统的理论化。

在这三个条件中，第一个最明白易懂，赫希曼（Albert O. Hirschman）对之有过巧妙的论述[④]。第二个较为复杂。但波兰尼和其他一些学者都注意到了在现代欧洲的形成过程中国家与资产阶级之间的密切联系，因而也就抓住了这一条件的要旨[⑤]。因此，下面我只对第三个条件作出进一步解释。

理论——形式理性作为一种认知工具，对发展任何形式的理性都有潜

---

① 伯杰 Berger（1999）、布雷德绍 Bradshaw（1998）、史密斯 Smith（1998）。

② 赫希曼 Hirschman（1977）。

③ 艾森施塔特 Eisenstadt（2000）认为现代性是多重的。但对我而言，在非西方国家表现出来的所谓的多重现代性只是对同一主题的不同表述，并且这些现代性主要表现为对传统束缚的舒解，而非后现代的自由。

④ 赫希曼 Hirschman（1977）。尤其可以参见赫希曼 Hirschman（1977，第56—66页）关于对赚钱的认识如何发生改变的论述：赚钱曾经被人们认为是贪婪的表现，近代欧洲的思想家却将之视作是无辜的行为，并对之大加提倡。思想家们认为"赚钱"源自一种"冷静的激情"（calm passion），而这要远高于启蒙时代之前那些古老的激情。

⑤ 波兰尼 Polanyi（1957）。

在的助益，而它对工具理性的发展则最为有效，特别是私域导向的工具理性。由于理论—形式理性具有"价值中立"的性质，因而它并不倾向于压制工具理性。事实上，这二者有着某种天然的联系，因为一个理论是否优于其他理论的标准最终取决于该理论在理论或（和）经验上的效用。此外，即便没有这一理性工具，那些被人们认为有"价值"的现象仍会得到迅猛发展，正如基督教和伊斯兰教在前现代的欧亚大陆上取得的广泛成功所证明的那样。但如果私域导向的工具主义理性不是先从理论上被建构成一种积极价值的话，它就根本无法摘掉"投机取巧"的负面标签。理论—形式理性源于古希腊罗马传统并在文艺复兴之后得以复苏。在这一理性工具的帮助下，欧洲思想家发展出了诸如自然法①、个体主义与自由主义②、"看不见的手"等理论，对壮大资产阶级的力量发挥了重大作用。这足以证明欧洲成熟的理论—形式理性对现代性和工业资本主义的崛起是至关重要的，而工业资本主义的发展一定程度上是现代性的一个结果③。

工业资本主义在英格兰的崛起实际上是一个非常复杂的历史过程，而私域导向工具理性的正面价值化则是这一过程最为关键的一环。换句话说，私域导向工具理性的价值化是导致工业资本主义崛起的一个最重要的必要条件，但却并非是一个充分条件。

其他的一些条件，特别是社会在技术层面上的准备对于工业资本主义的崛起也是必要的。比如，工业资本主义并没有出现在文艺复兴时期的意大利城市。尽管，根据雅各布·布克哈特（Jacob Burckhardt）的研究④，在当时的意大利，个人主义已经在社会上成了一种正面价值⑤。

---

① "自然法理论"指的是一个近代欧洲的思想大传统，这种传统认为社会秩序或国际秩序的基础不是源于基督教信仰而是来自理性构建的"不可剥夺的"人类的自然权利。

② 即对个人幸福与利益的追求是人类不可剥夺的权利（洛克 Locke 1980）。

③ 直至今天，私域导向工具理性仍然面临着来自左右两翼的挑战。因此，将正面价值附着在私域导向工具理性上仍然是一个正在发生的过程。例如，参见麦克洛斯基 McCloskey（2006）近来的尝试。

④ 布克哈特 Burckhardt（1958）。文艺复兴时期人文主义的前提是，人类在这个世界上可以获得幸福并且理应通过努力工作来实现幸福。在这个意义上，这一人文主义具有明显的现代意识。但需要再次说明的是，从这个人文主义的前提出发到"看不见的手"这一信条在社会中萌芽的发展过程绝不会自动发生，即便稍早的观念会为这一发展奠定基础。

⑤ 第十三章"儒法国家体制下的市场经济"会对这些观念做更多的讨论。具体而言，尽管中华帝国晚期商业化与都市化都已发展到很高程度，但有一些社会条件致使工业资本主义无法在近代中国生根发芽。我将在这一章中把这些社会条件与近代欧洲私域导向工具理性的价值化与主导化放在一起进行比较。

地　理

许多学者——包括我在内——都认为地理和环境对历史发展有着举足轻重的作用①。人类活动总是有着某种地理/环境的维度。地理与环境塑造了人类的竞争,而人类主体则有意或无意地通过改造地理条件和环境条件来达成自身的目标②。

在本书中,如果我将地理/环境视角加入分析(比如我经常会讨论河流、地形、气候与天气模式,等等),那是因为它们对我所要解释的问题具有一定的重要性;如果,我对某种从地理/环境角度出发的论点(如魏特夫的"东方专制主义")展开批评,那是因为这一论点在经验层面上站不住脚;而如果地理/环境条件成为我分析中心的话,那只是因为就我所考察的问题而言,地理/环境条件至为关键(比如,在第十一章我对游牧族群与农业族群之间互动所作的讨论中,把地理/环境条件放在了首要位置,那是因为,由自然环境所塑造的这两类族群各自独特的生产方式是理解他们互动形式方方面面的一个核心)。不过,虽然本书没有忽视地理/环境条件的重要性,但我想强调的是,推动历史发展并造成历史无限复杂的,不仅是地理与环境层面的机制,更重要的是社会行动者在一定结构条件下所进行的竞争。

小　结

在本章,我将斯宾塞的元素加入到迈克尔·曼的理论中,明确了竞争与制度化的辩证性互动是社会变迁的最重要的动力。接下来,我假设社会行动者的竞争发生在四种理想型的竞技场中,即经济、意识形态、政治与军事四个领域,它们也构成了曼理论中的四种权力资源。我主张这四种权力资源中的每一个都以不同的方式塑造着人类竞争,并且,四种权力资源构成的不同格局也会产生出不同的历史变迁模式。本章随后阐述了每一种权力资源的主要性质,并且通过演绎推理的方式考察了它

---

① 有关地理与环境对于人类社会的影响最新的讨论,请见戴蒙德 Diamond(1997、2005)、福克斯 Fox(1971)、杰诺维塞 Genovese 与 霍赫贝格 Hochberg(1989)、高罗 Gourou(1980)、琼斯 Jones(1981)、莫理斯 Morris(2010)、罗坎 Rokkan 与 厄温 Urwin(1982)。

② 城市、运河、道路、大规模的防御系统(如长城)、梯田、森林采伐、大坝是几个主要的例子。

们所产生的机制对历史的影响。本章所揭示的各种机制与规律将会指导本书的实证分析。

本章还对韦伯的合法性与理性化这两组重要概念分别作出了重要修正。关于合法性的问题，我提出了绩效合法性、意识形态合法性与法律—程序合法性的概念，用以修订韦伯的魅力型、传统型和法律—理性型的合法化理论。关于理性化这个问题，我批评了韦伯有关历史理性是一种传统理性的说法，而把历史理性作为一种独特的理性类别。我又将韦伯的工具理性拆分成私域导向的工具理性与公域导向的工具理性两类。并且，又与韦伯有所不同的是，我认为，虽然在私域导向的工具理性在社会中获得主导性地位的情况下，官僚制度会得到极大发展，但就其本身而言，官僚制与现代性关系并不大。这是因为，官僚制仅仅是一种手段，它能更好地实现集体的某些目标，这里也包括那些在价值观上坚决反对现代性的目标。我还主张西方现代性与工业资本主义兴起的关键，并不像韦伯所设想的那样，是工具理性与官僚制度主导了社会发展，而是私域导向工具理性的价值化和主导化。

本章引入了不少新的分析视角与概念，它们超出了斯宾塞、韦伯与曼等人原有的理论。虽然，这种大胆尝试需要更为系统的理论阐述，但本书毕竟是一个经验性的研究，这就只允许我在这短短一章中阐述我的理论。如此简短的勾勒显然无法恰当处理个中问题的复杂性，因而我希望能够在未来的理论著作中对其复杂性重新作出更为系统的阐释。此外，上述的讨论无法穷尽四种权力资源之间所有可能的关系，尽管本章所阐明的普遍机制已经足以用来展开本书的分析了。接下来，就让我们回溯中国历史，通过本章的理论来揭示其发展的型态。

第二部分

东周历史的背景

第二章
西周的政治体制及其衰落（约前 1045—前 771）

东周时代的政治是从西周封建体制的土壤上生长起来的。西周王朝的奠基者及其随后的继承者们创造或者说顺应时势地创造出一套新的意识形态与制度。这些意识形态与制度极大地影响了东周历史的发展，乃至对整个中国历史产生了深远影响。因此，要理解东周时期的历史，乃至要从整体上把握中国历史型态，我们都需要从西周王朝留下的遗产说起。

西周王朝是由周—姜部落联盟在推翻商朝（约前 1600—前 1045）的统治后建立的[1]。然而，目前我们对周人在统治中国之前的历史仍知之甚少。今天，我们对他们的了解或多或少都基于猜测[2]。但我们确切知道的是，在建立西周王朝以前，周人就已经发展出了集约型农业（intensive agriculture）；他们能够铸造包括鼎、武器和农具在内的青铜

---

[1] 根据传说、文献记载中的古地名以及考古发现，许多历史学者认为周人起源于今陕西省西部地区（齐思和 1946；石璋如 1952；杨宽 1999，第二章）。史学大家钱穆则主张周人发源于今山西省的汾水流域，后来迁徙到了陕西（钱穆 1931）。支持这些观点的证据并不确凿，但各有其支持者（张光直 1980，第 249—250 页；许倬云 1994，第 33—35 页）。西方学者也持两种意见，如杰西卡·罗森（Jessica Rawson）（1999，第 384 页）主张周人源于陕西；夏含夷（Edward L. Shaughnessy）（1999b，第 305—307 页）则认为周人是从汾水流域迁徙过来的。有关周、姜部落之间的密切关系，可参见许倬云与林嘉琳（Linduff）的著作（1988，第 55—56 页），以及杨宽（1999，第 27 页）。

[2] 在本书中，"古代中国"指的是在现代中国地理空间内被视为中华文化与文明摇篮的那片区域。"古代中国国家"则是指西周政治秩序崩解之后在古代中国的地理范围内所形成的众多国家（诸侯国）。大部分诸侯国由西周时期的城市国家演变发展而来。

器；而且，周人还与殷商有着密切的联系，时而结盟交好，时而兵戎相向①。虽然，周人及其盟友在原商朝势力范围内的扩张活动由来已久，但一些史学家认为，最终导致周人取得成功的是他们在公元前 1045 年牧野之战的一役告捷②。当时，商朝的军队虽然可能比周人军队强大，但其内部矛盾却使不少士兵不战而降乃至临阵倒戈。结果，这场战役仅仅持续了一天，商朝军队就被打得大败③。商纣王也在兵败之后自焚而亡④。

西周在推翻商朝时仍是个蕞尔小邦。在王朝建政之初，西周的总人口可能仅有 6 万到 7 万⑤。周的统治者还面临着来自野心勃勃的宗室成员以及商朝遗贵势力的严峻威胁⑥。为了应对这一局面，周初的统治者采取了若干在当时很可能只是迫于形势而采取的权宜之策，他们肯定不会料到这些举措却将会对中国历史的发展产生多么深远的影响。

"天命观"

克灭殷商之后，周人必须平息来自商人贵族的怨怼与反抗。为了证明自身统治的正当性，也为了谋求与商朝遗贵的合作，新的周人统治者创造了一个被称为"天命"的政治概念。他们提出商人统治者曾经拥有过上天授予的神圣天命，然而由于商纣无道、文王有德，上天便从商褫夺

---

① 许倬云与林嘉琳(1988)、夏含夷(1999b)、杨宽(1999，第二章)。

② 关于牧野之战的日期，史家众说纷纭，前后可相差几十年。大多数史学家现在接受牧野之战发生于公元前 1040 年到前 1050 年的说法。此处说牧野之战发生于公元前 1045 年用的是夏含夷的观点(1999b，第 309 页)。

③ 史书中有一种说法认为牧野之战前两年，周武王会八百诸侯于孟津，共谋伐商之事。这件事可能性不大。在东周时期，军事冲突通常会有两个以上的诸侯国卷入(有时候最多达到十五个)。由于缺乏良好的协调，牵涉其中的诸侯国无法如约参加战斗是很普遍的现象。《左传·桓公十三年(前 699)》就曾记录鲁国在某一战役中未如期而至，此战对垒的一方是郑、鲁、纪，另一方是齐、宋、卫和燕(杨伯峻编著，1990，第 138 页)。又如，在另一场由齐国发起的战役中，由于消息没有及时传到鲁国，鲁国也未能参战(僖公九年，公元前 651 年；杨伯峻编著，1990，第 330 页)。这样的例子不胜枚举。更为可信的记录是，周人在牧野之战中得到了八个西部盟国的帮助，它们包括姜(羌)、庸、蜀、微、卢、彭、濮、髳(许倬云，1994，第 92—98 页；杨宽 1999，第 483—505 页)。

④ 根据 1975 年出土的利簋铭文可知，这场战役的确发生于甲子日，持续了一天，这一点可与传世文献相印证。

⑤ 李亚农(1962，第 666—669 页)。

⑥ 夏含夷(1999b，第 310—311 页)、杨宽(1999，第 4 章)。

了天命,授之于周①。有充分的证据表明"天命"这一概念在它形成之际就具有很强的政治宣传性。《逸周书》的一章②多次提到,作为小邦的周之所以能够取代强大的殷商,是因为周人统治者承受了天命。这篇文字还指出,只要商人贵族臣服于周,他们就会得到优待;反之,则会被严惩。"天命"一词同样多次见于《诗经》和《尚书》③。例如,傅斯年发现"天命"在《尚书》里的 12 篇西周文献中出现过 73 次。而且,提到这个概念时,通常强调的是新统治者的合法性,如"殷革夏命"④、周"克受殷命"⑤。

　　尽管"天命观"有明显的宣传目的,针对的是被征服的商人,但是周朝统治者也用"天命观"来要求他们自己及他们的继承者去做一个好君主⑥。在周朝初期的一道禁酒告谕中,周朝统治者痛斥商朝贵族(可能的)过度饮酒,他们声称商人的道德腐化及最终的垮台与酗酒有关。"人无于水监,当于民监。今惟殷坠厥命,我其可不大监抚于时?(我们不应以水为镜鉴,而应以民为镜鉴。现在商的统治者已失掉了上天所予的福命,我们怎能不以史为鉴从中汲取教训呢?)"⑦在另一篇相传是周公发布的西周早期文献中则有这样的话⑧:"弗吊天降丧于殷,殷既坠厥命,我有周既受,……我亦不敢宁于上帝,弗永远念天威越我民。罔尤违,惟人,……天不可信。我道惟宁王德延,天不庸释于文王受命。(上天已

①　有一种意见认为"天命"的概念在当时并不全然是一个新的东西,商朝已经拥有自己的"帝命"(史华兹 Schwartz 1985,第 46 页)。然而,"天命"与"帝命"有极其重要的不同。商朝统治者崇拜"帝",这一众神中等级最高的神。商人相信只要遵循正确礼仪程序,虔诚地崇拜"帝","帝"就会佑护他们(吉德炜 Keightley 1978,第 214—215 页)。这与"天命"的性质不同,因为根据"天命"的概念,天佑护那些既遵循正确的礼仪,同时也善待百姓的统治者。

②　《逸周书汇校集注》(黄怀信、张懋镕、田旭东,1995,第 477—484 页)。本书由 59 篇成分十分混杂的现存篇章构成。该书据说在公元前 3 世纪就已经流传。其中许多篇章都成文较早;但也有一些是在西汉时期才被添加进去的(夏含夷 Shaughness 1993)。

③　《诗经》(载《十三经注疏》,1980)包含了 300 多首不同主题的诗,大多数是属于公元前 11 至前 7 世纪间的作品。在《尚书》(载《十三经注疏》,1980)中的 21 篇"古文尚书",或者说是公元前 2 世纪末在曲阜孔子故宅墙壁中发现的版本(略超过全书一半的内容),被认为是公元前 4 世纪早期伪造的。但是 29 篇"今文尚书",或者说是从秦朝焚书中幸存下来的材料,则包含了奠定古代中国政治哲学的最早篇章。见戴梅可 Nylan(2001,第 72—91、123—136 页)对这两种中国经典文献的断代。

④　传统上认为夏是中国历史上第一个王朝。但关于夏的证据确实是不足的,只有一些传说性质的叙述,以及若干这一时期的出土文物。

⑤　傅斯年(1952,第 3 卷,第 31—38 页)。

⑥　晁福林(1996,第 139 页)。

⑦　《尚书·酒诰》(《十三经注疏》,1980,第 206—207 页)。

⑧　本篇据称为周公所作。但是,要确定这些古代文本的著作权是很困难的。

将殷商的天命夺去，并传予了我们……我们不敢安然享受上天赐给的福命，而要永远敬畏天命与顾念我们的人民。无论怎样的过错和违失，都取决于人的行为……上天并非永不改变。只要我们遵循文王的德行，上天就不会夺走它给予周的天命。)"[1]

"天命"可以说是周初统治者创造的一个最重要的政治概念。这个概念构画了意识形态力量与政治力量之间的关系，为统治确立了责任、义务的原则，这些都与世界其他文明所发展出的观念十分不同[2]。"天命观"被广泛接受不仅有助于巩固西周早期统治者的权力，而且也以如下这些相互关联的方式塑造了中国的历史型态。

第一，"天命观"的核心是这样一种观念，即，统治者握有神圣的统治权，但前提是他要照顾好人民的福祉，如果他不能履行这一职责，那他就有被推翻的危险。做一个好国王、好皇帝，不仅仅只是发号施令，还需修身洁行、施行仁政。这意味着自西周时期开始，政绩表现在中国就已经是国家合法性的一个非常重要的面向。政绩表现与统治权力的紧密关联，还意味着中国的国王/皇帝并不是绝对神圣的。与之不同的是，在"君权神圣"的原则下，欧洲君主的权力直接来源于上帝，因而君主不受世俗权威与人民意愿的支配[3]。"天命观"则暗含着"造反有理"的思想，即人民有权推翻不称职的统治者。中国历史上，不计其数的农民起义继承的都是这一西周的文化遗产。

第二，正如许倬云和林嘉琳指出的，通过构建"天命观"，周的统治者"受教于尘世上的历史先例而非神学或哲学论述"。虽然他们宣称自身的权力来自天命，但实际强调的其实是统治者端正的德行[4]。这种思想在东周时代被孔子及其弟子的学说所吸收，并随后成为中华帝国政权合法性的基础[5]。"天命观"向中国提供了一种人文主义与历史理性主义的传统，而这与欧亚大陆的其他传统社会非常不同[6]。这是在现代社会到来之前，中国与其他文明分流的开端。

第三，"天命"概念中另一个关键原则是当上天对统治者不满时，它

---

① 《尚书·周书·君奭》(《十三经注疏》,1980,第228页)。

② 艾森施塔特 Eisenstadt(1987,第12—13页)。

③ 芬纳 Finer(1997,第1101页)。

④ 许倬云与林嘉琳(1988,第109页)。

⑤ 顾立雅 Creel(1970),夏含夷 Shaughnessy(1999b)。

⑥ 王晖(2000,第130—132页)。

会通过自然灾异的形式来警告他。从意识形态的角度上来看,这种思维方式有助于关联性思维(correlative thinking)的兴起[①],这使中国人不太热衷于从错综复杂的世界关系模式中去探寻因果关系,因此阻碍了理论—形式理性在中国的发展[②]。在实际事务中,这种世界观使得中国的统治者与反叛者都将干旱、洪水、饥荒、地震、瘟疫等视为上天的告诫。这些自然灾异在警告统治者要更好履行其职责的同时,也激发被压迫者的反抗。不同于商朝人的思维,对周人而言,"'天'不再是一个神祇,……而是宇宙秩序的一种表现"[③]。

基于血亲关系的封建体制

商王国是一个由众多小国和酋邦所构成的政治网络[④]。商王既是宗教权威,又是地方小国统治者们的共主。这些小国则通过虚拟的血亲关系与商王国联结在一起[⑤]。地方性小国享有一定程度的自治,同时也受到商王国的保护。这种宗主国和附属国的关系,在世界范围内的早期帝国中十分普遍[⑥],但这种关系中存在这样一个弱点,即,当宗主国的力量严重衰落的时候,其附属国几乎不可能仍保持对它的忠诚[⑦]。因此,随着周的力量日益强大,周不但可以推翻商,还可以将商的盟友拉拢过来。

西周王朝的建立者显然从牧野一战中吸取了商朝一日而亡的经验

---

① 关联性思维指的是如下一种逻辑推理方式,即通过意象而非因果关系将形象与概念群联系起来。例如,一个人失血过多,中国人就会建议其多吃些红色的食物,如红豆、红枣或动物的血。关联性思维的力量就在于它在解释上的模糊与含混,这就为某些人为了特定的需求提出有某种"有依据"的主张留下了足够空间。

② 这种关联性思维在早期中国文学作品中也有很强的体现。夏含夷 Shaughnessy(1999b,第336—338 页)。

③ 韦尔南 Vernant 与谢和耐 Jacques Gernet 合著(1990,第 84 页),这一引文来自谢和耐撰写的部分。

④ 众多学者将这一时期的政治单元形容为"酋邦国家"(chiefdom-states)(如,张光直 1980;吉德炜 Keightley 1983;李玉洁 1999,第 9—120 页;文德安 Underhill 1991)。我要强调的是,当时从属于商的各种政治单元数量很大。例如,董作宾(1953)根据卜辞记录就统计出有一千多个不同的政治单元。

⑤ 参见张光直(1986,第 248—259 页)与吉德炜 Keightley(1980、1983)对商王国与附属的小国和酋邦关系的讨论。

⑥ 曼 Mann(1986,第 142—146 页)对帝制统治的早期策略与其发展背后的逻辑有精彩的讨论。

⑦ 即使是在商王朝的鼎盛时期,商王仍需沿着特定路线频繁地到各地巡游视察,并沿路进行祭祀活动,以此来维持与附属小国和酋邦之间的联结(吉德炜 Keightley 1983)。

教训①。克商后不久，周的统治者们就派遣王室成员以及亲密盟友去东方的战略要地建立军事移民据点。大多数早期的军事据点分布在黄河中下游沿岸与太行山脉两侧，后来逐步向其他区域扩散②。这些军事据点的首领被授予不同等级的贵族头衔(简便起见，以下通称为爵位)③，且这些爵位与特权均可世袭。随着时间的推移，许多军事据点演变成了一些被历史学者称之为"城市国家"(city-states)的政治实体④。虽然古代中国的"城市国家"与古希腊的城邦在都市化程度和政体性质等层面都有很大的不同，但我仍使用"城市国家"这个概念来描述早期中国的这些政治实体，在第三章中我会更详细地讨论这些政治实体的性质⑤。随着西周体制的衰落，这些城市国家便开始为争夺统治权而展开竞争，由此拉开了东周时代的帷幕。

---

① 如下引用的是来自《左传》中两段有名的言论，它们揭示了军事殖民背后的逻辑："故封建亲戚以蕃屏周。"(熹公二十四年，公元前 636 年；杨伯峻编著，1990，第 420—425 页)"(周)康王(前 1005/1003—前 978 年在位)息民，并建母弟，以蕃屏周。"(昭公二十六年，公元前 516 年；杨伯峻编著，1990，第 1475 页)。

② 有关西周时期的军事殖民与若干主要城市国家起源的讨论，见葛志毅(1992)、任伟(2004)、杨宽(1999)。

③ 以往的历史学者们认为西周贵族有五等爵，可以与欧洲贵族等级相对应(公、侯、伯、子、男)。然而五等爵在西周时期的文献，如《尚书》《诗经》中均未见载。直到东周王朝快结束时才见有这样的等级体系。(傅斯年 1952，第 97—129 页；许倬云 1994，第 161—162 页；李峰 2003，第 132—135 页)。

④ 陆威仪 Lewis(2000a)、叶山 Yates(1997)。西周城市国家还有其他称谓，如"村落国家""封建国家""分立国家"或"邑制国家"(李峰 2008，第 7 章)。虽然每一种名称都与西周国家的某些特征相符，然而我拟采用"城市国家"这一称谓来描述在西周时期出现的、一种小型的、具有一定的政治独立性、有一小片集经济功能与社会功能于一体的邻近腹地的、以城邑为基础的政体形式。我之所以采纳这一极简化的定义，是因为一些西方学者对城市国家的定义中还包含了诸如城市国家以领土为其基础，拥有完整的政治独立性，并且是"自由与民主的家园"等特性。而这些特性只有古希腊与近代欧洲的一些城市国家才能满足(伯克 Burke 1986，第 137 页；查尔顿 Charlton 与尼科尔斯 Nichols 1997，第 1 页；格里菲斯 Griffeth 与托马斯 Thomas 1981)。近年来，做非西方社会研究的专家们开始批评并放弃各式各样源于西方社会的概念，转而用当地的术语来代替它们。但是，为了有助于与来自其他文明的学者展开对话，以及进行跨文化和跨文明的案例比较，本书会尽量沿用那些曾经被广为接受的概念，但却采用极简化的方式来定义它们，并把它们都看作是理想型概念。这样做的目的是承认某类现象在不同背景下表现出巨大差异性的同时，又强调一些关键的相似性。关于这一方法的更多细节，请参见本章中关于"feudalism"(封建制度)这一概念的讨论。

⑤ 古希腊的"城邦"英文亦作 city-state；另，在本章与以下各章中，如果原文中的"city-state"强调的是理想型意义上的城市国家，或者讨论的是古代中国城市国家的普遍性质，则译作"城市国家"，如果这个词仅出现于一般历史叙述中，则依据具体语境译作"诸侯国""封国"等。——译者

许多历史学家用"封建"(feudal)一词描述周代的政治体制[1]。诚然,周的政治体制与欧洲中世纪的封建制度有不少相似之处。譬如:它们都具有等级化的政治结构;在这一结构中,高等级的政治权威(领主)授予贵族(附庸)一片土地或者采邑;贵族在其封地上享有一定的军事上和其他一些事务上的自治权;作为回报,贵族对其领主承担一定的义务,主要是提供军事服务[2]。虽然,中国的"封建制度"(feudalism)也有上述特征,但在三个重要的方面与欧洲明显不同。在欧洲,封建制度是从罗马帝国末期与日耳曼社会早期一些社会要素的基础上发展起来的[3];但在周代,封建制度则由西周统治者自上而下推行而形成。而且,中国的封建制度主要基于血缘关系,欧洲的则不是。最后,正如李峰令人信服的论证,西周的封建制度并没有欧洲封建制度所具有的一个重要特点,即,存在着附庸对领主的高度私人化的效忠,及其相应的仪式[4]。当周王在仪式性场合会见诸侯时,周王与诸侯之间的关系更像是君王与臣子,而非领主与附庸。不过,中国的诸侯在其管辖范围内享有比欧洲的封臣更多的自治权[5]。有鉴于此,以及其他一些原因,李峰建议我们使用中文"封建"一词的拼音 *fengjian* 而不是英文的 feudalism 来描述西周的政治组织形式[6]。中文的"封建"由"封""建"二字组成,前者字面的

---

[1] 顾立雅 Creel(1970,第 11 章);葛兰言 Granet(1964,第 2 章);许倬云与林嘉琳(1988,第150—153 页);费正清 Fairbank 与古德曼 Goldman 2006,第 39—40 页);惠特利 Wheatley(1971,第 118—122 页)。鲁惟一 Loewe(1965,第 50 页)质疑周代的中国是否存在一种类似于欧洲的"封建"体制。夏含夷几乎从未使用过"feudalism"(封建制度)这一英文词汇来描述西周政治格局,并且即使他用这一概念时,他也会加上引号(夏含夷 Shaughnessy1991、1997、1999b)。

[2] 关于领主、附庸与封地之间的关系,以及领主与附庸各自的权利义务是欧洲封建制度的基础,请参见甘绍夫 Ganshof(1964)。

[3] 具体而言,欧洲的封建制度滥觞于罗马帝国末期的庇护制,以及日耳曼部族社会中的武士团(war-band),并在中世纪中期伴随着欧洲军事扩张而成熟起来(巴特利特 Bartlett 1993;芬纳 Finer 1997,第二卷,第五章)。

[4] 布洛赫对附庸效忠仪式有经典的论述。见布洛赫 Bloch(1961,第 145—162 页)。

[5] 李峰(2003)。

[6] 李峰(2003,第 143 页)。近来,李峰(2008,第 294—298 页)提倡采用一个新的概念,"权力代理的亲族邑制国家"(Delegatory Kin-ordered Settlement State)来概括西周国家的性质。一方面,我支持李峰对西周社会特征的描述;但另一方面,由于以下两个原因,本书不会采用这个概念。首先,这一地域色彩极强的概念固然更为精确,但是在比较与分析时,使用起来不太方便。其次,本书覆盖了一个比李峰所讨论的长得多的历史时期。到东周时代,大多数原来在西周时期开始进行军事殖民的殖民者已经本土化了,不再适合"外来定居者"(settler)这个标签。

意思是"分封"，后者则是"建立与发展"。"封建"已成为中国人用以形容上述政治规制的一个特定词汇。

李峰关于 feudalism 不适用于早期中国历史情境的见解及他主张用 *fengjian* 来代替 feudalism 的提议都得到了广泛认可。尽管如此，本书中，我将仍称西周的政治体制为 feudal，而非 *fengjian*。事实上，本书会大量沿用在西方产生的概念来指称中国古代的组织与制度，比如用"feudalism"来指称"封建"、"city-state"（城市国家）来指称"国"。这种做法与近来学术界的趋势可谓背道而驰，并且，几位曾经阅读过本书初稿的历史学者也对此提出过异议。我必须承认这些反对意见是完全合理的。因为这些出自西方的概念是用来描述发生在欧洲的现象，使用它们来描述中国的制度必定有欠准确。然而另一方面，如果我们将这些术语重新定义为理想型的概念，并用以分析欧洲与中国相应制度间的共通性和不同点，那么，采用这些西方术语来讨论中国的制度也并非没有优长之处①。毕竟，用同一概念来描述不同文化中相似的制度有助于我们展开比较研究，以揭示出相似的制度在不同背景中如何产生和发展。

以下是我决定沿用英文中"feudalism"这一术语的三个具体理由。首先，在欧洲中世纪，效忠仪式在不同的时间与地区中有很大差别②。因此，从解构主义的角度看，有人会说对于欧洲历史而言，"feudalism"同样是一个不恰当的概念③。其次，在中国和西方的学术界，feudalism 仍是一个被广泛接受用来描述西周政治体制的词汇④。事实上，feudalism 一词早已被译为汉语的"封建"，并沿用至今⑤。这也就是李峰所认为的那个更好的替代词 *fengjian*。除非我们新建一个完全不同的概念，否则使用 *fengjian* 来代替 feudalism 或许只会徒增困扰。最后，本书使用"封建制度"（feudalism）这个术语是用以描述这样一种政治体

---

① 参见第一章有关"理想型"这一概念的讨论。

② 雷诺兹 Reynolds(1994)。

③ 使用"feudalism"来描述中世纪的欧洲社会也已经受到批评（如，雷诺兹 Reynolds 1994）。雷诺兹有力地反驳了对封建制度的传统理解，这有助于我们理解中世纪欧洲的复杂性。不过，她并没有给出另一个更好的概念来代替"封建制度"一词。

④ 有关中文的史料，参见许倬云(1994)。

⑤ 中国的历史学家使用"封建"一词有两层含义。马克思主义史家使用这个术语来指称几近整个帝制时期中国的政治体系与生产模式。而非马克思主义史家则倾向于使用这个术语来指代西周与东周的政治体制。1990 年以来，越来越多的中国史学家使用非马克思主义语境下的这一概念。有关这一概念如何被当代中国史家在不同情境中所使用，请参见李峰(2006)的精彩综述。

制:在这一体制中,每一个等级化的政治单元在立法、战争、征税等方面都享有相当的政治自主性,并拥有其他一些在现代民族国家的格局中只有国家才享有的政治权力。虽然有许多学者指出欧洲与中国的封建制度之间存在着前述的三个主要区别,但这些区别并不能真正推翻我在上面所作的那个极简化的定义。中国与欧洲的封建制度都导致了列国之间旷日持久、连锁式的战争。并且,正如我们已经指出的,中国和欧洲的封建战争都导致了公共导向型工具理性的兴起、效率导向型文化的扩张,以及整个社会的高速累积性发展。中国和欧洲的这些相似之处,以及它们之间的一些关键性差异则正是本书分析的重点。

西周王朝分派诸侯建立军事殖民据点与中世纪中期(High Middle Ages)法兰克贵族开展的殖民活动有某些相似之处。而正如法兰克殖民之于欧洲历史[1],周的殖民对于中国历史的影响也是多方面的[2]。首先,这些周的殖民地保护了周王室,使得在西周覆灭之后周王室又延续了很久[3]。其次,西周的殖民促成了在有着不同语言背景的群体中,一个统一的文字书写系统的形成[4]。最后,周的殖民还促进了宗法制(lineage law)的形成,而这一制度对中国历史有着深刻的影响。在讨论宗法制及其历史重要性之前,让我先粗略谈一谈汉语文字对历史发展演变所起的作用。

汉语不是一种字母文字。在字母书写系统中,如阿拉伯语、拉丁语或希腊语,其所使用的符号一般代表了特定的发音,从而书写能够与口语紧密地联系在一起。因此,对于那些知道如何说这种语言的人,字母书写系统学起来相对简单。然而,在一个字母书写系统中,不同地区的

---

[1] 中世纪中期,法兰克贵族横跨欧洲进行军事扩张活动,建立了为数众多大大小小的国家。到中世纪晚期,约 80% 的欧洲国王与王后都是法兰克人(巴特利特 Bartlett 1993,第 42页)。然而不像古代中国的军事殖民,中世纪欧洲军事扩张从一开始就牵涉了种类各异的社会行动者之间的竞争。法兰克殖民者的这种高度混杂的属性创造了充分的文化多样性与社会多样性,并促进了自治市镇和商业城市的发展。这对于现代性的兴起至关重要(巴特利特 Bartlett 1993,第 309—311 页)。

[2] 关于周的军事殖民及其目的与历史意义,参见黄中业(1986),徐喜辰(1983)以及杨宽(1984)。

[3] 东周期间,从周王朝城市国家体系中发展起来的霸主型国家要想在其他诸侯国中建立起霸主地位的合法性,往往需要扮演东周王室保护者的角色。这就维持了周王朝在政治上的重要性,并使它在西周政治秩序崩解后,又得以延续五百余年。

[4] 军事殖民所传布的不仅仅是汉语书写系统,还有汉语口语。到公元 2 世纪,生活在华北、西北、四川,甚至远至今天的云南省等地的汉族人都说着共通的语言,仅在地方口音上有所差别(李中清 1978,第 36 页)。

发音差异越大，就越可能导致拼写上的分化，进而产生出不同的地方性书写系统以及迥异的思想文化传统。换言之，如果没有现代教育与交流网络对书写进行规范，字母书写系统容易使文化和身份认同走向分裂。相较于字母书写系统，基于汉字的汉语书写系统是较难学习的。但在另一方面，对大多数汉字而言，虽然不同地区人群在发音上有所不同，但字义却是一样①。这就使操不同方言的人们在阅读同一文本时，可以有同样的理解，这一点在前现代的中国，极有利于人们之间进行沟通与交流②。东周之后的中国历史表明，虽然帝制儒学为统一的精英文化提供了意识形态基础③，但为这种文化的传布与绵延提供基础性条件的却是表意性的汉语文字④。

宗法制

为了控制由武装殖民建立起来的各个诸侯国并协调它们之间的关系，西周王室创建了一套基于父系原则的等级化权威体制⑤，这也就是众多历史学家所说的"宗法制"⑥。传统的中国编史学一般认为西周礼制与宗法制的建立要归功于作为西周政治体制奠基人之一的周公⑦。然而，近来的考古发现则显示这背后有个逐渐形成的过程，一直要到一些考古学者发现的所谓"西周晚期礼制改革"之时，礼制与宗法制才得以

---

① 例如，同一个汉字"鬼"，北京话读作"gui"，而上海话则读作"ju"。

② 我的这个论断受到了英尼斯关于交流中介模式与帝国性质所做分析的影响（英尼斯 Innis，1950）。

③ 鲁惟一 Loewe(1994)也讨论了汉语文字如何与儒家思想共同促进了中国文化与政治的统一。

④ 国家经常性的文化层面，如统一的精英文化、通用的语言文字，以及被大众所接受的国家合法性基础，都可以被看作是国家的"基础性软件条件"(infrastructural software)（赵鼎新，2001）。

⑤ 此外，周人统治者还设立了"监"这一官职以负责监视和控制被分封的城市国家。《左传》经常提到齐国著名的国氏和高氏，这两个家族乃源于周天子所任命的在齐国的监国。有关其他诸侯国"监"的考古学证据，见郭沫若(1960)和李峰(2006，第 113 页)。

⑥ 出于不同的原因（例如，宗族中的一支被派遣去实施军事任务，或者某一支发展得过于庞大），一支宗族会分化出许多小的支系。通过加强"大宗"（这一在宗谱中地位最高的支系）的权力，宗法制可以协调同一宗族所分化出的各个支系之间的关系。见杜正胜(1979，第 27 页)、许倬云与林嘉琳(1988，第 147 页)关于宗法制形成的讨论。

⑦ 《左传·文公十八年》(前 609)（杨伯峻编著，1990，第 633—636 页）；《史记·周本纪》，1959，第 132 页，均确认周公创建了与宗法制相连的礼仪与仪式。顾颉刚(1979)将这些记录看成是传说，但大多数中国史家则偏于相信这些记录。（陈昌远 1993；杨善群 1984；杨宽 1986）。

固定下来①。但是,尽管与宗法制相关的礼制从未像古代文献《礼记》与《仪礼》中所描述的那样得以全面实施②,几乎没有学者会否认宗法制在西周是一项重要的政治制度,而到了东周时代,宗法制及与其相关的礼仪活动已经成为古代中国政治文化中至关重要的部分。

宗法制中,权力在周王室、诸侯,以及下层贵族中根据其父系地位进行分配。理解宗法制必不可少的两个概念是"大宗"与"小宗"。周的王位通常由嫡长子继承,这样,周王也就是"大宗"的首领③。被分封的诸侯(他们中许多是周王的小儿子或周王王弟的后代)均属于周王室的"小宗"首领,尽管他们在各自的封国内享有"大宗"的地位④。有周一朝,各宗系不断分化出更多小宗,以至于这些小宗的首领尚可与其宗系成员相熟识,且一个宗系的规模也仍在可直接控制的范围。此外,宗法制并不总是建立在真实的亲属关系基础之上。在宗法制下,被授予封地的贵族可能与周王或各诸侯并没有亲属关系,但是,他们也会接受王室或公室作为大宗,自己则作为小宗⑤。因此,这种"大—小宗"关系可以被不断复制与拓展,从而将各种各样的或真实或拟设的旁系纳入整个宗法秩序中来。这也就形成了一个具有多个层次的等级结构,每一层都将相应地依据各自与王室或公室关系的亲疏远近复制出规模相对更小一些的权力结构⑥。

---

① 据杨志刚(2001,第 90—95 页)研究,宗法制的礼仪直到周穆王时代(前 956—前 918 年在位)才趋于系统化。罗森 Rawson(1999)甚至将西周这一时期的礼仪发展称为一场"革命"(1999)。罗泰(2006,第 48—50 页)总结了下列的西周青铜礼器在风格与器型上的若干变化,而这可能的确意味着一场"礼制改革":(1)源于商代的兽面纹变成了"纯粹的装饰",显示出青铜容器在其意涵以及礼仪使用上的转变;(2)到了西周晚期,曾在商代至西周中期的墓葬中常见的青铜酒器从陪葬的青铜器组合中逐渐消失;(3)依据严格的礼制,器物的使用应与所有者地位相一致;(4)有着简单质朴纹饰的新一类青铜器的出现可能证明当时的人有一种将仪式简化并将礼仪与日常生活相联系的倾向。

② 见《十三经注疏》(1980)。

③ 李峰(2006,第 112 页)。

④ 嫡长子继承制被以前的中国史家当作西周宗法制的核心。这种观点首见于西汉儒生编纂的文本中,如《礼记》与《春秋公羊传》(载《十三经注疏》,1980 年),但基本上已被后来的学术界所否定(吴浩坤,1984)。

⑤ 在考古出土的侯马盟书中,"丕显晋公大冢"这样的盟辞出现了很多次(河南文物研究所 1983)。我们知道这些事件中的参与者有赵氏的成员,他们是晋国最强大的氏族之一。我们还知道赵氏与晋公室没有血缘关系。不过,以上这句盟辞显示赵氏成员仍视晋的公室为大宗。

⑥ 据罗泰的研究(2006,第 67 页),像这样的分化自然也会"根据长幼之序以及宗族谱系上与祖先的远近距离而形成等级关系"。

在宗法制下，不仅地方统治者的权力等级是根据他与周王室或真实或拟设的血缘关系进行安排的；这种等级关系还通过一系列发生在不同场合的繁复仪式得以强化，举凡（但不限于此）祭祀、册命、婚嫁、丧葬、朝贡、乐舞与服饰等皆包括在内。在这种体制下，墓葬与祭奠仪式也反映出亲属关系的等级结构[1]。只有大宗的嫡长子才有权主持祖先祭奠仪式；在仪式中，小宗不允许演奏大宗所演奏的音乐，陪葬品也要依逝者的身份等级而定（这反映了贵族与王室的关系）[2]；当大宗和小宗的成员一同参与祭奠仪式时，他们必须遵循宗法制中的相关礼仪。类似这样的例子还可以举出很多[3]。

宗法制的发展深刻地塑造了中国的历史型态。在大部分传统社会中，国家是属于王室宗族的私有物品，并且，国家与王室就是一个整体[4]。然而，在宗法制下，不仅国家是王室的私人领域，整个政治体制，连同所有的社会、政治关系都被认为来源于宗法原则，并依托宗法制进行组织。宗法制大大提升了家族在中国文化中的重要性，以至于它与"天命观"一起将一种新的宗教观注入中华文化中。

殷商时代人们的宗教观念在许多方面与其他早期文明都有相似之处。商人崇拜祖先，文化中有大量的自然神，而其中最高的神是"帝"。而且，他们逢事几乎必向祖先和诸神问卜[5]。在商人的宗教中，祖先、自然神与"帝"构成了三个基本彼此互不相关的体系。虽然出土甲骨上所记录的占卜和祭祀活动中，祖先祭拜活动占了大部分[6]，但是祖先的地位并不高于自然神与"帝"，并且，祖先祭拜的目的总是为了获得某种直接来自于祖先的庇护与保佑。

---

[1] 中国考古学家发现一些西周中晚期的墓葬群，在空间布局、坟墓形制，以及随葬物品等诸方面，都与传世文献的记载十分匹配（许倬云与林嘉琳 1988，第 166—171 页）。这表明宗法制所描述的政治秩序可能的确深入到当时社会生活的各个方面。近来的考古发现也对史学家们的争论起到了指导作用。例如，史学家曾对天子马车的马匹数量（是四匹，还是六匹）有过争论。2002 年，考古学家在洛阳发掘了一座东周天子墓葬，发现了六匹马拉的马车。这就给这一争论画上了句点。

[2] 在王、侯的葬礼上会用到青铜器，并在随后被作为陪葬品安置于墓中。根据《周礼》与其他古代文献，鼎的数目，天子用九，诸侯用七，大夫用五，元士（等级最低的贵族）则为三。迄今为止，考古发现与经典文献中的描述大部分相吻合（许倬云与林嘉琳 1988，第 193 页）。

[3] 见杨宽（1999，第 426—479 页）关于宗法制及相关礼仪的大量讨论。

[4] 亚当斯 Adams（2005）；韦伯 Weber（1968，第 1007—1010 页）。

[5] 张光直（1980，第 202—203 页）、伊若泊 Eno（2009）、许倬云（1994，第 99 页）、吉德炜 Keightley（2000）。

[6] 晁福林（1990）。

但是,自"天命观"出现之后,中国的宗教观念就开始有了新的变化。正如之前提及的,周人领袖宣扬他们的统治是奉天之命,这不是因为他们诉诸诸神的神秘力量,而是因为他们施行德政。在西周宗教中,"天"并不像商朝的神祇那样拥有神秘的力量。祭祖活动也发生了类似的变化:商人祭拜祖先是为了祈求神迹,而对周人而言,祭祖主要是为了加强以宗法制为中心的世俗社会关系[1]。商代与周代在宗教观念上的差异在《礼记》的一段文字中有很好的体现[2]:

> 殷人尊神,率民以事神,先鬼而后礼,……周人尊礼尚施,事鬼敬神而远之。[3]

东周时代,虽然由战争驱动的社会变迁将周王朝的许多政治制度都破坏殆尽,但先秦时期的哲学家,尤其是那些被今人在某种程度上视作是儒家的哲学家,却常常从理想化的宗法制度中得到启发,对美好社会的存在基础进行理论上的阐释。这些早期的著述后来被遵奉为帝制儒学[4]。儒家学说也就成了西周的一笔重要遗产[5]。

官僚制的出现

按照韦伯定出的标准,我将官僚制定义为其中各种任务均依规定来行事的一种行政体系。韦伯式样的官僚制有如下四个主要特征:(1)它具有等级化的结构;(2)其运行遵循规则与程序,而非某人的指令;(3)它根据绩效选拔官员;(4)作为酬劳,它向官员定期发放工资[6]。这是一个理想型的定义。在现实情境中,很少有官僚机构能展现出和这一定义完

---

① 刘雨(1989 年)发现,在出土的西周铜器铭文中,在 20 个用于记述不同祭祖礼仪的字词中,有 17 个同样也出现在商人的甲骨文中。基于这一点以及其他证据,近来的学术界强调商代到周代的连续性(刘源 2004)。在我看来,既然周人曾经臣服于殷商,在周的文化中有许多商代因素是很自然的事。然而,用来描述祭祖活动的这些字词所反映出的也可能仅是商、周传统之间表面上的连续性。

② 尽管《礼记》成书较晚,但这段文字中反映的内容已被近来关于古代中国礼仪体系的考古发现所确认(刘源 2004,第 4—6 章)。

③ 《礼记·表记第三十二》(载《十三经注疏》1980 年,第 1642 页)。

④ 必须指出,东周时期"儒家"的发展并没有造成中国人宗教信仰中其他传统的衰退(夏德安 Harper 1998;叶山 Yates 1995)。

⑤ 梁漱溟(1996),杨向奎(1992,第 279 页)。

⑥ 韦伯 Weber(1968,第 956—1005 页)。这些也是凯瑟 Kiser 和蔡 Cai(2003)在区别官僚制与其他政府型态时所使用的标准。

全一样的特征。前现代的官僚系统总会违背上述定义中的一条或者数条。大多数现代官僚体系也有若干方面和这一定义不相符合。例如，即使在最刻板的现代官僚制组织中，领导方式也很重要。而且，许多政府官僚机构在任命领导及大部分下级官员时，依据的不是他们在官僚体制中曾取得过什么样的业绩，而是他们与领导关系的远近亲疏。理想型的官僚制政府在现实中几乎是不存在的。但当我谈到古代中国官僚制的兴起时，我所探讨的不是理想型的官僚制度，而仅仅是一个明显包含理想型官僚制元素的政府机构。

　　早在秦朝与西汉王朝时期，中国就拥有当时世界上最庞大与最复杂的官僚系统（详见第九章）。官僚制究竟发源于何时？起初它出现的原因又是什么？凯瑟与蔡认为东周时期残酷且旷日持久的战争对于古代中国官僚制的兴起具有决定性影响[1]。我也曾在别的地方指出，尽管东周战争对国家的官僚化很重要，然而两者之间缺乏直接的因果关系。说得再明确些，虽然中国在东周逾五百年的历史中饱受战争摧残，但在东周初期的三百年间，大多数的战争还只是小规模的冲突[2]。直到公元前4世纪中叶之后，战争才持续得更久，并愈发残酷。而在此之前，中国已经经历了两波官僚化浪潮，一次是在公元前7世纪，另一次则发生在公元前5世纪末到公元前4世纪中叶之间。由于一个事件的"因变量"不可能发生在"自变量"之前，因此惨烈的、旷日持久的战争不可能是导致官僚化过程的"原因"[3]。以前，我与当今众多史家持相同看法，认为官僚化开始于公元前7世纪，虽然凯瑟与蔡泳不同意这一观点。但现在，我想要指出的是，甚至公元前7世纪的官僚化也不是中国官僚制的肇始。因为远远早于东周的诸侯纷争之前，在西周中期的王畿地区，政府体制已经一步步向着官僚制演变[4]。

　　许多汉学学者都曾指出西周政府机构中存在着多种官僚制因素[5]。顾立雅强调西周政府对文字记录的保存是现代官僚政治的一项重要特

①　凯瑟 Kiser 与蔡 Cai(2003)。

②　有关东周早期战争所具有的高度仪式化与规模小等特征的讨论，请参见陆威仪 Lewis
　　(1990)。

③　赵鼎新(2004)。

④　除了由王室成员与亲密同盟所建立的军事殖民据点外，西周初期的统治者还直接控制着
　　位于渭河谷地的"王畿"之地，以及成周地区。

⑤　张春树(2007，第39页)，顾立雅 Creel(1970)，杨宽(1984、1999，第315—335页)。

征①。许倬云与林嘉琳主张,随着时间的推移,西周政府的规模不断增大,内部分工日趋复杂,王室的权威与等级关系也随之制度化②。夏含夷则认为西周政府在西周中期呈现出明显的官僚制特征③。那么,西周政府的这些发展究竟是世袭制国家(patrimonial state)行政结构的扩展,还是意味着官僚制度的突破性涌现④? 这个问题之所以重要,是因为当一个世袭家族规模日益庞大、结构日趋复杂时,某些"行政结构"自然会得到发展⑤。要解决这个问题,就让我们对照上述韦伯式官僚制定义中的四个标准来审视一下西周行政结构的性质。下面的讨论主要建立在李峰的开创性工作上⑥。

通过对 67 件出土青铜器上西周册命仪式铭文的研究,李峰认为,到西周中期,政府行政系统由三个不同的功能性分支构成:王家行政、民事行政与军事行政。这些铜铭同样显示了册命仪式具有一定的程序:被册命者的上级按惯例会出席册命仪式;这些仪式通常发生在执行特定行政任务的办公场所里⑦;甚至周王在仪式过程中的行为也是被规定好的⑧。换言之,西周政府的运作方式符合韦伯式的官僚制定义的第二条标准,至少在册命仪式中是这样的。李峰还发现,随着西周政府的发展,被册命者的职业轨迹变得越来越常规化:被册命者年纪很轻时就在政府中开始了他们的职业生涯,从下层官员做起,随后要经历漫长而缓慢的晋升过程,有时这条晋升之路相当复杂,官员要在不同的政府部门中历练(有军事方面的经历会增色不少),最终会在某个部门中成为领导,甚或有可能成为最高的行政长官⑨。这些显示了西周政府是层级化的,它由居于不同层级上的官员所组成。而且,李峰还令人信服地指出,如果这是"官员晋升的正常模式,则意味着要在西周时期的政府中担任职务,官员的个人经历与业绩已经被视为是非常重要

---

① 顾立雅 Creel(1970,第 123—129 页)。

② 许倬云与林嘉琳(1988,第 249 页)。

③ 夏含夷 Shaughnessy(1999b,第 325—326 页)。

④ 见亚当斯 Adams(2005,第 16—19 页)对"世袭制国家"概念的讨论。

⑤ 艾森伯格 Eisenberg(1998,第 85 页)。

⑥ 李峰(2001/2002、2004、2008)。

⑦ 也即铭文中的"宫"。——译者

⑧ 李峰(2001/2002)。

⑨ 李峰(2004)。

的因素了"①。在如上的推断中,我们看到了韦伯式的官僚制定义里的第一条与第三条标准。

如前所述,韦伯式的官僚制定义是一种理想型,即便现代国家的官僚体制也不会完全满足这一理想型的标准。因此,姑且搁置理想型而去分析实际历史背景中官僚制的发展与巩固,似乎对我们的研究更为有益。如此,或许我们可以将西周的官僚制视为中国缓慢的官僚化进程在早期的萌芽。在西周政府中,只有贵族才能取得官位。没有证据表明被任命的官员是定期领取薪俸的;虽然他们会得到周王的赏赐和礼物②。西周官僚制同时还在宗法制的框架下运作,并且它很明显是一种"家产官僚制"(patrimonial bureaucracy)(如果用精确的韦伯式术语来描述的话)③。然而不论用不用这一术语,西周的官僚制都显然包含了如上的几个重要特征,并且,发展于东周、成熟于中国后世的国家官僚制也正滥觞于此。

但必须强调的是,官僚制的初期发展仅仅发生在由周王室直接控制的王畿地区,而非王畿以外的城市国家④。西周时期城市国家是如何被管理的,对此我们还知之甚少。不过,我们确切知道的是,在东周早期,所有主要的城市国家仍然是在父系宗法制度下由贵族打理的。换言之,当东周时代开始之时,大部分城市国家还没有习得西周王畿之地的官僚制传统。然而,西周官僚制的模式是很容易被模仿的。东周伊始,一些在领土扩张上获得成功的城市国家也开始了官僚化进程。

至于西周中期官僚统治的出现其背后有着怎样的内在逻辑,我们同样所知不多。因为铜器铭文所记录的多只是对低级军事将领"师"的任命,夏含夷认为官僚制的发展可能始于军事领域,随后扩展到民政领域⑤。然而,官僚化开始之时,似乎并不是西周战争逐渐增多的主要时

---

① 李峰(2004,第18页)。一份册命金文非常清晰地显示周王在审阅了一个叫"免"的人的政绩履历(即"王蔑免历";关于"蔑历"的解释,另请参见许倬云与林嘉琳,1988年,第251页)之后,委任其担任司工之职。

② 李峰(2001/2002,第53页)。

③ 韦伯 Weber(1951)。

④ 李峰(2008,第255页)。西周王畿是一片面积相对较小的区域。鉴于古代中国的规模和西周国家有限的控制能力,很难想象西周政府能将王畿之地的官僚制扩展至附属于它的城市国家之中。有关统治者的行政能力与统治者所选择的行政组织类型之间关系,参见贝克尔 Becker与斯蒂格勒 Stigler(1974)、凯瑟 Kiser(1994)、凯瑟 Kiser与蔡 Cai(2003,第514—515页)

⑤ 夏含夷 Shaughnessy(1999b,第325—326页)。

期。韦伯曾发现,治理大片领土势必会使行政任务复杂化并刺激国家官僚制的发展①。但正如前面所提到的,西周王畿面积并不大,主要限于今天陕西省的渭河谷地一带。

我的猜想是西周官僚制的起源与彼时强大的宗法传统有关。这一假说似乎听起来有些奇怪,因为根据韦伯的说法,官僚制看重个人成就,讲究公事公办,内部规则一视同仁,它的对立面正是那种看重个人出身,特事特办,并以血缘关系为基础的组织②。不过,在中国古代真实的历史环境中,这种对立可能达到了某种统一。首先,为了依据宗法制的理想来维持中央政府与地方封国之间的关系,西周政府逐渐制度化了频繁的、大规模的祭祀仪式,随之而来的是一系列体现宗法秩序的繁复且有明令规定的仪式流程。宗法制的等级化本质以及祭祀仪式的烦琐程序自然而然会使这两者走向官僚化的组织型态③。主持祭礼是国家在当时的两个核心功能之一④。官僚化的祭祀活动注定会对政府的组织结构产生影响,当然也可能会对官僚化进程有所助益。再者,西周宗法制将真实或者象征性的亲属关系扩展到相当大范围的人群中去,从统治者到大量的城市居民即“国人”,都牵涉其中。西周宗法制扩散规模之大不仅令等级化的社会分工成为必要,同样还为发展出从宗族成员中择优选拔官员的选拔方式留下了充足空间,而这也促进了官僚制的出现。

西周官员的头衔大多源于他们在贵族家庭中所担当的职责,这或许是中国官僚制起初以家庭为导向的某种反映。而这些头衔在东周和西汉官僚政治中也被保留了下来⑤。例如,西汉王朝的首席大臣被称为“丞相”(在另一些朝代则称为“宰相”)。此处,“相”意为“辅助”,“宰”意为“宰杀”。在西周与东周时代,王室与公室的头等大事莫过于祭祀,而祭祀中最重要的环节则在宰杀牲牛。因此,被授予“宰相”头衔就等于说此人在最重要的家族事务中起到了相助其主公的作用⑥。西汉大臣的头衔也是如此。例如,被称为“太仆”的官员负责与运输相关的事务,包括管理军马,以及为皇帝御车。“太仆”的字面意思是“皇帝的车夫”,这

---

① 韦伯 Weber(1970,第 209 页)。

② 韦伯 Weber(1968,第 956—1069 页)。

③ 吉德炜 Keightley(1978)在对商代宗教与国家之间的关系进行分析时提出了类似的观点。

④ 国家的另一项功能是战争。《左传·成公十三年(前 578)》(杨伯峻编著,1990,第 861 页)记载了一段据说是刘康公所说的著名的话:“国之大事,在祀与戎”。

⑤ 参见卜宪群(2002,第 3 章)关于西周与东周对于西汉官僚政治影响的讨论。

⑥ 钱穆(1982,第 6 页)。

便是这个官衔原来在西周官僚制中被赋予的含义①。"奉常"是西周时期负责宗庙礼仪活动之官的头衔。到东周晚期与汉代，"奉常"这一官职有了一个新的名称——"太常"。根据钱穆的研究，西汉九卿中有七个官衔名称并非源自国家事务，而是源自王室和公室的私务。因而，可以说古代中国人的国家是由家庭转化来的，即所谓"化家为国"②。

"国人"与"野人"

在西周时期以及东周早至中期③，周朝政权将其治下的民众划分为两类：国人和野人④。对于周代这两类人的性质，历史学者多有争论⑤。本节即对此展开专门的讨论，因为弄清楚这两类人的性质可以使我们更好地理解东周伊始国家与社会的关系。

"国人"居住在城邑或其近郊地区⑥，他们中大多数原先是周人与商人的后裔⑦。在一个新建的城市国家中，"国人"的核心成员可能是贵族以及贵族宗族中其他一些曾有功于建立殖民据点的成员⑧。不过，因为宗族的不断分化，城市人口的构成就会随时间的推移而日趋多样化。到

---

① 卜宪群(2002，第 54 页)，钱穆(1982，第 8 页)。

② 钱穆(1982，第 8 页)。

③ 本书第三章将东周时代划分为三个时期：霸主时代(前 770—前 546)、转型时代(前 545—前 420)，以及全民战争时代(前 419—前 221)。这三个历史时代大致对应本章中所谓东周的早期、中期和晚期。

④ 杜正胜(1990)，许倬云与林嘉琳(1988，第 163 页)，童书业(1980，第 132—146 页)，杨宽(1999，第 4 章)。

⑤ 晁福林(2000)、程涛平(1983)、杜正胜(1990)、何兹全(2001，第 35—41 页)。

⑥ 不是所有生活在城市与近郊地区的人都享有"国人"的地位。例如，虽然西周经济并非建立在奴隶劳动的基础上，但在城市中的确有奴隶的存在，而他们就不被视为"国人"。

⑦ 例如，《左传·定公四年(前 506)》(杨伯峻编著，1990 年，第 1537—1540 页)记录了当军事殖民刚刚开始之时，周政权强迫殷商遗民与淮夷迁至鲁、卫和晋。少数学者认为那些被迫重新安置的殷遗民构成了城市国家的"野人"(如徐喜辰，1985)，但是大部分学者并不认同这一观点。

⑧ 例如，《左传·僖公二十五年(前 635)》(杨伯峻编著，1990，第 433—434 页)记录，在公元前 636 年，晋从周那里得到了几座城邑，但是阳樊之民不服从晋的统治。为此，晋文公发兵攻打这座城邑。在围攻之下，苍葛(可能是阳樊的城主)与晋师谈判，告诉他们："德以柔中国，刑以威四夷，宜吾不敢服也。此，谁非王之亲姻，其俘之也？"最终，晋师允许所有的城民在军队占城之前离开。此处，基于"谁非王之亲姻"这句，很容易推断城里许多城民认为自己属于王室宗系。

了东周时期,仅有一小部分"国人"还拥有贵族地位[①]。除周王室所在之地外,西周时期大部分城市国家没有常备军。因此,逢战之时,"国人"需要加入战斗[②]。因为有这种义务,加之"国人"中的核心成员曾出身贵族,"国人"当然也享有一系列特权。虽然,我们对西周时期普通百姓的生活与活动所知甚少[③],但我们明确知道的是,在东周早期,"国人"(在理论上)有权接受官学教育[④],并且有时候他们也会参与到政治进程中来[⑤]。至于在东周晚期之前"国人"拥有怎样的政治权力,以下,我就用《左传》中的例子加以说明[⑥]。

(1)当国家要做出重要决定时,国君会与"国人"商议:

僖公十五年(前 645)记载[⑦],秦国打败晋国,并俘虏了晋惠公(前650—前 637 年在位)。惠公在被释放回晋国后,在宫门外召集"国人"。他让大臣以他的名义赐予来者礼物,并让大臣告诉他们说:"我虽然回国了,却给社稷带来了耻辱,还是占卜一个吉日,让我的继承人圉就国君之位吧。"

哀公元年(前 494)[⑧],陈国被迫要在吴、楚两国的战争中选择支持的对象。陈怀公(前 505—前 502 年在位)召集"国人"商议,对他们说想要亲附楚国的站到右边,想要亲附吴国的站到左边。

(2)"国人"可以公开批评国家的领导者:

僖公二十二年(前 638)[⑨],宋襄公在泓水之战中败于楚。襄公受伤,

---

① 在《左传·襄公十七年(前 556)》中(杨伯峻编著,1990,第 1031—1032 页),有一段关于宋国贵族华臣的记录。华臣杀死了另一位宋国贵族的家宰华吴。某一个冬日,"国人逐瘈狗。瘈狗入于华臣氏,国人从之。"华臣以为这是自己的杀戮激怒了"国人",于是出逃陈国。对我们而言,在大街上追逐一条疯狗(即"瘈狗")听起来不应该是高级贵族会做的事。这可能意味着这段文字中提到的大多数"国人"都并非贵族。

② 《左传·庄公十六年(前 678)》(杨伯峻编著,1990,第 203 页)记录了周王命令曲沃伯建立一支军队,并封他为晋侯。这是首次有关诸侯国拥有常备军的记载。

③ "国人"与"野人"的区别在东周晚期就消失了(见第七章)。

④ 杨宽(1999,第 402—403 页)。

⑤ 晁福林(2000),杜正胜(1990,第 39 页),童书业(1980,第 140—146 页)。

⑥ 童书业(1980,第 140—146 页)对此列出了更详细的例证。

⑦ 《左传》(杨伯峻编著,1990,第 360—362 页);朝国人而以君命赏,且告之曰:"孤虽归,辱社稷矣,其卜贰圉也。"
请读者注意,此处的年代仅是某一事件见载于《左传》的年代,而未必是该事件发生的真实年代。以下,为简便故,省略"记载"二字;另,此处译文遵照原文译出《左传》故事,另摘录与之对应的含有"国人"的《左传》原文附于注解中,以备读者参考。——译者

⑧ 《左传》(杨伯峻编著,1990,第 1607 页);怀公朝国人而问焉,曰:"欲与楚者右,欲与吴者左。"

⑨ 《左传》(杨伯峻编著,1990,第 397 页);公伤股。门官歼焉。国人皆咎公。

他所有的护卫皆战死。当他回到都城时，"国人"纷纷指责他。

昭公四年（前538），郑国执政大夫子产（前522年去世）决定增加赋税。"国人"指责他说："他的父亲死在街头，他的恶毒好比蝎子的尾巴，可他还在国内发布命令，这国家还有什么未来呢？"①

（3）在继承王位的斗争中，国人选择支持哪位继位者似乎相当重要：

文公十一年至文公十二年（前616—前615）②，邾国人不喜邾太子。邾伯死后，"国人"更立新君，邾太子奔鲁。

襄公三十一年（前542）③，莒国国君暴虐，"国人"都憎恨他。莒君立他的儿子展舆为继承人，随后又废了他。展舆依靠"国人"发动叛乱，弑莒君，夺取了权力。

（4）在贵族间的权力斗争中，"国人"对斗争一方的支持可以起到决定性作用：

襄公二十七年（前546）④，齐国崔氏爆发内乱。其中的一方向庆封求助⑤。庆封带领家臣攻打崔氏，没有攻下。庆封转而向"国人"求助，在"国人"的帮助下，打败了崔氏。最终，崔氏成员被屠戮。

襄公九年（前554）⑥，郑国的"国人"厌恶专权的执政子孔。子孔调派了自家以及两个下属家的武装来保卫自己。但在"国人"的帮助下，郑国的另两位大夫，子展和子西，才得以打败子孔的武装，杀死子孔，并分割了他的家财采邑。

根据以上这些例子，我们也许可以说"国人"享有着全民战争时代（the Age of Total War；见第七章）的法家改革之后的民众所不具有的一些政治权力。而正是"国人"拥有这些权力让许多历史学者以为"国人"是自由民，或者是拥有"初步宪政权利"（nascent constitutional rights）的公民⑦，

---

① 《左传》（杨伯峻编著，1990，第1254页）；郑子产作丘赋。国人谤之，曰："其父死于路，己为蛮尾。以令于国，国将若之何。"

② 《左传》（杨伯峻编著，1990，第579—592页）；邾大子朱儒自安于夫锺，国人弗徇。……十二年，春，邾伯卒，邾人立君。大子以夫锺与邾邦来奔。

③ 《左传》（杨伯峻编著，1990年，第1189页）；十一月，展舆因国人以攻莒子，弑之，乃立。

④ 《左传》（杨伯峻编著，1990，第1137—1138页）；使国人助之，遂灭崔氏。

⑤ 庆封是齐国大夫，齐桓公（前685—前643年在位）的曾孙。

⑥ 《左传》（杨伯峻编著，1990，第1050页）；郑子孔之为政也专。国人患之，……甲辰，子展、子西率国人伐之，杀子孔而分其室。

⑦ 程涛平（1983，第2页），何兹全（2001，第61页），侯外庐（2003，第200—205页）。例如，陆威仪Lewis（2000a，第369页）称"国人"为"公民"。Victoria Hui（2001）认为国人拥有"初步宪政权利"。杜正胜（1979，第83页）曾称国人为"自由农"。

并且,将国人这种影响政治过程的能力视为一种战国后不复存在的"光荣传统"①。然而,这种观点是有失偏颇的。

"公民身份"(citizenship)这一概念曾有过许多种不同的定义。其中广为学界所接受的是马歇尔(T. H. Marshall)的定义,即,"公民身份是赋予某一社会共同体的全体成员的一种地位,拥有这种地位的个人全都平等地享有它所赋予的权利与责任"②。如果根据这一定义,"国人"肯定不具"公民"性质。在西周与东周时代早期,几乎所有的"国人"均属于某支宗族,并受制于其宗族首领。他们被血缘纽带所连接,无论在其身份认同上,还是行为表现上,他们都把自己当作某个整体中的一分子,而不是拥有自由意志的个人。把"国人"凝聚在一起的还有等级化的宗法制,以及与宗法制相关的礼仪与责任。当某诸侯在做重大决定前要征询意见时,"国人"是作为血亲宗族的成员而被召集前来,并且国人单个个体的意见并不算数(不像古希腊的"公民"或"自由民",因为拥有自己的权力,并且拥有不以血缘为基础的组织形式,而可以捍卫自身的利益)③。"国人"的许多政治行动,比如废黜国君,或者杀死某个招致民怨的贵族,通常都是在他们那一宗族的贵族的领导下得以完成的④。换言之,在某一政治进程中,国人更像是其宗教贵族的随从,而非具有个体自主性的行动者。"国人"是作为贵族们的同宗伙伴而卷入诸侯国政治中

---

① 杜正胜(1979,第 133 页)。杜正胜在分析中的确提到"国人"不可能等同于公民。不过,他又肯定了"国人"曾经有过"光辉的历史",认为"国人"是古代中国城市国家的"三大权力行动者"之一,而另外两个是国君与贵族。

② 马歇尔 Marshall(1964,第 84 页)。根据亚里士多德的说法,希腊公民身份的本质是有权对城邦事务做出裁定,担任官职,并轮流作为统治者与被统治者(莫里斯 Morris 1987,第 3页)。亚里士多德式的公民理念与马歇尔的定义是相似的。

③ 上述二则用来描绘国君在做重大决策时如何征询"国人"意见的例证也常被史学家广泛征引,并以此强调"国人"的政治权力。但是,史学家通常只是截取故事的一部分。在我的第一个例子中,国君在表面上对"国人"的尊重不过是一种政治把戏。《左传·僖公十五年(前 645)》(杨伯峻编著,1990,第 360—362 页)完整记录了惠公在吕甥的建议下召集"国人"的整个事件。惠公在被秦俘获与释放后声望严重受损。吕甥告诉惠公,只要公开地赏赐"国人"礼物,并假装承担过错,表示打算退位,那么他就可以重新赢得权威。惠公按照吕甥的建议做了,并且取得了预期效果。很明显,并不像一些历史学家所说的召集"国人"真的是为了让他们做出决策。对于第二个故事,节选的部分所遗漏的是:陈怀公的决定并非取决于站在左、右两边的"国人"的数量,而是一位大臣的建议,这位大臣既不站在左侧,也不站在右侧,而是站在国君的正对面。这位大臣劝怀公亲近楚国而非吴国,怀公听从了他的建议。

④ 童书业(1980,第 346 页)。基于对于"国人"政治活动相当充分的总结,童书业也认为,虽然"国人"偶尔也会在没有大贵族领导的情况下发动起义,但通常规模较小。

的，这就表明彼时的国家还没有同宗族与家庭分离开来（关于这一点，下一章还会讨论）。在国家与民众间，宗族关系如此之紧密，这既赋予了"国人"某种权力，同时也划定了这种权力的范围。

上文的分析说明，由于和同宗贵族以及公室的血缘关系，"国人"拥有了一定程度的权力，但这种权力严重受限于他们对宗族首领的从属地位。那么，除了血缘关系外，城市居民是否还拥有其他的政治权力资源呢？杜正胜主张"国人"曾有过独立自主权，因为：（1）战时，国君需要他们参加战斗；（2）所有"国人"被紧密地组织在被称为"里"的组织单元中，从而"自成一股势力"，并且"颇少受统治者的干涉"，于是，"里"便成了"国人"行使其权力的基础[1]。研究早期中国的历史学家大多同意杜论的第一点[2]。《左传》中"卫懿公好鹤"的故事对此有非常生动的描述[3]。在这则故事中，卫懿公对鹤的喜爱到了要给鹤封以禄位的地步。当狄人攻打卫国时[4]，"国人"拒绝为懿公战斗，并说："让鹤去抵御敌人。当鹤享有俸禄官位时，我们哪里能打仗呢！"[5] 不过，杜论的第二点却是可疑的。杜正胜也承认"里"并非独立的组织，它以血缘关系为基础并由各自的贵族所控制[6]。在考古出土的铜器铭文中，有这样两篇可以使我们一窥"里"的实质。第一篇铭文记录了周王将一个"里"奖赏给一个叫"大"的人；第二篇则记录了"里"从一人之手被卖给另一人。这也就是说，住在"里"的"国人"像财产一样可以被用来奖赏或者买卖[7]。"里"作为一种依附性的组织，并不具有类似于现代市民社会那样的功能与权力。

但是，"国人"的确享有一种消极权力（passive power），即，如果受到了欺凌，他们可以选择出逃，而这一点却为绝大多数历史学家所忽视。

---

① 杜正胜（1979，第 40—45 页）。

② 晁福林（2000）、何兹全（2001，第 37 页）、杨宽（1999，第 402 页）。

③ 《左传·闵公二年（前 660）》（杨伯峻编著，1990，第 265 页）。

④ 狄人是在西周时期从北方迁入古代中国的一支族群。他们逐水草而居，生活方式与中原人不同。狄人在东周早期对当时许多北方诸侯国造成了威胁，而到东周晚期，他们则大多被同化了。（狄宇宙 Di Cosmo，1999a）。

⑤ 《左传》原文为"国人受甲者皆曰：使鹤，鹤实有禄位，余焉能战"。——译者

⑥ 晁福林（2000，第 66 页）。

⑦ 李峰（2008，第 181—182 页）。《左传·成公二年（前 589）》（杨伯峻编著，1999 年，第 807 页）还有一则故事，讲的是楚军进攻鲁国，鲁国答应送给楚军木工、缝工、织工各一百人，请求结盟（"楚侵及阳桥，孟孙请往，赂之以执斫、执针、织纴，皆百人。公衡为质，以请盟"）。这些工匠都是鲁的"国人"。在西周与东周期间，有许多像这样的例子都是讲"国人"被他们的贵族送给了其他王侯公卿。一些被当作礼物赠送出去的"国人"有可能非常富裕，这一点从他们拥有的财产上可以看出（杨师群，2004）。

在对"国人"的这一出逃选择做进一步了解之前,我们必须首先厘清"野人"在西周与东周早期的性质。

　　诚然,对于"野人",我们知之甚少。李峰所研究的那些青铜铭文大部分记录的是贵族的仪式性活动,而在那些较为可信的传世文献中(比如《左传》),所记录的事件也多发生在城市。杨宽通过对《周礼》的研究,曾对野人作过大量探讨。不过,《周礼》不可能是在西周或东周早期成书的[①]。并且,《周礼》主要立足于战国社会,它关注的更多是一套理想化的、人为设计出来的政治体制[②]。通过从更广泛的材料中所获得的证据,杜正胜也总结了他所认为的"国人"与"野人"的区别[③],然而,对于"野人"的地位问题,他的很多核心证据同样源于《周礼》。

　　由于实质性证据的缺乏,"野人"的身份地位一直是许多学术争论的主题。早先的一些观点,如,视"野人"为奴隶的看法,已被完全摒弃[④]。现在的历史学者们一致认为,与"国人"不同的是,这些身居乡野之民:(1)没有服兵役和作战的义务;(2)不享有"国人"所拥有的在教育与政治上的特权;并且(3)他们须向国家上缴较高的田赋。"野人"的这些特点让史学家得出了"国人"的社会地位要高于"野人"的结论。通过阅读史籍,我支持上述观点中的前两条,即,野人不须参战,也不享有教育与政治特权。但较难确定的是"野人"是否要向国家上缴更高的田赋,理由和上面所讲的一样,因为支持这一观点的大部分证据还是来源于《周礼》,而《周礼》中的这类证据所反映的很可能仅仅是东周晚期的情形。

　　那么,"国人"与"野人"的上述前两点区别是否意味着前者比后者拥有更高的地位呢?历史学者给出了肯定的回答,他们主要依据的是"国人"享有接受官学教育与其他一些"特权"。然而这一论点并没有考虑历史背景,而是默认了"国人"与"野人"在现实中处在同一套国家体制下。但实际情况并非如此。在西周早期,最初建立的殖民据点(或可被称为

[①] 关于《周礼》的成书时间问题,在近代以前的中国历来聚讼纷纭,这既有学术原因也有政治原因(博尔兹 Boltz 1993,第 25—29 页)。现在普遍认为《周礼》的成书时间不可能早于战国时期(即,东周晚期)。它描述了一个战国士人心中理想的政治体制,但尽管如此,它还是反映了西周与东周政治体制中的诸多要素。

[②] 程涛平(1983)。

[③] 杜正胜(1979,第 79—84 页)。

[④] 较早的观点,见郭沫若(1954),侯外庐(2003,第 54—57 页),翦伯赞(1988,第 264—268 页)。对这些早期观点的批评,见杜正胜(1979,第 84—92 页)、沈长云(2002,第 219—231 页)以及徐喜辰、斯维至、杨钊(1995,第 778—783 页)。

城市国家的雏形)规模普遍很小，构成它的仅是一座有城墙围绕的城邑，以及城邑附近的土地①。即使到了东周初期，城市国家已存在数百年之久，大型的城市国家的规模可能也仅仅只有斯巴达的三分之一②。如果我们按照比例来绘制一幅东周早期的中国地图，我们会发觉这些城市国家只是地图上一些稀疏分散的星点③。只是随着城市国家的扩张，这些星点的面积才逐渐变大，并且逐渐覆盖整个地图。

尽管如此，直至东周中期，甚至在人口高度密集之地，仍然存在着一些不受任何国家统治的区域④。这当然不意味着这些地方无人居住，而只说明那里的居民没有或很少受到城市国家的控制。这些人中的一部分可能是放牧者，还有一些则可能是居无定所的狩猎—采集者。我们不能说这些人的地位就比"国人"要低，因为他们与"国人"生活在两个不同的世界。我们甚至不能说"国人"一定就比那些不受管治的"野人"过着更好的生活，因为正如马歇尔·萨林斯(Marshall Sahlins)所指出的，如果按照狩猎—采集者自己的生活标准，他们实际上生活得更闲适而充裕⑤。而这些牧民与狩猎—采集者很可能都被那些生活在周朝政治体制下的人们不分由来地当作是"野人"⑥。

能直接支持我观点的证据并不太多(因为关于"野人"的史料非常之少)，但很明显的是，一些史料中所提及的"野人"并不受某一城市国家的直接统治。《左传》⑦记述齐景公(前547—前490年在位)患上疟疾，病了一整年。由于主管祭司的祝官和史官不能令他痊愈，景公便想杀了他们。大夫晏子反对这样做，为此而劝谏景公。下面这段话据称是晏子所讲：

① 史建群(1986，第52页)、顾颉刚(2005，第2页)认为当时的若干城市国家小若村庄。
② 陆威仪 Lewis(2000a，第364页)。在其鼎盛时期(约前500年)，斯巴达的自由民大约两万到三万五千人。这还不算住在附近不计其数的居民。
③ 吉德炜 Keightley(1983，第548页)在对商王国的分析中为我们展示了一个相似的图景。
④ 《左传·哀公十二年(前483)》(杨伯峻编著，1990年，第1673页)中有一条记录提到子产(卒于前522年)为郑国执政时，宋、郑之间有大片不受任何国家控制的隙地。
⑤ 萨林斯 Sahlins(1974)。必须强调的是，在东周晚期，当城市国家转变为领土国家时，先前不在国家控制下的社会关系要么被关入了受到国家控制的"笼子"(cage)里，要么被推向边缘。
⑥ 大体上，人们总是对他们眼中那些文化上的"先进者"了解得更多，而忽视了那些"落后者"。希腊人视所有操非希腊语的人为野蛮人，这表明希腊人没有兴趣去区分这些人。同样地，来自第三世界国家的人对美国社会的熟悉程度要比美国人对第三世界国家的熟悉程度高得多。
⑦ 《左传·昭公二十年(前522)》，杨伯峻编著，1990，第1415—1418页。

　　山林之木,衡鹿守之;泽之萑蒲,舟鲛守之;薮之薪蒸,虞候守之;海之盐、蜃,祈望守之。县鄙之人,入从其政;偪介之关,暴征其私;承嗣大夫,强易其贿。① （山林中的树木,[**现在**]②由衡鹿看管;湿地中的芦苇,[**现在**]由舟鲛看管;野地中可以用作木柴的灌木,[**现在**]由虞候看管;大海中的盐和蛤蜊,[**现在**]由祈望看管。"野人"[**现在**]也都处于政府的管理之下;邻近国都的关卡,[**现在**]横征暴敛;世袭的大夫[**现在**]强迫人们把东西[按照他们设定的价格]卖给他们。）

　　晏子的话旨在为祝官和史官开脱罪责,并对真正引起上天不悦的罪过——国君的暴虐与齐嚚的统治——加以批评。这段话除了描绘出某种效率导向型文化的兴起外(详见第四章),还揭示了齐国野人**原先**的生活状况:他们就如同山林中的树木、湿地里的芦苇一样,曾一度不受国家管治。

　　关于在晏子时代之前一个世纪,"野人"的生活状况如何,《左传》也无意中提供了一点证据③。据载,在晋公子重耳(即,后来的晋文公,前636—前628年在位)流亡时,他与随从曾向"野人"讨要食物,可"野人"给他们的却是土块。重耳为其"无礼"而大怒,想要鞭打他们。重耳的随从劝阻了他,对他说,这土块象征的是土地,"野人"献上土块是想说,公子重耳将重返晋国成为国君。这个故事真假难辨。但至少有一点是明显的,"野人"侮辱了贵族公子,而这种无礼行为体现了他们的政治自由。《左传》中记录了晋文公报复那些在其流亡期间曾侮辱过他的小国的国君与大臣。但《左传》却从未提及晋文公向上述那些"野人"复仇。很有可能,在转型时代(前545—前420),"野人"仍然生活在国家权力所触及不到的世界里。

　　在《史记》中④,有另一则发生在几乎与公子重耳同时代的故事,说的是岐山(在今陕西省)下有约 300 个"野人"盗取了秦穆公的良驹,并宰杀吃掉了。穆公的士兵捕获了这些盗贼,将他们带至穆公的面前接受惩罚,而穆公非但没有加以责罚,还给这些人酒喝,并且释放了他们。后

---

① 这段话中的衡鹿、舟鲛、虞候、祈望都是低级别的官吏。
② 黑体标识的"现在"在原文中为斜体字,中括号为译者所加。——译者
③ 《左传·僖公二十三年(前 637)》,杨伯峻编著,1990,第 406 页。
④ 《史记·秦本纪》,裴骃集解,司马贞索隐,张守节正义,1959,第 189 页。

来，在公元前 645 年，穆公在与晋国的一场战役中负伤，并被晋军包围。那三百人一齐赶来，帮穆公突出重围，救下他的性命。这个故事中的"野人"不是秦国军队中的一分子，也没有义务参战。他们在当时似乎也不受制于任何国家。但是，在营救穆公突出晋军重围这一事件中，从他们展现出的动员之迅速、合作之高效来看，在秦、晋一带，一定有不少成群结伙的不在两个强国掌控之下的群体。

从上述故事中我们可以了解到什么呢？第一，一味地讨论所谓"野人"与"国人"在社会地位上的差异对于我们了解"野人"毫无意义。相反，我们最好把"野人"理解成一个相当松散且性质多样的人群类别，并且这些群体与城市国家之间相互联系的紧密程度又各有不同。他们中居住地离城市国家最近的人可能会被较快地整合到国家管控体制中来①；而那些住得相对偏远的人，至少在公元前 7 世纪时，仍在很大程度上不受任何国家的控制。第二，从西周到东周中期，"野人"这一概念是不断变化的。至东周晚期，有些城市国家已发展成了大型的领土国家（territorial states），且每一个国家都控制了多座城邑以及规模可观的腹地。在这些腹地，多多少少都会有人居住。"野人"倘若生活在这里，他们就会逐渐被纳入国家的"笼子"之中②。因此，"国人"与"野人"就都变成了领土国家的臣民③。于是，"国人"与"野人"之间的差异也就逐渐消失了。换句话说，《周礼》描绘的很可能是在东周晚期，国家将更多的人口与土地整合到其中的图景，抑或，它也有可能反映的是东周晚期政治家们试图将"野人"吸纳到国家中的一种期望。第三，在东周晚期以前，大量"野人"仍未被整合到国家体制中这一事实说明了对待附近的"野人"，城市国家所采取的处理方式一定不会太严苛。否则的话，那些"野

---

① 《尚书·周书·费誓》（《十三经注疏》1980 年，第 255 页）记录了"公"命令鲁国"三郊三遂"的居民准备军需品。一些历史学家将这些人视为野人（杨宽，1998，第 151 页）。姑且不论他们的地位如何，这些人肯定居住在离鲁很近的地方，并且肯定就在国家势力范围内（李峰，2008，第 170—173 页）。

② 曼 Mann（1986，第 3 章）用"笼子"作比方以分析肥沃的冲积平原是如何成为一个把人们吸引过来居留与耕种其中的"生态笼"（ecological cage）的。根据曼的理论，这个生态笼反过来又会促进私有财产、文明与国家的兴起（即"政治笼"）。这种"社会笼"的力量不应被过分估计。例如，《史记·孟尝君列传》（裴骃集解，司马贞索隐，张守节正义，1959，第 2363 页）记载孟尝君的家中有门客三千，其中大多数人由于种种原因离开了他们的母国来投奔孟尝君。

③ 以下，我使用"臣民"一词代替"国人"与"野人"来描述生活在这样一种国家中的民众，在那里，"国人"与"野人"之间的区别不大，并且（或者）这个国家的居民处于该国的管控之下。

人"很可能会如赫希曼所说的那样选择"退出"(exit)[1]，也就是迁移到国家权力尚完全无法达到的地方。第四，既然许多地区仍在城市国家的管治以外，这就意味着"野人"享有的这个"退出"选项也同样适用于"国人"。譬如，当贵族在城邑中由于某种原因而遭到威胁，他们也会选择逃进乡野之中，这样的例子在史料中很常见[2]。倘若贵族可以这样做，那么平民百姓应该也可以。因此，在西周，城市国家的统治是不可能过分专制的[3]。回到前面提过的问题——"国人"既然享有某种消极权力，那么这一权力的来源是什么呢？显然，其来源在于，自西周至东周中期，"国人"逃脱"政治笼"并非难事，而这一点却被大多数历史学家所忽视了[4]。

西周时期的其他遗产

在西周时期，所有城邑都脱胎于早期的军事殖民据点。这意味着东周时期的城邑发端于军事与政治中心，而非经济枢纽。在西周与东周早期的框架下，由"国人"掌控的耕地为集体所拥有。传统上认为，耕地被规划成一片约 17 公顷的正方形。这一块方田就像"井"字那样，被平分成 9 块，分派给 8 户人家。井田外围的八块地由八户各自耕种，而中间的那块则由他们一起耕种，其收获则作为向公室上缴的赋税[5]。如今，这种关于西周土地制度静态化的描述基本上被证明是错误的[6]。不过，所有的学者都同意，在西周时期既无货币通行，也没有关于土地私有权的明确观念。有些马克思主义史家一直把西周社会描述成一个奴隶社

---

[1]　赫希曼 Hirschman(1970)。

[2]　例如，《左传·昭公二十年(前 522)》(杨伯峻编著，1990 年，第 1408—1409 页)提到楚国大夫伍员为了逃避楚平王的抓捕而在边远之地耕作。《左传·襄公二十七年(前 546)》(杨伯峻编著，1990 年，第 1138 页)同样记录了申鲜虞在齐国起事失败后逃亡到鲁国腹地。

[3]　契洛特 Chirot(1985)也强调，"退出"这一选项的重要性(由于西欧碎片化的国家体制)，它既限制了国家对社会的完全管控，又保持了欧洲的多元化传统。

[4]　正如沈约(441—513)写道："宋民赋役严苦，贫者不复堪命，多逃亡入蛮。蛮无徭役，强者又不供官税，结党连群，动有数百千人，州郡力弱，则起为盗贼，种类稍多，户口不可知也。"(见《宋书》第 2396 页，中华书局，1974 年)。这清楚地表明，直到公元 5 世纪，华南地区仍为那些逃离专制政治统治的人们提供躲灾避难之所。同时，我也必须指出，当可以用来避难的地区变得贫瘠与偏远时，"退出"选项的成本也会随之增加。

[5]　关于"井田"的描述来自《孟子·滕文公上》(杨伯峻编著，1980 年，第 118 页。)

[6]　崔春华(1984)、翦伯赞(1988，第 230—235 页)、田昌五(1985)。

会[①],但最近的研究证明,那些被传统马克思主义史家称为"奴隶"的群体实际上很多都不是奴隶[②]。大规模的奴隶制在西周时期并不存在,小规模奴隶群体中的大多数也不在田地中劳作[③]。简言之,奴隶并不是西周经济的基础,在这一点上与古罗马经济有天壤之别。

铸造青铜器与其他手工制品的技术在西周时已达到极高的水平,并在东周时期更臻完美[④]。迄今为止的考古学证据显示,这些青铜器几乎都是在由国家和大贵族家庭所拥有和经营的作坊中被铸造出来的[⑤]。但《左传》也清楚地揭示出,在东周早期存在着工匠与商人[⑥],只是倘若没有他们身后的西周传统,这些工匠、商人也不可能乍然出现[⑦]。虽然西周的城市国家已可以算作组织严密的政治共同体,但直到东周早期,经济水平也尚属起步阶段。在这里,比较一下东周时代的中国与前现代的欧洲或许会对我们有所启发。在公元第二个千年,即便是在军事竞争的大幕拉开之前[⑧],欧洲就已经出现了集中在独立与半独立城市中的强有力的经济行动者[⑨]。换言之,军事竞争与经济竞争共同推动了欧洲历史在第二个千年期间的发展;而在东周时代的中国,历史的发展由军事竞争率先驱动。正如我在绪论以及第一章中所讨论的,经济竞争会使社会权力分散,而军事竞争则会使社会权力集中,并且,军事竞争最终更会刺激国家权力(相较其它社会权力)发展壮大[⑩]。这一机制塑造了东周历史的发展型态。

西周贵族重视对他们子孙的教育。年轻的贵族公子要学习礼、乐、射、御、书、数这些古代的"六艺"[⑪]。到东周中期,随着贵族势力的衰落,有些饱学之士为了谋生便开始兴办私学,并在竹简上撰文表达自己对东

---

① 郭沫若(1954)、金景芳(1983)、吕振羽(1934)。

② 杜正胜(1979,第 84—92 页),黄中业(1984),斯维至(1978)

③ 徐喜辰、斯维至和杨钊主编(1995,第 318 页)

④ 罗森 Rawson(1990)、苏芳淑(1995)。

⑤ 有关官办铸铜作坊及其铸造规模的考古发现,参见曲英杰(1985,第 6 页),徐喜辰、斯维至和杨钊(1995,第 634—639 页)。

⑥ 第七章中会对这些例子作详细讨论。

⑦ 事实上,考古工作者已经在商代墓葬中发现了许多手工工具。这些墓葬的主人被确定是宗族成员,而非官办作坊中的工匠。换句话说,早在商代就有不受国家雇佣的工匠(中国社科院考古所安阳工作队,1979 年)。

⑧ 麦克尼尔 McNeill(1982)、梯利 Tilly(1992)。

⑨ 贝施莱 Baechler(1975)、霍尔 Hall(1996,第 56 页)。

⑩ 同见霍尔 Hall(1996,第 55—56 页)对于帝国与经济关系的精彩的论述。

⑪ 杨宽(1999,第 664—684 页)。

周政治的种种思考。官学教育及其在民间的体现与继承激发了中国式哲学思维的形成,并促进它在日后凝聚为彼此独立、各具特色的众多"学派"。由于这些"学派"的开创者们大多受教于西周的贵族教育体制,而后又在这一体制中传道授业,因而东周时涌现出的哲学流派在整体上都被打上了西周时代的深刻烙印(见第六章)。

西周体制的崩溃

存在了 300 年之久的西周体制终告崩解。大多数前现代中国史家大多将西周的衰亡归罪于相继几代统治者的昏庸无能致使周朝失去了天命的眷顾。但现代史家的"后见之明"(hindsight)揭示出的则是一些相对世俗的原因。随着时间的推移,大多数诸侯国之间原有的血缘纽带逐渐变得松弛和脆弱。而且,中国的气候也进入了一个持续约两百年的"冷期"(cold phase)[1]。在此期间,来自北方草原的畜牧民(herders)与其他的非农业人口南迁到中国的北方地区[2]。这些非农业人口并不同于日后大举入侵中原的以游牧为生的骑兵劲旅,他们似乎也并不具备征服中原的军事实力。他们来到中国可能更多的是作为移民而非侵略者。然而,一旦进入中国,他们中的每一群人都建立起属于他们自己的某种程度上的国家体制,而且通过与西周贵族通婚,与不同的诸侯国结成攻防同盟,以及将自身文化与西周文化相融合,参与到古代中国诸侯国之间的"国际政治"之中[3]。久而久之,这些非华夏起源的国家(non-Chinese states),连同那些对西周国家体制来讲长期保持相对独立的南方国家(特别是楚国),就逐渐从周人那里学到了技术与组织方面的知识,并在军事上也逐渐取得了相对于周的优势。这就加速了西周的衰落。

西周的衰亡是一个渐进的过程。从现存的非常有限的史料中,我们知道西周的"西六师"被楚军全部歼灭,周昭王(约前 977—前 957 年在位)也在和楚国的战斗中殒命。此后,周王室就经常受到来自楚国与北

---

① 竺可桢(1972)。

② 许倬云(1994,第 67—70、287—292 页)。

③ 有关"北方蛮族"(即,猃狁。——译者)与周人之间的密切关系,见许倬云(1994,第 287—292 页)。

方蛮族愈来愈大的军事威胁①。我们还知道周王室与诸侯国之间的紧张关系自西周中期开始就不断加剧②。最后，在公元前 771 年，西蛮犬戎与周的两个诸侯国申国、缯国联合攻打周朝，洗掠了宗周（也就是周的西都镐京，今陕西省西安市西南），周幽王（约前 781—前 771 年在位）被弑③。随即，周幽王之子宜臼被立为周平王。次年，周王室在几个主要诸侯的军队护送下，从宗周东迁至原来的东都成周（洛邑，在今河南省洛阳市）④，东周自此开始⑤。尽管东周王室又继续存在了大约 500 年，但周王室对诸侯国的权威则日益下降，它的领土后来只剩下成周及其周围的一小片土地，只有在那里，周王室才算有真正的统治权。随着西周体制的最终衰亡，一个崭新的时代降临了——各诸侯国（东周初期，大约有 150 个之多）为了赢得主导权，在中原大地上展开了激烈的竞争。

西周王朝的大量遗产对后来的中国历史有着直接的影响。但是，西周的这些遗产仅仅回答了本书开篇中所提出的一些问题，而远非它们的全部。那些在东周晚期成为主流文化的高度理性主义的思想以及法家的思想观念，在西周文化中尚无踪迹可寻。而较之在东周末期到西汉王朝初期发展起来的复杂的哲学与官僚制政府，西周时期的思想与政治体制尚停留在相当初步的水平。不过，从西周王朝的遗产中，我们也能看到西周的体制奠定了一套结构—文化条件，这些条件在很大程度上塑造了东周时代战争的性质与结果。

---

① 基于经典文献以及青铜铭文，杨宽（1999，第 549—576 页）列举了 26 场周王室与其他方国之间的主要战役。在这 26 场战役中，11 场是与北方蛮族的战争，10 场是与南方蛮族的，3 场是与楚国的，2 场是与其他方国的。与南方蛮族的战争大多发生在西周早期，而与北方蛮族的 11 场战争中有 10 场发生在穆王统治期间，这显示出来自北方蛮族的威胁与时俱增。在西周与楚国的 3 场军事对抗中，楚国取得了两次决定性的胜利，这说明楚国对西周王室也是一个相当大的威胁。

② 李峰（2008，第 35 页）。

③ 《史记·秦本纪》，第 179 页。

④ 为了实行更为有效的统治，西周王朝伊始，周人统治者在位于渭河流域的都城宗周（即，周的西都）向东 350 公里之地又建立了东都洛邑。东都的战略性意义非常明显：它坐落于黄河与洛河的交汇处，南望伏牛山，是得河山拱戴的稳固之地。在东都的西面，黄河、伏牛山脉与秦岭之间有长长的走廊地带绵延至渭河谷地——这片西周的家园。河流系统让两个都城之间的交流十分便捷：战士与军需可以被很快顺渭河水路自西向东运送至东都。在东都的前面，跨过洛河是广袤的中原：北至太行山，东至大海与泰山，南抵大别山与江淮流域。古代中国整个心脏地带都在洛阳的门户口。

⑤ 近来，关于西周王室东迁，有不同的理论被提出来（王雷生，1998 年）。其中的大部分是根据间接证据来立论的。本书采用的则是至今仍被普遍接受的传统解释。

小　结

本章简要地概述了西周王朝自其起源至其衰亡的历史。西周王朝初期的三项重要制度将对中国历史有深远的影响,这三项制度分别是"天命观"、基于血亲关系的"封建"体制,以及宗法制。"天命观"起先是周初统治者为推翻商王朝所做的辩护,而后这种观念就一直作为国家权力的基础,并被中国的统治者、精英以及民众所广为接受。在这种政治理念的笼罩下,政府的政绩或者说绩效成了国家合法性最重要的基础之一[①]。而在中国的整个前现代时期繁荣发展着的关联性思维、历史理性主义,以及面向此世的宗教精神,全都出现于西周时期,而这一切也要部分地归功于"天命观"这一政治理念。

西周的"封建"制度是在以血缘关系为基础的军事殖民过程中逐渐形成的。这一政治组织架构,不仅使中国文化在古代中国面临各种不同的入侵者时得以存续绵延,同时也有助于传布西周的文化、身份认同,以及文字书写系统。而文字书写系统反过来又作为不同语言背景的人们相互交流的媒介,在缺乏现代化的基础性技术的条件下,它对广土众民的"中华"帝国得以绵延久存起到了重要作用[②]。此外,为了协调西周王室与各诸侯国之间的关系,周朝统治者不断顺应时机地改进着宗法制。宗法制的发展提升了"家"在中国文化中的重要性。宗法制传统,连同"天命观"的意识形态,在很大程度上使中国人的思维方式发生了重大转变,从祈求上天与祖先赐予神迹,转而关注由尘世的德行所带来的福报。于是,端正的德行就成了宗法礼制、家族伦理,以及仁政所强调的核心内容,而这又为后世兴起的儒家学说奠定了基础。最后,宗族的蔓生与繁衍,以及繁复而程式化的以宗族原则为中心的各种仪式,不但促进了等级化的劳动分工观念,也导致了从贵族成员中选任贤能的官员选拔制度的形成。等级制度、劳动分工与任人唯贤的选官制度,这三者都有利于

[①]　赵鼎新(2009b)。

[②]　顾颉刚(2005,第 1—3 页)曾声称,东周诸侯国间的战争与领土扩张促使东周晚期的学者产生了古代中国的诸侯国同属一个共同体的想象,并称这一想象中的图景通过书写与礼仪得以传播,极大地促进了中国在秦、汉时代的统一。顾颉刚关于地理想象与中国统一的关联在逻辑上当然说得通,但却与历史事实无关。东周贵族的地理想象并不是来自于东周末期的国家领土扩张,而来自于西周早期以血缘关系为基础的国家体制。至于哪些因素使秦国得以一统天下,请参见本书第六至第八章的讨论。

西周时期官僚制度的出现。

　　本章还探讨了西周时期的其他一些特征，它们同样对理解西周历史及其遗产颇为重要。在西周的经济方面，土地并非私有，自耕农与个体工匠数目也很少。另外，面向"国人"子弟的普及教育可能已经存在。最重要的是，虽然历史学家大多视"野人"为奴隶或社会地位很低的一群人，但我想强调的是，在西周时代，大多数的"野人"可能生活在城市国家的势力范围尚未覆盖的所谓"荒无人烟"之地。而这些地方也就给西周到东周早期的"国人"提供了一个"退出"选项——他们可以选择逃离国家体制的束缚，前往某个不受国家管控的地区。这就构成了那些时空倒错的历史学家们口中所谓的"国人"的"政治自由"。

第三章
东周的历史背景：一个战争时代

　　举凡历史事件或历史环境皆非从一块白板（tabula rasa）①上发展而来。东周的历史是在特定的人口、地理与气候等条件下展开的②。要理解东周的历史，我们需要对这些条件以及它们对东周历史动态的影响有所认识。正如我在第二章中所介绍，那些在东周晚期率先形成的大型领土国家大多是由出现在西周及东周早期的小型城市国家发展而来。这些东周早期的城市国家以及它们之间的差异对东周历史型态的演进发挥了至关重要的作用。这些东周国家与其周边各种放牧群体之间的互动对东周的历史型态的发展则没有产生根本性的影响。

　　本章作为一个过渡性章节，旨在介绍东周时期中国的人口因素与地理、气候环境，并试图回答下列问题：为什么人口变化以及各种

---

① "白板"本意是指未经刀、笔刻写的白蜡板。白板之喻源自亚里士多德。17世纪英国哲学家约翰·洛克继承和发展了源自亚里士多德的说法，指出人类心灵的本来状态犹如白板一般，只有经由经验的刻写，才会形成观念。——译者

② 人口因素对历史的影响非常复杂。举例来讲，人口增长至少会触发两种机制，而它们对历史发展的效果却截然相反。亚当·斯密式的社会机制会促进经济与社会的发展（博塞鲁普 Boserup 1981）。而马尔萨斯机制则会带来许多问题，比如：造成某些可以节省劳动力的新兴技术发展缓慢（由于廉价劳动力充足）；导致劳动报酬减少；还会加剧社会冲突，提高大规模流行病以及战争爆发的可能性，甚至致使国家崩溃（金世杰 Goldstone，1991）。人口因素作为一种历史力量，既是内在性的，也是外在性的。人口变化与许多社会结构性因素相关，这些因素包括家庭结构、以性别关系为中心的文化/意识形态，以及某一时期经济发展水平——因此，人口因素是内在性的历史力量。另一方面，现代性到来之前，导致人口密度制约死亡率的各种自然选择压力则几乎独立于社会结构性因素——因此，人口因素又同样是外在性的。

放牧群体并不是塑造东周历史走向的最关键因素？东周早期的城市国家是什么性质？城市国家与当时的社会有什么样的互动？那些在东周政治与战争中主要的国家行动者（state actors）（极大影响了东周历史进程的诸侯国）是什么样的？

在东周 550 年的历史中，政治、军事与社会诸领域均发生了根本性的变化。为了更好地理解这些变化，本章提出了东周历史的一个三段式分期——霸主时代（前 770—前 546）、转型时代（前 545—前 420）以及全民战争时代（前 419—前 221）——以此来描述这一时期的历史转型，并探索历史变迁背后的动力。

东周的人口与影响

中国的历史人口学家一直以来辛勤地致力于重建古代中国的人口动态，但可利用的材料却并不充足①。就西周人口而言，经典文献，比如《后汉书》与《周礼》，确实包含了一些详细的人口数据记录②，但资料的可靠性受到学界的严重怀疑③。典籍记载中最为可信的一条提到，周宣王（前 827—前 782 年在位）"丧南国之师"之后，下令开展了一次人口普查，即"料民于太原"④。但是，这一记录中既没有交代登记人口的方法，也未提及人口普查的结果。于是，历史人口学家能提供的只是对周朝人口的合理猜测，他们认为西周人口在 1000 万至 1500 万之间⑤。

估算东周时代的人口面临着同样的困难。到东周中期，各大诸侯国均开始收集有关人口、税赋及其他方面的信息⑥。在战国时代，许多国

---

① 姜涛（1998）、王育民（1995）、赵文林与谢淑君（1988）。另见宋镇豪（2005）近来所作的重建古代中国人口数据的工作。该工作令人印象深刻。

② 葛剑雄（2002，第 218—220、266—267 页）列出了这两份经典文献中所有涉及人口记录的内容。

③ 葛剑雄（2002，第 5—6 章）。

④ 《国语·周语上》，上海古籍出版社，1978 年，第 24 页。众多史学家相信宣王登记人口是为了重新招募甲士。

⑤ 赵文林与谢淑君（1988），第 13 页。

⑥ 葛剑雄（2002，第 224—225 页）、姜涛（1998，第 34 页）。

家甚至采取户籍登记制度以便对家户实施管控①。即便如此，也没有多少可资利用的具体数据留存下来。当今中国的人口学家若要重建东周晚期的人口数据，他们所采用的无外乎两种方法。第一种是使用西汉时登记在册的人口数据（这一数据相对可靠些）来反推东周时期的人口数目。依照这种方法，到东周时代快结束之时估计人口有 4000 万左右②。由于这个数字比其他类似的估计高出许多，我把它当作是东周晚期人口估测数目的上限。

　　第二种方法是基于东周晚期各大诸侯国甲士的大致人数来估算总人口数目。众多史料典籍中，《战国策》在这方面记录最为详细③。在东周晚期出现了一种类似于后来的"战略家"或"外交家"的行当。从事这一行当的人周游列国，游说诸侯采纳他们的外交谋略，尤其是诸侯国间合纵连横之策。他们中的一些人在当时明显取得了相当的政治影响力。有些人荣登高位，而其弟子们则将老师扬名天下、卓有成效的游说之辞编纂成册④。《战国策》便是其中流传下来的一本。不难理解，该书中的偏见与夸大俯拾即是；但即便如此，它仍不失为一份有用的历史资料。譬如，书中提及著名的纵横家苏秦曾试图游说齐宣王（前 319—前 301年在位）加入抗秦联盟。为了增强宣王的信心，苏秦通过突显齐国人口之众、财富之多来强调齐国国力之雄。其中，他提到临淄（齐国都城）有7 万户人家，以此作为支撑他观点的证据⑤。考古学家确认了临淄古城遗迹的地理位置，并对其进行了勘测，还确立了不同的指标参数用以测算临淄城当年的人口数目⑥。根据考古发现，历史学家认为 7 万户这个

---

①　考古发现表明，楚国——这一相较于其他战国时期的诸侯国，法家改革不太成功的国家——曾对其百姓进行过户籍登记。陈伟（1996，第 4 章）分析了楚墓出土的有关户籍登记的材料。

②　葛剑雄（2002，第 304 页）。

③　缪文远校注（1987），另见克朗普 Crump（1996）的英译本。

④　陆威仪 Lewis（1999a，第 590—591 页）。

⑤　《战国策・齐策》，缪文远校注，1987，第 326—327 页。

⑥　临淄城周长 14158 米（群力，1972）。另见曲英杰（1991）与杨宽（2003，第 61—66 页）关于这座都城考古更详细的讨论。

数字相对可靠①。历史学家还相信，只要小心解读、严谨分析，《战国策》也是非常有用的史料来源。在东周晚期人口数目这一问题上，由于该书不同章节所记录的每一国家甲士的人数都大不一样，因此，历史人口学家倾向于估算出一个平均值。根据《战国策》的记载，他们估计东周晚期各国的总人口大约在3000万②。如果将这一数字视为总人口估算的下限，我们就可以推断出从西周晚期至东周晚期大约600年间，中国人口从1000万至1500万增长到了3000万至4000万（大致增长了3倍或略小于3倍），这是一个并不太高的人口增长率。但由于没有更好的材料可资利用，我只得将我的分析建立在这样粗略的统计数字上。有限的人口增长率可能与东周晚期连绵不断、愈发残酷的战争有关，因为战争损耗了大量人口。不过，随着诸侯国不断扩张领土，其势力范围不断向腹地扩展，并将生活在腹地的居民逐渐置于自己管控之下，上述的这一估测或许并不能反映人口增长的真实水平。到东周晚期，所有主要的城市国家已经发展成官僚制国家（见第七章）。那些曾经一度生活在国家治外之地的形形色色的群体也都渐渐被揽入附近国家的"社会笼"中③。法家改革所建立起来的官僚机构则使国家可以更为精确地统计它臣民

---

① 惠特利（Wheatley，1971，第189—190页）曾对苏秦关于临淄人口规模的叙述提出过质疑。他认为，卫作为齐的邻国在公元前659年或前658年（这个年份有争议，见《左传·僖公二年［前658］》；杨伯峻编著，1990，第281页）于楚丘建都，当时楚丘只有5000居民，而相较于楚丘的人口数目，临淄的人口不可能多得如此不成比例。然而，惠特利的推理逻辑是有问题的。首先，《左传》记载楚丘拥有5000居民，但这并不意味卫国的实际人口数目只有这么多。当时，楚丘是作为一个躲避狄人攻击的避难营而被兴建的。《左传·闵公二年（前660）》（杨伯峻编著，1990，第267页）还记录了当卫国只有5000居民时，军队规模缩减至兵车30乘，甲士900［在东周早期，一乘兵车通常配备30甲士，参见陈恩林（1991，第138—145页）］。但到公元前635年，迁都楚丘仅27年后，卫国的战车已升至300乘（需配备9000甲士）。兵车数目的迅速增长当然不等于卫国实际的人口增长，但军队的扩大却可能意味着曾经因狄人所引起的战乱而离散的一部分卫人又回到了卫国。如果我们假设卫国军队甲士的数目增长与"国人"人口增长是成比例的话（因为当时只有"国人"参战），那么楚丘的人口到公元前635年可能约有5万人。

其次，卫国是在公元前658年迁都楚丘的，而苏秦对临淄人口的估计是在卫国迁都350余年之后才作出的。在这350余年间，中国的城邑经历了许多发展变化。最后，卫国是一中小型的国家，齐国却是东周时期称霸的几大诸侯国之一，临淄在当时以其繁荣而闻名天下。因而，惠特利所作的比较从这一点上看也是值得怀疑的。许多中国和日本的学者认为，虽然苏秦的言论不无夸张的成分，但并非毫无根据。参见葛剑雄（2002，第298—299页）。

② 赵文林与谢淑君（1988，第19页）。

③ 关于国家是如何将"野人"纳入"社会笼"中的，参见第二章中有关"国人"与"野人"的讨论。

的人数，这可能造成了所谓的人口"增长"①。

即便我们认为这一估算出的人口增长水平是合理的，我依然找不到历史证据足以证明人口增长是这一时期社会变化的主要动力。东周伊始，前770年，古代中国的人口可能有1000万到1500万。而随后，气候就进入了一个相对温暖的时期②。许多华北地区的耕地可以一年两熟③。由于铁制农具的广泛使用，农业产量在东周晚期也取得了大幅度增长④。而越来越多的土地也被纳入到诸侯国的疆域中。这些变化都提高了古代中国这块土地的人口承载量。

在经典文献或是考古发现中，都没有迹象表明在东周时期有哪个诸侯国面临着人口过剩的问题。恰好相反，更多情况下，为了强化军事力量，许多诸侯国要么施行鼓励生育的政策，要么将更多的腹地人口纳入自己的"笼"中⑤。同样，我也没有找到任何证据足以表明是人口过剩导致了战争的连绵不绝。

此外，虽然东周晚期人口密度的提高肯定有助于大都市与市场经济的兴起以及商人势力的壮大，但是，人口变化并不是这些经济现象在西周缺失在东周却快速发展的决定性因素。致使我作出这一论断的理由如下：首先，20世纪的考古发掘发现了众多西周时期由国家运营的官办手工作坊的遗迹⑥。其中一些遗迹规模甚为庞大，以至于如果这些遗迹中的制品（特别是青铜器）是私家作坊生产的话，那么它们足以支撑起一

①　"法家改革"一词，作为中国史家与某些西方史家所使用的一个术语，所指的是在东周的全民战争时代，各诸侯国为了建设强大的官僚政治体制，并将自身组织成一部战争机器而做出的种种努力。我使用这个词来描绘战国时期的社会变迁，仅仅是遵从惯例，同样也为了方便交流。

②　竺可桢（1972）。

③　《左传·隐公三年（前720）》（杨伯峻编著，1990，第27页）记载了郑国军队掳掠春麦秋禾之事："四月，郑祭足帅师取温之麦。秋，又取成周之禾。"其他许多经典文献中也有相似的反映黄河地区一年收获两次的记录。

④　到东周中期，铁制工具得到普遍使用。顾德融与朱顺龙（2001，第166—168页）列举了20世纪70年代至90年代出土的铁制品。他们的统计清晰显示，东周早期到中期，中国不再使用陨铁打造工具。另外，年代更古远的考古遗址中发现的铁制品几乎无一例外是武器，而在公元前6世纪至前5世纪的遗址中，出土的大多数铁制品则是农具。

⑤　鼓励生育最极端的措施见载于《国语·越语》（上海古籍出版社，1978）。越王勾践（公元前496年—前465年在位）由于急需扩大能加入战争的人口，颁布了若干法令，比如，禁止年龄悬殊的人通婚，规定年满17岁的女子以及年满20岁的男子必须结婚，等等。

⑥　《中国古代冶金》（1978）。

个巨大的市场①。很明显，西周时期市场经济的缺乏无关乎当时较低的
人口密度，而是与国家性质及与之相应的生产模式有关。其次，尽管东
周晚期的人口数目有所增长，但与后来的历代王朝相比，当时的人口密
度仍相对很低②。尽管如此，东周晚期商业活动的水平可能已经可与西
汉时期的相提并论了。这是因为在后世的历代王朝中，商人的地位都比
他们在东周时期的同行要低③。而且，东周之后，中国的城市也进一步
朝着政治中心的方向发展，直到宋代（人口规模达到 1 亿）才有所
改观④。

古代中国的自然地理与政治地理

我们可以在两个不同的层次上分析地理对东周历史的影响。第一
个层次关注的是地理环境如何塑造了中国在东周时期的基本历史型态。
第二个层次处理的是不同的地理与地缘政治环境如何促进某些诸侯国
的发展，同时限制了另一些诸侯国的发展。这两个问题都很重要。在这
一节中，我先讨论第一个问题，至于第二个问题，我会在后面的章节中，
当这一问题突显出来的时候再予以具体讨论。

中国的自然地理

东周中国坐落在北纬约 30°至 40°，东经约 105°至 122°的温带地区，
其覆盖面积不足 200 万平方公里，大致相当于今天中国领土面积的五分
之一左右。这是一片相对封闭的区域：东面是无垠的太平洋，北面以太
行山与沙漠为界，南面是南岭山脉——在那里，湿热的热带气候、瘴疬与
茂密的森林阻碍了其他具有竞争力的文明形成⑤，西面则在有"世界屋
脊"之称的青藏高原上耸立着崇山峻岭。而整个区域又被黄河、长江及

① 例如，在今郑州发现的一处商代青铜器作坊的面积约有 1 万平方米。又如，在洛阳发现的
  一处西周时期的铜器作坊面积约 10 万平方米，并且在此遗址中散落着万余件陶范。这些
  都反映了当时铜器铸造规模之庞大（《中国古代冶金》1978，第 4—9 页）。

② 赵文林与谢淑君（1988）。

③ 更多关于东周晚期商人的权力与地位的讨论，请参见本书第七章。

④ 关于宋代（960—1279）及之后的中国人口状况，见姜涛（1998）；赵文林与谢淑君（1988）。
  另请参见本书第十三章中有关宋代及宋以后中国市场经济的讨论。

⑤ 至于为什么热带气候条件不利于文明的长期稳定存续，高罗 Gourou（1980）有过精彩的分析。

众多密如蛛网的支流所分割。尽管存在这些天然的防御屏障，这一地区西面、北面及东北面众多的河流和山隘还是构成了进入古代中国的通道。虽然随着时间的推移，对于生活在这些通道两端的人们，愈发丰富的地理知识以及愈发先进的交通工具使进出某些通道变得更容易通行，但东周中国仍易守难攻。

放牧群体的影响

经典文献中通常将西周时期来自北方的以放牧为生的群体称为"戎狄"①，这些戎狄之人迫于西周时期相对寒冷的气候条件，大量南迁入中原地区②。正如第二章所提及的，这些人群的到来部分导致了西周王朝的崩溃。到东周早期，他们从牧人逐渐转变成定居生活的农民③，在各诸侯国的周边建立起类国家的政治实体④；他们与中国人通婚⑤；他们或独立或与其他诸侯国结盟来参与东周的政治与战争⑥。渐渐地，他们和中国人在政治和文化上的差异变得越来越小⑦。

虽然在东周早期，戎狄所建立的国家在一定程度上对某些诸侯国构

---

① 经典文献中，并不是所有被称为"戎"与"狄"的人都来自于北方。在北方戎狄进入中原之前，华北本身就散居着一些本土的与农业人口混杂在一起的放牧群体（段连勤，1989）。

② 吉德炜 Keightley（1999，第 33 页）。又见许倬云（2002，第 220—244 页）对气候变化与内亚人口迁徙之间关系的分析。

③ 普实克 Prušek（1971，第 7 章）。

④ 《左传》中常常提及非华夏起源的国家或部落，比如：在东都洛阳附近有杨拒、茅戎、伊洛戎；在秦国附近有荡社、彭戏、义渠；鲁国附近有山戎；晋国附近有骊戎、鲜虞、东山皋落氏。史念海（1990a、1990b）对此有更为完整的讨论。

⑤ 例如，《史记·晋世家》（裴骃集解，司马贞索隐，张守节正义，1959，第 1657 页）记载晋文公重耳流亡至某个狄人酋邦时，他与他的部下赵衰都娶了狄人女子。《史记》还提到晋献公（重耳之父）的几位妾室也有戎狄血统。

⑥ 例如，《左传·隐公二年（前 721）》（杨伯峻编著，1990，第 20—22 页）记录，鲁隐公（前 722—前 712 年在位）与戎人会盟，旨在巩固鲁国和戎人之间的传统友谊。《左传·僖公二十四年（前 636）》（杨伯峻编著，1990，第 425 页）记载，狄人的军队帮助周襄王（前 652—前 619 年在位）伐郑，襄王出于感激而娶了狄君的女儿。虽然《左传》与《史记》中的有些言论总把戎狄描述为贪婪、没有道德感的野蛮人，但正如此处列出的几条，这两部文献所呈现的戎狄的形象与所谓"野蛮人"相去甚远。

⑦ 最近对一个重要的狄人国家（中山国）的考古研究发现，该国的文化与其他古代中国诸侯国有着令人惊讶的相似。中山人和他们的华夏邻居一样精于铸造青铜器，并且同样也是出于祭祀仪式的需要（罗泰 Falkenhausen，2006，第 254—262 页）。

成了一点威胁[1]，但绝大多数诸侯国的主要敌人是同为华夏起源的诸侯国[2]。我所收集的战争数据显示，在史料典籍所记录的 776 场东周时期的军事冲突中，仅 38 场（占战争总数的 4.9%）是由非华夏起源的国家所发起的。并且，在这 38 场冲突中的 30 场（79%）发生在公元前 546 年之前[3]，即东周早期[4]。另一方面，由诸侯国挑起的针对非华夏起源国家的冲突总共有 57 场（占战争总数的 7.3%）。在这些冲突中，31 场（54%）发生在公元前 546 年之后。诸夏与诸夷之间的冲突只占东周时期全部战争中很小的一部分。换句话说，是华夏国家之间的战争，而非华夷之战塑造了东周时期的历史[5]。

东周早期城市国家的性质

东周城市国家的发展大约经历了三个阶段：最初阶段是西周时为了防御而建立的大小不一的据点。随后它们中的强大者遂逐渐吞并其他弱小国家。第二阶段，实力强大的城市国家在各自领地内建立更多的防御性据点，转变为多城邑国家。在这一阶段，国君所居住的城市被称为"都"，而其他处在"小宗"贵族管控下的城市则被称为"邑"（多为小型城市）。对于大部分国家而言，这一阶段大致从西周晚期持续到东周中期，虽然也有一些城市国家会相对提前达至此一阶段。第三阶段，一些多城邑国家已经具备了充足的实力来控制小型城市，并把先前不受其管辖的区域纳入自己的领土。到东周晚期，成功的多城邑国家转变成领土国家（territorial states），有些甚至可以被视为帝国（也就是说，这些国家拥有

---

[1] 黄铭崇（2000 年，第 5 页）分析了在东周早期许多西周的诸侯国如何在戎与狄的军事压力下走向崩溃。

[2] 狄宇宙 Di Cosmo（1999a，第 886 页）也主张"在秦汉之前，中国与游牧民之间的关系对历史的影响似乎是相对次要的"。

[3] 此外，相较于发生在各大诸侯国间的几场大战，这些冲突的规模都不算大。

[4] 请参见本章最后一节对东周历史的三段式分期。

[5] 本书中对早期中国的历史采取的是一种内在叙事方案。历史社会学家通常有两种历史叙事方案。第一种主要是从某一文明发展的内在进程来叙述该文明的历史，这种方法较少考虑这一文明与相邻文明之间的关系（比如，珥特曼 Ertman 1997、霍尔 Hall 1986、波齐 Poggi 1990、梯利 Tilly 1992）；第二种则认为驱动某一文明历史进程的是这一文明在地区层面或欧亚大陆层面，乃至全球层面与其他文明之间的互动（比如，伯克 Burke 1997；亨廷顿 Huntington 1996；麦克尼尔 McNeill 1968；沃勒斯坦 Wallenstein 1979）。我认为要评判这两种方案中哪一种更好并没有多大意义，因为它们的相对有效性总是取决于研究者有怎样的研究问题，以及研究者所研究的那段历史有怎样的性质。

广袤的领土,且在其治下的许多地方,居住着少数族群与土著居民)。

东周早期国家的性质

在西周实力处于高峰之时,周王室直接控制着由渭河谷地延伸至洛阳盆地的王畿地区[①],掌握着 14 支常备军[②]。到西周中期,周王室业已发展出一套初级官僚制度(见第二章)。并且,西周政府可能还一度有效地控制着其他城市国家。而西周之所以能维持这种控制,道义上靠的是宗法制,实力上靠的则是强大的军队[③]。不论从什么标准来看,国家权力在西周历史进程中都得到了极大的提升。当西周王朝灭亡后,国家权力也随之衰退,因此,东周早期的国家是因战争刺激而从相当薄弱的基础上发展起来的[④]。

东周早期,大约有 150 个城市国家[⑤],它们中的大部分规模很小[⑥],其中一些国家所拥有的臣民可能不过数千[⑦]。除楚国外,这些城市国家(即便是那些规模稍大的国家)都没有常备军。虽然,也有一些学者相信在东周早期,城市国家还是设立有常备军的[⑧],但无论史料典籍还是考古发现都不支持这一观点。譬如,《左传》曾记载,作为东周早期的两大

---

① 李峰(2006,第 30 页)。

② 何兹全(2001,第 100 页)曾对西周时期存在常备军的说法提出过质疑。然而,今天学者们大多认为,西周时期毫无疑问是有常备军存在的。金文中有"殷八师""成周八师"与"西六师"等记载。有学者认为"殷八师"与"成周八师"是同一支驻扎在东部的军队,而"西六师"则是驻扎在王畿的军队。如果铭文所记属实,那么西周王室控制着总共 14 支常备军(夏含夷,1999b,第 322—323 页;李学勤,1957;于省吾,1964),每一支大约由 3000 名兵士所组成(陈恩林 1991,第 62 页)。

③ 例如,《史记·齐太公世家》(1959,第 1481 页)提到齐哀公(死于约公元前 863 年)因另一诸侯在周王前对其诽谤中伤而被周王活烹。毫无疑问,在西周晚期之前,周王无疑拥有很大的权力。

④ 这种国家权力的转移与欧洲在西罗马帝国崩溃后所发生的情况有很多相似之处。

⑤ 顾德融与朱顺龙(2001,第 27—37 页)列举了《左传》中提到的 140 余个诸侯国。

⑥ 比如,临淄城曾筑有内、外两道城墙。内城(周长为 7275 米)比东周晚期所建造的外城(周长为 14158 米)要小得多(杜正胜,1992,第 555 页;群力,1972)。这条证据不仅显示出临淄在东周早期的规模,还显示了它在日后的扩张。另见叶山 Yates(1997,第 83 页)关于东周时期诸侯国规模的讨论。

⑦ 许倬云(2002,第 70—71 页)。

⑧ 陈恩林(1991,第 64 页)。何休,东汉经学家,对西周时期的军队规模曾有这样的评论:"天子六师,方伯二师,诸侯一师。"(《公羊传·隐公五年[前 718]》;见《十三经注疏》,1980,第 2207 页)。

强国之一的晋国在公元前 678 年（庄公十六年）建立了第一支常备军，公元前 661 年（闵公元年）建立了第二支，公元前 633 年（僖公二十七年）建立了第三支①。换言之，即使如晋国这般强大的国家也不是在东周伊始就拥有常备军。

　　进一步的证据也表明城市国家在东周早期并不拥有常备军。在这一时期，所有居住在城中的成年男性均有义务在战时参战。《左传》述及多次大战将至前针对"国人"的军事动员活动。公元前 712 年（隐公十一年），郑国攻打许国之前，郑庄公（前 743—前 701 年在位）在祖庙向"国人"发放武器，当时，两位郑国大夫因争夺一辆战车而发生了争执②。公元前 686 年（庄公八年），鲁庄公（前 693—前 662 年在位）在大战之前也在祖庙分发武器③。前 660 年（闵公二年），卫国受到侵犯，卫人虽接受了武器，但却出于对卫懿公（前 668—前 660 年在位）的憎恶而拒绝出战④。这则故事说明卫国晚至公元前 660 年尚未拥有常备军。

　　正如在前一章所提到的，官僚制度在西周中期仅在周的王畿地区而非各城市国家得到发展。在公元前 7 世纪中叶，只有当几大城市国家的领土不断扩张，以至于国家需要建立某种形式的领土/行政组织之时（见第五章）⑤，"郡县制"才得以出现⑥。郡县制显示出很强的官僚化特点，它无疑承袭了西周官僚制这一制度创新的衣钵。但如前所述，随着西周的覆灭，古代中国的官僚化进程也随之陷入停顿。不仅东周早期的城市国家没有任何官僚化的机构，即便那在公元前 7 世纪时变得普遍的"封建化"现象在东周早期也还没有出现⑦。东周早期的城市国家规模太小，因此难以作进一步的切割划分。这些城市国家中的政府都很简

---

① 《左传》（杨伯峻编著，1990），第 203、258、445 页。

② 《左传》（杨伯峻编著，1990），第 72—73 页；郑伯将伐许，五月甲辰，授兵于大宫。公孙阏与颍考叔争车……

③ 《左传》（杨伯峻编著，1990），第 173 页；八年春，治兵于庙。

④ 《左传》（杨伯峻编著，1990），第 265 页。即本书第二章提到的"卫懿公好鹤"一事。——译者。

⑤ 赵鼎新（2004）。

⑥ "郡县制"在原书中为 the commandery-county（district）organization of territories。作者原注如下：汉语"县"在英语中被译作"county"或"district"。"县"是帝制中国最小的行政单位，它的性质在中国历史进程中有着很大的变化。汉学家倾向于使用"district"来表示古代中国背景下的"县"。

⑦ 许倬云（1999），吕文郁（1998）。然而，许多中国史家相信西周时期存在着三层封建结构，即，天子—诸侯、诸侯—大夫、大夫—家臣。

弱，国君与他的大臣们只管着以"祀与戎"为中心的几项国家事务，而各宗族的首领则在享有极大自主权的情况下掌管着族内的各项事物①。

在东周时期，"公"（诸侯国的国君）及其下的低等贵族们对于"公"的权力和责任在认知上经历了迅速的转变。在东周早期②，"公"不过是贵族们的若干爵位中排位最靠前的一种。很有可能"公"本人和其他的贵族更多的是将"公"视为宗族的首领而非国家的领袖。"公"所享有的也远非绝对的权威。《左传》中的故事揭示了"公"在当时的行为活动以及低等贵族是如何对待"公"的。类似的例子在《左传》中举不胜举，以下仅示六例。

（1）庄公八年（前686）③，齐襄公（前697—前686年在位）派遣两名官员戍守离齐国都城约180公里的葵丘（今河南省民权县），戍期一年。一年之后，这两名官员要求返回都城，却被襄公拒绝。作为报复，他们谋划作乱，并最终弑杀襄公。

（2）庄公十一年（前683）④，鲁国在乘丘之战（前684）中打败宋国，俘获南宫长万。南宫被释后，宋闵公（前691—前682年在位）嘲弄他道："从前我以为你很勇敢，很尊重你。你现在成了鲁国的俘虏，我要改变态度了。"南宫因此怀恨闵公，后弑了他（庄公十二年，前682）⑤。

（3）庄公三十二年（前662）⑥，鲁庄公在高台上望见一位美貌妇人，庄公想纳她作妾，但女子闭门拒绝了庄公。直到庄公答应娶她为正妻，这女子才答应，并且他们在婚前割臂盟誓。

（4）闵公二年（前660）⑦，鲁闵公（前661—前660年在位）的老师曾经夺了一个叫卜齮的人（这人很可能是一个贵族）的田地，而闵公当时并

---

① 李峰（2008，第七章）。

② 侯外庐（2003，第113页）。

③ 《左传》（杨伯峻编著，1990，第174页）：齐侯使连称、管至父成葵丘，瓜时而往，曰："及瓜而代。"期戍，公问不至。请代，弗许。故谋作乱。（请注意，正文所示年代是《左传》记载此事的年代，而未必是事件真实发生的年代，以下皆同。——译者）

④ 《左传》（杨伯峻编著，1990，第189页）：乘丘之役，公以金仆姑射南宫长万，公右遄孙生搏之。宋人请之。宋公靳之，曰："始吾敬子；今子，鲁囚也，吾弗敬子矣。"病之。

⑤ 《左传》（杨伯峻编著，1990，第191页）：十二年秋，宋万（宋万，即南宫长万）弑闵公于蒙泽。

⑥ 《左传》（杨伯峻编著，1990，第253页）：初，公筑台，临党氏，见孟任，从之。閟。而以夫人言，许之，割臂盟公。

⑦ 《左传》（杨伯峻编著，1990，第262页）：初，公傅夺卜齮田，公不禁。秋八月辛丑，共仲使卜齮贼公于武闱。

未对此事加以禁止。这人受指使袭杀了闵公。

（5）僖公二十三年（前 637）[1]，晋国公子重耳身陷骊姬之乱，晋献公（前 676—前 651 年在位）派兵去捉拿他。重耳的追随者想要为他而战。但重耳为了避免和君父开战而选择流亡。

（6）宣公九年至宣公十年（前 600—前 599）[2]，陈灵公（前 613—前 599 年在位）及他的两名大夫都和一名叫夏姬的女子有染。这三人还常穿着夏姬的贴身衣服在朝堂上相互戏谑，各自吹嘘与夏姬关系亲密。一日，灵公与这两名大夫在夏徵叔（夏姬之子）的家中饮酒。灵公对其中一名大夫说："徵叔似汝。"那大夫答道："亦似君。"夏徵叔觉得受到莫大侮辱，于是弑了灵公。

由上述事例可见，作为统治者的"公"可能由于多种原因而被杀，比如，他没有履行承诺，或者嘲弄某位大夫，甚或是他的老师行了不义之事。公子重耳出奔这件事还显示出"国人"对其主人的忠诚要远超过对晋献公的[3]。不仅"公"的权力不是绝对的，而且"公"也并不享有凌驾于其他贵族之上的权力或威望。因此，一个女子可以拒绝"公"的求婚，除非他立下血誓说要迎娶她。也正因此，国君和他的大夫们可以同时和同一女子私通，还对此大肆炫耀。在东周早期的城市国家，不仅国家与家庭之间界限模糊，国家与社会之间的界限也同样难以厘定。相较于后来的标准，东周早期的"公"不仅行为处事不像一国之君，当时的人们也并没有把"公"当作国家领袖来对待。

以宗族为基础的城市国家

传统上讲，氏族与宗族是以血缘关系为基础的组织；国家是以领土

---

[1] 《左传》（杨伯峻编著，1990，第 404 页）；晋公子重耳之及于难也，晋人伐诸蒲城。蒲城人欲战，重耳不可，曰："保君父之命而享其生禄，于是乎得人。有人而校，罪莫大焉。吾其奔也。"遂奔狄。

[2] 《左传》（杨伯峻编著，1990，第 701—702、707—708 页）；陈灵公与孔宁、仪行父通于夏姬，皆衷其衵服，以戏于朝……陈灵公与孔宁、仪行父饮酒于夏氏。公谓行父曰："徵叔似汝。"对曰："亦似君。"徵叔病之。公出，自其厩射而杀之。

[3] 事实上，"家臣必须效忠于主人而非国家"是当时一种被普遍接受的伦理原则（杨宽，1999，第 449—450 页）。

为基础的组织。而东周早期的城市国家则以宗族为其根基[1]：除了楚国与宋国以外，所有主要的城市国家都是在西周王朝建业之初由周的统治者派遣王室成员及其亲密盟友所建立的军事移民据点（见第二章）。虽然在大部分城市国家中原有的居民仍留在当地继续生活，但主导着各个城市国家的却是西周的殖民者们，而他们大多出自同一宗族。因此，古代中国的城市国家是建立在血缘关系基础上的政治组织。这些城市国家中的决策机构并没有正式的组织型态[2]。彼时，还没有任何官僚制存在的迹象。在东周早期的城市国家中，国家层面的政策决定常常与"公"的意愿相违背[3]。如前所述，当时无论对"公"本人来讲还是对贵族和百姓来讲，"公"都更多的是作为宗族首领，而非国家领袖。

在历史社会学领域，国家形成（state formation）一般被视为是一个具有历史转折点意义的发展过程，因为它使政治摆脱了宗族的统治，从而发展成了不以血缘关系为基础的领土性国家组织[4]。然而，由于西周时代城市国家的产生方式的路径依赖，其他地区在国家形成过程中被削弱了的以家庭或血缘为基础的社会关系，在中国反而增强了。在东周时期，诸侯国之间的军事冲突迅速激起了一系列社会变革，而这些变革从根本上改变了那种在西周期间所形成的国家、社会性质以及国家—社会关系（见后面的章节）。然而，即便东周期间的社会变化如此之巨大却仍未能破坏中国根深蒂固的以家庭为基础的政治秩序，这是因为所有东周晚期出现的领土国家，包括秦国在内，都是从早期建立在宗族基础上的城市国家发展而来，并未经历过"断头式"的政治崩溃或社会解体。

更为重要的是，以家族为基础的西周政治促成了后来"儒家"思想传

---

[1] 在众多研究早期中国历史的史学家中，侯外庐（2003，第148页）曾使用"氏族国家"这一称谓来指代东周早期的城市国家，但是他并未充分地论述过这一概念。许倬云（1965，第78页）对这种类型的国家有过论述，却没有给这个国家类型以一个特定的名称，他说："（这种国家）不是一个单纯的政治机构。它犹如一个扩大化了的家庭；国君统而不治。卿大夫对于这种国家是重要的，但并非由于他们在政府中任职：他们之所以重要并能当官，乃因为他们是王室成员，抑或者他们是某些显赫世家的族长。"

[2] 大多数时候，城市国家的国君所作的决策或出自其个人意志，或依赖于臣属的建议。《左传》的开篇几页就足以给我们这种印象。本书第二章还讨论了在城市国家中集体决策过程的非正式性。

[3] 例如，在《左传·隐公元年（前722）》（杨伯峻编著，1990，第10页）中就记载：（1）费伯率领军队在郎地筑城并非隐公的命令；（2）在没有得到隐公允许的情况下，鲁国的公子豫与邾国、郑国在翼会盟；（3）鲁国新建南门，也没有得到隐公的批准。

[4] 帕特克夏·克龙 Crone（1986）、汉森 Hansen（2000，第13页）。

统的兴起。对于一个以理想化的西周血亲政治为蓝本的世界,儒家思想提供了一种理性认识。在西汉王朝早期,虽然中国的国家组织型态不再以血缘为基础,但儒家基于家庭关系来理解政治,却深刻地塑造了西汉国家的组织原则、意识形态及国家与社会的关系。儒家保存了古代中国以家族血缘关系为基础的文化,这一点从汉语"国家"一词的字面意思上便可见一斑。

城市国家的非领土性及其意义

以前学界普遍认为城市国家是与大型领土国家相对的概念①。然而,摩根斯·汉森(Mogens Hansen)则主张"城市国家即是领土国家,这点与有多个中心城市的大型国家毫无区别",并且,与城市国家对立的国家类型应该是"乡土国家"(countryside state)②。虽然学者们对领土国家定义不同,但"领土国家"这一概念一般包含了如下三个要素:(1)对某一特定领土宣称专属权;(2)有能力防御这一领土;(3)其居民将这一领土视为政治共同体的基础,并建立起一种领土性的身份认同。

用以上三个标准来衡量,东周早期的城市国家绝非领土国家。第一,虽然这一时期的城市国家占据着某片领土,但无论其统治者还是民众都似乎并不认为该领土为他们的国家所专有。这样的例子在史料典籍中屡见不鲜,譬如,某国百姓在面对他国军队过境本国时显得无动于衷,或者当其他国家的军队在某国附近安营扎寨时,该国政权也不会予以特别干涉③。

第二,迫于军事压力,城市国家的统治者与民众常常会放弃自己的地盘。但只要他们能够在其他地方建立一个新的据点,一个可以被他们称之为"国"的地方,他们就会给这座新城取一个和故地一样的名字,而他们自己以及其他城市国家的人也都会对此予以认可。譬如,鲁国的国都曾被迫从鲁山(在今河南省)东迁至山东曲阜,但仍沿用"鲁"这一名称。又如,卫国曾两次被狄人打败(分别在公元前 660 年与公元前 629年),但那些从被围的卫国城市中成功逃脱出来的卫人又在其他地方两次重建卫国的都城:第一次是在今山东省的楚丘,第二次则在今河南省

---

① 伯克 Burke(1986)、埃伦伯格 Ehrenberg(1960,第 88 页)、特里格 Trigger(1993)。

② 汉森 Hansen(2000,第 17 页)。

③ 《左传·僖公三十三年(前 627)》(杨伯峻编著,1990,第 494 页)。

的狄丘①。诸如此类异地重建都城的例子还有很多②。这些例子表明城市国家的存在与否并不取决于它对其民众所世代居住的领土是否具有强大的防御能力，而取决于其民众在被迫迁离故地后能否找到新的家园，能否重建都城，以及他们能否凝聚于某种血缘认同。

第三，在东周早期的城市国家中，民众没有强烈的以地域为基础的身份认同感，因为他们对西周时代以血缘关系为基础的身份有很强的认同。如果我们拿希腊城邦（*polis*）里的公民和东周早期城市国家中的"国人"作一比较，这一点便显而易见了。对于希腊人而言，"城邦"既是核心聚落（nucleated settlement），也是政治共同体，这与我们今天所理解的"国家"并无不同③。城邦所具有的共同体性质使希腊人拥有一种基于地域的身份认同感。生活在城邦（如雅典或科林斯）中的希腊公民常自认是雅典人或者科林斯人，而别人也同样这么看待他们。而汉语中的"国"首先更多指的是一种防御性据点，其次，大多数情况下也指国君祖庙所在之地④。换言之，"国"与现代的"国家"概念大不相同。

对于生活在东周时期某一城市国家的居民而言，他们通常自称并被他人称为"国人"，或者被当作某一特定群体中的一员（如"鲁人""晋人"等）：前者不附带任何宗族、地域或其他身份属性，而后者则不牵涉具体的居住地点。"国人"是一种泛化的身份，承袭自泛西周政治体制（在古代文献中，"国人"大多出现在对国内事务的描述中）；而"鲁人""晋人"这样的身份则意指特定的宗族⑤。简言之，东周早期的中国人有两个截然不同的身份：按照西周时期的政治术语，他们是"国人"，而同时他们又是

---

① 《左传·闵公二年（前660）》（杨伯峻编著，1990，第265—267页）以及《左传·僖公三十一年（前629）》（第487页）。

② 其他国家，像齐、楚、晋、秦、陈、蔡、徐，都曾由于不同的原因而迁都。

③ 伯格霍尔德Boegehold与斯卡富罗Scafuro（1994）、汉森Hansen（2000，第141—187页）、曼维尔Manville（1990）。

④ 不过，祖庙是否存在于某地不是此地被称为"国"的必要条件。例如，《左传·隐公元年（前722）》，（杨伯峻编著，1990，第10—14页）提到郑庄公的弟弟在其领地建了一座大邑，后来庄公兄弟二人反目，兵戎相见，最后庄公赢得战争。然而，《左传》与《公羊传》均将这场战争记录为国家间的战争。《公羊传·隐公元年（前722）》（《十三经注疏》1980年，第2198页）非常清楚地解释了之所以这场战争是一场国与国之间的冲突，乃是因为庄公弟弟的城邑也是一个"国"。

⑤ 像"鲁""郑""晋"这样的称谓有可能源于某一群体最初居住地的地名，或者该群体所敬拜的图腾名称。这些称谓，不像现代的"犹太人""爱尔兰人""印度人"那样，指称的是某一种族群体，而更像是对某些特定宗族的称呼，因为这些宗族群体的规模相当小，并且每一支宗族内部的血缘纽带是比较牢固的。

宗族组织中的成员。而无论是"国人"这一"泛周"身份（pan-Zhou identity），还是"鲁人""晋人"这样的亲族身份（kinship-based identity）都不是附着在某一特定地域上的，因此，彼时的中国人实在无法像希腊公民那样形成领土性的身份认同①。

领土性身份的明显缺失对于东周的历史发展有着深远意义。在东周晚期，所有主要的城市国家均扩张成为地域广大的领土国家，然而，被这些崛起的领土国家所纳入"笼"中的社会关系却并不是以领土为基础的。由于"泛周"身份以及亲族身份的持续存在，即使东周战争愈发残酷惨烈，古代中国也没有发展出以地域为基础的身份认同或爱国主义——而这些却在希腊城邦和中世纪以后的欧洲城市国家中十分普遍②。这部分地解释了在东周晚期，为什么学者与贵族可以频繁地往来于诸侯国之间，以谋求更好的职位（见第七章）。这同样也说明了为什么一个人一旦变节投敌，当了敌国的军事将领，他就会带领他的军队屠戮故国的甲士和百姓而不感到愧疚③。

东周时期主要的城市国家

即便东周的城市国家大多是西周时期国家政策的产物，但这些国家在文化上与政治上却绝非全然相似④。譬如，楚国在西周王朝之前就已经存在，它所承袭的就是与西周明显不同的传统⑤。西周统治者所分封的各个城市国家是在不同的地域环境下建立起来的。随着时间的推移，这些诸侯国在肇建之初的差异慢慢扩大，且新的差异又不断涌现出来。当东周的战争引擎高速运转之时，许多诸侯国不断根据当地情况作出各

① 下面三组词汇在《左传》中出现的词频也支持我的推理：(1)"国人"；(2)诸如"鲁人""晋人"等的"某人"；(3)诸如"鲁国人""晋国人"等的"某国人"（"鲁国人""晋国人"这样的称谓等价于希腊的"雅典人"与"科林斯人"等称谓）。"国人"一词总共出现了 56 次，而在我统计了楚、晋、齐、秦、鲁、郑、宋、卫、周这 9 个城市国家后，"某人"这一类词汇就出现了 595 次。但是，"某国人"这样的称谓却从未在《左传》中出现过。在许多其他经典文献中，结果也非常类似："国人"和"某人"均见于不同文本，但词频有所不同，但"某国人"这一称谓从未出现。

② 巴鲁特 Balot(2006，第 56—57 页)、伯克 Burk(1986)、埃伦伯格 Ehrenberg(1960，第 86 页)。

③ 本书第七章对此会有更详细的讨论。

④ 蒲百瑞 Blakeley(1977a、1977b、1979)、丘文山等(2003)、沈载勋(2002)以及撒切尔 Thatcher(1977—1978)。

⑤ 参见柯鹤立 Cook 与马绛 Major(1999)、李玉洁(2002)，以及张正明(1995)对楚国历史的讨论。

种应变，以便更好地生存和发展。这一方面进一步加深了他们之间的差异，而在另一方面也致使他们在某些方面出现了同构性趋同（isomorphic convergence）现象。战争促进了东周时期效率导向型的累积性发展。然而，这些地方性差异塑造了竞争状态下国家的走向，也同样是地方性差异使东周历史形成了特定的发展变迁模式。

　　虽然，在东周伊始，约有 150 个城市国家，但对东周的政治与历史发展产生过显著影响的只有 12 个国家①。它们分别是：东周（河南）、宋（河南）、郑（河南）、卫（河南）、鲁（山东西南）、吴（江苏南部）、越（浙江东部）、晋（山西西南）、楚（湖北与河南南部）、秦（陕西渭河流域）、齐（山东东北）、燕（大致在今北京一带）。这些国家在今天中国的地理位置请参见图 3.1。

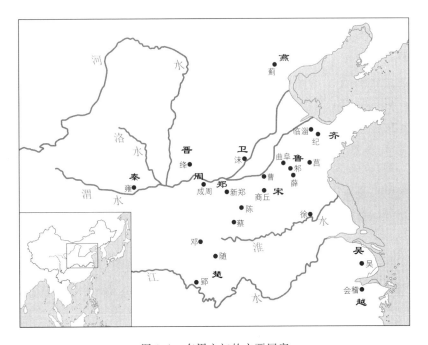

图 3.1　东周之初的主要国家

① 此外，还有几个由戎人、狄人所建立的国家也肯定拥有着较强的实力，这一点从东周早期它们对中原诸侯国所构成的军事压力就可以看出。但它们的力量毕竟不能与各大诸侯国相提并论，并且，现存史料对于这些戎、狄国家的记录非常有限，很难提供具体翔实的资料以供我们对这些国家的社会历史细节进行重构。

东周（以下，我称东周时代的周国为"周"以区别于"东周时期"这一时代称谓）承自西周。在东周早期，周王室仍然是各大诸侯国（除了楚以外）的共主。周是唯一一个其统治者自称为"王"的国家①。而其他国家的统治者则称"公"或"公"以下的爵位。根据西周的宗法制度，周王室属于"大宗"，各诸侯国的公室则属于"小宗"。在东周早期，周王室仍被其他诸侯国的统治者所尊奉。这一时期，称霸的诸侯国仍然需要通过"尊王"，即捍卫周的政治体制来获得霸主地位的合法性（见第四章），这使周王室的影响得以存续。

宋、郑、卫、鲁为四个中等国家，坐落于今河南与山东两省。宋是商朝后裔所建②。郑则是东周早期最强大的诸侯国之一，同时也是最早推行务实的国家政策与军事策略的诸侯国之一③。郑所面临的主要挑战是地缘政治。随着其周边各大诸侯国的崛起称霸，郑国陷于诸强环伺之中。处于不利的战略位置，郑国的对策是继续推进政治、军事的理性化进程。郑国是中国历史上第一个将成文法典铸之于鼎、公之于众的国家。东周时期，许多其他方面的改革措施也皆始于郑。

鲁自东周早期到东周中期一直是一个中等规模的国家④。鲁由周公之子伯禽所建。传说鲁立国之后，伯禽在此地苦心经营三载，传布宗周文化，变革礼仪风俗⑤。这个传说可能有一定的真实成分，因为终东周一朝，鲁国是保存和践行周礼的典范，以"周礼尽在鲁"而闻名天下⑥。孔夫子出身鲁国或许并非偶然。同样重要的是，诸侯国中唯有鲁国留下了一部以本国历史为中心编纂的编年体史书，也就是今天这部题为《春

---

① 东周中期，吴国、越国的统治者也自称为王，但是它们并不像楚国那样长期对北方诸国构成威胁。

② 为了安抚战败后的殷商遗民，西周早期统治者将这片土地分封给他们，日后的宋国便源出于此。

③ 例如，《左传·隐公九年（前714）》（杨伯峻编著，1990，第65—66页）记载，在郑国军队与北戎的一场交战中，郑军先派一小支先遣部队进攻北戎，随后佯装撤退引诱北戎追击，最后使北戎军队陷入郑军的埋伏。同样，《左传·桓公五年（前707）》（杨伯峻编著，1990，第103—104页）记载，周桓王（前719—前697年在位）率领自己的军队以及蔡、卫、陈三国军队讨伐郑国。以往，面对这种由周王室（"大宗"）领导的具有绝对正当性的"惩罚"之战，诸侯国不敢反抗。然而这一次，由郑庄公率领的郑国军队不仅打败了盟军，还伤了周王。这场战役是一个关键性的转折点，标志着周朝政治体制的衰落。

④ 见郭克煜（1994）关于鲁国的历史。

⑤ 《史记·鲁周公世家》，1959，第1524页。

⑥ 蒲百瑞Blakeley（1977a，第238页）发现，相较于齐国，鲁国的王族占据了更多的行政职位。这一条证据也显示出，较其他诸侯国，鲁国可能更好地保存了西周早期的文化。

秋》的著作，"春秋时代"也因之得名。

吴与越在公元前 6 世纪之前很少见诸史料典籍。这两个国家的起源与文化迥异于西周其他的城市国家①。因为南方多雨且道路泥泞，这两个国家较少采用"车战"——这一东周早、中期在北方诸国中所盛行的战法②。然而，吴、越长于水战与步战。在东周中期，这两个国家日益强盛。公元前 506 年，吴国在一系列对楚国的战役中获胜，并最终攻陷楚都郢③。不过，此役大胜后又 30 余年，军事上过分张扬的吴国为其劲敌越国所灭。然而，越灭吴所付出的代价也是高昂的，之后不久，越国便迅速衰弱。越国许多领土被楚国所占；一些地方甚至退变成了之前没有国家统治的状态。

晋、楚、齐、秦是东周早期至中期四个最强大的国家。公元前 453 年，韩、赵、魏三家分晋。这些诸侯国，连同楚、齐、秦，以及另一个国家——燕，史称"战国七雄"。整个东周时期，中国的地缘政治版图是相当稳固的。除燕以外（燕国要到很晚才加入古代中国的地缘政治中），其余，如晋、楚、齐、秦早在东周伊始便是地缘政治的主要竞争对手。这四个诸侯国的处境有两点相似。首先，它们均坐落于古代中国的边缘地带（晋在北、楚在南、齐在东、秦在西），因此，它们皆非多面受敌，且地缘政治边缘地带的特点也予以这些国家某种保护。其次，它们皆为最先挑战与削弱西周政治体制的诸侯国，并且也是最早将更加工具理性化的战术策略运用到战争中而与西周的道德规范分道扬镳的国家。然而，它们各自迥异的历史使它们对周的政治体制持有不同态度，也使它们走上了不同的发展道路。

在东周早期阶段，四大诸侯国中的楚国常被西周诸侯国体系的继承者们视为蛮夷，即便楚国在文学、艺术以及技术方面取得了超越北方诸

---

① 《史记·吴太伯世家》《史记·越王勾践世家》，1959，第 1445—1476、1739—1756 页。

② 《左传·成公七年（公元前 584 年）》（杨伯峻编著，1990 年，第 834—835 页）记载，巫臣是一位投靠晋国的楚大夫，他代表晋国出使吴国。作为晋国给吴国的礼物之一，巫臣带去战车 30 辆用以教导吴国人如何使用战车，如何安排阵法。这段记录意味着当时的吴国还没有使用战车。史料典籍还给人以这样一种印象：即便在巫臣出使吴国之后，车战这一战法也没有在吴国得到很好的发展。

③ 这就是著名的"柏举之战"（《左传·定公四年［前 506］》，杨伯峻编著，1990，第 1542—1547 页）。

国的卓越成就①。而楚国也是这四个国家中对周的政治权威最为不敬的一个。自西周中期，楚国就一直挑战着西周的政治体制（见第二章）。楚国统治者在公元前 10 世纪末自称为王，自此楚王就视自己和周王拥有相同的地位——也就是说和周王一样，楚王也凌驾于众诸侯之上②。终东周一朝，楚灭 60 余国，极盛之时，其领土占据古代中国的半壁河山③。楚还是各大诸侯国中最早采用官僚制政府的国家④。这在某种程度上和楚国所拥有的广袤领土不无关系，但另一方面由于楚王自视与周王平起平坐，因而刻意模仿西周的官僚制政府，以显示楚与周有着平等的关系⑤。楚国的国家权力更多掌握在楚王手中⑥。相比之下，在晋国与齐国，以及大多数西周诸侯国体系的继承者那里，贵族控制着政府与军队，甚至于让军队变成了贵族宗族的私产。然而，楚国在公元前 7 世纪建立郡县之后⑦，政府官职大多已经不能世袭，至于将帅之位，仅在战时才会被予以任命⑧。楚国诚然拥有坚实的贵族阶层，因为楚的高官尊爵仍是留给王室后裔及少数几家贵族的⑨。但反过来，这个体制的非世袭因素又确保了没有任何贵族宗族可以积累起足够的政治与军事实力来挑战楚王的权威。楚国之所以能够主导东周早、中期的政治，不仅因为它采用了更为务实的军事策略，还因为它拥有一套远比其他各大诸侯国更为完善成熟的制度。

秦，这一公元前 221 年一统中国的霸主，是一个后来居上的国家。

---

① 学界对楚国文化一直抱有浓厚兴趣。柯鹤立 Cook 与马绛 Major(1999)、高至喜(1996)、劳顿 Lawton(1991)、文崇一(1990)，以及张锦高与袁朝(2005)等人的著作足以使我们管窥其一二。

② 不过，在《左传》及其他一些经典文献中，楚王也被称为"楚子"，"子"是一个低等的爵位，这表达了著者或编者对楚王的轻蔑态度。

③ 蒲百瑞 Blakeley(1999)。

④ 顾立雅 Creel(1964)、李玉洁(2002，第 4—5、122—138 页)。

⑤ 《史记·周本纪》(1959，第 155 页)中提到楚庄王(前 613—前 591 年在位)向周王的使臣提出让周王将神圣的九鼎移交给楚国的要求。使臣拒绝了庄王。庄王傲然回答道："子无阻九鼎，楚国折钩之喙，足以为九鼎。"九鼎"代表天命，……(并)象征着周之宗族拥有铸九鼎以通上帝鬼神的威权"(柯鹤立 Cook1999，第 67 页)。

⑥ 李孟存与李尚师(1999，第 281—244 页)、撒切尔 Thatcher(1977—1978，第 141 页)。

⑦ 顾德融与朱顺龙(2001，第 284 页)，李玉洁(1999，第 296—310 页)。

⑧ 撒切尔 Thatcher(1977—1978，第 145 页)。

⑨ 例如，申县，作为楚国最重要的几个县之一，轮流由几家贵族与王室公子所统治(顾德融与朱顺龙，2001，第 279 页)。楚国其他的县也有相似的权力更迭模式(李玉洁，2002，第 128—138 页)。

据《史记·秦本纪》记载[①]，秦人本以放牧为生，与戎狄无异。和齐、晋相比，秦人较少受制于西周的礼仪与伦理道德[②]。周王室东迁成周后，秦人数代与戎人搏战，以争得对渭河谷地的控制权。为了在艰苦的战争环境中求得生存，秦国的统治者变得高度务实，且愈发进取好战。为了确保政权的稳固，秦君倾向于将国家传给王室中最有能力者，而非其长子[③]。在秦的传统中，国家一直扮演着强有力的角色，王室与贵族宗室的力量则相当羸弱[④]。在四大诸侯国中，秦在其文化发展上也是最为"落后"的一个。譬如，中国古代的哲学流派没有哪一个是发源于秦国的。然而，正是这种"落后"反而使秦获得了一种得天独厚的优势。在各大诸侯国中，秦国在对待新的思想观念与远道而来的能人贤士上所采取的态度是最为开放的，这就极大地增强了其军事竞争能力与作战能力。

齐是在西周王朝伊始由周王室最重要的同盟之一——姜人所建立的诸侯国。姜人的早期军事殖民活动遭遇了地方势力强烈反抗[⑤]。为了缓解紧张的情势，齐的早期统治者努力适应与西周传统迥异的地方文化。而且，齐地初期人烟稀少，土地贫瘠不宜耕种。因此，齐国的开创者们鼓励齐的百姓从事渔猎、编织、制盐，以及手工业[⑥]。由此，齐国发展出强大的商业传统。在东周早期，齐桓公（前 685—前 643 年在位）任用管仲实施改革，齐国于是得以称霸诸侯。到东周晚期，管仲的仰慕者们编纂了一部名为《管子》的著作[⑦]，一些学者认为此书反映的正是管仲的

[①] 关于秦的起源，中国的历史学者一直有争论。一些学者认为秦人的祖先是生活在西部的牧民；另一些则主张秦人从东方迁徙到了渭河谷地，并在此过程中受到游牧文化的熏染。见陈平（2005，第 133—180 页）对不同观点所作的长篇综述。

[②] 《史记·秦本纪》（1959，第 192 页）记载秦穆公与戎王的使臣由余相会。由余盛赞戎人的文化，并认为礼乐法度"乃中国所以乱也"。《史记》还记载秦穆公以由余为贤能之人，认可他对历史敏锐的观察。

[③] 这大多发生在自秦武公（前 697—前 678 年在位）到秦穆公（前 659—前 621 年在位）统治秦国的时期。在这段时期，秦君为了维持政权稳定，只传位于有才干的兄弟。在《公羊传·昭公五年（前 537）》（《十三经注疏》1980，第 2318 页）中有一则评论，说秦"择勇猛者而立之"。

[④] 何怀宏（1996）。

[⑤] 《史记·齐太公世家》（1959，第 1480—1482 页）中说，为了安全抵达营丘（今山东省昌乐县东南二十公里，为姜人最初受封建都之地。——译者），姜人"夜衣而行，黎明至国"。而彼时，"莱侯来伐，与之争营丘"。

[⑥] 《史记·齐太公世家》，1959，第 1477—1514 页。

[⑦] 《管子》中绝大多数的篇章被认为是由稷下学派所完成的（里基特 Rickett 1933，第 247—248 页）。关于稷下学派更多的介绍，见本书第八章。

思想①。《国语·齐语》也着重强调管仲在齐国称霸过程中所起到的至关重要、独一无二的作用。虽然我们很难从《管子》一书中分辨出哪些是管仲原本的理念与改革措施，哪些为后来的编者所加，但可以肯定的是，管仲的改革极大地促进了商业的发展，提升了农业生产力，增加了税收，从而使齐足以维持一支更大规模的常备军。管仲之被世人所尊崇，其改革令齐称雄于诸侯各国，可以让我们对改革的历史重要性有所了解。

晋，最初是周成王（约前 1024/1035—前 1006 年在位）之弟的封地②。晋国之地原先属于唐国，且此地周边生活着众多放牧民族（如戎狄）③。晋国的开拓者们为了统治这块地方也就需要尊重当地的风俗，并与戎狄通婚④，和当地贵族共享政治权力⑤。凡此种种塑造了晋的文化风尚与政治风气。晋国自公元前 8 世纪开始就施行对外扩张的政策。它是西周各诸侯国中最早配置常备军的国家之一⑥，也是率先对社会组织、国家结构以及军事制度等方面进行改革的国家⑦。积极进取的国家政策与相关的改革措施使晋国在晋文公称霸后又维持了近百年的霸主地位。晋国的另外一个特色是晋的大贵族并不完全都来源于公室宗亲。这可能是因为晋在建国之初当地的贵族势力就已经相当强大，但同时这也与晋国的历史有关。公元前 745 年，晋昭公（前 745—前 739 年在位）将曲沃这块地方封给他的叔叔桓叔。根据宗法制，桓叔一系属于"小宗"，昭公一系则为"大宗"。不久，这两支宗族之间便爆发了冲突，最后在公元前 679 年以"小宗"的胜利告终。这场绵延许久的内战实际上加强了晋国的军事实力。且自此以后，晋国统治者不再相信他们自己的亲族，而越来越依赖于与宗室没有血缘关系的异姓卿族来管理国家。

---

① 萧公权（1979，第 320—322 页）、丘文山等（2003，第 64—93 页）。

② 《史记·晋世家》，1959，第 1635—1688 页。

③ 请参见李孟存与李尚师（1999）对晋国历史的探讨。

④ 《左传·定公四年（前 506）》（杨伯峻编著，1990，第 1539 页）中有这样的记录：晋国在唐（古唐国之地）始建之初，晋国的统治者以夏的文化传统与典章制度来治理此地的唐人，并按照当地习俗处理和周遭戎狄之人的关系（即"命以唐诰而封于夏墟，启以夏政，疆以戎索"——译者）。在这段记录中，夏被当作商朝之前的第一个王朝。当地的唐人被认为是夏人的后裔。这与西周早期的统治者对新占领之地所采取的绥靖与合作政策是一致的。见杜正胜（1992 年，第 486—495 页）类似的讨论。

⑤ 李孟存与李尚师（1999，第 8 页）。

⑥ 如前所述，晋国在公元前 678 年便建立了第一支常备军。

⑦ 《国语·晋语四》（1978，第 371 页）提到，晋文公自出奔归来后很快就着手改革。改革措施包括：(1)任用、选拔贤能之人担任官职；(2)废除旧的债务、减免赋税、扶贫救困、鼓励农业生产；(3)减轻关税、修治道路、便利通商；(4)制定规章，使政府运作有章可循。

　　通过比较东周早期至中期这四个最强大的国家，我们可以看到两类历史发展模式。晋与齐属于第一类。晋国与齐国虽然能采取务实的政策以辅助其军事上的功业，但它们的文化仍深深植根于西周传统。因此，晋与齐在称霸之际没有大力挑战周的政治体制，反而对逐渐式微的周政权扮演起保护者的角色，并试图以此使其霸主地位获得正当性。晋齐两国国君不像楚秦那样明显凌驾于贵族之上。当晋与齐扩张领土之时，新征服的土地可能更多时候不是被国家，而是被一家或多家贵族所占领。如此情势最终触发了一场"封建危机"（"feudal crisis"）[1]。在晋国，是三支卿族消灭了其他贵族世家，继而"三家分晋"。在齐国，则是田氏铲除了其他贵族世家，夺公室之权而自立为君，也就是"田氏代齐"。类似这样的危机在楚国或秦国却从没有发生过。

　　楚和秦代表了第二种模式。自西周中期以来，楚就敢于挑战周的政治权威，并且一直有称霸诸侯的雄心壮志。在楚国，国家与官僚制度都很强大，这就避免了"封建危机"发生的可能。与楚一样，秦的文化也迥异于西周文化。但楚国相对独立于西周是源自它称霸的雄心，而秦国的相对独立性则是由于秦与戎狄国家和部落在渭河谷地一带旷日持久的争斗[2]。与楚一样，秦也在传统上赋予国家很大的权力。因此，困扰晋与齐的"封建危机"也没有在秦发生。与楚所不同的是，秦的国家力量并不来自于一个强大的官僚制传统，而是源于它的"弱贵族"传统，而这一传统来源于戎狄文化[3]。

东周历史的分期

　　在公元前 770—前 221 年之间，中国在军事、政治和社会诸领域均发生了根本性的变化。为了真实反映这一时期社会转型的特征，在这一节中，我拟提出将这一时期的历史分作三段的分期方案，我亦试图揭示

---

[1]　本书第五章对这一概念与历史过程有更详细的讨论。

[2]　"部落"是一个常被误用的概念。然而，许多学者仍然把它作为一个有用的理想型，用以把握游牧社会或其他早期社会中社会组织的性质。为避免概念上的混淆，本书对"部落"给出的是一个相对简单的定义，即，部落是分散的单一世系的政治单元，它由若干游团（bands）组成，每一个游团约有数百人。部落是单一世系的，因为部落成员在部落中的地位取决于实际或拟设的血缘关系（汉森 Hansen，2000，第 13 页）。见弗里德 Fried（1983，第471 页）对"部落"更为全面细致的定义，该定义涵盖了"部落"的经济与文化特点。

[3]　关于秦国"弱贵族"传统的证据，见本书第五章中的图 5.1。

隐藏在这三段时期中每一时期社会转型背后的机制。由于本节所总结的一些论点与分析将在本书第三部分中有更详尽的讨论,故而此处对此中的许多历史细节暂略去不谈。

虽然对于东周分期的具体起讫时间一直聚讼纷纭,但史学界普遍接受将东周历史划为春秋和战国两个阶段。如前所述,春秋时期的说法得名于《春秋》这部鲁国的编年史。《春秋》所记载的历史,上起公元前722年,下至公元前481年。正因如此,许多史家便将公元前481年作为春秋时期与战国时期的分界点[①]。这一分期方法也许仅仅是为了方便之故,但也并非毫无历史根据,因为《春秋》一书的历史记录止于公元前481年本身就反映了东周社会所发生的重要变化。自鲁文公(前626—前609年在位)即位之后,鲁国的政治逐渐为三个最有权势的贵族世家(史称"三桓")所左右。到鲁哀公时(前494—前476年在位),"三桓"几乎完全把持了鲁国朝政。鲁哀公在铲除"三桓"失败后,被迫出奔越国,不久就在复位无望中郁郁而终(哀公之谥号"哀"诚是其命运之写照)。而鲁哀公之后的鲁国国君再也没有获得过实权。上述这一封建体制崩溃的现象并非鲁国一家独有。同样在公元前5世纪,其他一些诸侯国如晋、齐、郑、宋等均遇到了相同的麻烦。在一些国家中,某些封建世家已然坐大,互相争斗,僭夺国柄,并随后建立起属于自己的国家。《春秋》记史的中辍实际上是封建制度分崩离析的一个重要标志。

虽然以公元前481年为界划东周历史为春秋与战国两期有些许便利,但春秋到战国的历史嬗变却不是那一年前后遽然而成的。尽管各诸侯国中豪门世族剧烈的篡权活动大多发生在公元前5世纪前后,但封建秩序的瓦解却是一个渐进的过程。事实上,战国时期的一些主要发展,比如,国家官僚制、大规模的水利工程,以及活跃的商业活动等都可以在春秋时期找到渊源。因此,为了更好地把握东周社会的转型过程及其内在机制,我在这里提出关于东周史的三段式分期,即将东周历史划分为以下三个阶段:霸主时代(前770—前546)、转型时代(前545—前420),以及全民战争时代(前419—前221)。

霸主时代始于公元前770年,以西周王朝的崩溃和诸侯国力量的上升为开局。随着诸侯国力量日益壮大,野心不断膨胀,这些国家便为了

---

① 见范文澜(1989),许倬云(1999),陆威仪 Lewis(1999a)。有人也提出了其他几种断代方案。比如,郭沫若(1954)采用公元前475年作为分界;金景芳(1983,第200页)则选择公元前453年"三家分晋"为节点。

赢得主导权而大兴兵戈。在这一阶段，尚未有哪个诸侯国强大到足以将其他所有国家全部消灭。因此，它们扩张领土的目的不是建立一个统一天下的帝国，而在于成为能够支配其他国家的霸主。就像周王对待其封国一样，这些霸主不断在自己所控制的势力范围内对其他小国的内政（如封建制度下的君位继承问题）和外交进行干预。除了楚国外，所有争夺霸主地位的国家都将自己扮演成周王室的保护者以增强其霸权的合法性。故而，霸主体系在某种意义上便推迟了周王朝的全面崩解。在这一阶段，我们可以发现郡县行政体制的兴起①、战争规模的日益扩大以及效率驱动型文化的出现。我们同样还会发现在军事组织、政府结构、土地所有制、赋税以及经济政策等方面发生的许多由国家主导的改革。所有这些改革都是为了达成如下两个目的——进行更有效率的战争和维护及增进国君的权威。

　　不过，霸主体系之下的诸侯国家面临着一些共同的内在困难②。也就是说，一些诸侯国虽然已经采用官僚制这一国家管理模式，但当时主导性的政治模式依然是封建制度：作为国家官员的世卿贵族拥有自己的领地和私家武装③。由于贵族的爵位与权力可以代代相袭，随着时间的推移，某些贵族世家的势力不断增长，直至最后足以完全控制国家的内政外交。而对于小国而言，这一问题并不十分严重，因为小国人少地狭，没有多少土地可供国内的贵族世家争夺。故国家的领土规模越大，上述问题就越是严重。特别对于霸主国家来讲，这一问题最为严峻。这些国家通过军事征服获得了更广阔的疆土，并将贵族军事将领所攻占的新领土分封给他们作为采邑。最后，强宗巨室的势力越来越大，它所破坏的不仅仅只是封建体制，霸主体制也随之土崩瓦解。

　　霸主时代终结于公元前546年。这一年，两个敌对的霸主国家，即晋国与楚国，同另外十余个小国会盟于商丘，订立休战协议，史称"弭兵大会"。楚国之所以需要弭兵是由于它正受到吴国的严重威胁，不希望陷于腹背受敌的局面。晋国弭兵的目的则是因为晋的公室深陷于国内世卿豪族间的激烈冲突，已无暇顾及诸侯国间的政治格局。尽管弭兵大会使晋、楚两国各自获得了喘息的机会，但却加速了东周时期整个霸主

---

① 早期的郡县制包含了许多官僚制因素，这些因素在后来的法家改革中愈发突显出来。本书在后面的章节中会对郡县制作更详细的讨论。

② 到这个时候，各大诸侯国都转变成了由多个城邑所组成的城市国家。

③ 这被称为"二级封建化"（见本书第四章）。

体系的解体，从而将东周历史带入了第二个阶段——转型时代（前545—前420）。

转型时代始于封建危机的深化，终于官僚制领土国家的兴起。公元前546年弭兵大会之后，楚国面临着来自吴国愈发严峻的挑战。但是，一旦楚国疲于应对吴国，而不再对晋国构成威胁，那么，迫使晋国几大宗族维持团结共御外侮的压力便随之消失。此后，晋国六大卿族便开始了最终较量，他们首先根除了公室贵族的势力，致使"封建秩序"进一步衰弱。随后，他们便开始了长期的互相倾轧。在斗争中最终存活下来的韩、赵、魏三家在公元前453年将晋国瓜分。由此形成的韩、赵、魏三国（史称"三晋"）都成为了东周历史最后一阶段中的重要角色。

由于楚、晋两国在公元前546年的弭兵大会之后无法再积极充当霸主角色，一些二等诸侯国便开始乘机谋求霸主地位，但却无不以失败告终。此外，没有了霸主的控制，那些中小诸侯国便开始了仇怨相报的彼此攻伐。于是，邻国之间的战争格外频繁。最为重要的是，没有了霸主国家的遏制，那些小国的贵族便得以公然扩张自己的势力以挤压国君的权威。上述种种变化汇成了当时社会演变之浪潮，大势所趋之下，中原地区最为重要的几个诸侯国，如鲁、齐、宋、卫、郑等国国君的权力相继易手给本国的世卿贵族。可见，在晋国所发生的"封建危机"并不是特殊现象，鲁哀公的悲惨遭遇也比比皆是。

在转型时代，诸侯国间不断积蓄的冲突和敌意也刺激了其他方面的社会变迁：

第一，随着公室权力的衰落，自西周初年以来就一直存在的官学教育体制也逐渐瓦解。官学出身的学者们开始靠兴办私学来维持生计。他们还著书立说，向世人表达他们对时政及社会风气的看法和见解。他们中的一些人，即后世所说的法家和纵横家，将在这一时期的政治舞台上扮演十分重要的角色。

第二，许多改革，诸如土地的私有化、成文法的制定、任人唯贤的官吏选拔制度的推行，以及军赋的征收，都在这一时期有了深入的发展。这些改革不仅为下一历史阶段更彻底的改革提供了经验与教训，同时也为之铺平了道路。

第三，军事组织与兵法战术也发生了重大变化。步兵方阵开始出现，水军作为一种兵种在许多国家相继建制，职业化的军事策略家登上历史舞台，军队规模日益庞大、战船数量日益增多，战争方式愈趋复杂，战争所持续的时间也越来越长。

第四,吴国开始营建一些主要用于军事目的的大型水利工程。

第五,在霸主时代即已萌芽的商业活动在这一时期更加普遍,商人阶层也因此获得了一定程度的政治权力。

由于在"封建危机"中涌现出来的那些新生国家的执政者均出身于原来的贵族世家,因此,他们对封建政治体制的缺陷有切身体会。于是,这些新生国家便通过向政府官员发放薪俸,以及推进政府职能的专门化,将发轫于春秋时期的郡县制度建设成更为完备的官僚体系。经过这一系列的改造,政治权力集中在国家手中,并使国家得以推行更彻底的改革。而推动所有这些变革和调整的背后动力,是国家在接下来的全民战争时代(前419—前221)对取得战争优势地位的迫切需要。

在很多方面,全民战争时代源自在"三晋"之一的魏国兴起的法家改革浪潮。尽管东周早期即已发端的各类改革为法家改革提供了先例和经验,但法家改革与之前的改革有着巨大差异:这些新的改革是在意识形态的指引下进行的,有着极强的系统性。法家改革的目标是要创建一个全权国家(totalist state),使国家能最大限度地增加财政税收、增强军事力量,这样,国家才能够在"赢者通吃"的战争局面中立于不败之地[①]。我们不知道魏国改革开始的确切时间,尽管到公元前419年时,魏国的改革肯定已经施行了一段时间。我之所以将公元前419年作为全民战争时代的开始,是因为魏国在这一年向西扩张,并由此与秦国结下了宿仇。

在全民战争时代,参战诸国一方面摆脱了封建政治体制的限制,另一方面其国力通过改革也获得了极大的提升,这就增强了这些诸侯国领土扩张的野心,而其野心之膨胀又急剧地改变了战争的性质。在此之前,诸侯国战争的主要目的要么是追求经济利益,要么则是攫取政治霸权,而在全民战争时代,战争的主要目的变成了扩张本国领土与削弱敌国势力。战争因此变得愈发残酷。之所以称这一阶段的战争为"全民战争",是由于参战国的大部分男性人口都被动员起来或者投入战争或者投入能服务于战争的农业生产,并且,一个国家一旦输掉一场主要战争,它很难从随之而来的人口灾难中恢复元气。

在这一时期,军事将领与文官的职能进一步分化,兵法战术愈加成

① 邹谠(1991)。

熟。同时,大规模的道路交通网络和水利工程也如同雨后春笋般地涌现出来。建设这些基础设施既是为了提高战争效率,也是为了提升农业灌溉水平,而后一目的最终也是服务于战争的,因为农业产量高的国家更容易在战争中获胜。商业活动同样在这一时期变得活跃起来。货币得以广泛流通,一批高度商业化的大都市相继出现,巨商大贾开始在政治中崭露头角,甚至颇有些许"现代"味道的经济理论也问之于世。

魏国在法家改革后实力大增,并因此主导了战国格局几近半个世纪之久。魏国的军事扩张迫使其他国家也开始走上了与魏国类似的自强道路,从而在主要诸侯国中掀起了一波改革浪潮。从公元前 403 年到公元前 350 年,魏国之外的改革浪潮整整持续了 50 余年,其中最为彻底的两次改革是由秦国分别在公元前 356 年和前 350 年施行的商鞅(卒于前 338 年)变法。商鞅变法的主要内容包括:全面实施官僚制、奖励军功、推行严刑峻法、革新土地制度、颁布"分户令"并建立以小家庭为基础的税收制度①、统一度量衡②。这一系列的改革措施极大地增强了国家权力,使秦国将自己组织成一个军事化国家。从此以后,秦国就一直维持着自己对其他国家的军事优势,并最终在公元前 221 年横扫六合,一统天下。变法的成功也使秦国可以将新获得的国家权力用于其他目的。秦国统治者甚至在统一中国之前,就已经开始打压在其看来会妨害统治的商业和学术活动。于是,国家权力成为东周时代战争的最终受益者。

在下面的五个章节中,我们将透过更多的历史细节来考察持续不断的战争与其他结构性条件是如何共同塑造了上述三段历史分期中每一段的历史进程。通过对东周每一时期的关键性历史发展的深入分析,我旨在揭示东周时代社会历史演变的内在逻辑。

小　结

本章和前一章一样都是对东周历史背景的铺陈,是为接下来更全面、更深入的分析作准备。基于现有材料,我在这一章中主张,中国的人口从公元前 8 世纪到公元前 3 世纪大约增长了三倍,并且,人口的增长似乎对塑造东周历史并没起到关键性的作用。我还认为,在西周时期北

---

① 对于一般百姓家庭,若有两个以上成年男子而不分门立户的,国家将征收两倍的口赋。

② 有关法家改革的具体措施及其成效的详细讨论,见本书第七章。

方的非农业人口曾大规模涌入中国,而到东周时期,随着整个气候进入漫长的温暖期,南下徙居中国的人口相应减少。换言之,东周历史发展的主要驱动力来自于内部,而非华夏族群与北方草原族群之间的互动。

本章随后考察了古代中国城市国家的性质,这对我们理解东周历史是非常关键的。对于东周早期的城市国家,最为重要的一点是这些国家(楚国可能是唯一例外)都没有施行官僚制,也不拥有常备军。这些城市国家最早起源于宗族组织,并以"公"为宗族组织的首领。城市国家的宗族起源推迟了国家与家庭在政治上的分化,强化了中国的血缘亲族文化。于是,以血缘关系为纽带的社会便为后来儒家思想的兴起提供了丰厚的土壤,因为儒家思想主张的正是通过以家庭为中心的政治秩序建立起美好的社会。另外,在西周王朝时期,城市国家既由西周王室所分封,又以各自宗族为根基,这就使"国人"拥有两种鲜明的身份认同:"泛周"身份与亲族身份。与希腊城邦中的公民不同,中国的"国人"并不具备希腊人那样的地域性身份认同,中国的城市国家在当时也并非领土国家。"国人"身上显示出"泛周"身份与亲族身份,却缺失地域性身份,这就意味着:在全民战争时代,虽然所有主要的诸侯国都发展成为领土国家,但被纳入这些国家"笼"中的社会关系却是非领土性的。即便诸侯国间的战争变得愈发残酷,爱国主义抑或是其他任何地域性的身份认同,都没能在古代中国生根。因此,一方面,人们易于接受"外国"的统治者,心理上少有对此感到厌恶的,而另一方面,各地有识之士也频繁穿梭于各大诸侯国之间以谋求高位,这两点都非常有利于中国日后的统一。

本章接下来又扼要地介绍了东周时期主要诸侯国的起源、地理,以及文化/政治特征,并在最后提出了东周历史的三段式分期。在我的这一分期方案中,第一阶段是霸主时代(前770—前546)。在此期间,军事上占据上风的诸侯国在周的政治框架下争夺霸主地位。同时这些诸侯国有的也摸索着建立起官僚制政府,以及其他的统治机构,其主要目的仍是赢得战争。在霸主时代之后的一个阶段,我称之为转型时代(前545—前420)。此间,许多军事强国中,公室的权力都被逐渐坐大的贵族世家所篡夺,新君主推进官僚制度建设,封建秩序日益衰微。在最后的一个阶段,即全民战争时代(前419—前221),成熟的官僚制领土国家登上了历史舞台。此时,国家的能力强大到足以发动大规模经年累月的全民战争,也就是说,在这样的战争中,国家可以动员大部分男性人口参战,并调用大量国家资源以支撑战局。最终,以秦的胜利为顶点的全民战争推进了中国的统一。

我不揣冒昧地使用三段式分期不仅仅是为了更好地勾勒出东周国家权力发展的轮廓，以及这些国家之间不断变化着的互动模式，这一分期方案还旨在揭示出东周时期其他权力如经济发展与意识形态发展的内在逻辑，而这些目标则是采用传统的两段式分期（即春秋与战国）所难于达成的。

第三部分

东周时期战争驱动的历史发展

第四章
霸主时代（前770—前546）

　　周王室迁都成周（即周的东都洛邑，今河南省洛阳市）之后不再能对各诸侯国实施有效的控制。于是，一些野心勃勃的诸侯便开始拓土建城，兼并小国，控制弱国，自此开启了东周时代地区性局部战争的历史。如第三章所述，在霸主时代之初，诸侯国的国力大多非常弱小，它们一般仅控制着一到数座城邑及周边邻近地区。而在这些城市国家之间的广阔土地上则零星散布着各类人群，他们中有以狩猎采集为生的人，也有农人、牧人，以及部落土著，还有一些则是从城市国家中出逃的"国人"。大多数国家，包括像晋、齐、鲁、郑、宋这样实力较强的国家，还没有设立常备军。唯在战时，"国人"才会被召集至国君的宗庙。在那里，他们领取武器并举行军事动员活动。

　　许多诸侯国之间的持续冲突促成了东周时期霸主体系的形成。本章的前两节将分析诸侯国之间"国际关系"的性质，明确在这一时期的一些主要国家，并阐述这些国家的力量是如何随时间的推移而不断改变的[1]。本章第三节将探讨战争及战争礼仪在霸主时代所发挥的作用。随着战争日趋激烈，交战各国为了取得胜利，或者说至少为了避免彻底覆灭，其决策、行事愈发工具理性化。虽然，这种以效率为导向的思维和

---

[1]　在第八章，我将再次分析东周时期诸侯国间的邦国关系体系（interstate system），通过将它与1648年之后的欧洲国际体系相比较，我将解释全民战争时代国际关系的性质是如何在一定程度上便利了秦对中国的统一。（本书中，作者为了强调东周诸侯国之间的各国关系与早期现代欧洲的国际关系之间存在差异，特别用"interstate"以区别"international"。为了遵循作者的用意，我们将 "interstate"译为"邦国间"而非"国际间"，比如"interstate system"译作"邦国体系"、"interstate politics"译作"邦国政治"，其余亦同。——译者）

行为方式在这一时期的中国仍尚属异类，但当战争的车轮高速运转之后，这种强调效率的价值观便逐渐扩展至社会的其他领域——第四节将会对此予以详细讨论。这一时期，许多国家在战争中或被灭国或国力遭到削弱，但同时几个大国却因之成就了一番霸业。对于这些胜利者而言，如何管理新占领的土地便成了当务之急，第五节所探讨的郡县制与"二级封建化"就是对领土扩张所引发问题的两种截然不同的解决方案。在东周时期，国家有时在都城附近开战，有时候则要出征远方。通过计算某一时期"作战距离"（这一距离被定义为某国军队从驻地到战场的直线距离）的平均值，以及研究这一数值随时间的变化，我们可以对东周战争有更全面的认识，同时也会对包括国家性质及其变化在内的其他方面有所了解，比如，国家能力、邦国关系，以及当时军事强国的战略目标，等等。这些内容将是本章最后一节讨论的焦点。

"五霸"的神话

由于东周初期还没有哪个诸侯国有能力将其他所有国家都消灭掉，因此，"称霸"就成了这一时期战争的一个主要目的。一旦某国能迫使其他国家臣服，自然会希望将其霸主地位制度化，这就推动了霸主体系在邦国关系中取得了主宰。在这一霸主体系下，霸主会保护附属于他的国家，而作为回报，附属国则必须在战时向霸主国提供物资，并出兵协同作战，而且，附属国在诸如权力承继、邦国关系等一系列事务上也要听命于霸主国家。在这一时期，除了楚国以外，早期的霸主国家，抑或是有称霸野心的国家，一般通过为周王室提供保护，并以周王室的名义行事来提升其霸主地位的合法性。因此，霸主体系不仅使周王室得以保存，还在周朝势力衰微、众诸侯国军力日益强大的历史背景下，在一定程度上延续了西周以来的政治传统。

哪些国家是东周早期的霸主国家？战国的思想家，如墨子、荀子等，认为"春秋五霸"分别是：齐桓公（前 685 年—前 643 年在位）、晋文公（前 636—前 628 年在位）、楚庄王（前 613—前 591 年在位）、吴王阖闾（前 514—前 496 年在位）以及越王勾践（前 496—前 465 年在位）[1]。"五霸"

---

[1] 《荀子·王霸》（《荀子集解》，王先谦撰，1988，第 205 页）；《墨子·所染》（《墨子集解》，张纯一编著，1988 年，第 7 页）。

之中,前三位霸主相继称霸的年代大致相近,可归为一组,而后两位则归入另一组。但如果依据这种对霸主政治的评判,那么从楚庄王之死到吴王阖闾开始执政的这 77 年间,霸主国家似乎就不复存在。同样,当代的历史学家们也往往把"春秋五霸"作为他们历史叙述的基本框架,尽管他们对哪些国家称得上"五霸"有不同的说法①。许倬云在其论述春秋霸主体系时所使用的章节题目本身就很能说明问题:"郑的霸业"②"齐的霸业""晋的霸业""楚的崛起""吴、越的崛起"等③。有别于战国时期的思想家,许倬云将郑国的地位提升到霸主的高度,并将吴、越合在一起,算成一个整体。大陆史家基本同意许氏的观点。比如,金景芳主张将齐、晋、秦、楚,及吴—越作为霸主;顾德融和朱顺龙则将郑国视为大国争霸之前的一个"小霸",而不将其作为齐、晋、楚、吴和越这类霸主国家中的一员④。简言之,尽管在对"霸主"国家的认定上,各家意见略有不同⑤,但先秦思想家与当代的学者基本上都认为:(1)霸主政治始于郑庄公,终于越王勾践;(2)在这一时期的任何一段时间里都仅有一个霸主国家存在⑥。

与上述这些观点不同,在本节与下一节中,我主张所谓"五霸迭兴"只是一个神话,而且,我认为那些早期竞逐霸业的诸侯,如郑庄公、齐桓公等,只对其邻近国家才有政治影响力。在第五章中,我也将论述霸主政治——这一诸侯国邦国关系体系,同时也是当时历史发展的引擎——在公元前 546 年的弭兵大会后便告崩溃了。而吴、越两国既缺乏军事实力,也不具地缘政治优势,所以这两个国家与霸主的头衔实难匹配。而且,在公元前 546 年的弭兵大会之后,推动历史发展的不再是霸主政治,而是封建危机与官僚制国家的发展。

现代史家在"五霸"问题上的局限性是受《春秋》与《左传》这两个文本性质的影响所致。《春秋》是一部鲁国的编年体史书,记录了公元前

---

① 见晁福林(1992)、顾德融与朱顺龙(2001)、金景芳(1983)、徐连成(1996)关于哪些国家属于"五霸"的讨论。

② 指的是郑庄公在位时期。

③ 许倬云(1999)。

④ 顾德融和朱顺龙(2001)、金景芳(1983,第 223—224 页)。

⑤ 宋襄公(前 650—前 637 年在位)也被一些中国史家视为"五霸"之一。

⑥ 由于在霸主地位的所有角逐者中,只有齐桓公与晋文公曾得到过周王室的明确认可与支持,因此,一些学者也认为在春秋时期,只存在着这两位霸主(罗森 Rosen 1978,第 99 页)。但同大多数历史学家一样,我认为所谓"霸主"是一种依国家军事实力而定的"国际地位",而非周王所认可的荣誉头衔。

722 年至前 481 年间的历史。《春秋》的记述非常扼要,而《左传》是一部篇幅最长也最具价值的为《春秋》作注解的书。虽然《左传》所囊括的历史针对的不单是鲁国,而是整个早期中国,但其叙事仍以鲁国及其邻国为中心。因此,虽然楚、晋、秦与中原地区的大国相比丝毫不显逊色,但这三个国家却不见载于《左传》最初 12 年的记录中。因为在此期间,这几个国家还在与各自周边的国家打仗,其锋芒无论如何尚未触及鲁国及其邻国。《左传》第一次述及楚国与晋国是在鲁桓公二年(前 710)所发生的两起历史事件,此后,随着这三大强国的势力范围扩展到中原地区,它们才开始更为频繁地出现在《左传》中,并且《左传》对其记录也愈发详细。由于《左传》一直是研究这段历史的最重要的文献,而《左传》对鲁国及其邻国(即郑、齐、宋、卫、陈、莒,以及稍后加进来的晋、楚两国)历史的记载远比对其他偏远国家历史的记载要更详细,这种材料的片面性很可能给后人造成这样一种印象,即霸主政治最初出现在中原地区的国家之间。然而,我的研究却显示,古代中国大约在公元前 643 年以前存在着四个大致彼此有一定程度区隔的战争区域,它们分别是:中—东部的齐战区、南部的楚战区、北部的晋战区和西部的秦战区。由此观之,郑庄公与齐桓公在当时算不上是整个古代中国的霸主,而仅是中—东部的齐战区内的地方性霸主。

我们无法知道每个战区内全部国家的确切数字,但表 4.1 肯定已将各战区中主要国家包括在内。如果某些国家由于地处两个大国之间而两面受敌,那么,它们将在表中被同时归入相应的两个战区。秦国所在的西部战区究竟包括哪些国家是最难以确定的。这是因为大多数邻近秦国的国家都由戎人所建,而中国史籍一向视戎人为野蛮人,从不对各类戎族作出清晰划分。也正因如此,表 4.1 肯定遗漏了许多应该被包括进来的国家。

表 4.1　公元前 643 年四大战区中的主要国家

齐战区	齐、鲁、郑、宋、卫、陈、蔡、曹、戎、谭、遂、纪、邿、小邾、莒、邢、许、薛、滕、向、邹、郕
楚战区	楚、随、黄、蔡、邓、巴、贰、轸、绞、弦、周、蓼、罗、息、权、徐、英、六、江、庸、萧、赖、沈、吕、应、唐
晋战区	晋、梁、箕、郇、贾、虢、虞、芮、霍、卫、耿、原、韩、毕、潞氏、魏、焦、滑、杨、骊戎、东山皋落氏
秦国战区	秦、邽、冀戎、陆浑戎、小虢、彭戏氏、荡社、杜、梁、芮、滑、丰

这种称公元前 643 年前存在着四大战区的论断与传统史家对东周早期历史的理解大相径庭,因而,我们有必要用一些更为系统的证据来证明这一论断的可靠性。幸运的是,我们确实可以找到这样的证据。图 4.1 描绘的是由发生在公元前 722 年—前 643 年(齐桓公去世之年)间的大小战事所构成的战争网络格局。图中,连接各国的线段表示两国之间曾发生过战争。对于不止有两个国家卷入的战争,线段仅连接这场战争中两个主要的参战国。如果两个国家开战三次以上,则用一条加粗的线段来表示。因此,图 4.1 中线段的数目要比史料记载的战争实际数目少得多。但即便如此,通过在地图上描绘出这一时期诸侯国战争的具体空间型态,仍可使我们更加直观地去分析当时战争的网络格局①。

图 4.1 中,郑、鲁、齐、秦、晋、楚中的每一国都与许多其他的国家相连,因此它们构成了在公元前 643 年之前的核心国家。在这六个核心国家中,楚、秦、晋分别处在三个相对独立的战区,而郑、鲁、齐则被众多直接或间接的网络纽带连接起来,从而我们可以视这三个国家同处一个战区。而且,在图中我们还看到,四大战区之间只有一些稀疏的连接,这表明四大战区于公元前 643 年之前,在一定程度上是彼此独立的。基于这一点,我们可以说四大战区中所各自涌现出的四位霸主只可能是地方性的霸主。

我之所以将郑、鲁两国所在的中—东部战区称为齐战区,是因为这一战区最终由齐桓公所主导。虽然,从图 4.1 的战争网络中,我们很难看出齐国对这一地区的宰制,但倘若我们从其他几个方面来检视东周时期的战争数据,这一点便显而易见了。首先,齐国在公元前 722—前 643 年,总共发动了 23 场战争②,而郑国和鲁国在同一时期内所发动的战争仅分别为 18 场与 16 场。在这一时期,齐国被攻击了 3 次③,而郑国与鲁国则各被攻击了 19 次与 6 次。其次,在齐国所发动的 23 场战争中有 19

---

①　在图 4.1 中,看上去好像齐战区的战争要比其他地区要多,这是因为这一时期史料典籍记载的军事冲突多发生在中—东部地区。虽然史料的记载不免有失片面,但尽管如此,四大战区的存在仍是显而易见的。

②　在这里,我以一个国家所发动的进攻性战争的次数作为衡量该国军事实力的指标。虽然有时候,军事实力稍逊的国家也会针对一个军事强国发动战争(如,1941 年日本偷袭珍珠港),但我衡量一国军事实力的标准不是看该国所发动的某一场进攻性战争,而是在一段时间内它总共发动了多少场战争。一个军力薄弱的国家固然也可能会对强国开战,但它更有可能会输掉这场战争,这就限制了它在未来继续发动战争的能力。

③　所有针对齐国的战争都发生于公元前 685 年及其之前。在齐桓公掌权以后,没有哪一国敢攻打齐国。

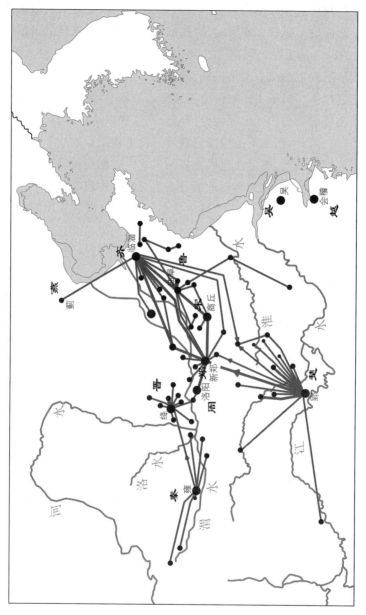

图4.1 公元前772—前643年诸侯国战争网络

场发生在齐桓公统治期间,而在郑国所发动的 18 场战争中有 15 场发生在郑庄公执政的公元前 722—前 701 年之间。公元前 701 年,郑庄公去世,此后,郑国的军事实力大大削弱。至于这一时期的鲁国,它几乎是规律性地每隔一段时间就发动一场攻伐他国的战争。在鲁国所发动的这 16 场战争中有 9 场是针对规模很小的国家,它们包括:邾(前 716、前 704、前 692 与前 659)、纪(前 721、前 710)、郕(前 686)、莒(前 659)及向(前 643)。这些国家中有的太过弱小,以至于若不是鲁国对它们曾发动过战争,或许《左传》连它们的名字都不会提到。

　　齐、楚、晋、秦四个霸主国家在其各自战区中的崛起都并非一帆风顺。在齐战区,郑国在齐国兴起之前一直享有霸主地位;而齐国在齐桓公执政之初,较之于邻邦鲁国在军事上也并没有明显的优势①。在晋战区,晋国在公元前 745 年分裂为两个相互竞争的政权,这种局面一直持续到公元前 679 年曲沃政权重新统一晋国才算结束。在公元前 718—前 668 年,晋国曾 3 次遭到虢国的攻击②。在晋文公统治之前,狄人对晋国而言,也是一个严重的威胁③。至于这一时期的秦战区,我们所知甚少。据《史记》所载,戎人杀死了秦仲公(前 844—前 822 年在位),又在公元前 776 年俘获了秦国一位将军④。在公元前 708 年,秦军仍会被小国所挫败⑤。只有到了秦穆公(前 659—前 621 年在位)执政期间,秦国才终于得以控制渭河谷地一带。而在楚战区,虽然楚国的军事优势在最初就比较明显,但要到相当晚的时候,楚国才有能力主宰整个地区。公元前 706 年,楚武王侵随⑥。要打败随国,这时的楚国尚要靠故意示弱来蒙蔽随国军队,并离间随国的盟友⑦。公元前 699 年,楚

①　例如,齐桓公在位的第二年(前 684),齐国发动了针对鲁国的战争,两国在长勺交战,齐军大败(《左传·庄公十年》,杨伯峻编著,1990,第 182—183 页)。

②　公元前 718—前 668 年,虢国两次单独攻打晋国;公元前 703 年,虢国联合另外四国攻打晋国(见《左传》"隐公五年""桓公九年""庄公二十六年";杨伯峻编著,1990,第 45、125、234 页)。

③　狄人于公元前 652、前 644 年侵犯晋国。公元前 632 年与前 629 年,时值晋文公当政,晋国首次建立了旨在抵御狄人入侵的三支军队("作三行"),后又"作五军御狄"(见《左传》"僖公八年""僖公十六年""僖公二十八年""僖公三十一年";杨伯峻编著,1990,第 322、370、474、487 页)。

④　《史记·秦本纪》,1959,第 178 页。

⑤　《左传·桓公四年(前 708)》(杨伯峻编著,1990,第 101 页)。

⑥　随国,姬姓,故地在今湖北省随州市。——译者

⑦　但即便如此,随国一旦识破楚国的诡计,楚国就不敢再战了,见《左传·桓公六年(前 706)》。——译者

将屈瑕伐罗①，楚军被罗国与卢戎②所破，主将自尽③。公元前 676—前 675 年，楚军在与巴国军队的交战中又一次遭受重创④。这些记录均见载于《左传》，可见楚国缔造一方霸业也同样历经坎坷。

上述四个最终"荣膺"地区性霸主之位的国家都具有两个共同的特征。第一个特征是，这些变成地方性霸主的国家都率先摆脱了西周礼仪与行为准则的束缚，他们均采纳并施行一套重实利、讲效率的战争策略。不过，并非所有接受了效率驱动型文化的国家都能够崛起为霸主国家。比如，郑国在霸主政治时期之初就是一个非常讲究实用主义的国家，却未能在齐战区保住它的霸主地位。因而，霸主崛起的第二个条件就是有利的地缘环境：计算机模拟实验以及经验性研究都表明，一个国家的受敌面越多，在战争中就越难取得优势⑤。中国古代的史家通常将郑国的衰败归咎于郑国在郑庄公死后爆发了争夺君位的内乱⑥。但在赢得霸主地位之前的晋国和齐国同样面临着相似或者更加严重的宫廷争斗与继任危机。齐、晋、楚、秦四国之所以能够成为地区性霸主，也与它们共有的第二个特征有关，即，它们都地处当时中国版图的边缘，从而避免了多面受敌的局面。四大霸主国家位处诸夏边缘的地理位置使它们得以有伸缩进退的空间：当其力量虚弱之时，它们可以暂时退出诸侯国激烈冲突的核心区域，待休养生息之后，再重整旗鼓，继续争斗。然而，倘若一个国家在多个方向上都有潜在敌人的话，那么很有可能，它就被迫一直要与一到数个邻国展开零和（zero-sum）竞争，而当其丧失领土、实力衰弱之时，它不像地处边缘的国家那样容易东山再起。

四大战区的形成与合并

在霸主时代，任何国家一旦确立了地区性霸主地位，他们就会试图将自身的势力和影响范围扩展到中原地区，也就是周朝首都的所在地。

---

① 罗国，熊姓，今湖北省宜城市西二十里之罗川城为罗国初封之故城，后被楚王迁至今湖北省马家店镇。——译者

② 卢戎，即卢戎国，古卢戎族原本活动在卢水（今四川省岷江）上游，后参加武王伐纣，后被封于"庐"地。卢戎为妫姓封国，国都遗址在今湖北省南漳县。——译者

③ 《左传·桓公十三年（前 699）》（杨伯峻编著，1990，第 138 页）。

④ 《左传》（"庄公十八年""庄公十九年"，杨伯峻编著，1990，第 209—210 页）。

⑤ 阿兹罗尼 Artzrouni 与科姆罗斯 Komlos（1996）、科林斯 Collins（1978、1986）。

⑥ 顾德融与朱顺龙（2001，第 54—56 页）、童书业（2003，第 147—149 页）。

这一战略选择是不难理解的。因为一个国家要想在整个中国保持其霸主地位，它要么需要灭掉周王室，要么则需"挟天子以令诸侯"，故而周王室所在之地就成了诸侯争夺的焦点。随着齐、楚、晋、秦四个地区性霸主势力范围的扩张，四大战区便逐渐合并归一。对于这一点，楚国领土与势力范围的向北扩张便是很好的例证。《春秋》仅用一行文字记载了一桩发生在公元前 710 年（桓公二年）的事件："蔡侯、郑伯会于邓。"而《左传》对这次会盟则给出了这样的解释："蔡侯、郑伯会于邓，始惧楚也。"[1] 随着楚国势力不断北侵，《左传》对楚国军事行动的记录也不断增多，内容也更为详细。很显然，楚国企图从两个方向侵蚀中原。首先是沿着汉水径直北上。一路上，楚国征服或消灭了权（约前 700）、绞（前 700）、邓（前 678）等国[2]，并于公元前 687 年进攻了地处南阳盆地北端的申国[3]。申国被征服后，中原已咫尺可见。另一条路径则沿着东北方向，直指大别山。楚国在这个方向上最大的障碍是地处桐柏山与大洪山之间的随国。《左传》记载了楚、随两国之间所进行的三次重要战役（分别发生在前 706、前 704 以及前 690 年）。在迫使随国屈服后，楚国又消灭了位于大别山北麓的息国（前 685）[4]。最终，在公元前 684 年，也就是蔡侯、郑伯会盟于邓二十六年之后，楚攻打蔡国并俘虏了蔡哀侯（前 694—前 675 年在位）[5]。公元前 678 年，楚国军队终于兵临郑国都城之下，把它的势力插入了中原腹地。

不唯楚国有问鼎中原的野心，大约同一时间或稍后，齐、晋、秦三国也都和楚国一样在不断扩张着自己的势力范围。在这一时期，大国征服或者消灭了众多小国[6]，而随着大国势力范围逐渐交叠在一起，诸侯国交战的作战距离也有了大幅度增长[7]。因此，四大地区性霸主的军事扩张致使此前四个独立的战区逐渐合并，这就不可避免地导致了霸主国家

---

① 《左传·桓公二年（前 710）》（杨伯峻编著，1990，第 90 页）。
② 权国，子姓，商王武丁后裔的封国，故城在今湖北省沙洋县马良镇附近（一说荆门市东郊），后被楚迁于那处（今湖北省荆门市东南）；绞国，偃姓，皋陶后裔，故城在今湖北省郧县西北，后被楚迁于丹江口市习家店镇附近；邓国，曼姓，故城在今河南省邓州市，楚灭邓后，楚公子被封于邓城（今湖北省襄樊市襄城郊区西北）。——译者
③ 申国，姜姓，西周初年封国，据称故城在今河南省南阳市北。——译者
④ 息国，姬姓，故城在今河南省息县城西南。——译者
⑤ 蔡哀侯在公元前 675 年被俘，作为俘虏在楚国居住九年后去世。
⑥ 根据许倬云的统计，齐桓公灭 35 国；晋献公（前 676—前 651 年在位）灭 17 国，并使 38 国臣服于晋国；秦穆公灭 12 国；楚庄王灭 26 国（许倬云，1999，第 567 页）。
⑦ 本书图中所示的作战距离是每十次战争作战距离的移动平均值。

之间冲突的爆发。于是,面对楚国北进的咄咄逼人之势,身为齐战区霸主的齐桓公在公元前 656 年(僖公四年)率领中原八国军队征讨楚国①。虽然,这一军事行动最终以齐、楚召陵盟会②而告终,但对于本书而言,这一事件却标志着中—东部战区与南部战区的融合。从召陵之盟直到齐桓公去世的这段时间③,齐国和楚国都发动了一系列的战争,以迫使那些位于齐、楚之间的小国向它们臣服④。

正当齐、楚两国在南边角逐之际,秦与晋在北方的冲突也在升级。公元前 645 年(僖公十五年),秦穆公率师在黄河西岸的韩原(今属陕西省)击败晋国军队⑤。这次失利促使晋国增加军赋,并开始招募乡野之民参军入伍⑥。此后,秦、晋两国之间多次交战,而常擅胜场的却是晋国。为了挺进中原,秦国必须借道晋国,于是,晋国成了秦国势力扩张的主要障碍。

公元前 643 年(僖公十七年),齐桓公去世,随后引发了齐国公室的政变和政权继承危机,齐国国力便衰落了。而这就为楚国的北进提供了可乘之机,最终,北略的楚国与同样野心勃勃的晋、秦二国分别在北方和西北方遭遇。从晋文公元年(前 636)到秦穆公去世(前 621)的这段时间可能是霸主时代最为华美绚烂的一章。楚、晋、秦分别在有为君主的统率下,投身到扑朔迷离的诸侯国争斗之中,上演了一幕幕逐鹿中原的大戏。他们轰轰烈烈的争霸事业为中国的史学和文学创作提供了取之不竭的素材,但却也使黎民百姓备受连年战祸之苦。而且,这一段纷繁的争霸历史也给后世的史学家理解这一时期诸侯国间的邦国关系增加了难度。

秦国称霸的时间并不太长。在公元前 628 年(僖公三十二年)的冬

---

① 《左传·僖公四年(前 656)》(杨伯峻编著,1990,第 288 页)记载,齐桓公率领齐、宋、陈、卫、郑、许、鲁、曹八国军队进攻楚的盟国蔡国,蔡军不战而溃,后陈兵鲁国境内。(以下的历史事件如出自《左传》的,则在括号内标注出《左传》记载的年代,如无必要,不再列出所引页数。——译者)

② 召陵,在今河南省漯河市郾城区东南。

③ 齐桓公去世后,齐国的势力迅速衰落。不久,楚国的主要对手就从齐国变成了晋国。

④ 例如,齐国分别在公元前 654—前 653 年两次攻打郑国,胁迫郑国必须与它而非楚国结成同盟。于是,楚国为了报复齐国便对当时臣服于齐国的陈国发动了进攻,以此来解郑国之围(《左传》"僖公六年[前 654]""僖公七年[前 653]",杨伯峻编著,1990,第 313、315—316 页)。

⑤ 学界对这场战争的发生地仍有争议;一些学者认为这场战争发生在黄河东岸的河津(今山西省境内)。

⑥ 本书第七章将讨论这些措施的历史意义(有关晋国征召乡野之民参军的说法,可参见本书第 180 页注②对"作州兵"的讨论。——译者)。

天,秦国派遣大军攻打郑国。这对于秦国来讲是一个致命的错误,不仅是因为郑国与秦国相距遥远(两国国都相距约 580 公里),还因为两国之间的地区处在晋国的势力范围。结果,秦军不但无功而返,还在回师途经崤山隘道时,遭到晋军伏击,整支秦军共三百乘战车被一举歼灭。这一役(史称"崤之战")是霸主时代罕有的几场伤亡惨重的大规模战争之一[1]。晋国所发起的这场崤之战成功地达到了全歼秦军的目的。正如战前,晋国大夫先轸在与其他大臣争论是否应该袭击秦军时所说,倘若晋国不抓住这天赐良机消灭秦军,秦国日后必成晋国大患[2]。天遂其愿,这场战争很可能重创了秦国军力。经此一役,秦国虽然还能保持住"霸西戎"的地位,但在此后百余年中再无力将其影响重新扩张到中原地区。

秦国向西败退之后,有能力逐鹿中原的只剩楚、晋两国。诸侯国战争网络所发生的变化也反映了这一点。图 4.2a 表示的是公元前 642—前 585 年的战争;图 4.2b 则展示了发生在公元前 642—前 546 年的战争(即,从齐桓公去世的次年到公元前 546 年的弭兵大会)[3]。比较两图,我们会发现吴国在公元前 585 年之后一跃成为诸侯国战争体系中的重要一员。因此,图 4.2a 所描绘的是在吴国加入到诸侯国军事竞争之前的战争模式。相较于图 4.1,我们可以看到四个以前分立的战争区域在图 4.2a 中变得彼此紧密关联,并业已融合成一个整体,且在整个战争网络中,晋国与楚国无疑占据了主导性地位(图 4.2a 与图 4.2b)[4]。图 4.2 还反映了郑、宋、鲁、齐四国在战争中的重要性,虽然在大部分时间里,这些国家总是被攻击的对象,而非发动战争的国家。例如,连接晋国与齐国的粗线代表了 6 场战争,其中的 5 场由晋国所发动。而在和郑国有关的战争连线中,连接晋国与郑国的粗线代表着晋国进攻郑国的 20 场战争;另外一条连接楚国与郑国的粗线则代表楚国所发动的 22 场战争。

---

[1]　对于东周早期的战争,《左传》与其他中国古代史料往往用摧毁与缴获战车的数目来描述该战争的规模与死亡人数(一般认为,在东周早期,每乘战车可乘 30 名战士)。据此,我们可以知道,在这次大战中阵亡的战士共约有 9000 多人。

[2]　见《左传·僖公三十三年(前 627)》(杨伯峻编著,1990,第 497 页);所谓"一日纵敌,数世之患也"。

[3]　本书中所有表示战争型态的示意图均依循图 4.1 的体例。

[4]　虽然把吴国考虑进来后,图 4.2b 所示的战争格局在一定程度上会变得更为复杂,但这并没有改变这一时期整体的战争格局。

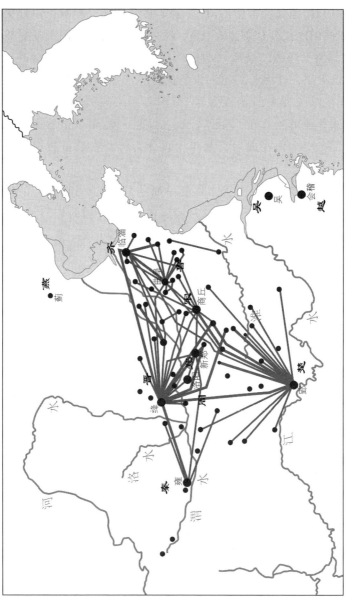

图4.2a 公元前642—前585诸侯国战争网络

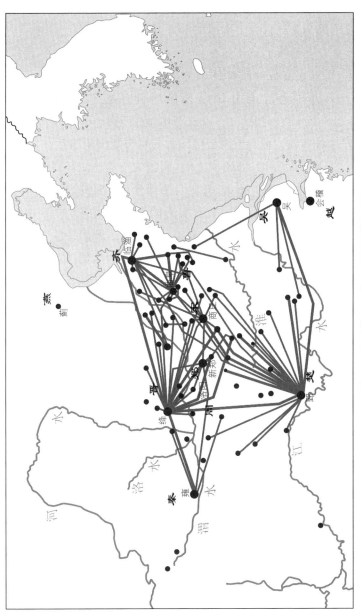

图4.2b 公元前642—前546诸侯国战争网络

郑国仅在公元前574年攻打过晋国1次,并且这还是在楚国的支持下才得以展开的①。在长达一个世纪的晋、楚争雄之中,郑国不幸沦为这两大国之间一枚用以牵制对手的棋子。

可能是因为受到传世文本以周室为正统的纪事风格之影响,传统史家的著作往往会给我们留下这样一种印象,即在晋、楚两国争霸的大部分时间里,晋国大多数时间都处于上风②。但是,如果我们以下面三个标准——即,两国各自与郑国结盟的时间长度、两国的攻击指数(aggression indexes,定义详后)以及平均作战距离——来对两国的实力进行评估的话③,我们便会发现晋国国力实难与楚国相匹敌。

首先,郑国夹处于楚、晋两国之间,两国的争霸迫使郑国要反复在它们之间选择依顺的盟主。因此,郑国与两国分别结盟的时间或许可以作为在某个特定时期内两个霸主相对实力的指标。从前643年(是年,齐桓公去世,我将此年作为齐国开始衰弱,楚、晋两国开始持续争霸的标志性年份)到前546年(晋、楚弭兵)的这段时期,郑国与楚国结盟的时间为49年,与晋国结盟的时间为47年。不过,楚国都城与郑国都城相距大约460公里,而从晋国都城到郑国都城大约相当于这一距离的一半。也就是说,与晋国相距较近的郑国却与楚国结盟的时间略长一些,这说明楚国的实力确实要比晋国强出不少④。

---

① 《左传·成公十七年(前574)》(杨伯峻编著,1990,第897页)。

② 顾德融与朱顺龙(2001,第71页,第86—142页)、童书业(2003,第216—229页)。又如,杜正胜(1990,第73页)将晋国在晋文公在位时及之后能保持势力不衰的这一现象称之为"挟六世霸主之余威"。

③ 例如,楚国从没有丢掉它对其北方的两座要塞西不羹与东不羹的控制权,而西不羹距郑国都城仅70公里左右。而且,即使在公元前627年,也就是晋国国力被认为是最强的时候,地处中原的国家如许、蔡、陈等国仍摆脱不了楚国的控制。见《左传·僖公三十三年(前627)》,1990,第503—504页。

④ 根据《左传》的记载,我将郑国与楚国或郑国与晋国在公元前643年与前546年之间的结盟情况总结如下:

郑、楚结盟	郑、晋结盟
(公元前)643—627=16(年)	627—618=9
618—606=12	606—603=3
603—602=1	602—598=4
597—586=11	586—576=10
576—570=6	570—565=5
565—564=1	564—564=0
564—562=2	562—546=16
49年	47年

其次,比较楚、晋两个国家的攻击指数,我们也能得到相同的结论。在这里,攻击指数是指某一国家进攻他国与遭受他国进攻的次数之间的比值。在一定时期内,某国的攻击指数越高,则意味着这个国家发动战争的次数比遭遇别国攻击的次数要更多,这反映了该国军事实力在这一时期相对较强。通过表4.2[①],我们可以清楚地看到,在公元前643年到前546年之间,楚国共发动了72场战争,但仅遭受了来自其他诸侯国的5次攻击(相应地,楚国在这段时期的攻击指数为14.4)。在同一时期,晋国发动了63场战争,而遭到的攻击却多达22次(攻击指数为2.9)。为了与其他诸侯国相比较,我也计算了齐国与秦国在这一时期的攻击指数,分别为1.4与2.0。由此,这四个国家的相对军事实力高下立判。

表4.2　攻击指数与四个主要诸侯国的实力(前643—前546)

	楚	晋	齐	秦
主动出战	72	63	25	16
被进攻	5	22	18	8
攻击指数	14.4	2.9	1.4	2.0

在霸主时代,即使是最强大的国家也不具备足够的实力以应付远距离作战,因为那时的国家尚没有能力有效维持和协调远距离的军事补给。随着作战距离的增加,军队后勤运输能力会相应递减,因此,作战距离——即,某一军队从其驻地到作战前线的行军距离——也可以反映出一个国家的军事实力。这里,我们必须注意到:对于大部分发生在春秋时期的战争,史料典籍并没有明确地记录军队的驻地和战场的具体位置。而且,即便是那些在战国时期所爆发的战争,虽然大部分情况下战场的位置见载于史籍,但交战国究竟从何地出兵,史料往往没有清楚交代。所以,重建当时的作战距离是一项十分困难的工作。不过幸运的是,现在我们知道大多数春秋时期的战役都发生在距离被攻击国家的都城不太远的地方,因为在那个时候,诸侯国都城以外的乡野是不设防的[②]。基于此,除非有其他更可靠的信息,我在本书中将视战争中防守国家的都城为战场的所在地。但在另一方面,我们仍旧很难确定战争发起国的军队开拔出

---

① 与其他一些历史材料相比,本书图表中所呈现的战争统计数据存在的偏差要少许多。但是,我必须再一次强调,由于所有战争数据均来自现存史料,数据存在偏差仍是无法避免的。

② 顾栋高(1993,第9卷),《春秋战国不守关塞论》。

征的具体地点,特别是对那些控制着多座城邑的大型国家而言,想要确定这一点就更为困难了。为了处理这一问题,我将以战争发起国的都城作为其出兵的起点。但这样做便必然会使我们对作战距离的估测值高于实际值。不过,所幸我们关注的主要是那些规模较大的国家,它们不仅能够从国都派遣军队,也有能力从它们所控制的位于战争前线的城邑调动军队投入战斗。这也就是说,在我们的计算中对作战距离的过高估测可以被当作一种适用于所有大型国家的系统性误差。明确了以上对作战距离进行估测的原则,以及估测数据的局限性与合理性,接下来,我便建立了四个霸主国家在这一时期的作战距离数据,如图 4.3 所示。

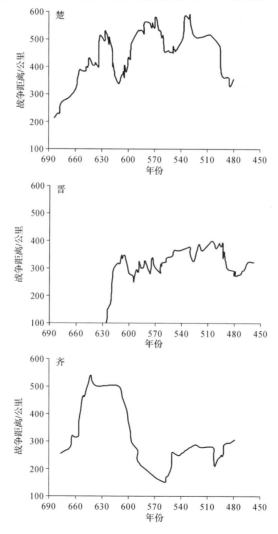

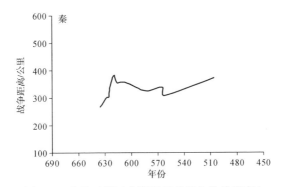

图 4.3　春秋时期四大诸侯国的平均作战距离*

* 本书所有图中所示的作战距离都是每十次战争作距离的移动平均值。

　　齐国军队的作战距离在齐桓公在位期间,约略高于 500 公里,但桓公去世之后,齐国军队的作战距离便急剧下降;秦国军队的作战距离在这一时期始终保持在 300 公里左右,这主要是因为秦国通往中原的道路为晋国所阻挡;晋国军队的平均作战距离高于齐桓公死后的齐国,略高于秦国,大致在 300~400 公里;而楚国在公元前 648 年之后的军队作战距离则保持在 400~600 公里。毫无疑问,在这段时期,楚国是四个霸主国家中军队作战距离最长的一个。

　　简而言之,上述数据表明,虽然在公元前 643 年到前 546 年的这段时间,楚国并没有强大到可以统治整个中国,但它却是众诸侯国中实力最为雄厚的一个国家。

战争与礼仪

　　东周时期的战争是高度仪式化的[①]。为了证明礼仪在东周战争中的重要性,陆威仪(Mark Lewis)曾对当时战争的整个过程有过详细的描述。这里,我择其大要,略述如下[②]:诸侯国如要出战——无论是攻伐他国,抑或迎击敌军,首先都要将军队召集至国君的宗庙前,在那里分发武器,并在随后举行一系列仪式和祭祀活动,以祈求祖先的

[①]　基尔曼 Kierman(1974)、陆威仪 Lewis(1990)、兰特 Rand(1979)、班大卫 Pankenier(1999)。
[②]　陆威仪 Lewis(1990,第 23—27 页)。

福佑①。而后,军队在向战场进发的一路上要祭拜山岳、河川,告慰"那些他们在行军途中冒犯到的神灵"②。当对垒双方的军队都抵达战场以后,他们要商定开战的具体时间和地点。在开战之前,双方的军队都会吃一餐颇具仪式意味的战饭("蓐食")。在战前,两军还会进行占卜和祈祷("战祷"),以求得祖先与其他守护神的护佑;举行誓师仪式,以宣传出战的正义性,规定赏罚的原则;破坏整个营地("塞井夷灶"),以表明义无反顾的临战决心。战斗结束之后,两军首要的任务是从战场上夺回各自阵亡将士的尸体并将其埋葬。对于战胜的一方,他们还会聚集敌尸,筑成高冢(即所谓"京观"),这就好比一座彰显武功、荣耀祖先的纪念碑。在班师回国之后,战胜国要举行庆祝凯旋的仪式("振旅""饮至"),以宣告战争的结束,此间,"要将生擒的俘虏、所杀之敌的头颅或者左耳('馘'),以及其他所获的战利品都呈奉于国君、贵族的宗庙中"③。

基于发生在东周时期的战争所具有的这些高度仪式化的特点,陆威仪认为当时的战争"归根结底是祖先崇拜活动的一部分"④,"战争的基本目的是为了捍卫荣誉"⑤,并且"在春秋时期,政治权威是通过祭祀中所担当的角色来定义的,祭祀的形式表现为诸如狩猎、战争、献祭等仪式性活动,而这一点构成了当时中国社会秩序的基础"⑥。然而,这种对古代中国战争的理解并不十分贴切。诚然,对祖先的崇拜,以及对宗族抱有的荣誉感毫无疑问是导致战争爆发的重要推力之一,但是,这两点并非战争的主要目的。而且,诸侯国的统治者发动战争也并不是为了在本国彰显他的权威,并以此巩固他在国内的地位。就春秋时期而言,诸侯国之所以发动战争,一则是由于它企图在邦国关系中取得主导地位,再

---

① 根据陆威仪 Lewis(1990,第23页)的研究,在进行军事动员时,国君要在宗庙举行祭祀活动,并在祖先灵前宣誓出征。同时,军队将领也集合在宗庙领受命令、接受武器。而那些将参战的"小宗"首领也要在各自的祖庙举行祭祀活动,他们"与国君互换祭肉。在国君斋戒之后,战士们则在宗庙领取分配下来的武器"。最后,出征前,战士们还会按照军衔高低集合在一起举行名为"治兵"的仪式。

② 陆威仪 Lewis(1990,第23页)。

③ 陆威仪 Lewis(1990,第26页)。

④ 陆威仪 Lewis(1990,第22页)。

⑤ 陆威仪 Lewis(1990,第39页)。

⑥ 陆威仪对"政治权威"的定义主要是指,军人参与军事活动标志了他们在国内的某种政治权威;根据他的说法,像战争、狩猎以及祭祀等活动使参与者成了"区别于一般民众的精英"(陆威仪 Lewis,1990,第28页)。

则,征伐他国的决策也往往混杂着经济、政治与地缘政治等多方面的动机①。对于那些输掉战争的国家,在战后可能会遭到洗掠,并不得不对战胜国俯首称臣,甚至整片国土都可能被吞并,从而难逃被灭国的厄运②。

陆威仪有关战争礼仪的描述可能会让人误以为,春秋时期的每一场战争都严格遵循着这些战争仪式。但实际上,陆威仪对于这些礼仪的描述是以《左传》为底本,综合了诸如《礼记》《史记》等大量其他古代文献才构建起来的,而这些文献记述的可靠性又各不相同。单就《左传》来讲,在上述我所总结的内容中,陆威仪所引用的材料最早来源于公元前718年(隐公五年),最迟来源于公元前479年(哀公十六年),跨度竟然长达二百多年③。而这样的描述背后就隐含了如下的假设,即似乎从公元前718年到前479年之间的战争礼仪没有太大改变。这一假设与事实的差距实在有些远。举例而言,虽然在拥有常备军之前,诸侯国在大战之际召“国人”至宗庙分发武器的现象非常普遍(见第三章)。但到公元前479年的时候,由于常备军的出现以及军事行动的日趋复杂,诸侯国早已不再需要上述这种过时的军事动员模式了④。

此外,在东周早期,并不是在每场战役发生之前,对垒的两军都会通过协商仪式来确定具体的作战时间与地点。譬如,公元前701年(桓公十一年),楚军曾在夜晚偷袭了郧国军队。又如,公元前627年(僖公三十三年),晋国在崤山伏击了秦军⑤。同样,《左传》里只有为数不多的几条记载提及在东周早期的战争中,战胜的一方会用敌军尸体修筑“京观”以标榜战功。在这一时期,由于大多数战役的规模很小,并不会有那么多敌军尸体足以建造这种类似于纪念碑一样的“京观”。况且,对于那些互相攻伐的国家,它们的国君都是西周王室的后裔,而假若交战的双方同为西周的子孙,那么,像这样的同室操戈是不会给祖先带去什么荣光的。

---

① 刘焕曾(1985)。另见本书第八章关于东周时期战争的起因及其变化所做的更全面的分析。

② 许倬云(1999,第567页)。

③ 陆威仪 Lewis(1990,第255—256页);注解39、45。

④ 例如,根据《左传·昭公十三年(前529)》(杨伯峻编著,第1353页);晋国在一次盟会中带去了4000辆战车,但国内仍有足够的兵力抵御来自北方的入侵势力(杨伯峻编著,第1360页)。

⑤ 见《左传》(杨伯峻编著,1990年,第130—131页、第498页)。

为了论述修筑"京观"这一战争仪式的存在，陆威仪援引《左传·宣公十二年(前597)》所记载的楚、晋两国间的战争作为例证。这是一场发生在两个没有血缘关系的主要竞争国之间的大战；不过，即便在这条《左传》的记载中，楚王并没有接受大臣所提出的要通过修筑"京观"以将武功垂示后人的建议。的确，如同陆威仪所强调的，楚王拒绝修筑"京观"意味着"(他)承认了这种仪式(在当时的存在)"[1]。但在另一方面，用一个反面的例证来阐述一个正面的观点，即，诸侯国有时会修筑"京观"，却恰恰表明这一战争仪式在当时并不常见。

陆威仪为了将东周时期战争具有高度仪式化的特点——也就是他所说的"合法性暴力"(sanctioned violence)——突显出来，在著述中着重强调东周战争遵循着某种"暴力历法"(the calendar of violence)，这一历法反映着古代中国的宇宙观原则——"凡与暴力和死亡有关的国家官方活动，诸如狩猎、刑罚、战争等，往往只在肃杀的秋冬时节才举行"，也就是说"国家与统治者都应顺应四季轮替的自然法则，在春夏二季，要助益万物的生长、繁殖，在秋冬二季，才可伤害、剥夺生命"[2]。诚然，先秦典籍有许多涉及宇宙观方面的讨论，而对天地万物的认识也的确塑造着古代中国人生活的方方面面[3]。然而，中国古代诸侯国的统治者真的是依靠这些宇宙观原则来决定发动战争的时间吗？礼仪是否真的对东周时期的战争起着决定性作用——乃至影响战争决策的是礼仪原则而非策略性思维？以下，我将尝试利用东周时期的战争数据对这些问题作以回答。

为了找出战争模式在不同历史时期的变化趋势，我将春秋时期划分成三个阶段：第一阶段，前720—前643年(即齐桓公去世之年)；第二阶段，前642—前546年(即晋、楚弭兵之年)；第三阶段，前545—前481年。表4.3统计了在上述的每一阶段中，诸侯国在不同季节交战的次数。括号中的数字表示的是在某一时期某一季节中所爆发的战争次数占这一时期战争总数的百分比[4]。

---

[1] 陆威仪 Lewis(1990，第26页)。

[2] 陆威仪 Lewis(1990，第139、65页)。

[3] 班大卫 Pankenier(1995、1999)。

[4] 表中的数据遵循的是周历，其中春季是从一月到三月，夏季从四月到六月，以此类推。由于东周时期的气候要比今天温暖，生活在黄河沿岸的农民大约在每年刚入夏的时候便可以收割冬小麦了。

表 4.3 春秋时期(前 720—前 481)各季节战争爆发的次数

年份	春	夏	秋	冬
前 720—前 643	26（19％）*	33（24％）	43（31％）	36（26％）
前 642—前 546	48（18％）	76（29％）	69（26％）	72（27％）
前 545—前 481	35（26％）	40（30％）	32（24％）	26（20％）
前 720—前 481 合计	109（20％）	149（28％）	144（27％）	134（25％）

* 此外,括号内的数字代表的是在各季节爆发战争数占全年战争总数的百分比。

　　通过表 4.3,我们可以看到,整个春秋时期,发生于春天的战争共有 109 场(占战争总数的 20％),或者说在春季发生战争的次数的确要明显少于其他三个季节。虽然,正如陆威仪所强调的,根据古代中国的宇宙观,秋冬二季是进行战争与举行其他有关刑罚、杀戮活动的季节,但从数据上看,相较于秋冬二季,在夏季发生的战争次数更多(总计 149 场,占战争总数的 28％)。而且,在第三阶段,即公元前 545—前 481 年,春季战争爆发次数的比重,较之前两个阶段的 19％与 18％,跃升至 26％。另外,我们还可以看到,相较之前的两个阶段,在第三阶段,发生在春夏二季的战争次数(占战争总数的 56％)要比秋冬时节的(占战争总数的 44％)更多。这一重要变化很可能是由两方面原因造成的,一是诸侯国不断壮大常备军的规模,二是国家征收税赋的能力得到大幅度提升。在诸侯国拥有常备军以前,它们不得不依靠动员国人来应对战争。而对于国人来讲,倘若没有战争动员的话,他们很可能正为下一年的耕种做准备——不难理解,动员平民百姓参战,要比动员一支训练有素的军队困难许多。此外,对于农业社会而言,春季正是青黄不接的时节,而且,即便诸侯国要去抢夺他国的庄稼,春季也是最糟糕的时候,因为此时邻邦田地里的越冬作物尚未成熟。总体来讲,除非发动战争的国家拥有强大的国力足以能够为其战士提供源源不断的食物补给,否则,春季实际上是最不适于发动战争的季节①。有鉴于此,在春秋时期的最后一个阶

---

① 夏季与春季不同,因为在夏季,诸侯国会派人去抢夺邻国成熟的庄稼。在以下《左传》的记载中,抢割邻国庄稼是两国交战的主要原因。比如,在公元前 720 年(隐公三年)(杨伯峻编著,1990,第 27 页),郑国军队在夏、秋两季收割了周王室的庄稼。公元前 602 年(宣公七年)(杨伯峻编著,1990,第 692 页),狄人进攻晋国,抢割了晋国的禾稼。公元前 578 年(成公十三年)(杨伯峻编著,第 863—864 页),晋国大夫吕梁在外交场合公开指责秦国入侵晋国城邑,掠夺了晋人的庄稼。公元前 478 年夏(哀公十七年)(杨伯峻编著,1990,第 1798 页),楚军夺割了陈国的小麦。

段，有更多的战争发生在春季，这从一个侧面反映了当时国家实力的发展。

简言之，礼仪在早期中国的战争中并非不发挥任何作用，只是古代中国的战争并不是像陆威仪所言"归根结底是祖先崇拜活动的一部分"。不难理解，古代中国人出于多方面的原因会在狩猎、献祭等活动中遵循"暴力历法"。但战争却是一种与此截然不同的人类活动。战场上的失利，不仅意味着战士会丧掉性命、百姓要遭受涂炭，还意味着国家的财富会被掠夺、土地会被侵吞，乃至整个国家会被彻底消灭。战争关系到一国的生死存亡，这就迫使各参战国不得不采取策略化的行动方式。下面，就让我们来看一看东周时期的战争所引发的社会理性化进程是如何影响文化、政治制度等其他一些社会层面的。

效率导向型文化的兴起

以宗法理念为依据，西周王朝的统治者们制定了一套复杂的礼仪来规范贵族世家在社会生活中几乎每一方面的行为。经过数百年的发展，这套礼仪演变成了政治文化的重要组成部分。在霸主时代，贵族的行为仍深受这一传统的影响。例如，《左传》常对那些言行守礼的诸侯或卿大夫大加赞誉，而对那些亵渎败坏周礼的人予以谴责。这些对历史人物的臧否在一定程度上反映着周礼在当时社会生活中仍有重要影响。但随着东周时期战争变得愈发频繁，诸侯国要在无休无止的战争中苟活下去都并非易事，更不消说获得胜利或者扩张领土了，这就迫使各国的统治者不得不采取一套以效率为导向的工具理性化思维方式和行为方式，而随后，这一工具理性文化的影响便开始渗透到社会生活的其他领域。

传统道德对战争的影响从公元前638年著名的宋、楚"泓水之战"中宋襄公（前650—前637年在位）的表现上便可见一斑。在宋、楚交战之前，宋国军队已在泓水北岸严阵以待，而此时的楚国军队仍在奋力渡河。子鱼（宋国司马，宋襄公同父异母之兄）建议应该趁着楚军还没有全部渡过泓水的时候，尽快展开对他们的攻击，但宋襄公却拒绝了这一先发制人的策略。他的理由是：

> 君子不重伤，不禽二毛，古之为军也，不以阻隘也。寡人虽亡国之余，不鼓不成列。（君子打仗，只要敌人已经负伤就不再去杀伤他。君子也不会去俘虏头发斑白的敌军老兵。古时候作战，是不凭

借地势的险要来攻击敌军的。寡人虽然是已经亡了国的商朝的后代,但也不会主动去进攻还没有列好阵势的敌人[因为,这样做不是君子之行]。)①

就这样,等到楚军全部安然渡河并摆好阵势之后,宋国军队才发起进攻。结果,宋军大败,保护襄公的护卫(门官)也皆被歼灭,襄公本人也身受重伤。

实际上,在泓水之战发生时,社会上重规守礼的行为就已经相当式微了。就连《左传》这样一部受到周礼价值观影响的书籍,都从正面的角度记述了子鱼对襄公的辩驳,子鱼说:

> 伤未及死,如何勿重?若爱重伤,则如勿伤;爱其二毛,则如服焉。三军以利用也,金鼓以声气也。利而用之,阻隘可也;声盛致志,鼓儳可也。(如果受伤的敌兵仍然活着,那么我们为何不可将其杀死?如果我们对受伤的敌兵心怀仁慈,那么还不如起初就不去杀伤他们;如果我们怜悯那些敌军的老兵,那么还不如就向他们投降算了。三军打仗,要利用有力的作战条件,而擂响战鼓,则是用声音振奋士气。抓住有利的机会就使用,在险要之地伏击敌军并没有错;鼓声大作鼓舞了士气,在敌军尚没能列好战阵之前就袭击他们同样也没有错。)

显然,工具理性(或者说效率导向型的思维方式)已经融入子鱼对战争的理解之中。尽管在东周早期,战争仍带有浓重的礼仪色彩,但随着军事竞争日趋激烈,这种色彩便很快消褪了。

在霸主时代,各大诸侯国,诸如晋、楚、齐、秦、吴等,率先践行了一套讲效率而轻礼仪的战争策略,也就是说,这些大国为了能达到战略目标,会采取各种手段。比如,宋、楚泓水之战后不久,在公元前627年发生在晋、楚之间以及晋、秦之间的两场战争就是很好的例证。在这一年的晋、楚之战中,双方的军队对峙于泚水两岸。两支军队谁都不敢贸然渡河,因为他们都怕对方趁自己渡河之时展开攻击。在两军僵持之际,或许是为了诱敌深入,楚军先撤退了一段距离,表面上声称先让晋军渡河,但是,晋军忌惮楚军有诈,仍旧不敢犯险渡河,于是,晋国人乘机宣称是楚军临阵逃跑,然后便班师回国了。在同年所发生的晋、秦之战(也就是前

---

① 见《左传·僖公二十二年(前638)》。——译者

面已经提过的晋军伏击秦军的崤之战)中，晋军在隘口奇袭秦军，摧毁了秦的兵车，几乎全歼了秦军主力[1]，而晋军所采取的隘道设伏的策略，正与前面宋襄公所谓"古之为军也，不以阻隘也"的西周战争礼仪是背道而驰的。像上述这样的例子还有许多，比如，在公元前560年的吴、楚之战中，楚国的将军养由基先在三处布置下伏兵，然后率领其余的军队发动攻击。战斗正式开始之后，楚军佯败撤退，引诱吴军进入自己早已设好的圈套。吴国这一方由于遭到楚军的突袭而大败，吴国的公子党也被楚人俘虏[2]。在公元前559年，晋国率领十三国盟军攻打秦国。由于盟军需要渡泾水攻秦，秦国便在泾水上游投毒，这就使许多盟军士卒中毒而亡，于是，盟军被迫撤退[3]。这一役或许是中国历史上第一例见载于史册的"化学战"。最后，再举一个发生在公元前555年的晋、齐战争中的例子。当时，晋国将军命令前线士卒分散列队，竖起许多旌旗，摆出声势浩大的样子；同时，又令士卒坐在战车的左边，而在右边放上草人，并在战车后面绑上树枝，于是，晋军战车所过之处便尘土飞扬，仿佛有千军万马一般。这样一番故布疑阵，迷惑了齐国军队，使他们以为晋军人多势众而生了怯战之心，最终，还未交战，齐军便撤退了[4]。从上述的例子中，读者或许已经注意到，随着时间的推移，在战争中运用谋略诡计变得愈发普遍，且战术也愈趋复杂。而到了东周晚期，随着职业化的军事将领与军事策略家的出现，战争中谋略战术的运用更是达到了登峰造极的程度。

大国趋利弃礼在前，中、小规模的国家则群起效尤于后。下面我们就以郑国为例，看看霸主国家之间的对抗是怎样促进了工具理性思维在中等规模国家中的兴起和发展。如前所述，郑国长期以来一直处在晋、楚两国军事冲突的夹缝之中。在整个霸主时代，郑国都不得不见风使舵，反复在晋、楚两霸之间更换盟友。而一旦郑国与两国中的某一方结盟，另一方即会兴兵讨伐郑国，以迫使它屈从于自己。受到晋、楚两国的交相胁迫，摇摆于两国之间的郑国在对待结盟的态度上也变得愈发实用主义起来。比如，在公元前598年，因郑国与晋国结盟，楚国发兵伐郑。

---

[1] 伏击与偷袭似乎是当时常见的战争策略。例如，郑国军队分别于公元前588年(成公三年)和公元前575年(成公十六年)伏击、夜袭了敌军(《左传》，杨伯峻编著，1990，第812、879页)。

[2] 《左传·襄公十三年(前560)》(杨伯峻编著，1990，第1002页)。

[3] 《左传·襄公十四年(前559)》(杨伯峻编著，1990，第1009页)。

[4] 《左传·襄公十八年(前555)》(杨伯峻编著，1990，第1038页)。

然而,在楚军抵达郑国的国都新郑之前,郑国却已决定投靠楚国了①。郑国公子子良为郑国的行为作了这样的辩解,他说:

> 晋、楚不务德而兵争,与其来者可也。晋、楚无信,我焉得有信?(晋、楚两国都不致力于修明道德而把霸权建立在军事力量上。因此,它们谁来攻打我们,我们就听谁的便是了。晋、楚两国都不讲信用,我们何必还讲什么信用呢?)

公元前564年,同样的事情再次发生②。这一次,晋国会同其他十一国诸侯攻打郑国,以迫使郑国与其缔结盟约。晋国大夫士弱(士庄子)要求在盟书中增加如下声明:

> 自今日既盟之后,郑国而不唯晋命是听,而或有异志者,有如此盟。(自今天结盟之后,如果郑国不听命于晋国,或者怀有二心的话,结盟的其他诸国就依据此盟约惩罚郑国。)

这时,郑国执政公子𫗪(子驷)赶忙走上前去,坚持要求增加如下条款以作为回应:

> 天祸郑国,使介居二大国之间。大国不加德音而乱以要之,使其鬼神不获歆其禋祀,其民人不获享其土利,夫妇辛苦垫隘,无所底告。自今日既盟之后,郑国而不唯有礼与强可以庇民者是从,而敢有异志者,亦如之。(上天降祸给郑国,让郑国夹处在两个大国之间。大国不但不善待我国,反而发动战乱来要挟我国结盟,让我们的鬼神不能得到祭祀,百姓不能享受土地上的物产,无论男女,人人都赢瘦困苦。自今日结盟之后,郑国要是不听命于守礼重义且强大到可以保护我国民众的国家,那么按照盟约,郑国甘受惩罚。)

不出所料,晋、郑两国刚刚结盟,楚国马上前来讨伐郑国,郑国再次投向楚国。在与楚国结盟之前,郑国的卿大夫子孔、子蟜对自己国家在晋、楚两国之间的来回摇摆、反复无常的姿态感到颇为不安,但是他们的争辩遭到了更有权势的子驷、子展的断然驳斥:

> 吾盟固云:"唯强是从。"今楚师至,晋不我救,则楚强矣。盟誓之言,岂敢背之。(我们与晋国的盟约原本就约定"我国只听命于更

---

①　请参见《左传·宣公十一年(前598)》。——译者
②　请参见《左传·襄公九年(前564)》。——译者

强大的国家"。如今,楚国攻打我们,而晋国却没有按照盟约前来相救,那么,楚国就是比晋国更强大的国家了。对于盟誓上的话,我们岂敢违背呢?)

郑国一直面临着来自晋、楚两强的军事压力,这种情势促使郑国政治家在内政和外交上都倾向于采取务实的态度。因此,毫不奇怪,郑国在公元前536年"铸刑书于鼎、以为国之常法",成为第一个正式公布成文法的诸侯国,并在春秋诸国中率先进行了一系列改革。同样,像子产这样达权通变而注重实用的政治家会出现于郑国而非其他国家也并非偶然。郑国所处的地缘政治环境为子产的思想提供了土壤,而正是这位郑国大夫开启了后世法家改革之先河(见第五章)。根本来讲,郑国的政治文化之所以会变得愈发务实,乃是由于它所处的不利的地缘政治环境使得它遭受了比其他国家更为严重的军事威胁所致。

郡县制与官僚化

霸主时代,随着各大诸侯国领土的不断扩张,如何管理新占领的土地就成为各大诸侯国需要面对的问题。在这个问题上,这一时期的历史发展呈现出两种非常不同的趋势。第一种趋势是官僚制的发展,具体来讲,即是将新获取的领土分派给指定的官员来进行管理。第二种是二级封建化的趋势。这里所谓二级封建化,指的是诸侯国国君将新占领土或新近收复的领土分封给公室家族成员或有才干的卿大夫,作为他们的领地采邑。鉴于这两种新的发展趋势对后世政治都产生了巨大影响,本书在接下来的两个部分中将对其进行专门讨论。

郡县制并不是凭空产生的。如本书第二章所述,早在西周中期,周王室就已经发展出了比较初级的官僚体制,虽然,这一体制在当时还仅限于王畿之地。但在此同时,所有的诸侯国都是由贵族统治的,它们的规模较小,所施行的管理也不算正式。不过,等到大约公元前7世纪的时候,一些国家在战争中占据了上风,其统治者便开始委任官员去管理新获得的领土,这就开启了一波大规模的官僚化浪潮。这一官僚化浪潮明显继承了西周中期初级官僚体制的某些元素,它影响了古代中国社会的许多方面,而且也开启了另一波在全民战争时代更加深入的官僚化进程的先声。

在这一场官僚化浪潮中,最引人注目的发展是"县"作为行政与军事单元的出现①。由于县制是军事扩张的产物②，因此，这种制度最早都是由霸主国家率先采行是丝毫不令人意外的③。在《左传》中，关于县制的记录最早出现在庄公十八年（前 676）。这一年，楚武王（前 740—前 690 年在位）灭掉了权国，并在权的故地设县，派遣楚国大夫斗缗前去管理。几乎可以肯定的是，这绝非楚国第一次采行县制。《左传》记载了在哀公十七年（前 478）楚惠王（前 488—前 481 年在位）与子谷、叶公之间的一次对话。当时，楚惠王向两人征求率军攻打陈国的将帅人选。子谷推荐了两个人选，但叶公却以这两名将军曾作过俘虏为由予以反对。子谷便引述楚文王时彭仲爽的例子来为这两人作辩护，他说道：

> ……彭仲爽，申俘也，文王以为令尹，实县申、息……（……从前彭仲爽曾经做过申国的俘虏，但楚文王却任命他为令尹。后来，彭仲爽灭掉了申国和息国，并将这两个国家的土地纳作我们楚国的两个县……）

由于史料典籍记载楚国分别在公元前 688 年和前 683 年灭掉了申国和息国，因此，由子谷的这番话，我们可以推测，楚国早在灭申、息二国的时候就可能已经采行了县制，且这段话还说明，楚国或许在当时便以战功政绩为标准，择优选拔官员。

在《左传》中，最早的几条有关晋国采行县制的记载出现在僖公二十五年（前 635）及不久后的僖公三十三年（前 627）④。到公元前 6 世纪中叶，晋国的大部分领土已被纳入县制的管理体系之下。晋国之所以在采行县制上晚于楚国（至少在史籍记载中如此），或许是因为当楚国正一心

---

① 历史学家通常将"县""郡"连用，称这一制度为"郡县制"。当郡最初作为行政单元出现时，它们大多位于人口稀少的边地。因此，尽管郡的面积比县大，但行政地位却比县低。但后来，随着人口的增长，一郡治下又建了许多县，久而久之，郡就变成了比县更高一层的行政单位，由此形成了郡县制。

② 甚至"县"这个汉字也起源于西周。"县"字最初的意思是"悬挂"。在西周中期的官僚化进程中，周王朝的统治者开始委任官员去管理那些行政上"附着"于中央政府的地区（吕文郁1998，第 25 页）。打个比方，这些地区就好比是通过行政结构的绳索从中央政府那里悬挂出来似的。因此，"县"字也就有了"在中央政府直接控制下的行政单元"的意思（顾立雅Creel 1964，第 171 页）。

③ 许多学者都曾撰文讨论过这一时期县制的出现与性质（顾立雅 Creel，1964；杜正胜，1979，第 143—146 页；1990，第 119—123 页；韩连琪，1986；钱穆，2004，第 15—16 页）。

④ 《左传·僖公二十五年（前 635）》（杨伯峻编著，1990，第 436 页）记录了晋文公任命赵衰为原大夫，狐溱为温大夫。又如《左传·僖公三十三年（前 627）》（杨伯峻编著 1990，第 503 页）记载晋襄公把原属先茅的县赏赐给了胥臣。

向北方扩张领土的时候，晋国还深陷于内斗和政权继承危机之中①。这或许还由于自称为王的历代楚国统治者们渴望与周王平起平坐，故而相较于其他诸侯国的国君，他们对于创建一个和西周官僚体制相类似的政府体制，表现得更为积极。

大约同一时期，可能秦国与齐国也已经采行了县制。例如，《史记·秦本纪》就简要地记载了秦国在吞并几个小国以后，于公元前 688 年与前 687 年建立县制的史实。虽然，除此简要的记录以外，我们几乎不能了解秦国县制的具体设置情况，但从几百年后商鞅变法之际（两次变法分别在公元前 356 年和前 350 年）秦国中央政府的结构仍然相对简单的这一事实，我们可以推测，秦国在公元前 7 世纪时的县制肯定非常初级。

而至于齐国，我们有理由相信它所采行的县制乃是与上述的县制相当不同的一种。从考古出土的叔夷钟上的铭文，我们可以知道在齐国大夫叔夷率军灭掉莱国后，齐灵公（前 581—前 554 年在位）将 300 个县赏赐给了他。这可能意味着齐国的县所辖之地应当很小，因为倘若齐国的县占地很大，那么齐灵公就不可能将 300 个县一次都赏给同一个人。很有可能，当时齐国的县只是封地采邑的一个单位而已。

即便是县制已经相当发达的楚、晋两国（因这两国的县制发达，我们才能对其有比较详细的了解），其县制虽不尽相同，但也有相似之处②。说它们相似，乃是因为在这两个国家中，县既是一个行政管理单位，又是一个军事单位，也就是说，一县的首长不仅是当地最高行政长官，同时也是当地最高军事长官。在霸主时代，县的这种军事性质给当时的政治带来了很多不稳定因素。这一问题在楚国显得尤为严重，因为当时楚国的县所辖地域更广，且拥兵甚众。故而，在这一时期的楚国，楚王与县尹之间常爆发冲突，并由此引发了多次重大的政治变故③。到了全民战争时代，各诸侯国之所以将县转变为纯粹的行政管理单位，一部分的原因可能也是为了避免上述因县制的军事性质而带来的政治不稳定因素。

当然，楚、晋两国的县制也有若干不同之处。大体而言，随着时间的

---

① 直到晋文公（前 636—前 628 年在位）即位，晋国政治方趋于稳定（李孟存与李尚师，1999，见第 5 章）。

② 在这里我更多的是强调诸侯国县制的差异，因为如果某一国家采用更为官僚化的管理结构，一般该国的政治都会相对稳定，且在战争中更易获得成功。而相应地，国家间战争的结果与国内政治的稳定又都有助于官僚政府的发展。

③ 例如，楚灵王（前 540—前 529 年在位）在公元前 529 年被蔡县的大夫弃疾推翻（《左传·昭公十三年[前 529]》；杨伯峻编著，1990，第 1346—1348 页）。

推移,楚国的县制很快就演变成由被委任的官员进行管理的官僚体制①,而晋国的官僚化过程则缓慢得多。此外,在楚国,楚王能够直接任命县尹,这就使楚王的权力可以延伸到县一级。但是在晋国,久而久之,许多县逐渐变为由各级封建领主直接控制,慢慢成了这些官员的私家财产②。从楚、晋在县制上的这种区别,我们能明显看出,楚国的官僚制发展得比当时其他大国要更为成熟。

尽管今天我们仍对楚国的行政体制缺乏深入的了解,但现有的资料还是可以使我们对楚国的官僚化水平略窥一二。首先,不难理解,一个国家在某一时期留下来的官衔越多,那个国家在当时的官僚体制就有可能越发达。明朝学者董说利用当时的资料所撰写的《七国考》共记录了楚国的91种官衔③。根据董说提供的有关这些官衔的资料出处,我们可以看出这些官衔中至少有64种在春秋时期就已经存在了。另一方面,董说所搜集到的秦国官衔仅有72种,但从其出处来看,这些官衔中的大部分均产生在公元前356年和前350年秦国采行商鞅的20级爵位制之后。《七国考》中所载其他各诸侯国的官衔种类则均远少于楚、秦两国的。

我们还可以从另一个角度来考察楚国官僚制的发展水平。《左传·宣公十一年(前598)》④记录了楚国令尹孙叔敖负责在沂(距楚国都城大约320公里)修筑城墙一事。据载,孙叔敖命令典守封疆之官("封人")先草拟出修建方案,然后报告给掌管民工徙役的"司徒"。该方案包括下列诸项内容:首先,勘查城墙基址,计算出所需的劳力及口粮、工程时长,以及工程所需土方及木材的数量;然后,针对工程的不同任务,分配工具、建材和劳力;再次,对于城墙各段,议定在何处取用水与土石,并确定督办各项工作的官员人选。这条史料在最后还不忘告诉我们整个工程仅在30天内就完工了,没有超过原定计划。

《左传》中这段珍贵的记录让我们不但了解到楚国官僚体制的运作

---

① 顾德融与朱顺龙(2001,第284页)。

② 例如,赵同从其父赵衰那里继承了原县(韩连琪,1986,第70页)。又如,巫臣(从楚叛逃到晋的贵族)被认命为邢大夫,后来,邢这个地方变成了巫臣家族的土地(李孟存与李尚师,1999,第272页)。

③ 董说(1998)。须要提醒读者的是,这些官职种类可能反映的只是当时史料中的记载而并非春秋时期的实际情况。

④ 《左传》原文为:"令尹艿艾猎城沂,使封人虑事,以授司徒。量功命日,分财用,平板干,称畚筑,程土物,议远迩,略基趾,具糇粮,度有司。事三旬而成,不愆于素。"——译者

方式,而且依据这段文字的描述,我们也看到在这一体制中工程筹划之精细以及计划执行之高效,这显示出楚国下级官员的质量。根据上述记载以及其他一些材料,我们可以利用韦伯式官僚制的四条标准(第二章)来对当时楚国官僚制度进行评估。这四条标准,即:(1)是否具有等级化结构;(2)是否遵循规则与程序(而非某个人的命令);(3)是否基于绩效选拔官员;以及(4)是否给官员报酬。

首先,对照上述四条,最显见的是楚国官僚体制符合第一条标准,即,它具有等级化的结构:楚王居于等级结构的顶端;在楚王的下面则依次是令尹(孙叔敖)、司徒、封人,这些人均为高级官员。当然,除这些人以外,要完成上述工程必然还需要许多低级别官员的参与和协作。其次,这些官员显然要依据一系列明确的规章办事,且他们的工作也有着一套完整的流程。作为令尹,孙叔敖本人并没有直接指导城墙的建造,而是命令封人先草拟工程方案。不过,似乎批准这个方案的不是令尹,因为封人要将拟好的方案提交给司徒。再次,虽然上述这条史料并没有记载官员的选拔程序,但我们通过其他资料可以知道孙叔敖并不是从其父亲那里继承令尹之位的,而且,他也没有将他的官位传给他的子嗣[1]。事实上,在孙叔敖之前,就有过楚王任命彭仲爽为令尹的例子,这说明至少从公元前 7 世纪初开始,楚国便已经有根据政绩或战功来选拔高级官员的先例了。而且,也有学者发现,到了公元前 6 世纪早期,有越来越多的楚国官员因其绩效表现优异而被选任和擢升[2]。因此,楚国官僚体制也能够满足上述的第三条标准。最后,虽然目前我们尚不知道在这一时期楚国是否(以及怎样)给官员发放薪俸,但考古发现或许可以为我们提供一些线索。在对河南省淅川县的下寺楚墓群进行发掘和研究后,考古工作者已经确认该墓群中随葬品最为丰厚的一座墓的主人是楚国令尹蓬子冯(卒于前 548 年)[3]。而蓬子冯的父亲及祖父都没有担任过令尹之职,因而,他的官位并不是通过世袭得来的。此外,考古工作者在蓬子冯的墓中还发现有大量青铜礼器和乐器,这些青铜器大多是前一任令尹

---

[1] 李玉洁(2002,第 150—152 页)详述了出身低微的孙叔敖是如何凭借自身能力官拜令尹之位的。

[2] 顾德融与朱顺龙(2001,第 284 页),李玉洁(1999,第 6 章)。

[3] 李玉洁(2004)。有关蓬子冯之死,见《左传·襄公二十五年(前 548)》(杨伯峻编著,1990,第 1103 页)。

公子追舒的财产,公子追舒由于宠信楚观起而被楚康王所杀[1]。我们由此可以推测,蓬子冯从楚王那里领受的这些物品(除青铜器外,可能还有其他许多东西)是某种形式的报酬。和西周中期的官僚制一样,楚国在行政管理中的这些特点也使其官僚制度非常接近于韦伯式的官僚制定义[2]。

在这一时期,即便像楚、晋这样的大国在其军事扩张成功后采行了官僚体制作为政府管理的形式,但同后来全民战争时代的那一波官僚化相比较,此时官僚体制的发展水平还相当有限。霸主时代的县集行政功能与军事功能于一身,县级的首长在地方管理上享有很大的自主权。相形之下,全民战争时代所建立的县才变成了纯粹的行政单元,地方官的自主权也大大减少。此外,在霸主时代,虽然有越来越多的县级官员是因其政绩表现才得到任用和提拔的(这一点在楚国表现得尤为突出),但当时只有贵族才具备在政府中任职的资格。直到全民战争时代,在各大国完成了官僚制改革后,官僚体制才会对非贵族出身的成年男子开放。总而言之,在霸主时代的中国,特别是在北方,政府发展的主要趋势是二级封建化,而非官僚化。

二级封建化

除了少数学者以外——但他们的观点也值得我们留意[3],大多数中国历史学家都认为西周时期存在着三个层级的封建结构(周王—诸侯、诸侯—卿大夫、卿大夫—家臣)。但实际上,西周时期大部分诸侯国只是些军事据点,其领土范围很小,因而不大可能被进一步划分为若干采邑以分封给宗室成员或家臣(第三章)。二级(以及三级)封建化现象很可能只是到了东周时期,当各诸侯国大量扩充其领土之后才出现的。当然也不是所有诸侯国在军事扩张后都会对新占领的土地进行二级封建化。例如,楚国就是通过直接委任官员来对它新攻占的领土加以管理的。但

---

[1] 罗泰(2006,第 347 页)。

[2] 许多研究认为楚国的贵族比其他国家的贵族更为保守(如,柯鹤立 Cook 与马绛 Major,1999)。我对公元前 8 世纪与前 7 世纪间楚国制度发展的分析与这一观点并不矛盾。正如我将在第八章中阐述的,恰恰是由于楚国在早期官僚化进程中取得了极大的成功,才使它避免了在晋、齐两国都曾经发生的封建危机,甚至是贵族秩序的彻底垮台。不过,楚国在早期的这些优势同样造成了全民战争时代楚国的保守主义倾向与军事上的积弱。

[3] 许倬云(1999)、吕文郁(1998)。

是,这一时期的晋国和地处中原地区的诸如齐、鲁、宋、郑及卫等几个主要诸侯国则采行了二级甚至三级封建化的办法。由于三级封建化对东周历史的影响远逊于二级封建化,因此,下面我们将重点关注在霸主时代二级封建化的发展过程,以及它对社会变迁所产生的影响①。

二级封建化趋势在公元前7世纪下半叶达到了高潮,而这也正是县制在各国出现之时。二级封建化在此时的盛行是很自然的现象,这是因为当时许多军事强国都已极大地扩充了自己的版图,并由此产生了如何管理这些新占领土的问题。除设置郡、县外,将这些新获得的领土封赐给有能力的公室成员或卿大夫也自然是一种传统的应对之策。二级封建化的浪潮在公元前7世纪后便消退了,原因在于那些曾受过分封的公室成员或卿大夫的家族已然崛起成为强大的政治势力,这些世卿贵族逐步操纵了诸侯国的政局,这就大大降低了产生新的世卿贵族的可能性。而此后的三级封建化大多发生在公元前6世纪,因为此时某些世卿贵族已经掌握了足够多的土地,可以将部分土地分封给自己的家臣。

在公元前7世纪时的二级封建化有两种类型。第一种类型是国君将新占领土赐封给公室成员。其中最典型的例子发生在鲁国,鲁桓公(前711—前694年在位)的三个小儿子(庆父、叔牙、季友)各自的宗族分享了鲁国领土扩张的果实。根据《左传》的记载,事情的经过大致是这样的:在鲁桓公去世后,鲁庄公作为长子顺利地继承了桓公之位。但在前662年鲁庄公去世以后,他的三个弟弟却为争夺君权展开了残酷的斗争,结果,鲁庄公的两个儿子子般和鲁闵公,以及他的两个弟弟庆父与叔牙都先后在政争中被杀死②。直到前659年,季友扶立鲁僖公(前659—前627年在位)继位,鲁国政局才趋于稳定。作为对季友的回报,鲁僖公便将汶水北岸的土地和费邑赐给季友。而季友可能是为了表达一种和解的姿态,他建议鲁僖公将另外两个地方分别赐给庆父和叔牙的后裔。这就是鲁国三个最重要的家族——"三桓"的起源③。

---

① 在公元前6世纪的一些国家,卿大夫进一步将自己的领地划分出一部分赐给其家臣作为采邑(即,所谓的"三级封建化")。这样做使家臣的势力得以增强,导致其中一些人可以挑战他们的主人。

② 公子子般、鲁闵公、鲁僖公都是鲁庄公之子。

③ 郑国、宋国也都走的是二级封建化这条道路。在郑国,作为郑穆公(前627—前606年在位)子嗣的七支宗族逐渐垄断了郑国的政治。而宋国的政治则是由宋戴公(前799年—前766年在位)的后代子孙所掌控。关于在这两个国家公室的后代是如何掌握国家权力的,请参见顾德融与朱顺龙(2001,第364—367、368—369页)的相关讨论。

　　在二级封建化的第二种类型中,国君则把新占领土封赏给战功显赫的军事将领。这种二级封建化的模式出现在晋国(另外,齐国的二级封建化进程在一定程度上也属于这一模式)。比如,前 661 年晋国灭掉耿国和魏国后,晋献公便将耿、魏二地赏赐给在战争中居功至伟的两位将军——赵夙与毕万[1]。再如,当晋文公回国即位后,对于那些在他长达 19 年的流亡生涯中一直追随左右的功臣,晋文公授予了封地和官爵[2]。尽管晋国的二级封建化进程犹带有强烈的西周王朝时期分土封侯的印迹,但西周的统治者主要将爵位与土地授予王室成员(见第二章),而晋国统治者封赏官位和土地的对象则主要是那些有过卓越的战功并在行政管理中能力突出的军事将领,这些将军大多和公室没有血缘关系。有鉴于此,一些中国史家认为晋国的这种基于战功政绩所进行的二级封建化是一项重要的改革。[3]

　　在霸主时代,虽然官僚化现象与二级封建化现象同时存在,但后者却成为塑造该时期历史演变的主导力量。尽管各国二级封建化在性质上有所不同,但经历了二级封建化过程的国家最后都遇到了前面已经提及的问题,即,随着时间的推移,世卿贵族的权势日益强大,而国君的权力却日渐式微。这种权力结构的变化引发了国君与贵族卿大夫间以及卿大夫彼此之间的冲突,而对于前一种冲突,其结果往往是卿大夫最终得势。日益加剧的冲突不但动摇了霸主体制,而且撼动了整个封建政治框架。

东周战争的基本模式

　　在这一节中,我将对东周时期作战距离的动态变化(见图 4.4)提供一种解释,并试图阐释东周战争的基本模式和当时历史发展之间的关系。由于本节的大部分观点与分析或已在前几章中有所涉及,或在接下来的四章中会有更详尽的讨论,故我就不再征引历史证据对本节的观点作更系统的论证了。从图 4.4 我们可以看到在东周早期,诸侯国的平均作战距离是相当短的,这说明多数国家的军力还尚未达到足以维持远距

---

[1]　这两位将军在征伐战争中都扮演着关键性角色(《左传·闵公元年[前 661]》,杨伯峻编著,1990,第 258 页。)

[2]　邹昌林(1986)。

[3]　李孟存与李尚师(1999,第 80—90 页)。

离作战的水平,这也意味着当时的战争大多仍是邻国间进行的地区性战争,且一般仅发生于前述四大战区中的某一个战区(见表 4.1)。

首先,从图 4.4a,我们看到在公元前 650 年之前,诸侯国的平均作战距离随着时间的推移呈现出稳定且快速的上升趋势——在公元前 8世纪末,平均作战距离还大约不过 100 公里,但至公元前 650 年就增长到 400 公里左右。这一数字增长的背后是四大战区的合并与归一,以及在各战区合并之后,四大强国(齐、楚、晋、秦)在更广阔舞台上所展开的角逐与交锋。此后,在公元前 650 年至公元前 6 世纪中期(即公元前546 年弭兵之会后不久)的这段时间,诸侯国的平均作战距离基本上在200~400 公里的范围内波动。这是因为:在这一时期,当两个或多个大国直接对抗之时,平均作战距离就会相应变长;但大多数时候,各大国一般倾向于避免与其他大国发生正面冲突,它们往往通过迫使小国臣服来

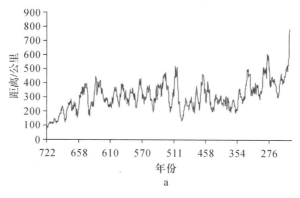

a

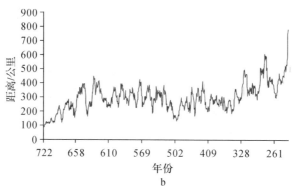

b

图 4.4 诸侯国平均作战距离(前 722—前 221)

注:图 4.4a 包括了楚、吴两国间的战争,图 4.4b 将这两个国家的战争排除在外。

实现霸业,这就使平均作战距离又有所减少。

从图 4.4 中,我们还发现,在公元前 6 世纪后半叶,平均作战距离大大降低了。如果我们把吴、楚两国之间的战争排除在外(图 4.4b),那么相较于前一阶段而言,此时作战距离下降的趋势便会更加明显。如图 4.4b 所示,平均作战距离在公元前 532 年达到了 380 公里,之后便下降了。直到公元前 354 年,作战距离的平均值除了在公元前 5 世纪中叶出现过几次向上的波动以外,一直维持在相对较低的水平上[①]。至于吴、楚两国,它们的作战情况与其他国家有所不同。在公元前 546 年到前473 年(这一年,吴国被越国所灭),吴国既是当时参与竞争的重要国家,也是楚国强劲的敌人。由于吴国地处长江与淮河的下游,而楚国居于长江的中游,因而吴、楚两国之间的战争往往空间跨度很大,这就使得两国的作战距离不符合同时期作战距离发展的普遍模式。此外,两国之间的地区地势平缓,海拔变化不大,于是对这两国而言,水路运输就成了它们远距离运送军队和物资更便捷的方式。因此,吴、楚两国都是既能进行远距离陆战又拥有着强大水上作战能力的国家。

整体而言,公元前 532—前 354 年,诸侯国作战距离普遍相对较短。这一现象背后存在着两种不同的历史力量。在这一历史时段的初期(约前 532—前 419 年),造成平均作战距离缩短的主要原因是邦国关系中霸主体制的崩溃。正如下一章将会讨论的,在公元前 546 年晋、楚弭兵之会后,晋国内乱频仍,逐渐走向分裂,再难维系它在北方的霸主地位。这就为小国之间的互相攻伐,以及像齐国这样的大国复谋霸业创造了机会,从而促进了短距离战争在北方地区的不断增多。然而,到了公元前419 年之后,所有主要的诸侯国都发展成为领土国家。于是,很少有国家有能力直接进攻他国的首都;而且另一方面,此时大部分国家首要的任务是消灭本国周边的敌人[②]。这种国家性质与战争性质的转变也导致了诸侯国间的战争在公元前 419 年后仍多为短距离战争。

在公元前 354 年以后,诸侯国的平均作战距离显现出快速增长的趋势。作战距离的急剧增长从根本上反映了秦国的军事扩张,并终结于公元前 221 年秦一统中国。从图 4.4 中,我们可以看到秦国在通向最终胜

---

① 公元前 354 年的平均作战距离是 211 公里。
② 例如,公元前 419 年后不久,魏、秦两国之间的战争多发生在洛河与黄河流域之间(今山西省一带);在同一时期,三晋(魏、韩、赵)与齐国之间的战争大部分发生在黄河与济河流域之间(今冀南与鲁东北一带)。

利的道路上经历了三次大规模的军事扩张。在第一次军事扩张中，平均作战距离于公元前 317 年达到了第一个高峰约 500 公里，到公元前 293 年又回落至 280 公里左右。这一阶段中作战距离的起落变化标志着曾雄霸一方的魏国逐渐走向衰落，以及秦国在此期间的迅速崛起。在公元前 340—前 299 年，除了齐、魏、韩三国合兵伐楚①以外，其余的大战主要是秦国攻伐其他国家的战役。比如，秦国曾反复攻打魏国与韩国，屠戮两国兵卒无数，侵占了大片领土，并迫使它们屈服于自己。在公元前 316 年，秦国又消灭了地处今四川省的巴国和蜀国。此后，秦国的军事势力范围得到极大拓展，其兵锋甚至可以直接触及楚国、赵国，乃至齐国这三个距它较远的国家。秦国在军事上的大获成功势必招致其他诸侯国联合起来与之相抗。公元前 298—前 296 年，齐、魏、韩、宋及中山五国联手攻秦，败秦于函谷关。

经此一役，秦国虽安静了几年，不过很快就重整旗鼓，开启了第二次大规模的军事扩张。在这一阶段，秦国所发动的远距离战争包括：公元前 285—前 270 年对齐国的战争；公元前 280 年、前 279 年以及前 277 年对楚国的战争；还有公元前 275—前 273 年对魏国与赵国的战争。这些战争，连同公元前 284 年由燕国领导的多国联军对齐国的讨伐共同造成了平均作战距离的又一波增长，而这波增长在公元前 280 年到达了顶点。到长平之战的时候，也就是公元前 261—前 260 年，秦国攀上了军事成功的一个新顶峰，这一战后，赵国损失了大部分军队，从此元气大伤。不过，虽然秦国赢得了长平之战，但这场耗时许久的战役也使秦国国力严重削弱。而且，秦国在军事上的巨大成功也激起了诸侯国联盟的奋起反击，只不过，这次反击却是它们最后一次有效的抵抗。在公元前 257 年与前 247 年，秦军两次被诸侯国联军所打败。与秦军的暂时性受挫相对应的是平均作战距离到公元前 257 年减少至 299 公里。然而，仅数年之后，秦国又发动了第三次军事扩张。到了这个时候，别说是单独某一大国，即便所有诸侯国都联合起来，也再没有办法阻挡秦国横扫中原的大势了。这一点反映到图 4.4 当中，即是平均作战距离在公元前 257 年之后一路稳定上升，直至公元前 221 年秦一统中国。

---

① 即公元前 301 年，齐、魏、韩合纵攻楚。——译者

小　结

西周政治体制崩解后,曾经在周王室控制之下的各诸侯国之间的邦国关系由此进入到一个新的历史阶段。在这一阶段,各诸侯国有时展开的是一对一的军事较量,有时则通过盟会形成相互敌对的集团。随着时间的推移,诸侯国的版图不断扩张,国家实力日益增强,各国开始建立常备军,并发展出新的政治体制。伴随这些发展的是邦国关系中霸主政治体系的兴起,以及工具理性文化的出现——而这种工具理性是以整个宗族或国家的利益,而非私人利益为其诉求的,也就是说这是一种公共导向型的工具理性(见第一章)。

本章着重讨论了三个方面的问题。第一,在这一章中,我考察了霸主体系的产生及其性质。第二,本章分析了发生在军事强国内部的两项重要的制度革新,即,官僚化的郡县制度以及二级封建化现象。第三,本章还讨论了在霸主时代促进战争理性化的动力,分析了军事理性化(比如,工具理性策略的运用)给诸侯国在战争中所带来的优势,并阐述了军事理性化如何促进了效率导向型文化在社会中滋长并加快了历史累积性发展的进程。

除此以外,本章还对两种可能会引起人们误解的历史表述作出了澄清。第一,对战争网络格局的分析使我们认识到,中国在东周早期的历史并非像许多史家所说的那样,是一部"五霸迭兴"的历史。从公元前770 年到前 643 年的这段时间里,整个中国可以分成四个相对独立的战区,每一个战区都有一个国家能够主导该战区的政治和军事格局,这些霸主国家皆得益于军事工具理性化的改革,并且在地缘政治中占据着有利的形势。而后,从公元前 643—前 546 年,随着四大战区的合并归一,邦国政治关系的主题逐渐转变为晋、楚两大国之间的相互对抗与制衡,而在此期间,楚国多数时候占据着上风。第二,通过对东周时期发生于不同季节的战争次数进行分析,我们还发现尽管礼仪仪式在东周早期战争中扮演着重要角色,但它在军事行动的某些至关重要的层面上并不起决定作用,这是因为,一场战争的胜负不只会改变军事力量之强弱,更决定着一国国运之荣衰。对国家而言,战争永远是关乎生死存亡的严峻考验,这就促进了效率导向型的战争策略在各国的迅速推行与发展。于是,那种遵循西周礼仪的战争型态便随之走向衰微。

　　在本章的最后一节,我借助诸侯国作战距离的数据,对东周战争的基本模式进行了分析。通过这些数据我们看到,随着时间的推移,各诸侯国作战平均距离发生着有规律的改变,这不仅反映了东周时期在诸如邦国政治、各国军力相对强弱,以及国家对社会资源的汲取与动员能力等方面所发生的动态变化,而且,还反映了东周时期不断变化着的国家结构与国家性质。

第五章
转型时代（前545—前420）

转型时代是一个政治秩序的衰亡与新生不断加速的时代。它发端于由二级封建化所引发的封建危机。随着封建危机的不断加剧，大部分诸侯国公室的权力最终都转移到世卿贵族手中，甚至在晋国出现了"三家分晋"的结局。也正是随着封建秩序的逐步瓦解，一种更为彻底的官僚制国家应运而生。不久，这些新兴起的官僚制国家纷纷运用它们刚刚获取的巨大组织能力进一步推动政府改革，以及开展更加有效的军事行动，这就为日后中国的统一铺平了道路。因此，为了理解这一时期的中国历史，我们有必要先从封建危机说起。

封建危机

公元前6世纪，当二级封建化浪潮渐渐平息后约50年，在晋、齐及其他一些诸侯国中，那些曾在封建化浪潮中得到大量封地的世卿贵族就开始建立自己的军队，并获得越来越多的政治权力。随着世卿贵族日益坐大，公室的力量被逐渐削弱；国君与卿大夫以及卿大夫彼此之间的矛盾随之产生；国君常会在与卿大夫的冲突中被杀害，或者被相互缠斗中的卿大夫们所拘禁。这些政治斗争，在公元前546年的弭兵之会后变得更加频繁，程度上也愈加剧烈，结果导致那个在西周初期形成、进一步发展于霸主时代的封建秩序（见第三、四章）走向全面崩溃。我将上述的整个过程称为**封建危机**。

封建危机在各诸侯国内都有着相似的发展历程①。例如在晋国,自从晋灵公(前 620—前 607 年在位)被晋国大夫赵穿杀死之后,公室与世卿贵族以及世卿贵族之间就争斗不休。到晋平公(前 557—前 532 年在位)即位时,晋国的政治几乎完全被"六卿"所主宰②。在鲁国,鲁文公在位之时,"三桓"把持朝政,到公元前 562 年,"三桓"将鲁国军队一分为三,并各自统领其中的一支③,此后鲁国公室就再没有听命于自己的军队了④。在齐国,齐惠公(前 608—前 599 年在位)去世后,国家权力也同样渐渐落入世卿贵族之手。到了公元前 6 世纪中叶的时候,齐国贵族势力已经非常强大,以至于从公元前 553 年到前 481 年之间,齐国相继即位的五位国君之中就有四位被贵族势力所弑⑤。

为了使读者对封建秩序崩溃背后的历史进程有更深入的理解,我将简单说明封建秩序的崩溃在中世纪欧洲和在古代中国有哪些差异,这里我着重讨论的是参与这一进程的社会行动者及迥异的历史发展逻辑。对中世纪的欧洲而言,社会中存在着四类主要的社会行动者,它们分别是:国家、贵族骑士、教会⑥,以及城市资产阶级⑦。这四类社会行动者彼

---

① 当时的国家由于种种目的而频频举行盟会。正如沃克 Walker(1971,第 62 页)的统计所显示的,在春秋初年,盟会的与会者中有 90%是各国的国君,但到公元前 6 世纪末的时候,这个数字降到了 20%以下。与此同时,与会者中卿大夫的比例则从 0%增长到 65%。贵族卿大夫越来越频繁地参与到盟会中来,从另一方面反映了封建危机中各国公室权力的衰落。

② 他们分别是六家卿族各自的首领,这六家卿族是赵、魏、韩、范、中行、智。

③ 《左传·襄公十一年(前 562)》(杨伯峻编著,1990,第 986—987 页)。

④ 无独有偶,在晋、齐、郑与宋等国,各大宗族均拥有自己的军队,这些私人武装都会参与诸侯国间的战争。在晋国,卿大夫的私人武装势力非常庞大,甚至出现了卿大夫欲以宗族军队对抗他国的情况。比如,晋大夫郤克在出访齐国时,声称受到侮辱,为此,他企图动用自己的家族武装来攻打齐国,见《左传·宣公十七年(前 592)》(杨伯峻编著,1990,第 771—772 页)。

⑤ 以下是这四位齐国国君的死亡原因:(1)齐庄公(前 553—前 548 年在位)因与大夫崔杼的妻子私通,被崔杼所弑。(2)晏孺子(前 489 年在位)在国氏与高氏的扶持下即位,但后来国氏与高氏被田氏和鲍氏消灭,晏孺子也被杀掉,齐悼公(前 488—前 485 年在位)则取而代之。但悼公虽得到田氏的支持,却为鲍氏所憎恶。(3)齐悼公在位三年,后又被鲍氏所弑。(4)齐简公(前 484—前 481 年在位)被田氏宗族的首领田成子所弑,原因是齐简公信任的人为田氏所憎恶。

⑥ 贝克曼 Backman(2003)、布洛赫 Bloch(1961)、斯皮德 Speed(1996)。

⑦ 无论教会,还是资产阶级都不是封建秩序的一部分。在欧洲的封建秩序形成以前,教会曾是强有力的社会行动者,而到了中世纪盛期(the High Middle Ages)及其后,资产阶级势力则日益强大。芬纳 Finer(1997,第 2 卷,第 5 章)对中世纪欧洲的四种主要的社会行动者有过精彩的论述。另见尼古拉斯 Nicholas(1992,第 297—314 页),他对中世纪盛期城市与国家的重要性之不断上升也有具体分析。

此相互竞争,其权力及管辖范围也相互交叠。而欧洲封建体制的瓦解正是多种历史力量相结合的产物。这些历史力量包括:步兵战术的兴起——它逐渐淘汰了以骑兵为主的骑士战争[1];自 15 世纪以来不断增强的国家财政能力及组织与动员能力——这使国家有足够实力发动新的形式的战争[2];以及,独立和半独立商业城市的崛起[3]。简言之,欧洲封建秩序之所以走向崩溃,其主要原因是相较于其他社会行动者,特别是国家和城市资产阶级,贵族的权力逐渐衰落了。

但对古代中国而言,封建体制则是在一个相对简单的社会结构中运转的。在这个社会中,不存在一个强大的足以斡旋于国君(国王)与其封臣(附庸)或者贵族之间并协调其矛盾的教会[4]。而且,在东周时期中国的封建体制中并没有成长出强大且相对自治的商业城市。还有,东周封建秩序的崩溃与战争性质的变化没有关系(尽管一些史学家认为两者之间存在相关)[5]。这是因为和欧洲骑士不同,东周时期世卿贵族的特权并不源于他们的武士身份,也与具体作战方式没有什么关联。在古代中国的封建体制中,只存在两类社会行动者,即国君与贵族。与欧洲的情形截然不同,在中国的封建危机中,贵族的权力非但没有削弱,反而得到了增强。而且在东周时期,正是由于贵族势力的兴起才导致了封建秩序

---

[1] 霍华德 Howard(1976)、芬纳 Finer(1975)。

[2] 百年战争(1337—1453)期间,常备军与定期税收这两项制度在英、法两国被确立起来(珥特曼 Ertman 1997,吉文-威尔逊 Given-Wilson 1986、亨尼曼 Henneman 1971、坎普 Kaeuper 1988)。

[3] 布鲁克 Brooke(2000,第 155—173 页)、摩洛 Moraw(1989)、帕克 Parker(2004)、梯利 Tilly 与布洛克曼 Blockmans(1994)。

[4] 见黑德 Head 与兰德斯 Landes(1992)、斯皮德 Speed(1996,第 17 章)有关教皇与主教作为和平缔造者(peace-maker)的讨论,以及中世纪盛期"上帝的和平与上帝的休战"运动(the Peace of God and Truce of God movements)在欧洲的发展。

[5] 例如,杜正胜(1990,第 79 页)认为,在东周早期,贵族以战车为作战工具,而普通士卒则徒步作战。但随着步兵作战方式的兴起,贵族打仗的时候也必须徒步。这一战争性质的改变造成了贵族与平民在作战方式上的平等,标志着贵族势力的衰落。但我必须强调的是,中国的情况与中世纪欧洲非常不同。在中世纪的欧洲,步战的兴起迅速淘汰了骑兵战的作战方式,而在中国,步战作战方式的兴起仅仅使军队中步兵/战车的比例提高了 2.5 倍,也就是从霸主时代(大部分时期)的 30∶1,提高到全民战争时代的 75∶1(陈恩林 1991,第 138—145 页;杜正胜 1990,第 72 页),可在同一时期,各主要诸侯国军队的规模均扩大了十数倍(见第八章),也就是说,即使步兵/战车比例仅提高了 2.5 倍,一国的战车数量仍比之前多出许多。显然,步兵/战车比例的变化并不会削弱贵族的势力。相反,如果我们把这个逻辑再向前推进一步,就会得出这样的结论,即新的步兵/战车比例实际上更有助于增强贵族的势力,因为步兵/战车比例的提高意味着,在每个作战单位中,可供贵族指挥的步兵人数会更多,他们的声望会由此提高,权力也会越来越大。

的最终瓦解。也就是说，在古代中国，真正造成封建秩序崩溃的主要社会行动者只有一个，那就是贵族卿大夫，虽然在这个历史过程中还有许多不那么走运的贵族世家也随着封建体制一道衰败没落了。

中国学者一直试图对古代中国封建体制崩溃的原因作出解释，他们的论述各有侧重，且其中不乏真知灼见[①]。综观这些论述，我大体上有这样一种感觉，即古代中国的封建制度远不像欧洲封建制度那样稳固。在西周之后的政治秩序中，维系着中国封建体制的仅仅是各国国君与西周王室之间的血缘纽带[②]。与欧洲的封建制度相比，中国的封建制度不存在一种可以将周王与地方诸侯绑定在一起的个人契约关系，同时也没有一个热衷于干预国君及贵族行为的强大教会与之共存[③]，并且，在这个体制中没有像嫡长子继承制这样的制度来防止贵族世家人口过快的增长[④]。此外，欧洲的君主们能够建立起效忠于自己的常备军，但中国在经历了二级封建化之后不久，大多数诸侯国的军队就变成了卿大夫们的私有财产。简而言之，经过几代人之后，维系着各宗族间的血缘纽带就会变得越来越脆弱。当此之时，仅靠宗法制度以及相关的礼仪活动是不足以长久维持古代中国的封建体制的[⑤]。

为了证实上述的观点，即，导致古代中国封建体制崩溃的原因是世卿贵族的日益强盛，以及公室权力相应的逐渐衰落，我对春秋时代九个最为重要的国家中贵族势力的强弱与该国政权继承危机之间的相关性进行了统计分析。首先，我将某一国家国君的非正常死亡率政权继承危机的严重程度视为一个指标。如前所述，在齐国曾出现过前后五任国君中有四位都被强大的贵族势力所弑的现象，这说明一国之中如果有强大

[①] 钱穆（1994，第 82 页）、瞿同祖（2003，第 231—258 页）。由于何怀宏（1996，第 168—175 页）已经做过细致的文献综述，这两位的主要观点请参见何的著作，此处不再赘述。

[②] 关于西周时期以血缘为基础的封建制度的起源，请参见第二章。

[③] 斯皮德 Speed（1996，第 215—228 页）。

[④] 古迪 Goody（1983，第 118—123 页）。理论上，除了诸侯国的国君之位应由长子继承以外，东周时期贵族实行的是诸子均分的继承制度，也就是说所有的男性子嗣都能获得部分的财富与贵族地位（长子继承父亲的爵位与官职，其余诸子则获得低于此的贵族地位）。例如，鲁桓公的三个小儿子（"三桓"）均获得了上卿级别的贵族地位，而其长子（即鲁庄公）则继承了君位（见第四章）。同理，晋国大夫羊舌职的四个儿子（铜鞮伯华、叔向、叔鱼与叔虎）均获得了相当于大夫级别的地位（李孟存与李尚师 1999，第 253 页）。当时的中国贵族制大约分七个等级（卿一等，大夫分三等，士又分三等）。因此，如果一个贵族享有最高一级的地位，那么他死后要传续许多代，其旁系后裔才可能完全失掉贵族地位。

[⑤] 见第二章中对西周背景下宗法制度的起源、性质及发展的讨论。

的贵族势力存在,那么它所引发的权力斗争既可能是国君与大贵族之间的直接冲突,也可能本来不过只是贵族之间的恶斗,却不料把国君也裹挟了进来。但无论是上述两种情况中的哪一种,倘若国君所在的一方从权力斗争中败下阵来,那么国君也难逃被弑的厄运。由于弑国君者通常总是那些名义上理应臣属于国君,但实际上却权倾朝野的大贵族,因而,对于每一国家,我的数据会将其完整世系都考虑进来,进而表明该国在其公室彻底覆灭之前,公室力量与贵族力量之间的相对强弱关系。在统计分析中,我所用的关于国家继承危机严重程度的资料来源于《左传》与《史记》中的相关记载。

其次,《左传》还记载了有关贵族成员各类活动的丰富史料,这有助于我们建构贵族世家的家族谱系。借助上述这些材料,我用一个国家中所有贵族世家延续的世代总数作为测量该国贵族势力强度的指标。例如,如果某国有 3 个贵族世家,其中两家延续了 9 代,另一家延续了 5 代,那么该国贵族势力的强度则合计为 $9 \times 2 + 5 = 23$[①]。由此可以看出,我对贵族力量强度的定义基于如下两条假设:第一,我假设,对于某国而言,如果史料典籍所记载的贵族世家出身的人越多,那么该国的贵族力量就越强大;第二,我假设,某国某贵族世家的政治影响力正比于此世家在该国能够延续其政治地位的世代数。

最后,虽然史学家一般认为春秋时代的政治是由楚、晋、齐、秦、鲁、郑、宋、卫、(东)周、吴、越、燕、陈、曹、徐这 15 个国家所主宰的[②],但我仅对它们中最大的 9 个国家进行统计分析。这 9 个国家分别是:楚、晋、齐、秦、鲁、郑、宋、卫、周。之所以选择这 9 个国家,主要是出于对国家实力和数据来源的考虑。一方面,往往是那些国力强盛、领土广阔、资源丰富的大国更容易陷入全面的封建危机;另一方面,对于这样的大国,史料典籍会记录更多有关国君继承与贵族世家活动的资料。至于如何衡量一个国家国力的强弱,如果我们假定国家越强大,它主动攻击他国的次数就会越多的话,我们便可以把某国发动战争的次数作为衡量标准。在我所选出的这九个国家中,宋、卫与周三国发动战争的次数最少,但也分别有 35、18 与 7 次。而对于 15 个国家中那些没有被选择的,它们的情况大致如下:在整个春秋期间,陈国与蔡国仅各发动过

[①]　各大国贵族世系的数据来自何怀宏(1996,第 202—203 页)。
[②]　许倬云(1999,第 547 页)。

1 次战争,且均属小规模的战斗,而史料中没有任何关于曹、燕两国主动攻击他国的记录[①]。至于吴、越两国,虽然吴国发动战争 26 次,越国 2次,但它们之所以仍没有被纳入统计,是因为,当这两个国家在公元前 6世纪中期崛起时,封建制度业已病入膏肓了,况且与其他国家相比,史料中对这两个国家的历史记录太少,这就使我们难以搜集到足够多的数据来进行分析。

图 5.1 表明,一国贵族势力的强度与该国政权继承危机的严重程度之间存在非常显著的正相关关系($r^2 = 0.66$,即这九国国君的被害原因有 66% 能被贵族势力的强度所解释)。图 5.1 同时还显示,春秋时期,在鲁、齐、晋这样的封建危机最剧烈的国家中,均有接近半数的国君是在其在位期间被弑的。此外,我们还可以通过相关史料来对图5.1 中所呈现的某些回归残差(regression residual)作出解释。比如,与其他国家相比,周的贵族力量虽相对较强,但是周天子的非正常死亡率却处于比较低的水平。这是为什么呢? 通过上一章,我们知道,虽然东周早期周就已经衰退成了一个小国,但许多从西周诸侯国体制发展而来的国家仍视周为名义上的宗主国。在霸主时代,霸主国家为了通过周王室的认可与支持来增加其霸主地位的合法性,即挟天子以令诸侯,它就必须要维护周的政治稳定。如果周室在继任问题上频频呈现合法性危机,那么其他国家就会视此为霸主国家国势衰落、无力保护周室的政治信号,这自然也会使这些国家丧失对霸主权威的敬畏之心。

《左传》中多次提及大国主动干涉周王室的王位之争,并将"合法"的周王室继承人推上王位的事例。比如,周惠王(前 676—前 652 年在位)即位之初,其弟王子颓就在其他诸侯国的帮助下赶走惠王而自立为周王。公元前 674—前 673 年(庄公二十年至二十一年),郑厉公(前 700—前 697 年以及前 680—前 673 年在位)曾试图调停周惠王及王子颓之间

[①] 下面依次简单地解释一下为什么一些历史学家会认为燕、陈、曹、徐也算作这一时期的主要国家。虽然由于燕国在东周早期很少参与邦国政治,史料典籍对它的记述不多,但它之所以被认为是东周早期的一个大国,主要是因为它在全民战争时代一跃而成为"战国七雄"之一。至于陈、曹和徐这三个国家,史家视它们为"大国",主要由于它们比其他国家见载于史料的频度更高。在霸主时代,霸主国家通常会动员很多国家参战。陈、曹、徐三国作为被动员参战的国家,常出现在《左传》的记录中。而且,由于这三个国家的地理位置介于晋、楚之间,它们也常被卷入到晋、楚两大国之间的战争里,这使它们有更多机会出现在史料中,并因此让史家误把它们当作大国。

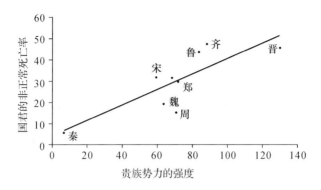

图 5.1 春秋时期诸侯国的政权继承危机

的冲突,却告失败。不久后,他率兵进攻周都,杀死王子颓,并让周惠王重登王位①。又如,公元前 636 年(僖公二十四年),周王室再次发生宫廷政变,周襄王因为开罪于其弟王子带而被迫出奔。次年,晋文公率军护送襄王回到周都,并捉拿王子带交给襄王处死②。再如,公元前 520 年,王子朝杀死了周悼王(前 520 年在位),自立为王。当时,晋国由于国内正发生严重的封建危机而对此事无暇顾及,所以也就没有立即派军予以干预。《左传·昭公二十四年(前 518)》记载了郑国大夫游吉(子太叔)在访问晋国时对晋国不干预周室继承问题所作的一番批评③,他说:"诗曰:'瓶之罄矣,惟罍之耻。'④王室之不宁,晋之耻也。"(《诗经》上说:"酒瓶空空,酒坛子就会感到耻辱。"如今,周王室不安宁,你们晋国该为此感到耻辱。)《左传》接下来还记录,晋国贵族在游吉的一番劝说后,决定要出面干涉王室内乱。最终,晋国发兵攻打周都,驱逐王子朝,拥立周敬王。通过这些例证,我们可以看到,由于大国随时可能出面干涉,周王室贵族在操纵王位继承或争夺王位时不得不有所顾忌,这就大大降低了周朝国君被贵族杀害的可能性。

自霸主时代之初,诸侯国的国君与其谋臣就已经深切地意识到二级封建化进程所带来的种种问题。各国国君在占领了新的领土后都面临着相同的困境:在军事扩张成功后,兴建更大的军事据点(城邑)通常是守住这片疆土的有效手段,可是,所建城邑越大,负责管理城邑的卿大夫

---

① 《左传》(杨伯峻编著,1990,第 214—218 页)。

② 《左传》(杨伯峻编著,1990,第 425—426、第 431—432 页)。

③ 《左传》(杨伯峻编著,1990,第 1451—1452 页)。

④ 见《诗经·小雅·蓼莪》。

就越有可能将之作为发展自己权力的根据地，从而削弱公室的力量①。在《左传》中，有关卿大夫由于控制了大城市而威胁到国君的例子可谓不胜枚举。楚国大夫申无宇曾用"尾大不掉"的比喻来提醒楚灵王贵族势力过大所产生的危害②。而孟子也有句名言："五霸者，三王之罪人也；今之大夫，今之诸侯之罪人也。"③这句话所反映的，可能正是孟子那个时代人们对这一现象的某种普遍认识。

一般来说，国家越大，它所面临的问题就越多，这是因为国家领土越大，封建贵族的领土与势力也可能越大。由于这个原因，相比于其他诸侯国，晋国与齐国的封建危机就要严重得多。在所有发生封建危机的国家中，毫无疑问晋国的危机对当时历史大势的演变有着至关重要的影响。正是晋国的封建危机引发了霸主体制的瓦解和后来的改革浪潮；而且，在全民战争时代初期所出现的七个大国（"战国七雄"）中，有三个都是在公元前453年"三家分晋"时形成的。因此，在接下来的两节中，我将对晋国的封建危机及其一系列后果进行更细致的考察，我将探究晋国的危机是如何促成了霸主体制的崩溃，使晋国走上了"三家分晋"的道路，并且又在后来怎样激起了新一波官僚化浪潮的。

公元前546年的弭兵之会

对晋国来说，公元前546年的弭兵之会是其国内封建危机所造成的直接后果。自晋昭公（前745—前739年在位）即位之初将曲沃封给其叔父桓叔（见第三章），晋国的政治就始终风波不断。随着曲沃政权日益强大，其势力逐渐超过了公室，曲沃一系的统治者先是在晋国国君的继承问题上横加干涉，接着就不断向晋侯发难，挑起战端。晋国的两个政权之间的内战从公元前739年一直持续到公元前679年曲沃政权统一了整个晋国方告结束④。这场旷日持久的内战给晋国日后的政治打上

---

① 例如，在《国语·楚语一》（上海古籍出版社，1978年）中，楚国大夫申无宇，曾劝谏楚灵王不要在边境修建大的城邑。从《国语》记录中可知，申无宇一连举了晋、齐、郑、卫、宋与鲁等国的例子，用这些例子来说明在远离都城的地方修建城邑会导致国家权力的削弱，国君的被害，甚至引发内战。申无宇所用的大部分有关战争和弑君的例子在《左传》中也有与之对应的独立记载。

② 《国语·楚语一》（上海古籍出版社，1978，第549页）。

③ 《孟子·离娄六》（《孟子译注》，杨伯峻，1980，第287页）。

④ 《史记·晋世家》，第1638—1640页。

了深深的烙印。由于这场内战主因是公室支系的势力过于膨胀,所以自晋国重新统一之后,晋国国君一直努力防止任何可能导致公室支系尾大不掉态势出现的因素。比如,晋武公的儿子晋献公(前 676—前 651 年在位)和他的谋士士劳为了要将桓叔和庄伯两个公族彻底铲除,就千方百计要放逐和诛杀这两个世系的后代子孙①。为了杜绝其他公族势力在未来可能的崛起,士劳甚至试图去削弱晋献公儿子们的权力,他的做法如此决绝以致晋献公也颇为不满②。

在剪除公族强支的同时,献公还擢拔了一批异姓贵族——晋国之所以这样做,也是因为自西周初年晋国建国时起,这些异姓贵族就已经是当地的世家大族,而其势力也一直比较强大(见第三章)。正是在这种背景下,献公于公元前 661 年将刚灭掉的耿、魏两国的领土赐给将军赵夙与毕万③。后来,晋文公(前 636—前 628 年在位)又把更多新占领的土地分封给了异姓卿大夫,其中许多人都是文公十九年流亡生涯中的追随者④。

尽管晋献公及其后的晋文公有效地铲除了公族的势力,但从长远来看,他们重用异姓贵族的政策也没能避免晋国公室权力受到危害的结局。公元前 607 年发生了赵穿弑晋灵公的事件,大约从此时起,晋国世卿贵族的势力便不断上升。随后的几十年中,虽然在晋景公(前 599—前 581 年在位)和晋悼公(前 572—前 558 年在位)统治期间,国君与卿大夫之间关系相对融洽,但世卿贵族的权势仍旧日渐坐大,而公室则渐趋衰微。到最后,晋国君主在国内的政治竞争中反而变成了一个不那么重要的角色。在整个公元前 6 世纪甚至之后更长一段时间,晋国的重大政治冲突大多发生在世卿贵族之间。《左传》就记录了多起发生于公元

---

① 《左传》("庄公二十三年"至"庄公二十五年",前 671—前 669 年;杨伯峻编著,1990,第 225—232 页)记录,士劳建议献公采取分而治之的策略,首先怂恿桓、庄二族互斗,待双方两败俱伤后,尽灭宗族富豪。
② 例如,公元前 661 年,献公下令为太子的封地曲沃修筑城墙。士劳考虑到坚固的城墙可以极大地增强城市的防御能力,这反而增加了太子寻机叛乱的可能性,于是,他便告诫太子说,拥有曲沃这座都城只会招来疑忌与麻烦,并劝太子不如趁城墙尚未完工赶快逃走,以免未来罪祸加身。再如,公元前 655 年晋献公派士劳为他的另外两个儿子夷吾和重耳在封地修筑城墙。士劳暗中命令在修建城墙的土石中混入木柴(这样城墙便不坚固且易于燃烧)。晋献公得知此事后训斥了士劳,而士劳不但对献公的责备不以为然,还反过来指责献公目光短浅。《左传》("闵公元年",前 661 年;"僖公五年",前 655 年;杨伯峻编著,第 258—259 页、第 303—305 页)。
③ 《左传·闵公元年(前 661)》(杨伯峻编著,1990,第 258 页)。
④ 李孟存与李尚师(1999,第 80—85 页)、邹昌林(1986)。

前596—前550年这一时期贵族间的争斗与杀戮：公元前596年（宣公十三年），晋大夫先轸的后代先縠被杀，其族被灭[1]。公元前583年（成公八年），晋大夫赵同、赵括被杀，赵氏险被灭族[2]。公元前576年（成公十五年），晋大夫伯宗被三郤所害，其子伯州犁出奔楚国，以避郤氏进一步的迫害[3]。但两年后（前574），三郤及其家族也同样遭到了被灭族的命运。又一年后（前573），诛灭郤氏家族的主谋胥童也被杀[4]。最后，在公元前552—前550年之间（襄公二十一年至襄公二十三年），以栾盈为首的栾氏家族以及与之关系密切的十位大夫全被诛杀[5]。总之，到了公元前6世纪中叶，晋国的政治已然充斥着太多贵族间的倾轧与仇杀，以至于晋国人根本无暇顾及在诸侯国间称霸的事业了。因此毫不奇怪，此时的晋国急需与其主要敌手楚国达成休兵止战的约定。

另一方面，楚国也欲休战，但原因却与晋国不同。如第三章所述，楚国的权力更多集中在楚王手中[6]。虽然和晋国一样，在楚国，也只有贵族才能担任官职，但楚国的主要官职大多是不能世袭的，这就防止贵族积蓄力量进而挑战楚王情况的出现。整个东周时代，像贵族背叛国君这样的事情，在楚国几乎很少发生。《左传》中对于这类事件也仅有过一次记载，那就是发生在公元前605年（宣公四年）斗越椒针对楚庄王的叛乱[7]，但即便在此事件中，叛军最终还是被彻底剿灭，而楚王的权力也得到进一步加强。在楚国政府中，令尹是最高的官职，拥有很大的权力。因此，只有楚王最信任的人，才可能被任命为令尹，而且，楚王还会想方设法去限制令尹的权力，以免其不受楚王的控制。斗越椒叛乱事件以后，楚国令尹中除少数几人因才干而得到任用，其他大部分都是从楚国公子中选拔出来的。甚至对于楚国的公子而言，这个职位也不能世袭罔替或终身担任。比如，楚共王在位时（前590—前560）任命了三名令尹，而楚康王（前559—前545年在位）与楚平王（前528—前516年在位）执政期间则各任命了四名令尹[8]。为进一步分散令尹的权力，大约从公元

---

① 《左传》（杨伯峻编著，1990，第751页）。
② 《左传》（杨伯峻编著，1990，第838—839页）。
③ 《左传》（杨伯峻编著，1990，第876页）。
④ 《左传》（杨伯峻编著，1990，第904页）。
⑤ 《左传》（杨伯峻编著，1990，第1052—1070页）。
⑥ 顾立雅Creel（1964，第181页）、何浩与张君（1984）、李玉洁（1999，第297页）。
⑦ 《左传》（杨伯峻编著，1990，第679—682页）。
⑧ 李玉洁（1999，第297页）。

前 6 世纪开始,楚国还设置了左尹与右尹两个官职[1]。楚国的令尹始终处于楚王的严密管控之下。根据《左传》的记载,从公元前 632 年到前 528 年,楚国竟有八位令尹是因战事不利、腐败或者仅仅因为楚王猜疑其权力过大等原因而惨遭杀害或被迫自杀的[2]。像这样的情形,从未在晋、齐,或其他中—东部地区的国家发生过,这再清楚不过地说明,当时楚王的权力比贵族的权力要强大许多。

另外,若与晋国相比,楚国的国君在继位争斗中被弑的情况实在并不多见(见图 5.1)。在楚国,倘使楚王在继位之争中被杀,杀死他的人也通常是其兄弟或叔父,这些都是自认有一定资格继任王位的公室成员,而不像晋、齐以及其他发生了封建危机的国家那样,谋害君主的是世卿贵族。楚国的君位继承问题就其本质而言与晋、齐等国截然不同。楚国这种王室成员承继大统的争斗贯穿了中华帝国的整部历史。这一类的继任之争并不会将国家引向封建危机的深渊,这是因为,最后夺得大位的新君势必会进一步强化中央集权。

那么,导致楚国寻求弭兵的动力又是什么? 在我看来,楚国很可能是由于地缘政治的压力被推到谈判桌前的。根据第四章中的战争网络图示(见图 4.1、图 4.2a),我们可以看到,在公元前 585 年以前,楚国只有一个主要的竞争对手,那就是晋国。换言之,在霸主时代早期,作为南方唯一的强国,楚国能把主要精力都投入到与北方诸国进行军事竞争上。不过,随着战争规模与战争区域的不断扩大,许多当时地处偏远的国家也被慢慢卷入到以中原地区为核心的战局之中。偏居东南的吴国就是这样一个处在中原文明边缘的国家,而它的崛起则极大地削弱了楚国在地缘政治上的优势。吴国第一次在《左传》中出现是在公元前 584 年(成公七年)[3]。那一年,吴国入侵了在其都城以北约 420 公里之远的

---

[1] 《左传·宣公十一年(前 598)》(杨伯峻编著,1990,第 711 页)记录了楚国左尹率军攻打宋国。《左传·成公十六年(前 575)》(杨伯峻编著,第 880 页)记载晋国攻打郑国,楚国发兵救郑,楚国司马率领中军,令尹率领左军,右尹率领右军。

[2] 公元前 632 年,城濮之战中,楚国令尹子玉所率领的楚军被晋国军队打败,他得知楚成王(前 671—前 626 年在位)要追究其过失便自尽了。公元前 627 年,楚国令尹上由于受人诬陷而被成王所杀。公元前 605 年,楚庄王处死了令尹斗般与其后继任的令尹子越。公元前 575 年,令尹子反因鄢陵之战被晋军所败而自尽。公元前 568 年,共王处死了令尹子辛,原因是子辛向陈国索贿无厌,迫使陈国背叛楚国。公元前 551 年,楚康王杀死了令尹子南与他的家臣观起,因为观起仗着子南的宠信而"拥马数十乘",犯了僭越的罪过。公元前 528 年,楚平王杀死了令尹子旗以及与之勾结的养氏家族。

[3] 《左传》(杨伯峻编著,1990,第 834—835 页)。

郑国。吴国能够进行如此远距离的作战,可见当时其军事力量就已不可小觑。而且,《左传》于是年另有一处提及吴国,记述了晋国巫臣出使吴国的一段故事。巫臣曾是楚国的县尹,后来投奔晋国。出使吴国时,巫臣游说吴人对抗楚国,他为此带给吴国 30 辆战车,还有精通射箭及御车之术的战士,让他们教吴人如何以战车作战以及排兵布阵的方法①。我们现在很难准确地估计巫臣的这次军事外交活动及其所带来的军事技术对吴国日后崛起究竟起到了多大作用,但有一点可以肯定,吴国自此以后便开始对楚国构成了日益严峻的威胁。正如在第四章中图 4.2b 所表明的,公元前 546 年,吴、楚两国已兵戎相见,直接或间接的军事冲突常有发生。从公元前 570—前 548 年,在吴、楚两国间的 5 次正面交战中,双方的军队各胜两场,还有一场战成平手②。到了公元前 6 世纪中叶,楚国已然是两面受敌,因此它当然也希望能和晋国达成弭兵之盟。

希望休兵止战的不仅只是晋、楚两个大国,夹在两国之间的那些中小国家对此更是求之不得。在近一个世纪的晋、楚争霸中,这些国家备尝战祸之苦,因为两大国的交战常常就发生在这些中小国家的领土上。两大国还胁迫这些国家必须选边站队,而一旦小国与晋、楚中的某一方结盟,又总会招致另一方或其盟友的军事攻击。并且,只要小国与某个霸主国家结盟,它们就不得不向其进贡纳赋,一遇战事,小国也必须出兵应战。总之,小国与大国结盟付出太多,得到太少,苦不堪言③。在这种背景下,前 580 年(成公十一年),宋国大夫华元穿梭于晋、楚之间游说两

① 《左传》(杨伯峻,1990,第 835 页)。
② 吴、楚平手的一役中,吴王诸樊(前 560—前 548 年在位)中箭身亡,这使两国结怨更深。
③ 《左传》中有许多条记录都揭示了霸主国家加诸小国的纳贡和其他义务的沉重负担。例如,前 649 年(僖公十一年;杨伯峻编著,1990,第 339 页)因为黄国拒绝向楚国纳贡,楚国出兵攻打并吞并了黄国。前 570 年(襄公三年;杨伯峻编著,1990,第 928 页),由于陈国不堪忍受楚国的横征暴敛而转与晋国结盟。前 549 年(襄公二十四年;杨伯峻编著,第 1089 页),由于晋国对小国征敛太重,郑国大夫子产写信给晋国大夫范宣子,提出减轻纳贡的要求。除了纳贡的负担以外,小国还要被迫参加那些损害自身利益的战争,其中,郑国的例子是最生动的。前 564 年,郑国反叛晋国而与楚国结盟之后,楚国命令郑国军队与之一起攻打宋、卫和鲁这三个晋国的盟国。接踵而至的军事冲突耗尽了郑国的国力,引发了郑国内乱,其间三位郑国大夫被杀死(襄公十年;杨伯峻编著,1990,第 978—980 页)。《左传·襄公十年(前 563)》还记载了一段郑国大夫子展与子驷之间的对话,此时,楚国已下令让郑国出兵攻打卫国。子展说:“伐卫。不然,是不与楚也。得罪于晋,又得罪于楚,国将若之何?(我们必须攻打卫国。否则的话,就是得罪了楚国。我们既已得罪了晋国,再得罪楚国,国家岂不是就要完了?)”子驷反驳道:“病矣。(我国国力已经衰疲不振。)”子展回答:“罪于二大国,必亡。病,不犹愈于亡乎?(如果我们把两个大国都得罪了,郑国就亡国了。国力衰疲不是比亡国要好一点吗?)”

国君主，最终，促成了晋、楚两国在次年（前 579）的第一次弭兵。然而好景不长，短短三年之后，楚国就攻打了当时作为晋国盟友的郑国，第一次弭兵从此宣告破产，并在随后引发了晋、楚两国之间一系列的军事冲突。到前 546 年，当楚国面临着来自吴国方面更强的军事压力时，又是一位名叫向戌的宋国大夫安排晋、楚两国和其他许多小国举行了第二次弭兵大会。当此之时，由于楚、晋两国疲于应对各自越来越多的问题，这就使一个能持续的弭兵之盟成为可能。

这第二次由晋、楚及其他许多小国参与的弭兵大会是东周历史上一个重要的转折点。吊诡的是，正是这次的弭兵大会却加速了邦国关系中霸主体制的全面崩溃。第二次弭兵也使封建危机在几个主要诸侯国中愈演愈烈，并促使它们最终转变为官僚制国家。

霸主政治的崩溃

前 546 年的弭兵大会为已经存续了近两百年的霸主政治敲响了丧钟。但大多数历史学家却认为霸主政治贯穿整个春秋时代（前 770—前 481），他们常把吴国，甚或是越国，视为继晋、楚两国之后新崛起的霸主国家。这种看法与历史事实有较大的出入。诚然，吴、越两国有称霸的野心，但很明显这两个国家从未取得过像鼎盛时的晋国与楚国那样在军事上的巨大成功。公元前 546 年弭兵之会后，是封建危机而非霸主政治塑造着邦国关系并影响着历史的发展方向[1]。

在霸主时代，一个霸主国家要发动战争时，往往会要求其盟国也出兵参战。例如，晋国在其鼎盛时期曾率领多达 13 国的军队攻打另一个国家。基于霸主政治下的这一战争性质，我们可以比较公元前 546 年弭兵之前与之后的战争中参战国的平均个数，以此来检视霸主体系在弭兵大会后是否仍然主导着邦国政治。也就是说，如果霸主体系确实在第二次弭兵之后衰落了，那么，在公元前 546 年之后所爆发的战争中，参战国的平均个数应大大低于此前的。为了进行这一比较，我选取公元前610—前 546 年以及公元前 545—前 481 年这两个时段，这样做的原因有二：其一，公元前 481 年一般被认为是春秋时代的最后一年，故而我以

---

[1]　金景芳（1983，第 242 页）曾经指出，在霸主政治的后期，军事强国可能本来并不想成为霸主，而那些充当霸主的国家可能也并不十分强大。虽然，金氏仍坚持吴、越两国是霸主国家，但他的上述说法实际上承认了在公元前 546 年之后霸主政治即告瓦解。

这一年作为第二段时期的上限；其二，以公元前 546 年为界，这样，两个时段前后各包含 64 年，保证了比较的对称性。

计算结果显示，公元前 546 年之前，在由晋国或楚国所发动的战争中，每次战争卷入的国家平均有 4.0 个，但在公元前 546 年之后，这个数字则降到 2.35。晋、楚两国在弭兵大会后便失去了霸主地位，这一点是无可争议的（上述数据的 p 值小于 0.0001）。但问题是，随着晋、楚两国霸主地位的衰落，会否有别的国家正在取代它们在东周邦国政治中的地位呢？为此，我们选择了吴、越、齐、秦这 4 个最有资格取代晋、楚霸主地位的国家，计算了它们在弭兵大会前后所发动战争中参战国的平均个数。结果显示，在公元前 546 年以前，这个数字是 2.14，而在之后则略有增加，变成 2.41，但这一变化在统计上并不显著（$p=0.13$）。即使我们只考虑吴国，这一最有可能登上新霸主之位的国家，在弭兵大会前后，在它所发动的战争中，参战国的平均个数仅从 2.0 增加到了 2.68。虽然，这一增长在统计上是显著的（$p=0.02$），这表明吴国确有竞夺霸主之位的趋势，但从另一方面看，这一数字（2.68）并不显著地大于同时期晋国或楚国所发动战争中卷入国家的平均个数 2.35（$p=0.4$）。换句话说，即便在吴国的鼎盛时期，从各国所能调动参战的盟国平均个数上看，吴国与当时的晋、楚两国至多算是旗鼓相当。显然，吴国从未达到过弭兵大会前晋、楚两国统领天下诸侯的地位。或有读者会问，在弭兵大会后参战国平均个数有所减少，会不会是因为绝大多数小国此时已被大国所灭而致？根据我的统计，在公元前 546 年，尚存在 50 多个国家。另外，根据史料记载，公元前 529 年，14 个国家参加了由晋国所发起的诸侯盟会[1]；而在公元前 506 年晋国所组织的另一场盟会中，也有 19 个国家参与其中[2]。在吴国全盛时期，它周围的国家包括：郑、郯、徐、顿、胡、沈、淮夷、陈、蔡、巢、莒、越、楚等国。倘若吴国真有能力统领一个属于它自己的邦国联盟的话，那么附庸于它的国家想必也不在少数。

在霸主时代，晋、楚两国常常每隔一段时间就组织一次诸侯盟会，在两国的威势下，小国不得不响应参与[3]。而从上述的两个例子，我们可以看到，虽说在公元前 529 年与前 506 年，晋国被认为已不再是邦国政

---

① 《左传·昭公十三年（前 529）》（杨伯峻编著，1990，第 1342 页）。

② 《左传·定公四年（前 506）》（杨伯峻编著，第 1533 页）。

③ 许多这类诸侯大会是以歃血盟誓的仪式（即"盟"）作为结尾。在东周早期，"盟"非常普遍，关于其性质与运用，参见陆威仪 Lewis（1990，第 43—50 页）。

治中的霸主了,可它犹有能力组织较大规模的诸侯盟会(如上,两次与会的国家各有 14 个和 19 个之多)。我们知道,一个国家组织诸侯盟会的能力也反映出其在邦国体系中地位的高下。可是,即便在吴国强盛之时,由它所发起的盟会不过仅有两次:一次是在公元前 487 年,只有鲁国和它结盟;另一次则在公元前 482 年,与会的有晋国以及其他许多中原国家(史称"黄池之会"①)。然而,就在公元前 482 年盟会的当口,越国乘机偷袭了吴都,结束了吴国的称霸美梦。

此外,通过对第二次弭兵大会之前及之后的战争网络格局进行比较,我们同样也可以看到霸主体系在邦国关系中的终结。公元前 546 年以前,各大国处在一个连接相对紧密的战争网络中,而且,正如我们在第四章中所见到的,晋、楚两国是战争网络中居于核心地位的竞争者(见图 4.2b)②。然而,到了公元前 546 年以后,这一以晋、楚、齐三国为三个顶点的三角形战争网络逐渐转变为一种四边形的网络型态,由晋、楚、齐、吴分处四边形的四个角(在这一时期,秦国几乎很少参与到战争网络中来,见图 5.2)。仔细审视图 5.2,我们很容易发现到公元前 546 年以后,战争网络不再是一个紧密联系的整体,它裂分成南、北两个相对独立的部分。连接这两部分的仅有两条线段,它们所代表的是临近这一时期最后阶段所发生的几场战争:一是吴、鲁两国之间于公元前 487 年爆发的一场战争,再就是吴国和齐国从公元前 485—前 484 年的两场战争。因此,图 5.2 反映出的情况是:吴国虽然能与楚国在南方争雄,但是吴国几乎没有涉足北方的战局,或者说对仍是先秦政治中心的北方影响力很小③。显然,吴国在诸侯国中的地位无法与弭兵大会之前晋、楚两国的霸主地位相提并论。

图 5.2 表明了这样一个历史事实:一旦晋、楚两国退出了霸主之争,其他有野心的国家便开始趁机争夺更大的空间。事实上,在第二次弭兵大会后,齐国、吴国以及之后的越国都在军事上变得更加主动。而在后来崛起的国家中,吴国自然是最令人瞩目的一个。公元前 506 年,吴国攻

---

① 黄池,在今河南省新乡市封丘县南。
② 见第四章对这种战争网络型态其他特征的论述。
③ 当晋国在邦国政治中偃旗息鼓以后,齐国花费了多年时间试图获取在北方的政治影响力,这就引发了晋、齐两国之间许多直接与间接的冲突,而大部分时候总是晋国处于上风。战争网络显示,晋国与齐国是北方的两个核心国家,它们之间相互敌对。

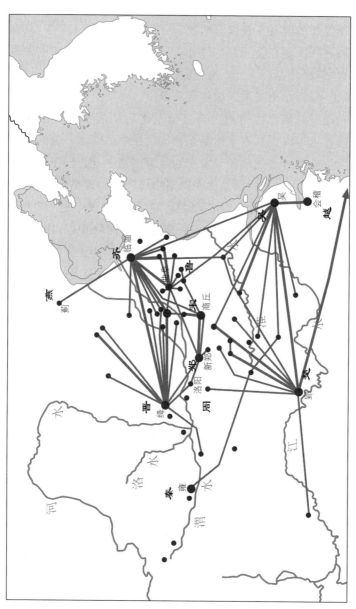

图5.2 公元前545—前473年的战争网络

楚的柏举之战①在那个时代堪称极富军事天才的战役之一。是年的十月到十二月间,吴军辗转约 1300 公里,数战大败楚军,并最终攻陷楚都郢。若不是秦国从西北方以及越国从东方对楚国施以援手,吴国很可能在这场战役中就彻底消灭了楚国。另一个战例是公元前 484 年的艾陵之役②,吴国在此役中重创齐军,俘虏齐军主将,歼灭齐军精锐 3000 余人。此役之后,吴国的势力范围得以向北拓展,在公元前 482 年主持了前文所提到的黄池之会(详见第七章)。不过,吴国的崛起只是昙花一现。正当吴军主力集结在北方的黄池时,越国趁机偷袭吴国并攻占了吴都。黄池之会后 9 年(前 473),吴国便被越国所灭。越国在灭吴之后,也曾试图北上争霸,但越国的势力范围却始终不及鼎盛时期的吴国,即便后来它将国都从会稽迁到北边的琅琊。

有两个相关因素导致了吴国的遽然速败。首先,吴国北上攻打齐鲁以及倾全国之力去黄池赴会等等举措,过度消耗了自身力量。关于这一点,《国语》中有几大段记述吴国大夫伍子胥劝谏吴王夫差(前 495—前 473 年在位)的文字可相印证。在《国语》的故事中,伍子胥曾苦谏夫差不要北上争霸,因为吴国真正的敌人是近在咫尺的越国,但夫差却没有听从伍子胥的劝告③。其次,更为重要却鲜有史家提及的一点,那就是吴国不利的地理位置。吴国的政治中心在长江下游(今江苏省苏州一带),其主要的军事力量是水军。在吴、楚之战中,吴国可以凭借淮河与长江运输兵力与物资④。但由于吴地周遭没有一条河流是从南向北流淌的,因而,吴国在北进的过程中,其强大的水军并无用武之地。为此,吴国修建了两条运河,第一条是贯通长江与淮河的邗沟,第二条则是将淮河与黄河水系相沟通的菏水。这两条运河加起来有数百公里之长,耗时多年才得以竣工。如此大规模的建设工程,加上连年征战,势必大大损耗吴国的国力,这就为越国创造了机会。最终,越国仅用 9 年时间便

---

① 伯举,在今湖北省麻城市境内,一说在湖北省汉川北。——译者
② 艾陵,在今山东省莱芜东南。——译者
③ 《国语·吴语》,上海古籍出版社,1978,第 598—599 页。
④ 吴、楚两国在当时都利用淮河进行军事运输(史念海 1963,第 74 页)。

彻底消灭了外强中干的吴国[①]。

以今天的眼光来看,显然晋、楚两国在衰落后,其他大国或由于不利的地理位置(如吴、越两国),或由于有限的军事力量(如齐国),均未能改变当时整个地缘政治图景。因此,尽管吴国、越国和齐国都曾想在历史舞台上一展身手,但决定着霸主政治垮台后历史发展进程的,却是当时已危机深重的晋国。在弭兵大会后晋国的内战与分裂中,涌现了新的国家形式——官僚制国家,与新的战争型态——全民战争。正是这二者之间的互动为秦国最后一统天下铺平了道路。

晋国公室的式微

在公元前546年的弭兵大会之前,导致晋国内战与分裂的封建危机就已经困扰着晋国的政治。弭兵大会的历史意义在于,一旦失去了来自楚国这个晋国强敌的外部威胁,那由封建危机所引发的晋国政治内斗便愈演愈烈。从这个意义上讲,晋、楚间的弭兵可能加速了晋国的内部分裂。对于这样一个结果,晋国当时的执政者范文子看得非常透彻。公元前575年,晋、楚鄢陵之战前夕,范文子本想避开与楚军的这次交战,但栾书与郤至却都是热烈的主战派。据《左传·成公十六年》记载,范文子对郤至说了如下这一番话,他指出不彻底消灭楚国而将之视为晋国强敌的重要性[②]:

> 吾先君之亟战也,有故。秦、狄、齐、楚皆强,不尽力,子孙将弱。今三强服矣,敌,楚而已。惟圣人能外内无患。自非圣人,外宁必有内忧,盍释楚以为外惧乎?(我晋国以前的国君之所以屡次发动对外战争,自有他们的理由。当时,我国面临着秦国、戎狄、齐国、楚国等强敌的威胁,倘若我们的先祖不奋力战斗,他们的子孙后代则将软弱不堪,于诸强中无法立足。现在,秦国、戎狄、齐国这三大强敌业已衰弱,我们只剩下楚国这一个敌人。惟有圣人才能做到内无纷扰、外无敌患。而我们不是圣人,外无敌患则必有内忧,我们为何不

---

① 根据《国语·吴语》(上海古籍出版社,1978,第618页)记载,越国大夫文种曾说:"今吴民既罢,而大荒荐饥,市无赤米,而囷鹿空虚(现在吴国的人民早已疲于战争,又经历了许多年的灾荒,市场上连劣质的粮食都买不到,而且粮仓也都空了)。"虽然,越国大夫的这番议论难免有些夸大,但鉴于强大的吴国竟很快就被越国所征服,他的这番话也多少道出了当时的实情。

② 《左传·成公十六年(前575)》(杨伯峻编著,1990,第882页)。

继续把楚国当作外部威胁而时时保持警惕呢？）

　　当范文子与栾书、郤至讲这番话时，栾氏与郤氏两家已经积怨很深。在这次谈话的前一年，即公元前576年，郤氏曾弄权刺杀了大夫伯宗，伯宗之子伯州犁被迫逃往楚国。而在这次谈话的后一年，即公元前574年，整个郤氏家族在贵族间的冲突中被灭①。由此可见，范文子对当时历史现实的理解与齐美尔（Georg Simmel）关于外部冲突有助于保持群体内部团结的洞察有很强的相似性②。

　　在弭兵大会后，由于内部危机的进一步加深，晋国与诸侯国间的争战大幅减少。根据我的数据，从公元前610年到前546年间的这64年中，晋国发动战争50次，而他国攻击晋国只有11次；而从公元前545年到前481年间（同样是64年），晋国发动的战争仅有15次，但它却被他国攻击了8次。这些数字并不表明晋国的整体军事实力在弭兵大会以后有很大衰退。我们从平丘之会的例子中便可对晋国的实力略窥一二。在公元前529年，晋国为了重塑在中原的霸主地位，在平丘③组织了一场有14国参加的盟会④。为了显示其军事实力，晋国的参会者是在四千乘战车及军队的护送下出席盟会的。虽然晋国在平丘之会表现出它仍是屈指可数的强国，但这却并不能掩盖其背后日益加深的内部危机。比如，就在这次盟会上，郑国执政子产竟公开斥责晋国对小国索贡过重，最后在子产的努力抗争下，晋人不得不同意降低郑国的纳贡数额。事后，另一位郑国大夫子太叔（游吉）责备子产，说："诸侯若讨，其可渎乎？（[你不应该这么做，难道你不知道这样做可能会招致晋国对我国的入侵吗？]晋国如来讨伐，难道我国可以轻易对付得了吗？）"子产回答："晋政多门，贰偷之不暇，何暇讨？（晋国如今被几个强大的贵族世家控制着，而他们之间忙于内斗，苟且偷安尚且来不及，哪里还有心思攻打其他国家？）"子产所言不差。如前所述，甚至公元前518年周室王子朝和周敬王之间的冲突，晋国都是在遭到子太叔的严厉指责后才出兵干涉的。

---

① 《左传》（"成公十五年"，前576；"成公十七年"，前574；杨伯峻编著，1990，第876页，第900—962页。）
② 科泽Coser（1956）对于齐美尔的这一观点有更详细的讨论。
③ 平丘，在今河南省新乡封丘县。——译者
④ 《左传·昭公十三年（前529）》（杨伯峻编著，1990，第1353—1359页）记述了这次盟会以及据说是子产和子太叔之间的对话。

　　大约在公元前546年，晋国贵族世家按照其世系起源可以分成公族和卿族两类。晋国此时的公族主要是三家，他们是栾氏、祁氏和羊舌氏[①]。至于卿族，他们在晋国的权势更大，其中最为显赫的即后世所说的"六卿"。在晋国，贵族世家间的冲突首先体现在公族和卿族之间的斗争上。公族这边，栾氏势力最大，也因此是最早被剪灭的一家。公元前550年，经过一番苦战，范宣子（晋国大夫，范氏的首领）将栾氏一族彻底消灭，此后，势力相对较弱的祁氏和羊舌氏与几大卿族相安无事地共存了几十年。不过，到了前514年，祁氏发生内乱，于是，卿族便趁机将这剩下的两家公族一网打尽，将他们的土地分作十个县，并委派官员进行管理[②]。这样，"六卿"就完全掌控了晋国的政治。

　　随着局势的发展，六卿之间的平衡越来越难以维持。公元前497年，六卿分成了两个阵营，一方是赵氏、魏氏、韩氏与智氏，另一方则是范氏与中行氏，这两大阵营间展开了一场恶斗。晋国从此陷入了一场持续七年的内战，且不少邻国也被牵扯进来，包括齐、卫、鲁、郑、宋、鲜虞及周等国。在公元前491年，范氏和中行氏这一方虽然得到了他国的援助，但还是落败了，他们的领土被获胜的四家卿族瓜分，而两家的幸存者要么被害，要么则流亡齐国。不过，晋国剩下的四卿之间的和平局面也并不长久。到了公元前455年，智氏与魏、韩两家结盟攻打赵国，围困赵都晋阳达三年之久。但最后，赵氏利用魏、韩两家与智氏的矛盾，成功劝说两家联赵反智，这样，公元前453年，智氏一族也走到末路。最终，在长期武装冲突中幸存下来的三家卿族瓜分了智氏的土地，并在后来正式建立了三个新的国家，即魏、韩、赵三国，史称"三晋"[③]。

---

① 栾氏家族的祖先为晋靖侯（前858—前841年在位），而祁氏家族则是晋献公后裔中的一支，羊舌氏则源于晋武公的小儿子伯侨这一支。关于中国古代宗族蔓延分化的现象，请参见本书第二章。关于这三家贵族的起源与衰败，参见李孟存与李尚师（1999，第246—260页）。

② 《左传·昭公二十八年（前514）》（杨伯峻编著，1990，第1493页）。

③ 凯瑟 Kiser 与蔡 Cai（2003）认为战争对于东周官僚制的形成起到了至关重要的作用。他们提出东周时期的诸侯国战争使大量贵族战死沙场，从而削弱了贵族的实力，促进了官僚制的兴起。这一观点虽在逻辑上有其合理性，但实际上却与历史事实并不符合。在公元前5世纪末期之前，大部分战争仍是小规模的军事冲突。而且，并没有证据显示在这些小规模冲突中贵族比平民死亡率更高。如前所述，东周时期中国施行的是诸子均分的继承制度，该制度不断过度生产着贵族人口。即便如凯瑟 Kiser 与蔡 Cai 所言，贵族在战争中伤亡惨重，在东周时期的继承制度下，死去贵族的职位也很容易被其子嗣继承。但是，本节的分析显示，在封建危机期间，贵族经常是一个宗族接着一个宗族地被铲除掉，导致这一点的，不是诸侯国间的冲突，而是国内的政治斗争。杜正胜（1990，第43—46页）的分析与我相似，结论亦相近。

封建危机对战争的限制

虽然,本书第三部分主要探讨的是战争对塑造东周历史进程所起的作用,但我首先必须强调,战争与社会之间的关系并不是单向的。在霸主时代,战争拓展了诸侯国的领土版图,导致了邦国政治中霸主体制的兴起,也开启了郡县制与二级封建化的先声。但在战争的众多影响中,最具历史意义的则是它致使各大国必然地走向了效率导向型的发展道路。继而,讲实际、重效率的风气又逐渐扩散到社会文化中去,并由此促进了累积性的历史发展。但到了转型时代,一方面,效率导向型的工具理性在社会文化中变得愈发重要,另一方面,封建危机及霸主体制的终结也极大地影响着战争本身的性质。从这个角度上讲,社会层面的发展同样也影响着战争的性质。

在霸主时代,大多数的战争(甚至是两个小国间的战争)推其根源都与晋、楚两国之间的争霸有着密切关系。对于一个中等规模的诸侯国或更小的国家来讲,它们很难在违背霸主国家意志的情况下去攻打另一个小国,因为那样做定然会招致霸主国家的惩罚。但随着封建危机的恶化,霸主国越来越没有兴趣与能力去干预邦国的内政外交。结果,中等国家野心膨胀、跃跃欲试,而小国之间也开始剑拔弩张、仇冤相报,于是小规模冲突越来越多。当然,并不是在公元前546年的弭兵大会之后一夜间就冒出此类现象的。公元前558年,晋悼公去世,此后不久,晋国卿大夫间的争斗便愈演愈烈,内乱致使晋国逐渐丧失了对北方诸国的影响力。例如,邾国[1]在公元前557年攻打鲁国,晋国在这一年的盟会上拘捕了邾宣公,以作为对邾人伐鲁的惩罚,但即便在这种情况下,邾国于次年(前556)又一次攻打鲁国[2]。邾国之所以有胆量不顾晋国的制裁而两次兴兵伐鲁,主要是因为它背后有齐国作为靠山[3]。而齐国之所以支持邾国的行动,乃是因为齐人断定晋国的内乱已经让它成了一只纸老虎。此外,我所搜集的数据也显示,齐国从公元前642—前558年这

---

① 邾国,曹姓,曾是鲁国的附庸国,都城约在今山东省邹城市境内。——译者
② 《左传》(襄公十六年,前557;襄公十七年,前556;杨伯峻编著,1990,第1026、1031页)。
③ 《左传·襄公十七年(前556)》(杨伯峻编著,1990,第1031页)。

85 年之间主动发动的战争仅有 15 场①，而在此后的 85 年间（前 557—前 473），齐国却发动了 33 场进攻他国的战争。总体而言，到了公元前 546 年弭兵之后，中小国家之间的战争又有了进一步的增加。根据我的数据，鲁国在公元前 519—前 488 年攻打邾国 5 次，在公元前 541—前 529 年与莒国交战 4 次；宋国在公元前 492 年后侵入曹国 4 次，并最终在公元前 487 年占领了曹国的领土；郑国与宋国在公元前 486—前 480 年总共交战了 6 次。而以上这些例子所涉及的还只是非霸主国家间最频繁发生的两国交战的情况。由于非霸主国家的军事实力有限，通常都与附近的邻国开战，因此在公元前 546 年以后，这类战争的增加就在整体上拉低了平均作战距离（第四章曾对此略有提及，请参见图 4.4a 及图 4.4b）。

由于封建危机是领土扩张的直接结果，因此，对于那些深受封建危机所困扰的大国而言，它们在霸主时代的那种贪婪攫取土地的热望便逐渐消退了。因此，转型时代的战争还有另一方面的变化，那就是随着封建危机的加剧，被灭国的国家数目在迅速减少②。在公元前 7 世纪的一百年中，被灭国的国家总共有 39 个③，而在公元前 6 世纪期间（此时的封建危机更为严重），这一数字下降到了 20 个④。在封建危机深重的晋国，这种趋势则表现得更为明显。据记载，在公元前 7 世纪（公元前 593 年以前，晋国的封建危机尚未恶化），晋国总共消灭了 17 个国家。然而，在公元前 592—前 453 年（公元前 453 年，韩、赵、魏三家分晋），被晋国所灭的国家只有 3 个；并且，在公元前 563 年，晋国还将其所攻占偪阳国⑤的土地转让给了宋国。

在这一时期，诸侯国将征服的土地转让给其他国家的现象并不鲜见。一个著名的例子是越王勾践在灭吴国之后将大片吴国领土分给楚、宋和鲁三国。而与此同时，对那些在越国崛起过程中居功至伟的臣子，

---

① 之所以选取公元前 642 年为第一年，是因为在前一年（前 643），齐桓公去世，齐国此后衰落成为二等大国。

② 然而与霸主时代相比，在转型时代战争目标的改变似乎并未降低领土战争的相对重要性（见第八章，表 8.1）。原因是：一旦摆脱了霸主体制的约束，许多小国就开始相互攻占彼此的领土，因而使这一时期的领土战争的比例有所上升。

③ 由于有许多在早期被灭国的国家并没有被《左传》与《史记》所记载，因此，这里所说的被灭国的国家数目应少于实际数目。

④ 被灭国的国家数目确实下降了，但这一定不是因为此时存在的国家数量本就不多。到全民战争时代晚期，仍有许多小国存在。

⑤ 偪阳国，妘姓，在今山东省枣庄市南。——译者

勾践却不但没封赏土地,还对其进行清洗——大夫文种被赐死,范蠡则流亡他乡①。中国传统史家一般将这一结局归咎于勾践的个人品性——勾践基本上被描绘成一个"可与共患难,不可与共乐"的人物②。然而,通过上述的讨论,或许我们也可以对勾践的所作所为有另一番解读。当公元前 473 年勾践灭吴的时候,中国北方的封建危机已经相当深重,晋国正面临着将被三家贵族所瓜分的命运。在这一背景下,我们不妨把勾践看作是一位审时度势的政治家,他没有分封股肱之臣,反而对他们或杀或逐,这很可能是因为他不想重蹈晋国封建危机的覆辙。

战争驱动型改革

在霸主时代,频繁的战争催生了以目标为导向的效率驱动型文化。这种文化首先在军事领域出现,继而扩散到政治、经济以及哲学思想领域。到了转型时代,商业开始迅速地发展起来,市场关系也随之萌生;在思想领域,一些博学之士开始系统地思考从社会政治关系到宇宙秩序等种种命题。鉴于这些新生的经济关系和哲学思想到了全民战争时代才更臻成熟,因此,这两个话题就留待下一章继续讨论。本节所关注的,是发生在转型时代由国家主导的各类改革,并探讨这些改革如何与战争紧密地联系在一起,并与之共同促进了累积性的历史发展。

我们并不清楚东周时期各诸侯国开始改革的确凿时间,但有一点可以肯定的是,诸侯国间的战争创造了新的社会历史环境,而大部分改革措施都是在这个背景下产生的。正如第四章中所讨论的,像楚、晋、秦这样的大国不得不采行县制以便对军事扩张中新占领的领土进行管理。战争要消耗巨大的资源,因此,国家要赢得战争,首先要获取足够的物力与人力资源。因此,毫不奇怪,史料典籍中最早记录下的改革都与战争密切相关。例如,根据《左传·僖公十五年(前 645)》的记载,晋国在韩原之战中被秦国所重创③,不仅晋惠公被俘,晋国还被迫割让了黄河以

①　《史记·越王勾践世家》,第 1746—1747 页。
②　《史记·越王勾践世家》,第 1751—1752 页。
③　《左传》(杨伯峻编著,1990 年,第 351—363 页)。(韩原,在今陕西省韩城。——译者)

东的大片领土①。面对这样不利的形势,晋国开创了新的土地制度,这在某种意义上可被视作土地私有制在古代中国的萌芽。另一方面,晋国还开始扩大兵源,从那些原本没有参战义务的乡野之民中招募新兵(见第二章)②。

关于土地私有制的兴起,一条简短但却更为明确的记录出现在《左传·宣公十五年(前594)》③,即"初税亩"。此年,鲁国开始根据每户耕田的实际亩数来收税④。四年之后(前590),鲁国又开始征收军赋,即"作丘甲",这样做完全是为了应对当时新的战争形势——即,齐、楚两国为了共同对抗晋国,出现了"齐楚结好"的局面。由于齐国与鲁国长期为敌,且鲁国又地处齐、楚之间,齐楚结好的新形势迫使鲁国一方面与晋国

① 这些领土是当年晋惠公在归国前,答应赂秦的"河外列五城",其地"东尽虢略(今河南省灵宝市)","南及华山,内及解梁城(今山西省永济市附近)"。虽然晋惠公回国即位后就背弃了自己的承诺,但韩原之战的惨败迫使晋国以这些土地为代价换回了被秦国俘虏的惠公,于是,秦国便在晋国的河东之地征收赋税,即"秦始征晋河东,置官司焉"。到了公元前643年,秦人又将这些土地归还了晋国。事详《左传》(僖公十五年、僖公十七年)、《国语·晋语三》。《晋国史》(李孟存与李尚师1999)亦对此事进行了细致的梳理。——译者

② 《左传·僖公十五年(前645)》对晋国的这一系列改革描写不多,仅有"作爰田""作州兵"等寥寥数语。由于《左传》的这段记载太过简略,对于"爰"与"州"的具体意思,数百年来异解纷纭(高亨1956;李孟存与李尚师1999,第69—70页;杨善群1983;杨宽1998,第157页)。但根据这段记载的上下语境,历史学家一般认为"作爰田"与"作州兵"指的是晋国对土地制度以及征兵制度所做的某种改革,而这一改革的目的是为了使国家在面对战争时能够获得更多的物质资源与人力资源。另外,根据"爰""州"二字在其他语境中出现时的意思,史学家大多将"作爰田"理解为国家允许人民可以永久地拥有一块土地(一般认为,在此以前的西周农业实行的是井田制度,土地为国家所有,而且,私人所耕种的土地有时还会被重新分配),将"作州兵"理解为国家开始招募乡野之民以扩充兵源(陆威仪Lewis 1990,第57—58页;杨宽1998,第157页;徐喜辰1983)。

③ 《左传》(杨伯峻编著,第758页)

④ 《左传》的原文为"初税亩,非礼也。谷出不过藉,以丰财也"。大意是说鲁国按田亩征收赋税,是不合制度的,原因是按照原来的井田制,土地分为公田与私田,农民合作耕种公田,国家借民劳力而享有公田的谷粟作为收入,这被称为"藉",而对于私田,国家不额外收税(见本书第二章"其他西周遗产"一节)。但根据"初税亩",国家对私田也开征税收,这样就超过了公田所出,所以说是"非礼"。至于"初税亩"的社会历史背景,一般认为,到了春秋时代"民不肯尽力于公田"(《春秋公羊传·宣公十五年》,何休注),这就使依靠公田赋税的各国公室的收入日渐减少,与此同时,井田制以外的私田却日益增多,出现了所谓"私肥于公"的现象。故而,各诸侯国的君主不得不改革税制和土地制度。鲁国的"初税亩"的核心即是不分公田、私田,一律按田亩收税,这意味着国家在客观上承认了私田的合法性(顾德融与朱顺龙2001,第233—234页),并且开始以实物税收取代以前的劳役地租。李剑农认为这次改革是中国古代"税"的源起(《中国古代经济史稿》,武汉大学出版社,1991,第一卷,第93页)。——译者

结盟以求自保，另一方面则开始征收军赋为迫在眉睫的战争做准备①。这些初步的改革不久后便成为社会历史发展的趋势。比如，前 483 年（哀公十二年），鲁国在齐国的军事压力下提高了税赋的征收②。再如，前 408 年，秦简公面对来自魏国的军事压力，也采取了与鲁国"初税亩"相似的税收制度（即"初租禾"）③。

输掉战争固然很糟糕，但军事上的失败却往往会成为推动国家走上改革道路的契机。比如，《左传·定公六年（前 504）》记载楚国于此年相继在水战和陆战中为吴军所败，这引发了楚国上下的恐慌。不过，楚国

---

① 《左传·成公元年（前 590）》（杨伯峻编著，1990，第 783—784 页）。
对于征收军赋，《左传》的解释是"为齐难故，作丘甲"，因为在此前一年，鲁国曾向楚国借兵攻打齐国，故而，鲁国"作丘甲"的直接原因是担心齐国对此事进行报复，而更深层次的原因则是"齐楚结好"的"国际"形势对鲁国极为不利。《左传》在同年有这样一条记录："冬，臧宣叔令修赋、缮完、具守备，曰：齐、楚结好，我新与晋盟，晋、楚争盟，齐师必至。虽晋人伐齐，楚必救之，是齐、楚同我也，知难而有备，乃可以逞。"鲁国大夫臧宣叔的这番话道出了鲁国征收军赋（"修赋"据杨伯峻的注解即指实施"作丘甲"的政令）背后更深的战略原因，即当时两大阵营（齐、楚为一方，鲁、晋为另一方）相对抗的"国际"局势。果然，在次年（前 589），齐国就出兵攻打鲁国北部边境，鲁国向晋国请求援兵，于是，以晋国为首的诸侯联军迎战齐军，齐军大败，史称"鞌之战"。——译者
② 《左传》（杨伯峻编著，第 1670—1673 页）。在此前一年（前 484），吴、鲁两国的联军刚刚在艾陵之战中大败齐军。为了防范齐国报复，鲁国加强了防御，并按照每户所拥有的田地收赋。
此处对应的即是《左传》中"用田赋"的记载。根据《左传》，在"用田赋"的前一年，季康子曾派人询问孔子的意见，孔子没有直接回答，而在私下里和冉求（冉有）说："君子之行也，度于礼：施取其厚，事举其中，敛从其薄。如是则以丘亦足矣；若不度于礼，而贪冒无厌，则虽以田赋，将又不足。"这句话意味着赋是按照比"丘"面积更小的"田"来征收的，这样相当于加重了赋收，因为若按"丘"的标准，尚有一些田土可能未被征发所及。此外，在春秋时代，"税"和"赋"两者性质不同，"税"相当于地租，而"赋"最初指的是为了战争的需要，对军役和军用品的征发，即军赋。但后来，赋所征发的目的、方式与对象都有了变化，最后到战国时代，逐渐与"税"混为一物。一般认为，"初税亩"标志着田亩税的兴起，而"作丘甲"和"用田赋"则都属于对"赋"的改革。"初税亩"之后四年，鲁国"作丘甲"，这是以田土（"丘"）为单位征发军赋，但其所征发的对象究竟是车马、兵器、士卒或兼而有之，则众说纷纭（见《左传》杨伯峻注）。"作丘甲"后又百余年，"用田赋"则将赋所征发的单位细化到了"田"，但当时各国征"赋"的目的已不全是为了战争，所征之对象自然也不全和军事有关，比如，同样是在"用田赋"的前一年，《左传》还出现了"赋封田以嫁公女"的说法，可见"赋"当时可能仅是从社会中榨取资源的名目，故在此处，我们译"taxes"作"税赋"，并不特指军赋，虽然此"赋"很可能是出于备战的原因而征敛的。关于春秋时期田赋制度的演变，请参见《中国古代经济史稿》（李剑农，1991）。——译者
③ 《史记·六国年表》（裴骃集解，司马贞索引，张守节正义，1959，第 708 页）。秦国在崤之战（前 627）被晋国所大败后，便逐渐地从中原政治版图中销声匿迹，直到公元前 5 世纪末，魏国的西略才促使秦国再度回到了中原政治军事的舞台上。因此，秦国的战争驱动型改革要来得相对晚些。

的令尹子西却喜形于色,因为楚人的恐慌反而有利于他推行改革,并实施将都城从郢迁到鄀的计划①。

但是,促成当时改革的直接原因未必都来自军事上的压力,某些国家有时可能会出于战略上的长远考虑而主动推行改革。我们不难发现,每个霸主国家在其崛起之前都进行过许多改革。齐国在公元前 7 世纪中叶前后称霸,这在很大程度上是与管仲推行的改革措施分不开的(见第三章)。此后,晋国能够跻身霸主之列,同样与晋文公及其后继者(尤其是赵盾)所推行的改革有着密切的关系②。甚至越国在公元前 5 世纪早期的崛起,也是因为有了越国大夫文种、范蠡、计然等人所推行的多项强国举措才成为可能③。

由于东周时期的改革与军事需要密切相关,因此,一个国家面临的军事压力越大,它进行改革的幅度也会越大。比如郑国,由于地处晋、楚两大国之间,它的地缘政治环境极为不利,所以工具理性文化得到快速发展,并最终出现了一位中国历史上的传奇人物——子产——他很可能是他那个时代最具影响力的改革家。子产一生推行了众多的改革措施,但其中最具里程碑意义的举措是公元前 536 年"铸刑书于鼎",并将其颁布为国之常法(第四章)。尽管刑书铭文的内容早已湮灭不闻,但从当时精英人物的反对声中我们可以推断,子产的行动在当时肯定是极富创新而又颇具社会争议的。据《左传》记载,当时与子产私交甚笃的晋国大夫叔向在得知此事后修书一封,向子产表达自己的强烈异议。《左传》所录的信文相当长,兹录其要旨如下:

> 民知有辟,则不忌于上,并有争心。……民知争端矣,将弃礼而徵于书,锥刀之末,将尽争之。乱狱滋丰,贿赂并行。(民众一旦知

---

① 《左传》(杨伯峻编著,第 1557—1558 页)。(郢都,在今湖北省荆州市西北;鄀,在今湖北省宜城东南。——译者)

② 《左传·文公六年(前 621)》(杨伯峻编著,第 544—546 页)记载赵盾升任执政大夫以后,改革国家法制,鼓励在经济活动中使用契约与簿记,并通过明确等级秩序、选拔贤能出任官职等一系列措施加强国家的官僚体制。

③ 越国的改革措施基本可分为下列三类:基于业绩选拔官员、鼓励生育与人口增长、促进农业生产与商业贸易(见《史记·越王勾践世家》,第 1742 页;《史记·货殖列传》,第 3256 页)。

　　计然不见载于《史记·越王勾践世家》,仅在《史记·货殖列传》中略有提及,即所谓"计然七策"。但亦有学者认为计然并非人名而为范蠡著作的篇名,比如,钱穆就持有此观点(见《先秦诸子系年》,中华书局,1985,第 104 页)。——译者

道了法律,就会对上没有忌讳,其逐利之心就会愈加炽烈……法律
会让民众知道自身的利益以及各自利益冲突之所在,他们就会背弃
礼仪,而以刑书为行为的依据,他们还会穷究律法的细节,为蝇头小
利而争讼不休。于是,诉讼会日益增多,贿赂之风将大行其道。)

当然,子产在回信中并没有接受叔向的批评,他写道:

若吾子之言,侨不才,不能及子孙,吾以救世也。既不承命,敢忘
大惠!(对于先生的良言,在下不才,无力遵行,也实在无暇顾及后代
子孙的事情,在下只是尽力而为,运用法律来解决眼下最棘手的问题而
已。然而即使不能遵循先生的教诲,在下也非常感激您的一番好意!)

叔向在当时也是一位著名的政治家。我相信,他不至于认为国家就
不能运用法律或法律措施来施行管理。比如,在公元前 528 年(昭公十四
年),晋国的两位贵族邢侯与雍子发生了土地纠纷,接手此案的正是叔向
的兄弟叔鱼。因为,叔鱼也是雍子的女婿,所以他便枉法判邢侯有罪。邢
侯一怒之下杀死了叔鱼和雍子。于是,对这起谋杀案,晋国当时的执政者
韩宣子问叔向应该如何判罚①。据《左传》的记载,叔向根据上古之法建议
判处邢侯死刑,并将死去的雍子与叔鱼暴尸于市以惩其罪。结合这个例
子,很明显,叔向对子产改革的忧虑在于,如果法律颁行于众,那么人人都
有机会用法律作为武器来争取和维护自己的利益,这就会鼓励人们去寻
找法律条文中的漏洞,并使民众依据法律而不是道德准则行为处事,这将
会使原已愈发盛行的工具理性发展到不可收拾的境地,从而进一步破坏
已日益衰微的周代道德与社会秩序。叔向的忧虑,如果从其反面来看,显
然为效率导向型文化在转型时代的蔓延提供了一份有力的证据。尽管子
产没有理睬叔向的反对意见,可是叔向的忧虑所反映出的观点却成为了
回荡在中国社会思想中的一个重要命题。子产、叔向之辩可谓开启了全民
战争时代主张功利实效的法家与主张维护社会道德的其他学派之间论战的
先声,而且这一辩论还将会在整个中国历史中不断改换面目,一再地出现②。

① 《左传·昭公十四年(前 528)》(杨伯峻编著,第 1366—1367 页)。
② 必须指出的是,在整个霸主时代,编修法律是一个持续进行的过程。在晋国,公元前 668
年,晋国大夫士蒍编定法律,史称"士蒍之法",后来,晋国的法律又经晋文公(前 633)、赵盾
(前 621)、范武子(前 593)、范宣子(前 6 世纪中叶)等人不断地制定和修改。到了公元前
513 年(《左传·昭公二十九年》;杨伯峻编著,第 1504 页),在郑国铸刑书于鼎的 23 年之
后,晋国赵简子也铸刑鼎。

全民战争时代之前，各诸侯国所施行的改革几乎触及了诸如税赋与土地制度、法律制度、军事组织以及经济政策等社会生活的方方面面。但若与全民战争时代的改革相比，这些举措尚是初步的和不系统的，它们中的大部分乃是为了解决一时特定之问题才被制定出来的。然而这些早期的改革却有着至关重要的历史意义，因为它们不但削弱了周代以来旧有的社会政治秩序，加强了各诸侯国的国家权力，还创生出新的社会制度，为后来更全面的改革积累了经验和教训。

官僚制国家的兴起

如果说封建危机在很大程度上是周代封建政制的必然后果，那么法家改革则是"三家分晋"的政治后果。但是法家改革又带来了其主导者始料不及的巨大政治后果。三晋在建国伊始就面临着两大挑战。首先，作为封建危机的直接受益者，三晋的君主自然清楚世卿贵族权力的膨胀会对其政权带来怎样的危害。因此，尚在分晋之前，魏、韩、赵三家就已经开始在自己的领地上采行一套非世袭的，基于业绩表现的官员任命制度来选拔、委派管理郡县的官员[①]，并且还在土地所有制、税赋制度和法律制度上作了不同程度的改革[②]。当三晋建国后，他们首要考虑的自然是想方设法去避免那曾经导致了晋国封建危机的根本问题在自己治下再度发生。其次，在取得独立国家地位以后，这三个国家的地理位置从地缘政治的角度来说是十分不利的。晋国在分裂之前几乎独霸北方；然而三家分晋后，魏、赵、韩三国各自在不同方向上均面临着潜在的军事威胁。并且，由于三晋的领土都是从各自原来封地的基础上扩充而来，因此独立后的每个国家内部都有一些属于其他国家的"飞地"。比如，魏国早期的主要领土被中间的韩国分隔成了东、西两部分，而这两部分仅在北方通过上党地区一条狭窄的走廊连接起来；而且，魏国还有几片领地

---

① 公元前514年，在祁氏与羊舌氏被灭后，晋国新建的10个县的县大夫都是基于他们的政绩和能力而被任用的（《左传·昭公二十八年［前514］》；杨伯峻编著，第1493—1496页）。在霸主时代的早期至中期，晋国大部分的县都变成了县大夫的私家财产，可以世袭继承（见第四章）。然而，到了转型时代，我还没有看到记录显示在晋国六卿所控制的地区，县大夫的儿子可以继承他们父亲的职位。此外，郑殿华（2002）对此也有过类似的讨论。

② 几乎是在同一时间，晋国的六卿都在自己的领地中对地税制度进行了改革（李孟存与李尚师，1999，第264—268页）。

甚至就坐落在其他国家(尤其是赵国)的境内①。由于三晋领土的布局都不甚合理,这就造成了它们在防卫上的困难。为了解决上述两大问题,三晋一方面在国内展开改革,另一方面积极向外进行军事扩张:赵、韩、魏三国分别向北、南、西三个方向拓展各自的领土。

或许正由于魏国是三晋中地缘政治位置最为不利的一个,所以它也成了三个国家中最先开展全面政治改革的国家,而这些改革措施所遵循的原则就是后世所说的法家思想。公元前445—前396年,魏文侯在位,他为了推动魏国的全面变革而任用了一批包括翟璜、李悝、乐羊、吴起以及西门豹等人在内的贤能之士。李悝是这些政治家中最具韬略的一位,他曾是魏文侯的宰相,被后世史家视为中国法家的始祖。李悝曾主导了多项改革,我将其简要地总结成以下四个方面②。第一,他使魏国建立了一套成熟的官僚体制。在这一制度下,有越来越多的官员是因其才能而被任命选用的,同时,官员的表现会被记录下来留作档案,定期呈报给上级官吏作监督考核之用,这样,官员们的政绩便成为其晋升或降职的评定标准,而官位世袭制则被予以废除。第二,李悝建立了更加系统化的刑法体系。据记载,由李悝所编定的成文法典《法经》共分六篇,详细阐述了对犯罪活动的定罪量刑,这些罪行包括为寇作乱、抢劫、赌博,及其他一些被统治者认为是破坏公共秩序与败坏公共道德的行为,并且还规定了在抓捕与审判罪犯过程中所应遵循的具体程序。虽然,李悝《法经》原书早已佚失,但我们知道,后来的《秦律》与《汉律》都是依据《法经》为蓝本制定的,由此可见《法经》在中国古代法律发展史上的典范地位③。第三,李悝重视农业生产,他要求农民同时种植多种作物,以降低因某种作物的减产而带来的损失,他还倡导利用田间空隙种植果蔬,并勖勉农民勤谨耕耘、及时收割。由于李悝视发展农业为强国之本,为了保护农业生产者的利益,他推行"平籴法",即政府在丰年以平价收购余粮,在灾年再以平价出售储备粮。第四,李悝还加强了军队建设,他规定所有成年男性都必须参军服役,并对其中骁勇善战者予以奖励与提

---

① 例如,在征服中山国后,魏国占据了赵国中间的大片领土。到公元前4世纪中叶,为了更容易掌控和防卫各自的国家,魏、韩、赵三国也不断交换着彼此的领土(刘子健1988,第64页;杨宽1998,第279—280页)。

② 下面对李悝改革措施的讨论所依据的材料有:彭安玉(2000,第95—117页),徐喜辰、斯维至、杨钊(1995,第1174—1177页),杨宽(1998,第188—192页)。

③ 《晋书·刑法志》载其篇名并略述其内容,而明末董说的《七国考》载有据称源自《法经》的残篇;后世对《法经》内容及其影响的理解多依据《晋书·刑法志》。——译者

拔。总体而言,李悝改革的目标是将国家建立成一个强大的官僚系统,使之能有效地管理民众,最大限度地提高农业生产水平,并建设一支强大的军队。

由于魏国在改革后国力大增,它不久就野心勃勃地开始了军事扩张。魏国的崛起自然给其邻国造成了重大威胁,以至于它们也不得不纷纷效法魏国进行一波又一波的法家改革。而法家改革不但极大地增强了国家实力,同时也使国家摆脱了那在转型时代长久困扰与束缚着它发展的封建体制的桎梏。领土扩张再次成为当时国家的一个主要目标。这些方面的转变不但导致战争规模不断扩大,战争目的发生变化,同时也改变着邦国战争网络格局的性质以及参战国之间的关系。于是,出现了崭新的战争形式——全民战争。改革与战争之间的协同促进效应(reform-warfare synergy),连同以扩张领土为目标的战争共同构成了主导历史发展的动力,也为中国日后的统一铺平了道路。历史由此便掀开了全民战争时代的崭新篇章。

小　结

自霸主时代开始的二级封建化进程在增强世卿贵族权势的同时,也致使各国公室走向衰落,这就最终触发了一个普遍的东周封建秩序危机,导致了西周覆灭后邦国关系中所形成的霸主体制之逐渐瓦解。这一历史进程的关键节点即是发生于公元前546年由晋、楚两国所主持并牵涉许多其他小国在内的弭兵大会。此后,吴国也企图像晋、楚那样获得霸主地位,以重新定义邦国关系。然而,尽管吴国曾在多次战争中大胜楚国,但其发展仍为它不利的地缘政治环境所限制,最后,吴国由于穷兵黩武迅速由盛转衰。吴国的衰败也标志着存在了两百余载的霸主体制走到了尽头。

在公元前546年弭兵大会后,东周政治进入了转型时代。这个时代的特征是封建危机的逐步恶化,以及最终在法家学说的指导下官僚制国家的发展。在这个时代,晋国的变革是最具历史意义的大事。弭兵大会为晋国暂时解除了外患之忧,晋国权势最大的六家卿族全力投入国内的权力斗争。不久,六卿家族之间爆发了大规模的战争,三家卿族势力被彻底铲除,而幸存的魏、韩、赵三家则在公元前453年将晋国剩余领土瓜分殆尽。在三晋中,魏国迫于其不利的历史地理环境最终通过一系列法家改革率先将自己转变成为一个全方位的官僚制国家，这不仅消除了它重蹈封建危机覆辙之可能，同时也极大加强了它的军事力量，使魏国成了当时最强大的国家（见第八章）。

霸主体制的崩溃还改变了战争的性质。在转型时代，被灭国的国家数目大大降低了，这是因为此时的大国深陷封建危机之中，无力进行对外扩张。而一旦没有了大国对邦国政治秩序的维持和协调，中小国家之间小规模的局部冲突就变得十分普遍。

最后，萌芽于霸主时代的效率导向型理性文化以及累积性发展到了转型时代开始逐渐走上高潮。在政治领域，随着官僚体制与择优选士制度逐渐成为社会常态，相应地，国家的行政能力与税收能力都得到了极大的增强。在经济领域，出现了土地私有制，各种市场关系也萌生出来。在文化与意识形态领域，博学之士开始兴办私学，并对各类社会问题发表自己的见解、提出应对之策，中国古代哲学也因之逐渐走向繁荣。在如下的两章中，我将进一步探讨这几个方面在全民战争时代的发展。

第六章

全民战争时代(前419—前221):诸子百家的兴起

从公元前453年"三家分晋"到公元前419年,也就是全民战争时代开始之前的30余年,算是一段相对平静的时期。现有资料显示,这段时期的战争总共只有10次。其中,除了秦国攻占楚国一座城邑的战争外[①],其余的都是大国与小国之间的小规模冲突。不过,这表面的风平浪静却酝酿着即将来临的狂风暴雨。就在这30余年里,魏国在法家学说的指导下进行了全面深入的改革,国家对社会的控制能力和税赋征收能力由此得到了很大提升。而且,这一系列的改革不仅将魏国成功地转变成一个强大的官僚制国家(其他国家也紧随其后,纷纷效法魏国的改革),还扫除了过去曾经横亘在霸主国家侵略扩张道路上的巨大障碍——封建危机。且在法家改革后的新形势下,国家才有能力发动一种新型的战争——"全民战争"。之所以称其为"全民战争",不仅因为这一时期的战争持续时间更长,所调动的物质资源更多,还因为参战国将很大部分成年男性人口投入到战争之中。和过去传统型态的战争相比,全民战争的首要目标不再是为了争夺霸主地位,而是为了扩张领土。此外,由于大规模杀死敌方士兵不仅能挫败敌军士气,还能显著减少敌国的作战人口,因此,歼灭敌军有生力量也成了全民战争的主要目标之一。于是,在这一时期的战争中,成千上万的士兵要么战死沙场,要么则在战败后遭到胜利者的屠戮。至于本书以公元前419年为全民战争时代之始,是因为,这一年魏国在改革后仰仗其大大增强了的军事实力在黄河

---

① 即公元前451年秦攻楚占南郑之战。——译者

西岸的少梁(今陕西省韩城市西南)修筑城池。由于河西一带长期以来是秦国的势力范围,魏国西拓无异于一种挑衅,自然引得秦国的迅速反击,就此便引发了秦、魏两大国间不断升级的军事对抗,全民战争时代也就因这一年的河西之战而拉开了大幕。因为全民战争的出现与法家学说指导下的改革有着莫大的关系,为了更全面地理解全民战争时代,我们有必要先勾勒出诸子百家诞生的历史背景,然后再进一步探讨法家思想在政治领域中兴起所需的社会历史条件。

士的兴起

在转型时代,一个被称为"士"的新兴群体逐渐出现了。"士"起初指的是贵族等级中最低的一等①。由于周代的贵族男性通常要接受文、武两方面的训练,故而被称为"士"的人都身兼"文士与武士"两种职能②。但到了全民战争时代,"士"所指涉的对象逐渐变成了那些不以务农或经商为业而凭借自己的才能效力于国家或执政者的一类人③。尽管这类人中的大部分原本出身低微,但全民战争时代许多哲人、政要、将领以及官吏都来自这个群体④。

在全民战争时代,并非所有的士都受过良好的教育,但这些自称为"士"的人,特别是那些有点名气的士,大多通过私人传授或刻苦自学获得了实现社会晋升的本领与才干。士在东周时期的兴起,主要是由于当时的社会业已发生了这样几项重要的变化。第一,由于周代在财产继承上奉行的是诸子均分的制度,由此便产生了数目过于庞大的下层贵族。到了后来的转型时代,这些下层贵族中少有家产阔绰的,许多人甚至没能继承爵位而沦为了平头百姓。此外,随着这些贵族中有越来越多的人靠自己的技能糊口营生,他们与平民阶层间的界限也就变得愈发模糊。第二,在公元前6世纪左右,西周时期所建立的官学教育体制在晋国、齐国以及其他许多中原和北方国家中解体了。官学的解体可能和"国人"的人口增长有一定关系。官学教育本来是"国人"的一项权利和义务,而

---

① 尤锐 Pines(2009,第117页)。
② 西周时期,士需要掌握礼、乐、书、数、射、御这六种技艺,见史华慈 Schwartz(1985,第58页)。
③ 战国时期,在士人群体内部存在着职业、社会地位及受教育程度等方面巨大的差异,见刘泽华(2004)。
④ 尤锐 Pines(2002)。

"国人"中有许多人是下层贵族或者有贵族背景之人,所以,这类人的不断增多势必会使官学体制不堪重负。而且,在"国人"人口高度增长的同时,也正发生着由封建危机所导致的国家权力的衰落,这毫无疑问也会加速官学教育体制的瓦解①。第三,和上述两个历史进程重叠在一起的,还有官僚制度的兴起以及在选拔官员时任人唯贤原则的推行。于是,适逢官学教育逐步崩溃之际,官僚体制就更需要从社会中吸纳大量人才,而这同时也极大地鼓舞着出身贫贱之士凭借他们的才能谋求更高的社会地位②。上述三个历史进程一方面为那些博学之士兴办私学提供了机会,另一方面又使得天资优异者可以通过学校教育或其他渠道获得知识和专业技能,从而通过其学识而过上更好的生活。总之,私学的出现对于士这一群体在社会中的兴起至关重要。

虽然很难确定中国最早的私学教育是在哪一年出现的,但正如冯友兰所说,孔子(前551—前479)被认为是"中国历史上第一个以私人身份教授大量学生的人",因此,孔子也被誉为中国的第一位私人教育家③。由于孔子在中国历史上享有无比崇高的地位,相较于其他的先秦思想家,关于孔子本人及其弟子的生平与著述就留下了相对丰富的材料。因此,在接下来的几个段落中,我将不再对孔子及其弟子作笼统的介绍,而着重于分析他们的家世背景、职业和生平。如此,我希望读者能对私学在兴起之初的性质和其发展的历史背景有所了解④。

孔子的祖先本是宋国的贵族。相传,孔子的六世祖,即宋国大夫

---

① 冯友兰(1996,第34—43页)。

② 有一条证据可以反映这两方面的历史趋势,那就是在全民战争时代,诸侯国的国君和公子常会努力招揽大量具有各种才能的贤士充当门客。他们之所以这样做,一方面是为了显示他们礼贤下士的姿态,而另一方面可能更为重要,那就是统治者将门客群体作为他们可资利用的智库和可以从中选拔官员的人才库。在全民战争时代,实力雄厚的王公贵族所豢养的门客可达千人之众,这些贵族包括战国时期的四公子,即魏国的信陵君、齐国的孟尝君、赵国的平原君以及楚国的春申君。

③ 冯友兰(1996,第34—43页)。

④ 《史记》不仅为孔子做传,还为其弟子合传一篇。虽然孔子本人"述而不作",但在孔子死后,他的弟子将他生前的言行及其与弟子们的对话编纂成《论语》一书流传了下来,所以从《论语》中,我们也可以窥见有关孔子和其弟子的生平与职业方面的信息。此外,西汉思想家还编著有像《说苑》(刘向,商务印书馆,1925)、《韩诗外传》(韩婴,商务印书馆,1925)等书,其中也保存了一些关于孔子及其弟子的记录。以下对孔子及其弟子的生平所作的分析,除非特别说明,主要参考的是《史记》(裴骃集解,司马贞索引,张守节正义,1959)中的"孔子世家"(第1905—1948页)、"仲尼弟子列传"(第2185—2226页),以及《论语》(《十三经注疏》,1980)中的记载。

孔父嘉，死于宋国贵族间的内斗，之后，孔父嘉的后代逃到鲁国①。孔子的父亲叔梁纥做过鲁国的下级武官，他在孔子只有 3 岁的时候就去世了，此后，孔子与母亲相依为命，生活清贫。待到孔子成年，他做过管理仓库、牧养牛羊之类微末的工作来维持生计。虽说很难确定孔子的教书生涯始于何时，但想必开始得相当早，因为根据《左传》的记载，在昭公二十年(前 522)，孔子 29 岁的时候，他的弟子琴张打算去吊唁卫国的宗鲁，孔子认为此人的作为并不合于义，便劝阻了琴张②。到孔子 50 多岁的时候，他做过中都宰、司空、司寇等职务，但他主要的时间与精力还是倾注在私学教育上③。孔子一生，弟子众多，史称"孔门七十二贤"。

　　《史记·仲尼弟子列传》共记载了孔子弟子中的 29 位，对其中每个人的记述各有详略。由于这些弟子的生平、履历多见载于史料，所以在下面的分析中，我主要以他们作为我的研究对象④。在这 29 位弟子中，来自鲁国的有 20 人、卫国 3 人、齐国 2 人、吴国 1 人、宋国 1 人、陈国 1 人，另有一人出身未知。可见，孔子的弟子主要是鲁国本地人，余下的则来自许多别的国家⑤。此外，在这些弟子中，除一位可能是宋国的上层

---

① 这种对孔子的家世背景的说法虽被广为接受，但伊若白 Eno (2003)却对此提出过质疑，他的论证有力地指出孔子的祖先来自郝国(又称郝娄国)，并分析了孔子的家世背景对其思想的影响。

② 《左传》(杨伯峻编著，1990，第 1413 页)。
《左传》原文为："琴张闻宗鲁死，将往吊之。仲尼曰：'齐豹之盗，而孟絷之贼，女何吊焉？君子不食奸，不受乱，不为利疚于回，不以回待人，不盖不义，不犯非礼。'"齐豹是卫国的大夫，公孟絷(又称公孟)是卫国的公子。由于公孟轻慢齐豹，又开罪了其他的卫国贵族，这些贵族便联合起来要除掉他。宗鲁原本是齐豹推荐给公孟做随侍的骖乘，齐豹动手前告知了宗鲁。宗鲁表示不能因为贪图利益就弃主人公孟而去，但也不会向公孟告密出卖齐豹，宁愿"归死于公孟"。孔子对宗鲁这种看似秉持道义的举动持负面的评价，他认为宗鲁既知公孟并非良善，就不应再在公孟手下任职，而如果宗鲁真的忠于主人，就应该警告公孟有人作乱之事，而不是消极地殉死。——译者

③ 众所周知，孔子曾经担任过司寇一职。中国历史学家一般把"司寇"理解为卿大夫一级的官职，相当于今天的司法部长。而事实上，"司寇"所指官职的级别是很难确定的。小到地方上的狱卒，大到政府中的卿大夫，都可以被称为"司寇"，历史记录没有加以明确的区分。不管怎样，孔子所任之职肯定具有相当的权力，因为根据史料典籍的记载，孔子曾试着推行过旨在增强鲁国公室权力，削弱贵族(如三桓)权力的政策。不过孔子的这一尝试最终以失败告终，他被迫离开鲁国，开始了他长达 14 年周游列国的生涯。直到 69 岁，他才重返故国。

④ 我并没有发现孔门弟子与老师的亲密程度和他们的家庭背景以及后来的成功有什么关联性。

⑤ 有一些与孔子关系密切的弟子甚至是从很远的秦国(3 人)和楚国(2 人)来的(李廷勇，1999)。

贵族(即,司马牛)外①,大部分都是下层贵族或平民。实际上,史料有过明确记载,孔子最重要的几位弟子,如冉雍、冉求、子路、子夏、子贡、子张等,都出身于贫寒之家②,而在上述这 29 位有名的弟子中,据说 14 位有过贫苦的童年③。

孔门弟子后来的人生与职业也可以从一个侧面反映出孔子的教学内容,以及当时私学教育的性质和社会的整体状态。在上述 29 位与孔子关系最紧密的弟子中,有 11 位(约占 38%)在某种政府部门任职,4 位做了教师④,1 位经商(同时也是外交家),1 位做了卜者,1 位为仪礼专家,另有 4 位没有职业。至于剩下的 7 位从事何种职业,史料上没有确切的记载⑤。如果孔门其他弟子的职业状况也和这 29 人类似的话,则可推测孔子嫡传弟子中的大多数人走上了从政的道路。孔门弟子的职业不但表明政事一科是孔子教学中一个重要的部分⑥,同时也反映出,在孔子的时代,对官员的选拔看重的是才干与能力。我们还会发现,在那些从政的弟子中有不少人是给有权势的世卿贵族做家臣或为上层贵族管理某处城邑的⑦。之前我们讨论过,在公元前 6 世纪,晋国的魏、韩、赵三家卿族已在各自的领地开始推行官僚化改革,从孔门弟子入仕

① 根据《左传·哀公十四年(前481)》(杨伯峻编著,1990,第 1688 页)记载,司马牛的兄长曾密谋谋害宋景公(前 516—前 469 年在位),司马牛为避祸而离开宋国。史家大多认为司马牛是孔子的弟子,但杨伯峻(1990 年,第 1688 页)则认为《左传》记载的这个司马牛只是恰巧与孔子的弟子同名同姓。如果杨氏是对的,那么孔子的这 29 位弟子中应该没有一人出身贵族。但除这 29 人以外,其他和孔子关系亲密的弟子中也有像孟懿子和南宫敬叔那样贵族出身的人。

② 例如《荀子·大略篇第二十七》(《荀子集解》,王先谦撰,1988,第 485—519 页)提到子贡与子路这两位孔子最重要的弟子虽出身寒微,但都以学识才干闻名于世。

③ 仅举两个例子。一个是关于闵子骞,据说他年少离家,跟随其父以御车为生;另一个是关于曾参的,据传说,他曾在瓜田劳作,而其母则在家纺布。关于孔门其他弟子家境贫困的讨论,参见萧公权(1979,第 82—83 页)。

④ 在我划作教师的 4 人之中,有若是否确实以教书为业尚很难说,但我之所以将他的职业也归为教师,是因为在孔子去世后,有若因貌似孔子而被孔门弟子推举为师,而且,有若还可能对《论语》的编纂起过重要作用。

⑤ 在这 7 位职业状况不明的孔门弟子中,有一位名叫公伯缭的,据《史记》记载,他曾在季桓子(鲁国最有权势的宗族首领)面前诋毁子路,这意味着公伯缭可能在鲁国政府中做过官。

⑥ 德行、言语、政事、文学是孔子教学的四个科目。见《论语·先进》(《十三经注疏》,1980 年,第 2458—2501 页)关于孔子对其弟子的评论。此外,孔子有一位弟子成为精通《周易》的卜者,这说明孔子教授过占卜与《周易》。

⑦ 例如,子路任卫国蒲邑之宰,同时是孔悝家族的家臣。再如,冉雍和冉求都做过鲁国季氏的家臣。此外,冉耕、宰予、子由、子夏、曾参都曾受雇于上层贵族为他们管理城邑。

的情况来看,类似的状况在鲁国也正在发生着①。

在《中国古代社会史论:春秋战国时期的社会流动》②一书中,许倬云认为私学的出现是"为了满足(国家)培养新的行政人才和战略人才的需要",而且,他还认为孔子所兴办的私学"开启了一条崭新的且能传诸后世的入仕之途。通过它,任何出身低微但有能力的年轻人都可凭借自己的才干在政府中谋取高位"③。陆威仪(Mark Lewis)对这一观点以及许氏书中的一些其他论述提出了十分尖锐的批评,他说:

> 他(指许氏)有关私学的论述几乎每一条都是错的。私学的目的绝非为国家培养行政人才。如前所述,私学在意识形态上完全和国家背道而驰,私学所教授的技能对于处理行政事务也没有丝毫用处……虽然,像商鞅、范雎、蔡泽、李斯等人在年轻时曾受业于私学,后来又因得到统治者的赏识而跃居高位……但显然这些例子是有别于大部分私学弟子职业选择的特例④。

在这里,我只能有限地同意陆威仪的看法。诚然,当时像孔子这样的学者以非国家行动者(non-state actor)的身份所创办的私学不大可能从其诞生之初就以培养国家的行政官员作为唯一的目标。制度化的私学一定是在后来才慢慢出现的,在制度化之前,私学在原来的社会权力结构的缝隙中肯定存在了相当长的时间,其社会、政治角色在此期间也一定还没完全稳定结晶(crystallized)下来。另一方面,上述的证据显示孔子嫡传弟子中有 38％的人从政为官,我们据此可以推断,入仕一途并非像陆威仪所说的"是有别于大部分私学弟子职业选择的特例"。我们必须将私学授业的目的和私学弟子的职业区分对待。对此,我们或许可以用现今的例子来加以说明。今天,无论在中国还是在美国,大学教授人文社会科学的主要目的并不是国家培养政府官员,而且在中国的大学,许多人文社会科学类学科的教学内容也不全都合于国家意识形态的口味。但是,在中、美两国,人文、社科类的学生通常会在毕业后选择进

---

① 史料中明确显示,孔门弟子在政府中任职可以获得相应的酬劳(具体来说,是以粮食为酬劳的),这意味着中国官僚制的进一步发展。

② 原书英文名称为 *Ancient China in Transition:An Analysis of Social Mobility*,722—222 *B.C.*,中文书名来自此书的中译本(邹水杰译,广西师范大学出版社,2006)。如下引文译自英文原文。——译者

③ 许倬云(1965,第 100—103 页)。

④ 陆威仪 Lewis(1999b,第 74 页)。

入政府部门，成为国家公职人员。与之相似，在全民战争时代的齐国，后世所谓的"稷下学宫"毫无疑问只是一个由齐国王室赞助的学术群体而已，齐威王最初赞助这些人的目的也并不是为了培养国家官员[①]，然而，同样可以肯定的是，稷下学宫在当时也确实充当着齐国政府重要的人才储备库[②]。

孔门弟子中除了不少人从政以外，还有四位以教师为业，而且从政的弟子中也有三位在当官的同时也教书讲学[③]。显然，教书在当时是一个颇具吸引力的职业选择，这一点突显出全民战争时代私学之风日盛以及诸子百家争鸣赖以存在的社会背景[④]。另外，孔子的弟子子贡既是一位富有的商人，同时也是一位成功的外交家。据史料记载，子贡的外交风格颇似日后的纵横家，也许他可能正是这个行当的先驱[⑤]。

至于那 4 位没有职业的弟子，他们没有工作似乎并不是因为他们缺少工作的机会。据记载，孔子的得意门生颜回去世很早，他的另一位弟子原宪据说因不愿与世俗同流合污而在孔子去世后过起了隐居的生活。另外，闵子骞和公皙哀也都拒绝在世卿贵族门下为官，因为他们认为，做贵族的家臣会削弱公室的权力，而这有违他们的意愿[⑥]。总结下来，在孔夫子的时代，即便私人讲学还是个崭新的现象，但对社会下层的平民而言，这已然成为一条实现向上流动的重要通道。因此，随着越来越多的人通过从师学习来改善生活，他们不再受制于原有的社会地位，私学教育也就因之迅猛发展壮大起来。私学的兴盛在一定程度上也导致了士人群体的壮大及其社会地位的提升，而这又进一步削弱了封建秩序，

---

① 席文 Sivin (1995)。另见梅尔清 Meyer (2010—2011)对席文批评性观点的评价。

② 第八章将更详细地讨论稷下学宫在齐国政治中所扮演的角色，以及那些著名的"稷下学者"所享有的财富与声望。

③ 这三位弟子就包括子夏，他比孔子小 44 岁，曾在魏国西河（今陕西省渭南一带）教书，创立了著名的"西河学派"。魏国最知名的几位法家思想家，诸如魏文侯、李悝及吴起，都曾受教于他（徐鸿修，2002，第 332—336 页）。

④ 据说，孔子死后，"儒一分为八"。孔子的这七位曾经教书讲学的弟子正是后来一些重要儒家学派的开创者。

⑤ 《史记·仲尼弟子列传》，第 2198—2201 页。

⑥ 孔子最大的忧虑是由封建危机所导致的公室权力的衰微以及世卿贵族权力的日益坐大。很有可能，孔子的教学与活动至少影响了他的一些弟子。不过，在古代文献中出现的孔子被描绘成一个非常理智的人，一方面，对那些拒绝为鲁国贵族做家臣的弟子，他予以高度的称赞；但另一方面，他也与那些做官的弟子保持着很好的关系。

并促进了工具理性文化的发展。

士同样也创造了新的社会关系。在士人群体登上历史舞台之前，古代中国的权力关系是以血缘关系为基础的，但现在，士人群体中的成员与雇用他们的贵族或统治者构成了某种庇护关系。士会得到其庇护者的酬劳[①]，但只要他们愿意，他们也可以离开庇护者。在全民战争时代，似乎士很受统治者的尊重，并且可以来去自由。但是，我们一定不能将他们的这种自由理解为现代意义上的"言论自由"[②]，这是因为：第一，士所享有的所谓初级的"言论自由"来源于全民战争时代以前东周长期的"弱国家"传统(第四章)。第二，无论是通过著书撰文表达自己的见解，还是凭借口若悬河的雄辩来赢得君主的赏识，士人群体在言论上的自由终归是一种新的现象。由于士人群体才刚刚兴起，他们在社会中的角色以及和统治者的关系还没能完全结晶成像汉代时那种稳定的状态[③]。第三，在当时的中国，有关思想控制的技术与观念尚未被发明出来。第四，或许也是最重要的一点，在全民战争时代，所有的大国都尽其所能地去吸引聪明睿智之人，以及那些能够为国家的实际问题提出有效解决方案的人才。西汉时期的侍臣东方朔(前154—前93)曾有名言："得士者强，失士者亡。"此言虽说是为了刻意强调人才的重要性而作的夸张之语，但它也体现了全民战争时代士对于统治者的重要性[④]。《管子》一书同样有言："夫争天下者，必先争人。"[⑤]在全民战争时代，许多统治者对贤能之士都极尊重和恭敬，即便是贤士中有公开反对甚或是羞辱自己的，统治者也仍能以礼相待。而且，各诸侯国竞相聘用贤能之士也为士人群体提升自己的社会地位创造了有利的环境。

但对于士在言论上的自由，抑或社会地位的提升，我们都不应过分高估。不同于欧洲中世纪晚期的资产阶级，此时的士人群体在政治事务

---

① 当时大部分官员都有类似于薪俸一样的酬劳。孔子的弟子原宪在孔子家做家宰时，孔子还要给他九百斛(相当于 180 石)的俸禄。

② Victoria Hui(2005，第 168 页)。

③ 余迎春(2000，第 2 页)把中国的统治者与士人关系之间所发生的"结晶化"("crystallization")现象叫作"士的被体制化"。

④ 参见东方朔《答客难》。东汉哲学家王充(27—约 97)对全民战争时代士人所扮演的角色，有过这样一番思考，他说："六国之时，贤才之臣，入楚楚重，出齐齐轻，为赵赵完，畔魏魏伤。"(《论衡全译》，王充，1990，第 808 页)。

⑤ 《管子·霸言第二十三》(谢洁范、朱迎平译注，1990，第 351 页)。

中既没有独立的权力基础，也无特定的利益诉求；他们只能作为各自君主所信任和器重的个人参与政治。因此，在全民战争时代，虽然对诸如李悝、商鞅、吴起、苏秦、张仪、李斯这样的士人而言，当作为其庇护人的国君能听取进谏时，他们就能享有巨大的权力与威望，但是，当他们的谏言在极大地拓展和增强了国家权力之后，这些官居高位的士人完全没有能力与强大的国家权力相抗衡，他们中的大多数人最终被自己一手缔造的国家权力所反噬。而中国统一以后不久，士这个群体便失掉了大部分他们所曾享有的那种自由①。

中国哲学的缘起

公元前 5 世纪，古代中国正经历着由普遍而持续的封建危机（这场危机在一个世纪前就已到达顶峰）所触发的若干重大社会变革。在政治层面，陪臣执国命，公室日衰。当时的国家在人才选拔上开始普遍奉行唯才是举的原则，并采行官僚制度来管理国家，而那一直以来占据着支配地位的贵族政治则随之逐渐衰落。在社会层面，西周时代所创制的一套礼仪法度与社会规范此时已经崩坏，再也无法作为社会道德的基础而发挥作用。战争的规模及其剧烈程度和残酷程度都在不断升级。某种意义上，公元前 5 世纪时的中国很像 19 世纪时的欧洲：旧的社会政治秩序正在瓦解，而新的秩序却尚未建立，且人们对于这一迅速而全面的社会变化尚缺乏充分的理解。这一定是一个让像孔子那样渊博而深刻的思想家备感忧虑与沮丧的时代。自转型时代后半期开始，伴随着私学教育的发展壮大以及理性文化的日益浓厚，饱学之士开始建构起各种观念体系以理解他们所生活的这个混乱时代，并试图为解决他们眼中丛生的社会问题寻找灵丹妙药。私学教育、理性主义、系统化思维的倾向，以及对所有问题都必有应对之策的坚定信念——所有这些因素最后都融汇到了各种哲学思想中。这些思想流派被后世称为"诸子百家"，其中最重

① 根据睡虎地秦简中的法律文件，当时的秦律规定，士要在秦国居留必须得到官府的许可，而且，如果身为"邦客"的士打伤了秦人也要受到处置。这显示出，秦在一统中国之前就已经对士的活动有所限制了（姜建设 1986，第 16 页）。在西汉早期，士人群体不断壮大发展，不过，一旦"帝制儒学"（imperial Confucianism）在西汉时期成为国家的官方学说和施政依据，那么，士人群体也就被部分地儒家化，且被国家意志所规训（余迎春，2000，第五章）。

要者包括儒家、道家、法家、墨家、阴阳家等①。

最近的研究指出,虽然这些学派的主要论述见载于汉代以前的史料②,但我们现在所了解到的诸子学说大部分是由东汉及之后的士大夫们重构出来的,他们注解经典,为诸子的学说提供了官方的阐释,同时也编定了诸子百家的传承世系③。然而,东周时代的思想家看待他们自己的学说以及其他诸家学说显然和后世的注疏者有着很大的不同④。而且,汉代以前的思想家和西汉初年的思想家有许多相同的观念与理论预设⑤,并且他们大多数人的学说都是高度折衷(eclectic)的⑥。近来的学术界将古代中国哲学的发展视为一个竞争激烈的分散性进程,并且认为东汉及之后对诸子百家的经典化过程也是一个相对缓慢、充斥着冲突与矛盾的过程⑦。

本书第一章曾讨论过意识形态权力的性质,如果我们以此为依据展

---

① 墨家提出了十大主张,即,尚贤、尚同、兼爱、非攻、节用、节葬、非乐、非命、天志、明鬼。墨家认为,贤能的谋臣应当根据具体情况劝谏国君采取不同的政策:如果"国家昏乱,则语之尚贤、尚同;国家贫,则语之节用、节葬;国家喜音湛湎,则语之非乐、非命;国家淫辟无礼,则语之尊天事鬼;国务夺侵凌,则语之兼爱、非攻"(语出《墨子·鲁问》)。墨家弟子可能过着高度组织化的集体生活,他们衣着简朴、工作勤勉,组织中若有人违反了墨家的规矩就会受到严厉的惩罚。墨家在战国时期颇有影响力,但在秦统一中国以后,墨家的影响便与日俱减了,尽管,墨家主张中的一些内容后来被道家和法家所吸收。

至于阴阳家,我将其宇宙观的成熟型态简要总结如下:这一宇宙观认为,阴、阳是既对立又互补的两个原则。两者持续不断的交互作用产生了动态的平衡与变化,从而调节着宇宙的运行与人世的荣衰。在全民战争时代,天命观以及那些我们今天认为是儒家或道家的思想观念都掺杂了阴阳宇宙观。邹衍是齐国稷下诸子中首屈一指的思想家,其著作与一生的学术、政治活动对阴阳宇宙观在后来开始获得的政治意义可谓功不可没。在帝制时代的中国,阴阳宇宙观又与"气"的观念以及五行学说相融合,形成了更加统一并带有强烈关联性思维色彩的宇宙观。这一宇宙观极大地影响着中国的医学、术数、农业、历法、民间宗教,以及其他各个领域的知识。

② 必须指出的是,虽然有不少先秦诸子的作品流传了下来,但当时的中国文化仍然处在一个由口述传统向书写传统过渡的初期阶段(戴梅可 Nylan 2000,第 243—248 页)。

③ 齐思敏 Csikszentmihalyi 与戴梅可 Nylan(2003)。

④ 例如,在《荀子·非十二子》(《荀子集解》,王先谦,1988)中,荀子(约前 312—前 230)将先秦诸子中的十二位代表人物分成六类,并对他们的观点逐一加以批评,但他并没对他所分析的思想流派进行命名。而且,他在批评孟子与子思这些被我们今天认为是儒家思想家的同时,又高度称赞孔子的学说。

⑤ 齐思敏 Csikszentmihalyi 与戴梅可 Nylan(2003);柯马丁 Kern(2000)。

⑥ 在本书中,"折衷性"指的是能够兼蓄各种学说、理论与价值而不执于一端的意思,与之相对的,是强调唯一真理的存在以及理论的规范性与系统化。——译者

⑦ 齐思敏 Csikszentmihalyi 与戴梅可 Nylan(2003);戴梅可 Nylan(1999、2001);左飞 Zufferey(2003)。

开分析，或许可以对先秦哲学百家争鸣的局面以及后世对诸子百家学说进行的整理编纂和经典化过程有一个更好的认识。在第一章中，我曾指出理想型的意识形态权力是非强制性的，而且，由于意识形态的演进在某种程度上取决于地域性和个性化的人生经历和体验，意识形态权力在本质上又具有多元化的特性。如果意识形态的演进没有政治力量的干预，那么，由于意识形态的鼓吹者有着千差万别的人生经历以及迥异的个人目标，意识形态自然就演化出不可计数的变种（对此，本书第十二章关于中国高度多元的民间宗教发展的分析可作为一个例证）①。不过，虽说在古代，很少有从一开始就为国家量身打造的意识形态，但某些意识形态确实可以成为非常重要的政治工具，以至于国家行动者（state actors）只要对之稍加改造便可使之为政治目的服务。而也往往正是通过这类政治过程，那原本分散且非强制的意识形态权力就逐渐具有了集中与强制的性质。

但是，意识形态演进的这种性质也对我们作为研究者提出了挑战。我们常常习惯于把某一意识形态的经典化版本当作其既有的型态，并分析这一经典化版本对后世历史发展所发挥的影响。这样做虽然会为我们在分析某一意识形态在历史上的角色时带来不少洞见，但同样也常会使我们忽略意识形态的多元和弥散的本质（pluralistic/diffuse nature），特别是当该意识形态尚未被经典化的时候。而且，对于后来在国家推动下被经典化了的某一意识形态而言，这样做还会夸大那些曾经对此意识形态有过贡献的历史人物所发挥的作用。总之，这类分析往往会产生出某种目的论导向的解释。

近来，学者们开始对这种带有目的论倾向的观点进行解构，为此，他们强调意识形态在未受国家（或其他集中强制性力量）干预的情形下所具有的竞争本性及其高度的多元化的发展倾向。他们指出，那些被后世尊奉为某一重要宗教或意识形态开宗立教者的大人物，在其各自所处的时代通常都不是举足轻重的角色，而且，任何特定的意识形态在未被编纂整理与经典化之前都展现出许多不同的发展趋势。这一类新的研究不仅突出了意识形态权力的分散性，同时还驳斥了以往历史叙事中的种种神话。然而，这种方法亦有不足之处。某一意识形态在人类历史上的重要性，抑或它的所谓开创者在人类历史上的重要性，通常与**后世**历史

---

① 我们只要想一想基督新教在过去数世纪中演变出多少种不同的形式，这一点便不难知晓。

对该意识形态及其开创者的经典化有着密切的关系，而相较之下，则与该意识形态在肇始之初所持之信条以及它的开创者们在其所处时代发挥的政治影响力和思想感召力关系较小。因此，如果解构做得过了头，那么很可能某种意识形态以及它们的开宗立教者在后世历史中的重要性就会被大大低估。

本书在分析社会权力资源中意识形态这个面向时，所关注的主要是某些意识形态对后世历史的影响。由于这个原因，我所采取的叙事策略和学界传统的策略较为接近，也就是说，我着重讨论的是某一意识形态的经典化版本，以及该意识形态中被奉为重要思想家们的著述。但与此同时，我也希望我的叙事能够揭示出某一意识形态在其诞生之初的特定历史节点上所处的大环境，而不仅仅是一番幼稚的目的论式的叙述。因此，我常会在我的分析中介绍当时影响着某一意识形态（在其被经典化之前与之后）发展的思想环境与历史复杂性，尽管这样的介绍会非常扼要。

带着上述这些前提条件，下面就让我们进一步介绍儒家（Confucianism）、道家（Daoism）以及法家（Legalism）①——这三个迄今为止对中国历史影响最为深广的哲学传统。在这三家中，儒家带有着强烈的西周传统印记，而道、法二家，特别是法家，则更像是东周时期为战争所驱动的理性文化兴起后的产物。首先，我们必须清楚，英语中的"Daoism"和"Legalism"并不是对"道家"和"法家"恰当的译名，因为这两个概念的含义在中国历史上都多多少少发生过一些变化②。至于"Confucianism"这个词，本是欧洲人为了翻译汉语中"儒家"一词而生造出来的。创造这个词的时候，欧洲人"正在东方世界中寻找一个能与欧洲历史上伟大的基督教文明完全对应的宗教传统"。然而，"儒家"一词最初"指的并非就某一种道德倾向或某一套教义，而是一种以服务国家为宗旨的职业化的训练"③，而且，"儒家"这个词的含义同样在中国历

---

① 本章所讨论的仅仅是战国时期的道家哲学，而不是数百年后在东汉时期所发展出的道教。虽然道教与道家都以"道"来命名，且道教也将老子视为"至上神"，但将道家哲学视为道教的思想基础是不正确的，因为这两者有着根本的不同（见第十章）。

② 在全民战争时代，将道、法两家学说的追随者称之为"道家""法家"的称谓还未出现。见史密斯 K. Smith（2003）关于"道家""法家"的称谓始见于西汉初期的讨论。

③ 以上两段引文出自戴梅可 Nylan（2001，第 3 页）。

史上也经历过许多重要的变化①。不过,因为这些英文词汇已广为人们所知晓和使用,于是,本书决定仍沿用"Confucianism"、"Daoism"和"Legalism"来指称儒家、道家和法家。

需要特别说明的是,要通过短短几页篇幅来阐释中国哲学中最重要的三个传统几乎是不可能完成的任务。我们知道,这三大传统中的任何一家——连同其开宗立派的思想大师的生命历程——都曾在中国历史上被一再反复地诠释过。尽管下文的目的不过是希望将这三大哲学传统中与本书主旨相关的一些核心特征呈现出来,但仍无法避免会对这些传统作出过于简单化的解读。读者要想对这三家的思想有更深入的了解,可以参考其他一些著作②。

儒　家

儒家的起源可以追溯到孔子所兴办的私学教育③。孔子相信,那个成形于西周早期,成熟于西周中期的西周政治体制是美好社会的典范④,同时他还认为,他所处的时代之所以战争频繁不断,封建危机愈演愈烈,其根源都在于社会等级关系变得越来越混乱不清。因此,在孔子的思想中,"正名"是一个至关重要的概念。孔子相信西周时代的社会是一个"美好的社会",是因为在那个时代,社会中每个人都清楚地知道并履行着与自己名分相称的职责。"正名"简单来说就是人们在社会上都能各安其位、各司其职,也就是所谓"君君、臣臣、父父、子子"⑤。为了实现一个美好的社会,君主就要有君主的样子,臣子就要有臣子的样子,而要想有一个美好的家庭,父亲就得有父亲的样子,儿子就得有儿子的样

---

① 戴梅可 Nylan (1999,第18—19页)曾深刻地指出,汉武帝在位期间(前140年—前87年),"儒"在汉语文本中有三个截然不同的含义,即,经学家、儒家弟子以及政府官员。

② 如果读者想要大致了解东周哲学的话,下列诸书是不错的入门参考书:狄百瑞 Debary (1960);冯友兰(1952);葛兆光(2001);葛瑞汉 Graham (1986);萧公权 (1979);刘述先 (1998);戴梅可 Nylan 与魏伟森 Wilson (2010);韦政通 (2003)。

③ 关于孔子的生平及其学说,参见刘和惠 (1995);戴梅可 Nylan 与魏伟森 Wilson (2010);史密斯 Smith(1973)。

④ 不过,孔子所主张的并不是全盘恢复西周的政治秩序。孔子的历史观带有渐变论 (gradualism) 的特点。他认为"殷因于夏礼,所损益可知也;周因于殷礼,所损益可知也;其或继周者,虽百世可知也"(《论语·为政》),也就是说,某一朝的制度是在前一朝的基础上增加、删减而来的。

⑤ 本节所引用的孔子的话均来自《论语》(载《十三经注疏》,1980),英译本见 Huang (1997)。

子。很显然,孔子不认为社会分层一定会带来社会弊端①。只有当社会中各层级的关系失去了社会功能时,社会矛盾才会加剧,动荡与混乱才会接踵而至。孔子的这一重要的社会学洞见和许多现代社会学家的论述不谋而合,并且也得到了实证检验②。

那么,如何实现一个在其中人人能各安其位、各司其职的美好社会呢?孔子不认为法律能够为人们带来太平盛世,孔子的解决方案是培养"仁"的美德。他坚持认为每一个人都要修身养性,达到"仁"的境界,并以此来规范自己在社会生活中的行为。然而,在不同情境中,孔子对"仁"的阐述是不同的。对于孔子来讲,"仁"有时意味着"己所不欲,勿施于人",而有时,他又仅用"爱人"二字来解答弟子提出的关于"仁"的疑问。他也曾说过"夫仁者,己欲立而立人,己欲达而达人。能近取譬,可谓仁之方也已"。除此以外,关于"仁",孔子还给过许多不同的解释。

为了达到"仁"的境界,孔子强调教育的重要性,因而他在成年后花费了大量心血来教书育人。他教授弟子的内容颇为广泛,且他的教学原则所强调的,是人类道德主体的自觉努力,然而,他的教育哲学却与现代教育哲学大相径庭。孔子教学的核心指向的是人类的情感而非理性。他认为,只有当"仁"在礼仪风俗以及未加审思的日常习惯中都能体现出来的时候,人们才能真正实现美好社会。孔子不遗余力地提倡"礼"、"乐"以及家庭关系在教育和日常生活中的重要性。他相信,只有当人们在日常生活与礼节仪式中能够全身心践行"礼",才有可能达到"仁"的境界。至于家庭角色,孔子认为家庭本身具有种种责任、义务,以及在宗法制下相应的礼仪,所以,家庭是人们养德习礼最重要的场所③。依孔子看来,仁慈的君主首先要是一个慈爱的父亲,忠诚的臣子首先要是一个孝顺的儿子。显然,从孔子思想中的这个部分,我们可以看到西周宗法制度的深刻印记(见第二章)。

"正名"的目的是使社会各阶层的权利与义务有更为清晰的界定。某种意义上,"仁"则是等级社会中不同层级的个体之间达成的某种以道

---

① 孔子从未提及社会流动性。但他说过"有教无类",且如前所述,孔子的许多弟子出身寒微。很显然,在一个等级化的社会中,孔子的教学活动促进了社会流动性。

② 顾尔德 Gould (2003) 曾对发生在近代法国科西嘉社群中的暴力与冲突做过分析,他的理论观察可被视为是对儒家经典学说的某种现代印证。

③ 在家庭关系中,孔子提倡孝道。他也重视仪礼在家庭生活中的重要性,比如,要为故去的父母守孝三年(其间不得婚嫁、娱乐,必须辞官守孝,等等)。

德为基础、不成文的"社会契约"。而"礼""乐"则充当着维系社会分层与"社会契约"的机制。孔子认为,诸侯国间的邦国关系体系如果也能遵循上述原则的话,那么战争与冲突就变得不再必要了。而如果战争爆发,一国君主能够践行这些原则,那么他的国家一定会取得胜利,因为仁德之君的背后有他的子民作为坚强后盾。总结下来,面对他那个时代礼崩乐坏的局面,孔子的解决方案是重建道德秩序。

孔子之后,其他具有儒家意识的思想家也纷纷登上了历史舞台,这些人的著述对孔夫子的思想有增添,也有改变。在全民战争时代,孟子和荀子是两位最重要的儒家思想家,他们的著作各自奠立了儒家思想传统中理想主义与现实主义这两翼的基础①。这两位思想家秉承了孔夫子的许多基本理念,并且他们所提出的有关国家—社会关系的理论与孔子的理论一样也留有"天命观"的印记(见第二章)。荀子说"君者,舟也;庶人者,水也。水则载舟,水则覆舟"②;而孟子讲"民为贵,社稷次之、君为轻"③。但是,孟子和荀子在对于人类本性的理解上却截然不同。孟子认为人性本善,所需的只是教化濡染;而荀子则明言人性之恶,认为自私与贪婪才是人的本性,因而需要对人施以严格的管教与控制。于是,从儒家的理想主义一翼和现实主义(悲观主义)一翼,分别产生出对于人生、社会、国家不同甚至是完全对立的认识与指导原则。面对着日益暴虐专制的国家,孟子主张实行仁政④,而面对着大抵相同的社会环境,荀子却提倡应该将道德榜样的激励作用与法家学说中的严明法制结合起来以统治国家,而荀子的这一立场则让许多人认为他集儒、法两家于一身。荀子还教导出在他那个时代最优秀的两位法家思想家,也就是李斯与韩非子⑤。李斯(前280—前208)对秦的一统中国起着关键作用,而且,他也是创立了大秦帝国政治架构的举足轻重的人物⑥;而韩非子无疑是最伟大的法家理论家。荀子既敢于直面他那个时代的社会现实,又同时认为儒家思想是未来美好社会的道德核心,这就为荀子在汉武帝(前140—前87年在位)统治期间及之后的汉代统治者及儒生的心

---

① 见《孟子》的英译本(刘殿爵1970),以及《荀子》的英译本(Watson 2003)。

② 《荀子·哀公第三十一》(《荀子集解》,王先谦,1988,第544页)。

③ 《孟子·尽心下》(《孟子译注》,杨伯峻,1980,第328页)。

④ 陈金梁(2002)。

⑤ 韩非子(卒于前233)继承了荀子强烈的现实主义意识,但放弃了荀子所传儒学的核心,参见《韩非子》的英译本(Watson 2003b)。

⑥ 卜德 Bodde(1938)。

中赢得了崇高的地位。相形之下,孟子对中国政治的影响要到中唐以后才逐渐变得愈发重要[1]。自北宋(960—1127)以降,随着新儒家学说的兴起,孟子的声望日隆,而荀子的影响力则渐渐衰退了(见第十二章)。到了元代(1279—1368),随着中国政治日趋墨守成规,孟子又被抬高到"亚圣"的地位,并在此后一直被世人所尊奉。

道　家

　　道家的出现远比儒家要晚。汉代学者将这一派思想的兴起归功于几位道家思想大师,其中最重要的人物是杨朱、老子和庄子[2]。需要说明的是,本节主要处理的仅仅是道家思想中对中国政治思想影响最大的那个部分,即《道德经》中所表达的道家思想。《道德经》(或称《老子》[3])这部经典言简意赅,一般认为该书的作者是老子,虽然其成书年代与文本的可靠性曾备受争议[4],但随着《老子》的最早版本相继于 20 世纪 70 年代初以及 1993 年分别在马王堆汉墓以及郭店楚简中被考古学家所发现,对《老子》文本真伪的质疑也就随之消散了[5]。今天,大多数历史学家认为《老子》的文本可以上溯到公元前 4 世纪末以前。

　　到了老子的时代,孔子经历过的封建危机早已化作了遥远的历史。此时,所有的大国都已发展壮大,成为层级繁多、组织严密且高效运作的官僚制国家。不过,孔子那个时代诸侯国间频仍的战争到了老子的时代不仅没有停息的迹象,反而愈演愈烈。在此起彼伏的战争所带来的社会动荡和混乱中,诞生了一个博大精深的思想传统(老子正是这一传统的代表人物之一),它对自身文明的根基提出了批判,并建议以贵柔守雌、离俗避世的办法来应对当时的时代问题。老子的道家思想有两个关键

---

[1] 唐代中期的士大夫韩愈(768—824)极力推崇孟子作为承继孔子道统的传人,他对孟子地位的提升发挥了重要作用。

[2] 《庄子》在中国同样极具影响力,但更多体现在文学、生活态度以及美学领域,其英译本参见 Watson(1968)。

[3] 参见《老子译注》(冯达甫,1996)。英译本中以刘殿爵(1970)及米歇尔 Mitchell(1988)较佳。

[4] 正如我们在《史记·老子韩非列传》(1959,第 2139—2156 页)中所看到的,甚至司马迁对老子的生卒年也语焉不详。

[5] 据称,马王堆汉墓的主人死于公元前 193 年,而郭店楚墓的年代约在公元前 300 年(《文物》,1997)。在郭店楚墓中,考古工作者发现了唯一现存的十二篇战国思想家作品的抄本。要想了解从孔子死后到孟子之时儒家经历了怎样的发展历程,这些材料意义重大(李零,2002;庞朴,1998)。

概念，即，"道"与"无为"。"道"在古代中国是一个常见的词汇，几乎所有古代思想大家的思想体系或者核心命题都是为了阐发"道"。"道"之中包含了许多不同的概念，这些概念所指涉的内容极为广泛，从正当的行为与合理的社会关系到逻辑与法律，从万物的本质到事物发展背后的动力、正确的处事之道，以及冥冥中的某种神秘力量，等等。虽说先秦思想家对"道"这个词的用法有不少相同之处，但很明显，这个词在不同语境中含义各异。根据《论语》的记载，孔子曾说："天下有道，则政不在大夫。"①《孟子》中则有"得道多助，失道寡助"②的话。具有法家倾向的思想家慎到在据称是他的作品《慎子》中则有言："故有道之国，法立则私议不行，君立则贤者不尊。"③最后，《老子》中有"大道废，有仁义；慧智出，有大伪"④这样的词句。

在上述的例子中，"道"于儒家意味着合理的社会关系、守礼的言行与美德，而于法家，则指的是强势的君主所施行的良法善治以及政治策略。但对道家，合理的社会关系、守礼的言行与美德，以及英明雄主的统治都是"道"已经衰败的标志，或者说，恰恰就是这些导致了"道"走向衰败。老子认为，任何对社会的人为干预，无论是来自儒家的还是来自法家的，都总是在解决了一个问题的同时又带来了更多的问题，于是，社会在人为干预下变得越来越复杂，越来越多的社会问题也就随之而来，这样，整个人类也就离那圆融完满的"道"渐行渐远了。因此，对于道家来说，最明智的选择既不是像儒家所倡导的那样去人为地制定一套道德礼法系统，也不是像法家所坚持的那样建立法律与惩罚的体制，而是要"道法自然"，也就是说要让每个生命以及每一件事物都遵循各自的自然之道。这便涉及老子另一个重要的观念——"无为"。

"无为"字面上是"没有行动"，或者"不主动作为"的意思，但在《老子》一书中，"无为"还意味着不要过度作为、远离本真，而要保持朴质的状态，让一切遵循自然之道。于道家，"无为"是最高的美德，所谓"上德无为""道莫大于无为"⑤。换言之，"无为"就是"道"。道家"无为"的观

---

① 见《论语·季氏第十六》（《十三经注疏》，1980，第 2521 页）。这段话指出在鲁国和其他许多诸侯国，公室的权力落入了世卿贵族的手中，由此引发了封建危机（见第五章）。

② 《孟子·公孙丑下》（《孟子译注》，杨伯峻，1980，第 86 页）。

③ 见汤普森 Thompson（1979，第 277 页）对这段文本的讨论。

④ 《老子·第十八章》（《老子译注》，冯达甫，1996，第 42 页）。

⑤ 前者出自《老子·第三十八章》（《老子译注》，冯达甫，1996，第 90 页）。后者出自陆贾（约前 240—前 170）《新语·无为》（《新语校注》，王利器，1986，第 59 页）。

念让一些西方学者视老子为"朴素的无政府主义者"，并将老子的思想看作是对"发达文明的朴素的批评"①。道家也因此还被认为"对政府的发展没有发挥很大贡献"②。然而事实上，老子在其著作中表现出对现实政治的深切关怀。在某种意义上，《老子》也可以被看作是一部关于治国理政的作品。老子思想的这一面深深地影响着诸如韩非子、慎到、申不害(卒于前 337)等法家思想家③。《老子》中有这样的话：

> 我无为而民自化，我好静而民自正，我无事而民自富，我无欲而民自朴。④
>
> 道常无为而无不为，侯王若能守之，万物将自化。⑤

《老子》中还包含了诸如此类的许多关于治国的讨论，但"无为"始终是这些讨论的核心思想。对于老子而言，一个好的统治者是知道如何不干预社会的自行运作而达成其治国目的的，即所谓"无为而治"。在某些方面，老子的"无为"类似于亚当·斯密的"看不见的手"。当统治者或多或少地将老子的观念运用到实际的治国理政中时，比如，西汉王朝早期的统治者即是这样做的⑥，社会在一定程度上便也就达到了亚当·斯密曾预见过的那种繁荣。但在另一方面，老子提倡的是返璞归真，而亚当·斯密则意在增加国家的财富。从根本上讲，他们的思想又截然不同。

法　家

法家是现实主义者和改革者。在法家所处的社会，宗法礼教再也无法起到协调社会关系的作用，因而，法家强调依靠官僚体制掌控下的"法制"来管理社会(这与现代社会的"法治"绝不相同)的重要意义。同时，为了让国家能更好地应对激烈的军事竞争，法家主张通过改革来增强国家实力。法家哲学传统在中国的发展乃是源自一种为乱世带来和平与

① 史华慈 Schwartz(1985，第 189、210 页)。

② 贺凯 Hucker (1975，第 91 页)。

③ 《韩非子·主道第五》(《韩非子集解》，王先慎，2003，第 26—39 页)。此外，"解老"和"喻老"这两篇也被视为韩非子作品，虽然其真伪尚有争议，但从这两篇中，我们能明显地看出老子思想的深刻影响(龙德 Lundahl 1992，第 219—241 页)。

④ 《老子·第五十七章》(冯达甫译注，1996，第 132 页)。

⑤ 《老子·第三十七章》(冯达甫译注，1996，第 85—86 页)。

⑥ 《老子·第八章》(冯达甫译注，1996，第 16—18 页)。

秩序的强烈渴望，而并非为了在统治者与被统治者之间建立某种契约关系。正如我们在第四章和第五章中所讨论的，在东周早期的战争爆发后不久，许多国家便开始施行了一系列比较初级的法家改革措施。不过，只有到了全民战争时代，法家思想才真正成为一种政治理论，法家改革才更加系统化。鉴于韩非子是战国时期法家理论的集大成者，下面我们的讨论就主要围绕韩非子的著作而展开。

作为一种政治哲学，法家思想主张通过种种工具性的措施与手段来建立一个实力强大、高效运作的国家。法家改革的目标即是使国家在日益残酷的战争中获得胜利。这一经典的"战争意识形态"是非常务实的[1]；法家思想家毫不在意其主张在道德上是否有正当的根据。下面一段出自《韩非子》的话透露了法家思想的精髓：

> 明主之所导制其臣者，二柄而已矣。二柄者，刑德也。何谓刑德？曰：杀戮之谓刑，庆赏之谓德。为人臣者畏诛罚而利庆赏，故人主自用其刑德，则群臣畏其威而归其利矣。[2]

法家理论有三个核心要素，即所谓"法"（刑法与官僚制度）、"术"（君主的政治手腕与驭人之术）、"势"（君主凌驾于臣属之上的权威）[3]。"法"不仅仅关乎法律。如果我们研究商鞅改革所取得的成就（本章稍后会作讨论），就会发现商鞅显然不仅只为秦国带来了刑律，也帮助秦国建立起了官僚制政府。但是，法家所立之法多为严刑峻法，目的是用来控制臣民、促进生产以及奖励军功。而且，虽说刑法是客观、不掺杂个人感情的，但它并非对所有人都一视同仁——君主就不受它的约束。法家并没有将法律视作统治者与被统治者之间社会契约的基础。法家的"法"也与古罗马的法律概念不同——在罗马的统治下，所有个人，包括皇帝与议员，都要服从罗马的法律。法家施行严苛刑法的唯一理由，就是这样做可以有效地生产出人力资源与物力资源以满足战争的需要。法家对官僚制政府的认识亦是如此：法家提倡官僚制度，不过是为了发动战

---

[1] 陆彬 Rubin（1976，第 77 页）。

[2] 《韩非子·二柄第七》（《韩非子集解》，王先慎，2003，第 39 页）。

[3] 法家思想家对这三个要素的侧重点更有不同。商鞅更强调"法"，他认为要使国家强大，就需要严明的法律与官僚制度。申不害侧重的是"术"，对他而言，君主需要通过统治技术来维护官僚政治的有效运作。而慎到则重视"势"，也就是说，君主既要通过其实际的权力，也要通过其威严的言行来达到对官僚系统进行控制的目的。顾立雅 Creel（1974）对申不害有更详细的讨论。

争而将其当作一种增强君主权力、提升政府效率的手段。

一旦建立起一个强大的官僚体制,随之而来的重要问题就是如何让官僚体制有效地运作,并如何防止各级官员运用手中的权力服务于自己的目的而违逆君主的意志。这就引出了韩非子"术"的概念。"术"要求国家和君主具备两种相互关联的能力。第一种能力,即国家要有一套行政管理上的措施,以确保官员会被择优选拔,并用来考核官员的政绩表现,限制和平衡官僚体制中的各个部门,防止其中某一部门垄断权力。而第二种"术"的能力则是君主所需要具备的,君主必须既要让臣属效忠于他,又同时让他们惧怕他。不过,通过恐惧来驾驭臣属对统治者而言并不是最好的办法。有效的统治还有赖于君主的威望以及激发臣属的敬畏之心,也就是韩非子所说的"势"。韩非子认为君主的"势"有三个来源。第一个是"自然之势",也就是由继承而来的权威与地位[①]。第二个来源是君主的神秘感,高明的君主善于通过故作神秘来使臣属心生敬畏。《韩非子》有言"飞龙乘云,腾蛇游雾,云罢雾霁,而龙蛇与蚓蚁同矣",文中以飞龙、腾蛇所驾的云雾来比喻"势",但一朝云开雾散,龙、蛇不过就同蚯蚓、蚂蚁一样了[②]。"势"的第三个来源指的是统治者通过利用官僚体制、法律、行政技术,以及马基雅维利式的权谋(或者说"术")使自己保有凌驾于群臣之上的"势"的能力。韩非子说:"君无术则弊于上,臣无法则乱于下。"[③]对于韩非子来讲,一个强大的国家应该是这样一种国家,它的君主懂得将行政技术与诈巧的权谋相结合来驾驭群臣,而它的臣子则懂得利用刑法与高效的官僚体制来管理社会。

在全民战争时代,强调工具理性的哲学传统不惟法家一家。早在转型时代,军事策略家孙武(约前 545—前 496)所撰写的兵法就已颇有工具理性主义的味道了[④]。到全民战争时代,又出现了其他一些侧重点各

---

① 《韩非子·难势第四十》(《韩非子集解》,王先慎,2003,第 388 页)。
② 《韩非子·难势第四十》(《韩非子集解》,王先慎,2003,第 389 页)。与韦伯不同,韩非子似乎对那种具有天生领袖气质的魅力型权威来主导政治颇不信任。他认为伟大的领袖,比如传说中的尧与舜是"千世而一出"(《韩非子·难势第四十》[《韩非子集解》,王先慎,2003,第 392 页])。因此,他主张,君主要想成为强大的统治者,较为实际的办法是去营造威严与神秘感来让群臣听命于他。
③ 《韩非子·定法第四十三》(《韩非子集解》,王先慎,2003,第 397 页)。
④ 在近来的一篇文章中,何炳棣(1999)认为孙武的《孙子兵法》(见《〈武经七书〉鉴赏》,2002)著于公元前 6 世纪末,是中国最早有据可考的由个人创作的著作。《孙子兵法》有很多种英文译本,恕不详述。

不相同的军事著作①。与此同时,一群被后世称为纵横家的人奔走于各国之间,游说各国君主采纳他们那些植根于工具理性的权谋战略,而正是这些纵横家在全民战争时代对塑造当时的"国际"关系扮演了重要的角色②。由此可见,战争不仅引发了那肇始于东周初年的"国际"竞争,还不断推动着所谓"公共物品"导向的工具理性在各诸侯国间的传播与滋长(见第一章)。到全民战争时代,这类公共导向的工具主义已主导了政治与社会生活的许多方面。要理解全民战争时代以及秦的一统中国,我们需要对法家改革措施的本质有更细致的分析,但在那之前,让我们先来谈一下古代中国哲学的特质与局限。

古代中国哲学的特质

儒、道、法三家的主张虽各不相同,但这三家之中没有一家是以个人或个人权利为根本导向的③。儒家宣扬的是社会不可或缺的道德观和价值观;道家主张把"无为而治"作为国家治理的策略;而法家则通过牺牲个人权利来增强国家实力。此外,和古希腊哲学传统相比,先秦诸子的思考都建立在强烈的历史理性意识之上④,我认为这构成了中国哲学的另一重要传统。在这一节中,我将对古中国与古希腊的哲学思想进行一番简单的比较。我先要探讨的是古代中国的历史理性主义,之后,我会解释这一历史理性主义是如何抑制了理论—形式理性在中国的发展。虽然,东周时期出现了许许多多的思想流派,但在全民战争时代,在现实政治层面上,占据主导地位的乃是法家这种主张强化国家统治的政治哲学。国家为战争所作的努力与法家所倡导之改革相得益彰,正是它们彼此的相互协同(synergy)大大增进了国家的实力,而全民战争时代的要

---

① 见刘殿爵与安乐哲 Ames(2003)关于战国军事家孙膑的讨论。另,《武经七书》(包括《六韬》《司马法》《孙子兵法》《吴子兵法》《尉缭子》《黄石公三略》《唐太宗李卫公问对》)的英文全译本,参见 Sawyer(1993)。据称,这些兵法中的大多数都源自东周时代。

② 第三章中在讨论东周人口时对《战国策》(《战国策新校注》,缪文远,1987)的史料性质进行了介绍。

③ 东周哲学的特征可以通过许多不同的视角来理解(冯友兰,1952;黑格尔 Hegel,1956;吉德炜,1990;牟复礼 Mote,1971;普鸣 Puett,2001;杜维明,1985、1993)。本书之所以要探讨古代中国哲学的特质,是由于这些哲学思想塑造了全民战争时代乃至两千年的中国政治史。

④ 历史理性意识指的是通过历史先例以及整体/辩证性的视角来评判一项行动的合理性和有效性的一种理性形式。本书第一章对此有更多的讨论。

旨也大抵在于此。

古代中国的历史理性主义

　　虽儒、道二家的学说各异,但他们都认为历史上曾经存在过完美的社会型态,也都赞同贤君明主的使命是向历史学习,从而重新建立起那种近于上古时代的理想的政治秩序①。在所有先秦的思想流派中,法家是最少讲师法先王的,因为法家坚定地认为随着历史环境的改变,过去时代的经验不可能为当下的形势服务。不过,法家学说非常明显地持有某种演进性的历史观②。而且,无论法家思想家的论述有多么工具理性,其论证大多根据的是或真实或虚构的历史例证,而不像希腊哲学家那样诉诸抽象的假设与推理③。正如杰弗里·劳埃德(Geoffrey Lloyd)指出的那样,希腊思想家从不认为他们自己的文明"是在数个世纪之前由圣王们所建立的……他们也没有类似于'天命'的观念——也就是说,天命由一个王朝传给下一个王朝而绵延百代。当希腊人遇上埃及人,看到那些证明着埃及古代文化延绵相续的证据之时,他们中的一些人便感叹希腊自己的文化不过是个'毛头青年'"④。虽然,希腊出现过像希罗多德、修昔底德那样著名的历史学家,但毫无疑问,在希腊哲学家当中,主要的思维模式是分析性的而非历史性的⑤。

　　虽然东周的哲人们对历史抱有兴趣,但他们却无意于发展出系统的

---

① 孔子曰:"郁郁乎文哉! 吾从周。"(《论语·八佾》,《十三经注疏》,1980,第 2467 页)这句话意味着孔子把西周中早期的社会政治秩序视为美好社会的典范。而老子的历史观则不仅是主张要返璞归真,还同时是辩证/循环论式的历史观。老子有"兵强则不胜,木强则兵"这样的话(《老子·第七十六章》;《老子译注》,冯达甫,1996,第 168 页)。孟子曰:"五百年必有王者兴。"(《孟子·公孙丑下》;《孟子译注》,杨伯峻,1980 年,第 109 页)虽然孟子是一位儒家思想家,但他这句话也多少含有老子的循环历史观。

② 这种历史观在《韩非子·五蠹第四十九》(《韩非子集解》,王先慎,2003,第 442—455 页)中可见一斑。此篇中,韩非子从不同方面表达了他的进化历史观。其中一个观点认为"上古竞于道德,中世逐于智谋,当今争于气力"。

③ 郝若贝 Hartwell(1971)曾对此有过一些简单的介绍。他认为,中国人喜欢借助历史类比而非通过假设和推理来得出结论。另外,安乐哲 Ames(1994,第一章)也讨论过东周时期的几位主要思想家对历史解释的差异。

④ 劳埃德 Lloyd(2002,第 14 页)。此处劳埃德指的是柏拉图在《蒂迈欧篇》中对埃及文明的讨论。

⑤ "史"的重要性也反映在古代中国政府的组织方式上。汉武帝时,丞相府的 362 名官吏中,一半以上官员的官名被称为某"史"。(阎步克,2001,第 75 页)。

理论来解释历史。他们的目的非常实际，他们从历史先例中汲取道德层面与实践层面的经验教训，主要是为了给君主的地位提供合法性，并以此指导君主的行为与决策①。而且，我们也不能把先秦哲人的历史兴趣仅仅理解为一种韦伯意义上的传统理性的表现（见第一章）。他们对过往历史的态度使他们认为历史事件相互交织、彼此关联，从而意识到历史现实之网的错综复杂。这就解释了为什么先秦思想家的议论大多广博宏阔、融通万象，也解释了为什么关联性思维与整体性思维成了中国哲学思想的标志②。

　　与古希腊的哲学家相比，先秦哲人虽也对事物做出归纳与分类，但他们分类的目的既不是要把事物完全分开，也不是为了用一种非历史性的抽象方式来分析事物之间的关联，或者建立一套与具体情境无关的公式或定理来把握不同类别之间的普遍关系。东周哲人无意于做那种抽象的思维练习，他们的整体观使他们认为抽象的分类与理论建构都缺乏现实感③。希腊哲学家的论述是以理论或形而上学为基础发展出来的；而中国哲人讨论问题、论证观点皆从具体的历史情景中展开。希腊人证明了毕达哥拉斯定理，而中国人则满足于"勾三股四弦五"这类归纳性的知识。中国古代的名家虽然也提出了像"白马非马"那样举世闻名的命题④，但希腊的逻辑学学者则建立了一套"像三段论那样用以判断命题是否成立的精确的推理模式"⑤。中国人乐于研究、解释那些在时间序列中展现出相互影响与关联的自然现象（即，那些具有"历史性"的现象），比如"磁铁的相吸与互斥、振动、潮汐、声的波动，以及地震现象"，而对这些现象的研究却是希腊科学的软肋⑥。另一方面，中国人很少花费力气来研

---

① 也就是所谓"以史为鉴"，即将历史作为镜子，并从中吸取经验教训。宋代的学者、政治家司马光（1019—1086）著有《资治通鉴》，这部著作的书名本身也反映了这一点（百衲宋本，1919，商务印书馆）。

② 麦克莱伦 McClellan 与登 Dorn（1999）。

③ 例如孔夫子，他有意不用抽象的术语为某一概念下定义。他认为，在不同的语境中，对不同的个人，同一个概念会有不同的含义。当不同弟子向他请教同一概念或同一件事，他总会根据具体的环境以及提问弟子的秉性而作出不同的解释。如前所述，孔子对"仁"这个概念作出过许多不同的解释，即是很好的例证。

④ "白马非马"是著名的《白马论》的首句，该篇的作者据称是公孙龙（《公孙龙子全译》，高流水、林恒森译注，1990）。这篇文章的论点是"马者，所以命形也；白者，所以命色也。命色者非命形也"。为了阐明这个观点，此文随后又从几个有趣的面向展开讨论。

⑤ 牟复礼 Mote（1971，第 43 页）。

⑥ 谢和耐 Gernet 与韦尔南 Vernant（1988，第 86 页）。

究机制性的因果关系,但希腊人却痴迷于此①。以上,仅仅是先秦中国与古希腊在思维方式上差异的几个例子②。总而言之,历史性与整体性的思维方式让中国人的思考相对地少了一些偏见,但同时却阻碍了理论—形式理性在中国的发展(见第一章),而这种理性恰是希腊哲学的特征。

法家在政治领域的主导

孔子和孟子终其一生都奔走于诸侯列国之间推行自己的主张,但却没有哪国的君主将他们的政治主张真正付诸实践③。而道家原本就对游说君主施行社会改革的兴趣不大,于是,他们对战国时期政治的直接影响也就微乎其微——当道家倡导返璞归真之际,正是社会关系日益复杂、政治权力愈趋集中的时候。在全民战争时代,儒、道两家对政治的影响力要远小于法家,以及与法家相伴而生的纵横家和兵家④。其中的原因何在? 最直接的答案或许是:不像近代欧洲的统治者,东周时期中国的统治者能够认识到强化国家权力是他们的最佳策略。这一观点虽说有一定可取之处,但我的问题是,统治者一定须得聪明过人才能意识到法家的改革策略是他们在战国激烈残酷的竞争环境中得以强国图存的最优方案吗? 这个问题还可以这样问,为什么近代欧洲的统治者不如古代中国统治者那样"聪明"呢? 要理解近代欧洲和古代中国在历史路径上的差异,我们必须先将统治者策略选择的这个角度放在一边,而要从那些导致或约束了统治者决策的社会条件入手来审视这一问题。

在第二个千年里,欧洲大地上同样战事频仍,但与中国不同的是,欧

---

① 劳埃德 Lloyd(1996,第 5 章)。

② 有关古中国与古希腊在知识探索方法上的异同,参见谢和耐 Gernet 与韦尔南 Vernant (1988);何莫邪 Harbsmeier(1988);劳埃德 Lloyd 与席文 Sivin(2002);劳埃德 Lloyd (2004、2005)。有关中国哲学与科学的特征,参见卜德 Bodde(1991);夏德安 Harper (1998);李约瑟 Needham(1956、1965、1971);李约瑟 Needham 与席文 Sivin(1980);席文 Sivin(1969)。

③ 从孟子与魏惠王(前 369—前 335 年在位)的对话,以及他与齐宣王(前 319—前 301 年在位)的对话中,我们可以见到,两位君主所迫切想要知道的是如何在战争中取胜,而孟子却试图让他们相信施行仁政的重要性。孟子虽然受到各国的礼遇,但却没有哪个统治者真正被他的观点所说服。见《孟子·梁惠王上》(《孟子译注》,杨伯峻,1980,第 1—25 页)。倪德卫 Nivision(1999,第 770—772 页)对孟子会见这两位国君也有过类似的分析。

④ 李悝、吴起、商鞅、申不害、李斯既是著名的法家思想家,同时也身为各国的高级官员。

洲当时的社会环境充斥着多样化的社会行动者，他们包括贵族、教会、独立的与半独立的商业城市，而这些社会行动者又都各自掌握着不同程度的权力[1]。自中世纪盛期以降，欧洲贵族的势力便逐渐衰落了[2]，不过，倘若与东周时期在封建危机之后已被大大削弱的中国贵族相比，欧洲贵族对政治的影响力仍是不可小觑的（见第五章）。在中世纪晚期，教皇在欧洲的势力也在一定程度上衰弱了[3]，这就为宗教改革以及基督教世界的分裂提供了土壤[4]。但即便如此，在近代欧洲，宗教行动者整体上仍是一股强大的力量[5]。而且，当贵族与教会的力量刚一出现局部衰落的时候，资产阶级的力量就随即在城市中兴起，从而对国家权力构成了有组织的挑战。在意识形态层面，这些强大的社会行动者不仅催生了那些对欧洲"强国家"之兴起构成挑战的政治哲学，同时也影响着那些"强国家"理论的表述方式。在社会组织层面上，日益强大的城市资产阶级还提出并发展出了一套新的政治哲学，既捍卫着他们自身的利益，又抑制了由战争引发的对国家进行集权化的种种尝试。例如，在近代欧洲，战火纷飞的环境也孕育出了像马基雅维利和霍布斯那样的"法家"哲人。不过，中国法家的学说与霍布斯等人的理论之间存在着一个十分关键的差异：在中国的法家学说中，国家拥有凌驾于法律及其臣民之上的绝对权力，而在霍布斯式的欧洲"法家"理论中，国家对人民的统治则建立在社会契约的基础之上。更重要的是，与霍布斯式的"强国家"理论同时存在的还有自由主义以及后来发展起来的社会主义。这些学说都各自赢得了众多强有力的追随者，从而在意识形态层面和政治层面上有效地形成了相互制衡的格局。对于社会政治秩序这一问题，自由主义、社会主义，与它们各自的代言人以及相应的社会组织提供了有别于"强国家"理论的其他替代性视角，因而限制了"绝对主义国家"（absolutist state）在

---

[1] 贝克曼 Backman（2003）；芬纳 Finer（1997，第 2 卷，第 5 章）。

[2] 这个过程非常缓慢。贵族在发动战争、获取社会资源及维持公共秩序方面的能力日渐衰弱，以至于再也无法与国王相抗衡，到了公元 10 世纪以后，贵族逐渐变成了国王的仆人（布劳尔 Brauer 与万蒂尔 Van Tuyll，2008，第 53—59 页；斯皮德 Speed 1996，第 3 章）。与此同时，随着步兵作为一种有效的战斗力量的再度兴起，以贵族为中坚力量的骑兵战便逐渐被淘汰（芬纳 Finer 1975；霍华德 Howard 1976）。

[3] 乔丹 Jordan（2001，第 314—321 页）；斯特雷耶 Strayer（1980，第 237—313 页）。

[4] 曼 Mann（1986，第 463—472 页）对宗教改革之后基督教世界所面临的挑战有过精彩的分析。

[5] 波西 Bossy（1985）；奇尔顿 Chilton（2006）；麦克劳德 Mcleod（1997）。

欧洲的发展，并为工业资本主义、宪政与民主制度的兴起铺平了道路①。总之，"欧洲争霸的诸国"没能像古代中国的诸侯国那样完成建立"强国家"的目标，并不是像 Victoria Hui 说的那样，是因为"他们没有采行一整套强国称霸的策略"②，而是因为欧洲国家迫于当时的历史环境而不得不采取 Victoria Hui 提出的所谓的"自我削弱"（self-weakening）政策③。

　　然而，东周时期战争大幕开启的时候，社会中的政治力量、意识形态力量与经济力量尚未如近代欧洲那样分化出明确的界限。在东周时期，哲学思想的百家争鸣以及市场的兴起与繁荣很大程度上是战争驱动的理性化进程的结果。在当时的中国社会，既不存在强大的教会，且商业城市也还没有出现。如前所述，西周时期的封建制度仅包含着两类社会行动者，即，公室与贵族。但随着封建危机的加剧，公室的权力在晋、齐及其他大国中纷纷走向衰落，在这样的国家中，政治权力随后便落到了少数在政治斗争中幸存下来的世卿贵族手中。而这些篡夺国家权力的世卿贵族汲取了历史的经验教训，同时也迫于战争的压力，全都选择去创建更高效的由官僚体制控制的国家，不过这也就终结了贵族对国家的控制。

　　转型时代出现了士这个群体。不过，如本章之前所提到的，虽然在全民战争时代，有一些声名显赫的士享有很大的权力与威望，但他们并

---

① "绝对主义"（absolutism）是 18 世纪时用以描述路易十四统治的一个概念。根据安德森 Anderson(1974，第 17 页)的研究，绝对主义国家"带来了常备军、永久性的官僚机构、国家税收体制、成文法典，以及统一市场"。他认为，绝对主义国家的兴起是在民族国家出现以前，发生在整个欧洲的现象。在安德森之前，"绝对主义"还曾被定义为"一种君主政体的形式，其中，国王的权力不受任何更高级别的权力机构或者民意代表实体的限制（'不受任何限制的'，即拉丁文中的 absoluta）"（卢塞 Lousse，1964，第 43 页）。然而，这种理解极大地夸张了近代欧洲国家的权力。诚然，自欧洲中世纪盛期以降，随着国家力量的成长，贵族与教会的力量被相应地削弱了，但国家力量的壮大同样遭遇了地方势力的强烈反抗，因此这种力量的发展并不是线性的。即使在据称是绝对主义充分发展了的法国，王室的权力也常会受到损害，而各种各样的阶层特权与地区性特权却并没有消失（邦尼 Bonney 1978；希基 Hickey 1986)。因此，最好将宪政主义国家和绝对主义国家看作是近代欧洲国家形式的两个亚型，正如曼所讲，"相较于市民社会中各类强大的社会群体而言，（近代欧洲的）国家是一种'弱国家'，但又是一种愈发活跃地协调着这些社会群体的国家，它甚至于发展到这样一种地步，我们或可将其称为某种有机的阶级—民族国家，在这样的国家中，居于中心地位的或是宫廷，或是宫廷与议会"（曼 Mann 1986，第 481 页）。

② Victoria Hui(2005，第 35 页)。

③ 在本书第八章，我们将会分析国际格局在东周中国与近代欧洲的差异，并且，我也会对 Victoria Hui 的观点作更详细的总结。

不像近代欧洲贵族、主教和资产阶级那样拥有着独立的组织基础,而只能凭借个人能力博得君主的赏识①。全民战争时代之初,在先秦哲学思想开始萌芽的同时,旧的公室与贵族的势力都大大地衰落了,发展壮大中的新兴官僚制国家是此时历史舞台上唯一强有力的角色(但某种程度上,楚国是个例外)②。由于不存在其他强大的社会行动者为其他可行的社会政治方案而斗争,国家统治者便拥有了自主选择发展路径的自由。因此,战国时期统治者采纳了所谓"聪明的军事外交策略",反映的并不是统治者的过人才智,而是他们在贵族权力瓦解后享有更大的自主权。

于是,除了面对日益激烈的军事竞争以外,统治者就没有其他社会压力了,在这一情形下,不难理解为什么统治者或多或少都会接受法家的学说。在全民战争时代,虽然各式各样的哲学思想流布于社会之中,但在政治领域,特别是在秦国与魏国的政治中,唯有法家学说在国家政治层面上独占总主导地位。事实上,作为试图以宗法制下的家庭关系为基础来重塑政治关系的哲学,儒家学说要等到它出现大约四百年后才会被尊奉为主要的国家意识形态。相较于儒家,法家在当时的政治环境中更容易被统治者所接纳是很自然的事情:法家学说为不受制约的"强国家"提供了合法性,而法家改革则增强了国家调动人力资源与物质资源的能力,且提升了军队的战斗力。因而,无论对那些野心勃勃的一方霸主,还是对那些内外交困的统治者而言,法家思想都是最有吸引力的意识形态。

在东周时期,战争与法家改革之间的协同发展作用既增强了国家的实力,也开启了全民战争时代的大幕,但在另一方面,它却阻遏了其他中国哲学体系以及市场关系的进一步发展。正是在法家思想的指导下,东周后期的国家力量愈发不受社会的制衡,并且这种国家的行事原则也愈发变得为达目的而不择手段。但是,对于任何前现代的社会秩序来讲,这样急功近利的国家意识形态都难以成为一种合法化的力量,因为从长

---

① 劳埃德 Lloyd(1996,第 45 页)也注意到战国思想家们主要的说服对象是各国国君。相形之下,希腊哲学家们要说服的对象则是他们的哲学家同行,只在很少一些情形下,才会是统治者。

② 在霸主时代与转型时代,楚国国君的权力要比楚国贵族的大得多,另外,秦国的贵族势力也相对较弱,这就使楚、秦两个国家避免了发生在其他大国的封建危机(见第五章)。而正因此,当其他大国在经历封建危机后,逐渐转型成官僚制国家的时候,秦、楚两国中的国君与贵族之间仍然维持着传统的平衡。

远来看,基于工具主义的社会秩序肯定经不起来自价值层面的挑战。法家意识形态的这一局限也就为秦王朝的迅速灭亡埋下了伏笔(见第九章)。

小　结

在转型时代,随着封建危机的加剧与官僚制国家的兴起,出现了被称作"士"的身份群体(status group)。这个群体中的一些人著书立说表达他们对社会问题的看法,并对如何解决这些问题出谋划策。这就催生了全民战争时代的诸子百家,其中最有影响力的莫过于被后世称为儒家、道家、法家的三个学派。而那孕育着这些哲人及其思想的特定的历史/结构条件就赋予着士以及他们的哲学以如下两个主要特征。

第一,虽然有成就的士人在全民战争时代享有极大的威望与权力,但士作为一个身份群体,并不拥有组织基础,也不掌握独立于国家的武装力量,每一个士都是作为个人凭借统治者的赏识而获得权力。因此,几乎所有现存的先秦哲学作品都是为了赢得统治者的青睐而撰写的。最终,士的社会活动与政治活动仅仅有助于扩大国家的权力,却不能对之起到任何制衡作用。第二,古代中国哲学在其历史理性主义的缘起中就表现出早熟的特质。历史理性主义的早熟抑制了理论—形式理性在中国的发展,同样也大大降低了中国哲人将私域导向的工具理性加以理论化并赋予正面价值的可能性。

在全民战争时代,虽然出现了"百家争鸣"的局面,但在政治层面,面对风头正劲的法家理论,其余诸家之学都不免黯然失色。因此,全民战争时代形成了战争和法家改革之间的一种协同发展关系:日益激烈的军事竞争为更为极端的法家改革提供了市场,而成功的法家改革又反过来增强了国家的实力,使国家能更有效地开展战争。结果,战争的规模不断升级,持续的时间也越来越长。

第七章

全民战争时代:绝对主义的主宰

　　前一章,我们分析了导致古代中国哲学出现及法家在政治中主导地位的社会条件。本章我们将转向现实政治讨论,以便更具体的认识——法家改革、相关国家政策的政治社会影响、战争和社会政治条件及国家战略选择之间的关系。本章的内容涉及了下列五个相互关联的主题:(1)从战争与法家改革之间协同演化的视角来考察法家改革(特别是秦国所推行的法家改革);(2)法家改革所引发的一系列新型的国家—社会关系与社会政治条件,尤其是其中那些使全民战争得以成为现实的条件;(3)这一阶段战争驱动型竞争所带来的技术发展;(4)战争与大型国家水利工程之间的关系,以及对魏特夫(Wittfogel)"东方专制主义"理论的批判;(5)东周时期商人力量的兴起,及其在国家奉行法家重农抑商政策后的衰落。综合上述这些主题,本章试图描绘的是:战争驱动下国家力量的迅速成长,以及日益强大的国家力量导致社会力量边缘化。当然,本章的关键在于阐明和分析全民战争得以爆发的社会历史环境。

　　帕特丽夏·克朗(Patricia Crone)曾有一段现已被广为接受的论述,即,工业时代以前的国家应该"被理解为一种最低版本的(minimalist)而非最高版本的(maximalist)国家:这些国家本身所做的事情很少,而臣民则承担了剩下的大部分工作"①。克朗论点背后的逻辑是,由于前工业世界的农业资源与基础建设能力非常有限,不可能建立一个可持续发展的最高版本的国家。然而本章则认为,秦代以前的诸侯列国,以及刚刚一统天下的大秦王朝无不竞相建立某种最高版本的国家。必须强调的是,我的这个观点与克朗的逻辑并不相悖:首先,不容否认的是,某些前工业社会的统治者的确曾梦想过要建立起某种最高版本的国家,而且也确实为之作了不少切实的努力。其次,克朗所描绘的那种最低版本的国家型态为前工业时代的国家提供了坚实的存在基础,使之得以长久维系下去。但在古代中国历史上的这个特殊时刻,国家要想生存下来就必须调动一切可以调动的资源,因为在此时,国家能生存下来就意味着它要在日益残酷的全民战争中战胜所有对手。再次,强大的秦王朝在一统中国后仅维持了 15 年光景(见第九章)。这个军事强国的脆弱证实了克朗论证逻辑的合理性。而且,汉初的统治者与思想家由于汲取了秦朝速朽的历史教训(见第十章),都坚决支持最低版本的国家建构方案,而这恰恰反映了秦帝国**并不是**所谓最低版本的国家这一事实。最后,虽然秦以后的大多数王朝相较于秦帝国,其国家型态更接近于克朗所谓最低版本的国家,但是秦王朝对建立最高版本的国家所付出的努力为后来的历史留下了许多制度性遗产,比如,带有强烈精英政治色彩的高效的官僚制度,为了加强地方管理而建立的各种互相监督的机制(比如保甲制),以及(在前现代标准下)强大的社会保障体系,而所有这些秦朝的制度遗产赋予了中国"强国家"的传统。

法家改革与全民战争的蔓延

正如第五章所述,法家改革浪潮滥觞于公元前 453 年"三家分晋"之

---

① 克朗 Crone(1989,第 47 页)。

为了使读者能对克朗所谓"最低版本"和"最高版本"的国家有所了解,译者译出了克朗此书第 47 页上的一段话:"在前工业时代,国家治理手段的匮乏意味着它们没有能力像现代国家那样承担许多的国家职能。现代国家的职能不单是收税、维护治安,以及保护其公民不受外国人的侵犯。现代国家还为公民提供教育、工作机会,救济贫困,协调经济活动,监督自然环境和社会环境,组织体育赛事以及其他形式的娱乐活动,资助文化事业,提供公共卫生服务,并对老弱残障群体给予帮助。现代国家所开展的活动数不胜数,这些国家行为深刻地塑造着每一个社会成员的生活。相形之下,前工业国家所参与的活动就非常有限,而且它们也没有力量去塑造国民的生活(有时甚至对国民的影响力也是微乎其微的)。"——译者

后的魏国。由于改革之后国力大为提升,魏国很快就在诸侯国之间的战争中显露锋芒。魏国在战争中所取得的优势地位对邻国构成了极大的威胁,于是,其他国家要么被迫启动改革,要么加速推进已有的改革进程,这就把中国历史带入了一个高度同构化的时代(isomorphic moment),从某种程度上来说与西方崛起以后非西方国家的被迫现代化进程(coerced modernization)有相似之处(见第十三章)。根据相关史料的记载,各国开启大规模改革的时间分别是:赵国于公元前403年,楚国于约前389年,韩国于前355年,齐国于前357年,秦国则于前356、前350年分别进行了两次改革。其中,秦国的改革不仅发生得较晚,而且比其他大多数国家的改革要来得更为全面和彻底。至于为什么秦国的改革对全民战争时期战局的扩大以及后来秦的统一中国起到了关键作用,我们可以通过考察商鞅在秦国推行的两次改革的主要内容来寻找答案。

商鞅(约前390—前338)是卫国公室旁系的后裔。在去秦国以前,商鞅曾师从魏国变法的设计者李悝,并做过魏国相国公叔痤的家臣。公元前361年,在得知秦孝公(前361—前338年在位)颁布"求贤令"后,商鞅带着李悝制定的魏国法典投奔秦国。秦孝公颁布求贤令的动机再清楚不过。当时的秦国一直处于魏国的军事压力之下,且秦国黄河西岸的大片土地也已尽被魏国所占。求贤令中,秦孝公许下了这样的承诺:"宾客群臣有能出奇计强秦者,吾且尊官,与之分土。"[①]

如上所述,商鞅所领导的秦国改革分别发生在公元前356年和前350年。商鞅改革的具体措施颇为复杂,以下总结只能提供一个关于变法的粗略框架[②]:(1)商鞅的改革剥夺了贵族在政府中世袭罔替的官职,建立起中央集权的官僚制国家,并依据个人能力来选拔官僚体制内的各级官员。商鞅还在秦国境内设置了41个县,任命县令予以管理,并采取薪俸制。(2)商鞅制定了一套繁密而严苛的法律,即便对很微小的违法行为也严惩不贷。为了强化对民众的控制,他还创设了一套户口与旅舍

---

① 《史记·秦本纪》(裴骃集解,司马贞索引,张守节正义,1959,第202页)。

② 以下关于商鞅变法的具体措施的总结,我主要参考的是杨宽(1998,第202—210页)与徐喜辰、斯维至、杨钊(1995)等人的著作。此外,我也参考了《商君书》(《商君书译注》,石磊、董昕,2003)。虽然有人(郭沫若、黄云眉等)认为《商君书》仅是一部伪托在商鞅名下的书,但还有一种观点却认为,即便商鞅可能不是该书的唯一作者,但此书确实包含了大量商鞅所写下的文字片段,这些片段散见于战国时代其他作品之中。请参见陆威仪 Lewis(1993)。

登记制度，并施行集体责任制，这一制度编五户或十户为一组（称为一"伍"或一"什"），若有人犯法而同组中无人上报官府，则全组人家皆受株连①。对于旅客，若没有得到官府的许可，则不得在主人的家中或旅舍过夜留宿。(3)在军队中，将士的升迁与奖励直接与军功挂钩。(4)重新分配土地，并鼓励民众开荒拓垦②。为了提升国家征收农产品的能力，强行将扩展家庭（extended family）③拆分成若干小型的核心家庭（nuclear families），如果一个家庭中有两名及以上的成年男性，则税赋加倍④。而且，税赋的征收不再以家庭规模为依据，而基于各家各户所耕种的土地数量。(5)商鞅认为商业活动会干扰农业生产，于是，他还制定、颁布了相应的法律与货币政策来抑制和调节商业活动。

　　上述改革措施是通认的历史事实，但商鞅之后秦法以及政府的实际运作情况却长期处于未知状态。不过，近几十年来对睡虎地秦简的相关研究多少弥补了这一缺憾。睡虎地秦简是在一位生前曾参与过"治狱"的秦国官吏的墓葬中发现的，墓葬的主人死于前217年，在其死后四年，秦国便统一了中国⑤。20世纪80年代前后，睡虎地秦简文本的公布与

---

① 即"什伍连坐法"，《史记·商君列传》记载"令民为什伍，而相收司连坐"。——译者

② 传统上，人们认为商鞅推进了土地私有制的发展（如杨宽，1998，第205页）。但也有学者认为商鞅的改革只是重新分配了土地，且从法律上保证了农民在所分得的土地上从事耕作的权利，换言之，这些学者认为当时的法家改革并没有真正建立起土地私有制（杨师群，2003，第3章）。考古发现的一些材料，比如，睡虎地秦简中的秦国法律文书（张金光，1983）以及银雀山汉简中的齐国法律文书（刘海年，1987；这些法律文书即《守法守令第十三篇》。——译者）都支持后一种观点。不过，虽然我们无法知道古代中国的农民是否可以将重新分配的土地当作私有财产进行买卖，但根据《史记》（1959，第2013—2020页）的记载，西汉开国丞相萧何曾通过大量购入和出售田地房产来赚取利润，也就是说，土地买卖在萧何的时代应该是十分普遍的。结合这些零散的材料，我猜测当时农民对国家分配给他们的土地可能享有一定的自主权，只是古代中国从来没有发展出像古代希腊罗马世界中的那种私人土地所有权。

③ 在社会学中，扩展家庭指的是由两个或两个以上的核心家庭组成的大家庭，它包括核心家庭成员以外的亲属，如祖父母、外祖父母等。——译者

④ 《史记·商君列传》："民有两男以上不分异者，倍其赋。"——译者

⑤ 睡虎地秦简是1975年在湖北省云梦县城关睡虎地十一号墓出土的秦代竹简。（据考证，该墓的主人曾担任过某县的令史。这些竹简可能是墓主人生前根据工作需要对秦朝法律和法律文书所作的抄录。睡虎地秦墓竹简计1155枚，残片80枚，研究者将其分类整理为十部分内容，包括：《秦律十八种》《效律》《秦律杂抄》《法律答问》《封诊式》《编年记》《语书》《为吏之道》《日书》甲种与《日书》乙种。其中《语书》《效律》《封诊式》《日书》为原书标题，其他均是整理者拟定的。——译者）

出版推动了中、西学界一系列相关研究①，极大地丰富了我们对秦国法律体制与政府制度的理解。

睡虎地秦简中的法律文件表明，秦国政府对法律程序之重视远超过之前人们对此的认识②。虽然法家的原则在秦律中占据着主导地位，但秦律中也渗透着阴阳家的思想。阴阳学说通过将宇宙运转同法律刑罚联系在一起而为秦律提供了合理性③。此外，还有一些法律条文遵循的是宗法制原则，包含有不少儒家的思想元素④。商鞅曾主张秦律应该对除秦王以外所有的犯法者一视同仁，但睡虎地秦简却显示，倘若高等级的贵族和官员违犯了法律，他们所受的惩罚要轻于同犯此罪的庶民⑤。学术界认为，睡虎地秦简内容很大程度上确证了商鞅变法后秦律与其政制的基本情况⑥。简牍记载下的秦律相当严苛⑦，它所体现的不是臣民的权利，而是"国君与官员统率法律目标的意志"⑧。秦简中的法律文书特别强调地方官员有诸如监督与促进农业生产、增加税收、征召百姓服劳役兵役、惩治违法行为等方面的职责——而这些方面全都是商鞅变法的核心所在⑨。在睡虎地秦简中，我们也能发现不少案例施行的是"连坐法"，这同样也是商鞅变法的一项关键举措。秦简中还有几处文字显示，秦国的家庭每户人口很少⑩，这证明前述的"分户政策"得到了有效

---

① 例如，高敏(1998)；黄盛璋(1979)；何四维 Hulsewé(1985)；李学勤(1985、2004)；睡虎地秦墓竹简整理小组(1978)；唐赞攻(1981)；特纳 Turner (1989、1992、1993)；魏德胜 (2003)；叶山 Yates (1995)；于豪亮 (1980)。

② 何四维 Hulsewé (1985，第 7 页)；特纳 Turner (1992，第 10 页)。

③ 李铨 (1998)；叶山 Yates (1995)。

④ 金烨(1993)；武丽娜、王树金(2005)。

⑤ 何四维 Hulsewé(1985，第 7—8 页)。

⑥ 陆威仪 Lewis(2007，第 30 页)。

⑦ 何润坤(2003)。

⑧ 特纳 Turner (1992，第 44 页)。

⑨ 李学勤(2004，第 104—105 页)。秦简的法律文书中包含了许多管理农业生产的法律条款。秦律对农业生产的各项细节都有详细规定，比如，它明确规定每亩土地上不同种子播种的数量，并要求地方官吏及时向上呈报当地的旱涝情况。秦律还有许多条款涉及的是牲畜的饲养和管理，比如，通过考核牲畜饲养者的业绩来对他们进行褒奖与惩罚，再比如，秦律规定如果用牛耕田导致耕牛变瘦，主事者要受笞打，还比如，在每年对驾车用牛的考核中，如果十头以上的牛死了三分之一，或者十头以下的牛死了三头以上，主管官员、负责饲牛的各级官吏都会被处罚，参见何四维 Hulsewé(第 21—26 页)。(此处提到的一些秦律主要来自于睡虎地秦简中被归为"厩苑律"的部分，请参见《秦律十八种·厩苑律》。——译者)

⑩ 何四维 Hulsewé (1985，第 11 页)。

的执行。秦国还致力于建立一个高效的官僚体制，为此，它制定了复杂的官员选拔流程与政绩评价标准①。最后，秦律规定如果一队秦军能斩杀五名敌军，则全队每人加封一级爵位；还规定，战士能凭借在战斗中斩获敌人首级晋升爵位，也可以通过退还一级爵位将身为奴隶的妻子赎为庶人②。从这些秦简的记载中，我们可以清楚地看到秦律通过把军功与爵位赏赐联结在一起来激励战士奋勇杀敌，从而把秦国军队打造成了虎狼之师③。

　　简言之，商鞅的目标是建立一个能紧密控制臣民的中央集权官僚制国家，及打造一个社会使之可被组织为延伸的军队④。建立这样一个国家的主要意图在于最大限度地从社会中汲取人力与物力资源以赢得战争胜利。因此，《商君书》中的一篇文章会将农业生产与战争直接联系起来是丝毫不令人感到奇怪的，这篇文章认为重视农业不仅可以提高农业生产能力，而且还能造就一个易于进行军事训练和军事动员的农民群体⑤。

　　全民战争时代，在法家改革中新崛起的强国既有能力动员更多的军队、进行更持久的战争，也有能力推行规模庞大的道路、水利工程来增进国家在交通运输、农业生产以及征收税赋等方面的能力，凡此种种皆出于战争之动力。公元前405年⑥之后，特别是在前350年商鞅在秦国推行改革以后，领土扩张以及消灭敌国人口（可以理解成大规模屠杀）便成为普遍共识。这就是为什么在史料记载的战国时期20场伤亡人数超过2万人的战争中，有15场战争都发生在前317—前256年这61年之间。法家变革与战争的协同机制加上领土扩张的战争动力，成为当时历史发

---

① 　叶山 Yates（1995）。

② 　高敏（1981，第157页）。请注意秦国爵位至少有20个等级。战士可以凭借其优异的战绩逐级向上晋升，但普通战士所获赏的贵族封号只限于低等和中等的爵位。（这里对军爵制度的描述，主要参考的是睡虎地秦简中《秦律十八种·军爵律》，比如"从军当以劳论及赐"以及"隶臣斩首为公士，谒归公士而免故妻隶妾一人者，许之，免以为庶人"等。——译者）

③ 　睡虎地秦简中《封诊式》中有两条关于秦军士兵争抢敌人首级的记载：一条是说某人在路上见到男子丙为了争夺男子丁所得的敌人首级而用剑砍伤了丁，这人遂和丁一起将丙捆缚送官；另一条则讲的是两人在邢丘城作战，得首级一枚，因相争执不下而上诉官府（于豪亮与李均明，1981，第166页）。显然，秦国的军功奖励制度深刻地影响了士兵的行为。

④ 　这也就是为什么秦律中有许多条款密切反映的是军法原则（叶山，2009）。

⑤ 　《商君书·农战三》（《商君书译注》，石磊、董昕，2003，第19—29页）。

⑥ 　这一年，赵、魏、韩三国联军打败齐国。据记载，齐军约有3万名士兵阵亡，2000余乘战车被缴获（见《吕氏春秋·不广》）。

展的引擎，并铺就了秦在公元前221年一统天下之路。

改革与社会

在其著作中，Victoria Hui提出，在法家改革之后，由于战国时期的统治者"需要动员民众奋勇杀敌，效死沙场"，于是作为回报，国家和社会之间便达成了一些交换条件，主要有三个方面，即物质福利、法律保障，以及言论自由①。这一主张显然意味着秦国战士之所以更加骁勇善战，是因为秦国实行的法家改革促使秦人享有更多的法律公正、经济与公民权利，以及言论自由。之前，我曾指出，士所享有的种种自由并不能和现代意义上建立在"社会契约"基础上的"言论自由"相提并论（见第六章）。类似地，秦国臣民从法家改革中所获得的"物质福利"与"法律保障"也都同样不是国家与社会之间取得共识后的产物。

我虽不赞同Victoria Hui对法家改革所带来社会福惠之定性，但我并不否认秦军将士会因其战功而得到奖赏（为了让战士奋勇杀敌，采取某种"胡萝卜加大棒"的手段是必要的）。但是，秦国用以激励军民效死沙场的那些"胡萝卜"绝对**不是**国家—社会集体性议价（bargaining）的结果。它们只是秦国赏罚并重的统治策略中"赏"的那一面。这套策略既要奖励遵纪守法者以及那些被君主誉为勇士的军人，另一方面又要让臣民知道，如若他们不遵守法律规范就会受到严厉的惩罚。被统治者于此没有任何显著的议价能力可言。因而，这些所谓的"奖赏"完全不应当被认为具有现代意义上的"权利"成分。荀子曾对秦国当时的改革以及秦国强大的军队有如下一番评论，或许恰是我以上观点的另一种表述②：

> 秦人其生民陿阸，其使民也酷烈，劫之以埶，隐之以阸，忸之以庆赏，酋之以刑罚，使天下之民所以要利于上者，非斗无由也。阸而用之，得而后功之，功赏相长也，五甲首而隶五家，是最为众强长久，多地以正，故四世有胜，非幸也，数也。（［至于］秦国的统治者，他们使民众谋生的道路很狭窄、生活很穷窘，并采用严刑峻法来役使民众。秦国君主用权势威逼民众作战，让他们由于生计艰难只能去作战，用奖赏引诱他们使他们习惯于作战，再用刑罚强迫他们去作战，

---

① Victoria Hui（2005，第171页）。
② 《荀子·议兵第十五》（《荀子集解》，王先谦撰，1988，第273—274页）。

使国内的民众向君主求取利禄的办法，除了作战就没有别的途径。秦国君主先使民众贫困，而后再役使他们，得胜后再给他们记功，奖赏依据军功的增加而增加，如果战士在战斗中斩杀了五名敌军首级，那么他回乡后就可以役使本乡的五户人家。[这就是为什么]秦国有人数最多、战力最强、作战最持久的军队，而且还拥有着高效的税收系统。所以，历经四代君主，秦国军事上捷报频传绝非偶然，而是它[国家政策]的必然结果。）

荀子所说的"四世"是指秦孝公、秦惠文王、秦武王以及秦昭襄王四代君主相继统治的时期。这一时期上起公元前 361 年，下至公元前 251 年。此间，由于军事上的成功，秦国国力得以稳定增强，而秦国长期保持着所向披靡的战争记录则证明商鞅变法的卓有成效。

为了更好理解法家改革可能实现的与已经实现的成果，以及当时改革所处的历史环境，我们可以思考这样一个问题，即，统治者用什么样的方法才能让民众为他们去搏命沙场。我以为，统治者要想鼓动或强迫其臣民参军打仗，从理想型上讲，只有如下三种可能的方法：其一，是靠给予打仗的战士金钱之类的物质回报（雇佣兵即属此类）；其二，让民众相信他们战斗是出于他们"自己的需要"（比如，参军打仗是为了爱国主义、民族主义，或某种荣誉等原因）；其三，强制民众参战，并对有军功者加以奖赏[1]。显然，商鞅所推行的法家改革就非常近似于这第三种方法。此外，我还认为，以上每种方法均在与之相适应的社会环境中可发挥比其他方法更大的效力，而且，因为社会环境的不同，不同方法会造成不同的历史结果。简单来说，第一种方法可能对那些富裕但专制力量（despotic power）较弱的国家更加有效。这就是为什么在欧洲历史上曾有过这样一个时期，财政上宽裕的城市国家会利用雇佣军为自己打仗，并从中获得利益[2]。但是，利用雇佣军来打仗不仅大幅提高战争成本，而且更进一步削弱国家力量，因为它越发仰仗富人阶层经济和政治上的支持；更何况雇佣军是否会忠心耿耿地为国家效力也很成问题。第二种方法虽然可以为国家提供勇猛的战士，且成本也比第一种要低得多，但对于打

---

① 这三种方法都是从理想型的意义上讲的，因为在现实中，国家动员其民众参战的办法不一定是单一一种，而可能是几种方法多管齐下。比如，欧洲中世纪的骑士战争就可被认为是采取了前两种战争动员的办法：一方面，骑士会因其参战而获得封地等报偿；另一方面，在骑士文化的熏陶下，骑士们会视英勇作战是骑士精神的一部分。

② 霍华德 Howard（1976），梯利 Tilly（1992）。

着爱国主义或者民族主义旗号的战争，国家也需要给那些冒着生命危险参加战斗的士兵以一定政治层面的回报，比方说，公民身份。因此，从长远来看，采取这种办法同样会削弱一个国家的专制力量。第三种方法的成本也较低，但这种方法不能保证士兵一定会在战场上奋勇杀敌。与第二种方法相比，这种方法效果的好坏更取决于国家强制力量（coercive power）的强弱程度。但即便如此（只要那些被强行征招的士兵在战场上尚可勉强取胜），这种方法都将进一步强化国家权力，这是因为，不像前两种方法，第三种方法不会使任何其他的社会力量趁机有所增强。所以，传统社会的统治者只要有足够的实力，就可能更青睐于采取这种方法。

在近代欧洲，由于国家受到教会、贵族以及新兴资产阶级等社会行动者的制约，它们不得不采用前两种方法来进行军事动员①。但对古代中国，数世纪以来，国家没有受到过任何来自经济、意识形态或政治领域的其他社会行动者的有效制衡。因此，在全民战争时代，国家选择了近似于第三种理想型方案的办法作为自己的军事政治策略是顺理成章的事情，也就是说，战国时期的诸侯列国早晚都会强制它的臣民参军打仗或强迫他们生产用以维持战争的物质资料。在军队中，奖励军功的制度激励着战士奋勇杀敌；在军队之外，国家掌控下的手工作坊则源源不断地制造着武器，而没有入伍参军的民众则要从事农业生产来提供军队将士的口粮。如此，国家便有能力维持更长时间的全民战争而不至于陷入严重的经济危机。

法家改革的国家强制性及其立竿见影的成效带来了若干非预期后果（unintended consequences）。首先，这使法家学说在政治领域中占据了主导地位，而其他诸子学说则只在社会上产生影响。其次，法家改革的成果还使统治者并不重视运用教化感召的办法来动员民众参战。并且，经过长时间的战争洗礼，民众中不可避免地会涌现出某种激励他们自愿参战的情感，但统治者的忽视则减缓了某些原始意义上的民族意识

---

① 梯利 Tilly（1992）根据国家在战时汲取社会资源的方式将前现代欧洲国家相应地划分成了三类，即强制型国家、资本型国家，以及半强制半资本型国家。梯利 Tilly（1992，第 30 页）还将强制型国家定义为这样的一种国家——在其中，"统治者从本国人口以及被征服的人口那里榨取战争资源，并在此过程中建立起庞大的汲取资源的社会结构"。根据梯利的定义，全民战争时代所有的诸侯国都应属于"强制型国家"。资本型国家与半强制半资本型国家在古代中国是不存在的。而且，对于前现代欧洲国家而言，即便是那些最具强制性的国家，比如俄国与波兰，在国家的强制力上也远不及古代中国的诸侯列国。

和爱国意识在军队乃至普通民众中的孕育发展[1]。此外，在整个东周时期，学者与思想家们衷心追随的乃是具体的某个学派或某位宗师，他们并不会对国家这个抽象实体献上自己的忠诚。也就是说，哪个国家给他们的奖赏更高，他们就会为哪个国家效力。因此，越是强大的国家往往在招贤纳士方面就越具优势，因为国家越大，它就越有能力为人才提供更丰厚的回报（比如，物质奖励以及实现个人抱负的机遇）。结果，统治者不重视在民众中培养国家身份意识也在一定程度上对秦之统一中国发挥了促进作用。

改革与粗放型技术的发展

在转型时代和全民战争时代，军事竞争愈发激烈，工具理性思维日渐盛行，在它们的驱动和刺激下，包括军事技术在内的各种技术都迅猛发展起来。在冶金技术领域，中国古代的工匠发明了鼓风炉以及一系列冶铁技术和工艺，其中包括欧洲人直到近代才掌握的生铁冶铸技术[2]。在军事上，到公元前5世纪初，吴国就已掌握了先进的造船技术。公元前485年，为了攻打齐国，吴国的舰队从东海海域（大约在今上海市附近）出发，向北航行至今山东地区，实现了经海路长途奔袭的作战计划（见第五章）[3]。中国人此时在武器制造技术上也有了长足进步，发明了

---

① 戈尔斯基 Gorski(2003)。

② 许多热处理工艺，特别是冷却与退火技术几乎是在同一时间发展起来的，而且中国人还发明了块炼法、生铁冶铸等技术和工艺（华觉明，1976；李众，1975）。

这里的"鼓风炉"指的是生铁冶铸技术中带有鼓风装置的竖炉。在古代的技术条件下，铁矿物的还原有两种方式：其一是低温固态还原法，其二是高温液态还原法。两种方法均用木炭作为还原剂，前者在较矮的炉体中以低温使氧化铁还原成固态的海绵铁，经反复锻打得到块炼铁（故此法又称"块炼法"），后者则在较高的炉体中以高温得到熔融的生铁（铁和碳的合金），再浇铸成器（即生铁冶铸术）。中国与欧洲的冶炼术有着不同的发展路径，中国在春秋战国之际就掌握了上述两种冶铁法，而欧洲要到14世纪（或11世纪）才开始采用后一种办法。华觉明认为，生铁冶铸术之所以很早出现在中国，可能主要是中国的高温熔炼技术早期发展的结果。一方面，中国的炼铁术源自发达的青铜冶铸术，所以其炼铁炉很早就承袭了炼铜竖炉的型式；另一方面，中国在鼓风装置、筑炉、耐火材料等工艺上的发明也有利于高温冶铁技术的发展。——译者

③ 史称"吴舟师攻齐之战"，载于《左传·哀公十年（前485）》。虽然此战吴国水师被齐国军队所打败，但一般认为，这是中国有史可考的第一次大规模海战。——译者

威力巨大的兵器——弩，以及种类繁多的攻城武器与防御性武器[①]。农业技术方面，牛耕、铁制农具，以及许多其他新型农业技术的使用极大地促进了农业生产，而灌溉与施肥技术的普及则意味着更多的土地可被用于耕作，因此，当时整个中国的农业产量都在稳步增长[②]。像上述这样的例子还有很多，这里仅略举一二，如果读者感兴趣的话还可以参考其他资料，此处不再赘言[③]。

在分析西罗马帝国的衰落与覆灭时，迈克尔·曼曾将技术分为两种类型。一类是集约型技术（intensive technologies），即一种"旨在通过更少的投入，特别是劳动投入，来获取更多的物质产出和能源产出"的技术，鼓风装置以及蒸汽机之类的技术即属此类。而另一类是粗放型技术（extensive technologies），这类技术旨在"通过投入协作更为广泛、组织更加严密的劳动力资源，来获取更多的产出"[④]。曼强调，由于罗马帝国拥有着大量依赖性劳动力（dependent labor）[⑤]和强大的强制性力量，罗马人对发展粗放型的组织性技术要比发展能够节省劳动力或资源的集约型技术更有兴趣[⑥]。曼的理论同样也适用于中国历史。虽然在东周时期中国人发明了许多重要的集约型技术，但法家造就的强制性国家的胜利及优势，让中国的发明家更倾向发展粗放型技术。

在全民战争时代，不仅军队与辅助性的军事组织日益壮大，国家与社会的组织化程度也变得越来越高。伴随着法家改革，以行政管理为核心任务的官僚机构有了很大发展，政府运行遵循着明确的规章程序，对官员的选任与晋升越来越看重其个人的才能与政绩表现[⑦]。国家的税收体制变得愈发完善与高效，生产活动与商业贸易受到国家越来越多的

---

① 墨家的著述中有许多关于武器制造及其他军事技术的记载。《墨子》中的"备城门"及其下诸篇为我们了解古代中国军事技术提供了丰富的资料（《墨子集解》，张纯一，1988，第465—489页）。

② 根据一些资料的统计，战国时期农业产量大约是西周时期的两倍（李根蟠 1999；张金光 1983）。而且，秦国的粮食产量约为其他六大诸侯国粮食总产量的一半以上（张金光 1983）。

③ 杨宽（1998，第42—104页）对全民战争时代中国在各个领域的技术进步有相对详细的论述。

④ 曼 Mann（1986，第285页）。

⑤ 依赖性劳动力包括奴隶、包身工、农奴、抵债劳动等等，参见 M. I. Finley. 1980. *Ancient Slavery and Modern Ideology*. New York：Penguin Books。——译者

⑥ 曼 Mann（1986，第284—285页）。

⑦ 到全民战争时代，发展出了多种官员选拔方式，包括他人举荐、自我推荐（上书或者拜见统治者）以及政府根据个人才能或业绩选拔官员。当时，许多官员都是从统治者的护卫做起，而后获得逐步晋升（杨宽，1999，第219—220页）。

管控,并且,对用于支付政府开销和作为王室收入的税赋也作了明确区分[1]。此外,国家针对官员的行为和业绩有了一套完备的监督机制,包括官员档案的记录与管理、业绩考评,以及弹劾程序[2]。国家还设有独立的监察系统以监督中央与地方官员的政绩表现[3]。在国家权力不断扩张与增强的同时,社会也被愈发有效地组织起来以方便进行军事动员以及战争相关的生产活动。大多数的诸侯国会将每五户人家编为一组,这样做,既便于国家进行人口统计、有利于施行集体责任制,也可使民众相互监视、检举[4]。每一组居民要么被征发去前线打仗,要么留在后方从事农业生产或工程建设来支援战争。在建立了户籍制度的国家,每个居民都必须登记户口,每户家庭都要定期接受某种户口调查,上报出生与死亡人口。国家强制对五户一组施行连坐法,鼓励民众相互"告奸",一组中若有一人犯罪,同组人未予检举而被官府后来发现,那么一人之罪则株连全组所有人。如此,社会便像国家的军事组织那样被严密地组织了起来。

自转型时代晚期起,各国开始纷纷修筑长城。长城在其修建的规模和长度上都有别于早期的城墙,修建它的目的并不是为了将一小片城区包围和保护起来,而是为了防卫大部分或是整片国家领土(当时大国的领土面积相当于今天一省或数省的面积)。长城的出现不仅是一次技术革新,也是多城邑城市国家转变为领土国的标志。例如,为了抵御齐国的进攻,燕国在其南部边境沿易水修筑了燕长城;齐国为了防范南面楚国以及西面赵、魏两国的进攻,在其国境以南修建了齐长城,这段长城西起济水(邻近今山东省平阴县),绵延数百公里向东达至黄海之滨;而为防备魏国的入侵,秦国也在黄河与洛河之间修筑秦长城;此外,赵、魏、楚、中山等国同样也筑长城来保卫领土[5]。最后,在北方,诸如燕、赵、秦等大国则筑长城以拒胡人于境北。扫灭六国后,秦王朝将这些北方的长

---

① 杨宽(1998,第236—240页)。

② 叶山 Yates(1995)。

③ 读者可参考贺凯 Hucker(1966)对明代监察制度的精彩论述。虽然贺凯的著作关注的是帝制晚期中国的政府制度,但该书所描述的许多监察手段都可上溯至东周时期。

④ 西周至东周早期,每五名士兵被编成一个作战单元,即一"伍",多个这样的"伍"合在一起,并配备一辆战车,就组成了一个更大的战斗编制(杜正胜,1990,第131页)。显然,编五户人家为一组是有其军事上的起源的。

⑤ 白音查干(1999),杨宽(1998,第323—325页)。

城连接起来,这便是今天"万里长城"的前身[1]。

国家组织能力的持续增长也导致各国开始发展其他的粗放型技术,这些技术需要动用大量组织紧密的劳动力资源。从转型时代后期开始,各大诸侯国便纷纷兴建更加宽阔与平坦的道路,以提升军队调动和物资运送的速度[2]。有一些国家还试图改进天然的水路运输系统,它们开凿长距离运河将各大水系连通起来,并依靠水路来运输军队和物资补给。同时,诸侯国还修建了大规模的灌溉与水利工程以提升农业产量。

自全民战争时代以降,中国技术的发展就从未停歇过,这一点在李约瑟等人所编撰的皇皇巨著《中国科学技术史》中得到了淋漓尽致的展现[3]。然而,在前现代的中国,技术发展的主导趋势在于粗放型技术这一方面,而且,秦统一天下之后,中国那些更加令人瞩目的成就同样也是粗放型技术——这一作为国家组织自身及社会之手段——的日臻完美。中国之所以会有这样的发展模式是不难解释的。对大多数的集约型技术而言,一旦被发明,它们就不大可能被国家所完全垄断。因此,集约型技术的发展通常增进的是国家和社会两方面的力量。在特定的社会结构条件下,集约型技术的发展甚至可能会导致政治力量的扩散,正如在西方世界出现了活字印刷术后所发生的那样[4]。相反,从粗放型技术的发展中受益的往往是大规模的组织,尤其是国家。只要传统社会的统治者有选择的机会,相比于集约型技术,他们当然会更支持粗放型技术的发展,他们甚至还会利用从粗放型技术中所获取的权力来抑制集约型技术的发展或者使之边缘化,从而让社会变得更容易被他们所掌控。简言之,法家的改革措施也可被看作是粗放型技术的一整套重要创新。

---

① 现存的长城遗迹主要是始建于 14 世纪的明长城。明长城中的大部分位于秦长城遗址以南。

② 史念海(1963,第 76—81 页),杨宽(1998,第 111—115 页)。

③ 罗南 Ronan 与李约瑟 Needham(1978、1981、1986、1994、1995)另编有一部《中国科学技术史》的五卷缩写本。感兴趣的读者可以阅读该书,以便对李约瑟这部里程碑式的巨著有一大致了解。

④ 请参见森瑟 Censer 和波普金 Popkin(1987)的著作,该书讨论了出版业以及新出现的公共舆论对法国大革命爆发所起的推动作用。另外,关于活字印刷技术是如何促进文艺复兴、宗教改革以及科技革命,可以参考爱森斯坦 Eisenstein(2005)的著作。

战争与大型水利工程

魏特夫（Wittfogel）在其经典著作《东方专制主义：对于极权主义的比较研究》（*Oriental Despotism：A Comparative Study of Total Power*）一书中认为，在古代中国，中央集权的官僚制国家之所以可以长期存在，主要是因为在当时的气候条件下要进行农业生产，需要一个强国家去组织建设和维护大型水利工程①。但通过研究，我发现并没有充分的证据足以支撑魏特夫的这一著名观点②。虽说中国古代有过大禹治水这样的传说，但并没有确凿的历史证据或考古证据能证实这一传说的真实性③。到商代早期，古代中国的农业生产方式仍然是刀耕火种，几乎没有证据显示灌溉技术在当时得到广泛的应用④。直到西周时期，无论史料典籍还是考古资料都没有任何有关大型水利工程的记载⑤。只有在霸主时代，水利工程——而且还是那些小型的水利工程——才开始出现⑥。到转型时代，当国家权力集中以后，才出现了国家推动的大型水利建设项目。因此，绝不可能是水利工程在农业中的广泛使用为中国带来了"强国家"传统。而且，与魏特夫的主张相反，最早建设大型水利工程的初衷大多与战争有关。事实上，只有在全民战争时代，大规模

---

① 魏特夫 Wittfogel（1957）。

② 魏特夫的观点源自马克思关于"亚细亚生产方式"（the Asiatic mode of production）的论述（马克思 Marx 1985，第 390 页）。魏特夫的观点曾在苏联、中国以及西方的学术界引发过热烈的讨论（如，贝利 Bailey 与劳柏拉 Llobera1981；侯外庐 2003，第一章）。

③ 张光直（1983，第 128 页）。

④ 周金声（1974，第 27 页）。

⑤ 许倬云与林嘉琳 Linduff（1988，第 172 页）。

⑥ 例如，在前 657 年举行的葵丘（今河南省民权县）之会上，与会的齐、鲁、宋、卫、郑、许、曹等国达成了"毋雍泉，毋讫籴"的协议，也就是说，结盟各国不能截流或者筑坝，遇到荒年时，也不得将粮食囤积不售卖（《春秋穀梁传·僖公九年》载《十三经注疏》，1980，第 2396 页）。这则史料表明，当时在这些国家中存在着一定规模和形式的水利工程项目。另外，《淮南子·人间训》（刘文典，1989，第 623 页）也有一段关于楚庄王（前 613—前 591 年在位）时期楚国水利工程的记载：当时，楚国的孙叔敖在担任令尹之前也曾为了农田灌溉而修建水利工程，即，"决期思之水（今河南省固始县境的史河），而灌雩雩之野"。在本书的第四章，为了论述楚国官僚行政体系的完善与高效，我们也曾举过孙叔敖主持城墙修建工程的另一个例子。可见，楚国在孙叔敖的领导下修建了许多工程，而这些工程中的大多数都是为了使楚国在与齐国长期的军事竞争中占有优势地位。换句话说，为了农业生产而修建的水利灌溉工程也具有鲜明的军事导向性。

的农业水利工程才真正开始出现①。换句话说,魏特夫的论证并未切中中国历史脉络的关键所在。下面就让我通过具体史实来进一步阐述我的观点②。

众所周知,有限的交通运输能力一直就是人类在古代行军作战的一项主要制约因素③。正因如此,对于前现代时期的军队而言,只要具备水路运输条件,他们便常会选择利用水路运输兵力与物资,这样做不仅能降低成本,同时还提升了军事作战能力,扩大了军事行动范围。比如,根据唐纳德·恩格尔斯(Donald Engels)的估计,水路运输可能使萨尔贡帝国的军事征服范围扩大了三倍左右④。又如,秦国在进攻晋国时,就经常利用渭水来运送军队和补给。而在河网密布的中国南方地区,军事运输利用天然水道之利则更为普遍(见第五章)。比如,在吴、楚两国的战争中,水军就扮演着至关重要的角色⑤。

在中国有据可考的历史中,吴国是第一个开凿了长距离运河的国

---

① 作者在此强调:大型水利工程直到全民战争时代才出现,并且与战争有关,并不是治水给中国带来了"强国家"传统。值得注意的是,浙江省考古工作者最近在杭州余杭地区发现了良渚文化时期的较大型水利设施,可能具有防洪、筑堰围垦的功能。这些新材料将中国早期水利工程的起源上溯到更早的史前时期,但与作者此处的观点也并不矛盾。相关文献可见浙江省文物考古研究所:《杭州市良渚古城外围水利系统的考古调查》,《考古》2015年第1期;邱志荣、张卫东、茹静文等:《良渚文化遗址水利工程的考证与研究》,《浙江水利水电学院学报》2016年第3期。——译者

② 有关中国水利工程详细的历史,见冀朝鼎(1981);姚汉源(2005);郑肇经(1939)。

③ 见克朗 Crown(1974),恩格尔斯 Engels(1978),格拉夫 Graff 与海厄姆 Higham(2002,第13页),兰德尔 Landels(1980)。贝洛赫 Bairoch(1988,第11页)曾用"距离的暴政(the tyranny of distance)"一词来描述古代世界交通运输成本的高昂。

④ 恩格尔斯 Engels(1978)。另,萨尔贡帝国是公元前2300年前后,由位于美索不达米亚北部地区的阿卡德王国的国王萨尔贡一世通过一系列军事征服活动建立的帝国,其控制范围覆盖了底格里斯河与幼发拉底河流域。

⑤ 在吴、楚两国间的战争中,水军作战可能向来就有。以下是《左传》中所记载的水军在两国战争中发挥重大作用的一些战例:公元前549年,楚康王"为舟师以伐吴"(杨伯峻编著,1990,第1090页)。公元前518年,楚平王"为舟师以略吴疆"(杨伯峻编著,1990,第1452页)。公元前504年,吴军击败楚国水师,俘获其统帅潘子臣,此役失利迫使楚国将其都城从郢迁至鄀(杨伯峻编著,1990,第1557页)。公元前525年,楚大败吴军,并缴获了吴军水师的旗舰"餘皇"。因为担心会受到吴王僚(公元前526年—前515年在位)的惩罚,吴国公子光(即后来的吴王阖闾)下令夜袭楚军,夺回了"餘皇"舰(杨伯峻编著,1990,第1392—1393页)。公元前506年,吴国军队先通过水路抵达豫章地区(大致为今淮河以南、大别山以北、河南信阳以东、安徽合肥以西的大片地区。——译者),随后弃舟登陆攻打楚国。在不到三个月的时间内,吴师长驱直入1300多公里,连战连捷,几乎灭亡楚国(杨伯峻编著,1990,第1542—1547页)。

家，吴国的运河将几大水系连通起来，成为其水路交通上的"捷径"①。
在接下来的论述中，我将分析吴国在公元前486年与前482年先后开凿
邗沟与菏水背后的动因，我认为吴国开凿这两条长距离运河都主要是为
了军事活动而非农业灌溉②。

吴国在公元前506年、前494年先后击败了它的两个主要对手楚国
和越国，此后，吴国将其战略目光向北推移，有了逐鹿中原的企图。公元
前489年，吴王夫差率军攻打陈国，接着在公元前487年发动了对鲁国
的战争。不过，吴王夫差北上远征鲁国的计划从一开始就显得力不从
心。在占领了鲁国南部边邑武城之后③，吴国因为后勤补给等问题而难
以继续有所作为。在这种情况下，他们向鲁国提出了议和的要求。鲁国
大臣景伯清醒地认识到吴军劳师远征，后勤补给极难保障，不论是和是
战都将不得不很快退兵，于是他建议鲁哀公拒绝与吴军议和。但慑于吴
军之威，鲁哀公还是接受了吴军的求和请求。但最终吴国并没有从这次
议和协议中得到好处，基本上就因为缺乏有效后勤补给线而失去了谈判
的优势地位④。一年之后，公元前486年，吴国完竣了邗沟的修建工程，
这条运河大约200公里长，沟通了长江与淮水两大水系⑤。邗沟的竣工
使吴国水军可以经由水路直抵鲁国都城曲阜城下。

在控制了鲁国以后，吴国进而北上攻打齐国。由于有邗沟的存在，
吴国得以将军队及补给从本国依次经由长江、邗沟、淮水及其支流泗水，
运送到北方地区⑥。公元前484年，吴国军队在鲁国（此时已听命于吴
国）的协助下，大败齐军于艾陵（见第五章）⑦。此役大胜使吴王夫差的

---

① 如果我们考虑到吴国的军事征服一向仰仗于其强大的水军，那么，吴国成为诸侯国中第一
　个开凿长距离运河的国家也就不足为奇了。
② 这类似于19世纪的欧洲国家为了在对外战争和对内战争中及时运送军队和后勤补给而
　大力修建铁路（霍华德 Howard 1976，第97—98页）。
③ 武城在今山东省平邑县南，一说在今山东省费县西。——译者
④ 《左传·哀公八年（公元前487年）》（杨伯峻编著，第1648—1650页）。
⑤ 《左传·哀公九年（前486）》（杨伯峻编著，第1652页）载"秋，吴城邗，沟通江、淮"。
⑥ 邗沟又名渠水、韩江、中渎水、山阳渎、淮扬运河、里运河，南起邗城（今扬州市）以南的长
　江，中途绕经一系列湖泊，以较短的人工渠道相连接，向北流入今江苏省淮安以北的淮河。
　邗沟竣工后，吴国即出兵攻打齐国于艾陵（今山东省莱芜东南）。是役，吴国沿邗沟、淮水
　与泗水向北运送军队与物资。吴军在泗水登岸后，行至汶水，再乘船继续向北挺进。吴军
　的行军路线主要参见《国语》的记载（《国语·吴语》，上海古籍出版社，1978，第591—617
　页）。
⑦ 吴国还在公元前485年经海路攻打齐国，不过，吴军在齐国境内登陆后便被齐军所打败。
　（《左传·哀公十年[前485]》，杨伯峻编著，1990，第1656页）。

野心愈发膨胀起来。公元前483年，夫差不仅下令将邗沟拓宽，还命令开凿另一条长距离运河——菏水，这条新的运河又将泗水与济水、汶水连接起来，其中，济水也是当时一条主要的水路，其流向与黄河基本平行，流经包括晋国在内的许多中原地区国家，而汶水则是济水的一条深入齐国境内的支流。吴国修建菏水的目的同样也与经济因素毫无关系。在打败齐国后，夫差的下一个目标便是称霸整个中原，为此，他就需要同当时的另一大国晋国一决高下。在夫差的提议下，公元前482年吴、晋两国以及许多中、小国家决定在济水之滨的黄池（今河南省封丘县西南）举行诸侯盟会。为迫使晋国承认自己的霸主地位，吴王夫差带领3万甲士亲赴黄池之会①。

吴国称霸的梦想很快就破碎了。就在夫差率领大军北上，在黄池与各路诸侯会盟的时候，越国勾践乘吴国后方空虚奇袭吴国，洗劫了吴国的都城姑苏（第五章）②。此后吴国很快衰落下去，并在9年之后（前473）被越国所灭。上述史实表明，中国最初开凿长距离运河系统的起因主要是战争驱动。

不过，长距离运河一旦建成就不可避免地会被用于货物运输和农田灌溉。例如，菏水的开凿对定陶（时称陶丘，位于菏水与济水的交汇处，在今山东省定陶县）发展成全民战争时代中国最大的商业贸易中心起到了多方面的促进作用③。于是，到全民战争时代，出现了越来越多为灌溉、防洪及土壤改良等目的而兴建的大型水利工程。秦国在公元前237年所建造的郑国渠就是一例④。郑国渠竣工之后所灌溉区域的面积达4万多公顷，大大提高了关中地区的农业产量⑤。另一个例子是魏国西门豹于公元前5世纪主持修建的水利工程。据记载，西门豹在魏国的邺县（今河北省临漳县）总共主持修建了12条水渠，极大地改善了当地的土

---

① 《国语·吴语》（第608页）记载："吴王夫差既杀申胥，不稔于岁，乃起师北征。阙为深沟，通于商、鲁之间，北属之沂，西属之济，以会晋公午于黄池。"
② 《左传·哀公十三年（前482）》（杨伯峻编著，第1676—1677页）。
③ 史念海（1963，第110—111页）。
④ 郑国渠是由韩国人郑国游说秦王嬴政而修造的。郑国最初提议修建这一工程的真实目的是企图消耗秦国的国力，从而缓解秦国对韩国的军事压力，不过，嬴政虽然发觉了郑国的真实意图，但他仍命令将郑国渠修完。实际上，郑国渠的修建并没有拖慢秦国征服六国的步伐。公元前229年，韩国最终还是被秦国所灭。而完工后的郑国渠把泾水引入渭水，灌溉了关中的万顷农田，极大地提升了秦帝国的农业产量（杨宽，1998，第62—65页）。
⑤ 史念海（1963，第101页）。

壤质量与灌溉条件①。当时最有创造性的水利工程恐怕要数李冰主持修建的都江堰，这项工程建成于公元前 3 世纪中叶，它集防洪与灌溉功能于一体，直至今日仍在造福当地人民②。

然而，即使不少运河或其他大型水利工程是为了提高农业生产能力而修建起来的，但战争才是修建这些工程的首要动力。随着全民战争时代的到来（约前 419），诸侯国要想保持在战争中的优势地位，最根本的办法是扩大成年男性的人口规模，以及从整体上提升国家的财政税收能力。因而，能否有效提高农业产量便成了决定着国家能否在战争中取得胜利的关键环节，于是，以服务农业生产为导向的水利工程就因之愈发普遍起来。不过彼时"战国"已成为战争机器，它们的大多数行动都围绕着战争而展开。综上所述，古代中国的大型水利工程显然是"强国家"的产物，而不是像魏特夫所认为的那样，是造就"强国家"的原因。

商　业

自东周之初，中国的经济和商业贸易获得了迅速的发展。全民战争时代是商人阶层的势力盛极而衰的时代。中国商业的发展与诸侯国间的战争密切相关，东周的政治家对高昂的战争成本有深刻的认识。古代中国伟大的军事思想家孙子（约前 545—前 496）在《孙子兵法·作战第二》的开篇就写道：

> 凡用兵之法，驰车千驷，革车千乘，带甲十万，千里馈粮。则内外之费，宾客之用，胶漆之材，车甲之奉，日费千金，然后十万之师举矣。③

在霸主时代，各国的市场与商业活动仍处在很初级的阶段。而且，当时大部分国家的力量还不强大，国家既没有控制商业活动的意识，也尚无有效的管控方式。正是高昂的战争成本迫使许多国家采取某些原始的市场政策来提升财政收入④。事实上，在东周时期任何一个大国崛起的背后，总有旨在增强国家财政税收能力的经济政策和改革措施作为

---

① 杨宽（1998，第 60 页）。
② 关于都江堰以及其他古代中国的水利工程，请参见姚汉源（2005，第 35—36、48—55 页）。
③ 《孙子兵法》（2002）。
④ 杜勇（1996），张弘（2003，第 12—18 页），周春生、曹建刚、胡倩（2004）。

支撑;并且,其中许多经济政策和改革措施在当时经济和商业贸易的发展过程中发挥了重要作用。

例如,根据《管子》①,齐桓公刚刚即位(前685)便急欲发动战争,这时管仲却建议他先要减轻税赋、发展生产。另外,根据《国语》的记载,晋文公在即位后便施行"弃责薄敛,施舍分寡,……轻关易道,通商宽农,懋穑劝分"等措施②。如果说齐国和晋国为了达到富国强兵的目的,采取的是一种放任商业贸易发展的经济政策,那么,其他那些需要增加财政收入的国家所采取的政策则更为积极主动。例如,在公元前494年败于吴国后,越王勾践推行了一系列兴国之策:不仅鼓励商业贸易活动,而且动用国库买卖货物以达到调节市场、便利生产和增加国家税收的目的③。上述经济政策使越国的军事实力迅速增强,为越国于公元前482年击败吴国,以及于公元前473年彻底灭掉吴国奠定了物质基础(第五章)④。

部分地得益于各种国家政策,商业活动在转型时代开始蓬勃发展起来。城邑中集市的规模是经济繁荣程度的一个佐证。拿当时齐国的都城临淄来说,《左传》中至少有两次记载了齐国贵族在临淄城的集市上聚结私家武装、发生冲突的史事⑤。由于这两次战斗都动用了战车,想必此等规模的冲突只有在广大而开阔的场地才施展得开。可见当时集市规模之庞大。《左传》中另外一些记载也向我们展示了临淄城的繁荣⑥。根据《左传》,齐景公打算为其大夫晏子另建新宅,起因是齐景公认为晏子的官邸离市场太近,环境嘈杂脏乱。不过,晏子却婉拒了齐景公的一番美意,他说:"且小人近市,朝夕得所求,小人之利也。敢烦里旅?(小人我住得靠近市场,早晚都能得到需要的物品,这对小人非常便利,岂敢麻烦大家为我造新的房子啊?)"当然,在《左传》与其他一些史料中,晏子

---

① 参见《管子·大匡》(《管子全译》,谢浩范、朱迎平译注,1990年,第295页)。另,《国语·齐语》"桓公霸诸侯"一文中也提到齐桓公"通齐国之鱼盐于东莱,使关市几而不征"(上海古籍出版社,1978年,第247页)。

② 《国语·晋语四》(上海古籍出版社,1978年,第371页)。

③ 《史记·货殖列传》(1959,第3256页)。

④ 随着商贸活动在各国社会生活中变得日益重要,保护商业利益也成为诸侯国会盟的议题之一。在公元前562年的一次由晋国主盟的盟会上(《左传·襄公十一年[前562]》;杨伯峻编著,第989—990页),晋、宋、卫、曹、齐等十三国的盟书中有"凡我同盟,毋蕴年,毋雍利"这样的盟约,也就是说,凡参与盟会的各国不得囤积粮食以牟利,也不独占山林水泽之利。

⑤ 《左传》(襄公二十八年,前545;昭公十年,前532;第1148—1149页、第1316—1317页)

⑥ 《左传·昭公三年(前539)》(第1237—1238页)。

常被描绘成一个睿智而谦虚的人，但通过齐景公和晏子的对话，我们可以知道，当时的市场一方面嘈杂熙攘，另一方面连显赫的齐国贵族都为其便利所吸引，足见这个市场的规模肯定不小。

伴随着经济的繁荣，商人在社会生活中的作用显得愈发重要，其地位也因此而得到了提升[1]。《左传》中最早一次对商人影响战争进程的记载出现在公元前 627 年（僖公三十三年）[2]。当时，郑国商人弦高要去成周经商，在途中，他碰到了集结在滑国[3]准备攻打郑国的秦国军队。弦高立即派手下乘坐郑国的驿车到其都城新郑向郑穆公（前 627—前606 年在位）报信。同时，他亲自前往秦军驻地，以郑穆公的名义赠送秦军四张熟牛皮和十二头牛以示犒劳，并告诉他们，郑国非常乐意为秦军经过郑国提供后勤保障。弦高的行为让秦军认为郑国已经做好了抵御入侵的准备，因此，秦军也就只能撤退了[4]。在这个巧计退秦师的故事里，弦高竟以郑穆公的名义犒劳秦军，还能调遣郑国驿车回国报信，从弦高的这些作为，我们可以看出郑国商人可能享有着不低的政治地位[5]。

如果说在霸主时代，像弦高这样能载入史册的商人尚属凤毛麟角，那么，到了公元前 6 世纪下半叶或者说转型时代，垂名青史的商人就越来越多了。例如，孔子的弟子子贡就是一个很会做生意的商人。由于他的富有，他经常在一些诸侯国受到国宾般的礼遇。子贡所取得的威望甚至让司马迁认为孔子之所以在战国时代能够声名远播，很大程度要得力

---

[1]　商品经济的繁荣和商贾阶层的兴起也得益于东周中叶金属货币的广泛流通。

[2]　《左传·僖公三十三年（前 627）》（杨伯峻编著，第 495 页）。

[3]　滑国，姬姓，国都故址在今河南省睢县西北，后迁至费（今河南省偃师县西南）。——译者

[4]　秦军这次攻打郑国共派出 300 乘战车。秦军撤退回师，途经崤山隘道时，遭遇了晋国军队的伏击而全军覆没（见第四章）。

[5]　在东周早期的几个主要国家中，郑国有着独特而深厚的商业传统。根据《左传·昭公十六年（前 526）》（杨伯峻编著，第 1378—1380 页）的记载，郑人在郑桓公（即，周厉王少子，周宣王弟王子友；前 806—前 770 年在位）的带领下和一批商贾一道从周朝迁居出来，当郑桓公建立郑国（在今陕西华县一带）以后，郑国人和商人们共同垦荒，一同居住，他们之间世世代代都有盟誓，"尔无我叛，我无强贾，毋或匄夺，尔有利市宝贿，我勿与知"（商人不会背叛郑人，郑人也不会强买商人的东西，或者乞要、抢夺商人的东西。商人通过经商而获得丰厚利润和宝贵的货物，郑人不会对此予以干涉）。或许正是这段建国创业的历史才导致郑国后来拥有了强大的商业传统，并使它在东周伊始崛起成为霸主国家之一（见第四章）。另外，《左传·成公三年（前 588）》（杨伯峻编著，第 816 页）还记载，郑国商人曾准备将被楚国俘虏的晋国将军荀䓨藏在货物包裹中偷运出楚国。虽然，后来楚王释放了荀䓨，这一计划也没有被付诸实施，但因为荀䓨是当时晋国一位重要的军事将领，郑国的这位商人有能力完成这样的计划，说明他必定与楚国的上层官员有着密切的联系。

于他的这位弟子在诸侯国上层贵族中拥有的广泛人脉①。在《史记》中还记载了另一位著名商人范蠡。这位越王勾践曾经的谋臣在辅佐勾践灭掉吴国以后，便改名换姓前往定陶经商。他在商业上取得了巨大的成功，《史记·货殖列传》说他"十九年之中三致千金"②。范蠡放弃了政府中的高位而选择经商似乎也意味着，在当时的社会环境中，经商致富已然成为了从政为官以外另一种被人们普遍认可的职业选择。

在全民战争时代，各国国内以及国与国之间的商贸活动有进一步的发展。下面我列出了几条古代思想家们的言论，或许可以作为当时商业发展水平的注脚。这些思想家深刻地认识到市场的力量以及聚财逐利的时代风气，他们的观点也反映出当时商业活动的日益普遍，正是一幅"天下熙熙，皆为利来；天下攘攘，皆为利往"的景象③。比如，《管子》有云"万乘之国必有万金之贾，千金之国必有千金之贾"④，以及"其商人通贾，倍道兼行，夜以续日，千里而不远者，利在前也。……故利之所在，虽千仞之山无所不上，深源之下，无所不入焉"⑤。又比如，《墨子》言道"市贾信徒，虽有关梁之难，盗贼之危，必为之"⑥。再如，《荀子》谈及商人之"勇"，说他们"为事利，争货财，无辞让，果敢而振，猛贪而戾，侔侔然唯利之见，是贾盗之勇也"⑦。

随着商业的不断发展，巨商大贾也随之涌现。司马迁在《史记·货殖列传》中提到了不少富可敌国的大商人，他们包括猗顿、郭纵、乌氏倮、寡妇清、白圭，等等⑧。其中，猗顿是一名盐商，郭纵以冶铁为业，司马迁说他们"与王者埒富"。乌氏倮与戎人贸易牛马⑨，其拥有的畜牧之多竟以山谷为计算单位。巴郡寡妇清经营着从先祖那里传下来的朱砂矿，其家族数代独揽其利，家资也不可计数。由于这些人享有巨

---

① 《史记·货殖列传》记载"子贡结驷连骑，束帛之币以聘享诸侯，所至，国君无不分庭与之抗礼。夫使孔子名布扬于天下者，子贡先后之也"（1959，第3258页）。

② 《史记·货殖列传》（1959，第3257页）。

③ 《史记·货殖列传》（1959，第3256页）。

④ 《管子·轻重甲》（《管子全译》，谢浩范、朱迎平译注，1990，第967页）。在古代中国，一个国家拥有兵车的数量代表了这个国家的规模与实力。

⑤ 《管子·禁藏》（《管子全译》，谢浩范、朱迎平译注，1990，第265页）。

⑥ 《墨子·贵义》（《墨子集解》，张纯一，1988，第425—432页）。

⑦ 《荀子·荣辱》（《荀子集解》，王先谦撰，1988，第56页）。

⑧ 《史记·货殖列传》（1959，第3258—3260页）。

⑨ 《史记·货殖列传》记载"乌氏倮畜牧，及众，斥卖，求奇缯物，间献遗戎王。戎王什倍其偿，与之畜，畜至用谷量马牛"（1959，第3260页）。

大的财富，以至于秦始皇对他们都礼遇有加。韩非子曾经将天子诸侯的权力与商人的财富作过这样的类比，他说："上有天子诸侯之势尊，而下有猗顿、陶硃、卜祝之富。"[①]至于白圭，司马迁对他的记述则更详细些。根据《史记》的记载，白圭生活节俭，能与手下的奴仆同甘共苦，而他捕捉商机却像猛兽捕捉猎物那般迅捷。白圭将商人经商比作孙子、吴起用兵打仗，司马迁将其在商业上取得成功的秘密总结为"人弃我取，人取我与"。在白圭身上，似乎我们能看到许多现代成功商人所具备的素质。

根据《史记·苏秦列传》，作为全民战争时代最杰出的纵横家之一的苏秦（卒于前284）[②]在其政治生涯起步之初颇为坎坷。他曾出游数年，向各国君主兜售他的治国之策，不过长期得不到重用，无奈之下他只得两手空空返回故里。家里人嘲笑他："周人之俗，治产业，力工商，逐什二以为务。今子释本而事口舌，困，不亦宜乎！（我们成周人的习俗是经营产业，致力于手工业和商业，以从中赚取十分之二的利润。如今你却丢掉本业，靠卖弄口舌谋生，最终落魄而归，难道你不是咎由自取吗?）"从这番嘲讽的话中我们可以知道，到全民战争时代，随着城市人口规模的急剧增长，大部分城市居民不再从事农业，而以手工业生产和商业为主要的谋生手段。此外，尽管中国的编史传统倾向于记录少数成就卓著的政治精英的言行事迹，但实际上当时市井民众推崇的并不是政治家，而是商人。

苏秦与范蠡的上述故事还揭示出当时社会所发生的另一个变化——商业城市的涌现[③]。我们知道，城市或城市国家肇始于西周政治体制下的军事殖民据点（见第三章）。在东周时期，许多城市国家在战争中遭遇了宗室倾覆的厄运，但是，灭国之战所遗留下来的故国旧都却并没有就此衰落或消失。相反，随着城市人口的增长，道路与运河系统的拓展以及商业活动的兴盛，这些原来的都城逐步发展成为手工业和商业

---

① 《韩非子·解老》（《韩非子集解》，王先慎，2003，第163页）。陶硃（陶朱）是范蠡的别名。

② 《史记·苏秦列传》（1959，第2241页）。

③ 而且，在全民战争时代，随着军队驻地规模的显著扩张，庞大的军粮需求促成了军队驻地附近"军市"的兴起（杨宽，1998，第131页）。而军市的出现则带来了迈克尔·曼 Mann（1986，第147—148页）所说的"军事乘数效应"（military multiplier），极大地拉动了当地的经济。

贸易的中心①。例如,范蠡经商发家之地——定陶,原来是曹国的都城。在公元前487年,曹国被宋国所灭。五年之后,吴国修成连通泗水与济水的运河——菏水。由于定陶位于菏水、济水的交汇处,它很快便发展成当时整个中国最重要的水运交通和商业贸易中心。显然,这也就是为什么范蠡会选择定陶作为他经商之地的原因②。

不仅是定陶一类的旧都,在当时各国的国都,商业在社会生活中也都占据着主导地位。比如前面提到的苏秦的故乡——成周,是东周王朝的都城。但到了苏秦的时代,成周早已失去了作为中国政治中心与文化中心的地位,但它却是一个商业中心城市。之前,通过分析临淄集市的规模,我们对临淄在东周早、中期的商业繁荣程度已有所了解。而到全民战争时代,临淄更是发展成为中国东部主要的大都会之一。苏秦在游说齐宣王加入六国联盟共抗秦国时,对临淄作了这样的描绘③:

> 临淄之中七万户,臣窃度之,不下户三男子,三七二十一万,不待发於远县,而临淄之卒固已二十一万矣。临淄甚富而实,其民无不吹竽鼓瑟,弹琴击筑,斗鸡走狗,六博蹹鞠者。临淄之涂,车毂击,人肩摩,连衽成帷,举袂成幕,挥汗成雨,家殷人足,志高气扬。(临淄城有七万户人家,臣下私自揣度,如果假设每户有男丁不下三人,那么三七即是二十一万人,不用征发偏远郡县的居民参军,临淄一地就可以有二十一万的兵卒。临淄也是非常殷实富有的城市。这里的居民无不吹竽鼓瑟、弹琴击筑[一种十三弦乐器],斗鸡斗狗,下棋蹴鞠。在临淄的街道上,车辆之间车轮相互撞击,密集的人群摩肩接踵,行人的衣襟、衣袖相连好似蔽天的帷幕,人们挥洒汗水如同天降雨水一般,临淄的家户富足,人丁兴旺,每个人都志气高扬。)

这段记载不仅让我们对当时临淄的规模有了一个印象,同样还让我们得以窥见临淄的繁荣与城市居民的娱乐生活。当然,和大多数纵横家

① 根据《史记·货殖列传》(1959,第3253—3284页),当时其他的商业中心城市还包括:秦国的栎(即栎阳,治所在今陕西省临潼区东北,战国初期曾为秦国都城)与雍邑(治所在今陕西省凤翔县南;秦德公时为秦国都城,至秦献公时,秦国迁都至栎阳);三晋地区的杨(今山西省洪洞县东南)、平阳(治所在今山西省临汾市西南)、温(今河南省温县西南)、上党(治所在今山西省长治市)、中山(治所在今河北省定州市)、濮阳(今河南省濮阳市)和邯郸(今河北省邯郸市);燕国的都城蓟(今北京市西南);楚国的郢(今湖北省荆州市西北,楚国故都)、寿春(今安徽省寿县,楚考烈王时,迁都于此)。
② 当时,大部分商业中心城市都靠近江河干流(史念海1963,第110—130页)。
③ 《史记·苏秦列传》(1959,第2257页)。

的著述一样，苏秦的这番描绘肯定少不了夸张的成分①。不过，在这篇司马迁为苏秦所作的传记中还记载了苏秦游说其他几位诸侯国国君的情况，他的描述虽都不乏夸大之词，但针对各国不同的情况，他所夸饰的侧重点也不尽相同。这也就是说，现实中的临淄城至少存在一定程度的繁荣，才会让苏秦不惜溢美之词来展现它的绚烂繁盛，也才会让苏秦的这番话在他的听众面前有一定的说服力②。

　　如果说上述这些对战国时期商业兴盛与城市繁荣的记载多多少少反映了实际情况的话，那么我们可以推测当时商品流通的规模一定相当可观。不过，虽然现有史料可以让我们从不同角度对当时商业活动的规模和范围有所了解，但毕竟不足以用来系统地重建当时主要商品流通的实际状况。幸运的是，考古发现为我们研究这个问题提供了一些线索。1957 年，安徽省寿县出土了一对竹节形制的青铜器"鄂君启节"。经历史学家确定，这两件铜节（分为"舟节"和"车节"）是楚怀王（公元前 328年—前 299 年在位）颁发给楚国公子鄂君启的水路、陆路运输通行证③。根据铜节上的铭文，鄂君启可以在 20 余个城市进行贸易，商贸经行的路线跨越了今天中国的 5 个省④。铭文还规定鄂君启的商队单程最多所能运送免税货物的数量，即，陆路运输的货物以 50 辆车为上限，水路运输以 150 只船为上限⑤。对于使用人力或牲畜运送货物的情况，铭文还特别规定 10 匹马、牛或 20 人所运送的货物相当于一辆车的运货数量。至于水路运输，铭文还规定不允许马、牛、羊等牲畜上船。根据铭文中的描述，学者估算 1 只大船能够运送 18 吨货物⑥。由此，我们可以想象一支拥有 50 只大船的商队能运输多么可观的货物。

---

① 根据《史记·孟尝君列传》（1959，第 2362—2363 页），在全民战争时代，齐国孟尝君的封地薛邑（今山东省滕州市东南）在其鼎盛时期约有 60000 户人家。孟尝君号称有门客 3000，而这些作为门客的士人又有家人、弟子以及仆从等，因此，我们可以想见薛邑的规模应该不小，这样才能容纳下如此庞大的门客群体。而薛邑不过是齐国 70 多座城市中的一座。假若薛邑都有这样可观的人口规模，那么苏秦所谓"临淄之中 7 万户"也就不算是太过夸张的说法。

② 考古学发现也表明齐国有着高度发达的商业（邹逸麟，1997，第 99—100 页）。

③ 姚汉源（1983 年）。

④ 黄盛璋（1962）与谭其骧（1962）对鄂君启节铭文中所规定的经商区域有详细的论述。

⑤ 由于楚国境内河流如织，湖泊星罗棋布，铭文中的贸易路线大多走的是水路。铭文中唯一一条陆路贸易线是为了在离楚国主要河道较远的地区运输货物（黄盛璋，1962 年，第157 页）。

⑥ 刘和惠（1995，第 138 页）。

我们不知道鄂君启是否以楚怀王的名义在外经商[1]。但既然鄂君启的商业贸易需要运输通行证，学界普遍认为其商业活动就不应单纯只是为了楚王本人。另外，需要强调的是，当时的各大诸侯国中，楚国的商业并不十分发达[2]。根据《史记·货殖列传》以及其他一些史料，当时的商业中心城市中只有为数不多的几座是属于楚国的[3]。对于当时楚、越之地的经济状况，司马迁还曾评论道："是故江淮以南，无冻饿之人，亦无千金之家。"综合来看，如果一个在列国之中商业并不算太发达的楚国都有着上述铭文中所反映出的商业发展水平的话，那么当时中国整体的商业化发展程度便可想而知了。

古代中国经济行动者的弱点

在全民战争时代，商业化的发展面临着严峻的挑战。挑战并非来自早期有儒家和有道家倾向的学者或是认为某种"价值"高过"功利计算"的主张。在这一阶段，无论是儒家还是有道家倾向的思想家都没有明确提出过任何限制商业发展的主张[4]。因为，具有这两种倾向的学者更关心的不是商业化的弊端，而是由列国混战所带来的社会问题以及当时的政治变化。如前所述，作为与孔子关系最亲密的弟子之一，子贡就是一位成功的商人，而孔子本人对此并没有任何微词[5]。颇具讽刺意味的是，直接对商贸活动的发展予以抨击的恰恰是那些倡导工具理性的法家政治家——只是他们的工具理性更偏重于公共利益导向的方面，而他们之所以提倡"抑商"政策也恰恰是出于非常工具理性的理由，也就是说，他们认为随着商业化的推进，私人利益导向的工具理性会因之兴盛，从而导致国家军事力量的衰弱。

法家思想家和战国国君并不像"文革"时期那样，企图把整个私有商

---

① 彼得斯 Peters（1999，第 112 页）。

② 杜勇（1996）；史念海（1963）。

③ 《史记·货殖列传》（1959，第 3253—3284 页）。史念海（1963，第 122—123 页）讨论了当时几大商业重镇的地理位置及当地物产。

④ 不过，到了西汉时期，帝制儒学将抑商的价值观与法家传统的抑商主张相融合，于是，中国的商人阶层也就被更进一步地边缘化了（见本书第十章）。

⑤ 根据周金声（1974，第 33—35 页）的研究，虽然孔子主张要对欲望有所节制，特别是统治者要洁身自好，不可嗜欲贪纵，但他从未对商人抱有鄙薄的态度，而孟子则比孔子对商业活动持更为积极的评价。

业从社会中彻底铲除。即便是秦始皇，虽然他无疑将控制整个社会摆在首要地位，但对于像乌氏倮和寡妇清这样的巨商大贾也仍礼遇有加①。法家政治家以及奉行法家原则的统治者就像商人一样采取机会主义的态度来对待商业，也就是说，他们虽然在原则上反对商业化进程，但他们仍然可以容忍甚或支持某些商人，只要这些商人肯效忠于他们，且其所经营的产业有利于他们的统治（比如，乌氏倮和寡妇清）。而对那些不能满足这些条件的商人，统治者就不见得会予以善待了②。在全民战争时代，即便是最具法家色彩的秦国统治者也没有打算要消灭市场，他们只是想创造一种"重农抑商"的社会环境。这一点不仅从先秦文献对秦国统治者的描绘中清晰可见，前文所提到的睡虎地秦简中的法律文书也提供了相关证据。首先，这些法律文书中有很大一部分内容涉及的是对农业生产的管理与控制。其次，虽然这些出土材料并未明确规定对商业活动征税的税率，但那些与商业有关的法律条文无不遵循着法家的指导原则，显示出，秦国对商人和商业活动的歧视与限制③。下面仅举两例加以说明。一个是《秦律十八种·田律》明令严禁农民贩酒，虽然在当时私人饮酒及酿酒是被允许的④。其次，《秦律十八种·司空》中还有这样一条法令，它规定如果某人无力偿还欠国家的债务而选择通过服劳役的方式来抵债，但又要求让他人代替他服役的，只要代替他的人与他身体的强弱相当，便可允许。不过接下来，法令还做出了进一步的规定，如果债务人从事的是手工业或商业，那么必须由他本人服劳役，不允许找人代替⑤。国家对商人的歧视态度由此可见一斑。

---

① 这两个例子并不代表秦始皇对普通商人也采取了同样的态度。很多学者都曾指出，乌氏倮与寡妇清经商的地方大多远离秦国的势力范围（崔向东 2002；何清谷 1990）。而且，乌氏倮主要是与戎人贸易牛、马等对秦国的军事（战马）和农业（耕牛）十分重要的物资，而寡妇清所经营的朱砂矿则是生产水银、染料、朱砂墨及其他重要产品的关键原料。且水银在当时又别具重要意义，因为除了其他用途外，它还被阴阳家视为炼制仙丹的原料。痴迷于长生之术的秦始皇也因此可能会重视朱砂矿藏的经营。

② 《史记·货殖列传》（1959，第 3277 页）记载了赵国富商卓氏的故事。当秦国攻灭赵国后，卓氏所有的财产都被秦人掳掠，并被迫和其妻子迁徙到远方。《史记》还在同一段落中记录了其他几位富商在故国被秦国消灭之后被迫迁徙的共同遭遇。

③ 杨师群（2003，第 152—157 页）。

④ 关于禁止售酒的法令，参见《睡虎地秦墓竹简》（1978，第 30 页）（简文为"百姓居田舍者毋敢酤酉（酒），田啬夫、部佐谨禁御之，有不从令者有罪"。——译者）。该书第 41 页表明，在当时，私酒的饮用与酿造是被允许的。

⑤ 参见《睡虎地秦墓竹简》（1978，第 84—85 页）（简文为"居赀赎责（债）欲代者，耆弱相当，许之。作务及贾而负责（债）者，不得代"。——译者）。

法家在某种程度上认为商业的繁荣会导致国家军事力量的衰弱。这背后的逻辑建立在几条相互关联的法家观点之上，下面我对这些观点略作说明。第一，法家认为，农业生产要比征收商业税更有助于国家在战争中赢得胜利。《管子》将这一点说得很明白，所谓"民事农则田垦，田垦则粟多，粟多则国富。国富者兵强，兵强者战胜，战胜者地广。……然则民舍本事而事末作。舍本事而事末作，则田荒而国贫矣"[①]。此处，"本事"主要是指农业生产，而"末作"指的则是商业活动。但须要澄清的是，《管子》并不是一部反对商业活动的宣言书，这部著作的内容博杂松散，其中一些篇章也认识到市场对国家富强所发挥的作用。但即便如此，上面这段渗透着法家思想的文字不仅反映了《管子》编者的思想要旨，也成为了前现代中国社会的某种普遍共识。

第二，农业生产活动造就了大量的定居人口，这些人容易为国家所掌控，并且在战争动员时也可以作为更驯服与更可靠的战士为国家所利用。《吕氏春秋》对这一法家观点有清晰的论述[②]："舍本而事末则不令，不令则不可以守，不可以战。民舍本而事末则其产约，其产约则轻迁徙，轻迁徙，则国家有患，皆有远志，无有居心。民舍本而事末则好智，好智则多诈，多诈则巧法令。"[③]

第三，在法家观念中，农业生产活动与商业活动是很难兼容的。为了发展农业，国家须要对商业活动进行限制。例如，有法家思想倾向的学者认为民间借贷利率普遍过高，以至于向高利贷借贷的农民，一旦庄稼收成出了问题，便极有可能面临破产[④]。而且，这些学者还强调，由于商业活动比农业生产有更为丰厚的利润回报，人们会在利润的驱使下从事商业，而无心农事。商鞅有言："农之用力最苦，不如商贾技巧之

---

① 《管子·治国》（《管子全译》，谢浩范、朱迎平译注，1990，第598页）。

② 《吕氏春秋·上农》（张双棣等译注，2007，第279—288页）。虽然《吕氏春秋》并不是一部法家的论文集，而是一部兼收并蓄、汇集各家言论观点的合集，不过，上述引用的这一段话却明显表达的是法家的原则。

③ 《韩非子·亡征第十五》（《韩非子集解》，王先慎，2003，第112页）也有类似的说法："正户贫而寄寓富，耕战之士困，末作之民利者，可亡也。"

④ 根据《管子·轻重丁》（《管子全译》，谢浩范、朱迎平译注，1990年，第1002—1003页），在齐国国内，北方借贷一年的利息是20%（"北方之萌者，衍处负海，煮沸水为盐，梁济取鱼之萌也。薪食。其称贷之家多者千万，少者六、七百万。其出之，中伯二十也。"——译者）；而南方借贷的利率则高达50%（"南方之萌者，山居谷处，登降之萌也。上斫轮轴，下采杼栗，田猎而为食。其称贷之家多者千万，少者六、七百万。其出之，中伯伍也。"——译者）。

人。"①也就是说，农民辛勤劳作，但所获之利却远不及商人和手工业者，如果国家不对商业活动加以限制的话，那么就会出现"民不畜于农"的情况②。因此，如果国家要通过发展农业来达到富强，就应该调高境内的粮食价格，增加对商业和其他非农行业的税收，即所谓"欲农富其国者，境内之食必贵，而不农之征必多，市利之租必重"③。

第四，法家思想家意欲实现的是这样一种社会，在其中，国家是唯一强大的社会行动者。因而，他们自然不希望在社会中存在着一个有能力捍卫其自身利益的商人阶层。法家担心的是富有的商人不仅可以拿金钱换取官爵④，而且面对着"千金之子，不死于市"这句古谚所指出的社会现实，法家还担心富人可以靠花钱来减罪甚或免罪⑤。对法家而言，这些经商致富者所拥有的种种特权当然是对国家权力的严重威胁。正因如此，法家经济政策的目标也就相当明确了，即，边缘化商人阶层，因为这样做才可以有效地将民众完全控制起来——平时令他们从事农业生产，战时则令其为国家效死沙场。

在前面，我曾指出统治者要使人们为他而战，从理想型的意义上讲，有三种办法，即，给予人们物质报偿、让人们相信他们正在为"自己的需要"而战斗，以及强制人们参战并奖励战功卓著者。我还指出，商鞅所推行的法家改革措施非常类似于最后一种办法。而以上我们对法家经济政策的分析从另一个角度再次印证了我上述的观点。但必须说明的是，在前现代的欧洲，传统组织——包括国家和教会——也同样对经商营利者采取的是厌恶和不信任的态度。但何以古代中国的国家力量能成功地遏制日益高涨的商业浪潮，而欧洲的国家和教会却不能有效遏制城市经济和商业活动的发展？⑥

这问题的关键就在于时间点，即强大的商人阶层以及商业化城市是在国家实现中央集权之前还是之后出现。如前所述，在古代中国，商业发展是战争驱动下国家发展的直接产物。与欧洲情况不同，东周时期的商人从未运用意识形态、军事或政治手段来使其成为强有力的社会行动

---

① 《商君书·外内第二十二》(《商君书译注》，石磊、董昕，2003，第145页)。
② 《商君书·农战第三》(《商君书译注》，石磊、董昕，2003，第19页)。
③ 《商君书·外内第二十二》(《商君书译注》，石磊、董昕，2003，第145页)。
④ 《韩非子·五蠹》(《韩非子集解》，王先慎，2003，第455页)指出："今世近习之请行，则官爵可买；官爵可买，则商工不卑也矣。"
⑤ 《史记·货殖列传》(1959，第3256页)。
⑥ 麦克尼尔 McNeill (1982，第115页)。

者,从而正当化及捍卫其商业利益,而东周时期的国家也从不依赖商人为战争提供经费。虽然在中世纪早期的欧洲,城镇要么是某位主教的行政治所,要么是某位封建领主的军事据点,但到中世纪盛期的尾声,或者说,在战争驱动的国家建构过程开启之前,欧洲一些最重要的城市已经发展成为独立的商贸中心,并成为欧洲经济、政治生活中至关重要的组成部分(见第五章)。正像芬纳所曾评述的那样,这些城市是"商业贸易与制造产业的中心,它们的居民是自由民,它们的政府是公共服务型政府和议会式政府,它们与传统的封建领主或国王之间的关系经历了从严格受制于后者,到拥有特许的自由权利,再到完全独立于后者这一系列的转变。……这些独立的城市复兴了古典的政治模式:它们是共和国"[1]。

于是,商业在不同时间点上的兴起导致了国家和商人之间的关系在东、西方社会沿着截然不同的轨迹向前演进。在近代欧洲,当军事竞争的激烈程度进一步升级之时,欧洲的商业城市已经聚集了大量财富,这就使"即便是欧洲最强大的统治机器"也不得不依赖于"国际性的金融和信托市场来为战争以及其他主要活动筹备经费"[2]。结果,欧洲战争的性质发生了改变,从中世纪非常普遍的封建战争(patrimonial warfare)发展至雇佣军战争(mercenary warfare;大致从 1400 年持续到 1700 年),而战争性质的改变则进一步增强了商业城市与资产阶级的力量。与此相较,秦代以前的中国并不存在独立于政治势力之外的经济性城市,国家也从来不需要为了筹备战争经费而与商人进行协商和交易。在中国的全民战争时代,城市——尤其是像定陶那样商业发达的中心城市——只不过是诸侯国竞相争夺的战利品[3]。由于古代中国商人阶层力量的弱小,国家在采取削弱商人权力及其财富的政策时,很少遇到来自商人群体的抵抗,而且国家更多的是依靠农业人口来提供战争所需的

---

① 芬纳 Finer(1997,第 894 页)。

② 麦克尼尔 McNeil(1982,第 115 页)。

③ 由于定陶在当时具有重要的经济地位,因此这座城邑便成为几个大国竞相争夺的对象。根据杨宽(1998,第 129—130 页)的论述,齐国在公元前 286 年攻打宋国的主要目的就是为了占据定陶。此后不久,秦国攻打齐国,也是为了夺取定陶。公元前 257 年,当秦国在军事上被魏、赵两国打败后,魏国占据了定陶。此外,赵国也曾一度想要占有定陶。值得注意的是,当秦国占有定陶后,定陶被封给了宣太后(秦昭王的母亲)之弟、曾任秦相的魏冉。《史记·穰侯列传》(1959,第 2323—2325 页)记载,魏冉拥有定陶后,他的财富甚至超过了秦国王室。

人力与物质资源。在欧洲，介于封建战争与民族化战争（nationalist wars）这两股战争潮流之间出现了雇佣军战争阶段。而在中国，继东周早、中期的争霸战争（某种程度上类似于欧洲的封建战争）之后，直接出现的战争形式是全民战争（类似于欧洲的民族化战争），中间并没有经历像欧洲雇佣军战争那样的战争发展阶段[①]。换言之，近代欧洲的雇佣军战争有助于增强商业城市和资产阶级的力量；而古代中国没有经历雇佣军战争阶段则有利于国家力量的进一步发展壮大。

在欧洲，国家力量在愈趋激烈的军事竞争中也变得日益强大，不过，欧洲战争驱动的国家集权化进程却在意识形态和政治这两个领域中遭遇了来自资产阶级的有力抵抗，这些抵抗反映在一系列涌现出来的新观念上，比如"自然法""有限政府""社会契约""无代表权则不纳税"（no taxation without representation）"自由""公民社会"，等等。这种历史发展最终引发了资产阶级革命以及由此一波又一波的资本主义民主化浪潮。而在古代中国，战争驱动的国家建构进程在意识形态领域和政治领域中几乎没有遇到有效的抵抗。在意识形态领域，尽管那些被后世称为道家的思想家主张自由放任的治国政策，而被称为儒家的思想家宣扬建立道德化的政府，但当时没有哪个思想流派所提出的意识形态能够增进非国家行动者的权力。而且，在政治领域，当时的中国也没有涌现出由商人治理的商业城市。古代中国的商人从未像近代欧洲商人那样，在社会中同时担当着政治行动者、军事行动者以及意识形态行动者的多重角色。即便中国的商人也曾积累了巨大的财富，但在日益强大的国家力量面前，他们却不堪一击。当欧洲的国家建构进程在 15 世纪以后以更快的速度展开之时，国家行动者所要面对的主要对手包括资产阶级、高级教士，以及贵族[②]。但在中国的东周时期，当法家改革主导了各国的政治进程时，能对它构成反对力量的只有旧贵族的势力[③]。在全民战争时代，虽然法家改革会对商人的长远利益造成损害，但并没有迹象表明商

[①] 霍华德 Howard（1976），梯利 Tilly（1992）。我此处借用梯利（1992）关于欧洲中世纪战争形态演变过程的历史分期方法，即将欧洲中世纪战争形态演变的过程依次划分为以下四个阶段：封建战争、雇佣军战争、民族化战争和职业化战争。

[②] 本书第六章在分析那些导致法家思想在全民战争时代的政治领域中占据主导地位的社会条件时，也曾讨论过高级教士与贵族在欧洲中世纪及前现代时期的政治发展中所发挥的作用。

[③] 法家改革中的一些领军人物，比如，领导秦国改革的商鞅、领导楚国改革的吴起，往往会因为贵族阶层抵制改革而被刺杀或被处决。

人对此做出过任何形式的有组织的抵抗。

但这并不是说古代中国的商人从未尝试跟政治发生关联。而是说，中国的商人从未成为独立于国家之外的组织性力量，他们只是以个人身份去谋取政治影响甚或操控权力。例如，孔子的弟子子贡，就可以在相当平等的基础上结交各国权要。在那些能够影响政治的商人中，最著名的当数吕不韦（卒于公元前 235 年）。吕不韦个人际遇的沉浮起落反映了那些怀有政治野心的商人能在古代中国有怎样一番作为，又会面临哪些局限。根据《史记》的记载①，吕不韦经商致富后，认为投机政治要比投资任何商业都更有利可图。于是，在赵国时，他设法结交了在赵国做人质的秦国公子子楚。子楚是秦昭襄王（前 306—前 251 年在位）的太子安国君的儿子，因此他将来有可能成为秦国的君主。但问题是，子楚只是安国君二十个儿子中排行中间的一个，更何况安国君也并不宠爱他（这也就是为什么子楚会被派到赵国做人质）。尽管如此，吕不韦一面给子楚五百金，让他广结宾客，一面又花费五百金，买来奇珍异宝去贿赂安国君夫人（华阳夫人）的姐姐，让她献上珍宝并游说华阳夫人，由华阳夫人再来劝说安国君，最终安国君决定立子楚作为继承人。安国君（即秦孝文王）短命，在位仅三天，子楚随后继承王位，也就是秦庄襄王（前 249—前 247 年在位）。吕不韦此后便成为秦国朝廷中举足轻重的人物。秦庄襄王在位三年便去世了，当时他的太子嬴政——也就是未来的秦始皇，才十三岁②。因此，吕不韦在接下来的十年中就成了秦国政治的实际掌控者。在吕不韦当政期间，许多商人为了寻求庇护以及在秦国谋求官位，纷纷投奔而来。结果，商人在秦国一度获得了巨大的政治权力。但由于商人是在政府内部而非外部获得的政治权力，这便造成了秦王与商人群体之间产生了零和性冲突（zero-sum conflict），也就是说，这种情形导致的结果只能是双方最后的摊牌（showdown）。嬴政长大成人后，以吕不韦与嫪毐为一方、以秦始皇为另一方的两方势力之间的冲突日益激化③。最终，在公元前 237 年，秦始皇粉碎了嫪毐发动的叛乱。作为

---

① 《史记·吕不韦列传》（1959，第 2505—2514 页）。

② 公元前 221 年，秦国统一中国以后，秦王嬴政认为"王"的称号已经无法匹配他的权力与功业，于是便代之以"皇帝"的尊号，用以表明他权力的至高无上。他自称"始皇帝"，是希望秦帝国的国祚自他以后可以传至二世、三世，以至万世。

③ 根据周谷城（1999，第 163—169 页）的研究，当吕不韦在秦国得势之后，大批商人涌入秦国，嫪毐便是其中之一。

嫪毐的引荐者,吕不韦也于公元前 235 年在秦始皇的旨意下被迫自杀。从此以后,商人在秦国政治中便失去了影响力。若与欧洲所发生的情形相比,我们可以清楚地看到:欧洲商业城市与国家之间存在着某种集体性议价的关系,这使双方有达成妥协的可能;而在秦国的政治格局中,商人是通过走进国家体制内部来获取权力,这就导致国家建构与商人群体之间出现了零和博弈的局面。最终,在近代欧洲,国家与新生资产阶级力量实现平衡后,民族国家与市场经济获得了同步发展;而在东周时期的中国,国家力量在政治和社会这两个层面上都将商人群体牢牢掌控在自己手中。

小　结

在理论层面,本章提出,政治行动者有三种理想型方式动员其追随者参加战争:给予他们物质报偿、让他们相信他们是为"自己的需要"而战斗,或者强制他们参军打仗并奖赏那些有军功的战士。这三者中哪一个会成为国家进行军事动员的主要模式取决于国家的性质以及国家与社会之间的关系。反过来,国家所采取的军事动员模式又将进一步塑造国家、社会以及国家与社会关系的发展。一般来说,富裕但专制力量较弱的国家通常会选择第一种策略,而这样做将进一步削弱国家的专制力量。而在一个各方面都具备一定实力的国家,第二种动员策略会占据主导地位;采行这种策略会促进国家力量的进一步发展,并凝聚参战者的身份认同感。最后,只有极端强大、高度自主的国家才能采用最后一种动员策略;而这一策略会进一步增强国家力量,同时削弱各种社会力量。

在全民战争时代的中国,各诸侯国所采行的军事动员策略最接近于三种理想型动员模式中的最后一种。至于为什么这一策略在近代欧洲诸国难以实现,而对于东周时期的诸侯列国却非常容易做到,个中原因非常简单:在近代欧洲,国王、贵族、高级教士以及城市资产阶级这种种势力此消彼长、相互制约,这就导致了国家力量的发展受到一定的限制;而在古代中国,封建危机带来了贵族势力的瓦解,并造成国君成为唯一强大的政治行动者,于是,国家力量也就在这种不受任何制约的情形下不断增强与扩张。

在经验研究层面,本章揭示了军事竞争连同封建危机一起促成了魏国所展开的法家改革。魏国由此造成的军事优势就迫使其他国家竞相学习其成功经验,从而在各大诸侯国中引发了同构化的改革浪潮。法家改革极大地拓展了国家的实力,使它能够对社会实施更加紧密的控制,并有能力为战争的需要而汲取更多的社会资源。法家改革同样也使修建大型水利工程成为可能。兴建这些大型工程的目的,不仅是为了交通运输的便利与农业产量的提升,更是为了使国家能在激烈的军事竞争中赢得胜利。最后,在法家改革之后,国家力量的崛起促进了粗放型技术的迅猛发展——这些技术旨在通过投入具有高度协作性和组织性的劳动力资源来获取更多的产出。结果,国家这方面能力的增强限制了刚刚显露出勃勃生机的市场经济的发展,并在随后,使之彻底屈服于政治力量的摆布。国家力量占据了主导地位以后,它就把整个社会组织成为一架战争机器。在这样的条件下,那种将全国大部分成年男性人口投入其中的旷日持久的全民战争就成为现实。正是这种全民战争的战争形态为秦国后来统一中国创造了可能性,而这就是我们在下一章中所要讨论的内容。

第八章

全民战争时代：秦帝国与中国一统之路

　　在前面两章，我们探讨了战争与政治/经济变革的相互作用如何造就了法家思想在政治领域中的主宰地位，并同时又把其他先秦哲学思想在政治层面挤入了边缘。这种相互作用还推动了政府官僚体制的发展和成熟，抑制了日益强大商人群体力量，极大地增强了国家对其臣民的控制能力，以及以战争为目的汲取社会资源的能力。到公元前4世纪中叶，随着各国法家改革大潮渐渐隐退，一些国家已将自身打造成能够发动一种新型战争——全民战争——的战争机器。这种全民战争往往旷日持久，且为了展开这种战争，国家动辄即将大部分成年男性人口和物质资源投入到战争及与之相关的基础设施和防御工事的建设之中。此时，领土扩张成为战争最重要的目的，而战争中的死亡人数则令人触目心惊。古代中国的战争舞台就显得愈发狭小，以至于最后形成了一山难容二虎的局面。

　　本章将重点关注的是各诸侯国之间的关系以及某些关键战役如何促使中国最终走上了统一之路，而且，我们还将讨论为什么是秦国而非其他国家成了全民战争的最后赢家。以下我们将分析全民战争时代五大强国各自的军事实力，什么样的地缘政治条件和国家间关系导致秦在公元前221年取得最终胜利，并检视如下四个问题：（1）魏国在其鼎盛时期的军事活动及其衰落的原因；（2）简要地论述在魏国衰落后，齐、楚、赵三国之所以均未能在“国际”格局中占据主导性地位的原因；（3）在东周时期，各国关系如何变化，东周诸侯国间的邦国关系（interstate relations）与近代欧洲国家的国际关系（international relations）之间有哪些主要区别，以及东周时期各国关系如何促进大一统帝国在古代中国的兴起；（4）促成秦国最终取得胜利的关键因素。

全民战争时代的几大军事强国

全民战争时代之初，大约有十个国家具备足够强大的军事实力，仍能在"胜者通吃"的军事竞争中有显著作用性，这些国家分别是秦、齐、楚、魏、赵、韩、燕、宋、中山，以及义渠。史学家认为其中前七个国家的实力最为强大（即所谓"战国七雄"），且韩、燕两国的实力比起其他五国逊色许多。根据我所统计的战争数据，如果将这七个国家按照各自在全民战争时代所发动的战争数目进行排序的话，那么，秦国共发动了 106 场战争，位居第一，之后依次是魏国（33 场）、赵国（25 场）、齐国（22 场）、楚国（7 场）、燕国（2 场）与韩国（0 场）[1]。这一数据基本印证了中国史学家的上述论断。此外，为了便于读者理解在这一阶段的地缘政治形势，图 8.1 展示了一些主要国家在公元前 350 年前后的领土范围。不过，请读者务必注意的是，在整个全民战争时代，这些国家的疆域一直在发生改变。

传统上，中国古代史家对于全民战争时代各国之间的关系描绘了一幅"七雄争霸"的历史画卷。其观点总结起来大致如下：起初是魏国率先主导了诸侯国间的邦国政治；公元前 4 世纪中叶，继魏国衰落后，齐、秦两国各自成为一方霸主，形成了东西对峙的局面[2]；此后，随着齐国的衰落（前 301 年或前 284 年，取决于计算的方法），赵国成为阻挡在秦国通向最终胜利道路上的最后一股强大势力；只有到了公元前 260 年的秦、

---

[1] 根据之前我所采用的计算方法，如果一场战争是由多国联盟共同发动的，我只将其中挑起战争的国家视为该战争的发动者。

[2] 王志民（1993，第 252—258 页）认为齐国的鼎盛时代是齐威王（前 358—前 320 年在位）、齐宣王（前 319—前 301 年在位）以及齐湣王（前 300—前 284 年在位）三朝，而徐喜辰、斯维至与杨钊（1995 年，第 938 页）则认为齐最强盛的时代是齐威王与齐宣王两朝，且只有当公元前 284 年燕国重挫齐国之后，齐国才最终失去了征服整个中国的机会。杨宽（1998 年，第 380 页）则在秦、齐两国之外又加上赵国，将它们一并视为魏国衰落后列国中最强大的三个国家。这些观点是史学界较普遍的看法。

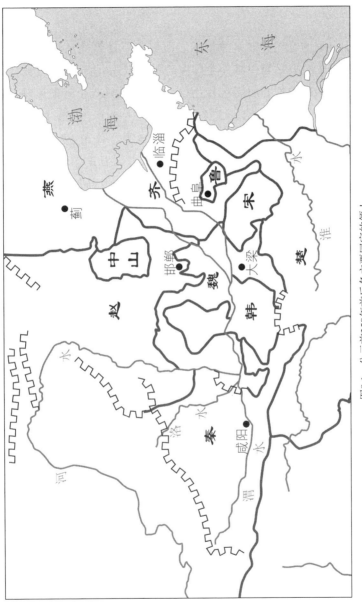

图8.1 公元前350年前后各主要国家的领土

赵长平(在今山西省高平)之战,赵国大败之后,秦国一统中国才成为了不可逆转的历史大势;至于楚国,虽说它在当时疆域最广,人口最多,也一直以来有潜力成为威慑天下的军事大国,但历史的发展终究没能遂其所愿。

传统史家的论述并非毫无根据。但史家所描绘的这幅历史图景主要依据的是史料典籍对单独每个国家的历史叙述,而不是通过比较可靠的方法把各国的数据和材料进行比较,因而其结论难免有失偏颇。事实上,我的数据所勾勒出的各国关系要简单许多:整个全民战争时代,实际占据主导地位的只有两个国家——魏国与秦国。首先,从公元前约419年至公元前4世纪中叶,魏国在邦国政治中占据着主导地位。此后,虽然齐、赵、楚等国每一个的军事实力都不可小觑,也都打赢过一些战争,但在军事上没有一个可与秦国相抗衡,也就是说,自魏国衰落以后,秦国是中华大地上唯一的超级大国。

这一时期,秦国发动的战争比其余所有国家发动的战争之总和还要多。如果仔细考察当时战争爆发的模式,我们就会发现这一时期可以被大致分成两个阶段。第一阶段是从公元前419—前365年。在这一阶段中,各大国间总共爆发了45场战争。其中,由魏国发动的战争共有20场,秦国9场,赵国7场,齐国5场,楚国3场,燕国1场①。秦国在这一阶段的大部分时候是处于守势。魏国则频繁出兵挑起战端,并多次打败秦军,使秦国丧失了黄河与洛水间的大片领土②。其间,秦国虽然也曾奋起反击,但大多数时候还是被魏国所败③。在全民战争时代的前50余年,魏国显然在诸侯国中建立起了它举足轻重的地位。

但即便如此,魏国的军事优势远远不如魏衰落后崛起的秦。公元前419—前364年,"七雄"之中除魏国以外,其他六国总共发动了25场战争,其中有17场(占总数的68%)是攻打魏国的战争。很显然,魏国完

① 赵国在两场攻打齐国的战争中都得到了魏国与韩国的援助:一次是在公元前404年,三晋伐齐,攻破了齐国的长城防线;另一次是在公元前380年,三晋救燕,败齐于桑丘(今河北省徐水县西南)。

② 洛水,即今陕西洛河,发源于陕西西北部白于山脉西麓,向东南流经陕西省中部,在陕西大荔县境内注入渭河。——译者

③ 秦国分别于公元前419年、前417年、前401年、前390年以及前389年数次攻打魏国。据史料记载,在公元前389年的战争中,虽然秦国调动了50万大军攻打魏国,却被魏国仅用5万兵力所击败。

全没有能力让其他强国屈服。在公元前 364 年的石门之战中①，魏国军队遭到秦军重创。虽然此后数年，魏国仍有足够实力攻打其他国家，但石门之战明显伤了魏国的元气。然而，最终终结魏国主导地位的事件是发生于公元前 353 年的桂陵之战以及公元前 341 年的马陵之战，魏国军队在这两次均有多个国家被牵扯在内的战争中被严重挫败②。这两战之后，魏国针对其他大国所发动的战争较之以前有大幅度减少——魏国从公元前 340—前 225 年这一百余年间仅发动了 7 场战争③，而此前，从公元前 419 年至前 365 年这相对较短的一段时期中却发动了 20 场战争，由此足见魏国的衰落。

齐国无疑对魏国在上述两场战役中的惨败发挥了决定性作用，它也因此在战国群雄中声威大振。《史记》记载"于是齐最强于诸侯，自称为王，以令天下"④。现代学者多信此说，也认为齐国与秦国是在魏国衰落后崛起的两大强权。比如，Victoria Hui（2005，第 63—64 页）在分析战国时期各国关系时，依据的也是这一具有代表性的看法：

> 在著名军事战略家孙膑的帮助下，齐国在两场大战中重挫魏国，并于公元前 341 年确立了它的霸主地位。此后，齐桓王（公元前 319 年—前 301 年）⑤、齐湣王（公元前 300 年—前 284 年）相继试图利用齐国的霸主地位进一步拓展齐国领土。在公元前 314 年，齐国

---

① 石门，今山西省运城西南。——译者

② 桂陵在今河南省长垣西北，一说在今山东省菏泽北。桂陵之战起因大致如下：赵国为了摆脱魏国的控制，便与齐、宋二国以及燕国结好，又于公元前 354 年攻打了依附于魏国的卫国，这就招致魏国出兵围攻赵国国都邯郸，于是，赵国向盟国齐国求援。齐国军队采用孙膑的"围魏救赵"之策，直攻魏国国都大梁，迫使魏军主力从赵国撤回，在其回师途中被齐军大败于桂陵，其主帅庞涓被生擒。至于马陵之战，马陵具体在何地异见纷纭，郭沫若认为是在今河南省范县，翦伯赞则持濮县说，白寿彝持大名说，近来又有说在山东省郯城县马陵山附近的。据说在此役中，魏国（与赵国）发兵攻打韩国，韩国向齐国求救，齐军故技重施深入魏国纵深地带，采取减灶诱敌，设伏聚歼的战法，最终大败魏军，庞涓自杀。但由于《史记》在不同篇目中对此战的说法不一，故此战的相关争议颇多。以上描述所依据的是《史记·孙子吴起列传》。——译者

③ 公元前 225 年，魏国被秦国所灭。

④ 见《史记·田敬仲完世家》（裴骃集解，司马贞索引，张守节正义，1959）。此句是司马迁在记叙公元前 353 年的桂陵之战后所写下的评论。但事实上，要到公元前 334 年，即马陵之战 7 年以后，齐国国君才正式称王。在公元前 334 年之前，列国之中只有周、楚两国的国君自称为王，而其他国家在名义上仍是周王朝的诸侯国。齐国国君称王具有重要的象征意义，这一事件可被视作是东周政治体制走向全面崩溃的标志。

⑤ 此处，应为齐宣王，而不是齐桓王。

攻打其西北面的中等邻国——燕国，最终使燕国臣服于它。齐国还战胜了其他许多强国，比如，在公元前303年至前302年，打败了楚国，又于公元前298年至前296年，打败了秦国。到公元前286年，齐国攻灭宋国，这是齐国在战国历史上国力最为鼎盛的时刻；通过这次灭宋之役，齐国的领土规模扩大了50%，并占有了繁华的宋国都城定陶。就在同一年，齐国还发兵攻打楚国、韩国、魏国以及赵国。

不过，根据我的战争数据，我们需要对上面有关公元前341年之后各国关系的传统说法做一些修正。公元前340—前285年，也就是在史家所言的齐、秦两强对峙的阶段[①]，秦国一共发动了39场战争，远超过发动战争数目列居第二位的齐国（共发动11场），更是遥遥领先于排在后面的楚（3场）、魏（3场）、赵（2场）等国。诚然，在这个阶段，齐国军事上的表现的确要比一般的诸侯国强出许多。但即便如此，齐国的军事实力还不足以挑战秦国。毫无争议，秦国仍然是当时唯一的超级大国。而且，如果从其他一些指标上来比较齐、秦两国的军事实力，我们的这一结论就更会加强。比如，根据史料，在这一时期秦国总共发动的7场大战中，秦军总共歼敌约53万人；而在同一时期，齐国仅发动了两场大战，此间共歼敌约12万人（其中约10万人是在齐国攻打军事力量弱小的燕国时屠戮的燕国人）。如果更仔细分析战争数据，我们可以发现在齐国发动的11场战争中，有至少两个国家出兵协助的战争共有9场（包括前文述及的齐国对魏国的两场大战）。相比之下，在秦国发动的39场战争中，秦国几乎是凭借一己之力对付诸侯各国。综上，在魏国衰落后，齐国的军事能力无论从哪个方面讲都无法与秦国的相提并论。而秦国所拥有的唯一超级强国的地位也就决定了公元前340年后诸侯各国邦国政治的性质。

我的数据还揭示了从公元前340年至前285年间地缘政治的形势。秦国对魏国和韩国的军事威胁最大，其次是楚国，最后是赵国。在此期间，秦国攻打魏国16次，韩国10次，楚国7次，赵国4次，但攻打齐国仅

---

① 我之所以将公元前285年作为分期时间的下限，是因为齐国在公元前284年被燕国重挫，此后，齐国便在军事上再难重振声威。不过，有些历史学家认为齐国真正主导当时国际政治的时期还要更短，仅是公元前340年到前301年这一段时期。如果以这段时间来计算的话，秦国总共发动了25场针对其他大国的战争，仍旧还是将其他大国远远抛在后面——齐国发动了8场战争，楚国3场，魏国2场，赵国1场。显然，无论采用哪种分期方法来计算，我的结论都不会改变。

有 2 次。这一时期同样可以分作两段来看。从公元前 340 年至前 319 年，秦国的主要目标是打败魏国。在秦国这一时期发动的 10 场战争中，攻打魏国的有 7 场，攻打韩国的有 2 场，还有 1 场是侵略齐国的小型战役。至于其余各大诸侯国：赵国当时仍是魏国的敌人，在某种程度上也就成了秦国的盟友；楚国多少有些游离于当时的战局之外，且尚未受到秦国的直接进攻[①]；由于与秦国相距遥远，齐国也尚未面临来自秦国的军事压力。而魏、韩二国由于与秦国相距很近，则需联合齐国共同抗秦。然而，即使齐、魏、韩三国结盟，也阻止不了秦国的征服步伐。就在秦国军队一点点蚕食魏、韩两国领土并将其势力逐渐向东拓展的过程中，魏国接连遭受秦军重创。公元前 318 年，为了缓解来自秦国愈来愈强的军事压力，赵、魏、韩、楚、燕、齐六国相约组成联盟共同抗秦。但盟国中有的国家对这次出征并不积极。在六国之中，齐国没有派出一兵一卒，楚国与燕国则由于没有受到来自秦国的直接威胁，对联合抗秦的兴趣也不大。最后，组成联军的主要是魏国、韩国与赵国（"三晋"）的军队，而且还被秦军所击败，据说三晋军队在此战中损失了 82000 余名战士。

这次联合抗秦行动的失败自然会招致秦国对参战国的报复。义渠是一个在秦国北面由戎人所建立的中等国家，它曾在联军抗秦时为联军提供过帮助。于是，为了报复义渠，秦国分别于公元前 314 年与公元前 310 年两次出兵讨伐。公元前 316—前 313 年，秦国还发动了 3 场针对赵国的战争，且三战皆胜。到了公元前 313 年，魏、韩、赵三国最终不得不向秦国屈服。

从此之后，诸侯国邦国政治就在两个主题间反复切换。一个被称为"合纵"，也就是说，所有实力相对弱小的国家（包括齐国）企图团结起来反抗秦国；另一个则是"连横"，即秦国尝试破坏"合纵"策略，并把其他国家拉拢到自己一边。事实上，这两种"国际政治"策略最终都只会对秦国有利，至于其中的原因，我们将在下一节讨论。与此同时，公元前 316 年，秦国派军队进入今天的四川，攻灭了巴、蜀两个大国。历史证明秦国的这次军事行动对其后来统一中国发挥着至关重要的作用。秦国不但把巴蜀之地变成了自己的粮仓，自此以后还可以沿江而下运送军队与物资补给，并从背后进攻楚国[②]。

---

① 在这一时期，楚国针对魏、齐两国各发动一场战争，而作为报复，魏国也攻打过一次楚国。
② 塞奇 Sage（1992，第 122—123 页）；杨宽（1998，第 355 页）。

因为与秦国相距甚远，齐国起初并不像其他国家那样郑重其事地对待秦国的军事威胁。相反，齐常凭借其地缘政治上的优势攻伐周边小国，它迫使燕国臣服于它，还消灭了宋国。不过，公元前286年齐国的灭宋之举很快就招致其他国家的反击。就在同一年，赵国伐齐。翌年，秦国也发兵攻齐，并占领了齐国的9座城邑。最后，在公元前284年，燕国名将乐毅率领着由当时各大诸侯国军队所组成的联军攻破齐国国都临淄。大败齐国之后，诸侯国的军队大多班师回朝，唯独乐毅领导下的燕国军队留在齐国，洗劫了70多座城邑[①]。虽然齐国最后并没有因此而被灭国，但也再难恢复昔日的强盛了。

魏国的衰落

在上一节中，我指出在全民战争时代，魏国与秦国是分别在公元前4世纪中叶之前与之后真正占据过主导地位的两个国家。那么，是什么原因导致了魏国的衰落？传统上，人们认为魏国的衰落是由于许多不利的条件与形势造成的。比如，在魏文侯（前445—前396年在位）之后，魏国就再没出现过英明的君主；还有，魏国的军事将领大多才具不足，特别是庞涓与齐国军师孙膑相比显得志大才疏、不堪胜任。或许这些因素都可能部分地造成魏国走向衰落，但我认为真正导致魏国衰落的主要原因有二——其一，是魏国不利的地缘政治条件；其二，是魏国没能维持住与赵、韩两国所组成的三晋联盟。

在战国时期五个最强大的国家中，秦国居西、楚国居南、齐国居东、赵国居北，唯有魏国居中，处于四面受敌的位置。魏国在地缘政治上的不利处境从全民战争时代之初便已露出端倪。公元前413年，当魏国军队攻打秦国于郑县（今陕西省华县）之时，楚国、齐国趁机分别从南面和东面进攻魏国。事实上，魏国在彻底衰落之前就一直处于这种腹背受敌的局面。这一点也体现在图8.2的战争网络格局中。公元前419—前365年，魏国处于战争网络的正中心，它朝各个方向都展开了攻势。这一时期，在魏国所发动的20场战争中，每个被它攻打过的国家所分摊的战争数目大体相当：秦国被魏国攻打了5次、齐国4次、楚国4次、赵国5次（韩国在这一时期被魏国攻击了1次）。而这些国家反击魏国的战争

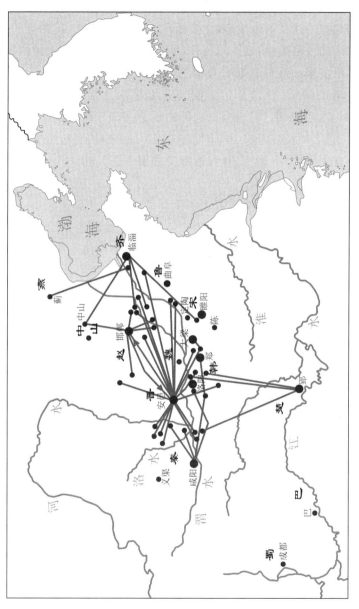

图8.2 公元前419—前369的战争网格

数目，分别是：秦国 7 次、齐国 4 次、赵国 4 次、楚国 2 次。这些数据意味着，公元前 419—前 365 年，魏国是唯一一个必须要与其他所有四大强国都开战才能维持其主导地位的国家。

魏国起初专注于西进攻秦，在公元前 419—前 408 年间发动了一系列针对秦国的侵略战争，且屡战屡胜，尽夺秦国在黄河与洛水间的领土，迫使秦国沿洛水一线修筑起大规模的防御工事①。或许是由于考虑到其北方边境的安全，魏国自公元前 408 年起花三年时间吞并了中山国②。而后，为了惩罚之前曾乘机挑衅的楚、齐两国，魏国联合韩国与赵国，率领三晋之师在公元前 405 年大败齐军。据史料记载，此战中，齐军约有 3 万将士阵亡③。继而，魏国趁胜又分别在公元前 400 年的乘丘之战与公元前 391 年的大梁之战中击败楚国④。在这一阶段，由于三晋联盟依然牢固，魏国地缘政治的劣势还没有完全暴露出来。不过，三晋联盟并没有维持多久。到了公元前 386 年之后，三晋联盟开始逐渐瓦解，其间，魏国与这两个前盟友打了 10 场战争。对比此前及其后的两段历史，我们可以看到只有当三晋作为一个整体开展军事行动的时候，它们才能同时在多条战线上作战并赢得胜利。

自从公元前 386 年魏国试图干涉赵国的政权继承危机，三晋联盟就出现了裂痕。赵国的政权继承危机早在赵烈侯（前 408—前 400 年在位）去世时便埋下了祸根。赵烈侯死后，其弟赵武公（前 399—前 387 年在位）即位。然而，公元前 387 年赵武公去世后，赵国却立赵烈侯之子太子章为国君，是为赵敬侯（前 386—前 375 年在位）。出于不满，赵武公之子子朝发动叛乱，事败后逃亡魏国。由于与子朝交情甚笃，魏武侯决

---

① 此间发生了这样几场主要的战争：魏国先是于公元前 419 年在黄河西岸建立了军事据点，后于公元前 413 年在郑（今陕西省华县西南）重挫秦国，并于翌年攻克繁庞（今陕西省韩城市东南）；接着于公元前 409 年又一次攻打秦国，攻占临晋（今陕西省大荔县东南）与元里（今陕西省澄城县东南），最后在公元前 408 年，魏国洗劫了洛阴（今陕西省大荔县西南）与邰阳（今陕西省合阳县东南），至此，魏国完全占领了河西之地。

② 一般认为，中山国是春秋战国时期由白狄诸部中的鲜虞部落所建起的国家（参见段连勤的著作《北狄族与中山国》，河北人民出版社，1982）。战国时期，中山国位于今河北省太行山东麓一带，地处燕、赵两国之间。历史上，中山国曾三次亡国，两次复国迁都。第一次是被晋国所灭，后于公元前 414 年复国迁都于顾（今河北省定州市境内）；第二次是于公元前 406 年被魏国所灭，后于公元前 381 年前后复国迁都于灵寿（今河北省平山县三汲乡；1974 年，考古工作者于三汲乡南七汲村的中山王墓发现了大量具有鲜虞族特色的器物）；第三次是于公元前 296 年被赵国所灭。——译者

③ 此役是全民战争时代第一场伤亡人数超过万人的战争。

④ 乘丘，在今山东省兖州西北；大梁，在今河南省开封市。——译者

定帮助他夺取君权。于是，公元前386年，魏国出兵攻打赵国，迫使赵国迁都邯郸。此后，赵、魏两国又再度卷入了长达三年之久（前383—前381）的冲突和战争中。这番冲突有数个国家被牵扯其中，并以魏国的失败而告终。这场较量过后，魏国失去了所有为赵国所分隔的北部领土，特别是它历经三年艰辛才攻占下的中山国（中山国在此次魏国战败后得以复国）。自那以后，尽管在公元前380年与前378年与齐国的战争中，赵国仍然能与魏国并肩作战，但它们之间的关系已经相当紧张了，三晋联盟也再不像之前那样紧密无间。正如战争数据所表明的，显然，魏国在公元前375—前364年实际上是靠一己之力应对各个方向上的战事。一方面，魏国于公元前375年与前371年伐楚，前373年伐齐，前372年、前370年伐赵，前365年伐韩、宋；另一方面，魏国也是各国进攻的标靶：公元前379年赵国犯魏，前370年、前369年赵、韩攻魏，前368年齐国犯魏，以及前366与前364年秦国伐魏。

在上面所列的历次战争中，尤其以公元前364年秦、魏两国的石门之战最为关键。据史料记载，魏国在这次大战中共有大约6万名将士被秦军所杀。此战是魏国在与秦国长达50余年的军事较量中遭受的首次重大挫折。这场战争与此后另一场战争（即公元前362年的秦、魏少梁之战）的失利迫使魏国在公元前361年将国都从安邑（今山西省运城市夏县西北）东迁至大梁，魏国此举可以远避秦国锋芒，并将其地缘政治的目标转移到东方。不过魏国这次战略重心的转移很快就被证明是失败的。在公元前353年的桂陵之战中，魏国惨败于赵国及其盟国齐国。此后，魏国又在公元前341年的马陵之战中再次被齐国击败。在这场战争中，魏国太子申被杀，将军庞涓自尽，10万魏军大部分被杀或被俘。马陵之战后一年，即公元前340年，秦国趁着魏国在东线战场的接连失利，又在西线战场击败魏国，收复了黄河西岸的失地。从此之后，魏国在战国格局中就丧失了主导性的优势地位，尽管它的实力仍不可小觑。为了从更具体的历史场景中来理解魏国的衰落及其不利的地缘政治位置是如何导致这种衰落的，下面就让我们更详细地分析一下桂陵之战和马陵之战。

虽然这两场战役将许多国家都卷入在内，但其中发挥关键作用的乃是齐国。根据史料，两战之中，齐国的军队皆由田忌与其军师孙膑所指挥。据说，孙膑著有《孙膑兵法》，但该书可能早在东汉就失传了。至于另一位比孙膑早一百多年并与其同姓的军事家——孙武，他的著作《孙子兵法》却得以传世，并成为中国最早也是最重要的军事著作。由于东汉之后的史家无人得窥《孙膑兵法》的真容，因而，人们历来对孙膑其人其书的真实性抱有怀疑态度。但由于 1972 年银雀山西汉墓葬中同时出土了孙子与孙膑各自撰写的兵书，如今我们能够肯定历史上不仅确有孙膑其人，而且很可能在桂陵之战与马陵之战中，齐国军队是由他所指挥的。

传统史家一般将这两场战争中魏国的失利归结于魏将庞涓平庸的军事指挥能力以及孙膑机动灵活的高超战术。这种说法可能有一定道理，但我想强调的是魏国战败背后有着更深层次的原因。公元前 353 年的桂陵之战与公元前 341 年的马陵之战在战争过程上几乎如出一辙。一开始，都是魏国发兵进攻其他二晋：魏国先于公元前 353 年攻打赵国，又于公元前 342 年攻打韩国。而在这两场战争中，齐国都是等到魏国军队精疲力竭时才出兵驰援：在桂陵之战中，齐国是在魏军包围赵都邯郸达一年之久并最终攻陷邯郸之后才发兵攻打魏国；而马陵之战中，齐国也是在韩国五败于魏军之后才施以援手。而且，齐军两次出兵救援都不是直奔赵、韩两国的主战场，而是发兵攻打魏国的都城大梁，这就迫使魏军主力不得不撤出赵、韩两国，回师救援。另外，在两次战争中，齐军又都是设伏于魏军回师途中，以逸待劳，取得胜利。诚然，通过这两场战役的大获全胜，孙膑确立了自己作为一位杰出军事指挥家的地位，但庞涓的失败，可能也并不全如史籍所说，是由于他个人在军事指挥上的无能。试想，倘若当时的三晋仍能像公元前 386 年以前那样团结一致，那么就算齐国有孙膑这样的军事天才相助，也不大可能会取得桂陵与马陵之战那样辉煌的战果。只有当魏国与赵、韩两国开始互相攻伐，魏国才会面临四面受敌的险峻局势，其地缘政治环境也必然进一步恶化。比如说，在桂陵之战中，正当魏军主力围攻邯郸之时，不仅齐国趁机攻打魏国，秦国、楚国也乘机发难：秦国入侵了魏国西边的领土，夺取了两座非常重要的城池——元里和少梁，据载，秦国在这一役中杀死魏军将士七千余人①；而另一方面，楚国则从南面进攻魏国，夺取了一片大致位于今天江苏、山东二省与安徽省交界处的魏国领土②。由此观之，虽然与当时其他

---

① 元里，在今陕西澄城县南；少梁，在今陕西韩城南。另，《资治通鉴·卷二周纪二》记载："秦败魏师于元里，斩首七千级，取少梁。"——译者

② 《战国策·楚策一》记载"楚因使景舍起兵救赵。邯郸拔，楚取睢、濊之间"。根据《水经注》，睢水故道始自今河南开封陈留镇浪荡渠，向东流经河南商丘，安徽濉溪，至江苏宿迁，流入淮河。根据程恩泽的《国策地名考》，"濊水本命涣水，由永城县东南流入宿州西南境"。程恩泽认为这里的"睢、濊之间"指的是"今商邱宁陵睢州一带。魏之东南境，楚之东北境也"。——译者

任何一个诸侯国单独比较，魏国的军事实力仍旧占上风，但它并没有强大到足以应付几个国家同时从多条战线上发起的进攻。

齐国、楚国与赵国的弱点

魏国衰落以后，虽然齐、楚、赵这三个国家都拥有强大的军力，但唯有秦国坐上了超级军事强国的宝座。那么，为何这三个国家都没能接替魏国超级强国的地位，从而能阻止秦国的发展壮大呢？这就是本节所要尝试回答的问题。但对于这一问题，由于海内外学术界还没有做过系统的研究，且可资利用的材料也相当有限，因此，下面的分析仅是我一些较为初步的探索。

齐　国

在公元前 7 世纪之初，齐国在齐桓公的统治下一跃成为当时最强大的诸侯国之一。虽然在桓公去世后，齐国的军事实力有所衰落，但直到全民战争时代，它仍能维持住大国的地位。正如第五章所述，与晋国的情况类似，齐国也曾在公元前 6 世纪经历了严重的封建危机。但对晋国来讲，封建危机造成了"三家分晋"的局面，而对于齐国，封建危机的结果则是齐国的田氏将其他卿族逐一铲除，最终在公元前 481 年掌握了齐国的政权。于是，到全民战争时代，齐国成为中国东部最强大的国家，它当时的疆域相当于今天山东省大部，外加河北省的一部分。齐国人口众多，有着发达的农业与商业；它的都城临淄不仅规模为当时之最，其商业化的发达程度也是数一数二的。与除秦国以外的其他诸侯国相比，齐国在地缘政治上也占据着相当有利的位置。齐国的东面与东北面皆被大海环抱，南面则毗邻鲁、宋、楚三国及其他若干小国，而这些邻国中除楚国以外没有哪个可对齐国构成威胁。至于齐国的北面则是弱小的燕国，亦不足为惧。事实上，真正能够对齐国构成威胁的国家是它西面的魏国，有时也要算上赵国。而魏国的衰落在很大程度上免除了齐国西面之患。当然，齐国最大的地缘政治优势乃是它与强秦相距甚远，以至秦国的兵锋尚无法触及它。在公元前 221 年之前，也就是齐被秦所灭之前，秦国针对齐国发动的攻击仅有 3 次，分别在公元前 320 年、前 285 年与前 270 年，且这 3 次皆为相对小规模的入侵。可以说在全民战争时代晚期以前，秦国从来不曾对齐国构成过直接的威胁。

虽然齐国具备上述种种优势,但它终究没能在全民战争时代问鼎一流军事强国的地位,其中的原因有这样几条。第一,可能也是最为重要的一条,那就是齐国的法家改革从未像秦国的改革那样深入而彻底。自齐桓公于公元前 7 世纪去世之后,齐国推行了几次渐进式的改革。其中最后一次,也是力度最大的一次发生于齐威王在位期间。虽然,今天我们对齐国这次改革的具体内容知之甚少,但根据《史记》以及其他相关史料所提供的有限信息①,我们约略可以知道,此次改革的内容博而不专,不像商鞅在秦国所推动的变法那样专注于制度层面的国家建构。而且,齐国的法家改革者比秦国法家改革者也更强调贤臣能吏的重要性②。不过,齐国的明君贤臣一旦去世或者卸任,那么这种招贤纳士之风也就随之逐渐消散。

齐国的改革并不彻底,在这背后隐含的是齐、秦两国在文化上的差异。与秦国不同,齐国是一个有着"高度文明"的国家,它悠久的思想文化传统既是多元化的,同时又具有很强的折衷性。在全民战争时代,各大国中唯独齐国拥有着由王室赞助的大型机构(起着政府智库、咨询机构与人才储备库的作用)③。这一由王室赞助的群体在后世被时空倒错地(anachronistically)误解为是某种今世意义上的学术组织,因而也被

---

① 参见《史记·田敬仲完世家》。

② 在《史记·田敬仲完世家》(第 1888—1889 页)中,司马迁所记叙的几则事情颇能反映出齐国君主对何为良好统治的理解。其中一则讲的是齐威王(前 358—前 320 年在位)对官员的整顿,他烹杀了备受赞誉但其治下百姓贫苦的阿城大夫,奖赏了饱受批评但却将地方治理得十分出色的即墨大夫。而另一则颇具戏剧性的故事也传递了类似的信息。这则故事讲的是齐威王与魏惠王在平陆(今山东省汶上县北)一同狩猎,魏惠王夸耀自己拥有能够照亮前后各十二辆车的夜明珠,随后问齐威王拥有多少宝物。齐威王是这样回答的:"寡人之所以为宝与王异。吾臣有檀子者,使守南城,则楚人不敢为寇东取,泗上十二诸侯皆来朝。吾臣有盼子者,使守高唐,则赵人不敢东渔于河。吾吏有黔夫者,使守徐州,则燕人祭北门,赵人祭西门,徙而从者七千余家。吾臣有种首者,使备盗贼,则道不拾遗。将以昭千里,岂特十二乘哉!"

③ 司马迁在《史记·田敬仲完世家》(第 1895 页)中曾对稷下"学者"有"不治而议论"的评价,而西汉的学者也有过类似的评价,他们认为稷下"学者"扮演的是智囊与顾问的角色,所谓"不任职而论国事"。参见《盐铁论·论儒第十一》(《盐铁论校注》,王利器校注,1992,第 149 页)。
《田敬仲完世家》(第 1890 页)也费了不少笔墨来讲述刚刚领受齐国相印的邹忌听淳于髡教他如何辅佐君王、管理百官、善待百姓的故事。《战国策·齐策三》(《战国策新校注》,缪文远,1987,第 377 页)则记载淳于髡一日之内向齐宣王推荐七位贤士,所谓"淳于髡一日而见七人于宣王",而《战国策·齐策四》(第 403 页)也记载,作为稷下"学者"之一的王斗劝谏齐宣王任命五位贤士为官的故事。后两则故事也表明齐国人更看重的是通过能臣贤吏而不是依靠官僚体制来增强国家的实力。

称为"稷下学宫"①——它自公元前 5 世纪左右出现，直到公元前 284 年燕将乐毅率领诸侯盟军攻克并洗劫临淄城为止，一直存续了大约 150 年光景②。齐宣王在位时（前 319—前 301 年），"稷下学宫"号称拥有上千名学者，这还不算这些学者门下难以计数的门徒弟子③。其中首屈一指的大学者还被赐予最高的贵族头衔，居上大夫之列（齐宣王时，这样的学者共有 76 人）④，在齐国国内享有崇高的声望，并且，可以过上奢华的生活⑤。得到王室赞助的这一稷下士人群体会聚了全民战争时代"诸子百家"之中几乎每一学派的学者，同时也吸引来了一批日后对中国哲学影响深远的大思想家⑥。相形之下，秦国从来没有发展出过本土性的哲学思想。不过，恰恰是秦国在思想文化上的"落后"使它可以毫无顾忌地采用那种最急功近利的法家学说作为其治国理政的唯一指导原则，以此来推行更为彻底的改革（见第七章），并使它在商鞅变法之后阻止了法家之外其他思想流派进入秦国⑦。于是，秦国的这些做法一方面抑制了任何本土性哲学思想在国内的发展，另一方面又极大地促成了效率驱动型的工具理性文化在秦国的兴盛，并有助于将整个国家组织成为一架战争机

---

① 参见席文 Sivin（1995）。他对现代学者将齐国王室所赞助的这个系统误读为一种由政府支持的学术机构有过精彩的分析。

② 虽然此后，齐国王室又恢复了对"稷下学宫"的赞助，但它再也无法重现昔日的辉煌了。请参见白奚（1998，第 35—54 页）对其起源、发展与衰落的讨论。

③ 例如，荀子在"正论"篇中的主要目的之一便是驳斥另一位稷下学者宋钘的观点。据荀子所说，宋钘在当时有不少追随者（《荀子·正论第十八》；《荀子集解》，王先谦，1988，第 321—345 页）。荀子同样也拥有许多弟子，其中以韩非子和李斯最为著名。另一位稷下学者田骈的门下也大约有上百名弟子（白奚，1998，第 59 页）。

④ 《史记·田敬仲完世家》，第 1895 页。

⑤ 《战国策·齐策四》（第 407—408 页）记叙了有人曾嘲讽稷下学者田骈，说他虽号称不愿为官但却拥有着比官员还要多的财富，就好比邻人之女虽然没有结婚却比结婚的女子所生的孩子还要多（这段嘲讽的话原文为"臣邻人之女，设为不嫁，行年三十而有七子，不嫁则不嫁，然嫁过毕矣。今先生设为不宦，赀养千锺，徒百人，不宦则然矣，而富过毕也"。——译者）。这则故事显然表明，杰出的稷下学者在当时可以享有很高的威望与巨大的财富。

⑥ 最著名的稷下学者包括了被后人视为"诸子百家"的许多人物，比如儒家的荀子、鲁仲连，道家的田骈、彭蒙、接子，墨家的宋钘，阴阳家的邹衍、邹奭，名家的尹文和田巴，以及法家的慎到与一批编纂了《管子》的学者。

⑦ 白奚（1998，第 31—32 页）。

器①。但在齐国,不同思想流派间的竞相争鸣创造了一种包容而多元的文化氛围,并使齐国形成了温和克制的政治取向②。在全民战争时代的齐国,道家意识形态与阴阳家的宇宙观仍颇具影响力。虽然,法家思想在这个时代的列国之中大行其道,但在齐国,占据着主导地位的法家思想则往往带有儒家或道家思想的倾向,它强调在法家的工具理性与儒家的道德或与道家的"道法自然"之间达成某种平衡,从而使法家与儒、道两家的思想和谐共存③。齐国的学术思想对传统中国文化贡献良多。到西汉时,荀子的那种融通儒、法二家思想的政治哲学成为国家政策的指导原则,而阴阳家的宇宙观在被董仲舒纳入儒家思想系统后,也化作了构成传统中国国家合法性基础的要素(见第九章)。然而,在全民战争的乱世中,齐国多元而折衷的思想传统对其谋求生存和发展皆弊大于利,因为这种思想传统阻碍了法家改革对社会进行根本性的改造,同时促生了一种强调领导者的贤能才干、重视思想观念而忽视组织与制度建设的文化传统。

最终,齐国虽然占据着极佳的地缘政治位置,却无法像秦国那样将之有效地转化为军事优势。坦率地说,当秦国利用它自身的地缘政治优势来赢取战争之时,齐国却仅仅是利用这种优势躲在魏、韩、赵与楚等国的背后,从而在全民战争时代走向尾声之前,暂时避开了秦国的锋芒。齐国不但不协助他国一道抗秦,反而趁机贪占小利小惠(比如,欺凌宋国与燕国),或当齐、秦之间的缓冲国家处在与秦国交战生死攸关的时刻,摆出一副袖手旁观的姿态。比如公元前 261—前 259 年间的长平之战即是一个很好的例子。长平之战对秦、赵两国而言都是决定生死存亡的

① 《商君书·勒令第十三》(《商君书译注》,石磊、董昕,2003 年,第 91 页)将这种国家治理社会的手段称为"一空"(原文为"重刑少赏,上爱民,民死赏。多赏轻刑,上不爱民,民不死赏。利出一空者其国无敌,利出二空者国半利,利出十空者其国不守"。——译者),也就是说通过"重刑少赏"的办法限制人们各方面的诉求,使他们对功名利禄的渴求只有通过唯一一条途径才能得以满足,即,在战争中奋勇杀敌以及为了战争而拼命工作。

② 王长华(1997,第 5 章)。

③ 稷下学者常以音乐为喻来表达他们对治国之道的观点。根据司马迁在《史记·田敬仲完世家》(第 1889—1890 页)中的记载,齐威王封驺忌为齐国宰相,乃是因为驺忌在与齐王的对话中巧妙地以"鼓琴"论治国,他以大弦喻君,小弦喻相,弹琴犹如政令流布,所谓"琴音相调而天下治"。在同一篇文章中,司马迁还记述了驺忌与淳于髡之间的一场对话。淳于髡以五条政治隐喻来考验驺忌的智慧,并以此向他提出了有关治理国家、辅佐君王的建议。其中一条也是有关音乐的隐喻,即"大车不较,不能载其常任;琴瑟不较,不能成其五音"。驺忌对此的回答是:"谨受令,请谨修法律而督奸吏。"

关键战役，双方为此几乎倾尽了全部的人力与物力资源。开战的第二年，赵国由于面临着严重的食物短缺，便请求齐国出手相助。不过，齐国拒绝了赵国的请求。最终，赵国战败，据说赵国在此战中被杀的将士多达 40 万人[①]。正如许多中国史家曾指出的，当秦国倾注大量资源用于打造国家战争机器的时候，齐国的统治者却把国家资源用在营造宫殿与奢靡逸乐上[②]。司马迁曾有过这样一番耐人寻味的话，他说齐国"不修攻战之备，不助五国攻秦，秦以故得灭五国。五国已亡，秦兵卒入临淄，民莫敢格者"[③]。

楚　国

《史记》记载了一段苏秦为六国合纵抗秦而游说楚威王（前 339—前 329 年在位）的故事。作为当时两大著名纵横家之一的苏秦对楚威王说了这样一番话[④]：

> 楚，天下之强国也；王，天下之贤王也。西有黔中、巫郡，东有夏州、海阳，南有洞庭、苍梧，北有陉塞、郇阳，地方五千余里[⑤]，带甲百万，车千乘，骑万匹，粟支十年。此霸王之资也。夫以楚之强与王之贤，天下莫能当也。

苏秦的这番说辞多少道出了些实际情况——楚国在当时确乎拥有着广袤的领土、丰富的资源，以及众多的人口[⑥]。在全民战争时代，楚国的疆域覆盖了现今中国的许多省份，它以今天的湖北省为中心，北面延伸至陕西、河南，东面包括了安徽大部分以及山东、江苏与浙江的部分地区，南面则占据湖南与江西大部分以及广东的部分地区，西面则延伸至广西与贵州的部分地区。楚国无疑是当时面积最大、人口最多（这是从人口数量上讲，并不是指其人口密度）的国家，而且，楚国也拥有着比其他任何国家数量都多的常备军。当然，为了游说楚威王采取所有可能的

---

① 见《史记·田敬仲完世家》，第 1902 页。
② 李玉洁（1999，第 217 页）；王志民（1993，第 82—83 页）。
③ 同上，参见《史记·田敬仲完世家》。
④ 《史记·苏秦列传》，第 2259 页。
⑤ 当时的 1 里相当于今天的 0.415 公里。
⑥ 据《史记》记载，苏秦在其他国家谈论各国的国情时，他对各国领土面积和军队人数的描述大致如下："赵地方二千余里，带甲数十万"；"齐地方二千余里，带甲数十万"；"韩地方九百余里，带甲数十万"。通过比较他所列出的这些数字，我们可以对这些国家的规模有一大概认识（《史记·苏秦列传》，第 2247、2250、2257 页）。

措施来抵抗秦国的战争机器,苏秦肯定要通过夸大楚国的军事实力来增强楚威王的信心[①]。

不过,尽管楚国拥有广阔的领土、众多的人口、庞大的常备军,以及易守难攻的地缘政治位置(在秦国于公元前 316 年征服巴、蜀两国之前,楚国只在北面受到敌国的威胁),但在全民战争时代,楚国仅扮演着一个不太重要的角色,它在这一时期总共才发动了 17 场战争,而其中仅有 7 场是针对战国七雄中其他六个大国的。相较而言,秦国同一时期共发动了 106 场针对其他六大国的战争,而像这种战争,魏国发动了 33 场,赵国 25 场,齐国 22 场。那么,是什么原因让一个领土如此广阔、人口如此众多的大国在群雄逐鹿的全民战争时代表现得如此怯懦消极呢?一些中国史家曾认为,这是由于楚国向来缺乏进取之心,或者由于楚国技术的"原始"以及生产力的低下[②]。但事实并非如此。霸主时代的楚国曾经生气勃勃,对其北方邻国而言,它是一个充满野心,即所谓"不务德而争兵"的国家[③]。另外,最近的考古发现也表明楚国拥有着灿烂的文化,因此,那种认为楚国在技术、文化上停留在"原始"阶段的说法自然是站不住脚的[④]。现今,人们普遍认为,虽然楚国大部分地方的人口并不稠密,但其腹地之面积却仍比当时其他任何一个国家都要大出许多,那里有着相当庞大的人口规模,最精良的武器制造能力,以及与其他几个大国相比并不逊色的技术发展水平。不过,楚国既没能将它的种种优势转化为军事上的主导性地位,也没能利用这些优势抵抗秦国的进攻。依我之见,阻碍楚国发展的最主要原因是其政治上的停滞不前。

正如本书第四章所讨论的那样,楚国之所以在霸主时代成为最强大的国家,主要是因为它能够建立一套比当时其他任何国家更加成熟和高效的官僚体制。楚国的历代国君大多掌握着巨大权力;他们能以任何理由来罢免或者处死高级官员(见第五章)。楚国国君与官僚体制的强大

---

① 不少中国史家只是从表面上来解读苏秦的这番说辞以及其他一些史料中有关楚国国力的类似记述,因而严重地高估了楚威王时期楚国的军事实力(如李玉洁 2002,第 349 页;王绍东 2004,第 82 页)。事实上,在全民战争时代,楚国所能征服的只是南方的一些小国。这一时期,在所有死伤超过万人的大规模战争中,没有一场战争是由楚国打胜的。

② 王绍东(2004,第 82—83 页)。

③ 《左传·宣公十一年(前 598)》(杨伯峻编著,1990,第 711 页)。

④ 高介华与刘玉堂(1995);刘玉堂(1996);宋公文与张君(1995);杨权喜(2003)。

使它免于遭受在其他各大国（除秦国以外）都曾爆发过的封建危机①。不过，这也为楚国的历史发展带来了重大的非预期后果（unintended consequences）。封建危机虽说在晋国导致了三家分晋的局面，在其他大国也造成了公室权力的衰落，但同时，危机也为这些国家创造出政治上的真空，给法家主导的一系列社会变革，包括成熟的官僚体制的建立与发展，造就了契机和动力（第六、八章）。但对于免受封建危机破坏的楚国而言，要实施全面改革就非常困难了，因为几个世纪以来，在楚王的主导下，楚国的贵族和王室之间一直维持着相对稳定的平衡状态，而这种政治平衡逐渐演变为某种根深蒂固的政治传统，并成了楚国政治保守主义的根源。这一点从吴起在楚国变法（大约始于公元前 388 年）的失败中便澄然可见。

吴起本是魏国名将，他在魏国的法家改革与军事扩张中都发挥过关键的作用。公元前 389 年的阴晋之战②，吴起以 5 万魏国军队打败了号称有 50 万之众的秦国军队，此战展示出他卓越的军事指挥才能。此后不久，由于吴起认为魏武侯（前 395—前 370 年在位）对他产生疑忌，便投奔楚国。奔楚后不久，吴起就被楚悼王（前 401—前 381 年在位）任命为令尹，并在楚国展开了一系列改革。据《韩非子》的记载③，在着手改革之前，吴起向楚悼王建言，指出楚国面临的主要问题是"大臣太重，封君太众"，他接着说："若此，则上逼主而下虐民，此贫国弱兵之道也。"由此我们可以猜测，吴起改革的主要目标自然是去限制贵族的势力与增强楚国的军事实力④。

吴起的改革想必取得了一些成果。《史记》记载，吴起改革后不久，楚国即"南平百越⑤；北并陈蔡，却三晋；西伐秦"，结果"诸侯患楚之强"⑥。不过，吴起的改革也遭到了楚国贵族的强烈反对。据记载，楚国当时的大贵族屈宜臼就强烈反对吴起的变法，他说"善治国家者，不变

---

① 关于公元前 6 世纪各国封建危机的缘起与影响，以及楚国没有爆发大规模封建危机的原因，请参见本书第五章。
② 阴晋，治所在今陕西省华阴市附近。——译者
③ 《韩非子·和氏第十三》（《韩非子集解》，王先慎，2003，第 96—97 页）。
④ 黄中业（1998，第 68—75 页）、李玉洁（2002，第 320—323 页）、杨宽（1998，第 193—196 页）等对吴起改革的过程及其失败有更为详细的讨论。
⑤ 据杨宽（1998，第 195 页）研究，"百越"分布在今天的赣南与粤北一带。
⑥ 《史记·孙子吴起列传》，第 2168 页。

故,不易常"①,并表示一味地穷兵黩武有违天道。公元前381年,楚悼王去世。在楚悼王的葬礼上,吴起被楚国贵族射杀身亡,于是,他所推行的改革也就从此中辍了。在整个全民战争时代,主导着楚国政治的乃是贵族的势力,特别是其中权势最大的三家贵族,即昭氏、景氏与屈氏。而且,当时的楚国还是各大国中唯一允许贵族拥有大量私人武装的国家②。当中华大地上其他国家都投入到竞争异常激烈的全民战争时代之时,楚国还保留着如同东周早中期一样的政治结构与行事风格③。韩非子曾对楚国在吴起变法中辍后的命运有过这样一番富有洞见的评论,他说:"楚不用吴起而削乱,秦行商君而富强。"④

赵　国

赵国以今天河北省的大部分地区及山西省北部地区为其统治的核心区域,其疆域还覆盖了今天河南、山东和内蒙古的一部分。在公元前307年赵武灵王(前325—前299年在位)颁布"胡服骑射"的命令以后⑤,赵国的军力逐渐达至顶峰,它出兵攻灭了中山国,并将其领土向北扩展到今天内蒙古一带。我的数据显示,赵国在全民战争时代所发动的针对其他六大国的战争总共有25场,仅次于战争数目排名第一的秦国(106场)与魏国(33场)。虽然,赵国的实力从未像某些中国史家所声称的那样强大到足以"东控强齐,西按强秦"⑥,但毫无疑问,当魏、楚、齐三国均被秦军重创之后,赵国是当时唯一能凭借一己之力阻挡强秦吞并天下的头号强国。只有当赵国在公元前260年的长平之战中遭受了毁灭性的打击以后,秦国横扫六国、一统天下才成了历史发展的必然。下面就让我们将重点放在长平之战——这场在当时最具决定性,同样也是最惨烈的战争上,我将力图探索在这场关系到赵国生死存亡的大战背后,造成

---

① 在当时,楚国的政治由三家贵族(屈氏、景氏与昭氏)所主宰,楚国大部分的卿大夫与高级官员都出身于这些贵族世家(李玉洁1999,第332—333页),这很像是楚国在霸主时代的政治格局(见第六章)。(另,屈宜臼的这段话引自《说苑·卷十五·指武》。——译者)
② 李玉洁(1999,第262、330页)。
③ 《吕氏春秋·慎大览第三·察今》(张双棣等译注,2007,第144页)以"刻舟求剑"的寓言来批评楚国过时的政治与政府体制。显然,这则寓言想要表达的是:楚国之所以积弱,是因为其旧有的统治方式已无法有效应对新形势了。
④ 《韩非子·问田第四十二》(《韩非子集解》,王先慎,2003,第396页)。
⑤ 这场改革的具体目标是要通过采用胡人的军事技术来使赵国军队有效地开展军事活动(《史记·赵世家》,第1808—1809页)。
⑥ 沈长云等(2000,第219页)。

赵国失败的结构性动因是什么。

　　长平之战发端于秦国军队攻打韩国上党地区①。在长平之战以前,秦国经由一系列战役,特别是公元前263年的南阳之战以及前262年的野王之战,攻占了韩国南阳与野王两座城池,从南面切断了上党郡与韩国政治中心地带的联系②。上党军民眼见无法抵挡秦军的攻势,又不愿遵循韩王割让上党给秦国的命令,当地郡守便派人去向赵国求援,打算将上党献给赵国。对于是否要接受上党的归附,赵国朝廷分成两派,以平阳君(赵豹)为代表的一方建议赵孝成王不要接纳上党郡,以免激怒秦国,但以平原君(赵胜)为首的一方则主张接收上党郡的归附。最后,赵王听取了平原君的意见,而秦王也就因为赵国将秦军唾手可得的上党郡揽入怀中而勃然大怒,于是举兵攻赵,这就引出了秦、赵长平之战。《史记》对此战的过程有一系列精彩的描述。根据《史记》,开战之初,赵国军队接连失利,而后在大将廉颇的指挥下筑垒固守,令秦军久攻不下,秦、赵两军在长平陷入僵持。赵孝成王曾提出要与秦国讲和,可这样做到头来只是耽误了赵国联合其他国家共同抗秦的时机。后来,秦国使出反间计,散布廉颇要降秦的谣言,赵王中计撤下廉颇,换上才能平庸的赵括指挥战斗;最后,赵括麾下的军队中了秦军埋伏,被围投降③。中国史家一般认为,导致赵国在长平之战中惨败的最重要原因正是赵国的临危换将。

　　这种看法并非完全没有根据。赵括之母在赵括被委任为将军后,曾上书赵王请求他收回成命。她向赵王解释她的儿子赵括与其夫赵奢——这位几年前去世的赵国名将——在性格和才能上的巨大差异④:

　　　　始妾事其父,时为将,身所奉饭饮而进食者以十数,所友者以百数,大王及宗室所赏赐者尽以予军士大夫,受命之日,不问家事。今括一旦为将,东向而朝,军吏无敢仰视之者,王所赐金帛,归藏于家,

① 对于赵国在长平之战中的惨败,中国史家多将其原因归咎于赵孝成王(公元前265年—前245年在位)的决策失误,以及在某种程度上,赵孝成王的宰相平原君错误地建议他接受上党郡的归附(如杨宽1998,第412—416页)。但是,值得注意的是,沈长云等人(2000,第八章)的分析多少有别于这种传统观点。
② 南阳,在今河南省修武县;野王,在今河南省沁阳市;上党郡,治所在今山西省长治。
　　——译者
③ 《史记·赵世家》(第1826页)。以及《史记·廉颇蔺相如列传》(第2446页)。
④ 《史记·廉颇蔺相如列传》,第2447页。

而日视便利田宅可买者买之。王以为何如其父？父子异心，愿王
勿遣。

毫无疑问，与他的父亲赵奢或老将廉颇相比，赵括的确不太适合领
兵打仗。但除此以外，我想强调以下三个结构性因素可能也是赵国在军
事上惨遭失败的重要原因。

首先，在当时的秦、魏、赵、齐、楚五大强国之中，赵国与魏国的地缘
政治位置最为不利。赵国的西面是秦、韩二国，南面是魏、韩二国，东面
有齐国，北方又有燕国。而且，自公元前 4 世纪起，匈奴——这个来自北
亚的游牧部落联盟——的势力正在迅速崛起，因此，赵国还必须面对北
方匈奴日益严重的威胁。尽管，赵国在与匈奴的冲突中占据上风，但这
仍然意味着赵国必须在北方屯驻相当多的兵力①，这也就是为什么赵国
是当时列国中唯一将"胡服骑射"列为法家改革措施之一的国家。赵国
不利的地缘政治位置迫使它不得不将防守兵力分散在国境的四面八方。
即使长平之战已将赵国拖入了极危险的境地，赵国仍须派大将李牧在其
北方边境统领大量军队以抵御匈奴的进攻②。另外，此时的秦国可以通
过流往下游的渭河、黄河、汾河等水路运输军队与物资，而赵国则主要靠
陆路运输，或者说秦国军队的运输效率要高出许多。

其次，赵国的农业产量远不及秦国。公元前 260 年左右，秦国已经
控制了若干土壤肥沃的粮食产区，比如渭河谷地、四川盆地以及汉中盆
地，而赵国的大部分领土则深居寒冷的北方，且其土质不太适于耕种。
即便是在赵国心脏地带最重要的粮食产区冀州，土壤也大多含有盐碱，
较为贫瘠③。此外，赵国的农业技术也落后于秦国。当平阳君力劝赵孝
成王不要从韩国手中接收上党郡时，他的一个主要理由便是"秦以牛田，
水通粮"④，也就是说，在长平之战时，牛耕在秦国已经相当普及，且秦国
的水上运输系统也很发达，相形之下，赵国在这两方面却都很落后⑤。

---

① 根据《史记·廉颇蔺相如列传》(第 2449—2450 页)，赵孝成王在召回李牧(赵国最善战的
　将军之一)之后，赵国军队多次被匈奴所击败。后来，赵孝成王重新将军权交给李牧，赵国
　军队才再次在与匈奴的交战中占据上风。
② 李牧的军队驻扎在今山西省境内的要塞雁门关一带。据《史记·廉颇蔺相如列传》(第
　2449—2450 页)记载，李牧统帅着由五万步兵与十万射手所组成的大军。在长平之战后，
　这支军队是赵国外御匈奴的重要军事力量。
③ 沈长云等(2000，第 198 页)。
④ 《战国策·赵策一》(第 621 页)。
⑤ 平阳君的话表明牛耕技术在赵国尚不普遍。见《战国策·赵策一》(第 621 页)。

对于农业生产水平相对低下的赵国而言，虽然长平之战的主战场离赵国腹地并不十分远，但在开战后的第二年，赵国军队就已面临严重的食物短缺。根据《史记》记载，赵国不得不"请粟于齐"，而齐国却并没有出手相救①。因而，当赵括受命挂帅时，赵军仍处于缺粮少食的境况。虽然《史记》将赵括弃用廉颇的防守战术，转而正面对抗秦军等举动都描述成他战略上的失误，但现在重新审视这段历史，我们可以想象，赵括面对着迫在眉睫的军粮短缺问题，转守为攻也可能是他的无奈之举，或许他所希望的正是通过尽快与秦军决一死战来避免赵军被粮食危机所拖垮②。另一方面，从主张不要接收上党郡的平阳君的话中可以听出，他非常了解要维持战争就需要有完善的后勤运输系统与充足的物资保障，他也相当清楚秦国在这两方面都比赵国占有优势，所以他认为，与强大的秦国争夺上党郡对赵国来说十分危险。也正是因为这个逻辑，一旦赵国在这场大战中被打得大败，司马迁及后世的许多史学家就会强调从韩国手中接收上党郡是赵孝成王与平原君的失策。但我们必须考虑到，接不接收上党郡这个问题，对于赵孝成王是一个非常艰难的选择。在公元前260年的时候，秦国吞并六国的野心以及强大的军事实力早已尽人皆知。如果赵王拒绝接收上党郡，任由秦军占领这块战略要地，那么赵国也就离秦军兵临城下不远了。因此，哪怕赵王听从的是平阳君的意见，也只不过是将秦、赵两国不可避免的最终决战推迟了一些时日而已。

最后，根据司马迁的记载，赵孝成王以赵括代替廉颇，是因为他听信了廉颇欲叛赵投秦的谣言。司马迁及后世史家大多责备赵王没有对他最有能力的将军予以足够的信任。但除去秦国散布谣言以外，还有一些更深层的原因会让赵孝成王对廉颇生出猜疑之心。正如绪论中所提到的，在中国的全民战争时代，某种类似于现代的民族主义和爱国主义的

---

① 《史记·田敬仲完世家》记载"赵无食，请粟于齐，齐不听"（第1902页）。之前我们讲过赵孝成王曾向秦国讲和，这就导致其他国家认为赵国抵抗秦国的决心并不坚决，都害怕支持赵国会惹来祸端，这就是为什么当赵国"请粟于齐"之时，齐国却拒绝了它。

② 据《史记·白起王翦列传》（第2335页）所载，秦军断绝赵军粮草达四十六天之久。在长期被围困，士气与战斗力都萎靡不振的情况下，赵国军队被迫冲锋突围。最终，赵军主帅赵括战死，大量赵军士卒投降，却被秦军坑杀。

意识形态尚不存在(下一节将对此有更进一步的阐述)①。因此,当时的谋士或者军事将领就好比今天公司中的 CEO,为了谋求一个更好的位置,他们从一个国家"跳槽"到另一个国家并不是什么难事。在这样的背景下,赵孝成王不可能对廉颇叛逃的谣言完全置之不理,特别是当他考虑到廉颇虽统帅着赵国几近全部的机动兵力却仍没能打赢战争的时候,他就更难以完全信任廉颇了。而这也不是秦国第一次成功运用反间计离间敌国。在全民战争时代,秦国曾多次使出类似的伎俩使敌国国君罢免了自己最有才干的军事统帅,可谓屡试不爽②。

东周时期邦国关系的性质

为什么东周时期的中国走向了统一,但近代的欧洲却没能如此呢?③针对这个问题,Victoria Hui 在其著作④中提出"国际政治应该被视为一种发生在争取支配地位的国家与被支配国家之间的策略性互动过程",而这一过程主要受限于两个机制——"各国势力的相互制衡以及进行军事扩张所需成本的不断增长"⑤。她认为,中国最终得以统一,是因为东周时期的诸侯国采取了"自强型改革"(self-strengthening reforms)与"明智策略"(clever strategies)(前者指的是法家改革,后者则指《战国策》中所描述的战国时期诸侯国间尔虞我诈的外交策略),从而克服了上述两个机制的限制。但对于近代欧洲,她认为"虽然欧洲国家瞅准时机也会进行侵略扩张,并会采取相互制衡的策略,但他们之间却很少使用阴谋诡计以及大规模屠杀等残酷手段来打击对手

---

① 不过,楚国多少要算是一个例外,它与其他各国的不同之处主要表现在这样两个方面:第一,楚国最初并非西周城市国家体系中的一员,且在某种程度上,楚国贵族的身份有别于西周时期其他城市国家的贵族;第二,楚国没有爆发过像其他大国那样严重的封建危机。到全民战争时代,当其他各国的大部分行政官员都由政府委任之时,楚国的官员则大多来自延绵了数世纪的贵族世家。因此,相较于其他国家的官吏,楚国的贵族官员们有着更强烈的归属感及对国家、君主的忠诚之心。因此,像屈原(约前 339—前 278)这样一位在近代中国常被用来建构中华民族民族意识的"爱国者"会出现在楚国,绝非偶然。

② 本书绪论对此有更多讨论。

③ 下面的分析旨在介绍近代欧洲与东周中国国家制度的根本性差别。为了突出这种差别,我采用"邦国关系"(interstate relations)一词指称东周时期中国的地缘政治关系,而用"国际关系"(international relations)一词指称近代欧洲的地缘政治关系。

④ Victoria Hui(2005)。

⑤ Victoria Hui(2005,第 33 页)。

……而这却在古代中国的诸侯国之中十分普遍"。① 她还认为，由于那些争取支配性地位的欧洲国家没能"运用一套完整的争霸逻辑"，所以它们都没能统一欧洲②。这一论述虽说并非一无是处，但在几个面上，我持有不同看法。

不仅欧洲那些有争霸野心的国家要受到日益壮大的资产阶级以及依然强大的教皇、主教、贵族等多方势力的影响与制约，就连欧洲的整个政治版图上——正如塞缪尔·E. 芬纳（Samuel E. Finer）切中肯綮地指出的那样——"中世纪的幸存者们也以各种形式纷然杂处着，这些形式包括三级会议（Estates）与帝国议会（Diets）、城市自治政府、法人团体、各省上诉法院（*parlements*）③以及其他法院、公务员群体，等等"④。在欧洲，如果国王想从社会中获得比他惯常征收所得更多的钱财，就必须向社会提出请求。即使是欧洲最专制的君主，也远没有能力去推行像中国法家改革那样重建社会的措施（见第七章）。此外，在前几章中，通过分析古代中国的具体案例，我们已经证明，以单一历史行动者为中心的分析存在着许多局限性。我们之前的讨论表明，东周历史是由一连串超出了历史行动者预期的历史进程所构成的，而这些历史行动者的选择及其行为之社会影响又被历史进程中结晶下来的结构性条件所塑造着。虽然如此，Victoria Hui 这部著作所指出的如上一些问题仍很有意义并值得我们关注。和她一样，我也会对东周中国与近代欧洲做一番比较。我将先简要介绍一下这两者之间在历史与社会结构上的差异，然后再来揭示这些差异如何塑造了截然不同的战争模式与"国际关系"，又如何最终导致古代中国走向统一而近代欧洲却维持了多国格局。

本书在第六、七两章已经详细阐述了造成中国走上统一道路的一些基本的结构性条件，总结下来有这样三点：其一，法家学说在各大强国的政治领域中取得了压倒性的至高地位；其二，法家意识形态、此起彼伏的战争，以及法家改革后日益增强的国家力量这三者之间形成了相互协同、彼此促进的关系；其三，社会层面的各种势力（比如，贵族、商人，以及

---

① Victoria Hui（2005，第 36 页）。
② Victoria Hui（2005，第 35 页）。
③ 即法国旧制度下的省级高等法院，它们是司法系统中的终审法院，且对许多事务（尤其税收事务）享有很大权力。国王颁布的法律与命令只有经高等法院同意后，才在其辖区内具有法律效力。另，斜体字为原引文所加。——译者
④ 芬纳 Finer（1997，第 1307 页）。

新出现的直言敢谏的士人群体)都无法对不断增强的国家权力予以有效的制约与平衡。以之前的分析为背景,接下来的讨论将集中分析为什么中国走向统一,而近代欧洲却形成多民族国家共存的格局。

首先,让我们来分析一下东周时期战争的一些主要诱因。这里,大体上按照卡勒维·霍尔斯蒂(Kalevi Holsti)的分类方法[①],我将东周时期的战争爆发原因分为 11 类[②]:

领土扩张:某国发动战争的目的是为了消灭其他国家,或者侵吞其他国家的领土以实现本国领土的扩张[③];

谋求霸权:战争发起国强迫其他国家与之结盟,抑或屈服于它;

势力平衡:这类由一个或多个国家所发动的战争,是为了挑战那些企图通过领土扩张来谋求霸主地位的国家并对其势力予以限制。

保卫/支援盟国:盟国受到攻击后,同盟内一个或更多个国家出兵支援。在对战争原因进行分类时,"保卫/支援盟国"与"权力平衡"这两个类别下的战争非常类似。二者主要的区别在于后者更积极主动,且其军事行动不仅仅是为了对盟国施以援手。

内部冲突:在某国国内,世卿贵族彼此之间或该国君主与有权势的贵族之间所爆发的战争。如果内斗中的一方受到其他国家支持的话,那么这类战争就可能会牵涉多个国家。

族群冲突:这类战争针对的是由放牧或者游牧族群建立的国家。当这样的国家在其文化与政治制度上逐渐变得难以与中原国家相区分时(比如,全民战争时代的中山国),则其与诸侯国之间的

---

① 霍尔斯蒂 Holsti(1991)。(霍尔斯蒂将导致战争爆发的诱因分成了 24 小类,比如,与领土相关的有领土扩张、边境争端等 3 类;与国家建构相关的有民族解放、国家统一等 4 类;与商贸和殖民相关的有 3 类;与保卫本国商业、宗教、族群利益相关的有 3 类;其余如保护盟国、宗教/民族统一、意识形态解放、政府组阁、国家尊严、维护协约、维持霸权、王朝更替、势力均衡等战争起因还有 11 类。——译者)

② 或许有人会说,诸如维护盟约、国家尊严、联姻矛盾等战争爆发的原因可能仅仅是争霸国家挑起战争的某种借口而已。不过,像这种类型的战争数目并不多,且显然,这类战争在后来的历史中越来越少以至完全消失。

③ 我曾经两度对史料典籍中的"战争爆发原因"进行归类,其间隔数月,两次分析的结果达到了 96%的一致。另,霍尔斯蒂区分了两类为争夺领土而展开的战争,一类被归为"领土战争",另一类则为"战略性领土战争"(即战争的目标是夺取重要的军事战略地点)。这里,我则将这两种战争类型合为一类,即"领土扩张"战争,因为对于我们的研究而言,这两种类型的战争难以区分。

战争就不再算作这一类①。

继位之争:由国内继任危机所引发的战争。

维护盟约:拥有霸主地位的国家发起战争以维护现有的联盟。

国家尊严:一个国家在外交场合上受到另一国家的侮辱,由此而引发的战争。有时,小国由于对其与霸主国家的关系心怀芥蒂,也会发动针对霸主国家的战争以引起某种关注,像这样的战争也被归在这一类。

联姻矛盾:某国国君的姊妹或女儿嫁到别国后受到无礼对待,由此而触发战争。

洗劫掳掠:为劫掠另一个国家而发动战争。

依据以上对战争起因的分类,表 8.1 统计了在霸主时代(前 770—前 546)、转型时代(前 545—前 420)及全民战争时代(前 419—前 221)这三个时期中各类战争所占的相对比重。这一统计数据从另一个角度确证了东周历史三段分期的合理性。如果我们比较霸主时代与转型时代的各类战争,显然会发现到了转型时代,那些霸主政治下典型的战争诱因(诸如"谋求霸权""维护盟约""势力平衡""保卫/支援盟国")所对应战争的比重大幅度地减少了,而转型时代的一大特征"内部冲突"所对应的战争比重却从 2.2% 飙升到 26%。并且,"领土扩张"类战争从霸主时代的 12.9% 略升至转型时代的 16.8%。造成这种增长的主要原因是霸主政治崩溃以后,小国之间爆发了越来越多的小规模冲突(见第五章)。然而,在东周历史的三个阶段中,战争起因发生重大改变的乃是全民战争时代。在这个时代"势力平衡"类战争从转型时代的 0% 升至11.9%,更重要的是"领土扩张"类战争的频率在这个阶段有了急剧增加(从此前的 16.8% 猛增至 66.9%)。换句话说,"领土扩张"成了全民战争时代的首要目标。

---

① 在霸主时代,华夏起源的诸侯国与非华夏起源国家之间的战争占到这一时期战争总数的11%,这样高的比例表明在东周早期,非华夏起源国家在当时的重要性(Prušek, 1971)。但到了全民战争时代,这个比例下降到 0.8%,意味着在这一阶段战国列强已经主导了当时的整个战争局面(表 8.1),且大部分有着狄戎背景的国家均被华夏诸国所征服,余下为数不多的几个戎狄国家已然被逐渐同化,在其文化与政治上变得几乎与华夏诸国难以分辨。

表 8.1　东周时期导致战争发生的各类事件之数目及其所占总数的百分比

事件类型	霸主时代 （前 770—前 546）	转型时代 （前 545—前 420）	全民战争时代 （前 419—前 221）
领土扩张	53(12.9%)	29(16.8%)	174(66.9%)
谋求霸权	190(46.3%)	71(41.0%)	30(11.5%)
势力平衡	19(4.6%)	0	31(11.9%)
保卫/支援盟国	28(6.8%)	8(4.6%)	13(5.0%)
内部冲突	9(2.2%)	45(26.0%)	3(1.2%)
族群冲突	45(11.0%)	13(7.5%)	2(0.8%)
继位之争	16(3.9%)	4(2.3%)	7(2.7%)
维护盟约	33(8.0%)	2(1.2%)	0
国家尊严	13(3.2%)	1(0.6%)	0
联姻矛盾	1(0.2%)	0	0
洗劫掳掠	3(0.7%)	0	0
总计	410	173	260

　　如果我们进一步将全民战争时代分成由魏国与秦国先后主导的两个阶段，上述模式就更加明显了。如表 8.2 所示，在魏国主导阶段，"领土扩张"类战争占这一时期战争总数的 42.3%；而在秦国主导阶段，这一数字则上升至 77.5%。另一方面，从魏国主导的第一阶段到秦国获得了绝对压倒性地位的第二阶段，"势力平衡"类战争所占的比重从 19.2% 降至 8.8%。公元前 363 年到前 221 年之间，秦国总共发动了 98 场起因确切可知的战争，其中的 93 场（95%）是"领土扩张"类战争，剩下的仅有 2 场是为了谋求霸权、2 场由于内部冲突、1 场因为继位问题。这些数字清楚地显示了东周时期邦国体系缺乏可以对秦国的侵略性领土扩张构成有效制约的相应机制。那么，又是什么原因造成了这一结果呢？以下，我就试图通过比较东周中国与近代欧洲彼此各异的历史发展来对这个问题作一简要的回答。

表 8.2　全民战争时代导致战争发生的各类事件之数目及其所占总数的百分比

事件类型	魏国主导阶段 (前 419—前 364)	秦国主导阶段 (前 363—前 221)
领土扩张	33(42.3%)	141(77.5%)
谋求霸权	19(24.4%)	11(6.0%)
势力平衡	15(19.2%)	16(8.8%)
保卫/支援盟国	6(7.7%)	7(3.8%)
内部冲突	0	3(1.6%)
族群冲突	1(1.3%)	1(0.5%)
继位之争	4(5.1%)	3(1.6%)
总计	78	182

　　正如我们在第二章中所见到的那样,东周的诸侯国是从西周封建秩序中发展而来的。在西周时期,城市国家(除楚国以外)之间的关系既有宗法制度的道德约束,又有西周王室强大军力的武力约束。但是,自公元前 770 年东迁后,周王室的势力走向衰落,此后城市国家便开始相互攻伐,逐渐形成了"礼乐征伐自诸侯出"的局面。在东周早期,周王室余威犹在,尚可对诸侯国施加一定的影响力,此时,那些从东周之初的战乱中逐步壮大起来的诸侯国也就仍将自己视作西周政治秩序的守护者,这就促成了霸主体制的形成。这一体制一方面使同盟国间的关系在霸主的威势下维持着稳定状态,同时也使当时几个主要的争霸国家之间形成了相互制衡的格局(见第四章)。但随着各国国内封建危机的不断加剧,霸主体制终于走向崩溃,于是,古代中国诸侯国间的邦国关系便衰退为霍布斯式的混乱状态①。

　　其次,让我们来看一看近代欧洲的国际体系。在缔结威斯特伐利亚和约(the Peace of Westphalia)的过程中,欧洲诸国进行了一系列谈判②,这些谈判遵循着如下理念的指导:"合法"(legality)原则(即,从如

---

① 　温特 Wendt(1999,第 6 章)区分了国际关系中的三类"无政府状态",即,霍布斯式的、洛克式的与康德式的无政府状态。在书中,他亦对霍布斯式的无政府状态与国际关系研究领域中的新现实主义理论之间的密切联系有一番精彩论述。

② 　这一和平条约的签订结束了神圣罗马帝国的三十年战争(1618—1648)以及西班牙和荷兰共和国之间的八十年战争(1568—1648)。

何举行谈判、起草协约，到如何确定神圣罗马帝国、德意志大小邦国以及自由城市之间的关系，每一过程都要具备合法性）、"自治"（autonomy）原则（即，欧洲国际体系中的每一个参与者都有权实行自治，并有权决定自己实行自治的程度），以及"势力均衡"（balance of power）原则（即，不允许欧洲国际体系中的任何单一的参与者变得过于强大）等①。而这些原则不仅仍继续对"后威斯特伐利亚时代"欧洲各国的国际关系发挥着协调作用，还为主权理论与国际法理论的发展奠定了基础②——这二者又在以后数世纪中变得愈发重要③。虽然上述这些原则并不能真正阻止野心勃勃的欧洲统治者称霸欧洲的欲望④，但它们却可以影响国际法以及国际外交关系的演进，并在威斯特伐利和约之后的战争进程与和平协议中发挥效力。比如像路易十四这位企图称霸欧洲的强势君主，他的

---

① 奥西安德 Osiander（1994，第 16—89 页）。

② 欧洲国际法还根植于"正义战争"（just war）这一理念，而这种古老的观念传统是从希腊化的基督教文化中传承下来的（罗素 Russell，1976；沃尔泽 Walzer，1977；韦尔奇 Welch，1993）。在这里，我的意思并不是说，在全民战争时代的中国，政治家没有正义的观念。只是不像近代欧洲所发展出的以法律为核心的正义观（布尔 Bull 1990，第 88 页；霍华德 Howard 1976，第 5—7 页），古代中国的正义观是以伦理道德或者实际效用为其核心。随着战争环境愈趋残酷，儒家和道家的那种以道德为中心的"义战"观念对于诸侯国间的国际政治并没有起到有效的影响（见本书第七章），但在这样的背景下，法家推动了以效用为中心的正义观之发展，其结果是导致本就脆弱的邦国体系变得更加不稳定。例如，《商君书》（2003）的作者认为提倡礼、仁以及端正的德行只会弱化国家的力量，因而国家应当将"《诗》《书》礼、乐、善、修、仁、廉、辩、慧"一并除去（《商君书·农战第三》，第 20 页），并且还主张"以战去战""以杀去杀"，也就是说，为了避免出现更多的战争和杀戮，发动战争和屠戮他人都是正当的行为（《商君书·画策第十八》，第 122 页）。也正由于古代中国的法家思想家们拥有这样一种思维方式，法律对他们来讲只是用以规训百姓的刑律体系，而并非用来协调国际关系的规则。至于主权与国际法的观念，更是法家思想家们闻所未闻和无法想象的。由于不存在这些观念，法家学说也就纯粹沦为了一套为强国侵略与征服弱国进行辩护的说辞。另外，关于法家思想中有关"正义战争"观念的讨论，请参见赵鼎新（2006，第 75—82,87—90 页）。

③ 必须指出，那种认为威斯特伐利亚和约建立了主权原则的传统观点其实是站不住脚的。在威斯特伐利亚时代，欧洲国际体系仍是一个由各类异质性的政治实体所构成的复杂系统，这些政治实体包括了绝对主义政体、选举君主制政体、商人共和国、贵族共和国，以及各类非领土性的政治行动者。在这一时期，欧洲社会确实对"主权"这一概念展开过一些讨论，且在某种程度上，主权观念也的确对协调各个政治实体之间的关系发挥了一些作用，但是那时对主权的理解主要是"王朝主权"（特士科 Teschke 2003，第 218 页）。那种作为民族国家之主权的"主权"观念乃是 19 世纪才兴起的概念（奥西安德 Osiander 2001，斯普鲁特 Spruyt 1994，特士科 Teschke 2003）。此外，我还需要指出的是，在第二次世界大战之前，西方列强在与所谓东方"野蛮"世界打交道的时候是不讲什么主权原则的（基恩 Keene，2002；铃木 Suzuki，2009）。

④ 霍尔斯蒂 Holsti（1996，第 3 页）。

目标也只不过是能成为欧洲国际社会的仲裁者[①]，以及能"在一个多元国际体系中占据举足轻重的地位"[②]。尽管路易十四声称他想要维护威斯特伐利亚和约，但在其他欧洲国家看来，路易十四频频对外用兵（例如，法国对斯特拉斯堡的占领）显然违背了和约，这就促成了由政治制度各异的欧洲国家所组成的反法同盟的出现，而反法同盟则有效地抑制了法国称霸欧洲的野心[③]。

到了拿破仑时期，欧洲的战事已经从规模有限的军事冲突发展成为旨在大规模消灭敌军的战役——这有些类似于中国战国时期的战争。并且拿破仑也不同于之前法国的统治者，因为他的目的在于打破欧洲既有的国际秩序，而建立一个以法国为主导的新的国际秩序[④]。然而与其称霸欧洲的野心并不一致的是，拿破仑同时也是欧洲各国民族自决原则的倡导者，或者说，他的思维模式被打上了主权观的强烈印记[⑤]。而且，和路易十四时期一样，面对拿破仑的野心，欧洲出现了一个稳定的反法同盟，它一直维持到拿破仑大军在滑铁卢遭遇惨败。拿破仑称霸欧洲的野心在 19 世纪的欧洲也显得非常不合时宜，这是因为民族主义在 19 世纪的欧洲已经在各国蔓延，这就大大提高了征服其他民族所需花费的成本，另外，欧洲战场非常辽阔，以至于任何一个欧洲国家都很难凭借一己之力完全征服整个欧洲[⑥]。从这个意义上讲，后威斯特伐利亚时代的国际政治原则同样至关重要，因为直到迈克尔 · 霍华德（Michael Howard）所说的"国家间的战争"（the war of the nations）将欧亚大陆的

---

① 霍尔斯蒂 Holsti（1991，第 68 页）。

② 霍尔斯蒂 Holsti（1991，第 225 页）；沃尔夫 Wolf（1968，第 487 页）。

③ 反法同盟最初的缔结者有神圣罗马帝国的皇帝，西班牙与瑞典两国的国王，巴伐利亚、萨克森与巴拉丁三国的选帝侯（elector）。此外，其他的缔约国还包括萨伏伊公国以及荷兰共和国，而英格兰在光荣革命后也加入了进来（凯格利 Kegley 与雷蒙德 Raymond，1990，第18 页）。

④ 霍尔斯蒂 Holsti（1996，第 4 页）。

⑤ 霍尔斯蒂 Holsti（1991，第 225 页）。

⑥ 民族主义是一种现代的政治意识形态，它增进了人们对"民族"这一政治性实体所产生的认同感，并为这种认同感提供了正当性。一旦某一群体具有了这种民族认同感，他们就会为生活在自己的国家、种族、文化之中而感到自豪，但有时这种自豪之情也会让这一群体无视其他国家和群体的利益和感受，且如果这一群体是生活在一个被他们视为由"其他"的群体所支配的国家中时，他们就会为民族独立或民族自决而展开斗争。根据本尼迪克特 · 安德森（Benedict Anderson）（1991）的说法，民族是一种想象的共同体，也就是说，民族主义是一种被建构起来的群体认同感。但是，倘若被裹挟入这一建构过程中的人们都享有相似的历史记忆、语言和宗教，那么，对于以此为基础的民族认同感，其建构过程就会较为容易。

大部分地区都卷入其中之前①，这些原则推迟了欧洲国际体系的瓦解，使欧洲没有立即陷入霍布斯式的无政府状态。

当然，对于新现实主义国际关系学者而言，我的上述分析尚不能完全论证国际规范与国际法确实对欧洲国际关系起到重要的协调作用。新现实主义者当然能提出合理的逻辑来论证近代欧洲国际政治发展的每一步都是各国对国家利益进行理性计算的结果，只不过各国将这些理性计算用某些堂而皇之的话语做了精心包装而已。但如果这样讲，那么各国的理性计算和上述的国际关系原则究竟孰重孰轻就成了一个"是先有蛋，还是先有鸡"的问题。不过，或许通过分析和对比古代中国邦国体系的发展，我们可以规避这种纠缠不清的问题，而让规范与制度在国际关系中的重要性凸显出来。

东周时期诸侯国间的邦国政治是在一个特定的社会背景中展开的，在这样的社会中，诸如主权观念②、势力均衡原则，以及国际法等国际制度与规范都没有发展起来。在东周早期（或者说在霸主时代），周王室尚拥有对诸侯列国的影响力，强大的诸侯国也仍要通过充当周室的保护者与当时政治秩序的捍卫者之角色才能为其霸主地位提供合法性。但随着周室的日益衰落以及西周政治秩序所遗留下的诸种观念与制度的日渐式微，却并没有出现可替代的新观念与新制度来填补邦国政治中的真空。

在本书第六章曾谈到，在全民战争时代，士人群体中那些提倡理想化与道德化邦国秩序的人大多数在政治上处于边缘地位（在几个最强大的诸侯国中尤为如是），主导着邦国政治的观念皆出自法家与纵横家③——这两个

---

① 霍华德 Howard（1976，第94—115页）。（"国家间的战争"，更准确地说是"民族国家间的战争"。霍华德在书中不仅分析了拿破仑战争后百余年来欧洲各国军事与运输技术的发展，更着重强调，欧洲社会和军队中高涨的民族主义热情也是促成第一次世界大战期间战争性质发生改变的一项重要原因。——译者）

② 学者们常将全民战争时代的诸侯国当作是主权国家（如，布雷克 Bleiker 2001，第181页）。这是一种典型的时代错置。在全民战争时代，没有哪个诸侯国会将别的国家视为一个和自己对等的、拥有独立主权的国家。而且，一国吞并另一国的领土不会被这两个国家或者"国际"社会看成是对"国际"准则的违反。在东周时期的中国，等级秩序与支配关系才是邦国关系的核心内容。

③ 法家从未发展出任何有关国际法的概念。

用"丛林法则"来理解诸侯国间政治博弈的思想传统[1]。但对近代欧洲诸国而言，现实主义与理想主义相互交融于社会思潮与具体社会实践之中，这就为欧洲国际社会的长久存续提供了一项关键的平衡机制。在近代欧洲，大部分战争最后都以协商谈判并达成和平协议而告终结，而这些和平协议则会强化国际法和国际社会的理念[2]。与此相反，先秦中国的全民战争总要拼出你死我亡方才罢休，一国或多国最后要么实现了战略目标，要么则会被挫败、摧毁甚或被吞并。在全民战争时代，甚至那些盟约誓词抑或诸侯会盟都变成了各国尔虞我诈的手段[3]。那种中华帝国日后赖以与外部世界打交道的所谓"文化现实主义"——按照江忆恩（Alastair I. Johnston）的定义，指的是最低限度使用暴力的策略性文化——对于全民战争时代的人们来说不仅闻所未闻，更是不可思议的[4]。

而一旦国际关系中缺乏规范与制度这些建构性的力量，大国就会贪婪无度地不断扩张领土，这正是表 8.2 中全民战争时代"领土扩张"类战争急剧增长所揭示的现象。但与此构成鲜明对比的，则是欧洲的领土扩张战争从 17 世纪到 20 世纪反而呈现下降趋势。在欧洲，1648 年至 1713 年间以领土扩张为目标的战争占当时战争总数的 24％，1715 年至 1814 年间这个数字为 26％，但到了 1815 年至 1914 年间，这类战争的比重则仅占 14％[5]。这些对比清楚地表明，倘若国际政治中没有一套公认的行为准则存在，要维持一个稳定、互信、相对和平的国际关系是相当困难的[6]。

---

[1] 这种观点颇与现代国际关系研究领域的新现实主义学者所主张的"残酷的现实主义"相类似。参见布赞 Buzan、琼斯 Jones、利特 Little（1993）；吉尔平 Gilpin（1981）；基欧汉 Keohane（1986）；米尔斯海默 Mearsheimer（1994/1995）；华尔兹 Waltz（1979）。有关对新现实主义理论的批评，参见布尔 Bull（1977，1990）；霍尔 Hall（1996）；雄 Hsiung（1997）；史密斯 Smith（1995）；温特 Wendt（1992，1999）；莱特 Wight（2005）。

[2] 霍尔斯蒂 Holsti（1991，第 21 页）。

[3] 通过以下例子，读者或可一窥那种在全民战争时代的邦国关系中占据主导地位的残酷现实主义逻辑：公元前 340 年，商鞅统领秦军攻打魏国。由于魏国的将军公子卬是商鞅的故友，商鞅便利用这层关系借休兵盟会之名邀公子卬相见。在盟会上，商鞅俘虏了公子卬，并趁机奇袭魏军（《史记·商鞅列传》，第 2232—2233 页）。另一则例子发生在公元前 299 年。当时，秦昭襄王以结亲为名，约楚怀王在武关（今陕西省商南县）相会。结果，楚怀王一到武关便被秦人扣留为人质。秦国随后要求楚国用领土来换回楚怀王（《史记·楚本纪》，第 1727—1728 页）。

[4] 江忆恩 Johnson（1995）。另见博伊兰 Boylan（1982）、基尔曼 Kierman 与费正清（1974）关于中国军事文化的讨论。

[5] 霍尔斯蒂 Holsti（1991，第 49、88、144 页）。

[6] 雄 Hsiung（1997，第 3 页）。

全民战争时代的邦国关系由七个大国所主导，而其中又以秦、齐、楚、魏、赵这五国的实力最强。但在公元前364年魏国国力走向衰落之后，秦国成了古代中国唯一的超级强国。如果根据现代的新现实主义国际关系理论[①]，秦国的独步天下无疑会迫使其余六国（我们姑且称它们为"弱国"）要么组成同盟来共同抵抗秦国的军事威胁，要么则必须站到秦国的一边。不过事实上，当时古代中国的"国际体系"完全处于霍布斯式的混乱状态，以至于这些弱国无论采取上述何种策略都无法安然自保。弱国即便与秦国结盟也很难保障自身的安全，因为秦国从来不会对自己的盟友信守承诺，只要是为了能够推进战略计划，秦国会毫不犹豫地对自己的盟友大打出手，甚至将之彻底灭国。这样的例子数不胜数，下面仅列举其中的几个。公元前318年，韩、魏两国被迫与秦国结盟，但秦国仍在公元前308年出兵攻韩，夺下了韩国两座战略性城邑宜阳（今河南省宜阳县西）和武遂（今山西省临汾市西南）[②]。公元前316年，秦国攻灭了当时与之处于盟国状态的蜀国。公元前312年，为了破坏齐、楚联盟，并诱使楚国站到自己一边，秦国先允诺了一些土地给楚国。不过，当楚国退出与齐国的联盟之后，秦国则立即毁约，并在随后的一系列战役中大败楚军，占领了属于楚国的汉中地区[③]。

既然秦国是当时唯一的超级强国，且其扫灭六国的态势已昭然若揭，那么根据现代的国际联盟理论，六个弱国此时唯一可行的办法似乎就是组成一个牢固的抗秦联盟[④]。事实上，迫于强秦不断的军事威胁，六国也确实这样做过。在长平之战前后，大约从公元前261年至前259年，倘若六国还能够齐心协力的话，或许尚可对秦国的侵略有所遏制[⑤]。不过，弱国的抗秦联盟常常是昙花一现，对邦国政治并没有发挥长期持

---

① 杰维斯 Jervis 与史奈德 Snyder（1991）；赖特 Reiter 与加特纳 Gartner（2001）；沃尔特 Walt（1987，第17页）。

② 《史记·樗里子甘茂列传》，第2313—2314页。根据杨宽（1998，第367—368页）的研究，这迫使韩国与齐、魏两国结盟以求自保。

③ 根据《史记·楚本纪》（第1724页）的记载，在这些战争中，楚军大约死伤八万余人。

④ 霍尔斯蒂 Holsti、霍普曼 Hopmann 与沙利文 Sullivan（1973，第1章）；沃尔特 Walt（1987，第25页）。

⑤ 例如，在公元前288年，楚、赵、魏、韩、齐、燕等国结成联盟，且于翌年联合攻秦。是役，联军大败秦国，使其不得不将之前占领的魏国和赵国的部分领土归还回去。在公元前241年，楚、赵、魏、韩和燕五国再次也是最后一次联合攻秦，但这一次却没有成功。

续的影响①。但在近代欧洲情况就大不一样了，国际社会会将侵略他国视作是对国际准则的违背。因此，针对发动侵略战争的国家，国际联盟一经形成就通常会坚持到该国彻底认输，或旧有的国际秩序被再度恢复，或新的协定被签署之后，才会最终解散。但是，东周晚期的中国则缺乏这种能够在多国政治生态中规范每一个国家行为的强有力的制度，也正因如此，当时的六国并不认为秦国的军事扩张违背了什么国际准则或者国际法，抗秦联盟的形成也仅仅是因为秦国军事上的大获成功给相关国家造成了难以忍受的威胁。一旦秦国策略性的退让或妥协减缓了对这些国家的军事压力，抗秦联盟也就很容易随之烟消云散②。

此外，由于缺乏强大的制度来协调规范诸侯列国的政治生态，六个弱国之间彼此猜疑、相互算计，即便组成抗秦联盟，它们也很难信任自己的盟国，生怕联盟中某国会一家独大。六国之间也常为一些蝇头小利而相互攻伐，完全不顾这些做法会给六国的地缘政治生态造成破坏。比如，趁着赵国在长平之战中被秦国重创，燕国就趁机从背后出兵攻打赵国③。又如上文所提到的，在公元前 312 年，楚国由于秦国承诺给它一小片领土，就与齐国反目。再比如，楚国与燕国都在公元前 318 年加入了合纵攻秦的联盟④，但它们由于尚没有遭到秦国的直接攻击而在出兵抗秦上表现得一点也不积极。还有，齐国也参与过抗秦联盟⑤，但齐国主要的目的是想让赵、魏、韩三晋与秦国尽可能长时间地相互牵制，这样它们就没有精力来阻止齐侵略燕国了。另外，公元前 288 年，六国再一次组成抗秦联盟，但好景不长，由于齐国吞灭弱小的宋国而招致其他国家的不满，这个联盟建立了不到两年时间便宣告破产⑥。这样的例子可

---

① 在霸主时代，诸侯国间的联盟得以长久存在，且势力仍旧很大。关于这一点，请参见本书第五章以及沃克 Walker 的著作（1971）。只有到了全民战争时代，当霸主体制及相应的规范准则完全崩解后，处于战争状态中的诸侯各国才再也没有能力结成稳定的联盟以对强秦形成有效的制约。

② 公元前 288 年，六国组成抗秦联盟，并在翌年攻打秦国。不过，一旦秦国表示退让并允诺将它所占领的土地归还赵、魏两国，六国联军也就没有再进攻秦国，且由于六国内部的矛盾，这个联盟很快就解散了。而在六国联军伐秦的过程中，这些诸侯国间并没有建立或者维护任何国际准则。而且，就在联军停止攻秦后不久，秦国即攻打魏、韩两国，再次夺走了魏国的大片领土。这一次，六国再没能组成抗秦联盟，这是因为，齐国在公元前 286 年的灭宋之举激起了反齐联盟的形成，联军几乎消灭了齐国。

③ 参见《史记·燕世家》。

④ 这次合纵攻秦由公孙衍倡导、楚怀王主盟，参与的国家有楚、魏、韩、赵、燕五国。——译者

⑤ 比如，公元前 296 年，由孟尝君倡导、齐湣王主盟的齐、魏、韩三国攻秦之战。——译者

⑥ 这些例子说明抗秦联盟维持不了多久便会破裂，而紧接着，反齐联盟便形成了。

谓不胜枚举①。

再次,因为邦国关系中不存在强有力的规范性制度,"搭便车"(free-rider)的心态(即,它们都希望把秦国的军事压力转移到其他国家身上)在六国政治中就显得很严重。比如,公元前273年,秦国通过数次战役打败并控制了魏、韩两国,此后,秦国便图谋再次伐楚。当时出使秦国的楚国大夫黄歇(即春申君)得知秦国攻楚的计划后,便上书游说秦昭王(前306—前251年在位),称楚国是秦国的天然盟友,并建议秦王应暂缓攻楚而继续向东扩张(先征服魏国、韩国,再向东攻打赵国、齐国)。在当时,像这类企图把秦国的军事压力转嫁到其他国家的做法十分普遍②。而七大诸侯国领土的空间布局则进一步加剧了这种"搭便车"现象。秦国原本地处西北,但当它于公元前316年征服巴、蜀两国后,秦国就拥有了当时中国的整个西部地区。秦国的这种地理格局使得抗秦联盟难以长期稳定存在,因为对于那些远离秦国的东方国家而言,当还未受到秦国直接的军事威胁时,它们不大情愿加入反秦联盟与其他国家共同抗秦③。正因如此,秦国的"远交近攻"策略一直非常奏效④。而由于秦国愿意与远离它的国家交好,这些国家就更加不愿出兵援助那些正遭受秦国"近攻"的国家了。这种情势就造成了在公元前364年至前317年,抗秦的重任完全落在了六国之中魏、韩两国的肩上⑤。直到魏、韩两国被彻底征服之后,楚国与赵国才开始感受到秦国的锋芒已经直逼它们而来。至于齐国和燕国,要等到秦国疯狂攻城略地的最后几年,它们方才知道自己的处境也已然岌岌可危。同样的道理,在那几次短命的抗秦联盟中,齐国、燕国也总是最后才加入的国家。

最后,与近代欧洲相比,东周时期的邦国关系要简单许多。在近代欧洲,从来没有哪个国家能够独自坐享超级大国的宝座(即便是拿破仑

---

① 如果东周时期的这种情况发生在现代世界的话,那就好比美国在第二次世界大战中趁其盟友英国急需援助之时,借机大举侵略英国并夺走英帝国的大片领土。正是因为现代世界存在着国际准则的约束,上述情形即便是在最残酷的战争环境中也不会发生。不过,这种趁火打劫的情况在全民战争时代却屡见不鲜。

② 《史记·春申君列传》(第2387—2393页)。

③ 起初,唯有魏、韩两国先后受到秦国军事压力的逼迫。待到魏、韩两国国力大大衰弱之后,其他的诸侯国才开始察觉到秦国的兵锋离它们愈来愈近。本章在下一节对此有更详细的讨论。

④ 沃尔特Walt(1987,第23页)讨论过这一机制在现代世界中运作的类似情况。

⑤ 在这一时期,除了公元前320年秦国与齐国之间的小规模冲突以外,针对魏国、韩国,秦国各只分别发动了17场和3场战争。

统治期间的法国亦无法做到）。但在中国，当公元前 364 年魏国衰落之后，秦国就一直是战国七雄中独一无二的超级霸权。这种极不平衡的"国际"权力结构致使其余六个弱国很难结成稳定的联盟，这是因为秦国对于邻近的弱国和相距遥远的国家可以分别采取威逼和利诱的办法来使它们加入自己的阵营（这也就是所谓"连横"的策略），以此来破坏六国的合纵之策。秦国靠着自己的威势维持着连横阵营，而对合纵诸国，则一面猛攻盟主国家，一面又和那些貌合神离的国家做出让步与妥协。而且，秦国连横战略的每一次成功又都会进一步提升秦国的霸权地位，这样，各国参与合纵抗秦的门槛就越来越高。更何况，只要秦国能对其弱国盟友恪守信用，那么连横阵营就会非常稳固。在全民战争时代，秦国阵营中的国家当然也会背叛秦国，但那一定是因为秦国出尔反尔，这些国家不得已而为之的。

但对于那些持有新现实主义观点的国际政治学者而言，国际体系是由国家组成的无政府社会，而且国与国之间的和平完全依赖于各国势力的平衡。他们认为，之所以会达成这种势力均衡的国际格局，不仅因为"各国几乎总会去选择抵制那些军事扩张势头正劲的国家"[1]，还因为足够严重的军事威胁会使各国所组成的反扩张联盟可以稳定地存在下去[2]。而我们上述的分析则论证了国际准则、法律与规范性制度对维系多国政治秩序具有普遍的重要作用。在一个完全处于无政府状态的多国体系中，相互制衡机制的效力只会逐渐减弱，国际社会最终也只会走向崩溃的境地[3]。

除了缺乏足以规范多国关系的国际准则、法律及制度以外，东周时期邦国关系中的其他一些因素也同样促进了秦国统一天下的进程。首先，与古代中国相比，造成欧洲战争爆发的原因更为多种多样，且随着历史的发展而不断变化。在 1648 年威斯特伐利亚和约签署之前，能够挑起欧洲各国之间战火的许多诱因是东周时期的中国所没有的，它们包括宗教仇恨与宗教冲突、过往王朝对某片领土曾发布的声明[4]、新生国家

---

[1]　杰维斯 Jervis 与史奈德 Snyder（1991，第 5 页）。

[2]　赖特 Reiter 与加特纳 Gartner（2001，第 1 页）。

[3]　凯格利 Kegley 与雷蒙德 Raymond（1990）。

[4]　在威斯特伐利亚和约签署之前，欧洲各国有时会借由本国对有争议领土所发表过的声明或利用其他王朝领土声明中的漏洞发动战争。请参见霍尔斯蒂 Holsti（1991，第 43—44 页）。——译者

与既有帝国之间的冲突，等等。在威斯特伐利亚合约之后，虽然某些诱发战争的事件（主要是宗教冲突）有所减少或者逐渐消失，但欧洲各国又渐渐涌现出许多新的宣战理由，比方说，维护通商航海的权利、争夺殖民地、民族解放、民族统一，以及意识形态解放等。根据霍尔斯蒂的统计[1]，在欧洲，1648—1713 年战争的起因有 13 种，1715—1814 年则有 14 种，而到了 1815—1914 年则增至 23 种。相反，在东周时期的中国，战争诱因的种类从霸主时代的 11 种降至全民战争时代的 7 种。在为数不多的几种战争诱因中，"领土扩张"愈发成为古代中国战争爆发的原因。大比例的领土战争当然也就加速了秦国一统中国的进程。

其次，与近代欧洲相比，整个古代中国战区的规模也不算大。在中国，到公元前 6 世纪初，即当吴、越两国完全加入战局以后，整个中国战区的地理范围大致稳定下来，覆盖了从北纬 28 度到 40 度之间大约 150 万到 200 万平方公里的区域。之前我们提到过，中国在东周时期的气温比今天要略微温暖一些（见第三章），也就是说，地处北温带的东周战区当时的气候应该是温暖而舒适的。此外，东周中国的战区还具有高度的封闭性；在吴、越两国崛起之后，参与逐鹿中原的大国名册中就再也没有添加过新的国家或地区。

与此相反，近代欧洲战区的规模却一直在不断扩张[2]。在 15 世纪、16 世纪的时候，欧洲战区就已经有古代中国战区的几倍之大。到 17 世纪之时，欧洲各国为了争抢殖民地以及争夺海上贸易的权利而战事频仍，这就使欧洲战区的规模得以进一步扩张。到了 18 世纪，当俄国与波罗的海各国成为欧洲的一部分，并纷纷加入欧洲军事竞争中时[3]，欧洲本土战区（还不算欧洲各国军事竞争所延伸到的北美洲与其他殖民地战场）的地理范围向西拓展至英国，向东延伸至俄国，向北包括北欧地区，向南则覆盖地中海地区，整个区域的面积远超出东周战区数倍。而拿破仑军队的机动能力与物资补给能力差不多也就是两千年前秦国军队的水平。因此可以说，对于那些怀揣着征服欧洲之梦的近代欧洲国家的统治者来讲，整个欧洲战区的宽广与辽阔构成了一个很大的障碍。而且，古代中国战区基本上地处温带，但近代欧洲战区所覆盖的区域却在气温、降雨量以及疾病分布等诸多方面都有很大差别。要使拿破仑的大军

---

① 霍尔斯蒂 Holsti（1991）。

② 布尔 Bull 与华生 Watson（1984）。

③ 华生 Watson（1984）。

一败涂地，俄国军队只需避免和其正面交锋，然后让深入俄国的法国军队在严酷的寒冬中被活活冻死就可以了。欧洲战区庞大的规模及其气候条件的巨大差异常使欧洲君主们的美梦到头来化为一场梦魇。而在相对狭小且封闭的东周战区，一统天下的计划在后勤保障上更为可行[①]。

此外，在 19 世纪的欧洲，民族主义的兴起是抑制帝国野心不断膨胀的另一个重要因素。大国派遣军队侵略他国领土，定然会招致当地民众的群起反抗，无论被占领地区的民众采取何种抵抗策略，比如，不与占领者合作的消极模式，抑或通过游击战争的形式直接打击侵略者，这些抵抗活动无疑都会使侵略征服的成本大大增加[②]。但在东周时期的中国，一个国家被灭国之后，该国的百姓很少会发动大规模抵抗活动。战争似乎与平头百姓没有任何关系，仅仅只是统治者们的游戏而已。

而且，东周时期的诸侯国不仅得不到来自洋溢着民族主义热情的"民间"支持，由于同样的原因，它们也无法让上层精英对其保持忠诚。如前所述，在全民战争时代，有才干的政治家与军事将领常常择良木而栖，他们随时可能会为了同等、相似或更好的官爵俸禄而背叛旧主投奔他国（有时甚至是原来国家的敌国）[③]。但它们的新主人却很少会因而不信任他们，这些"跳槽"的精英也丝毫不会为其背叛故国的行为而感到羞愧。比如，那些曾对秦国的霸业功不可没的官员与将领都来自于其他国家，这些人包括卫国的商鞅、司马错、吕不韦，魏国的魏缭、张仪和范雎，还有楚国的魏冉，齐国的蒙骜，燕国的蔡泽，韩国的韩非子，上蔡的李斯，下蔡的甘茂[④]。由于政治与军事精英都缺乏对其所属国家

---

① 中国相对封闭的地理环境必然会对它在战国末期走向统一并在后来的历史中数次再度统一发挥一定的促进作用。但单凭地理因素并不足以解释为什么中国能在以后的历代王朝中得以维持较长时间的统一。比如，印度次大陆与印度支那半岛同样具有相对封闭的地理环境，但这些地区从未像中国那样在政治与文化上出现过大一统的现象。

② Victoria Hui（2005，第 132—133 页）注意到西班牙的游击战争对它抵抗法国的侵略发挥着重要作用，不过，她却没有看到游击战争还对维系欧洲的多国体系也有着不小的影响。

③ 白奚（1998，第 9—12 页）与余迎春（2000）对精英阶层中民族主义与爱国主义的完全缺失有过更加详细的讨论。吴起叛逃魏国后，又被楚国任命为令尹，即是这方面的明证，而东周历史上像这样的例子还有许多。

④ 蔡国是姬姓封国，周武王灭商后，封其弟叔度于蔡，后迁都于上蔡（今河南省驻马店）。公元前 531 年楚国灭蔡。后三年，蔡平侯复国，又迁都于新蔡（今河南省新蔡县）。公元前 493 年，蔡昭侯再度迁都下蔡（今安徽省颍上县）。公元前 447 年，蔡国被楚国所灭。——译者。

的忠诚,这就极大地削弱了古代中国诸侯国之间的势力制衡机制,并同时促进中国统一。

这样来看,东周时期的战争在许多方面都与中国发生在 20 世纪早期的军阀混战不无相似之处。也就是说,东周战争更类似于内战,而非主权国家之间的战争。因此,可能所谓"邦国关系"(interstate relations)一词要比现代意义上的"国际关系"(international relations)能更好地反映出东周时期各诸侯国关系的特征。

秦帝国的统一之路

国内外史学界普遍存在着以下这类说法:秦国之所以能够一统中国,主要是因为统一乃是当时的民心所向,"人们对统一的热切期盼与广泛支持对秦国的最终胜利是比单纯拥有强大的军事力量更为重要的因素"[1]。还有学者甚至认为,连年的战乱早已使农民的生活苦不堪言,因而他们希望尽快结束天下混战的局面,而商人也因为可以从统一后更大的市场中谋取更多利益而同样支持统一[2]。不过,这种"国家统一出于人民意愿"的论点是非常成问题的。因为,很难说生活在不同国家的农民和商人都能同样抱有对统一的期盼,且即便这种对统一的期盼普遍存在,我们也实在难以想象,在缺乏任何形式的政治表达的情况下,这种"人民意愿"如何能转变成国家的军事行动。同样令人难以想象的是,各国百姓为何宁愿支持某一个特定国家通过暴力统一中国,也不愿意支持各国之间休兵止战、和平共处。更何况,中国的统一给商人带来的其实并不都是好处,因为统一后的国家肯定要比多国体系中单独某个国家能更有效地摧毁商人群体的利益[3]。

除了诸侯国邦国政治的影响以外,我们应该再次重申法家改革对于中国统一所发挥的重要作用(见第七章)。大约从公元前 430 年持续到前 350 年的法家改革浪潮从两个方面改变了战争的性质:第一,法家改

---

[1] 尤锐 Pines(2012,第 20 页)。

[2] 杨宽(1998);周谷城(1999)。

[3] 在全民战争时代晚期以前,很少有政治家或法家思想家会清晰地预见到中国最终会走向统一。例如,当秦孝公于公元前 356 年与前 350 年在秦国实施变法的时候,他所预期的仅是重新恢复秦国在秦穆公时期的辉煌,而不是建立一个统一的大帝国(林剑鸣 1981,第 176 页)。

革大大增强了国家的实力，这就使规模更大、持续时间更长的战争变得愈发普遍；第二，一旦从封建危机所带来的各种困扰中摆脱出来，国家扩张领土的欲望便急剧膨胀起来。不断增强的国家实力以及领土扩张的新战争目标一道促成了公元前419年后（尤其是公元前350年之后）全民战争的出现。在整个东周时代，有史料可考的伤亡人数超过2万的战争共有20场。在这些战争中最早与最晚的两场分别发生在公元前405年与前245年，且20场中有15场都集中发生在公元前317至前256年这61年之间。在如此大规模战争连绵不断的情况下，东周战区就显得日益狭小，越来越难以容纳多个处于如此激烈厮杀中的国家。

　　不过，上述分析却并不能解释：为什么是秦国而不是其他国家在长达数世纪之久的军事较量中成为最后的赢家。事实上，在东周时期，秦国在大部分时间里仅仅是一个二流国家。直到公元前4世纪中叶以前，秦国还没有在当时的战国格局中占据主导地位，而且，当秦国在长平之战这场决定性的大战中击败赵国之前，它能否最终统一中国也尚未可知。人们常常认为秦国能够统一中国的原因在于秦国的贵族势力并不强大而使其统治者得以推行更为彻底的法家改革。如果我们将秦国的法家改革与齐、楚两国的进行比较时，这种观点还是有一定合理性的。那么，是什么原因造成了秦国"弱贵族"的传统呢？公元前770年，秦襄公由于护送周平王东迁有功，获封为诸侯，得赐岐山以西的土地，秦自此而建国（见第三章）。但所谓周王赏赐土地多半只是名义上的，因为岐山以西之地本就不在周室的控制范围之内，当时占据那里的主要是从北方迁徙而来，过着半放牧生活的戎人。为了立国图存，秦人不得不与戎人之间展开了多年的争斗。当然，除去与戎人刀兵相见，秦人也常与他们有许多交通往来，这就让秦人的文化中增添了许多与周文化相异的色彩，以至于其他诸侯国的国君有时会将秦人视为如戎狄一样的"蛮族"。与其他中原国家相比，秦人和北方戎人的政府结构都相对简单，既没有繁文缛节的约束，也不存在强大的贵族阶层。另外，也有证据表明，秦国政府确实曾有意识地向戎人学习制度与文化①。而这些都可能是秦国贵族相对弱小而国君高度集权的历史根源所在。

---

① 根据《史记·秦本纪》（第192—193页）记载，秦穆公曾力图招揽由余（戎人的贤臣）以便了解西戎地区的情况为称霸西戎做准备。

但除此以外，秦国的"强国家、弱贵族"传统肯定还与秦国国君，特别是秦武公（前697—前678年在位）强化君权的努力有着密切的关系。秦武公是在秦出公（前703—前698年在位）被弑之后由弑秦出公的三名贵族所拥立的国君。如果这样的事件发生在中原诸国，新的国君通常要么会被支持他即位的贵族所控制，要么则需要与这些贵族保持亲密的关系。而秦武公在其权位稳固之后，不仅立即诛杀了拥立他的三名贵族，而且夷灭了他们的家族。秦武公的狡诈无情不仅为自己一下子铲除了三家有权势的贵族，并以此震慑了那些妄图挑动宫廷政变的贵族，同样还为后来的秦国君主在如何对付不忠的世卿贵族这件事上作出了示范。此外，秦武公还采取了另一项旨在加强君主集权的措施，即对新获取的领土采行郡县制，在这套制度下，很有可能管理各郡县的是由政府任命的官吏。秦武公在位时还实行了活人殉葬制度。这项制度明显带有北方放牧族群文化的印迹，并被其他诸侯国视作是一种野蛮的做法。但是，由于那些被殉葬者大多是握有权力的国家官员，所以我猜测，秦武公设立这种制度也是一种强化国家权力的手段①。秦武公集中国家权力之举对秦国历史影响深远。在他之后的250年里，秦国没有一位国君是被贵族所弑的，而在其他国家，国君被贵族杀害却屡见不鲜②。

法家改革在秦国取得的成功肯定得益于在其封土建国之初就已经孕育着的"强国家、弱贵族"传统。但根据现有的材料，我们很难判定秦国是不是真的就比在其崛起之前另一个战国时代的超级强国——魏国——在法家改革上取得了更大的成功。毕竟，秦国改革的领导者商鞅在秦孝公死后不久就被秦国贵族所杀，这实际上是秦国贵族抵制改革的证明。然而在魏国，虽然李悝、吴起、西门豹等人所推行的法家改革力度很大，也触动了魏国贵族的利益，但是这些法家改革者并无一人是在魏国国君死后被贵族杀害的（甚至贵族连杀害他们的企图也不见于记录）。而且，据说商鞅离开魏国投奔秦国时带来的正是魏国李悝所著的《法经》。因此，商鞅在秦国的做法可能很大程度上是效法了已颇见成效的

---

① 比如，秦穆公临死时就曾让子舆氏家族的三位将军（即奄息、仲行、鍼虎）为其殉葬（见《诗经·秦风·黄鸟》，《十三经注疏》，1980，第273页）。但到秦献公时期（前384—前362），这种活人殉葬制度被最终废止（《史记·秦本纪》，第201页）。这种变化的出现或许并非偶然，因为到了秦献公的时代，秦国的法家改革已经初具规模，以活人殉葬来强化君主权力不再具有意义了。

② 春秋时期，鲁、晋、齐三国的国君大约有一半是被本国贵族所弑的（见图5.1）。

魏国改革。

我们知道，魏、赵、韩三国的前身晋国的贵族势力原本非常强大。不过，当幸存下来的三家贵族各自建国并着手推行法家改革的时候，魏国以及赵、韩两国的贵族势力就已经走向没落。魏、赵、韩这三个新兴国家的国君与士人都从晋国封建危机中汲取了教训，深知贵族势力过强所带来的危害，所以限制贵族势力、集中国家权力成为他们一致的选择。可能也正因如此，三晋地区涌现了许多杰出的法家思想家[①]，而且，魏国贵族的式微或许还解释了为什么在支持改革的魏国国君（魏文侯）去世后，几位主要的法家改革者并没有因为贵族势力的报复而被杀害。

秦国统一中国之后，秦国以外诸侯列国的史书基本上被秦始皇焚烧了。因此，我们今天对秦国改革的了解就比其他国家的要多得多。这种史料上的局限性会让我们形成秦国的法家改革远比其他国家的改革更为彻底的印象。但是秦国卓著的战绩远不能说明秦国的法家改革就一定要比魏国的更为成功。要论证这一点，我们还需要有更多更扎实的证据。

这里要请读者注意的是，虽然法家改革对秦国发展影响深远，但秦国之所以能够最终统一中国，法家改革的成功可能并非唯一重要原因。与战国时期的其他国家相比，秦国还具备着其他一些得天独厚的优势。秦国地处当时中国的最西端，是七国之中海拔最高的国家。由于中国西高东低的地势，秦国境内众多河流自西向东汇入渭河，而渭河又继续向东流入黄河。因此，借助水系之利，秦国能够快速地将军队和物资补给运送至其东面的作战地区[②]。在公元前316年攻灭巴、蜀两国之后，巴蜀之地的河流又被秦国所掌控。自此，秦国便能派遣军队沿长江顺流而下从背后攻击楚国[③]。反过来，秦国的地势条件使其他国家进军秦国时必须逆流而上，这就让那些攻打秦国的国家在交通运输上处于劣势，使它们往往难以保障军事补给以支撑针对秦国的长期战争。而且，除去地势之利，从地形和地理环境上看，秦国的领土同样也是易守难攻。秦国的核心区域位于今天陕西省境内的关中平原，这是一个四面环山的盆

---

① 容肇祖（1944）；严耕望（1991，第45—46页）。

② 渭河流经秦都咸阳，愈向东流河道愈宽，是理想的水路运输通道。

③ 《史记·张仪列传》（第2290页）记载秦国的舰船南下攻楚，一天可以航行大约150公里，且每艘船可以搭载50名兵士或者装运供50名兵士食用三个月的口粮。

地,当时只有通过为数不多的几个山隘才能进出这片地区①。对于地处秦国东面和东南面的敌国而言,若以黄河下游为界,这些国家有南、北两条路线可以侵入秦国东境,不过,关中地区环山绕水的地理条件为秦国防卫领土提供了很大便利。如果从黄河以北进攻秦国,敌军就必须横渡黄河、洛水两道大河。且与黄河以东地势平坦的运城盆地截然不同,黄河以西与洛水之间是一片沟壑纵横的黄土台地,这构成了秦国东面的又一道天然屏障。倘若敌军从另一条路径入侵秦国,由于黄河以南横卧着秦岭山脉及其向东延伸的余脉——伏牛山,唯有秦岭、伏牛山与黄河之间的一条走廊可供行军。但这条走廊西起洛阳、东至华阴,蜿蜒数百公里,经此入秦意味着要一路翻山越岭。这不仅足以让敌军疲惫不堪,同时也使其后勤补给难以长久维持。此外,走廊上还有一些像函谷关(今河南省灵宝市北)那样十分狭窄的关隘,秦国只要派军据守这些地方,则几乎是"一夫当关,万夫莫开"。再者,从地缘政治上看,秦国以外的其他诸侯国大多在至少两个方向上有敌国入侵之虞,唯独秦国由于地处当时的西部边陲,只需在防御上盯紧东方一个方向就可以了②。且如前所述,秦国的这一地理位置还使秦国在那些距秦遥远的国家眼中威胁相对较小,这就有效地阻碍了抗秦联盟的稳定存在③。

在全民战争时代之初,秦国还只是一个二流强国,它的战略目光也仅局限于黄河中游以西的土地。起初,假若魏国不是先攻打秦国而是向东略地,那么,秦国可能会一直置身于中原诸国的争斗以外,只是那样的话,等秦国从酣睡中醒来恐怕就为时已晚了。不过,虽然魏国在最开始以向西扩张为其战略方针,但面对来自南面和东面其他国家的军事威胁,魏国并不能将它的注意力全部放在西线战场上。从这个意义上讲,

---

① "关中",顾名思义此处四面皆是天险而中间是平原区域。要进入这一地区,通常要经过如下四个关口,即,东面的函谷关、南面的武关、西面的散关和北面的萧关(史念海,1963,第26页)。

② 当然,秦国的西北面也绝非安全无虞。几个由游牧或放牧族群所建立的政权,特别是义渠,不时也会侵扰秦国的西北边境,只是这些戎人政权一般实力并不强大。实际上,根据史籍文献的记载,除了一两次很小的失利之外,秦国对这些邻国一直保持着压倒性的军事优势。后来,秦国分别于公元前 362 年和公元前 272 年先后灭掉了它背后的两个戎人政权——䝠和义渠。

③ 有些学者曾认为秦国在军事上的成功与它先进的制铁技术及其他军事技术颇有联系。不过,吉德炜 Keightley(1976)运用大量材料较为系统地论证了秦国的制铁技术与武器制造技术并不比其他国家更发达,而且事实上,铸造精良的青铜武器要比当时生产的各类由铁或软钢(低碳钢)所打造的武器硬度更高。在全民战争时代,制作武器的首选材料仍是青铜。

秦国是一个很幸运的国家：一方面，由于受到其他国家的牵制，魏国无法集中力量将西进灭秦的计划完全付诸实现；而另一方面，西扩的魏国夺取黄河中游以西秦国的大片土地，这就激起了秦国精英阶层强烈的危机感，为秦国后来推行法家改革廓清了道路。因此，魏国的西进攻秦之举可以说是唤醒了秦国这位沉睡在中国西陲的巨人。

秦国长期以来要应对的是周边各类由放牧以及半游牧群体所建立的部落和国家。在这种环境下熏陶出来的秦国将士也就在各诸侯国中素以骁勇善战而闻名。但同样重要的是，由于秦国一直都处在华夏文明的边缘地带，它的官学教育体系也就相对落后于中原诸国。这就是为什么在后来涌现出的"诸子百家"中没有一家出自秦国[1]，而且，实际上，秦国本土也没培养出任何才能非凡、富有远见的政治家。然而，秦国的这一劣势却为其后来的发展带来了意想不到的积极后果，也就是说，本土人才的缺乏致使秦国在招纳人才的问题上抱有非常开放的胸怀。自秦穆公以降，秦国一直以广纳天下贤才为其国策。在全民战争时代，随着私学教育的蓬勃发展，诸侯各国不仅人才辈出，甚至出现了人才相对过剩的情况。对于那些满怀雄心壮志、试图博取功名的青年才俊来说，长期奉行对外开放政策的秦国便成为一个极具吸引力的去处。于是，各国贤能之士纷纷涌入秦国，而正是这些外来人才为秦国在军事上的崛起发挥了关键作用。清代大学者洪亮吉（1746—1809）就曾指出秦国的高级官员大多不是秦国人[2]。实际上，秦国大部分杰出的政治家都来自其他国家。

秦国的法家改革始于秦献公（前384—前362年在位）统治时期。尽管当时的改革仅是有限的探索与尝试，但它却帮助正在与魏国较量的秦国渐渐扭转了被动防守的劣势。在商鞅推行更为系统的改革之后，秦的经济与政治实力得到了进一步发展。公元前4世纪中叶，魏国在桂陵之战与马陵之战中惨败于齐国从而沦为二流国家之后，秦国便开始成为战国格局中唯一的超级强国。只是此时，秦国的军事目标仍是相当有限的。公元前366—前322年，除了与韩国的两场战争以外，秦国所进行的其他战争全是与魏国之间的领土收复和争夺之战。在这与魏国的16场战争中，秦国全部获胜。据史料记载，在公元前364年的石门之战

① 严耕望（1991，第2章）。
② 杨宽（1998，第445页）。

中,有 6 万余名魏军被秦军杀死;在公元前 332 到前 330 年的河西战役中,魏黄河中游以西的土地最终全部被秦国夺回,同时还赔上了四万五千余名魏军的性命①。

随着逐步巩固了对魏国战争的成果,秦国东拓的野心也日渐膨胀起来。公元前 320 年后,秦国开始主动进攻其他国家,自此,整个中国战区内的战争不仅在规模上进一步升级,所持续的时间也越来越长。于是,也就发生了我们之前提到过的一个现象,即,在整个东周时期伤亡超过两万人的 20 场战争中有 15 场发生于公元前 317—前 256 年这 61 年之间。在这 15 场大规模的战争中,有 13 场是秦国向东、南两个方向扩张时与其他国家爆发的战争。虽然,有学者认为史籍中对战国时期伤亡数字的记载多有夸大之嫌②,但我则认为这一时期所爆发的一些战争很可能确实有着惊人的死亡人数。以发生在公元前 260—前 257 年的长平之战为例,根据史料记载,该战中约有四十余万名赵军被秦军所杀,这是信史记载的全民战争时代死亡人数最多的一场战争。尽管史料对此数字的说法不一,也确实有被夸大的可能,但对于这样一场长达三年之久,秦、赵各倾尽举国之人力、物力的战争而言,其伤亡规模想必是相当巨大的③。而且,秦、赵两国也都因长平之战的巨大消耗而发生了严重的经济危机,赵国方面军粮补给严重短缺,兵卒中出现了相互杀食的情况,而秦国方面也不得不做殊死一搏④。在最后的决战阶段,为了赢得这场生死攸关的战争,秦昭襄王征发秦国国内所有 15 岁以上的男性人口开赴

① 《史记·秦本纪》(第 206 页)记载的死亡人数是 8 万,但《史记·魏世家》记载的却是 45000。很可能司马迁在撰写这两篇文章时所依据的分别是秦国和魏国的不同史料。真实的死亡人数可能在这两个数字之间。

② 例如,陆威仪(1999,第 625—626 页)认为古代中国文献对军队人数的记载"纯粹只是徒有其名,不过是一种用来描述军队规模的修辞",同样地,战争的伤亡数字也"无疑是被夸大的"。

③ 《史记》的不同篇章对此战中赵军的死亡人数有不同的说法,比如《白起王翦列传》和《廉颇蔺相如列传》记载为"45 万",而在《秦本纪》、《赵世家》以及《田敬仲完世家》中却为"40万"。近来的考古发现——尤其是 1995 年长平之战遗址尸骨坑之一的永禄(位于山西省高平市北)尸骨坑的发现——表明白起当年确实于故关—高平—长平关的三角地带屠杀了为数众多的赵军降卒。虽然很难认定确切的死亡人数,但是综合历史资料和考古研究,历史学家认为赵国在长平之战中所投入的大约 40 余万兵力或战死、或被诈而屠戮,应该大部分都牺牲了。请参见靳生禾、谢鸿喜所著《长平之战:中国古代最大战役之研究》(1998)第 82—86 页。——译者

④ 杨宽(1998,第 415 页)。

长平前线①。正是由于这一举措,秦国才赢得了这场也许是整个全民战争时期最为关键的战争。另外,我认为,史料中所记载的那些伤亡数字惊人的战争大多发生于公元前 317—前 256 年之间绝不只是一种巧合:在公元前 317 年之前,秦国的实力尚未达到全盛状态;而到公元前 256 年之后,大部分国家则再也没有能力遏制秦国的军事扩张。史籍所载的伤亡数字和历史发展之间的紧密联系也意味着上述伤亡数字确有一定可信度,至少是具有某种相对意义上的可信度。或许,那些对史籍所载的军队人数和伤亡数字抱有严重质疑态度的学者忽略了一个重要的事实,那就是,经过了连绵数百年的战争,特别是经历了法家改革的洗礼,全民战争时代的大多数国家几乎完全转变成为战争机器。它们开运河、修道路、筑长城,这样强大的国家组织能力是中国此后数百年间再难见到的。综上所述,即便史籍对全民战争时代军队人数及伤亡数字的记载,或许多少带有一些夸张的成分,但当时战争的伤亡规模已经达到相当惊人的水平却是一个不争的事实。

如果认同史籍中战争伤亡数字的真实性,我们就会得到如下数字:公元前 317—前 256 年这 61 年之间,六国军队死于秦军之手的加在一起共有约 150 万人。如此庞大的人员伤亡不仅给六国带来了严重的人口灾难——因为这些国家在短期内不可能恢复到战前的人口水平,而且还给六国的百姓以及幸存下来的将士造成了沉重的心理打击。到公元前 256 年,各国民心疲靡、士气不振,再无胆量联合起来与秦国相抗。就这样,秦国统一天下的时机终于成熟,而秦始皇则成为"奋六世之余烈"实现统一大业的君主。从公元前 229 年起,秦国用八年时间将六大诸侯国一一扫灭。到公元前 221 年齐王建(前 264—前 221 年在位)向秦军投降,中国历史上第一个统一的帝国终于出现在华夏大地上。

小　结

在全民战争时代,从诸侯国战争中涌现出了秦、魏、齐、赵、楚、韩、燕这七大强国,其中又以前五国的实力最为雄厚。史家通常对这一时期诸侯各国的格局有这样一番描绘:先是魏国称霸,到公元前 4 世纪魏国衰

---

① 《史记·白起王翦列传》(第2334页)记载:"秦王闻赵食道绝,王自之河内,赐民爵各一级,发年十五以上悉诣长平,遮绝赵救及粮食。至九月,赵卒不得食四十六日,皆内阴相杀食。"

落后，则是秦、齐两强东西对峙，再到公元前284年齐国为燕国所败，秦国才得以独步天下。但根据战争数据以及其他一些证据，本章在最一开始便揭示了另一幅历史图景。我认为，在全民战争时代真正主导过诸侯国"国际"政治格局的只有魏与秦这两个国家，而当魏国走向衰落以后，秦国是古代中国唯一的超级强国。

随后，本章依次探讨了魏国衰落的原因，阐述了魏国衰落后，齐、楚、赵三国皆无法与秦国抗衡的根源，分析了促成秦国崛起的历史背景与地理条件。简而言之，魏国走向没落，主要是因为它不利的地缘政治位置，且当魏国与其三晋盟友赵、韩两国反目之后，它便愈发受制于四面临敌的艰难处境。齐国的问题在于它虽占有鱼盐之利，商业高度发达，但它却无法将其经济上的优势充分转化为军事实力。这是因为，齐国的思想文化具有高度的折衷性，由此孕育了一种不同政治观点相互平衡制约的思想氛围，但这却阻碍了像商鞅与李斯在秦国所推行的那种激进的法家改革。再说全民战争时代的楚国，它之所以失掉了之前的霸主地位，成为军事实力不算很强的领土大国，主要的原因在于其强大的政治保守势力阻挠了改革在楚国的深入开展。至于赵国，虽说它是一个军事强国，但其地缘政治位置不占优势，且与其他国家相比，其耕土贫瘠，农业生产水平相对落后。总的来讲，秦国是在五大强国中地缘政治位置与地理条件最理想的国家。除此以外，秦国还有另外两点同样重要的有利因素：其一，秦国拥有着"弱贵族、强国家"的传统；其二，秦国长久以来奉行的是面向各国招纳贤才的国策，非常重视借鉴和引进他国行之有效的观念与制度。而这两点因素共同促进了法家改革在秦国的推行，而其改革的力度几乎是其他国家（或许，魏国除外）难以匹敌的。由于改革的成功，秦国自公元前4世纪之初便一直保持着它超级强国的地位。

不过，虽然秦国国力雄冠列国，但在一个世纪左右的时间里，秦国一国之力尚不足与六国组成的合纵抗秦联盟相提并论。那么，秦国又何以能最终征服六国，一统天下呢？这就是本章试图回答的另一个问题。自公元前6世纪霸主体制崩溃以后，曾经对邦国关系起到过规范协调作用的准则与制度渐渐丧失了效力。到全民战争时代，诸侯国间战事不断，邦国关系陷入了霍布斯式的无政府状态。而一旦不存在协调各国关系的准则与制度，抗秦联盟也就无法稳定存在。这是因为在这种情况下，联盟中的各国很难相互信任，它们常会忽视他国的利益，每一个国家都想把秦国的军事压力转嫁到自己盟友的身上。此外，秦国则可拉拢那些在合纵中获益较少的国家，通过连横将其余国家各个击破，从而将整个抗秦联盟瓦解掉。简言之，东周时期的邦国体系几乎可被视作是国际关系理论的一个"对照实验"，它的发展证明了在各国之间缺乏任何相互信任基础的情况下，它们所组成的联盟难以维持下去，且颇具讽刺意味的，恰是这种霍布斯式的无政府状态为多国体系中的某一个国家最终完全占据主导性地位创造了条件。

最后，秦国之统一中国还有赖于另外两个条件，而这两者皆是近代欧洲所不具备的。第一，东周战区的总面积不超过 200 万平方公里，且全都处于温带地区。当法家改革后的秦国开始进行大规模军事扩张之时，这不过 200 万平方公里的东周战区就显得日渐狭小。谚语有云"一山难容二虎"，最终，当全民战争达至白热化阶段之时，中国大地也只容得下秦国这一头猛虎。第二，在东周时期的中国，除去连绵无尽的战争，从没有出现过民族主义或者爱国主义之类的意识形态。政治精英和军事精英为了谋求更好的机会而离开故土投奔大国和强国，而各国百姓则对谁来治理国家显得漠不关心。某种意义上，精英和民众各自所持的态度降低了一个国家征服另一个国家的成本，因此，这一点也对秦国最终统一中国有所贡献。

第九章

西汉与儒法国家的来临

　　秦一统中国后，连绵不绝的大规模战争不再是社会变迁的引擎。不过，从公元前 221 年到前 140 年这 80 余年的时间里，中国又经历了一系列重大的历史变迁：先是秦帝国的建立与崩溃，中国历史上第一次大规模农民起义的爆发，紧接着就是汉朝的建立，黄老之术作为汉朝基本国策的兴起与衰落①，然后是中央集权的官僚制度与去中央集权的诸侯封国（decentralized princely kingdoms）之间的冲突，最后是帝制儒学作为国家统治意识形态的登场②。根据本书的理论，这个时期快速的社会变迁可以被看作是东周战争导致的后果。在全民战争时代，法家改革和战争动员之间的协同发展极大地增强了秦国的国家统治能力，并使秦国的君主建立起一个以严刑峻法、酷吏苛政为主要统治手段的强大帝国。不过，这也造成了秦帝国的统治缺少了一根更为重要的支柱，那就是国家和除军政之外的其他社会精英之间的合作③。因此，在统一中国之后，

---

① 西汉早期盛行的黄老之学不仅保存了《老子》（冯达甫译注，1996）中的一些关键思想，同时还吸收了包括法家和儒家在内其他古代哲学中的一些元素。这一高度折衷性的哲学体系对西汉早期许多思想家都产生了重要影响。可以说，黄老之学为当时一些著名人物的思想增添了色彩，比如贾谊（前 200—前 168）、陆贾（约前 240—前 170），以及司马迁等，而这些人的著作也都包含着儒家道德的内核。见韩星（2005，第 121—145 页）关于西汉早期黄老哲学的精彩讨论。

② 费正清 Fairbank（2006，第 62—63 页）对帝制儒学的理解与我稍有不同。费正清将帝制儒学视为"一种法家思想与儒家思想的混合物"，而我则将之视为在汉代出现的一种对多种古代中国哲学进行综合并以儒家思想为其核心的折衷性的思想与学说（下文对此有详细讨论）。

③ 鲁惟一 Loewe（1994，第 85 页）。

秦帝国虽然在表面上看似无比强大,但它从全民战争时代沿袭下来的政治体制却具有很强的内在不稳定性。此后的 80 余年时间里,中国历史发展的主题就是这一不稳定的政治体制在其结晶化过程中所经历的种种沉浮起落,而这一系列的过程都为一种高度稳定的统治型态——儒法国家——之最终形成奠定了基础。作为结果,这个体制中的政治力量(权力)与意识形态力量(权力)合而为一,军事力量(权力)受到约束,经济力量(权力)则被边缘化。这一章,我分析的重点就是这 80 余年中历史的演变以及儒法国家的性质与结构。

秦朝的覆灭

当秦国在公元前 221 年统一中国之时,秦王朝的统治者自称为始皇帝,初衷是希望他的子孙后代可以将他的帝国传至"二世、三世以至万世,传之无穷"[1]。不过讽刺的是,在公元前 206 年,也就是中国统一后仅十五年,秦始皇死后不过四年,秦王朝就在农民起义以及六国残余贵族掀起的反叛浪潮中被推翻了。

对于秦朝的速亡,历史学家们曾总结过多种原因,包括秦始皇的暴毙与接踵而至的宫廷争斗,秦政的严苛以及由此引发的农民起义,六国遗民中普遍存在的仇秦情绪,还有秦帝国对人力和物力等资源的过度征用[2]。尽管这些因素都与秦朝的覆灭有一定关系,但我认为导致秦朝速亡的关键原因,同时也是上述诸种现象背后的更深层原因,皆在于:统一中国之后,秦朝的统治者对从全民战争时代所发展出来的高效的组织能力以及严苛的统治手段过于自信。秦朝过于强大的官僚体系及军事力量让其他社会力量无法有效制衡其国家权力,因此,国家也不能创建一种统治性意识形态用作与其他社会精英合作的基础。

秦国之所以能扫灭六国、统一天下,靠的是它遵循了一套高度工具理性化的法家原则,比如:运用中央集权的官僚体制将整个社会管理和组织起来,以此实现对全部国民人口的紧密控制;开凿运河、建设并拓展道路交通网络以满足战争的需要;大规模屠杀、坑埋战俘以彻底消灭敌军有生力量,摧毁敌国军民斗志;此外,秦国还采取分而制之的策略瓦解

---

① 《史记》(裴骃集解,司马贞索引,张守节正义,1959),第 236 页。
② 卜德 Bodde(1986,第 85—90 页);劳干(2006,第 93—112 页);李福泉(1985);林剑鸣(2003,第 3—4 章);明慧(2006);杨东晨(1994);周桂钿(2000,第 3 章)。

敌国结成的任何联盟，并通过间谍和贿赂等手段离间敌国国君与军队将领。秦国在战争中取得的成功愈大，秦国的统治者就对以法家手段控制国民、打压异见的有效性愈发自信。换言之，到统一之时，秦帝国已经演变成这样一种国家：将统治基础更多建立在对社会的严格管控而非与社会合作之上。因此颇具讽刺意味的是，导致秦帝国迅速覆灭的关键性因素恰恰是其国家力量过于强大。法家改革赋予秦国巨大的社会渗透能力与社会组织能力。但是，这让中国历史上第一次出现了不受社会力量有效制衡的国家形态，或者说，国家的合法性来源不以鼓励任何一种形式的国家社会合作为准则。这样的政治安排具有的负面效应只能带来灾难，这已经为中国和世界的历史反复证明。

尽管如此，秦朝的统治不失微妙之处。秦始皇还没有昏庸到仅靠严刑峻法来治理国家的地步。在完成统一大业之后，他就任命各学派的饱学之士担任秦廷中地位尊贵的"博士"之职，以此来笼络士人群体①。秦始皇还数次出巡各地，在巨石上刻下大段赞颂他功德的文字。他推崇五德终始学说②，举行封禅大典③，而做这一切的目的也都是为了巩固秦帝国政权的合法性。

秦始皇自己的世界观似乎是古代中国的传统观念与法家思想高度结合的产物。这种世界观不仅为他的严苛统治提供了一套有效手段，同时还为之赋予了一定程度的正当性。在先后五次巡游途中，秦始皇命人在各地勒石记颂，那些颂词不仅赞扬了他的丰功伟绩，还彰显着他对儒

① 随着秦国对六国的征服，一些思想倾向明显不属于法家的士人却都纷纷投奔秦国，甚至曾一度真诚地想为他们的新主人效力。这些士人中有不少来自齐国——当时唯一一个没有进行殊死抵抗，便向秦国投降的大国。或许正是因为秦国以相对和平的方式征服了齐国，这才使齐人的怨怼之情并不十分强烈，且齐国精英与新政权进行合作也不是非常困难。

② 五德终始学说认为历史是在土、木、金、火、水五德（五气）的生克循环中发展的。在某一时期内，某一种气的滋长预示着一个崭新历史阶段的到来。根据这一理论，秦朝之前的四个朝代每一个均对应五气中的一种（即，黄帝代表土德；夏朝代表木德；商朝代表金德；周朝代表火德）。而秦之代周，一统中国，乃是水德昌盛的征象。由于在该学说中，黑色属于水德，故秦始皇及其官员崇尚穿着黑衣，秦朝旗帜的颜色也为黑色（《史记·秦始皇本纪》，第237页）。不仅如此，甚至秦宫中的壁画也多以黑色作为主色调（《秦都咸阳第三号宫殿建筑遗址发掘简报》，1980年）。读者亦可参见戴梅可 Nylan（2010）对此问题的讨论。

③ 秦始皇于公元前219年举行了所谓的"封禅"大典（黎明钊2007；鲁惟一 Loewe 2005）。"封礼"祭天，当在泰山之巅举行。"禅礼"祭地，当在泰山脚下海拔稍低的梁父山（坐落在新泰境内的徂徕山东）上举行（柏夷 Bokenkamp 2002，第387页）。至于封禅这种典礼起于何时，是很难确定的。封禅之礼有可能是在全民战争时代后期才被构想出来的，也可能是在秦朝时通过整合秦以前的几种仪式而被创制出来的，这种典礼象征的是"［秦王朝］一统天下，宇内安定"（陆威仪 Lewis，1999，第314页）。

家伦理观的大力提倡①。此外,现存的秦代法律文书也同样明确反映出儒家的家庭伦理已渗入秦帝国的法律之中②。

不过,这些石刻铭文并不能削弱对秦代政治的传统理解,即,秦始皇总体上是一位奉行法家原则的君主,秦国的制度框架与国家政策也主要遵循的是法家原则③。秦始皇在其统治框架中所掺入的非法家因素大多与礼仪以及家庭伦理有关,这些非法家因素既无法有效限制秦王朝的法家制度框架,也不会使帝国的严苛统治有丝毫缓和。而且,与西周时期的天命观相比较,非法家思想在秦朝的统治中扮演着截然不同的角色:西周统治者的合法性基础建立在天命观之上,但天命观同时也要求统治者要以史为鉴、反躬自省,以免自己因怠政失德而被臣民推翻(第二章);而在秦朝,虽然五行生克理论与封禅大典都源自法家以外的思想传统,但这些非法家因素仅是将秦始皇的统治进行合法化的工具,它们为君主的权力添加某种神圣的色彩,但是却没有像天命观那样起到规范和限制君主行为的作用。正因如此,秦朝的这些做法可以被后世任何一位君主——无论本人信奉的是法、儒、道哪一家的学说——拿来运用到自己的统治术中④。简言之,虽然秦始皇通过上述的一些做法宣扬秦朝政权的合法性,但他无时无刻不曾放松对社会的严密管控,对任何可能背叛他的人,

① 这些石铭反映了法家学说与儒家思想的某种融合。在勒于公元前214年的琅琊台(今山东)刻石上载有这样的铭文:"端平法度……圣智仁义……同书文字……功盖五帝。"在另一块勒于公元前211年的会稽(今浙江绍兴)刻石上则载有典型儒家式的训诫:"有子而嫁,倍死不贞。防隔内外,禁止淫泆,男女洁诚……妻为逃嫁,子不得母。"(《史记·秦始皇本纪》,第262页)另请参见王子今(2002)的著作。此外,柯马丁Kern(2000)对这些石铭所表达的价值观也有精彩的分析。
② 睡虎地秦简中的一些法律文书对儒家价值观持积极肯定的态度(何四维Hulsewe,1985)。
③ 从睡虎地秦简中,我们可以看到,即便秦国的法律或者政策中包含了一些非法家的因素,但国家仍旧是以一种法家式的严酷方式来执行这些法律和政策的(《睡虎地秦墓竹简》,1978)。
④ 例如,汉武帝虽是一位武功赫赫、心意刚健的雄主,但他也着力提升儒家学说的地位,且和秦始皇一样,也举行了封禅大典(公元前110年)。

他都会予以无情的打压①。

此外，秦始皇还诚心招揽天下方士，让他们为其寻访长生不死之药（尽管他一再被方士们所欺骗）。无论秦朝以后的历代君主有怎样的政治倾向，他们中仍不乏像秦始皇一样痴迷于长生之术者，但一般来讲，这一点不会对他们统治国家的方式造成什么显著影响。

秦始皇建立了一个结构高度复杂的官僚制帝国，并将帝国的大权独揽于一身。他统一了文字、货币、度量衡以及道路系统。他虽然招募各学派的人才在朝廷中担任官职，但决不容许这些学者对秦朝根本性的政治制度提出任何疑议。这方面典型的例子莫过于淳于越进言一事。当时，身为秦廷博士的齐国人淳于越建议秦始皇将秦国中央集权的官僚体制转变为西周时期的封建体制，秦始皇不仅没有听从淳于越的话，反而采纳了丞相李斯的建议，查禁、焚烧被认为属于异端的各类书籍②。

让我来列举一些秦始皇做过的重要的"项目"，因为它们大多已被证实，且能更好地说明秦帝国的法家本性。在统一中国后的 11 年中，秦始皇下令拆除了所有六国修建的城防体系和路障工事，同时，对已有的道路和运河系统进行了大幅扩建，以此促进各地区之

---

① 例如，根据《史记·秦始皇本纪》(第 257—258 页)的记载，有一次，秦始皇见到丞相李斯车骑甚众，就发了一些微词。不久，他便发现李斯缩减了随行的车骑队伍。秦始皇意识到身边有人将自己说过的话向李斯通风报信，于是，就下令杀死了那天所有在场之人。《史记》接下来还记录，秦始皇在两名深受其信任的方士逃跑以后，便下令调查、搜捕所有与此二人有关系者，此案最终导致大约 460 人被处死。虽然，包括卜德 Bodde (1986，第 95—96 页)等人在内的几位研究古代中国的学者认为这些故事都是杜撰的，但大多数中国史家则认为这些事并非无稽之谈。鉴于史料中还存有其它许多骇人听闻但却也是更为可信的证据，我认为这则故事多少有些真实的成分在。至少，上述材料表明，那些为秦始皇效力的非法家士人对秦始皇和他的政权产生了越来越深的恐惧感。

② 据《史记·秦始皇本纪》中李斯的进谏之言，被焚的书包括各种版本的《诗经》、《尚书》及不同哲学流派的作品。秦始皇还下令，有胆敢讨论所焚之书内容的人将会被处死，尸首则被示众；有借古讽今的人，也必须被处死，其家人要受株连；如果有人在法令颁布 30 日内还没有焚掉禁书，一经查出，这些人就会被处以黥面之刑并沦为苦役犯(即"黥为城旦")(卜德 Bodde，1986，第 69 页)。

间的交通运输①。秦始皇还将六国的贵族和平民从其家乡强制迁移到
其他地区,这样做的原因有很多,有时是为了铲除六国遗贵的势力根基,
并加强对他们的监控,有时则是为了扩充当地的劳动力以促进农业生
产,或者加强边塞的防御能力②。而且,秦始皇还派遣规模庞大的军队
向中国南方各地,诸如今天的浙江、福建、广东与广西等省发起数次军事
远征,从而将这些地区纳入到秦帝国的版图③。他还调动30万大军将
匈奴人赶回到北方的农耕区域之外,同时,为了防御北方游牧民族的再
度侵扰而修筑了西起临洮、东入辽东的万里长城④。此外,秦始皇亦派
人在渭河谷地一带营造了华美壮丽的皇家宫殿群⑤,并为他本人修建了
规模宏大的骊山陵墓。最后,正如前面已经提到过的,为了彰显自己所
取得的辉煌功业,秦始皇带着大批随从先后数度巡游各地,并最终于公
元前210年死在南巡途中。

　　这里没有必要再强调秦帝国为修筑长城、驰道、运河,以及进行大规
模军事远征动用了多少人力与物力,也无须赘言大规模强制性移民政策
给民众带来多少苦难,引发多少不满和抵抗,我们只消把目光投注于当
时修建的一项看起来规模较小的工程——骊山秦始皇陵,就可以了解到
秦始皇如何对待他的臣民。

　　秦始皇在其改号称帝之初便着手修建骊山皇陵。为了完成这项工

---

① 根据林剑鸣(2003,第65—66页)的著作,秦帝国在中国南方修筑了四条打通山岭阻隔的
　　"新道":一条自今湖南郴州入广东连州,一条自江西之南的大庾岭入广东南雄,一条自湖
　　南道州入广西贺县,最后一条自湖南全州入广西静江。此外,秦王朝还修建了众多以都城
　　咸阳为中心向外辐射的"驰道"。秦始皇还下令自云阳(今陕西省淳化县)到九原(今内蒙
　　古包头市境内)开辟"直道"。这条道路一直向北,堑山堙谷,延伸700多公里,其中的部分
　　路面殊为坚硬牢固,以至于在其修建后两千余年中,路面上除了野草以外,竟无其他植物
　　可以生长。除去上述的道路系统,秦始皇还命令开凿若干运河以满足军事运输的需要。
　　这些运河中最重要的一条莫过于灵渠,它沟通长江、珠江两大水系,在秦朝统一岭南地区
　　的过程中确保了秦军人员与物资补给的运输。
② 秦始皇在其统治期间至少九次"迁豪徙民"(孟祥才,2001,第203—215页)。例如,秦始皇
　　元年,"徙天下豪富于咸阳十二万户",以此将这些豪富置于中央政府的严密监视之下(《史
　　记•秦始皇本纪》,第239页)。
③ 公元前219年,秦始皇派遣大军攻打岭南地区。第一次远征,秦军大败,折兵损将约十万
　　余人,见林剑鸣(2003,第62—64页)。直到灵渠竣工,秦军的运输能力得以大幅度提升,
　　秦帝国才征服了岭南地区。
④ 这一时期,许多的军事战役与长城的修建工程都是由秦朝著名将领蒙恬所领导的(《史
　　记•蒙恬列传》,第2565—2566页)。
⑤ 林剑鸣(2003,第149—151页)。

程,秦始皇从全国各地征调了 70 万名"刑徒"为他修造陵墓①。根据《汉书》的记载,秦始皇陵的中央是一座"高五十余丈,周加五里有余"的人造陵丘②。到 20 世纪六七十年代,虽然历经两千多年的风雨剥蚀与其他各种地形变化,骊山陵丘仍有 76 米之高,四围有 2006 米之长③。由于秦始皇陵未被挖掘,因此,我们还不清楚这座陵墓内部到底有些什么,但仅仅是秦始皇陵墓的规模就足以说明问题。通过对墓室外围结构的勘测,考古学家发现陵墓的核心区域被一个高约 8 米、周长约 3870 米的内城城墙所保护起来。在陵墓中,内城城墙以外的空间里则存在着众多附属建筑结构,其中包括若干大型宫殿④。整座陵墓长约 8.5 公里,宽约 7.5公里,总占地面积达 64 平方公里。

整座秦始皇陵的恢宏与华丽还可以从 1974 年出土的秦代兵俑上窥见一斑。这些用来守卫皇陵的兵俑塑像都有真人一般大小,显露出秦军威武雄健的风采。目前出土的兵马俑还只是全部兵马俑群中的一小部分而已,据推测,整个兵马俑群估计可分为四支军队、总计约有两万八千尊兵俑。黄仁宇曾对兵马俑有过这样一番生动的描绘⑤:

> 这些真人大小的陶制兵俑配备着真的武器,真的战车以及陶塑的马匹,它们守卫着其主人的长眠之所。整个场景一方面展现出规模上的宏大气魄,另一方面又不失细节上的精工雕琢。兵俑好似是以活人为模型仿制出来的,没有哪两尊一模一样。这些兵俑脸上的神情更是千差万别、各具特色⑥。他们的头发好像是根据统一的规定修剪出来的,可是,每一尊兵俑梳发之线型、须髭之剪饰、发髻之缠束又各有细微的变化。他们的头盔上装饰有排列规则的圆点,腰带上佩有金属带钩,所穿戴的甲胄被塑成是由皮条穿缀金属板片而成的样子,所着之靴的底部则布有铁钉。骑兵与步卒所披挂之甲

---

① 这些"刑徒"大多是苦役犯以及原来六国的工匠。
② 《汉书·楚元王传》(班固撰,唐颜师古注,1962,第 1954 页)。
③ 王玉清、雒忠如(1962)。
④ 根据林剑鸣(2003,第 153 页)的著作,其中一座宫殿经考古学家测量有 62 米长,57 米宽。
⑤ 黄仁宇(1997,第 37—38 页)。(这段译文参考了该书中文版的相应表述,见《中国大历史》[北京,生活·读书·新知三联书店,1997 年,第 38 页]。——译者)
⑥ 此处的描写可能夸大了士兵俑个体形象的差异性。研究证明,当时的工匠是将有限的基本组件以不同的组合方式组装起来而制作出姿态各异的士兵俑像。而这些俑像之所以展现出千差万别的神情与状态,主要是工匠会对俑像面部和衣着做进一步的精心雕琢和刻画(雷德侯 Ledderose 2000)。

胄也不尽相同，很明显，骑兵肩上不戴护肩的甲片，这样便可使他们在马上作战时行动更为自如。而且，军官所穿戴之盔甲也比普通士卒的更精致，其做工更细，盔甲的甲片也更小，还点缀有装饰性的花纹。所有兵俑的身体姿态也是各有不同：有的肃立、有的下跪操弩、有的御车、有的则摆出一副准备近身格斗的架势，他们中每一个的姿态都仿若依战斗的整体需要而定。总之，所有兵俑正好是秦步兵一师，侧翼又有战车与骑兵掩护，准备随时与敌军一决雌雄。

据估测，即使采用今天的工艺技术来制作一尊这样的兵俑，也要花掉五六名工艺师两个多月的时间才能完成[①]。据此，我们可以想象，当时为了制作全部兵马俑需要投入工匠的人数该有多么庞大，更不必说建造整座秦始皇陵所需要耗费的人力与物力。据估计，当时整个中国有 15％ 以上的人口被征发来为秦王朝修建各种劳动密集型的国家工程[②]。因此，在秦朝建立后不久，连妇女也被征调来参与这些工程的建设[③]。秦始皇在位时，为了实现他过度膨胀的野心，百万民众饱受繁重劳役的痛苦与折磨。如此残暴的政权不可能长久维系下去。

秦始皇死后，一场帝位继承危机便立即爆发。在这场血腥的宫廷斗争中，20 多位皇子（包括扶苏公子）以及 10 余位公主要么被杀，要么被逼自尽。一年后，即公元前 209 年，陈胜、吴广发动了中国历史上第一次大规模的农民起义。陈胜、吴广本是秦朝政府从今天的河南省南部征发到渔阳（今北京密云地区）戍边的 900 名戍卒中的两名成员。这 900 名戍卒由于在前往渔阳途中遭逢大雨，耽误了日程。依据秦律，如果不能准时到达目的地，他们所有人都将被判死罪问斩。既然横竖只有死路一条，陈胜、吴广干脆就杀死了随行的官吏，揭竿起义[④]。

陈胜、吴广的起义军不仅迅速扩大到数万之众，其他地方的“盗寇”以及六国遗贵也纷纷响应起事，一时间，各地的反叛活动风起云涌。当

---

① 白寿彝、高敏、安作璋（1995，第 230 页）。
② 林剑鸣（1981，第 393 页）。
③ 白寿彝、高敏、安作璋（1995，第 230 页）。
④ 《史记·陈涉世家》，第 1952 页。

时一定有许多人都在等待这样的时机,他们中就包括西汉王朝①的缔造者——刘邦。起义前,刘邦做过沛县亭长,他曾负责押送刑徒去骊山服徭役,可途中许多刑徒逃跑。刘邦心知到了骊山自己也难免死罪,就索性释放所有刑徒,从此躲藏在山野之间。等到陈胜、吴广起义的时候,刘邦便率众起义,加入到天下反秦的洪流当中②。除了刘邦以外,许多起义军的领袖,比如,项梁、英布、彭越、张耳、陈馀、张良等人在起义前大多隐居山林或者已经聚众占山为寇③。正由于秦帝国各地早已遍布盗寇豪杰,这才让叛秦起义犹如星火燎原一般迅速席卷全国。尽管陈胜、吴广后来均被秦军所杀,但全国各地的起义力量却日益壮大,各路义军之间亦相互呼应,最终于公元前 206 年推翻了秦朝的统治。秦朝覆灭之后,刘邦领导的汉军与项羽领导的楚军很快便展开了争夺政权的较量。这场楚、汉之争长达五年之久,最后,项羽兵败垓下(今安徽省灵璧县南),自刎于乌江之畔,而刘邦则成为西汉王朝的开国皇帝。

西汉初期的转型

新建立的西汉王朝与短命的前朝相较,虽有许多相似之处④,但却在两个重要的方面上存在差异,而这些差异所导致的后果——无论是否在王朝缔造者们的预期之中——不仅对西汉初年的政局发挥着关键性的作用,也对此后汉朝的历史产生了重大影响。因此,我们有必要对西汉与秦朝在政治制度上的这两点差异予以足够重视。

---

① 公元 8 年,王莽篡汉,建立了短命的新朝。在新朝末期的民变中,汉室宗亲刘秀的势力逐渐坐大,并重新统一中国。刘秀于公元 25 年建立东汉王朝,谥号"光武"。由于东汉与西汉(特别是西汉晚期)在很多重要的方面都有相似之处,史学家常将东、西两汉合称为"汉朝"。遵循此惯例,当讨论这两个王朝共有的结构特征时,本书亦合称两汉为"汉朝"或"汉代"。

② 《史记·高祖本纪》,第 347 页。

③ 《史记·项羽本纪》,第 295—340 页;《史记·魏豹彭越列传》,第 2589—2596 页;《史记·英布列传》,第 2597—2608 页;《史记·留侯世家》,第 2033—2050 页;以及《史记·张耳陈馀列传》,第 2571—2588 页。

④ 大多数 20 世纪的历史学家强调秦、汉两朝之间的差异,但近来的学术界则更重视汉朝对前朝的承袭,认为汉朝在诸如货币制度、道路系统、宫廷礼仪与音乐、官僚体制与等级制度、葬制习俗、建筑风格与艺术等许多方面都与秦朝有类似之处(戴梅可 Nylan 2010)。我对这一问题的看法是,任何两个前后相替的王朝或政权,包括像秦朝与汉朝,不同的王朝或政权之间肯定存在许多相似之处。但对于后继的那个政权来讲,它一定总会通过发展一些新的关键性特征以使我们很容易将它与前朝政权加以区别。

首先,秦朝是通过中央集权的官僚制度来统治整个帝国的,而西汉王朝在建政之初采行的却是官僚制度和"封建"制度并存的政治体制。这里的"封建"制度指的是由那些曾与刘邦一道反秦的盟友所建立和领导的七个异姓封国。这些异姓封国的领土加起来占据了西汉王朝的半壁江山,且异姓诸侯王在各自封国内享有极大的在军事、法律以及行政上的自治权,因此,封国的存在构成了西汉初年政局中巨大的不稳定因素。

有些研究中国历史的学者对于刘邦为何选择这样的政治体制感到不解。我认为刘邦是迫于当时情势才进行"异姓"封国的。在统一中国之前,秦帝国有相当长的一段时间采行的是中央集权的官僚制度,在这一高效运作的政治体制里,国君作为国家的最高统治者,牢牢控制着军队以及各级政府(第七章)。由于秦始皇原本就独揽秦帝国的军、政大权于一身,所以在实现统一大业之后,他没有必要和他人分享帝国的统治权。不过,就西汉王朝而言,它的政权是从秦、汉更替之际的内战中逐渐形成的。在秦末的起义浪潮中,刘邦所领导的军队不过是众多反秦势力中的一支,且事实上,刘邦麾下军队的实力在各路义军中也一直不算是最强的,因此,刘邦唯有联合其他军事势力,才能打败他的劲敌项羽并最终面南称帝[①]。而且,待到项羽兵败垓下之时,尽管刘邦的军事实力已经发展壮大并成为各路兵马中的佼佼者,但刘邦的军事盟友们也都各拥重兵,且为了争夺权力,他们既有可能也有能力联手消灭刘邦的势力。在这种情形下,刘邦不得不将大部分东部领土封授给当时的七个主要军事首领,这就是汉初七个异姓封国的由来。

其次,在西汉建政之初,中国的精英阶层有着这样一种共识:强秦的迅速覆灭乃是因为其暴虐的高压统治[②]。也正是由于秦帝国的严苛统治,以及公元前209—前202年这七年之久的内战,中国的人口总数急剧下降[③]。面对西汉初年民生凋敝的局面,我们就不难理解为什么当时

---

①　刘邦最重要的盟友是韩信、彭越与英布。这些人均被刘邦册封为诸侯王,但后来又被他所杀。

②　这一时期最有影响力的一些文章出自《新书》,此书被认为是贾谊所著(阎振益、钟夏校注,2000,第1—24页)。

③　参见《汉书·货殖传》(第3679—3696页)以及林剑鸣(2003,第267页)关于秦末战争对经济、人口影响的讨论。

的社会普遍对法家的那套统治方案以及秦朝的严刑峻法抱有厌憎的态度[1]。为了避免重蹈秦朝覆辙，也为了促进恢复民生，汉初的统治者们采纳道家的黄老之术，实行无为之治。黄老之术承自老子的学说，其核心理念认为治国的最佳方案既不是推行严刑峻法以压制民众，甚至也不是强加给社会一套儒家的伦理道德来规范和约束民众的行为，而是要让社会中的每个人都能在一定程度上依照自己的意愿和需求而安排自己的生活。在黄老思想的影响下，西汉早期的帝王不仅生活俭朴[2]，还推行轻徭薄赋、任民自治产业的经济政策[3]，且与秦朝相较，汉初所颁行的法律也要温和宽容许多，较少干涉百姓的生产活动[4]。简言之，西汉初期的统治者大体上奉行的是老子"无为而治"的治国之道。

这种统治策略在汉初取得了极大的成功。到汉景帝时期（前157—前141年在位），不仅农业产量得以大幅度增长，商业活动也再度焕发生机，甚至许多地区的人口规模增长了三倍以上[5]。但是，将帝国东部分封给七个异姓诸侯很快带来了问题。在西汉王朝元年，也就是公元前202年，作为七家被分封在中国东部的诸侯之一，燕王臧荼即发动叛乱。虽然，这场叛乱很快就被汉王朝所平息，但余下的几家诸侯也相继叛乱或准备叛乱。刘邦在位期间（前202—前195）不得不为了用武力或计谋

---

[1] 正如陆贾在《新语·辅政第三》（王利器校注，1986，第51页）中所言："秦以刑罚为巢，故有覆巢破卵之患；以李斯、赵高为杖，故有顿仆跌伤之祸。"又，《新语·无为第四》（第62页）评论道："蒙恬讨乱于外，李斯治法于内，事逾烦天下逾乱，法逾滋而天下逾炽，兵马益设而敌人逾多。秦非不欲治也，然失之者，乃举措太众、刑罚太极故也。"

[2] 汉初的皇帝和皇后少有淫靡奢侈的。例如《汉书·文帝纪》（第134—135页）详细描述了文帝以国家社稷为重，生活相当节俭。鲁惟一Loewe（1986，第129页）认为这种对文帝的称颂可能"本意是作为一种用以批评后世皇帝奢靡浪费的手段"。无疑，史书对文帝的记载肯定有影射对后世骄奢之风的一面，但这些赞颂之辞放在汉文帝身上应当并不为过。考古发现表明，汉初帝王墓葬规模较小，也较简朴，与秦始皇奢侈的陵墓不可同日而语。而汉文帝的陵墓不单规模很小，且其随葬品也大多是陶器，而非昂贵的铜器（杜葆仁，1980）。

[3] 在公元前205年之后，田租税率大多数时候为十五税一。到公元前168年，"除田租税之半"，即租率调低为三十税一。次年，即公元前167年，田租全免，这种情况一直持续了11年。到公元前156年，"复收田赋之半"，即恢复了之前三十税一的税率。（西嶋定生Sadao，1980，第596—597页）。

[4] 萧何、曹参分别是西汉王朝的第一任和第二任丞相，他们都尊奉黄老之术。《史记·曹相国世家》（第2029页）记载，为了推行黄老治国之道，曹参选拔下属官吏的标准是"讷于文辞，谨厚长者"，而他罢免某些官员有时仅仅是因为这些官员的思维言辞过于缜密，或者有太强的进取野心，所谓"吏之言文刻深，欲务声名，辄斥去之"。

[5] 例如，根据史料记载，西汉初年，大诸侯治下也不过万户人家。逮到文景之治的时代，"列侯大者至三四万户"（《汉书·高惠高后文功臣表》，第527—528页）。

将这七家诸侯势力一一剪除而殚精竭虑[①]。中国传统史家一般将汉室与诸侯王国之间爆发内战的原因归咎于诸侯王有篡夺帝位的野心。但这个问题还有更深层次的原因。这七家诸侯王皆是从反秦起义的大潮中发展壮大起来的军阀，他们中的每一个本来就野心勃勃，其中的一些还和刘邦一样有称帝的企图，而且他们也确实有能力推翻刘邦的政权，建立新的王朝。对于刘邦而言，无论这些诸侯王有无谋反之心，只要他们手中尚握有强大的军队，他们就是汉朝的潜在威胁。另一方面，诸侯王们也明白，不管他们本人是否有反叛的意图或行动，只要他们还坐拥一方的兵马与疆土，刘邦必定会寻找时机将他们铲除。因此，汉室与诸侯王国之间互不信任的局面是必然的。

但是，在竭力消灭异姓诸侯王势力的同时，刘邦又给自己的兄弟和儿子封王授土，共建立九个汉室的同姓王国[②]。刘邦曾与群臣有这样的约定，"非刘氏而王者，天下共击之"[③]。如果对当时的历史环境缺乏了解的话，我们或许会很难理解为什么刘邦会再度将帝国的权力进行去中心化。有鉴于秦、汉之前的历史教训，他至少应该知道这种以家族血亲为基础的分封制度长远来看会危及皇室统治的安全。

刘邦之所以建立起这九个同姓封国，其主要原因有二。其一，在西汉王朝建立之初，通过中央集权的官僚制度来统治中国仍是一种新模式，它的优点没有得到充分认识。而且，西汉早期的思想家们认为导致秦朝迅速瓦解的另一个重要原因正是秦始皇没有分封诸侯，因而当秦始皇死后各地叛乱四起之时，秦朝的统治者就得不到任何援助。换言之，从秦亡的教训中，当时一部分人认为分封政治格局在战略上具备一定优势。其二，或许也是更为重要的原因是，刘邦分封九王的目的在于防范皇后吕雉（卒于公元前 180 年）及其亲族所构成的外戚势力在他死后夺取对帝国的控制权。刘邦对外戚势力的忧虑是不无道理的，因为吕后不仅在西汉王朝建立过程的一系列战争中扮演过重要角色，且当刘邦在世之时，她在宫廷政治中就已经极具影响力。刘邦死后不久，吕后的权势更是如日中天，临朝称制达 15 年之久。在吕后主政期间，她先后将数位

---

① 公元前 196 年，淮南王英布发动叛乱的时候，刘邦已有疾在身。不过，他仍带病亲征，击败英布。此役之后不久，刘邦就去世了（《汉书·高祖本纪》，第 73—80 页）。

② 林剑鸣（2003，第 262—263 页）。

③ 《汉书·王陵传》，第 2047 页。

被她视作威胁的刘姓诸侯杀死,并封其四个外甥为诸侯王①。此时,刘邦当初与群臣间的约定便显出了效力。正因为有这个约定存在,吕后分封外戚的合法性受到了普遍质疑,朝野上下的不满与抵抗也随之爆发②。同时,几位刘姓诸侯王也纷纷起来反抗吕氏家族的专权之举。吕雉死后,为了防止吕氏篡夺刘汉政权,齐王刘襄遂发兵讨伐诸吕③,而长安城中的一些老臣也乘机发动宫廷政变,诛杀吕后的四个外甥,并夷灭吕氏一族④。最后,刘邦的第四子刘恒被拥立为新君,即汉文帝(前180—前157年在位)。

吕氏被灭后不久,几家刘姓诸侯王的势力便日渐坐大,他们对皇室的态度也随之愈发骄横起来,这就让西汉初期的几代皇帝感到愈来愈大的威胁。很快,西汉王朝早先确立的那种以家族血亲为纽带的分封政治格局就遭遇了严重危机。读者可能会问,为什么西周时期的封建制度可以绵延数百年而不衰,但到西汉一朝,分封政治格局就如此难以维系了呢?这个问题的答案很可能就隐藏在东周时期漫长的封建危机(见第五章)给后世社会所留下的难以磨灭的历史记忆之中。西汉早期的统治者及其臣僚想必不会对《左传》中的历史记叙感到陌生。《左传》开篇即是"郑伯克段于鄢"这则著名的故事。在这则故事中,郑庄公在母亲武姜的要求下将京邑(在今河南省荥阳市东南)分封给其弟共叔段,后来共叔段的势力坐大,在其行将谋反之际,郑庄公出兵镇压了他的叛乱活动⑤。事实上,像这种讲述贵族在受分封后野心膨胀以至于危及中央政权的例子在整部《左传》中可谓俯拾皆是。自霸主时代开始,"封建体制会弱化国家中央权威"的这一观念就逐渐成为古代中国政治智慧的一部分。这种政治训示以及对封建危机的历史记忆一旦被西汉皇室与封国统治者们所谨记,他们之间要建立互信就变得非常困难,这就造成了皇室与诸侯王间某种"封建危机"的加速发展——之所以仍用"封建危机"这个词,乃是因为西汉早期的这种危机不免令人联想到东周时期封建危机的情形。

在汉文帝及其子汉景帝在位的时候,中央政权与诸侯封国之间的冲

---

① 《汉书·外戚传》,第 3939 页。
② 《史记·吕太后本纪》,第 400 页。
③ 《汉书·高五王传》,第 1994 页。
④ 《史记·吕太后本纪》,第 407—410 页。
⑤ 《左传·隐公元年(前 722)》(杨伯峻编著,1990,第 10—14 页)。

突成为统治者必须面对的棘手问题。这种冲突以分别发生在公元前177年与前176年的济北王与淮南王之乱为开端。虽然，这两场叛乱事件之间互无关联，也很难说就意味着总体性封建危机的来临，因为毕竟此时汉家王朝刚经历了吕氏被诛、继位之争等一系列事件，两起叛乱很可能只是权力更迭危机之余绪，但由于有了东周封建危机的前车之鉴，汉廷的某些大臣便将这些祸乱视为封建危机即将全面爆发的先兆。此后不久，贾谊即向汉文帝上疏，指出这两起叛乱绝非偶然事变，如果诸侯王国在军事上仍保有强大的势力，类似的叛乱还会频繁发生。作为矫救之策，贾谊建议汉文帝将诸侯王国分为若干小国以削弱它们的实力[1]。到汉景帝（前157—前141年在位）之时，鉴于一些诸侯王对汉室的威胁愈来愈大，御史大夫晁错（卒于前154年）亦进言削藩。在奏疏中，晁错认为：不论中央政府是否削藩，诸侯王迟早都将谋反叛乱。如果现在削藩，诸侯王马上就会反叛，但中央政府的军力足以将之镇压下去；而如果现在不削藩的话，诸侯王以后同样会叛乱，到那时，他们的叛乱将给国家造成更大的祸害。因此，晁错建议中央政府应立即削减诸侯封地并裁撤其军队[2]。景帝采纳了晁错的建议。正如晁错所预见的，削藩政策果然引发了诸侯王的叛乱。公元前154年，吴王刘濞纠集另外六名诸侯王以"诛晁错，清君侧"为名发动叛乱（史称"七国之乱"）。不过，这场叛乱在三个月后便被汉景帝的军队所平定，但为了安抚七家诸侯王，汉景帝被迫处死了晁错。趁着平叛所取得的胜利，汉景帝继续推动削藩的政策：他先是将规模较大的诸侯国分成若干小国，又于公元前145年颁布法令，规定诸侯国内的官吏均需由中央政府任命，且诸侯王不得干预地方行政事务[3]。从此，诸侯王仅保留其贵族地位，不再拥有行政和司法上的特权。这也就为日后汉武帝进一步将官僚制的统治模式扩展到帝国的各个角落铺平了道路。

---

① 贾谊的《治安策》（又名《陈政事疏》）收录于《汉书·贾谊传》（第2221—2266页）。在济北王与淮南王之乱被平息后不久，汉文帝即把齐国分成六个小国，将淮南国一分成三，并把它们封给与皇室关系亲密的宗亲。

② 所谓"今削之亦反，不削亦反。削之，其反亟，祸小；不削之，其反迟，祸大"。见《汉书·荆燕吴传》（第1906页）。

③ 关于汉景帝将诸侯国分割为若干小国，参见《汉书·景帝纪》（第143页）；关于公元前145年汉景帝所颁布法令的讨论，参见林剑鸣（2003，第283页）。

儒法国家的形成

大体来讲，基于黄老之术的统治策略在西汉王朝初期是颇有成效的。在文、景两朝，尽管游牧民族偶尔会寇边犯境，汉室与诸侯王之间也时起冲突，但这前后40余年时间总体上算是中国历史上相对繁荣安定的时期（也就是史家所说的"文景之治"）。但随着社会走向繁荣，新的问题也应运而生。

第一，社会的繁荣安定促进了人口的迅速增长，富有的商人和地主阶层也随之涌现。由于富商和地主通过高利贷和垄断农产品价格来获取暴利，且当时人口规模有大幅度增长，许多农民在这种情形下不得不低价出售和抵押自己的土地，这就导致大量农民破产。这意味着虽然清静无为的黄老之术在与民休养生息、恢复社会元气方面卓有成效，但面对社会历史发展的新形势，这种统治策略是难以胜任的。

第二，随着削藩政策的推进以及官僚体制的确立与巩固，如何选拔任命政府官员便成为汉朝统治者的当务之急。这个问题对于汉武帝（前141—前87年在位）尤显重要，因为对这样一位雄才大略的帝王来讲，他所需要的是一个与既得利益阶层保持一定距离且积极有为的官僚体系。

第三，虽然西汉王朝通过奉行黄老之术走向了繁荣，但这种统治术既不能为国家提供一套支持其统治合法性的意识形态，也不能为汉室政权与社会精英群体之间的合作提供坚固的道德基础。自汉朝建政之初，国家统治的合法性基础（或者说国家权力的基础）应该立于何处，对于当时的帝王、官员和思想家们就一直是一个萦绕不去的问题①。在汉王朝度过了最初的政治动荡期之后，这个问题便成为汉帝国的统治者所亟须解决的头等大事。

上述这些存在于汉王朝内部的张力与矛盾以及统治精英为解决这

---

① 如何建成一个在政治上更稳定的帝国，或者国家应该具有怎样的合法性基础，是统治精英在西汉政权建政之初便十分重视的问题。根据《史记·郦生陆贾列传》（第2691—2706页）的记载，在与刘邦的对话中，陆贾时常引用《诗经》等经典，为此，刘邦便怒骂他说："乃公居马上得之，安事《诗》、《书》！"而陆贾的回应是："居马上得之，宁可以马上治之乎？且汤武逆取而以顺守之，文武并用，长久之术也。……乡使秦已并天下，行仁义，法先圣，陛下安得而有之？"刘邦听了陆贾的这番话，面露愧色，随即让陆贾详细阐述他的治国之策（第2699页）。陆贾于是写下十二篇政论，汇集成书，名之《新语》，上呈给刘邦（王利器，1986）。

些问题所进行的种种尝试最终导致了如下结果:首先,儒家学说成了帝国统治的意识形态;其次,对官员的选择基于他们对于经典(尤其是儒家经典)的熟稔程度,而这种选任官员的办法反过来又构成了维系国家—精英联盟的重要机制①。

帝制儒学最终成为西汉王朝的国家意识形态,其中的原因显而易见。在儒家思想中,国家与社会之间的关系被视作是父权家长制下家庭关系的扩展与延伸。相较于道家或黄老之学,统治者更青睐于帝制儒家学说,不仅因为它能够为国家的统治提供合法性基础,还因为它强调的是等级化的社会秩序——也就是说,在这一学说中,国家凌驾于社会之上。但是在另一方面,精英群体也能接受儒家学说作为国家意识形态,这是因为儒家学说在为国家权力赋予正当性的同时,也规定了国家权力运作的方式,这就在一定程度上降低了暴政出现的可能性。而且,按照儒家学说所定义的国家—社会关系,儒家士大夫在政治体系中占据着中心地位,而这一体系为社会中的知识精英打开了进入政府任职之门。在东周后期的全民战争时代,为了应对关乎生死存亡的战争,国家需要的是不受道德礼教制约的工具理性,因而,标榜德治仁政的儒家思想也就很难与高度工具理性的法家思想相争衡。但是,当军事冲突基本上成为历史,政权稳定性就日益依赖于官僚体制与其他社会精英的合作。当儒家思想成为国家和精英(尤其是已被吸纳进官僚体制中的)共同接受的意识形态时,合作就变得可行了。

但儒法政治体制的发展仍是一个缓慢且充满曲折的历史过程:这一体制在汉武帝时期迈出了关键性的第一步,到东汉时期开始在政治上占据主导性地位,且在实践层面有所发展,但要等到一千年以后的宋朝,随着新儒学的兴起,这一体制才得以全面成熟。下面两节将简要分析帝制儒学出现之前的中国政治思想转型,然后讨论汉武帝治下早期儒法国家的发展情况。至于宋朝时儒法政治体制的新发展,我们要在本书的第十二章中才会有更详细的阐述。

———————————

① 在下一节中,我会对"帝制儒学"的内涵有更进一步的阐述。

主导性意识形态的形成

虽然儒家的政治理想总有不少追随者，但正如我们在前几章中已经讨论过的，在全民战争时代、秦朝以及西汉王朝初期，儒家学者对于政治的影响是相当有限的（本书第六章）。有鉴于此，我们有必要了解在帝制儒学这一国家意识形态刚刚萌芽的时候，整个中国处于怎样的思想环境之中[①]。

如本书第六章所述，东周时期涌现出的诸子之学大多属于政治哲学的范畴，它们的主要目标是为实现一个良好社会而找到切实的办法。在东周时期，士人群体尚拥有一些表达个人观点的自由，甚至有的时候，他们可以不理会统治者的意愿或信条而直抒胸臆、指点江山。彼时的思想家们热衷于说服统治者采纳与其政治哲学相一致的治国方案[②]。不过，士人无论如何也不是具有高度独立性的政治行动者，而且，必要的实用主义也会让他们采取高度折衷的思维方式。虽然在此后中国学术的经典化过程中，几乎所有古代中国的思想家都会被后人归入某一特定学派，但实际上，古代思想家们常会援引其他思想传统中的概念与逻辑来阐述他们自己的观点。因此，将古代中国思想家定为某家某派的做法势必会曲解这些思想家思想和著述的真际[③]。

尽管中国哲学思想所具有的那种根本性的实用理性促进了折衷性思维的出现，但对那个时代的思想和著述起到形塑作用的，还有当时的政治环境。在全民战争时代，绵延不绝、无处不在的大小战争促使法家学说在政治领域内逐步取得了主导性地位。面对这样的社会政治现实，不同思想倾向的学者便将法家学说的一些元素吸收到各自的学说中来。在当时，包括《管子》《荀子》在内的大量哲学著作都是折衷性的，而且大多非常强调法家的观点[④]。而到西汉早期，时代风气开始出现变化，法

[①] 除特别说明外，下文对思想史的梳理和重建工作主要基于下列这些著述：程世和（2004）；冯友兰（1952）；葛兆光（2001）；龚鹏程（2005a）；韩星（2005）；金春峰（1997）；任继愈（1990）；徐复观（1979）；张秋生（2003）；周桂钿（2000）。

[②] 劳埃德 Lloyd（1996）。

[③] 例如，虽然后人将董仲舒（约前 196 年—前 107 年在世）视为西汉儒家思想的集大成者，但他的著作中也包含了道家、法家、阴阳家及许多其他思想传统的元素。一些现代学者甚至认为董仲舒是"新道家"（熊铁基，1984）。

[④] 《管子全译》（谢浩范、朱迎评译注，1990）。本书第六章对荀子的著作有更详细的讨论。

家逐渐失去了统治者的青睐，黄老之说日益兴盛起来。在黄老传统中就出现了像《淮南子》这样内容博杂的文集[1]，甚至汉初史家司马谈（司马迁之父）也认为，以黄老之道为根基、综合百家之说才能为国家—社会关系问题提供最好的解决方案[2]。

西汉早期，具有儒家思想倾向的学者开始愈发务实起来，像战国时期孟子那样坚守原则，游走于列国之间，徒劳地宣扬着他心目中仁政王道的儒者变得越来越少。据史料记载，儒家学者叔孙通曾和门下的百余名儒生一起投降汉廷，归附刘邦[3]，不过，当他得知刘邦对他一身儒服装束颇有鄙弃之意时，马上就换了一套楚制短衣再来拜见。此外，在举荐贤才的时候，叔孙通常给刘邦推荐的是那些曾聚众为寇的草莽英雄或者骁勇善战的武士。对此，叔孙通的儒生弟子们颇感失望，私下里抱怨老师不举荐儒生却举荐豪强盗寇。叔孙通知道后说："汉王方蒙矢石争天下，诸生宁能斗乎？（刘邦是靠武力赢得天下的，你们这些人可是善于打仗的么？）"[4]要等到西汉王朝的根基稳固下来以后，叔孙通才趁机建议刘邦采行儒家的礼仪制度[5]。在西汉初期，采取这种谨慎的折衷主义态度的不唯叔孙通一人，其他的还有像陆贾、贾谊这些凭借其政论文章闻名天下且有着儒家思想的士大夫。在陆贾的《新语》[6]、贾谊的《治安策》等著作中，我们可以发现那些被后世学者认为是儒家、道家或法家的种种思想因素全都交融在一起[7]。在这

---

[1] 《淮南子》由淮南王刘安和其宾客共同编撰（《淮南鸿烈集解》，刘文典撰，1989）。此书包含了刘安与其宾客在包括神话、历史、占卜、政治、地理与科学等许多方面的讨论。关于此书文本性质的讨论，参见桂思卓 Queen（2003）、罗浩 Roth（1992）与方丽特 Vankeerberghen（2001）。其中，方丽特 Vankeerberghen 对该书形成过程中的学术与政治环境所做的分析尤为精彩。

[2] 《史记·太史公自序》，第 3292 页。

[3] 《史记·刘敬叔孙通列传》，第 2721 页。

[4] 参见《史记·刘敬叔孙通列传》。——译者

[5] 例如，《史记·刘敬叔孙通列传》（第 2721 页）记载刘邦称帝后，本是反感儒家礼仪的。但在他的朝堂上，那些曾和他一起打下江山的群臣饮酒作乐、争论功劳，有人酒后狂言乱语，甚至还有人拔剑砍削庭中立柱。刘邦对此非常不满，叔孙通借此便向刘邦进言说："夫儒者难与进取，可与守成。臣愿征鲁诸生，与臣弟子共起朝仪。"刘邦应允后，叔孙通便与诸儒生共同订立了宫廷朝会的相关礼仪，后又花费数月时间对官员们进行培训，并最终在长乐宫落成的庆典上让群臣展演这数月以来训练的成果。叔孙通因为朝会仪式的大获成功而被刘邦授予太常之职。

[6] 《新语校注》（王利器，1986）。

[7] 见程世和（2004，第 2—3 章）；龚鹏程（2005a，第 117—151 页）；韩星（2005，114—139 页）；周桂钿（2000，第 3 章）。

些西汉初期的思想家中，董仲舒独树一帜地将道家的世界观、阴阳家的宇宙论、法家的统治术熔为一炉，并公开以儒家价值观作为其理论的核心①，他的这种综合性的工作对后世思想产生了深远影响。不过，在董仲舒生活的年代，他本人并不算是十分显要的人物，他既未在中央政府中身居高位，其思想也未成为西汉儒学的主流②。直到两汉之交的时候，他的著作才开始在思想领域与政治领域中受到广泛关注③。也正由于董仲舒有这种历史影响，他才得以被后世视为西汉时期最重要的儒家学者④。

以下简要介绍董仲舒学说的三组核心理念⑤。第一，受战国时期宇宙观的影响，董仲舒坚信人是自然（或称之为"天"）的有机组成部分。"天"及其运行规律（如四季）是道的本源。狭义上讲，天道也同样是正常的社会秩序与合理的个人行为之根本来源所在。"天"可以通过自然灾异来表达它对人世失范的不悦，且"天"只将"天命"授予合于天道的统治者（即"天人感应"）⑥。第二，董仲舒认为维系社会秩序的是三种基本的社会关系，即所谓"君为臣纲、父为子纲、夫为妻纲"的"三纲"。但他同时强调"三纲"之维系，有赖于对君、父、夫三种宰制性角色的权力加以适当的限制，以避免"三纲"蜕变为绝对的专制关系。董仲舒主张，君主在臣民面前必须保持威严，但在天道面前则必须谦逊谨慎⑦，且君主如果要

---

① 现代学者基本上认为诸如《管子》、《吕氏春秋》或者《淮南子》等文集，无论其所涉内容多么广博，其连贯性却不如那些由单一作者（如荀子或董仲舒）所撰写的著作。

② 程艾兰（1998/1999，第 356 页）。

③ 司马迁在《史记》中只偶尔提到过董仲舒；但《汉书》却为董仲舒个人作了一篇内容翔实的传记，这篇传记不仅大书特书董仲舒在汉武帝宫廷中所扮演角色之重要性，而且也对他在帝制儒学的形成与经典化过程中所起的作用不乏夸大之词。

④ 关于董仲舒对后世历史之影响，我们可以从《白虎通义》一书窥见一斑。公元 79 年，东汉汉章帝下令在白虎观举行经学辩论，《白虎通义》即是由当时参加辩论的班固与其他儒生根据此次白虎观辩经所编撰的文集。这部著作被认为是东汉经学之集大成者，而它在许多方面都以董仲舒的学说为基础。

⑤ 桂思卓 Queen（1996）对董仲舒生平与著作有过专门的讨论，而程艾兰（1998/1999）则对桂思卓的著作发表了精彩的评论。关于《春秋繁露》的真伪，以及董仲舒是否是该书真正的作者，自宋代以来就众说纷纭。一种观点认为，虽然该书不一定全都出自董仲舒之手，但书中大部分内容应该不是后人伪作的（戴伟生 Davidson 与鲁惟一 Loewe，1993，第 82 页），我基本认可这种观点。

⑥ 《春秋繁露义证》，苏舆撰，1992，第 340—342 页。

⑦ 即"屈民而伸君，屈君而伸天"，见《春秋繁露义证》（苏舆撰，1992，第 32 页）。

威服四海,则必须作天下万民的道德表率[①]。第三,董仲舒还主张,君主最大的职责是通过推行儒家教育来倡导端正的道德品行,通过建立和秉持公正的法律来维护良好的社会秩序。其中,儒家教育的本质是通过道德、礼仪以教化万民,这就比严刑峻法更有效、也更温和[②],而且,在董仲舒的学说中,法律的制定、惩罚的施行也须强化以"三纲"为核心的儒家社会秩序[③]。

通过吸收先秦思想中的宇宙观,董仲舒将萌芽于西周的"天命观"重新置于其理论框架的中心(见第二章)。此外,虽然一方面,董仲舒认为天道的运转自有其规律(此为他思想中的道家印记);另一方面,他也强调人之本性(即"性")并不完全由先天所决定,后天教化对其形成也发挥着作用(此为他思想中的儒家血脉)。最后,与孟子那种理想主义的儒家思想不同——在孟子的学说中,"五常"伦理(即"仁、义、理、智、信")是对等性的社会关系[④],董仲舒所提出的"三纲"体现的则是君主对臣下、父亲对子女、丈夫对妻妾的支配性关系。

在董仲舒所构想的社会中,长幼有序、尊卑有别,君主处于社会权力的顶端,并且法律和刑罚被用以规范社会秩序,所有这些就使董仲舒版本的儒家学说更容易引起统治者的共鸣。但董仲舒的理论同时又强调"天"是世俗权力的终极来源,强调统治者及其臣属道德品行的端正与否是社会秩序能否得以维系的至关重要的条件。他理论中的这些元素也就构成了某种对皇权以及国家权力的制衡,这也为统治者和社会精英进行合作提供了基础。或许,后世学者之所以会将董仲舒尊为儒家思想传统的集大成者,就是因为董仲舒认识到了权力平衡的必要性。

必须提醒读者的是:在汉代所形成的儒家学说与东周时代出现的被

① 同理,大臣必须要在其下属面前保持威严(并作为下属的榜样),父亲必须要在儿子面前保持威严(并作为儿子的榜样),丈夫必须要在妻子的面前保持威严(并作为妻子的榜样)。

② 即"教,政之本也;育,政之末也"。见《春秋繁露义证》(苏舆撰,1992,第94页)。

③ 在帝制时代的中国,对犯罪的惩罚以及对纠纷的处置不单取决于犯罪或纠纷的性质,还取决于当事人的社会地位与行为意图。对于同一种罪行,如果犯法者是奴仆、妇女、青年或者其他任何在儒家等级制度中地位较低的人,那么,他们可能会比社会地位高的人受到更为严厉的惩罚。另外,如果两个人因为报复他人而犯了同样的罪,但其中一人报复的是伤害过他父母的人,而另一人报复的是偷过他牛的人,那么前者所受到的惩罚就很有可能要比后者轻一些。尽管中国不同朝代制定法律不尽相同,但对于帝制时期的中国而言,法律是一种巩固和维护儒家道德秩序的手段(瞿同祖,1961;滋贺秀山Shiga1998)。

④ 卜爱莲Bloom(1998);杜维明(1979);韦卓民Wei(1977)。

后世归于"儒家"名下的各种思想传统在许多方面有明显不同。汉代儒学是在把先秦诸子思想"儒家化"后所发展出来的一种综合性意识形态,该意识形态就是"帝制儒学"(imperial confucianism)。

帝制儒学的根本特征

帝制儒学宣扬的是尊卑有序的社会等级制度以及"以父为纲"的家庭关系①。对统治者而言,这是一种极有吸引力的意识形态,因为在这一学说中,一国之君即是一家之长,这不仅为国家权力的合法性提供了基础,也使国家对社会的宰制成为理所当然之事。同时,这种学说也容易被社会精英所接受,这是因为:(1)儒家学说不仅强调的是君主对官员和其他被统治者的支配权,同样还强调官员(也就是精英)对其下级与平民百姓也拥有类似的支配权。(2)儒家学说虽然强调国家对社会的宰制,但它同时也强调君主的个人品行对维系其统治的重要性。在儒家学说的构架下,君王从幼年时起,就要被儒家士大夫灌输儒家的学问和道德,并且,士大夫也有权指责君王在道德上的过失。(3)一旦儒家学说转变为一种国家意识形态,那么,儒家学问与道德品行的高下就成为选拔政府官员愈发重要的衡量标准。有些西方学者曾将儒家化的官僚制度比作欧洲中世纪天主教神职人员的选拔制度。这种说法有些言过其实。不过,在另一方面,儒家化的官僚制度确实成了一项国家将社会精英吸收到政府中来的重要制度,提供了儒学得以在社会中占据并保持其主导性地位的组织基础,同时,也对君主的权力予以了限制。

类似基督教、伊斯兰教、犹太教、印度教或佛教在它们所属社会所扮演的角色,帝制儒学既满足中国人宗教层面的需要也具有很多社会层面的功用。帝制儒学也通过祖先崇拜仪式以及强调修身养性、天人合一等观念,在中国社会中发挥着许多宗教意义上的社会功能②。一旦像帝制儒学(或基督教、伊斯兰教、犹太教、印度教、佛教)这样的信仰在某一社会中具备一定程度的影响力以后,它便会与国家建立起某种关系。只

---

① 我在这里总结的这套社会政治结构历经了漫长而缓慢的"结晶"过程。直到宋朝,也就是差不多一千年以后,这一社会政治结构才臻于成熟。尽管如此,我所描述的这一宏观结构不仅塑造了汉朝的历史,也塑造了此后两千余年中国历史的整体面貌。

② 郝大维 Hall 与安乐哲 Ames (1987);泰勒 Taylor (1985、1990)。

是,由于各自不同的性质,不同信仰体系与国家发展出来的关系也各有不同。在世界几大信仰体系中,儒学信仰是其中唯一似乎是为国家权力量身打造的意识形态。因此,帝制儒学的这一性质有利于政治行动者与意识形态行动者之间发展出某种共生关系。而且,当战争不再是中国历史发展的主要推动力的时候,正是帝制儒学与国家之间的这种关系使得中国的政治体制在面对社会变迁时具有很强的弹性,同样,也正是这种关系造就了日后中国历史发展的主要型态。

武帝新政

公元前 141 年,汉武帝即位。在登基后不久,他便下诏让官员为中央政府举荐"贤良"[1]、"方正"与"直言极谏之士"[2]。他还将平素喜好儒学的窦婴与田蚡分别擢用为丞相与太尉,让他们协助推行新政。由于汉武帝对前朝制度和政策进行了一系列大刀阔斧的改革,新政在推行的初期遭遇不少阻挠。尤其是汉武帝的祖母窦太后,由于她甚好黄老之学,不悦儒术,因而对新政的施行多有干预[3]。直到窦太后驾崩(公元前135年)后,汉武帝才能将新政大力推行下去。

在汉武帝的诸项改革措施中,他决意将儒学尊为国家意识形态对后世历史影响最为深远。但汉武帝时期的儒学是怎样一番面貌呢? 首先,汉武帝的王朝距战国时代尚不算太遥远,彼时的士人有不少是战国和汉初多元性与折衷性的思想继承者,故而浓重的折衷性思想文化氛围并没有完全消退。其次,终西汉一朝,帝制儒学仍处在形成阶段。董仲舒对儒学和其他思想传统的综合——这种综合本身就源自折衷性的思想文化传统,还尚未得到广泛接受,更没有成为占据主导地位的经典。在当

---

[1]　被诏令要求举荐贤能的官员包括丞相、御史、各封国的诸侯、中二千石与二千石级别的官员、各郡郡守以及皇室宗亲。

[2]　《汉书·武帝纪》,第155—156页。

[3]　窦太后迫使汉武帝罢免了窦婴(虽然窦婴是她的侄子)与田蚡的职务,并将另外两位有儒家思想倾向的大臣关进了监狱(白寿彝、高敏、安作璋,1995,第314页)。

时,儒学一词到底意味着什么仍是一个极富争议的问题[①]。甚至就连"儒"这个字(在英文中,它被并不十分恰切地译作"Confucianism")仍具有许多不同含义,代表多种身份属性[②]。再次,在西汉时期,那些推动儒学走向兴盛并使之在社会上占据主导性地位的组织与制度也仍在发展的初期阶段;事实上,要到一千年以后的宋朝,这些组织与制度才最终走向成熟(见第十二章)。最后,虽然纵观中国王朝兴替的历史,帝制儒学最终被证明是一种可以给国家权力提供合法性基础的意识形态,但在汉武帝时期乃至整个汉王朝统治期间,此种共识尚未达成,甚至就连汉朝的统治者们对儒学的态度也各不相同。汉代的许多皇帝,比如,西汉的汉宣帝(前73—前49年在位),以及东汉汉顺帝(125—144年在位)之后的许多皇帝大多都对儒家学说敬而远之并试图重拾其他一些思想传统来指导他们的统治[③]。即便是汉武帝,他虽然大力倡导儒学,但他主要的目的是巩固汉朝统治的合法性,而并非以儒学来指导所有国家政策的制定与实施。所谓"罢黜百家,独尊儒术"完全不能体现汉武帝的所作所为[④]。此外,汉朝的君主,无论其个性如何,对官僚体制所强加给他们的一套道德礼法上的约束大多还不习惯,而这些儒家化的道德礼法本身在当时也处于较初级的发展阶段。尽管如此,自汉武帝以降,帝制儒学的

[①] 当儒家学说被尊奉为国家意识形态后,汉武帝为《易》、《礼》两部经典设立博士,加之文、景两朝所设立的《诗》(有齐、鲁、韩三家)、《书》、《春秋》(公羊家),合为"五经博士"。而一旦这些经典著作被定为官学,那么通晓这些经书的专家就会获得巨大的声名利禄。因此,对于这些经书的真伪及其与儒家正统的关系,学者们之间爆发了激烈的争论(刘绪贻,2006)。而这些争论中,以今、古文经学之争对后世影响最大。西汉时期所流传下来的所有儒家经典都是用汉隶书写的(即今文经),这与汉代以前经书的书写方式(篆书)有明显的不同。但是,随着儒家学说变得愈发重要,人们重新发现了许多古文经书(数目最大的一批被发现于孔子故宅墙壁中),同时,也有人伪造了一些经书。新发现的古文经书与伪造的经书都用汉代以前的文字书写,所以,那些相信古文经书更能代表孔子学说真谛的学者也就被称为古文经学派。相应地,那些坚持认为西汉时期书写的今文经才代表着真正的儒家传授的学者也就被称为今文经学派。古文经学与今文经学这两派之间对于经典的解读有着许多不同之处,感兴趣的读者可以参见廖平(1911)、戴梅可 Nylan(1994)、孙筱(2002)、朱维铮(1983)等人的著作对两派分歧与争论的系统总结。最后,在西汉时期,人们更多地认为今文经学是更可靠的儒家经典。但后来,由于刘歆(约前53年—23)对古文经学的大力提倡,加之东汉时期刘歆的后继者们的不懈努力,古文经学在东汉后期大有压倒今文经学之势。

[②] 戴梅可 Nylan(1999,第19页)。汉代儒学这种高度折衷性也被之前的研究者所注意(萧洛克 Shryock 1932,第43页)。

[③] 戴梅可 Nylan(1999,第21页)。

[④] 戴梅可 Nylan(1999,第20—22页)。

影响力虽时有起落但逐渐在增强却也是不争的事实，而且，有汉一朝所建立的以帝国儒学为核心的政治模式也塑造着后世历史的发展方向。

可能汉武帝大力支持儒家学说的本意是为了巩固他个人的权威，不过，他也同样是一位有着强烈现实意识、锐意进取的政治家。为了达成他的政治目标，他将背景不同、思想各异的人才招入汉室的朝廷①，而且，他比之前的几朝君主更多地倚重法家的统治术来治理国家。在其在位的五十余年时间里，汉武帝成就了不少功业。军事上，他针对北方匈奴发动了旷日持久的战争，并向南大大拓展了汉帝国的疆域②。政治上，他推行官僚制度改革以增强国家权力，并使之深入渗透到社会中③；他重新采用了许多秦朝法律，自己亦有所创造和发挥④；他还进一步削弱藩王诸侯所享有的政治权力，最后只允许他们以采邑的地租作为唯一的经济来源⑤；而对于地方上富有的世家贵族，他还强制将他们徙居异地以拔除他们的势力根基，并对他们施行严密管控⑥。经济上，汉武帝推行了全国通用的货币，并将许多经济生产的要害部门，特别是冶铁与制盐，置于国家的控制之下⑦。最后，汉武帝所建立的中央集权的官僚制度虽与秦朝的体制相类，但二者之间却又有着重要的差异——秦始皇

① 汉武帝执政之初，在他所提拔的高官之中有许多人并不被后世学者视为儒家。例如，桑弘羊出身商贾之家，精通税收与财政。卫青乃人奴之子，后官至大将军。此外，汲黯与郑当时(郑庄)被视为道家；张汤基本算是一位法家；严助与主父偃为纵横家；枚乘与司马相如则是著名的辞赋家。方丽特 Vankeerberghen (2001，第 1 章)对汉武帝统治早期大部分高级官员的哲学倾向做过详细讨论。

② 匈奴部落联盟自汉朝建立伊始便对其构成了不小的威胁(《史记·匈奴列传》，第 2897—2920 页)。然而，在汉武帝之前，汉帝国对匈奴的主要政策是羁縻政策，也就是一套笼络控制的办法，汉朝定期给匈奴输送物资作为"礼物"，有时还要将公主嫁给匈奴单于。(狄宇宙 Di Cosmo，2001；余英时 1967、1986)。

③ 毕汉思 Bielenstein (1980)；钱穆(1982)；张磊夫 de Crespigny (1981)；鲁惟一 Loewe (2006)；汪清(2006)。

④ 在他统治期间，许多法律都是由张汤与赵禹负责制定的，参见《汉书·酷吏传》(第 51 页)。武帝一朝所颁布的法律、法规要比前面几朝多出许多(杨生民 2001，第 54 页)。而且，西汉的统治者还汇编 13472 件判例以作为量刑定罪的参考(《汉书·刑法志》，第 1101 页)。此外，在汉武帝统治期间，官员也开始引用儒家经典来指导案件的审理与判罚，这样，量刑定罪的标准即取决于罪犯违背儒家道德准则的程度(张晋藩，1982)。

⑤ 最重要的一项新政策是鼓励诸侯王将自己的封地再分给自己的子嗣，如此一来，各封国的领地和势力范围就会越来越小，诸侯王要犯上作乱变得愈发困难(《汉书·主父偃传》，第 2802 页)。

⑥ 林剑鸣(2003，第 340—345 页)。为扩大国家权力，汉武帝同样打击了不少地方上的"豪猾"大族(杨生民 2001，第 166—171 页)。

⑦ 吴慧(1981)；杨生民 (2001，第 98—125 页)。

的权威完全建立在国家暴力的基础上,而汉武帝则将西汉政权统治合法性建立在帝制儒学之上,同时,他还以正处于儒家化发展过程中的国家官僚体制与王室权力的政治结盟为其政权运作的基础。结果,秦朝的统治只维持了近20年,而西汉王朝却享国两百余载。最终,这样一个在汉朝时即已初具雏形的政治模式历经后世朝代的修补和完善,绵延两千余年,直至1911年辛亥革命发生时才最终解体。

政治权力与意识形态权力的融合

也许有很多不同的角度可以去理解汉武帝时期帝制儒学的兴起。但从本书的理论视角出发,我将之理解为政治行动者与意识形态行动者之间共生关系逐渐发展的初期阶段。正像我在本书第一章中所讨论的那样,意识形态要保持其重要性,就必须要有强大的组织与制度作为保障。在帝制儒学渗入到普通人日常生活中以前(这一过程在宋朝时才真正开始),能够维持并扩大帝制儒学影响力的,主要是儒家官僚体制及其官员选拔方式。由于儒家化的官僚体制同时也是国家机器的核心组成部分,是儒家意识形态的体现和代表,因此,以下几节将考察汉代的官僚制度在汉武帝时期及其之后的形成过程。具体而言,我们需要理解如下一些问题:汉代及汉代之后的皇帝与官僚体制之间有怎样的关系;汉代官僚体制有怎样的结构;在这一体制下,官员选拔方式如何延续了法家的一些元素并因此造成了一系列问题;以及最后,这些官员选拔方式又是如何促进了官僚体制的儒家化进程,并同时将帝制儒学的影响延伸到更广阔的社会领域之中。

皇帝与儒家官僚体制的共生关系

著名的汉学家白乐日(Etienne Balazs)对中国政治体制抱有一种相当消极的看法。他是这样总结中国皇帝与官僚体制之间关系的[①]:

> [中国的官僚体制]最引人注目的一点即是官僚集团作为一个社会阶层而得以长期稳定存在,但官僚集团成员个体的地位却充满

---

① 白乐日 Balazs 所讨论的皇帝与官僚体制之间的关系模式并不仅限于汉代,其实它更符合于汉以后中国历代王朝的情况。

不稳定性。即便位极人臣,官员作为个体,也只能听任拥有绝对权力的专制国家之摆布,他们不知何时就可能突然从人间蒸发消失。官僚集团中的任何一员都可能有朝一日登堂拜相,却在转眼之间就沦为阶下之囚;但是,在同一个国家,虽然官员个体会被革职问罪,但官僚集团整体却仍一如既往、不为所动地履行着它的职能①。

白乐日的这番论述虽不无过分简化之嫌,但它确实捕捉到了官僚体制与皇帝之间巨大的张力,以及这种张力所能发展出的最坏结局。在帝制中国,皇帝统治的合法性在于他是天子,是天命的拥有者。皇帝的存在是帝国统一的象征以及官僚权力的最终来源。没有皇帝所赋予的合法性,官僚体制也就失去了它权力运作的根基。另一方面,如果我们将西汉或者后世王朝的皇帝与罗马帝国的皇帝进行比较,我们就会发现中国皇帝所扮演的显然是一种比较被动的角色。而罗马的皇帝不仅首先是一名军事领袖;同时,他也被认为应该在国家统治中发挥积极作用。比较之下,中国皇帝(开国新君除外)的威望并不来源于战争所带来的英雄主义②,在中国,大部分的政策主张是自下而上形成的,并且,官僚集团是政府政治权力和行政权力的执行者③。当这种统治架构运转正常时,它就在某种程度上类似于现代的君主立宪制④。不过,与西方的君主立宪制根本性的不同的是,在中国的政治模式中,虽然皇帝无法挑战整个官僚体制,但恰如白乐日所洞察到的,一旦某一官员失掉了皇帝的信任,他便随时都有身败名裂的危险。

中国的皇帝为了在加强自己权力的同时不与整个官僚体制为敌,一

①　白乐日 Balazs(1964,第 6 页)。

②　鲁惟一 Loewe(2006,第 10 页)。

③　参见钱穆(1982,第 3 页);芬纳 Finer(1997,第 482 页);鲁惟一 Loewe(2006,第 10—16 页)。不过,开国新君往往是积极进取的统治者。当然,在王朝中期偶尔也会出一些极有作为的皇帝。汉武帝就是其中之一。

④　汉武帝以前,西汉王朝的统治非常接近于此。一段据说是汉文帝与丞相陈平之间的对话很好地反映了这一点(《汉书·陈平传》,第 2049 页)。一次,汉文帝向右丞相周勃询问有关国家法律与财政方面的问题。周勃答对不上来,感到很惭愧。随后,文帝又以此询问左丞相陈平。陈平则回答说:"有主者。"(言外之意,具体事务可以找相应的主管官员来回答)文帝就问陈平:"主者谓谁?"陈平于是说:"陛下即问决狱,责廷尉;问钱谷,责治粟内史。"文帝接着问:"苟各有主者,而君所主者何事也?"陈平解释道:"主臣!陛下不知其驽下,使待罪宰相。宰相者,上佐天子理阴阳,顺四时,下育万物之宜,外镇抚四夷诸侯,内亲附百姓,使卿大夫各得任其职焉。"这段对话不仅揭示了在汉武帝当政之前,皇帝与官僚体制之间的基本关系模式,而且也反映出黄老之道的政治理想,在这一架构下,皇帝所扮演的角色是一种仪式性的国家领袖,而非积极有为的统治者。(劳干 2006,第 5 页)。

般会采取两种策略,在芬纳那里,它们又被分别称之为"接近定律"(law of proximity)与"官职膨胀定律"(law of inflated titles)[1]。"接近定律"指的是在某一政体中,统治者的决断力越强,那些与他关系特别密切或者常在他左右的人就会享有越多的政治影响力。这一机制特别适用于汉武帝的例子。汉武帝为了不让自己的权力受到官僚体制的约束,他采取的办法是去加强他私人秘书(尚书)的权力,重用那些和他关系紧密的人,并设立"内廷"[2]。由于皇后的亲戚和宫廷中的宦官是最接近皇帝的一批人,加之汉武帝本人又是一位果决的君主,"接近定律"在这一场合下的重要性使得这些人获得了很大的权力[3]。但是,这个过程还会引发另一种动态变化,即所谓的"官职膨胀定律"。根据芬纳的分析,随着君主的亲信圈子势力逐渐坐大,这个圈子的规模也会相应地不断扩张,以至于君主和圈内人的关系不再像之前那么亲密。在这种情况下,君主便会转而去信任一个人数更少、与他更接近也更亲密的圈子[4]。而对于之前的官僚和亲信,由于摧毁已有的官僚结构必然会引来强烈的抵制,君主一般会保留这些人的官职和相应机构,而同时再设立一个具有相同或类似功能的新机构与新官职,这也就出现了"官职膨胀"现象。于是,在任何情况下,整个官僚体制的变革都会以机构臃肿、人浮于事而收场[5]。

皇帝与官僚体制之间关系的复杂性还远不止于此。如果在位的是强势进取的皇帝,随着皇帝身边的近臣势力不断膨胀,政府官僚体制程序化的决策功能便会愈趋削弱,王朝统治也就随之变得愈发专制。由此很快就会衍生出一系列问题。最重要的是,外戚、尚书郎、宦官绝不会比朝中其他大小官员对皇帝更加忠心,一旦这些人势力坐大,官僚体制那

---

① 芬纳 Finer（1997,第490页）。

② 在汉武帝统治时期,尚书的官署被扩大为一个较大的政府机构,并由"四曹"所领导。而四曹有权介入各类政务。到了东汉,尚书官署进一步扩大（杨生民2001,第147页）。

③ 西汉时期,服务皇帝饮食起居的官员为"六尚",即,尚衣、尚食、尚冠、尚席、尚沐、尚书。前五种官职通常由宦官担任。六尚之中最重要的是尚书一职,可由宦官或士大夫担任。除六尚以外,内廷中还有很多其他官员,他们往往没有具体的行政职位,官名包括郎、博士、侍郎、散骑常侍、中郎,等等。大部分内廷官员行政上隶属于两个政府部门——光禄勋和少府。换言之,内廷与政府并不全然割裂。在汉代及以后的朝代中,尚书一职之重要性愈加凸显。到唐代,内阁被简化为六部,各部长官皆被称为尚书。

④ 芬纳 Finer（1999,第491页）。

⑤ 杜佑（735—812）,唐代的政治家和学者,曾有一句名言："旧名不废,新职日加。"另见郑钦仁（1992,第20页）。

套历经时间考验的决策程序便会受到损害,也会导致致命的宫廷密谋[1]。在东、西两汉,先有外戚擅权,后有宦官专政,这些乱象皆是困扰汉王朝政权统治的难题,而由外戚、宦官引发的宫廷斗争最终导致了两汉的灭亡[2]。汉室倾颓的历史教训给后世王朝以重要的警示,汉代以后的皇帝更依赖于官僚体制来统治国家,表现为如下形式,即:(1)采用能对丞相、将军及其他高官的权力予以更加有效限制的行政程序;(2)实施更精细审慎的官员选拔方法;以及(3)建立更有效的监察机构以监管官僚体制的运行[3]。

不过,尽管官僚体制的权力源自皇帝,官僚体制内部却存在着一些可以限制皇权的结构因素与相关机制。首先,皇帝自幼年起便须接受教育。但当儒家学说成为国家意识形态之时,未来将继承大统的储君从小就跟随饱学鸿儒学习儒家经典[4],等他面南登基,自然就拥有了和他的臣属类似的思维方式,并且也像他的臣属一样来看待自己作为一国之君的角色。其次,虽然皇帝是官僚体制权力的根本来源,但几乎没有哪一朝君王(除历代的开国之君以外)能主动去参与国家政策的制定与执行过程,因为,绝大多数的日常行政事务甚至根本不会呈报到皇帝那里。即便某些言事或对策的奏疏(一般上疏者是遇到棘手要务的官员)引起了皇帝的关注,如果皇帝本人要跨过官僚体制的层层行政程序直接对相关事宜下达决定的话,他就会遭遇来自官僚集团的强大阻力[5]。再次,官员也有权批评皇帝。对于皇帝任命的众多监察官——他们的头衔有给事中、谏大夫、议郎,等等,他们最重要的职责之一就是议论、批评或者否定由丞相或其他高官,甚或是皇帝本人所做的决定。且即便政令已经发布,各级官员仍然可以通过奏疏表示关切、发表意见。虽然,有时来自官员们的批评之声会惹得龙颜大怒,以至于皇帝会对批评者予以严厉惩罚,但在官僚体制"舆论"的强大压力下,皇帝

---

① 比如,辅佐汉武帝的十三名丞相中有四人是汉武帝的亲戚,其中窦婴、公孙弘与刘屈氂最后都因卷入宫廷争斗而被残忍地杀害,剩下的田蚡(汉武帝的舅舅)虽然是宫廷斗争的胜利者,却也因惊惧而亡。

② 李玉福(2002,第200—202页)。

③ 林丽月(1992)。

④ 太子的老师被称为"太傅"。在整个西汉王朝,仅有四位太子的老师拥有过这一头衔(鲁惟一Loewe,2006,第23页)。在后世王朝中,多数太子的老师都享有此头衔或与之对等的头衔。

⑤ 鲁惟一Loewe(2006,第10—11页)。

有时也不得不收回成命，甚至会发表"罪己诏"用以"表明他以身作则地维护着传统的道德价值观及其行为标准"[1]。此外，那些因为直言敢谏而获罪殒命的官员常被历代史家描绘成士大夫中的英雄，而历史上效法他们的亦不乏其人[2]。

汉代官僚体制的结构

尽管官僚体制的结构在历朝历代变化很大，但综观整部帝制中国的历史，西汉官僚体制中一些最重要的特征却被保存了下来。因而，以下对西汉官僚体制的讨论可被视作有关前现代中国官僚体制结构与性质的一个基本模型。

西汉官僚制规模庞大。根据鲁惟一的说法，在公元前 2 年，整个系统不包括武官就有多达 120285 名官员[3]。鲁惟一认为，这个数字可能并不包括级别较低的地方官员，但我的粗略估算却大抵支持这一数据[4]。西汉官制分为十八级。各级官员依其级别领取相应俸禄，并以量米的单位——石与斗（一石相当于 29.5 公斤，1 斗相当于 1.996 升）来

---

[1] 鲁惟一 Loewe(2006，第 13 页)。

[2] 鲁惟一 Loewe(2006，第 14—16 页)对史料中官员直言批评皇帝的例子做过总结。事实上，这样的例子在整个中国历史上屡见不鲜。

[3] 南宋官僚机构据估计有 20000 名官员，清朝则有不到 40000 名（贾志扬 Chaffee1995，第 27 页；梅谷 Michael 1964，第 58 页）。但是，这些数字不能直接拿来和汉朝相比。这三个王朝在领土与人口规模上大不一样。而且，南宋与清朝的官员总数中还排除了吏役捕快，而汉朝的数字则包括这些小吏。有清一朝，在一个人口稠密的县，县令可能会雇用千余名吏役捕快来辅助他工作。因此，后来王朝的官僚机构事实上要大很多，尽管一些对此不甚了解的外国专家学者经常将后世王朝官员数量的减少作为中华帝国衰弱的证据。

[4] 鲁惟一 Loewe(1986，第 466 页)。根据出土于尹湾汉墓（位于江苏省连云港市东海县尹湾村）的西汉简牍（"尹湾汉墓简牍"），当时东海郡官员总数为 2203 人，其中大多数为地方官吏，其中包括"佐使"（包括牢监、尉史、官佐、邮佐、乡佐以及佐）492 人、亭长 689 人、斗食 501 人（廖伯源 2005，第 62 页）。我们知道西汉当时共有 1587 个县一级的行政单位，而东海郡辖县邑侯国 38 个（廖伯源 2005，第 58—61 页）。如果假设每县官员数目大致相同，我们可粗略地估算出西汉晚期郡以下的官吏有(2203÷38)×1587＝ 92004 人。如果再算上中央政府、监察机构以及郡一级的官员人数，120285 这一官员总数大体上是可以采信的。到了东汉时期，官僚机构的规模进一步扩大。根据尹湾汉墓简牍，西汉晚期东海郡吏员人数最多的海西县共有官吏 107 人，吏员最少的承县则仅有 22 人（廖伯源 2005，第 62 页）。与之相较，东汉时期河南尹属吏吏员多达 927 人，而洛阳令吏吏员为 796 人（廖伯源 2005，第 57 页）。虽然，河南尹、洛阳县为东汉首都所在之郡县（这或可解释其所辖官吏人数有如此之多），但这些数据仍能从一个侧面反映出汉代官僚体制规模稳步增长的趋势。

结算，但实际上官俸是以钱、谷并给的形式偿付的①。

西汉时期，中央政府中官秩最高的职位有三个（后来减少为两个），即"三公"：丞相、御史大夫以及曾一度设置过的太尉。丞相掌管政府的行政工作，御史大夫负责监察百官，太尉则主管军事②。与罗马帝国不同，汉帝国的权力主要在文官而非武将的手中。事实上，西汉时期的丞相也管理军务，而太尉大多忙于官府职事，实与文官无异。虽然这种官僚体制架构一定程度上实现了政府权力内部的制约与平衡，但在此架构中，丞相无疑是政府权力的核心人物③，分管政府不同部门的"九卿"（即，太常、光禄勋、卫尉、太仆、廷尉、大鸿胪、宗正、大司农与少府）都听命于丞相④。

此外，中央政府之下又分为各级地方政府。到西汉王朝中晚期，帝国被划分为 13 个行部⑤，其下有 103 个郡（国）。这些郡（国）又析为

① 在西汉官制中，丞相为最高等级的官员，官秩一万石。丞相下一级的官秩为二千石，别为三等：中二千石、二千石（实授 1440 石左右——译者）、比二千石（实授 1200 石左右——译者）。西汉官制中二千石这一级包括丞相的主要助手——丞相司直、九卿，以及各郡太守等众多官员。自二千石以降，官秩又依次分为：千石、比千石、六百石、比六百石、四百石、比四百石、三百石、比三百石、二百石、比二百石、百石、比百石，最末等的官秩为斗食（一说月谷 11 斛，另一说每日 1 斗 2 升——译者）和佐史（一说月谷 8 斛，另一说佐史并入斗食——译者）。西汉时期，大部分县级长官（县令）的俸禄一般在六百石到一千石之间。除上述常俸以外，皇帝还会额外赏赐文武百官钱财、丝绸、食物和酒。阎步克（2002，第 30 页）的研究表明，甚至战国末期的时候，在官僚制最发达的秦国，各级官员获得赏赐的价值高于其官位对应的俸禄。根据毕汉思 Bielenstein(1980，第 127—128 页）的研究，西汉官员中，除了最末等的斗食，大多数能靠其常俸过上舒适的生活。

② 在西汉王朝初期，丞相的地位凌驾于整个官僚体制之上。后来，为了限制丞相的权力，西汉皇帝赋予太尉和御史大夫越来越重的职权。到西汉末期，出现了丞相、太尉和御史大夫"三公"并立的局面（卜宪群 2002，第 4 章；李玉福 2002，第 4 章）。

③ 公元前 117 年，丞相府共有 382 名属吏（卜宪群 2002，第 295 页）。协助丞相办公的秘书部门为"十三曹"，它们包括：(1)西曹：负责二千石以下官员的任命；(2)东曹：负责二千石以下官员（包括武官在内）的升迁、降职和罢免；(3)户曹：负责皇家的财政以及包括祭祀宗庙在内的各项皇室活动；(4)奏曹：负责管理奏章；(5)词曹：负责（民事）案件的诉讼和审判；(6)法曹：负责制定度量衡，管理邮政及邮驿；(7)尉曹：负责主管军事运输及军队的后勤保障；(8)贼曹：负责查捕、清剿盗贼；(9)决曹：负责法律、判决的执行；(10)兵曹：负责兵役相关事宜；(11)金曹：负责管理货币与盐铁；(12)仓曹：负责征收税赋、管理仓谷；(13)黄阁：负责政府档案记录、监督其他各曹。

④ 九卿与丞相下辖的"十三曹"在职能上有一定程度的重叠。这种职权重叠是汉代官僚体制的一个主要特征，其作用可能是为了实现各部门之间的相互监察，并实现权力的制约与平衡。

⑤ 请注意，此时的行部只是监察区而非行政区，各行部的刺史只掌监察之责。直到东汉末期，朝廷才选派重臣出任刺史，称为州牧，治理一州军民，其权力才在各郡太守之上，由此，州（即"行部"）也才逐渐转变为行政区。——译者

1500 多个县级行政单位。各郡首长的秩禄为二千石，与中央政府的九卿大抵相当（九卿为中二千石）。中央政府还向各行部派遣一名刺史，行使监察之职责。有汉一代，刺史的官名和秩禄几经改易，但多数时候它是一个秩禄大约在六百石的官位[1]。

汉代官僚体制就如同一个内部嵌套多层的"中国套盒"，其中的每一层都与其他各层有着结构上的相似性。西汉时期，郡的最高长官被称为太守，他掌管一郡之内所有的民事与军务，并拥有定罪量刑的权力。太守官署由许多幕僚和属吏构成，且其下又辖有许多职能机构。辅助太守的还有与他秩禄同为二千石的都尉。都尉负责地方军务，主管训练地方甲卒与乡勇，清剿盗寇，巡查城防、烽火台等职事。都尉官署同样也由幕僚、属吏、各部门的主事长官，以及武官所构成。而县一级的政府遵循着相似的结构。甚至在地方基层，官制也一样繁复。毕汉思（Bielenstein）曾经开列了一份囊括汉代 900 余种（中央与地方）官职、吏职名目的清单[2]，但即便是如此全面的总结却也只涵盖了县级官署 22 类吏职中的 7 种而已[3]。

官员选拔与晋升制度及其问题

终汉一代，高官子弟始终是新晋官员的重要来源。不过，在汉武帝一朝，任人唯贤的官员选拔方式的出现为当时的人们进入政府任职提供了一条崭新的渠道。公元前 134 年，汉武帝颁布诏书，令各郡（国）每年察举孝、廉各一人[4]进入中央政府任职[5]。且如果各地官员未能履行察

---

[1] 虽然，刺史并不能直接插手地方事务，但他们有权评议地方官员的政绩表现并上报中央政府，这就使刺史拥有了巨大的权力。为了将刺史权力的威胁降到最低，中央政府采取了权重秩低的策略，或者说任命官秩六百石的刺史对官秩二千石的高级官员进行监督。事实上，西汉一朝，只有御史大夫享有二千石级别的俸禄，监察系统中其他所有官吏的官秩都在二千石以下。参见葛志毅（1992，第 170—177 页）。

[2] 毕汉思 Bielenstein（1980）。

[3] 廖伯源（2005，第 53 页）。

[4] 即《资治通鉴卷第十七·汉纪九·汉武帝元光元年》所记载的"冬，十一月，初令郡国举孝廉各一人，从董仲舒之言也"。其中，孝指的是孝顺亲长者，廉指的是廉能正直之士。
——译者

[5] 国家也会颁布特殊诏令来选拔政府官员。汉武帝就曾下诏要求高级官员与皇室宗亲举荐"贤良""方正""能直言极谏者"。公元 107 年，汉安帝（106—125 年在位）也发布了一道诏书，"诏公卿内外众官、郡国守、相，举贤良方正、有道术之士，明政术、达古今、能直言极谏者，各一人"。参见《后汉书·孝安帝纪》（范晔著，李贤注，1965，第 206 页）。

举之责或所举荐之人名不副实，则会被罢免官职①。至于那些被举荐的孝廉，中央政府还会对他们进行进一步考察②，能够通过考察者则被任命为郎官，作为侍卫在宫廷中服务数年。如果这些郎官在其任职期间能够获得皇帝的信任和赏识，他们就有可能正式晋升为政府官员③。尽管这套察举制尚不完善，但却为日后唐代更为复杂精细的科举制度提供了范本④。此外，西汉时期的政府还建立起以儒家经典为主要教授内容的太学，到公元 2 世纪中叶，每年入太学学习的学生人数超过 3 万⑤。

察举制是对中国官僚体制儒家化进程贡献最巨的一项官员选拔制度。就这一制度来讲，熟稔儒家经典并遵从儒家道德成了当官的最佳门径，而当官又成了普通人最可靠的社会上升通道。在这些相互关联的条件下，士人群体开始逐渐舍弃战国时代多元化的思想文化取向而投入到儒家经典的怀抱之中⑥。然而，这一过程的发生并不像一些学者所认为的那样普遍⑦，且其间也并非没有遇到任何阻力，但这无疑是一个对中国历史影响重大的思想文化转型与社会政治转向的起点。

对于决计入仕者而言，如果入官员行列是他们迈向成功阶梯的第一步，那么他们的第二步就是得到升迁提拔。在汉代，大部分官员之所以能够走上仕途，或是因为出身名门贵族，或是因为精通儒家经典、恪守儒家道德，但是，他们能否获得升迁却主要取决于他们的政绩表现⑧。即

---

① 毕汉思 Bielenstein（1980，第 135 页）。

② 除此以外，在汉代，国家还采取其他一些方式来选拔官吏。对于某些负责管理特殊行业的行政官员，比如监管盐铁生产的官员，就是经常从有过盐铁经营经验的商人中选拔出来的（虽然，在当时，商人不被允许当官从政）。有一些人则是通过自荐当上官的。也有一些士兵因为作战英勇而被举荐为郎官。另外，二千石或二千石以上级别的官员可以送自己的儿子到宫廷中当郎官。最后，当国家财政紧张的时候，朝廷还会靠售卖官位来充实国库（张春树，2007，第 131 页）。

③ 后来（公元 36 年，东汉光武帝时期——译者），各郡每年要向中央政府举荐"茂才"。与孝廉不同，茂才没有试用期，一经察举，他们中的许多人会被直接任命为地方行政官（毕汉思 Bielenstein 1980，第 136—137 页；郑钦仁，1992，第 197—198 页）。

④ 学者们对西汉官僚体制的选拔与晋升制度有广泛的研究（如，安作璋与熊铁基，1984；卜宪群，2002；毕汉思，Bielenstein 1980，第 6 章；黄留珠，1989；杨鸿年，2005）。

⑤ 毕汉思 Bielenstein（1980，第 139 页）。

⑥ 葛兆光（2001，第 261—273 页）；于迎春（2000）；周桂钿（2000，第 9 章）。

⑦ 葛兆光（2001，第 255—276 页）；周桂钿（2000，第 8、9 章）。

⑧ 毋庸讳言，某一官员与其上级官员个人关系的亲疏远近对其升迁来讲发挥着重要的作用。例如，《汉书·谷永杜邺传》（第 3474 页）就记载，杜邺由于深得大司马王商的赏识和信赖，先被王商提拔为主簿，后又被他推荐为御史（即"商为大司马卫将军，除邺主簿，以为腹心，举侍御史"——译者）。

便是饱学鸿儒，如果没有政治和行政方面的才能与手腕，也难有晋升的机会①。以汉武帝的丞相公孙弘为例（卒于前 121 年；前 124—前 121 年出任丞相之职），在公元前 140 年，他因通晓儒家经典而以"贤良"的身份被征召入京，并任为博士。到公元前 130 年，他又再度被征为博士，虽然此时他已年届古稀，但此后不久，他就由于杰出的行政能力以及推行法家式的政策而受到重用，升任丞相②。与他相较，董仲舒在仕途上则很不如意，虽然他可能是一位比公孙弘更为杰出的思想家③。

根据对尹湾汉墓简牍的研究，当代史学家廖伯源考察了西汉时期东海郡官方文件中 95 人的晋升记录④。他发现，这些人中有 60 人（63%）得到晋升是由于有出色的政绩表现；3 人是由于被举为茂才；16 人被举为孝廉；2 人被举为贤良方正。上述的后三类共计 21 人，约占总人数的 22%。此外，这 95 人中有 11 人（11.6%）获得升迁，是因为他们出色地维护了地方公共秩序（减少了犯罪或平息了小规模骚乱），且其中有 3 人（3.2%）得到提拔是有皇帝的特别诏令。如果我们将维护地方公共秩序也算作一种政绩表现的话，那么，这一类升迁的官员就有 71 人，占总数的 75%。虽然这些官员大多是一些级别较低的县令或属吏，但这些数据仍清晰地表明，任职期间的政绩表现是西汉官僚体制中官员晋升的最重要的标准。依据政绩提拔官员这一点也显示出这一官僚体制在其儒家的外表下带有鲜明的法家特色。

由于汉代官僚系统分为吏与官两个部分⑤，官员的晋升过程也就因此而略显复杂。通常，吏的选拔与晋升由各级政府官员决定；而官的任命与晋升则取决于皇帝。但在当时，政绩表现出色的吏也有可能被擢用为官⑥。

汉代的官员选拔制度存在着三个对后世影响深远的问题。第一，因为良好的品行（比如"孝廉"、"贤良"，以及"方正"）是察举官员的标准，人

---

① 那些缺乏行政才能的官员会被任命为博士，作皇子或其他王室成员的老师，或者成为谏官、监察官等。

② 《汉书·公孙弘传》（第 2613—2619 页）。

③ 桂思卓 Queen（1996，第 2 章）。

④ 廖伯源（2005）。

⑤ 在县级以下的政府部门中工作的官员被称为"吏"。而那些在县级或县级以上的政府部门中工作的官员，具体而言，也就是在县级政府的主要部门，或在郡级政府的主要部门或其分属机构，或者在中央政府中任职工作的官员则被统称为"官"。另外，官的下属办事人员也是吏。

⑥ 在汉代以后的王朝中，吏员中能被提拔做官的越来越少。但在汉代，吏员凭借自身的才干被提拔为官员还是相当普遍的现象。

们为求取好名声就会刻意追求道德光环。比如,《后汉书》中就记载过一段东汉时期循吏许荆的祖父许武的故事,许武曾因被举孝廉而走上仕途①。为了让自己的两个兄弟也能在乡里成名,许武就在分家时故意把良田美宅和能干的奴婢分给自己,而留给两个兄弟每人较少较差的一份家产。由于他的两个兄弟对此毫无怨言,这二人便得到了乡邻的赞誉,也因此都被举荐为官。几年之后,许武会集宗族亲朋才道出自己分家产的实情,并把当年少分给两个兄弟的财产(经过许武几年的经营,这些财产增长了三倍)悉数奉还给了他们。于是,许武又因这件事而声名远播。诸如此类的故事在汉代史籍中并不鲜见,这足以说明当时的官员选拔制度助长了精英文化中的矫情与虚伪,也因此违背了察举制度以德取人的初衷。

第二,地方上贤才虽多,但其中能被举荐为官的人毕竟很少。这就带来了两个相关的问题。(1)有察举之权的官员可以借此拓展他们的裙带关系网络,而被举荐者则视举荐人为自己的“座主”,并视自己是他们的“门生”。于是,东汉官场便滋生出了规模庞大的“座主—门生”关系网络,由此而来的腐败自是难以避免的。(2)由于那些出身名门望族的子弟有更多被举荐的机会,这些大家族的政治势力便愈来愈强。

第三,也是最为重要的一点,对于那些和政界关系紧密的老师而言,他们的子弟与门生都在最有可能被举荐之列,因此,许多野心勃勃的青年才俊纷纷投拜在这些老师门下。当时,一位名师的弟子可能多达千人,而其家族成员也可能数代官居“三公”的高位②。这种师门体制就促使世家大族逐步在政治上取得了主导地位③。汉代官僚体制中这种强烈的贵族化倾向塑造了此后近千年中国精英群体的结构④。直到宋代,当科举制的规模大幅扩张以后,这种局面才被彻底打破(见第十二章)。

---

① 许荆曾官拜谏议大夫。这段故事请参见《后汉书·循吏列传》(第 2471 页)。(原文为“祖父武,太守第五伦举为孝廉。武以二弟晏、普未显,欲令成名……于是共割财产以为三分,武自取肥田广宅奴婢强者,二弟所得并悉劣少。乡人皆称弟克让而鄙武贪婪,晏等以此并得选举。武乃会宗亲,泣曰:‘吾为兄不肖,盗声窃位,二弟年长,未豫荣禄,所以求得分财,自取大讥。今理产所增,三倍于前,悉以推二弟,一无所留。’于是郡中翕然,远近称之”。——译者)
② 郑钦仁(1992,第 202—204 页)。
③ 钱穆(1982,第 34 页);黄留珠(1989,第 108—115 页);王亚南(1981,第 7 章)。
④ 瞿同祖(1972)。

意识形态权力与政治权力的整合

虽然"独尊儒术"留下很多后患，但仍是西汉政府的一项最重要革新。作为一种"官僚体制意识形态"的帝制儒学促使具有相似思想倾向的人被选拔到政府之中，增强了精英对政府的支持，维系了一套共有的伦理准则①。而且，儒家礼仪在家庭和国家层面的实践活动也逐渐在其参与者中形成了某种准宗教情感。

一般而言，任何型态的官僚体制随着时间的推移都可能会因其内在缺陷而逐渐朽坏，这些缺陷包括官员道德上腐化堕落，整体道德凝聚力逐渐降低（官员们愈趋机械化地行为处事），各级官员为了自身利益不惜损害政府既定的施政目标②。但帝制儒学作为"官僚体制意识形态"，却减缓了这些问题在官僚体制内部的滋生与恶化。

总结起来讲，汉代建立的是一种权力高度集中的官僚制国家。这种政治体制在以工具理性主义的法家统治术统治社会的同时，又将其政权合法性的基础建立在帝制儒学之上。在这种新的政治"结晶"中，皇帝虽仍被尊为"天子"，但其统治是否合于"天命"却取决于那些因其学识和德行而被选拔出的儒家官员所作出的评判。而且，皇帝行使权力也有赖于士大夫们的辅助与配合。这种政治体制在为国家统治提供合法性的同时，也为整个社会提供了道德标准。它既有利于实现皇帝与官僚体制之间权力的制约与平衡，又有助于产生一个庞大的精英群体，以及那种赋予这一群体以儒家士大夫身份并将之团结起来的同质性文化形态（公元7世纪之后，科举考试就成了维系这一精英群体文化的一个最为重要的制度）。它还在皇帝与儒家精英之间建立起了一种相互紧密依赖的共存关系，并在一定程度上为社会下层群体提供了向上流动的通道甚至是从政入仕的机会。我将这种国家形态称为"儒法国家"。

---

① 唐斯 Downs（1967，第 237—239 页）。

② 伍德赛德 Woodside（2006）。伍德赛德指出，中国官僚体制中的高级官员关注的是对下级官员的掌控而不是解决具体的地方事务，而低级官员要处理地方事务则不得不依靠熟悉地方事务的吏员，因此须要满足吏员的利益诉求。由于各级官员的出发点不同，且为了维护和提升自己在官僚体制中的地位，他们就会采取工具理性的态度来处理具体政务。于是，在实际的行政操作中，政府公开的施政目标就会被置换掉，这种现象在社会学中也被称为"目标置换"（goal displacement）。这一概念最早由德国社会学家罗伯特·米契尔斯（Robert Michels）提出。——译者

我们不妨将汉代中国与罗马帝国各自所取得的政治成就进行一番比较。在我看来,后者在许多方面都超过了前者。罗马帝国并没有经历过程度上像中国那样严重的大规模民间起义或战乱,而在中国,这些反叛和祸乱均由王朝末代统治走向衰朽所致。因此,罗马帝国比中国任何一个朝代在历史上持存的时间都要长久。而且,罗马帝国有能力维持和负担一支训练有素、规模超过 30 万人的庞大军队长达数百年之久[1]。相形之下,在东汉王朝普遍征兵制终结以后,士兵地位下降,军队战力也出现了明显的滑坡[2]。最后,在经济领域,根据有些学者的估测[3],罗马帝国要比汉代中国的货币化水平更高[4]。然而,尽管罗马帝国如此强大,罗马文明却最终还是走向崩溃,而中华文明却延续下来。两种文明不同的命运很大程度上取决于各自的意识形态权力与政治权力之间不同的耦合关系。在罗马帝国,虽然贵族阶层共同享有世俗文化,但他们仍保持着多元化的宗教信仰,且这一点在基督教兴起后尤为如此。而在中国,帝制儒学逐渐发展为主导性的政治意识形态,并成为皇帝和官员之间合作的规范性基础。虽然中国的历代王朝并非绵延永续,可一旦新主夺取江山,必然会将儒学视为最佳的统治意识形态,以及国家与社会之间最稳固的合作基础,也因此或多或少会去效法汉代儒法国家的体制以建立一个新的王朝。于是,中华文明(而非某一朝代)得以绵延两千余载,而这恰是罗马文明所未及的。

---

① 华生 Watson (1969)。这一数字还不包括驻扎在罗马周边的军队或者海军。

② 黄今言、邵鸿、卢星、赵明(1998,第 4 章);陆威仪 Lewis(2000b)。事实上,甚至在汉武帝统治期间,汉帝国的军事实力就有明显下降。在汉武帝统治末期,汉朝军队曾多次被匈奴军队所击败(陈梧桐、李德龙、刘曙光,1998,第 234—246 页)。此后,西汉王朝从未能彻底击败匈奴,而只能将他们抵挡在边界之外。虽然在东汉末期,匈奴的军事力量也衰退了,但这更多是由于自然灾害以及匈奴人内部分裂的结果,而不是由于汉朝军队实力提升所造成的。

③ 谢德尔 Scheidel (2009,第 202 页)。

④ 据估测,在公元 2 世纪中叶的罗马帝国,流通的银币量大约有 17.16 亿个迪纳厄斯(denarius/denarii;迪纳厄斯是罗马从公元前 211 年起开始铸造的一种小银币,它一开始相当于 10 个阿斯 as/asses 铜币的价值,后在约公元前 141 年,被重新定价为 16 个阿斯,以适应阿斯的减值。在公元前 2 世纪中叶,每一个迪纳厄斯的含银量大约为 3.9 克,随后其含银量逐渐降低,直到公元 3 世纪中叶被新的银币币种所取代——译者)。除此以外,还有价值三十亿迪纳厄斯的金币与大量铜币在当时流通(霍普金斯 Hopkins 2009,第 198—202 页)。相比之下,汉代的货币主要是价值相对较低的铜币,而且,由于货币政策的不断变化和恶性通货膨胀的屡屡发生,汉代的货币体制是相当不稳定的(侯家驹,2005,第 233—240 页)。另请参见克劳福德 Crawford (1974)与邓肯-琼斯 Duncan-Jones(1994)对于罗马货币经济水平的相关讨论。

小 结

全民战争时代,法家思想与学说在政治领域取得的主导性地位强化了国家的军事力量,促进了秦王朝对中国的统一。但历史证明,秦帝国对其政治力量、军事力量毫无节制的使用致使它的统治变得极不稳定。秦始皇死后不久,大规模的起义与反叛活动就带来了秦帝国的覆灭。此后,经过楚、汉争霸,西汉政权终以胜利者的姿态站在了历史舞台上。然而,西汉政权建政之初的一段时期也充满着不确定性。在政治上,国家尝试建立起分封制度与官僚制度并存的政治架构。在意识形态领域,法家思想逐渐失去了统治者的支持而暂时为黄老之术所取代,与此同时,当时的学者们也为确立帝国统治的意识形态基础进行了许多探索。就在中国社会的政治与意识形态关系的格局发生剧烈变动的时候,汉武帝这位积极进取、雄心勃勃的帝王登上了汉王朝的宝座。

在长达半个多世纪的统治中,汉武帝北伐匈奴、南拓疆土,恢复了秦朝的官僚制度统治模式,大大消除了由分封所带来的那些困扰着汉初统治者的一系列问题。最重要的是,他将帝制儒学引入到国家意识形态,并将法家意识形态纳入其中,由此造就了儒法国家的雏形。而这最后一项创举对中国后世历史产生了最深远的影响。回顾那段历史,我们会发现,在汉武帝统治时期出现了一种极具弹性的政治体制:这一体制在以讲求功利实效的法家统治术来统治社会的同时,又将政权的统治合法性基础建立在儒家道德之上。但是,这样的一种体制也面临着无数挑战,它们包括:自东汉到初唐这一段时期,官僚体制出现的贵族化倾向;游牧政权不断的侵略及其对帝国疆域的占领与统治;宋代之前反复出现的藩镇割据及随之而来的战祸;佛教(与其他信仰)的传入与扩散,还有,宋代及其后商业力量的兴起。只是,直到19世纪西方文明与中国文明发生碰撞之前,任何上述这些力量都难以从根本上撼动儒法国家的政治体制。这种政治体制在历经这些挑战和无数次的王朝更迭之后,不仅仍旧屹立不倒,甚至不断发展,更深地渗透到社会中去,还从中衍生出中国历史的许多不同型态,而这些历史型态正是本书最后一部分所要进一步探讨的。

第四部分

儒法国家和中国历史的基本型态

第十章
儒法政治架构在宋代以前所面临的挑战以及宋代的回应

　　困扰汉代政治体制的问题主要有三个——这些问题不但加速了汉王朝的衰败,也塑造了接下来数百年中国社会的社会结构。第一个问题是皇帝与官僚体制之间的共生关系尚未得到牢固的制度化。虽然,官僚体制已成为汉帝国不可或缺的组成部分,但皇帝仍保有极大的自由(并倾向于运用这种自由)来扩增他个人的统治权力。此外,不仅外戚势力可能干预朝政,宫廷中为皇室服务的众多宦官由于比外廷朝臣更接近皇帝,同样也对王朝政治的走向发挥着重大影响。于是,外戚、宦官等各种明争暗斗的势力得以借助王朝中个人大权独揽的风气以及宫廷中钩心斗角、阴谋权变的氛围将某些皇帝变成他们政治上的傀儡,而两汉王朝的衰落大抵都与此有关(见第九章);第二个问题源自汉代实行的察举选官制度。这一制度使那些身居高位的官员从中获得了极大的权力与利益(第九章),不仅促使汉代官场出现了一个庞大的"座主—门生"关系网络,还以类似的方式推动着"世家大族"的形成,以至于政府要职如同世袭爵位一般在这些家族中世代相传①。于是,在和平年代,这些世家大族的势力愈发壮大,不断削弱着国家权力,而且,当中央政府的力量削弱之后,某些世家大族也很有可能变成割据一方的军阀势力。第三个问题

---

① 世家大族自有其独特的文化和礼仪,他们鄙薄出身寒门者,并通过相互联姻来保持其社会地位(马瑞志 Mather 1990)。学者们有时也视他们为中国的"贵族"并将他们与欧洲的贵族相比较(艾伯华 Eberhard 1965,第 22—47 页),但最新的研究对于这种观点却有不同意见(丁爱博 Dien 2007,第 14 页)。

则与经济相关。随着世家大族权势的增长,其财富亦不断累积。由于他们的这些财富大部分不需要向朝廷纳税,税赋的负担自然就转嫁到自耕农身上。在税赋日益沉重的压迫下,走投无路的自耕农们要么铤而走险,落草为寇,要么则为了免除几亩薄地的税赋而被迫将其土地交到世家大族手中[1],但如此一来,他们就沦为了雇农或所谓的"无恒产者"。东汉末期,大量失去土地的"游民"发动了数百次起义,其中尤以公元184年席卷全国的黄巾起义规模最大,也最为激烈。虽然黄巾起义最终被镇压下去,不过此后东汉的政局也就因之被掌握在镇压起义有功的几家豪门大族与割据军阀手中。由此,豪族、军阀争斗不休,政局动荡混乱,帝国再次走向分裂,而魏晋南北朝时期则是此混乱、分裂达至顶峰的时代(这一时代也因此被称为"大分裂时代"[Age of Disunion])。

大分裂时代又可被分成四个相互重叠的阶段,即,"三国"(220—265)、西晋(265—316)、十六国(304—439),以及南北朝(386—581)[2]。这是中国历史上一段充满混乱的时期。在西晋王朝的最后几年,由于连年战乱,中国许多地区人口数目锐减,人们的生活水平大幅滑坡,到了只能满足最基本生存需求的地步。而且,在这种社会动荡、经济疲敝的情形下,甚至连货币也退出了经济流通领域[3]。当此之时,各种军阀与世家大族掌握了数目庞大的私人武装[4],且王朝的军队在许多时候更多的是听命于某一家豪族势力,而非龙座上的皇帝[5]。因此,国家不得不与世家大族,甚至有时还要与佛寺势力分享权力[6]。而此时,儒家思想的政治影响力明显下降,这就为非正统的哲学思想或宗教信仰之兴起提供了可能的空间。从人口统计上看,全国在籍人口由东汉时期的6000万

---

[1] 林剑鸣(2003,第 928 页);芮沃寿 Wright (1967,第 19 页)。

[2] 不同文献对魏晋南北朝的分期略有不同。

[3] 蒋福亚(2005,第 459、465 页);王仲荦(2003,第 5 页)。但即便是在魏晋南北朝的大分裂时代,对于那些较少被战乱所波及的地区,经济活动仍能正常进行。蒋福亚(2005)曾对魏晋南北朝时期的经济活动有过较系统的评价。

[4] 世家大族和地方豪强的存在都有助于军阀割据局面的出现。从东汉末年到三国时期之间,雄霸一方的军阀或有着显赫的家族背景(比如,孙权、刘表、袁绍等人),或则本就出身地方豪强(比如,刘备、曹操等人;张磊夫 De Crespigny 1990)。在大分裂时代,中国北方遍布坞堡,它们多是由世家大族或地方豪强出于防卫的目的而建立起来的。这些防御性军事力量之间也会结成联盟,从而产生出地方军阀势力(葛德威 Graff 2002a,第三章)。

[5] 陶贤都(2007)。

[6] 陈爽(1998);唐长儒(1993,第 159—178 页)。

降至西晋末年的 1500 万[①]。东汉时期,大多数汉人居住在中国北方,但大约到"永嘉之乱"时(307—313),北方在籍人口锐减至五六百万[②]。此时,许多人口稠密之地已然是十室九空,这就让游牧或半游牧部落乘机大举南迁,控制了中国北方的许多地区。到十六国时期,五个在东汉灭亡之后迁入中国的游牧或半游牧部落(这与同一时期日耳曼人之迁入罗马帝国的情形十分类似)在中国北方先后建立起 13 个国家[③]。

有鉴于此,一些西方史学家亦将这一时期与欧洲"黑暗的中世纪"相比拟,并称之为"中国的中世纪"。不过,中国的这场劫难并不像欧洲"中世纪"那般漫长。而且,魏晋南北朝时期还涌现出大量新兴的艺术形式,以及许多新的观念与技术[④]。到公元 5 世纪中叶,在籍人口又恢复到大约 5000 万左右[⑤],商业的规模和繁荣程度也达到甚或超过了汉代时的水平[⑥]。此外,中国的政治权力再度趋于中心化[⑦],侵入中原的游牧与半游牧族群也被华夏文明逐步吸收,儒家的学说与思想亦在政治上重新获得了影响力。到公元 590 年,隋代政权(581—618)终于结束了魏晋南北朝以来的分裂局面,再度统一中国。只是,隋代的国祚不长,不到 30 年光景即被李唐王朝所取代,而后者的统治却延续了近 300 年之久。由于唐代的统治者有意识地以汉代的国家体制为范本来建设和治理国家,我

① 葛剑雄(2002,第 424、464、473 页)。人口数字的骤然下降势必也反映出当时的国家由于国力衰落而难以进行更全面细致的人口普查,还可能表明,有越来越多的劳动力人口迫于战乱与贫困而沦为世家大族或者佛寺的附庸,故而这些人不在人口统计之列(何兹全,1995,第 411—416 页)。

② 根据谭其骧的研究(1934),在"八王之乱"期间(290—305),至少有 90 万中原汉人逃往南方。

③ 谢和耐 Gernet (1996,第 186 页)讨论了十六国统治者的族群来源。在匈奴、鲜卑、羯、氐、羌这五类人群之中,鲜卑人是原蒙古人的一支。他们也在大分裂时代进入中国北方,只是比起那些在东汉灭亡后即南下的诸民族来说,其南迁要相对晚一些。鲜卑人先是迁入原先由匈奴人所占据的土地,然后由此进入华北地区。鲜卑人虽较晚南迁,但他们征服了整个华北,并在中国再度统一的历史进程中扮演了关键性的角色。

④ 丁爱博 Dien (2007);裴士凯 Pearce、司柏乐 Spiro 与伊佩霞 Ebrey (2001)。

⑤ 葛剑雄(2002,第 475 页)。建康城(今南京市)的人口在梁代(502—557)就可能已达到 100 万之多了(刘淑芬 2001,第 35 页)。

⑥ 谢和耐 Gernet (1996,第 183—184 页);蒋福亚(2005);刘淑芬(2001)。相较于汉代的统治者,大分裂时代的许多统治者对商业活动采取的是更为放任开放的态度。且在这个时期,佛教寺院也深度参与了当时的商业活动(谢和耐 Gernet 1995)。

⑦ 南方世家大族的势力在 399 年孙恩、卢循起义之后便开始逐渐衰落。这场起义也导致了东晋王朝(317—420)的最终灭亡。548 年侯景之乱后,南方世家大族分崩离析。同样,在中国北方,世家大族的势力也在北魏(386—534)期间开始衰退。特别是在北魏孝文帝时期(471—499 在位),这种趋势更为明显(金观涛、刘青峰,1988)。

们因此有充足的理由认为唐代的中国也是类似于汉代那样的儒法国家[1]。

促成这种大一统的儒法国家体制之复兴的因素是多种多样的。首先，虽然魏晋南北朝是中国历史上一个大分裂的时代，但大一统的制度传统与文化传统却并未因国家之分裂而消亡殆尽[2]。在中国南方，汉人王朝依然试图将官僚制的政府架构保存下来，而在北方，由游牧或半游牧族群所建立的国家也曾尝试仿效汉代的国家模式，只是在这些地区豪强世族势力十分强大，这就使这种国家模式大打折扣[3]。其次，中华文明仍旧保有一片约 200 万平方公里的核心区域，而由于在这片区域的周边，缺乏任何可将其取而代之的世界性文明体或政体，因此，重建一个大一统帝国对中国而言要比欧洲容易许多（第八章）。再次，在这个大分裂时代，绵延不断的战争也同样迫使各参战国不得不采行强化国家权力的改革措施，这就促成了国家统治权力的集中以及世家大族势力的衰落。此外还有最为重要的一点，那就是，游牧或半游牧族群的统治者也越来越倾向于接受中华文化——这其中就包括深受儒家影响的中国政治制度——哪怕他们这样做的目的仅仅是出于自身利益的考虑，而非真心服膺中国的文明和制度。

佛教时代

在大分裂时代，有三种非儒家的文化传统在中国广为传播，它们是玄学[4]、道教与佛教。其中，玄学是在东汉末期发展出的一派思想传统。面对着当时混乱的政治局面，东汉学者意识到僵化迂阔的儒家正统既不能给他们提供任何真理，且对解决现实问题没有丝毫用处。因此，他们便将注意力投向了对隐秘知识以及本体论问题的追索与探究。而这样

---

[1] 伊佩霞 Ebrey（2001，第 ix 页）通过比较中国与欧洲得出了类似的结论："［对于］大多数观察者来说，公元 7 世纪时的唐太宗之于公元前 1 世纪时的汉武帝，要比相应同时期的查理大帝之于奥古斯都大帝有更多相同之处，而公元 7 世纪时的经学家孔颖达之于公元 2 世纪时的前辈学者郑玄，也要比任何一位文艺复兴时期的学者之于任何一位罗马时期的学者之间的共性还要更多。"

[2] 裴士凯 Pearce、司柏乐 Spiro 与伊佩霞 Ebrey（2001，第 3 页）。

[3] 当世家大族的整体势力最为鼎盛之时，在大多数国家中担任要职者都不是因政绩卓著而被拔擢的官员，而是世家大族的领袖们。格拉芬 Grafflin（1990）称那时的官僚制为"伪官僚制（pseudobureaucracy）"。

[4] 由于玄学家常使用庄子、老子的概念与术语，玄学在过去一直被贴着"新道家"的标签。见逯耀东（2006）与罗宗强（2005）关于玄学的研究。

一种玄学思考对中国哲学思想来讲乃是全新的尝试。虽然，玄学对中国历史并没有产生持久的影响，但它却在一个时期内极大地冲击了儒家学说的正统地位，同时也为佛教经典的翻译提供了一套玄学语言[①]。至于道教，它发端于全民战争时代，到秦代已初具宗教之雏形。公元 184 年，黄巾起义爆发，这场叛乱波及中国整个东北部地区，且在被镇压后，其余势仍绵延数十载，而领导黄巾起义的正是道教教派太平道的创始者及其追随者们，这些人以巫医方术传教，并使道教随着黄巾起义的浩大声势得以广泛传布于农民之中[②]。虽然，道教所尊奉的是道家思想家老子，但是，道教却和老子所代表的那种作为哲学思想流派的道家有着根本区别，道家对于道教中的一些重要元素，比如神秘主义倾向、对长生不死的追求以及各类祭拜仪式等，大多不敢苟同，甚而持否弃态度[③]。

在这一时期的意识形态领域中，最重要的一件大事，同时也是塑造着中国后来历史型态的一项重大发展，即是佛教的传入及其在中国的传播。早在东汉时期，佛教便已传入中国[④]，但直到魏晋南北朝的大分裂时代，它才开始对中国人的生活与思想发挥影响。而佛教之所以能在大分裂时代逐步繁荣起来，其中一部分原因是儒家政治影响力的衰落：在中国南方，虽然儒家文化在政治上犹有相当的影响，但当时也有不少对儒家正统学说已心灰意冷的学者及世家大族开始大力倡导佛法[⑤]；而在中国北方，十六国时期的那些游牧、半游牧部落政权的统治者则大多是佛教的支持者。接下来，我就将讨论的重点放在佛教在中国北方所经历的兴衰沉浮上，这不仅是因为北方的军事力量终结了大分裂时代，重新实现了中国的统一，还因为，佛教在中国北方起伏跌宕的命运对中国再度恢复大一统的儒法国家体制发挥了至关重要的作用。

游牧部落与其部落联盟大部分是在东汉及东汉以后迁入中国的。

---

① 当佛教经典传入中国的时候，中国尚缺乏兼通汉语与梵文的学者，且中国和印度两国之间文化差异巨大，这些因素使佛经的翻译工作变得异常困难，而玄学家所发明的概念与词汇对早期的佛经翻译助益极大（戴密微 Demieville 1986，第 825 页；芮寿夫 Wright1967，第 46—47 页；许理和 Zürcher1959，第 2—4 页）。芮寿夫 Wright（1967，第 36—37 页）曾在书中列举过一些具体事例来说明原初的佛教概念是如何为了适应中国文化而发生改变的。

② 戴密微 Demieville（1986，第 815—820 页）；李养正（1989）；任继愈（1990，第一章）。

③ 见韦尔奇 Welch（1957，第三部分）对中国道教发展所作的介绍。读者需要注意的是，道教起初并非是一种与儒家学说相反对的意识形态。事实上，主流的道教文献全都采纳儒家的道德标准作为自己的伦理原则（任继愈 1990，第 14—15 页）。

④ 佛教第一次被中国文献所提及是在公元前 65 年（许理和 Zürcher 1959，第 18—27 页）。

⑤ 杜继文（1991，第 172—175 页）；许理和 Zürcher（1959，第 95—102 页）。

随着西晋王朝的覆灭,整个中国人口锐减、社会动荡,在此情形下,中国北方的游牧政权开始建立他们自己的帝国。为了减低儒家文化对其原有文化的侵蚀,游牧帝国的早期君主们都是佛教的积极倡导者,比如,后赵(319—350)的石勒(330—333 年在位)、前秦(351—394)的苻坚(357—385 年在位)、后秦(384—417)的姚兴(394—416 年在位)、南燕(398—410)的慕容德(398—405 年在位)以及北凉(401—439)的沮渠蒙逊(401—433 年在位)等人[①]。甚至,后赵的石虎(334—349)还下诏称"佛是戎神,正所应奉"[②],任命高僧佛图澄(卒于 348 年)为后赵国师[③],并颁布了许多有利于佛教发展的政策。在这些政策下,后赵王朝赏赐给佛寺——特别是规模较大的官办寺院大量田土(以及耕田的民户)、钱财与奴仆[④],且免除了佛寺大部分赋税[⑤]。

尽管以上这些王朝的寿命都不太长,但它们前后相继,加在一起也有百余年的时间,这就极大地促进了佛教在中国的迅速传播。据史料记载,到拓跋鲜卑建立北魏王朝(386—534)之时,在中国北方,国家兴办的大型佛教寺院共有 47 座,由皇室或世家贵族修建的较大的佛寺有 839 座,而由民间出资修造的小型佛堂和寺庙则多达 3 万余座[⑥]。另据记载,到公元 577 年,即北周攻灭北齐(550—577)之时,被强制还俗的北齐王朝僧、尼多达 300 万人之众——约占当时中国全部北方人口的百分之十以上[⑦],这从侧面也反映出当时佛教规模的庞大。不过,随着时间推移,那些起初支持佛教的北方游牧政权的统治者开始逐渐意识到佛教的兴盛会带来如下一系列问题:

第一,当时的佛教徒坚信"他们应遵行的是佛教戒律而非世俗准则,故而,佛教徒并不需效忠统治者"[⑧]。这就让统治者逐渐失去了对作为一种意识形态——特别是政治意识形态——的佛教之兴趣。所以到公

---

① 杜继文(1991,第 159—160 页)。
② 何兹全(1995,第 396 页);费正清 Fairbank 与古德曼 Goldman(2006,第 75 页)。
③ 戴密微 Demieville(1986,第 847 页)。
④ 谢和耐 Gernet(1995,第 4 页)。
⑤ 谢和耐 Gernet(1995,第二章)。
⑥ 谢和耐 Gernet(1995,第 40 页)。
⑦ 丁爱博 Dien(2007,第 387 页)。
⑧ 陈观胜(1973,第 77 页)。东晋高僧慧远(334—416)曾富于雄辩地说,因为僧侣们并不曾从世俗权威那里求得什么好处,所以他们也就本不应该向当朝的君王献上忠心(芮寿夫 Wright 1967,第 50 页;"斯沙门之所以抗礼万乘高尚其事,不爵王侯而沾其惠也。"载于《弘明集》第五卷《沙门不敬王者论》一文)。

元 4 世纪左右,统治者们便开始从儒家或道教①的传统中寻求其统治合法性的基础。第二,信奉佛教者的终极目标是脱离苦海、涅槃寂静,这就意味着佛教修行根本上是出世的,也即离弃家庭与社会②。这种价值观,对于以孝悌伦理、社会责任为信条的儒家来说是大逆不道。第三,大型佛教寺院的修建以及佛教石窟的开凿均须耗费大量人力与物力。如此大兴土木,既会造成农业产量的减少,又消耗了重要的社会资源③,这样一来,佛教不但无助于国家的发展,反倒为国家增添了不少负担④。第四,由于国家免除了佛教寺庙的大部分税赋,许多人为了避税,便会将自己的土地移交到寺庙手中,自己或剃度为僧,或沦为寺庙的依附劳动力。而佛寺则将自己所掌握的与日俱增的土地与劳动力投入到农业生产、商业贸易以及高利贷等活动中,并以此积累起更为巨大的财富。但随着佛寺财富的累积,国家的财政收入却大大降低了⑤。第五,宗教的组织结构通常也反映着当时当地的世俗政治秩序。在大分裂时代,佛寺组织越来越等级森严,且带有越来越强的强制性(这也折射了当时世俗政治统治的性质),在这种情形的逼迫下,大量底层僧侣不得不起来反抗寺院的统治权威。尽管这些反抗活动并非直接针对国家,但它们所引发的社会动荡仍然威胁着政权统治的稳定⑥。

　　由于存在上述这些问题,佛教很容易便成为儒、道两家经常攻击的对象。到公元 6 世纪中叶,北齐与北周(557—580)这两个王朝的统治者都开始打压佛教徒⑦。虽然灭佛运动并不彻底,但却着实打破了佛教与国家政权之间的紧密关系,并加速了佛教在中国的本土化进程⑧。显而

---

① 道教"让皇帝,即天子,充当着天、人之间中介者的角色,这就相当于将皇帝的位置放在了一个比汉代帝制儒学所构画的政治体系要更加宏大深远的背景之中"。因此,较之佛教,道教对于那些自以为是的统治者而言要更具吸引力(巴雷特 Barrett 1996,第 17 页)。当然,这并不是说佛教本质上就不能成为一种统治意识形态。像在泰国、斯里兰卡这样的国家,南传教是国家统治合法性的基础。从历史上看,世俗政权的统治者与僧伽之间能否达成有效的合作对这些国家的存亡是至关重要的(史密斯 Smith 1977;坦比亚 Tambiah 1976)。另外,雷诺兹 Reynolds 与路德维格 Ludwig (1980)也对宗教在历史上的转变做过详细分析。

② 陈观胜 (1973,第 15—16 页)。

③ 例如,当时大量铸造铜佛就曾造成过铜的严重短缺。

④ 谢和耐 Gernet (1995,第 14—25 页)。

⑤ 何兹全(1995,第 397—398 页)。

⑥ 在 402 年与 517 年之间,这样的叛乱在中国北方就有九起(戴密微 Demieville1986,第 856 页)。

⑦ 戴密微 Demieville (1986,第 857—858 页);何兹全(1995,第七卷,第 402—403 页)。

⑧ 陈观胜 (1973)。

易见的是,到公元 6 世纪末期的时候,那些继承了北方草原游牧文化的统治者已不再幻想可以通过佛教来稳固他们的统治,并且重新发现了儒家文化作为统治意识形态所具有的价值与意义。

甚至在大分裂时代之始,来自游牧或半游牧部落的统治者中就有不少在倡导佛教的同时,也一直提倡儒家的礼法教化,并试图效法汉人的政治架构来经营自己的统治。比如,前赵王朝(304—384)的开国皇帝刘渊就曾接受过扎实的儒学教育,并在他的朝廷中任命了许多儒家学者担任要职。再比如,前燕王朝(337—370)的开国皇帝慕容皝本人就是一位优秀的儒家学者①。甚至,热衷于佛教的后赵皇帝石勒还建立太学,并在朝廷,乃至全社会范围内大力倡导儒学教育②。随着佛教所带来的上述种种"问题"日益凸显,北朝的统治者们,包括北魏(386—534)、北齐与北周的皇帝们皆力倡儒学、鼓励汉化③。其中,尤其以魏孝文帝元宏(他谥号中的孝、文二字正是儒家文化的反映)所推行的全面汉化改革对中国历史影响最为深远。为了使北魏彻底切断与部落文化的联系而投入中华文明的怀抱,魏孝文帝不仅将王朝的首都从平城(今山西省大同市)迁至中原地区的心脏——洛阳,还大力提倡儒家文教,仿照汉朝典章制度建立起北魏的官僚体制和法律体系,采纳汉朝的礼法仪轨来举行朝会和庆典,同时实施"均田制"以促进农业生产并扩大税收④。魏孝文帝还下令鲜卑人改取汉姓、习汉语、衣汉服、行汉俗,并令皇室成员与汉人通婚,以使王朝与地方精英之间的关系更为密切。北魏王朝是大分裂时代诸北方王朝国祚最长久的一个,在其鼎盛时期,它几乎统治了中国的整个北方地区⑤。正是魏孝文帝对社会生活各方面(包括政府制度在内)进行汉化的不懈努力为隋代再度统一中国奠定了基础。

伊懋可(Mark Elvin)在其开创性的著作《中国历史的模式》一书中曾写道:"中华帝国之所以在隋代得以再度统一,主要是因为它在组织制度层面上的发展。整个北方所施行的新的土地制度,西北部地区所采行的新的军事制度都使西魏/北周的统治者掌握了更为集中的权力和资源。"⑥

---

① 何兹全(1995,第 426—430 页)。

② 何兹全(1995,第 209 页)。

③ 谷川道雄(2004)。

④ 魏孝文帝所创的"均田制"常被后世君主效法采纳,以减缓和抵制土地的大规模兼并。

⑤ 有关魏孝文帝改革的细节,详见逯耀东(1979)、孙同勋(2005)、周建江(2001)等人的著作。

⑥ 伊懋可 Elvin(1973,第 53 页)。

这一论断的确颇具洞察力。若中国要成为一个稳定、统一的帝国,则一定要削弱世家大族和军事豪强的势力,游牧族群也一定要放弃游牧,从事农耕,归服于农业帝国的统治,国家的组织能力与资源汲取能力也一定需要得到加强。在大分裂时代,连绵无休的战争极有利于国家权力的强化,在这个背景下,上述这些变化便一点一点地慢慢达成了。尽管以上这些原因都很重要,我仍需再次强调意识形态力量对中国的再度统一所起到的重要作用。随着儒家意识形态的复兴,佛教——这种弱化国家权力的意识形态,在政治上的影响力逐渐减弱,同时,社会上形成了一种服从国家强权的思想氛围。而且,来自游牧与半游牧部落的统治者们在采纳了儒法国家体制及其文化之后,也从中获得了某种"华夏"身份认同感,这便激起他们要通过统一中国而名垂青史的雄心壮志[1]。

国家对军事力量的控制

迈克尔·曼对历史社会学的一项重要贡献即是他将军事力量作为一种有别于政治力量的社会权力资源[2]。姑且不论前现代世界,即便是在现代国家,也仍旧存在着诸如民兵组织、保安部队、私人武装、海盗或匪帮等独立或半独立于国家的军事行动者。虽然,与国家力量相较,这些军事力量显得微不足道,可一旦国家解体,它们便很容易迅速发展壮大起来。而且,在现代民族国家中,当军事危机爆发,或军队支持某些政治领袖,抑或军队发动武装政变,原来由国家控制的军事力量也可能会脱离国家的控制[3]。不过,曼的理论却忽略了这样一个事实,那就是,政治权力与其他几种理想型的社会权力资源相比有着一定的主导性。正像我在第一章中所论述的那样,政治权力和军事权力本质上都具有集中性和强制性的特点,而政治权力所拥有的绩效合法性恰是军事权力所不具备的,这就使政治行动者在与军事行动者的竞争中获得了某种天然优势。

---

[1]　在中国北方,这些促成国家统一的动力尤为强大和有效,原因有二:第一,中国南方多数时候都被某个单一的政权所统治,而中国北方则长期处于多国并立的分裂状态。在北方,从激烈的军事竞争中得以诞生更为高效的政府与更为强大的军队。第二,北朝的军队继承了某些游牧部落的优良军事传统,特别是他们拥有强大的骑兵,这是南方的步兵难以与之匹敌的。

[2]　曼 Mann(1986、1993)。

[3]　芬纳 Finer(1988)。

但是,对处于某一时期的某一社会而言,其他的一些条件也会对政治力量和军事力量之间关系的形成发挥一定的作用。在中国,政治行动者与军事行动者的关系不仅随着王朝兴替有很大变化,即便在同一朝代的不同时期亦有所不同。尤为重要的是,自公元 220 年东汉灭亡到 960 年北宋建立的这 740 年之中,除去公元 618 年唐代建立到 755 年安史之乱爆发这段时间以外,主导中国政治的几乎全部是地方军阀和世家大族的私人军事力量,而国家统治者的立废存亡也几乎完全被掌握在军事强人的手上。直到北宋初期,当儒法国家体制再度被全面建立起来,武将在文官政府的掌控下受到了比汉、唐两代更严密的监管与制约之时,上述那种军事权力压倒政治权力的局面才终告结束。本节接下来所讨论的内容主要围绕着两个方面:第一,随着时间推移,中国国家如何更有效地控制军事力量;第二,帝制儒学与儒法政治体制又是如何使军事权力逐渐边缘化。

正如我们在第九章中所见到的那样,在汉代的大部分时间里,管理国家的都是儒家文官,而武将的权力和地位总在文官以下。但到了东汉末年这种情况却起了变化。为了应对此起彼伏的起义与叛乱,地方政府开始筹建、壮大自己的军队。当此之时,中央政府和地方政府都从北方游牧部落中招募雇佣兵,而且,世家大族与地方豪强也纷纷建立坞堡,并将依附于自己的佃农转变为私人军队(即"部曲")。在这种军事力量离心化的趋势下,军队逐渐脱离了国家的控制,这也就加速了东汉王朝的崩溃,促成了大分裂时代的乱局。

大分裂时代是一个军事权力占据主导性地位的时期(同时也是意识形态重新调整的时期)。虽然,战争往往是中国王朝建立和重建的主要历史动力,但总体而言,每当新王朝建立之后,王朝的皇位便会以新王朝的皇室和官僚集团所共同认可的合法方式稳定地传承下去。但大分裂时代却完全不符合这一规则。220—581 年,军事将领最终决定着谁能成为王朝新君[①],所谓皇帝或一国之君常常变成拥兵自重的军阀们的傀

---

① 格拉夫 Graff(2002a,第二章至第五章)。

儡[1]。在这个时代,王朝大多短命[2],且在多数时候,造成这些王朝灭亡的原因是军事政变而非外敌入侵或者内部叛乱。也就是说,汉代的那种由文官体制管理国家的政治模式在此时被彻底地破坏了。

但是,在整个大分裂时代,汉代的那种文官治国的政治理想却从未完全湮没。即使是在那些游牧或半游牧统治者治下的北方国家,国家的最终目标还是要发展出一个类似于汉代体制的文官政府。且无论在中国的南方还是北方,只要新的王朝一经建立,开国之君就会强烈倾向于采用儒家学说来支撑其统治的合法性,并推行文官治国的制度来保障政权的稳定[3]。只不过,自东汉末年以来,从一连串的政治危机中涌现出许多军事与政治强人,由于有这些人的阻挠,大分裂时代早期的统治者都无法真正实现文官治国的目标[4]。曹操和他的儿子—— 也就是曹魏王朝(220—265)的开国皇帝曹丕(220—226 年在位)都曾力图打破那些手握私人军队的世家大族在政治上的主导性地位,但他们最终都没能成功,曹魏政权也因此难免灭亡的命运。当时的人们一般把曹魏的灭亡归咎于皇室宗亲在政治与军事上的软弱,认为他们在王朝受到世家大族挑战之时没施以援手、屏护皇室[5]。为了避免重蹈前朝覆辙,西晋王朝(265—316)的开国皇帝司马炎(晋武帝,265—290 年在位)分封了许多同姓诸侯。而正像东周时期以及西汉初期诸侯反叛的情形一样,西晋皇族也在公元 290 年纷纷率领封国军队反叛中央政府,并由此引发了著名的"八王之乱",并最终导致西晋王朝的灭亡。此后,晋室南渡,建立东晋王朝(317—420)。于是,中国南方相继由包括东晋在内的五个主要的王朝所统治,而中国北方的大部分地区则落入了来自北方草原的游牧族群所建立的政权之手。但无论在南方还是北方,统治者们都一直试图将军事豪强置于自己的控制之下。此间,各大王朝不断引入各种政策和机制来削弱世家大族和军事强人的势力。甚至那些曾经的地方军阀,当其通

---

① 在这一时期,称雄一方的军阀豪强常设立属于自己的"霸府",而这些远离国都的霸府实质上操控着国家的政局。这种"霸府政治"最早始于曹操(155—220),并在魏晋南北朝时期延续了下来(陶贤都 2007)。

② 十六国之中国祚最长的是前凉王朝(314—376),但它也仅维持了 63 年,其他十五个国家的寿命大约为 10~40 年。

③ 格拉夫 Graff(2002a,第三、四章)。

④ 这些危机包括黄巾起义,以及起义之后引发的军阀混战,再之后还有八王之乱。

⑤ 但值得注意的是,之所以造成这一结果,可能也正因为曹丕吸取了汉朝诸侯作乱的教训,削夺了藩王在各自封地内的兵权与治权,并将宗亲势力严密地监控起来。——译者

过军事政变登上皇位之后,也一般会推行文官治国的政策。但在这一时期的中国北方,王朝更迭不仅更加频繁,且胡、汉之间既有冲突,又有融合,这些情况都增添了北朝历史的复杂性。有鉴于此,为了阐述军阀在登上皇位后是如何控制军事力量的,我们可以先对历史相对简单的南方王朝做一番考察。

这一时期的中国南方相继出现了五个朝代:东晋、刘宋(420—479)、南齐(479—502)、梁(502—557)以及陈(557—589)。刘裕是刘宋王朝的开国皇帝。他出身寒门,由于在东晋军队中屡建战功而得到重用。在孙恩、卢循之乱中,谢琰(他是当时的望族谢家的领袖)的军队被叛军所败,谢琰本人也被杀害。刘裕受命镇压叛乱,打败了孙恩的叛军[1]。后来,刘裕率军北向,相继又消灭了北方的南燕(398—410)与后秦(384—417),并将东晋的领土范围扩展到中国北方的核心地带。由此,刘裕获得了一时无两的权力与声望。420 年,刘裕迫使东晋恭帝(419—420 年在位)退位,建立刘宋王朝。刘裕(宋武帝)与其子(宋文帝)在位时,一方面采取许多措施来约束武将的权力,另一方面则提拔寒门子弟担任高官或高级将领,以此打压世家大族的势力。刘宋王朝的皇帝还安排年轻皇子与皇族近亲镇守州郡,同时,派遣"典签"监视地方军政。虽然这些措施取得了一些成功,但同时也制造了新的问题[2]。最终,这些政策还是没能阻止军事将领篡夺刘宋王朝的江山。

在南方诸王朝的历史上,上述这种模式一而再、再而三地反复上演着。五个王朝中的后三个(南齐、梁与陈)也都由那些凭借战功而取得权势的军阀所建立。而且,一旦这些军阀面南登基,他们又都会想尽办法来管控他们手下野心勃勃的武将们。比如,南齐的统治者就承袭了刘宋王朝的典签制度,并对之加以进一步强化。此外,他们还禁止地方文官掌控军队和武将,以免他们发展和扩充自己的军事力量[3]。不过,所有这些举措都并不十分成功,不然的话,东晋之后的四个王朝也不会这般短命。虽说如此,毕竟后起王朝的君主们总还能从前朝不大成功的举措

---

[1] 孙恩、卢循之乱是东晋时期规模最大、持续时间最长的一次叛乱,前后相续长达十二年之久。398 年,琅玡大族孙泰以五斗米道发动起义,在孙泰被诛后,其侄孙恩率众逃至海上。402 年,孙恩的军队被刘裕所击败,余众由其妹夫卢循率领,转战各地,后占据今广州一带。直到 410 年,刘裕南下镇压,才将这场叛乱彻底平息。——译者

[2] 赵秀昆等(1987,第 185—186 页)。

[3] 章义和(2002,第 167 页)。

中吸取经验与教训。随着前车之鉴的不断累积，往后的王朝便一点一点提升了对军队的管控能力。

在大分裂时代，同样促进了国家对军队驾驭能力的还有这样两组因素。第一，国家之间频繁的战争有利于国家集中权力，并削弱世家大族和地方军阀的势力。无论在中国南方，还是北方，没有哪一个世家大族或地方军阀能够单凭一己之力就可以长期维持一场规模在万人以上的战争。于是，他们就不得不将自己的一部分兵权或者地方统治权让渡给逐渐壮大起来的中央政府①。而且，频仍的战事会让那些能征善战的军事将领从中脱颖而出，使他们逐渐取得比那些世家大族出身的将军更高的地位与权力（出身低微的刘裕能靠战功取得高位，即是一例）。不过即便如此，南、北两地的世家大族仍在社会上拥有着举足轻重的地位，此种局面一直要到唐代中期乃至更以后才会结束。第二，帝制儒学在中国北方呈复苏之势——这其中自然也与北方游牧政权的统治者对儒学的大力提倡相关，这就促进了文官政府体制的恢复，且帝制儒学的复苏有助于李唐王朝在重新统一中国后将军事力量再度边缘化。

唐代在终结了近三个半世纪的分裂混战之后维持了相当长一段时间的繁荣。从唐代初期到中期，国家遵奉的是汉代文官治国的政治理想，且其庞大的军队也仍效命于中央政府②。在唐代早期的统治者所实施的各类改革中，除去加强对军队的管控外，还有其他两项制度创新对唐代的繁荣发挥了尤为重要的作用，它们就是科举制和府兵制。

科举制萌芽于魏晋南北朝晚期以及隋代，并在唐代建国之初即被统治者所采纳③。科举制自公元 7 世纪早期被确立下来到 1905 年被正式废除，存续了一千多年，是前现代中国儒法国家体制中最为重要的一项制度。由于在其确立之初即以儒家经典作为考试的主要内容，这项制度的存在使儒学得以发扬光大，而到了明代，熟谙新儒学（即程朱理学）的正统学说对于儒生成功应试变得愈发重要。但在另一方面，科举制是一

---

① 陈爽（1998）。

② 唐代的中央行政系统主要由"三省"（即，中书省、门下省、尚书省）与"六部"（即，吏部、户部、礼部、兵部、刑部与工部）所构成，这些机构均由文官进行管理。"三省六部"源自秦、汉时期的"三公九卿制"，后在隋代得到了进一步的制度化。

③ 史念海（1995，第 874—876 页）。

种通过激烈的考试竞争来选拔官员的统治工具，因而它体现的同样是法家的统治策略。自唐代以科举取士以来，这一制度使那些从东汉时起便一直存在着的世家大族之势力终于被大大削弱，而且，对于国家而言，它亦有助于避免贵族门阀的再次崛起。当然，科举的首要功能是选拔才德兼备的儒生进入官僚系统，这也就使文官政府的统治能力得到加强。随着皇帝越来越多地参与到对入选儒生的考察以及对其中成绩优异者的官职任命中去，经由考试而跻身仕林的儒生们便会成为"天子门生"从而在个人层面上保有对皇帝的忠诚。最后，因为从科举考试中选拔出来的儒生来自全国各地，拥有着不同的社会背景，所以，由这些儒生所构成的官僚系统也很难发展成为一个能与国家相抗衡的、组织紧密的利益集团。简言之，科举制强化了文官政府的统治，增进了官员对皇帝和国家的忠诚，抑制了政府中派系的形成。

在军事制度方面，唐代早期的统治者不仅以史为鉴，吸取了过往朝代覆亡的经验教训，同时还进一步发展了西魏时期（535—557）即已开始发挥作用的府兵制。在府兵制出现以前，中国北方政权主要施行的是世兵制，军中职务由来自游牧或半游牧部落的人世代相袭。当时，大多数汉人都以农耕为生，尽管汉人中亦有不少人加入了地方汉人门阀的私家武装。543年，西魏大将军宇文泰（507—556）大败于邙山之战[1]，折损6万鲜卑族精锐[2]。为情势所迫，宇文泰开始收编乡兵部曲，并任命地方豪强为乡帅。之后，又为了应对战事的需要，宇文泰近一步将所有从北魏王朝的均田制中受益的汉族人口列入其征兵的范围[3]。新招募的军队按照所属区域进行整编，每一区域的军队受各地军府的辖制；因此，某地军府的兵也就被称为"府兵"。在这一体制下，府兵可以通过均田制获得田土，并且几乎可以不必上缴任何赋税。相应地，府兵则需每年用一段时间接受军事训练并在军中服役。在大分裂时代，军人多是世袭的职业士兵。而身为府兵的军人却是从农民中招募来的，他们平时以农耕为生，其军籍也不能世袭。

---

① 邙山，在今河南省洛阳市北。邙山之战的大致经过是：543年二月，东魏的北豫州刺史高仲密据虎牢叛变，西魏大将军宇文泰率军接应，发动了对东魏的战役。三月，两军在邙山决战，西魏军大败。——译者

② 黎虎（1995，第758—759页）。

③ 在唐代的府兵制下，理论上，每个成年男子都能获得一百亩土地，这些土地产出的粮食足以养活一个普通家庭（格拉夫 Graff 2002a，第208页）。北魏王朝所创制的这种均田制常被后世王朝采用。

　　府兵制将军事职责与经济报偿联系了起来,从而提高了普通士兵的社会地位,也极大地扩充了战时征兵的兵源①。而且,它还有助于国家将世家大族和地方豪强的私人军队吸收、整编为国家军队。在宇文泰之后,北周(557—581)与隋代(581—618)政权都采行并进一步发展了这一制度。到唐代初期,府兵制已臻于成熟。彼时的中国拥有军府 634个②,它们中的大部分坐落于黄河与太行山脉这横纵两条轴线上③。为了避免府兵成为军府将领的私家军队,唐代在原有府兵制的基础上增加了几项额外的规定:其一,各府将军会被定期调任到其他军府,这样就降低了将领和军队之间发展出任何潜在私人关系的可能性;其二,调动军府之兵必须要有来自京城长安的兵符;其三,逢战之时,朝廷会将各府府兵混编为一支军队,并临时指派军事将领率军出征,战争结束后,将领还要返回长安述职④;其四,军队出征时,皇帝还会派心腹作为监军监督领兵打仗的军事将领⑤。

　　不过,到 8 世纪之初,府兵制便崩溃了,也就是说,这一制度自其诞生之初维持了大约两百年时间。历史学家一般认为府兵制的崩溃大概基于以下一些原因⑥:初唐时期,较长时间的和平与繁荣带来了人口的大量增长,这就导致国家没有足够的土地分配给府兵。另一方面,官场日益腐败以及地方官员的无能怠政阻碍了府兵制度配套法律法规的有效执行,这也就加速了府兵制的崩溃。比如,虽然在均田制下土地买卖是非法的,但越来越多的土地还是逐渐被集中到官员和富人手中,失去了土地的农民则被迫徙往他乡。而且,随着帝国内部趋于和平稳定,帝国版图逐渐扩张,战事大多只发生在远方的中亚边境上,这就使得戍边、远征或者从边地返乡都要花上数月之久,府兵的服役时间无形中被拉长了,这便不可避免地影响到农业生产的进行。于是,兵役与务农两种职责再也无法被绑定在一起,府兵制度的重要性大打折扣,"亦农亦兵"的

---

① 根据伊懋可 Elvin (1973,第 60—61 页)及许多其他历史学家的研究,均田制"详细规定了文官、武将所能获得田土的数量,……这就促使人们为了物质上的报偿而到国家政府或者乡兵军团中任职、服役"。伊懋可那一代的学者常将"府兵"译作"乡兵军团"("divisional militia")来强调其非职业化的属性。

② 唐贞观十年(636)以后,军府又被称为"折冲府"。——译者

③ 史念海(1995,第 990 页)。

④ 格拉夫 Graff(2002a,第 191—192 页)。

⑤ 刘展(1992,第 240—241 页)。

⑥ 伊懋可 Elvin(1973,第 61—68 页);史念海(1995,第 995—1001 页)。

府兵之社会地位亦相应衰落。在这种情形下，职业化的军队又再度出现了[①]。

从唐代之初，帝国的边塞就一直存在着由雇佣兵和普通士兵组成的小股军队，这些军队长期处于藩镇将领的领导之下。随着府兵制重要性的逐渐降低，且王朝愈发需要常驻军驻守边塞以抵御吐蕃和其他国家的军事威胁，于是，这些藩镇军队的规模便不断壮大起来。在唐睿宗（684—690 年在位）时期，皇帝设置并任命了九名节度使和一名经略使[②]。起初，节度使的职责只是管理地方军务，而且他们会被定期调任到其他地区。到 8 世纪初，节度使麾下藩镇军队的规模进一步扩大，且朝廷对藩镇军队的依赖也在不断增强，这就导致节度使们的职权范围得以扩展。除了军权，节度使还获得了对地方行政、税收的管理权，而这个官位也变成了事实上的永久性职位[③]。藩镇节度使获得如此巨大的地方自治权，这就致使唐代军队离心化倾向愈发严重，而军事力量渐渐脱离中央政府的控制终于带来了 755 年安史之乱的爆发[④]。

安史之乱历时八载，即便在被平息之后，这场祸乱的根源——那种军队对于国家来说的离心化倾向却仍旧在不断增强。作为镇压叛乱的结果，忠于皇室的藩镇军队的军事实力得到提升，而一些节度使则在中原腹地建立起新的藩镇。虽然，唐代尚能在安史之乱后苟延残喘至 10 世纪之初，但紧随这场祸乱的，又是一连串的危机：吐蕃入侵、宦官专权，而其中最严重的危机则是农民起义以及雄踞一方的节度使起兵造反[⑤]。公元 907 年，汴州节度使朱温（约 852—912）废掉唐哀宗（904—907 年在位），建立梁朝。不久，其他节度使便纷纷效仿朱温起兵造反，中国从此再度沦为霍布斯式的无序世界。唐代以后这半个世纪的混乱时期在中国历史上被称为五代十国。某种程度上，五代十国时期与魏晋南北朝的大分裂时代颇有相似之处：满洲的契丹人占领了中国东北部大量土地，建立起辽王朝；军队被军事将领而不是国家所掌握；政变和篡权成为权

---

① 674 年之后，府兵就不再享有土地免税的实惠了。史料记载，在 7 世纪后期，府兵中出现了大量逃兵的现象，甚至有人为避免被征为府兵而故意戕残身体（伊懋可 Elvin，1973，第 65 页）。

② 史念海（1995，第 396 页）。

③ 格拉夫 Graff（2002a，第 216 页）。

④ 安禄山是范阳（在今北京附近）节度使。参见蒲立本 Pulleyblank(1995)对这场叛乱的描述。

⑤ 在众多叛乱中，尤以发生于 875—884 年由盐商黄巢所领导的黄巢起义对唐王朝的冲击最为剧烈。

力转移的常见形式。但是，这一时期与大分裂时代有三点重要区别：第一，儒家政治理想并不因这一时期的动荡混乱而被严重撼动，在当时的一些主要国家中，科举制度仍被延续下来。第二，过去的几个世纪积累了一整套用以限制军事力量的制衡机制，也就是说，对于那些能力卓著的君主，他们有很多可行的办法来驾驭军队。第三，在当时中国人的历史记忆中，汉、唐两代是大一统帝国历久绵延的典范。因此，胸怀大志的军事领袖无不以建立新的统一王朝为其目标。这些因素叠加在一起，共同促进了中国再度统一的历史进程以及文官治国政治体制的恢复。

在这一时期，几乎所有的军事强人一旦掌握权力、登上皇位之后，都会尝试以文官政府治理国家，并力图限制军事将领的权力。尽管在五代十国之初，这些努力并没有取得很大成功，但随着战争愈演愈烈，并从中诞生出规模更大的国家以及更富远见的领导者，国家的统一及其对地方军事力量的控制才成为了可能[1]。最终完成这两项目标的是北宋的太祖皇帝赵匡胤（960—976 年在位）。赵匡胤原本是后周（951—960）的武将。960 年，在得到契丹人入侵的消息后，后周朝廷便派赵匡胤率军迎战。据说，在向北行军途中，赵匡胤手下的将军们迫使他黄袍加身，并在大军回师汴梁（今河南省开封市）后再次向他宣示效忠。虽然我们无从检验这种说法究竟有多少真实的成分，但我们所能知道的是，这场"陈桥兵变"的确不是一场流血政变。赵匡胤所建立的北宋王朝延续了近一百七十载，直到公元 1127 年女真人大举入侵才告终结。这位宋太祖皇帝在其在位期间打败了与他竞争的几家军阀势力，征服了当时除契丹人的辽国以外的大部分国家[2]。而且，太祖皇帝还将军队置于新帝国的严密控制之下[3]。

首先，在宋太祖的胁迫和劝说下，当年那些为他黄袍加身的高级将

---

① 王赓武（1963，第四章到第七章）。

② 宋朝军队在 979 年的高粱之战（高粱河，今北京市西直门外。——译者）中遭受了辽国军队的重创。此后，两个国家仍然频繁交战，由于辽国的骑兵在战场上更为机动灵活，所以辽国常在战争中占据上风。1005 年，宋、辽两国缔结澶渊之盟（澶渊，今河南省濮阳市。——译者），虽然这一和平协定对辽国方面更为有利，但同时也为宋朝带来了它所迫切需要的长期和平（陈振 1995，第 235—240 页；柳立言 2000）。因为宋朝没能收复传统上属于中国的大片北方领土，所以，我们也许不能说宋朝实现了整个中国的真正"统一"。另外，曾瑞龙在其近著（2003、2006）中对北宋时期的军事、文化，以及北宋在与辽、西夏王朝的军事对抗中所遭遇的失败都有较详细的分析。

③ 王赓武（1963）。

领纷纷退休回乡、颐养天年，这也就是中国历史上的"杯酒释兵权"事件。此外，宋太祖还罢置了几个执掌兵权的重要官职，并改组禁军，将其分为三支军队，令每支军队由一名低级官员管理，而这些官员只负责军队的日常事务。于是，禁军的控制权便被掌握在文官手中，惟在战时，朝廷才会给禁军指派临时的指挥官。重组禁军之后，宋太祖又着手削弱节度使的权力和影响力——因为藩镇势力是安史之乱后军阀混战之祸的根源，他先令所有节度使将手下最精锐的军队遣送京师以充当朝廷禁军。接下来，他又将节度使的财政权与税收权收归中央，还将地方行政事务交给文官来管理。于是，那曾大权在握的节度使之职在改革之后就成了一个荣誉头衔。

更重要的是，宋朝的缔造者们进一步巩固科举制度，并通过意识形态手段强化国家对军队的控制。比如，据史料记载，宋太宗（976—997年在位）曾会见每一位新科进士，以此笼络官僚集团，培养与官员的私人关系①。他还撰写《文明政化》等书，并亲自选定诸如"人文化成天下赋""文武何先论"等科举论题——而他所做的这一切都是为了倡导儒家化了的文官统治文化②。在宋朝初期几代统治者的努力下，文官官僚体制再度主导中国的政治③。

在北宋之后，中国又经历了几个王朝的兴衰更替，虽然，每个王朝都各有一套管控军事力量的办法，但文官治国无疑已经成国家统治的常态。这并不是说，在宋以后的历代王朝中，中央政府可以控制所有形式的军事力量。在诸如偏远的农村、山区以及边境这些国家力量难于触及的地方，匪寇以及各种形式的团练乡勇仍旧在一定程度上自由存在着。这类军事力量总是在王朝衰落、叛乱频发的时候急剧扩张，而正是这些力量的扩张常常会加剧王朝最终的灭亡④。不过，即便如此，国家军队的离心化趋势再也不像宋代之前那样是一个严峻的问题。在北宋王朝

---

① 洛奇 Lorge（2005，第 33 页）。

② 包弼德 Bol（1992，第 151 页）。

③ 文官统治的确立仅限制了武将的政治权力，这一体制并不像一些学者认为的那样，使中国人产生了某种贬抑军事的文化倾向，或者建立起文、武之间的对立关系。要知道，许多中国文官不仅密切地参与军队事务，还对领兵打仗有自己的心得体会。而另一方面，许多高级军事将领也大多深谙儒家士大夫文化（赖恺玲 Ryor 2009；怀亚特 Wyatt 2009）。

④ 参见黄宽重（2002）对南宋王朝时期（1127—1279）地方民团与私家军队的讨论。另，请参见罗威廉 Rowe（2007）对中国某县暴力史的研究，以及孔飞力 Kuhn（1970）有关清代反叛活动与当地民团之间的辩证性发展所作的经典分析。

之后,虽然王朝更迭免不了战争与暴力,但新、旧王朝之间的过渡时期变短了许多。像发生在魏晋南北朝、唐代末期以及五代十国时那种军阀长期主宰政治的局面再也没有重新出现过。

中国之所以能够很早就实现文官治国,很大程度上是因为国家与儒家士大夫之间的紧密联盟导致军人在国家政治中缺少合法地位。这也表明,一旦有强大的儒法国家政治模式的存在,即便对于那些自封为帝或被人拥立为帝的军事将领(如黄袍加身的赵匡胤)而言,他们在掌权之后也会很快将儒法国家作为国家的意识形态,并寻求与儒家学者及儒家士大夫的合作。因此,即使是在这些王朝开国立基之初,军事将领也仍不具备规范化的政治权力。而且,如果上一个朝代的军事力量曾经脱离过王朝的控制,那么新王朝的统治者就会格外提防这类现象的再度发生[1]。随着时间的推移,文官统治不仅成为一种主导性的政治制度,更成为一种不会遭到人们质疑和挑战的统治型态。

历史上,中国的统一与分裂反复上演,且造成每次统一与分裂的因素不尽相同。但在这些因素背后存在着这样一种密切的相关性——中国统一,往往是儒家精英主导政治之时;中国复又分裂,则通常是军事豪强得以攫取政权之时。但自北宋开国以来,除了短暂的朝代更迭时期,大多数时候,军阀和军队将领都无法染指政权。于是,此后的中国几乎保持了长达一千年之久的统一局面。

小　结

大分裂时代是一个意识形态重新调整、军事强人占据主导地位的时代。在这个时代,儒法国家的政治模式以及文官治国的政治准则被严重地削弱和破坏了。公元3世纪到6世纪,中国裂分为若干小国,游牧与半游牧族群创立的政权统治了中国北方地区,佛教对国家与社会产生了极大影响,同时,在这些彼此敌对的小国中,门阀豪强和军事将领主导着国家政局。然而,中国并没有像罗马帝国崩溃后的欧洲那样陷入长久的分裂。相反,佛教走向本土化,其对政治的影响也逐渐被边缘化,而游牧族群的贵族精英也渐渐接受了中国文化及其身份认同。中国又在唐代实现了再度统一。到了宋代,文官统治不再仅仅是一种意识形态,同时

---

① 　孔飞力 Kuhn (2009,第2页)。

也发展成为一套具体的制度性架构，维系它运转的是科举制度以及由历代统治者所不断累积发展出的各种权力制衡机制。而且，许多在历史上发生过的事件和反复上演的历史教训，作为一种经验的累积，有助于促进中国的重新统一并推动与之相伴的文化发展，但作为一种意识形态的儒学和作为政治行动者的儒士才是这一历史进程中的关键。中国的统治者，无论他们来自哪个族群，都认为儒家学说相较于佛教文化是一种更有用的统治意识形态。同时，他们也认为，文官治国会给王朝带来长治久安。上述这些因素正是在本章所勾勒的历史发展背后的关键逻辑所在，而且，它们也是有宋一朝儒法国家体制和"儒家社会"走向全面成熟的关键性促进因素（见下一章）。

第十一章
游牧者与定居中国人的互动模式

　　大分裂时代之后,北方的游牧与半游牧部落和国家仍旧深刻地影响着中国历史的发展方向。在唐代早期以及明代中晚期,他们时常侵扰北部边疆,在军事上着实对中原构成了不小的压力。在宋代,中国北方地区则被若干游牧或半游牧起源的帝国所统治。更重要的是,元(1279—1368)、清(1644—1911)两代分别由游牧(元代)或半游牧(清代)起源的王朝所建立[①]。本章将重点分析游牧者与定居中国人的互动模式及其对儒法国家的影响。本章试图重点阐明,虽然游牧或半游牧起源的王朝给中国文化与历史增添了许多新的元素,但它们并没有从根本上改变中国儒法国家的政治结构。本章还提出一个普遍理论试图阐释中国过去数千年来游牧与定居中国人的关系模式。虽然本章的理论涉及政治权力的地缘政治维度,或者说,它在一定程度上超出了本书重点分析的范畴,但该理论却也从另一角度支持了本书关于儒法国家是一种具有高度韧性的政体形式的观点。

游牧部落与儒法国家

　　在中国历史上,来自游牧或半游牧地区的征服者对儒法国家的政治体制或拒绝或接受。但无论他们拒绝还是接受,都会面临一种两难处境:拒斥儒法国家意味着他们同时也要放弃与儒家学者以及地方儒家精

---

① 参见巴菲尔德 Barfield (1989)有关游牧帝国统治中国的综述。

英之间的合作,从而也就失去了借助儒学这种可以强化国家权力的意识
形态来加固自身统治的机会;但反过来,采纳儒法国家体制则将不可避
免地导致部落身份认同的逐渐弱化,甚而被中原文化完全同化。毫无疑
问,对于那些游牧或半游牧地区的统治者而言,当征服中原地区、建立政
权之后,他们一开始往往会着意保持甚至增强本族群或本部落的文化与
身份认同感。不过,随着时间的推移,政权的继任者们也开始享受起中
原帝王们安逸奢侈的生活,他们更加关心的不再是存续自己族群的文化
与身份认同,而是保住自己的皇位①。于是,为了缓解汉人百姓的抵触
情绪以及寻求与汉人精英的合作,游牧或半游牧部落的统治者在征服中
原之后都会在某种程度上采用儒法国家的统治模式②。正如我们在上
一章中所讨论的,北魏的魏孝文帝(471—499 年在位)在这条道路上走
得更远,他甚至强迫族人接受汉文化,依循汉人的风俗习惯和道德规范,
甚至与汉人通婚。尽管在历史上,游牧者数度统治中国,但到头来这些
政权最终被中华文化同化的命运恰恰证明了儒法国家政治体制所具有
的高度韧性。

　　至于元、清两代的统治者,他们在对待儒法国家体制这个问题上做
出了不同选择,而对于由此带来的种种问题,其处理方式也大不一样。
前者在政治和行政领域内有限度地采行儒家的主张和办法,而后者则在
很大程度上将之接受下来;毫不意外,这就造成了两种截然不同的历史
后果。在蒙古人将金人驱逐出华北并征服南宋王朝以前,他们较少与中
原接触。且在入主中原之前,蒙古铁骑业已征服了小亚细亚、中东,以及
东欧的部分地区,这就让蒙古人可以将这些地区的人才作为官员和管理
者引入中国。由于有这些人才资源的存在,蒙古人便不必过度依赖儒家
精英就可以实行有效统治。元代官员大部分要么来自上述这些族群,要
么则是由蒙古统治者从低级官吏中提拔上来的汉人。而且,在元朝治
下,卖官鬻爵也是稀松平常的事情③。至于那自隋代之初就延续下来的
科举制度,到元代却中断了许多年,即便元朝灭亡之时,这一制度也未能

---

① 欧亚大陆其他地区的游牧统治者也同样做出过很多努力来实现本族群的本土化,从而尽
　可能地减少被统治地区民众的反抗活动(格鲁塞 Grousset,1990)。
② 例如,陈学霖 Hok-lam Chan (1984) 论述了金国(1115—1234)的女真统治者在建政后很快
　便采用了中原汉人的政府架构以及维护政权合法性的统治工具,同时丧失了本族群自身
　的文化与政治传统。
③ 陈得芝(1995,第 436 页)。

得到完全恢复①。这就斩断了儒生们的科举入仕之途,激起了民间对元朝统治的普遍不满。

在元代,蒙古统治者将臣民分为四个等级。除第一等的蒙古人以外,按照被蒙古人征服的时间顺序,统治者将色目人、北方汉人与南方汉人列为从高到低的三个等级。低等级的人在日常生活、官职升迁、诉讼刑罚等方面都受到一定程度的歧视②。元朝统治者在征服中原后,并没有将战乱时期荒芜的土地重新分配给汉人农民(正如许多新王朝的建立者曾经做过的那样),反而将大量土地授予蒙古人。结果,自元朝建国之初,土地兼并问题就一直影响着政权的稳定。虽然,元朝的开国皇帝忽必烈(1260—1294年在位)颇具治国才略,也一直努力寻求帝国的长存永固之道,但终元一朝,各种起义此伏彼起,从未停息过。1294年,忽必烈去世后,元朝的统治很快衰落下去。到1368年,元朝仅建国89年就被农民起义所推翻,成了中国历史上第三短命的主要王朝。

与蒙古人不同,满人在入关之前并没有征服过其他世界性文明。因此,他们无法像蒙古人那样依赖非汉人的精英来管理国家。而且,清朝孕育之际,明王朝正迅速衰退。在满人入关之前,一些有学识的汉人就已投奔关外效力满族统治者③。更何况,满人完全不具备蒙古人那样令人畏惧的强悍军力。他们之所以能够成功征服中原,主要是因为明朝刚被农民起义所推翻,且明朝最精锐的几支军队也倒向满人一边。然而,缺乏人力资源和军事实力这些短板对于清帝国而言,却毋宁说是一种福分,因为迫于这样的形势,清朝统治者就不得不制定灵活的政策,他们不仅要将满洲八旗置于帝国的控制之下,还要争取与明朝降军以及儒家知识精英开展合作。入关后不久,清朝统治者即在原来明朝的领土上采取儒法国家的政治体制。于是,科举制度得以很快恢复,而清朝在汉人集中地区的地方行政管理结构也非常类似于明朝的官僚体制④。满人所

① 科举制在中国北方中断了70余年。即便1315年再度重启科举制之后,其规模较小且时断时续。从1315年到1333年,总共出了100名进士,到1333年之后,科举再度中断。这实际上斩断了儒生通过科举考试建功立业的希望(陈得芝1995,第435—436页;李树2004,第126—132页;威尔逊Wilson,1995,第47—51页)。

② 例如,在蒙古人的统治下,汉人甚至被禁止养狗、养鸟,以及参加有些公共活动。

③ 梅谷Michael(1965)论述了在满人入关之前,汉人谋臣帮助满人采行汉人的行政体制与意识形态的具体情形。

④ 大量前明的官员都得到留用。清帝国对他们唯一的要求就是他们能忠于朝廷(周元廉与孙文良1995,第135—141页)。

采取的这些措施既降低了儒家精英对其统治的反感，也在清王朝一统中国之后，使国家政局迅速稳定下来①。自 1644 年满人入关至 1911 年辛亥革命，清帝国延续长达 267 年之久，其中一条主要的原因就是满族统治者决定选择儒法国家体制作为其统治国家的方式。

清帝国是中国历史上一个在多方面与众不同的王朝，甚至与欧亚大陆其他游牧或半游牧起源的王朝相比，它也独具特色。像其他游牧或半游牧族群一样，满人在守卫领土与对外扩张上既表现得骁勇善战，又不失运筹帷幄的韬略②。他们将蒙古的大片土地及人口以"旗"为单位划分和组织起来③。他们还试图在中原周边建立起与蒙古诸部的广泛联盟，以"鼓励蒙古诸部首领视自己为大清贵族中的一员"④。清帝国还积极与地缘政治上的对手准噶尔汗国（1671—1760）——这最后一个蒙古草原帝国——展开军事博弈，并最终彻底平灭了准噶尔⑤。

另一方面，清朝统治者深知他们在中国属于绝对的少数⑥，故而历代统治者皆力图存续满人的文化与语言，保持其尚武精神，维护其认同感。尽管这些"满族之道"（Manchu Ways）延缓了满、汉之间的融合（正如欧立德的研究所指出的那样）⑦，但从长远来看，所有这些努力却终究都是徒劳的。18 世纪时，满人之被汉人同化渐已成为大势所趋⑧，而 19 世纪时，同化之势则进一步加速。到 20 世纪，满人几乎丢掉了自己的语言，他们大多采用汉族姓氏，变得与汉人难以分辨了。

---

① 见魏斐德 Wakeman（1985）有关满人在 17 世纪征服中国、巩固统治所做的精彩分析。满州贵族曾对满族汉化予以强力抵制，特别是在鳌拜摄政期间（1661—1668 年；安熙龙 Oxnam 1975）。满人与汉人在社会各层级上的族群紧张张力贯穿了整部清代历史（欧立德 Eliott 2001）。

② 巴菲尔德 Barfield（1989，第 275 页）；狄宇宙 Di Cosmo（2009a）。

③ 盟旗制度在清代早期率先施行于蒙古东部地区。随着清帝国对内亚的征服，该制度逐渐扩展到蒙古其他地区。

④ 巴菲尔德 Barfield（1989，第 276 页）。

⑤ 需要强调，清帝国与准噶尔之间的战争本质上是"传统"的地缘政治冲突，这一点将它与发生在大约同一时期的近代西欧帝国的大规模海上扩张活动区分开来。

⑥ 据估计，满人入关之际的人口总数大约在 206000 到 390000 人（欧立德 Elliott 2001，第 363 页）；这仅相当于当时中国总人口的 2% 到 3%。

⑦ 欧立德 Elliott（2001）。

⑧ 欧立德 Elliott（2001）。

游牧—中国的动态关系

在中国北方,游牧与农耕群体之间的冲突与竞争比欧亚大陆上其他任何地方都要激烈。在欧洲,游牧者的势力范围主要集中在东欧一带。为了向西深入欧洲大陆,这些游牧群体曾经数度发起攻势,但却始终难以如愿。而生活在小亚细亚半岛及其周边的土耳其人虽同为游牧者的子孙,却带有伊斯兰宗教及伊斯兰农耕文化的强烈印记。从公元 11 世纪到西方文明崛起的这段时间里,土耳其人多数时候能在文化上占据主导地位①。唯有在中国,我们看到的是游牧—农耕之间长达千年之久的拉锯战:游牧者虽然有时能够在军事上征服中原,但在文化上却从没有占据过主导性地位,且一旦游牧者得以在中原定居,他们就面临着被同化的处境②。而中原汉人不但能将定居下来的游牧者同化,还可以存续自己的儒法政治体制及文化,甚至有时还能赢得对游牧者战争的胜利。但在 18 世纪前,中原的军队在大多数时间里都无法深入大草原并一劳永逸地解决来自游牧政权的军事威胁③。不过,正由于这场发生在游牧—农耕之间的拉锯战持续了如此之久,这两者之间的动态关系才会一览无余地呈现在我们眼前,这就为我们考察历史上游牧—农耕之间的互动性规律提供了一个绝佳的研究案例。

存在于中国边境地区的游牧群体至少可以被划分成如下三类:第一类是北方草原的游牧群体,比如蒙古人和鲜卑人;第二类是居于东北(满洲地区)过着游牧或半游牧生活的满人、女真人、辽人等;第三类是中国西部的羌人和藏人④。这三类群体群体所处的生态环境、所采取的生产方式,以及与中原汉人所发展出的关系都各不相同。在接下来的讨论中,我将重点关注北方草原的游牧群体。但在本章的最后,我也会论及生活在满洲地区的游牧或半游牧群体,并揭示他们在游牧—中国的地缘

---

① 安德森 Anderson (1979,第 361—394 页)。

② 游牧—农耕文明之间的融合并不是单向的。在历史上,汉人同样也从游牧者那里习得了从语言到文化等诸多层面的东西。但汉人一直在人口数量上具有压倒性优势,且更为重要的是,当汉人拥有了一套对游牧部落统治者颇具吸引力的政治体制之后,这种融合就变得越发不对称了。

③ 濮德培 Perdue (2005)。

④ 王明珂(2008)。

政治竞争过程中所扮演的独一无二的角色①。

有关游牧—中国关系的理论经历了一系列的发展,从早期的"贪婪"(greedy)理论到"需求"(needy)理论,再到"中国世界秩序"理论②;最近,学者们还试图将不同朝代不断变动着的游牧—中国关系予以历史化的阐释③。"贪婪"理论自古以来就存在。古代中国文献就曾将戎、狄、匈奴描绘为"无亲而贪"的外族④。在现代,持有类似观点的人剔除了该理论中种族主义论调,而将之转变为一套"自然战士"(natural warrior)理论⑤。这一理论范式强调的是:游牧群体作为驰骋草原的骑手有着很强的流动性,严酷的气候条件养成了他们坚韧不拔的品格,而以狩猎为生的生活方式则让他们格外骁勇善战。此外,如下三个因素更进一步助长了草原游牧者勇猛好斗的天性:第一,大草原的生态承载能力极不稳定⑥。而养活一个游牧者需要的土地及耗费的能量是养活一个农耕者的数倍以上⑦。故而游牧者比农耕者更有可能面临食物短缺的问题。一旦大草原无法为游牧群体提供充足的食物,陷入食物短缺危机的他们便会对外展开掠夺。第二,游牧群体及其军队不需要桥梁、道路这些基础设施建设也一样能迅速转移到其他地区。相反,非游牧军队则十分依赖完善的后勤保障系统。这种不对称性就让游牧者的军队在遭遇强敌

---

① 羌人生活在中国西部的黄河、湟水流域。他们在同一地区畜养牲畜,冬天在低地生息,夏天则将牧群迁至高地。同时,他们也在山谷地区种植农作物。这种在同一片地区垂直运动的农牧经营模式(与这一模式相对的,是在广阔区域展开的水平运动模式)使中原帝国比较容易控制他们。因此,除了西夏(1038—1227)是由有着羌人或鲜卑人血统的军事强人建立的王朝以外,羌人从没能建立过属于他们自己的帝国。王明珂(2008,第101—219页)对活跃在古代中国边疆的三大游牧族群各自所处的生态环境与政治环境,作过非常出色的综述。另见巴菲尔德 Barfield(2011,第114—116页)有关游牧人口不同迁徙周期的分析。

② "需求""贪婪"二词均出自狄宇宙 Di Cosmo(1994)。

③ 有关东周与汉代游牧—农耕文明的关系,参见狄宇宙 Di Cosmo(1994,1994a,2001)与渔圣爱 Psarras(2004)。至于这一关系在清代时的情形,见濮德培 Perdue(1998、2002、2005);何罗娜 Hostetler(2001);狄宇宙 Di Cosmo(1998)。

④ 见本章最后一节对戎、狄与华夏在联姻与联盟方面的讨论。另外,狄宇宙 Di Cosmo(1999a,第949页)也讨论了古代中国文献中对戎、狄之人的贬抑之辞。

⑤ 希尔丁格尔 Hildinger(2001);基尔曼 Kierman 与费正清 Fairbank(1974);塞诺 Sinor(1981)。

⑥ 在大草原的中部地带,冬季与夏季的温差可达 80 摄氏度(希尔丁格尔 Hildinger 2001)。

⑦ 根据王明珂(2008,第3页)的研究,在今天的内蒙古,20亩地才能养一头羊,至少要 300 到 400 头羊,或者说至少要有 6000 到 8000 亩土地(约合 1000 到 1300 公顷)才能养活一个五口之家。通过研究其他游牧社会,估测出的数据与此大体相当(巴斯 Barth,1961,第2章;温斯坦 Vainshtein,1980,第57页)。

时可以先佯装撤退、诱敌深入,待敌军战线拉得过长、首尾难以相顾之时,再伺机反攻。但农耕者军队却难以运用这种军事策略[①]。第三,就战争的"成本收益率"而言,游牧群体也占有更大优势。草原游牧者所处的严酷的自然环境不会对过着农耕生活的人有多大吸引力。而且逐水草而居的游牧人群累积不下太多财富,也就很难招致农耕群体前来掳掠。可一旦游牧铁骑踏破了农耕者的防线,后者累积的大量财富就只能任由前者抢夺了[②]。

　　游牧群体与农耕群体所处的环境/生态条件迥然有别。而这些不同的条件不仅孕育了他们各自不同的生产方式与政治组织形态,同时也为他们带来了不同的竞争优势。"自然战士"理论精辟地阐释了在地缘政治竞争中有利于游牧群体的一系列机制,但却忽视了有利于农耕群体的另一些机制和因素。本章将借由"自然战士"理论的这些洞见,进一步分析草原游牧—中国之间的动态关系。同时,本章还将重点探讨在与游牧群体竞争中农耕者所具备的优势。

　　为了批评"贪婪"理论所带有的种种偏见,学界中出现了"需求"理论与"中国世界秩序"理论。我们先来看"需求"理论。虽然这一理论有过不同版本,但它们整体上却共同认可这样一种观点,那就是,游牧群体即便有绿洲灌溉农业(oasis agriculture)的辅助,其生存环境仍旧无法满足其基本的生存需求,因而他们不得不与农业定居人口进行商品贸易。而一旦二者之间的商贸往来被阻断,游牧群体就会发起进攻[③]。另一方面,"中国世界秩序"理论则从中国统治者的世界观与实践活动出发来解释游牧—中国之间的关系。这一理论主张,由于中原农业帝国的统治者大多拥有儒家世界观,他们于是将中国和其他国家之间的关系理解为一

---

① 不过,我们不应过分强调游牧国家的这一优势。健康的游牧经济要求游牧人口遵循季节—空间规律进行周期性的迁徙活动。因此,军事活动会打破游牧生产模式、造成经济损失和游牧人口的锐减。而且,当游牧部落遭遇战争失败,并迫于中国的军事压力撤回到贫瘠荒凉的草原地区时,游牧经济也会受到严重破坏。

② 从博弈论的角度来看,我们有必要对此做一些补充:相较于农业国家,游牧国家有许多内在结构因素使他们会采取更加投机的行动策略。如果我们将游牧国家与农耕国家之间的互动视作一场"阿克塞尔罗德式的博弈"(阿克塞尔罗德 Axelrod 1984),从逻辑上可以推断,由于农耕国家过着定居生活,他们不得不与其邻居建立长远的共存关系。而游牧国家由于拥有强大的空间移动能力,对和邻邦建立长期友好关系并不那么感兴趣,这一结构就促成了游牧国家的投机主义性格。另见奥尔森 Olson(2000)对流寇行为模式的分析。

③ 札奇斯钦 Jagchid 与西蒙斯 Symons(1989);哈扎诺夫 Khazanov(1984)。

种等级秩序,而中国处于这一秩序的最顶端[①]。"中国世界秩序"理论还认为,这种世界观是导致中国在外交关系上出现各种问题的根源所在,而这一点在中国国力衰弱时表现得尤为突出[②]。不过,这样一套等级化的世界观并没有像当年罗马帝国的世界观那样随着时间的推移而逐渐湮灭[③]。而且,尽管面临着许多挑战,中原帝国的这种世界观以及相应的世界秩序事实上不仅没有衰落,反而被认为是"逐步增强"了——直至西方人在清末打开中国国门之前[④]。

　　尽管上述两种理论都捕捉到了游牧—中国关系中的某些特征,但它们的观点都有不尽合理之处。贸易活动无疑是游牧—中国关系中重要的一环,但它对这种关系的性质却并非是决定性的。虽然,有人也曾主张,需要无中断地与定居农业人口进行贸易是游牧帝国形成的有力推手[⑤],但几个主要的东亚游牧或半游牧起源的帝国——无论匈奴、蒙古,抑或是清帝国——没有一个是从与中国的贸易冲突中崛起的[⑥]。其次,"需求"理论的拥护者通常会用西汉时期汉景帝(前157—前141年在位)恢复与匈奴通商之后,匈奴人便不再大规模进攻西汉的例子来论证其观点的正确性[⑦]。但实际上,这条证据并不能完全支持他们的理论,这是因为,在汉景帝一朝,当汉、匈恢复通商的同时,西汉的军事实力也获得了大幅度的提升。而且,除去通商以外,汉景帝还推行了其他向匈奴人示好的政策,比如他将汉朝公主嫁与匈奴单于(和亲),并定期馈赠匈奴人以丰厚的礼物。

　　这些西汉王朝早期的匈奴政策反映出的是匈奴的强大与西汉的软弱。而汉初一时的积弱源于秦、汉嬗代之际的各种纷争与冲突(见第九章)。等到汉武帝统治时期,西汉的国力已经非常强盛,于是,西汉对待匈奴的政策也立即转守为攻。西汉王朝不仅将匈奴远远地逐出疆域以外,还根据自己的原则建立起"朝贡贸易"[⑧]。换言之,"贸易"的背后不仅有游牧者的"需求",还有长城内外两边力量强弱的反转。

---

① 费正清 Fairbank(1968,第 2 页)

② 费正清 Fairbank (1942);列文森 Levenson(1965);佩雷菲特 Peyrefitte(1993)。

③ 布朗 Brown (1971,第 125 页)有过类似的观点。

④ 费正清(1968,第 19 页)。

⑤ 哈扎诺夫 Khazanov(1984,第 234 页)。

⑥ 有关促成匈奴帝国诞生的历史条件与事件,参见狄宇宙 Di Cosmo(1999a)。

⑦ 《史记·匈奴列传》(裴骃集解,司马贞索引,张守节正义,1959,第 2904 页)。

⑧ 余英时(1967)。

费正清(John King Fairbank)的"中国世界秩序"理论准确地把握了帝制中国精英阶层主流世界观的本质[1]。这种理想型意义上的中国统治者的国际关系视角在西汉时期即已成形,并且包含了日后帝制中国外交风格的一些重要特征[2]。不过,虽然这一理论有助于我们理解古代中国的外交文化及其得失,但它在解释游牧者与农耕人群之间的冲突时,却显得捉襟见肘。当作为一种理想型的"中国世界秩序"被不加批判地用以分析游牧—中国关系时,它就自然失去了历史的纬度。历史上,新王朝的开国之君很可能会严重地偏离儒家世界观,他们会入侵其他奉行儒家文化且又不会给中国造成太多威胁的国家[3]。此外,一些有着游牧或半游牧起源的中原帝国在处理对外邦交关系时,从没有完全照搬过"中国世界秩序"模式[4]。我将尝试把一些最新学术研究成果和之前的理论结合,给出游牧—中国关系的解释,并试图将我的分析嵌入到具体的历史情境之中[5]。

我的解释可能带有偏见和过于简化,但我仍希望我们可以通过下面三组结构性因素及其相关机制之间的相互作用来理解过去数千年间游牧—中国互动性关系的特征。这些因素和机制指的是:气候/生态条件、双方统治者的思维方式,以及最为重要的一条,即在军事冲突背景下,双方的比较优势(comparative advantages)以及他们之间的取长补短。接下来,就让我们依次讨论上述这些因素,并将分析的重点放在最后一条上。

---

[1] 费正清 Fairbank(1953、1968)。

[2] 费正清的追随者们常将"中国世界秩序"和"朝贡体系"这两个术语互换使用(比如,莫塞斯 Moses,1976;吴汉泉 Viraphol,1977;余英时 1967);甚至费正清 Fairbank(1942、1953)自己偶尔也会这么用。尽管这些学者知道朝贡体系的本质不是贸易,而是中国在外交关系中的态度和实践活动,但他们中的一些人仍倾向于强调贡品贸易在朝贡体系中的重要性,而忽视了其他一些更重要的方面。朝贡体系的本质不在于贡品贸易,而在于中原王朝在意识形态和文化领域的支配性地位。"中国世界秩序"这个概念(而不是"朝贡体系")更好地把握了帝制时期中国外交关系的基本特征。见李云泉(2004)有关中国历史上朝贡体系及其历史沿革的概述。另外,何伟亚 Hevia(1995,第8—15页)也对朝贡体系理论有一套意见不同却颇有趣味的评论。

[3] 例如,永乐皇帝(1403—1424年在位)征服了安南王国(大致位于今越南北部),这是一个对明朝没有威胁的儒教国家。

[4] 清朝统治者即是很典型的例子。正如学者们近来指出的,清朝统治者在其权力如日中天之际,更多的是从"内亚"而非中国的角度来看待自己的帝国,即便他们实行的是儒家政治模式,且在他们的政府中汉人无处不在(欧立德 Elliott,2001;路康乐 Rhoads,2000)。

[5] 近年来有关游牧—中国关系的理论,可以参见柯娇燕 Crossley(1999);狄宇宙 Di Cosmo(1999a、2001);濮德培 Perdue(2002、2005);卫周安 Waley-Cohen(2006)。

如果从一个"长时段"(*longue durée*)视角来考察游牧—中国之间关系的动态变化，我们不难发现气候/环境所发挥的关键作用[1]。中国杰出的科学家与教育家竺可桢曾重构了过去五千年间中国气候变迁的总体趋势，并将之大致分为五个时期[2]：(1)大约从公元前 1000—前 770 年为一段冷期；(2)前 770—150 年为一段较长的暖期(比今天的平均温度高约 1 到 2 摄氏度)；(3)150—600 年为第二段冷期(比今天的平均温度低约 1 到 2 摄氏度)；(4)600—1000 年为第二段暖期；以及(5)1000—1900 年为一段漫长的冷期。由上述数据，我们很容易得出以下这样两个结论。首先，每一段冷期恰与游牧或放牧者迁入或入侵中原的时间相对应：在公元前 1000—前 770 年的冷期，猃狁、戎、狄进入中原；而 150—600 年的冷期也正是东汉期间游牧者徙入中原以及魏晋南北朝时期游牧或半游牧国家兴起的时段；在公元 1000 年之后的漫长冷期中，游牧者数度南侵中原，建立起西夏(1038—1227)、金(1115—1234)、辽(916—1125)、元、清等王朝。其次，在公元 1000 年以前，游牧者和放牧者大举涌入中原常会导致中国陷入长期的分裂状态。比如，猃狁与戎人的到来加速了西周王朝的崩溃[3]，而在第二个冷期，游牧者的迁徙与入侵，同样也引发了大分裂时代的动荡和战乱[4]。不过，在公元 1000 年以后，游牧者南下入侵虽仍会造成王朝更迭，但并没有再度引发太长时间的分裂。这一现象与肇始于西汉王朝时期的儒法政治体制在此后千年中的不断发展完善不无关系[5]。

相较于农业生产，游牧活动与气候变化的关系更为紧密，而气温降低之所以对游牧比对农耕的影响更大，至少有如下三点原因[6]。首先，北方草原中大部分地区的土地相对贫瘠，不利于植物的生长。在北方大草原上，即便是最好的时节，许多植物都已到达了它们的生存极限。因

---

[1] 弗里斯 De Vries (1980)。

[2] 竺可桢(1972)。

[3] 狄宇宙 Di Cosmo (1999a，第 919—924 页)；李峰(2006)。

[4] 许倬云(2002，第 220—244 页)进一步区分了 2 世纪到 7 世纪这段时期四段主要的冷期，并且发现游牧者的大部分活动，比如南迁或南侵，都发生在这四段冷期之内。

[5] 这一论断同样适用于人口规模的增长这一因素。到明、清两代，人口因素愈发成为形塑帝国统治的重要力量(金世杰 Goldstone 1991)，但这一因素也没有破坏儒法国家的统治模式。

[6] 一些草原游牧群体可能也会从事农业活动(狄宇宙 Di Cosmo 1994)。不过，当气候转冷之后，经营草原农业会变得十分艰难，甚至变得完全不可能。

此,气温的轻微下降也会造成牧草的大量减少①。其次,气候变冷之所以会对游牧群体影响远大于农耕群体,还由于游牧群体因其生活方式而对人口压力变得更为敏感。对于农耕群体而言,倘若环境承载能力的下降造成了人口压力②,简单的马尔萨斯式的机制就足以缓解这种压力③。或者说,随着死亡率的上升,资源与人口水平之间的平衡状态就会得到再度建立,而农业社会的几项主要生产投入形式——诸如土地、建筑、工具和社会组织等——并不会因此而被永久摧毁。可对游牧群体而言,牲畜是他们的主要投入与最重要的食物来源。即便在气候恶劣的艰难时期,牲畜也不能被随意吃掉,而且,因为此时牲畜本身也没有充足的营养来源,它们便难以为牧民提供足够的日常饮食和其他生存资源。因此,游牧群体需要在马尔萨斯压力到来之前,甚至是在气候正常时期就对其人口进行有效控制④。最后,气候转冷不仅严重降低了北方草原的生态承载能力,同时也增加了暴风雪与其他自然灾害出现的可能,这些灾害性气候会导致牲畜的大量死亡⑤。而牲畜的大幅减少同样也会迫使游牧群体向南迁徙。

然而,气候变迁仅仅只能描述历史上游牧群体活动的粗略轮廓,要解释游牧者入侵的成功与失败,就要看影响游牧—中国之间的关系的第二个结构性因素,即双方统治者的思维方式。对于游牧方的统治者来讲,战略野心对其活动的影响是再明显不过的了。比如,当铁木真的军队横扫欧亚大陆之前,他至少得先有征服和扩张的野心,即便他最后建立的帝国规模可能远超出了他最初的设想。清朝的情况与元朝也类似。1636年建政后不久,满人便已经对明朝的江山虎视眈眈,并最终抓住明末农民起义的时机一举入侵中原。如果满人统治者没有战略想象力的话,他们很可能止步于关外,仅仅成为一群趁中原不备而侵扰北方的掠夺者。

---

①　布赖森 Bryson 与帕多赫 Padoch(1981,第9页)发现,冰岛年平均温度只要下降一摄氏度,牧草生长期就会缩短至不到原来的四分之三左右。

②　"承载能力"可以被简单地定义为,在特定时间下,某一环境能在最大程度上承载某一种群的数量。

③　这一论述逻辑取自曼 Mann(1986,第52页)。

④　巴斯 Barth(1961,第124页)。为了扩大游牧经济的承载能力,游牧者非常依赖于乳制品(王明珂2008,第29—30页)。不过,当气候恶劣时,营养不良的牲畜甚至无法产出足够的乳汁用以制作乳制品。

⑤　例如,据《史记·匈奴列传》记载,公元前104年,"其冬,匈奴大雨雪,畜多饥寒死"。

至于中原王朝的统治者,他们的思维方式对游牧—中国关系的影响就略有些复杂。要理解这一点,我们需要先回到"中国世界秩序"理论。所谓"中国世界秩序",一言以蔽之,指的是儒家的等级价值观在外交层面上的延伸。这一理论的长处在于它抓住了儒家思维方式的关要所在。但另一方面,它忽视了我们前面提到过的两点影响中国国家统治方式的因素。第一,也是最重要的一点,许多在中原建立王朝的统治者都有着游牧或半游牧起源。一个王朝统治者的起源血统对塑造其统治者的疆域观念至关重要。比如,清朝皇帝即便在统治中国多年之后,仍然保留了许多与他们起源有关的传统,特别是对内亚草原地区的关心和控制欲望①。中国历史上,几大王朝的领土范围都与其统治家族的血统息息相关。在汉人王朝,如汉、宋、明三朝,领土规模都相对较小②。而在那些有着游牧血统或深受其影响的王朝,如元、清、唐三朝,其统治的疆域则相对辽阔③。

第二,从西汉到清朝,中国不仅仅只是一个奉行帝制儒学的国家,更是一个儒法国家。除去儒家思想以外,带有强烈工具理性色彩的法家思想同样深刻地塑造着中国统治者的思维方式。中国古代的开国之君很少受儒家思想的束缚。这些君主中没有哪一位是儒生出身或者生于书香门第。他们大多从战争中夺取政权,因而本能地就成为法家统治者。他们采取工具理性的统治策略,并时常诉诸武力来解决问题。况且江山是他们打下来的,且在王朝建政之初官僚体制尚未完全建立,这些开国皇帝在政策制定上拥有着较其继任者更大的自主权。正因为一个王朝在其开创之初,统治者有上述这样一些特点,我们就不难理解为什么中国历史上的军事征服行动通常发生在王朝初期④。

尽管费正清的"中国世界秩序"理论忽视了上述这些重要的例外,但它仍不失为一个相当不错的解释模型。这首先是因为,相较于游牧国家的统治者,除了安全考虑之外,农业帝国的统治者对草原上的贫瘠之地兴趣不大。更何况,征战草原耗资巨大,一般国家难以承担。因此,在条

---

① 欧立德 Elliott(2001);濮德培 Perdue(2002、2005)。

② 由于汉武帝发动了针对匈奴的战争,西汉中晚期领土的规模很大。但这个例外却说明在大多数情况下这条规律是成立的。

③ 比如,唐朝开国皇帝李渊的祖父就是西魏王朝权势最大的几位将军之一,而西魏王朝则由鲜卑人所建立。李渊的母亲独孤夫人是独孤信之女,独孤信也是一位有着鲜卑血统的西魏大将。唐朝的开国皇帝同时继承了农耕文化与游牧文化。

④ 关于明永乐年间军事远征,参见牟复礼 Mote(1999,第608—612页)。

件允许的情况下,农业帝国一般倾向于采取成本较低的支配性策略(比如,封君、联姻、赐礼、分而治之,等等)来取得对游牧政体的控制。

　　然而,这种逻辑可以适用于世界上任何一个农业帝国。唯有儒法国家体制才会让中国统治者采取一种特定的支配性策略——即"中国世界秩序"——来控制中国周边的游牧群体。对于汉人所建立的王朝,一旦度过了扩张性较强的"初期阶段",到了王朝中后期,皇帝们大多深受儒家官僚政治的束缚[1],宫廷政治也被重文轻武的儒家士大夫们所主导。此时的国家自然倾向于采用支配性的模式而非军事性的"中国世界秩序"来经营中国的外交关系。由于中国历史上的几大王朝大多绵延数百年,故而,费正清所提出的这个模式很接近中国处于稳定状态时的国家外交关系[2]。

　　不过,在有着游牧或半游牧起源血统的王朝中,国家对外交事务的处理就更加复杂了。但一般而言,游牧或半游牧起源的几大王朝早晚都会接受帝制儒学作为统治意识形态,并通过儒法国家模式下的官僚体制来治理人口稠密地区,与此同时,统治者的权力自主性也会渐渐削弱。甚至在处理与其他各国的关系上,虽然这些王朝的统治者可能有着和汉人王朝的统治者完全不同的世界观,也比汉人皇帝有更大的政策自主权,但他们最终仍会采纳费正清式的"中国世界秩序"作为他们外交政策的意识形态基础。通过研究清廷向不同藩属国索取的贡品,及其为保持和藩属国之间的亲密关系而采取的各种措施,费正清指出,清廷的外交政策在很大程度上仍依托于儒家世界观[3]。换言之,虽然清代统治者继承了先祖的"内亚思维方式"(Inner Asian mentality),但其外交政策的意识形态基础却是儒家式的。这里,我用"内亚思维方式"一词仅仅是为了表明相较于汉人统治者而言,清朝统治者对于涉足内亚事务抱有更大兴趣,且他们在与游牧群体打交道时也显得更加游刃有余。此外,他们

---

[1]　关于明朝皇帝从小如何接受儒教育并在其执政后如何受到儒家官僚体制的约束与限制,请参见黄仁宇(1981)。

[2]　可能唯一例外是西汉时期的汉武帝。在汉武帝统治期间,他积极将儒家思想作为国家意识形态,重新将法家原则引入政府施政过程之中,并采取了扩张性的对外政策。不过,这个例外反倒恰恰证明了上述规律。汉武帝统治期间正是主张小政府与"无为而治"的黄老之术作为国家意识形态大行其道的时代(见本书第九章),在当时,儒家学说尚不占据主导地位。这些条件有助于汉武帝这位雄才大略的君主在西汉开国 70 余载之后仍能采取灵活的统治策略。

[3]　费正清 Fairbank(1968)。

也更容易诉诸武力手段来建立和维护他们心目中的世界秩序,尽管这套世界秩序中包含了许多儒家原则。

但是,除去上述的气候/生态因素以及统治者的思维方式以外,对游牧—中国关系影响最大的莫过于两个竞争性社会各自的比较优势以及它们之间的相互学习。如前所述,"自然战士"理论指出了几条有利于游牧群体在竞争中胜出的机制。这些机制的确极具说服力,以至于连这一理论的反对者们也常用它们来分析游牧—中国之间的关系[1]。当然,除此以外,还存在着另外一些有利于农耕群体而不利于游牧群体的机制。其中的一条便是游牧群体所处的恶劣的自然环境。难以预测的自然灾害会严重削弱游牧国家的实力[2]。而另一条机制则关乎游牧群体的社会政治组织形式。为了放牧的需要,游牧人群必然逐水草而居[3]。因此对其游牧生活而言,部落是唯一足够灵活的政治组织形式[4];甚至当游牧部落建立起帝国的时候,游牧帝国也仍保留了部落联盟的基本结构。通常来讲,游牧帝国的缔造者都是足智多谋的部落首领,他本人通过掠夺而积累起可观的财富,而其他部落首领也期望能跟从他一起掳掠,由此,他就能将这些部落联合起来建立帝国[5]。可一旦魅力型领袖死后或者掠夺再难取得成功之时,以这种方式建立起来的帝国很可能会在顷刻之间就分崩离析[6]。而游牧帝国的这种不稳定性在其与中原农业帝国长期的地缘政治竞争中始终是一大问题。东汉帝国就从匈奴政治的不稳定性中获得很大利益,而这种不稳定性也导致匈奴部落联盟在公元49 年最终分裂为南、北两支[7]。唐代早期,东突厥人的领袖颉利可汗(620—630 年在位)由于不敌唐朝军队,很快就面临东突厥内部的分裂

---

[1]　狄宇宙 Di Cosmo (1994、2001)。

[2]　葛德威 Graff (2002b,第 44 页)。

[3]　如拉铁摩尔 Lattimore(1951,第 66 页)曾精辟指出的:"单独一片牧场是没有任何价值的,除非使用它的人可以随时迁徙到其他牧场,……在游牧生产模式中,获得自由迁徙的权力比拥有在某地驻牧的权力更加重要。"另见安德森 Anderson (1974,第 217—228 页)有关游牧生产模式特征的精彩评述。

[4]　巴菲尔德 Barfield (1989,第 8—9 页)。

[5]　巴菲尔德 Barfield (1989,第 5 页)。

[6]　有关游牧帝国投机性扩张与陡然收缩的问题,许多学者都有过研究(安德森 Anderson,1974,第 222—223 页;希尔丁格尔 Hildinger 2001)。

[7]　其中,南匈奴成为东汉王朝的重要盟友。见渔圣爱 Psarras (2004)对匈奴贵族分裂与冲突的讨论。

和反叛①。1745 年,准噶尔汗国的可汗噶尔丹策零病逝,此后,准噶尔便陷入长期的贵族内斗,最终,准噶尔汗国被清朝所消灭②。以上这一系列游牧帝国遭受挫败的例子都发生在中原王朝建政初期。唯一的例外是契丹人所建立的辽王朝,它并没有被新生的北宋王朝所摧毁。不过,这也并不令人感到惊讶。当宋、辽两国南北对峙之时,辽王朝已占据了中国北方的大片农耕区域,或者说它同时具备农业帝国与游牧帝国的双重优势。

虽然,游牧者是天生的猎手和战士(尽管他们也存在着上文所提到的这些弱点),但农耕者并不像"自然战士"理论所暗示的那样生来就是前者的猎物。农业国家具备许多游牧群体所不具备的优势。相较于贫瘠的草原,农耕区的土地有更强的生态承载能力,这就使农耕者有发展打败对方的军事实力和有可能吸收同化对方的人口优势。再者,农耕者的定居生活方式同样有助于他们发展出几种重要的社会组织形态,比如,国家组织和官僚组织,这些组织形态最初都源自农耕定居社会,但在后来被游牧国家所逐渐接受③。诚然,游牧国家可以将其军事潜能提升到难以想象的高度,不过,它们的军事成就同样会随时间的流逝而消失得无影无踪。但农耕定居族群则不然,他们更有能力发展和累积组织与技术方面的专门知识。正是由于上述这些原因,亚洲内陆上游牧群体的生存空间虽然总处于变动之中,但其大趋势却是逐渐萎缩④。由于同样的原因,到公元 18 世纪,清代中国与沙皇俄国这两个国家分别从欧亚大陆的两边进一步挤压草原游牧者的生存空间⑤,并最终瓜分了内亚地区。

此外,农耕定居文化有着更强的累积能力和传承能力,这也有助于一个文明发展出那些构成其文明核心的哲学以及制度性宗教(institutional religion)。在中国的例子中,入侵中原的游牧群体要想维持其统治,早晚都会拥抱儒家的意识形态与文化,而这就会加速他们被庞大的汉人群体所同化的进程。这个过程也支持了费正清的"中国世界

① 葛德威 Graff(2002a,第 186—187 页)。自然灾害是导致突厥帝国灭亡的另一个因素。

② 濮德培 Perdue(2005,第 270—274 页)。

③ 在分析西汉期间的汉匈战争时,鲁惟一 Loewe(1974,第 79 页)也指出西汉王朝的主要优势在于其强大的组织能力。

④ 塞诺 Sinor(1990,第 3 页)。

⑤ 白桂思 Beckwith(2009,第 232 页)将清政府与沙俄政府于 1689 年签订的《尼布楚议界条约》视为一件标志着两大崛起的农业帝国分割内亚草原的重大事件。

秩序"理论——它既使中国仍旧维持了以天朝上国自居的世界观，同时又促使游牧群体采纳以中国为核心的等级化的世界秩序，因为只有如此，游牧群体才能在征服中原之后建立起其统治的合法性。

既然游牧者与中原人各有优势，它们之间的军事冲突就会迫使它们彼此互相学习与模仿。下面就让我们简要地分析一下游牧者（或放牧者）与中原人自西周之初到西汉晚期这段时间中相互学习与相互适应的过程，并以此来考察这一过程如何在两者军事冲突的情形下塑造了它们之间的关系。

造成西周政治体制崩溃的一部分原因是北方放牧者的向南迁徙与入侵（见第二章）。这些放牧者在进入中原以前，他们的社会中很可能还没有出现国家这样的组织形态。但当徙入中原之后，他们很快就学会了组织层面的技术和知识，并建立起他们自己的国家。我们之前提到过的中山国就是东周时期由狄人所建立的一个规模较大的国家。近年来的考古发现表明，中山国的文化与其华夏邻邦有着惊人的相似之处。和当时的华夏国家一样，中山国也掌握着高超的青铜器铸造技术，且铸造各式各样的青铜器也同样是为了礼仪的需要[1]。从西周到东周早期，非华夏起源的国家对古代华夏诸国构成了威胁与挑战，这就促使华夏诸国也要向前者学习。其中，步兵战就是他们从狄人那里学习来的一项重要的战斗技术，而在东周时期，这种战法被越来越多的华夏国家所采用[2]。到全民战争时代，华夏国家向北扩张，导致它们与匈奴之间的缓冲地带逐渐缩小，这便引发了两者之间绵延数百年的军事冲突。在这段时间里，中原人从匈奴人那里学到了骑兵战法，经常能在战争中占据上风。公元前215年，秦始皇派蒙恬率30万大军抗击匈奴，大败匈奴于鄂尔多斯地区，此后，中原政权对匈奴构成了巨大的军事压力[3]。但是，战败的挫折给匈奴人以巨大的同构性压力（isomorphic pressure），导致匈奴诸部结成联盟，并于公元前209年建立匈奴帝国来抵御中原的军事威胁[4]。在建立帝国之后，匈奴的统治者们便有能力将分散在各部落的军事力量凝聚起来，组建一支更加庞大的军队[5]。

---

① 罗泰 Lothar Von Falkenhausen(2006，第254—262页)。

② 《左传·昭公元年（公元前541年）》（杨伯峻编著，1990）。

③ 《史记·蒙恬列传》，第2565页。

④ 狄宇宙 Di Cosmo(1994，第1117—1118页)。

⑤ 匈奴在其建国后不久便号称拥军三十余万（《史记·匈奴列传》，第2890页）。

　　而一旦掌握了中原的组织技术,匈奴骑兵反过来便会对西汉王朝构成严重挑战[1]。现在轮到中原人必须要向其对手学习了。到汉武帝时,霍去病所率领的骑兵能够深入奔袭草原腹地对匈奴人实施突袭,就像当初匈奴人突袭中原那样[2]。于是,双方力量的平衡再度被翻转过来。而在西汉王朝之后,像上述这样两个竞争对手之间相互学习与适应的历史过程仍在持续着。

　　我们也可以用竞争群体之间的相互学习与适应这条规律来解释下述三个历史型态。第一,亚欧大陆上规模最大、实力最强、构成最复杂的游牧或半游牧帝国都出现在中国的边境上,例如,匈奴、突厥、蒙古与清朝。总之,中原王朝在其鼎盛之时,国力往往非常强大,游牧国家要想在中国周边站稳脚跟,就不得不努力地适应与学习。再者,中国以高效著称的帝国官僚体系肯定会对野心勃勃的游牧帝国统治者有所启迪,他们因而会仿效中国的体制[3]。最后,游牧帝国缔造者自己或者他们的前辈往往都曾经是受到中原王朝任命的镇守边疆的官员。这些戍边武将熟谙中国的文化与行政制度,也雇用汉人作为他们的幕僚。当中原王朝日渐衰落,无法对边疆地区予以有效辖制之时,这些对中国熟悉的戍边武将或其后裔就会以中国的帝国体制为模版着手建立他们自己的帝国。综合来看,上述这些因素都会导致中国边疆地区不时出现一些非常强大的游牧帝国。

　　第二,草原游牧群体的军事实力再强大,也没有能力建立一个跨越长城内外长久存续的帝国(除了短暂的元朝)。在中国历史上,反而是军事实力并不强大的东北部半游牧国家在游牧国家和中原王朝的地缘政治冲突中渔利[4],并多次建立国祚绵延的帝国,统御长城内外(比如,拓跋氏的北魏王朝、契丹人的辽朝、女真人的金朝,以及满人的清朝)。东北部族很少处于游牧国家与中原王朝地缘政治竞争的前沿。当后两者

---

[1]　能将游牧群体的作战技术与中原汉人的组织技术及其他技术结合在一起,是蒙古人成功背后的原因。屡次兵败于蒙古军队后,金国的哀宗皇帝(1224—1234 年在位)深刻地认识到"蒙古人之所以能够频繁击败金,是因为他们的马匹更好,并且得到中原技术的支持"(陈振 1995,第 365 页)。金王朝由身为半游牧的女真人所建立。当金王朝统治华北大部约一个世纪以后,金人大多成为定居人口。

[2]　《史记·卫将军骠骑列传》(第 2921—2948 页)。

[3]　比如,辽、金、西夏这三个强大的深受中原汉人影响的半游牧帝国都曾在政治和军事上主导过蒙古诸部,这想必会极大地激发起成吉思汗扩张蒙古帝国的雄心壮志。

[4]　不像贫瘠的北方大草原,满洲的东部草原上遍布森林与可耕种的土地,因而使生活在这里的游牧群体可以发展混合经济(王明珂 2008,第 195—219 页)。

的军事实力都很强大时，东北地区是两者军事竞争的缓冲地带，于是，东北部族也就成了在更广阔的地缘政治图景中双方都可以利用和控制的一枚棋子。不过，东北部族所处的这种边缘地位也为他们提供了机会，使他们得以吸取双方的优长之处。历史上，在中国东北部的满洲地区，经常会出现一些同时受到中原王朝以及游牧邻邦影响的小型王国[①]。当中原国家或草原游牧国家衰弱或瓦解时，东北地区的小型王国就趁机开始扩张，并发展成为大型帝国。由于东北部族既熟悉中原文化，又通晓游牧文化，且他们在军事与人口上均处于相对劣势，所以，他们所建立的帝国通常在与中原汉人和游牧群体打交道时，要比中原王朝或者游牧帝国都显得更具适应性，也更有策略性。要言之，恰恰是因为东北半游牧部落所处的夹缝位置（interstitial status），以及由此造成的军事上的相对劣势，反倒使其常常成为东北亚地缘政治竞争中出人意料的胜出者[②]。

第三，18 世纪时，清朝、俄国、准噶尔三大帝国在地缘政治舞台上相互对峙、竞争。在当时的情形下，准噶尔是不是还有机会能与清王朝长期竞争下去呢？历史学家濮德培（Peter Perdue）给出了肯定的回答。他认为双方都有"许多机会"战胜对手，并称"清朝之平定准噶尔并非是不可避免的事情"[③]。我对游牧—中国关系的理解在很大程度上受益于濮德培有关 18 世纪清朝与准噶尔之间战争的精辟论述，但我们或许也不应忽视社会学对此问题能给出的一些洞见：准噶尔之于清朝，绝不像匈奴之于汉朝，抑或突厥之于唐朝，后两者至少可以给其对手造成足够的压力。而清朝在当时国力强盛，有能力派大军驰骋数千里深入准噶尔腹地，而准噶尔却无法作出同样的回击。换言之，准噶尔在对清朝的战争中从未真正占据过上风。不仅如此，准噶尔所要面对的是一个比明代的中国强大许多倍的对手。与明代的汉人政权相比，清王朝对主导亚洲内陆抱有雄心，而且，他们更熟悉游牧部落的社会与政治，对分化和统治草原游牧群体自有一套更高明的手腕。最后，就如我们之前所提到的那

---

① 此外，深入满洲地区的有学识的汉人也对这一地区早期游牧王国或帝国的建立与发展起到过积极的作用。

② 某种程度上讲，这一点对蒙古人也是成立的，因为金人消灭了契丹人的辽王朝之后造成了权力真空，蒙古人正是从这种缝隙中逐渐发展壮大起来的（杰克逊 Jackson 2009，第 26 页）。身处大型农业帝国之间的夹缝地带会迫使并激励游牧部落建立自己的帝国。

③ 濮德培 Perdue（2005，第 9 页）。

样,对于游牧帝国而言,一旦魅力型领袖去世或者他们不能再成功地进行掠夺,帝国就很有可能陷入内乱并最终解体。准噶尔汗国的不幸之处在于当其鼎盛之日,恰是清王朝国力如日中天之时[①]。换句话说,清朝能够征服由绰罗斯·噶尔丹(1671—1697 年在位)所缔造的准噶尔汗国,主要是因为此时的清朝正经历着康乾盛世这个长达百年、稳定繁荣的王朝中期阶段——拥有类似的王朝中期强盛阶段也是中国几大王朝所共有的典型特征,而在准噶尔一方,当其统治者无法赢得与清朝的战争,准噶尔贵族就会趁机发难,于是帝国之中内乱不断,国力便逐渐削弱下去了[②]。和濮德培一样,我也认为沙皇俄国势力的兴起会加速准噶尔的灭亡[③]。不论沙俄在清朝与准噶尔的战争中居于怎样的地位,在沙俄兴起之前,倘若游牧群体被中原王朝打败,他们尚可以撤回到大草原的深处,在那里,他们仍可继续他们的游牧生活,生息繁衍,积蓄力量,直到中原再一次衰弱后再反攻回来。然而,到了 18 世纪,沙俄占据了西部的大草原,这就让清朝可以在其兵锋尚可到达的范围之内将准噶尔的势力彻底消灭。清朝和沙俄,这两大农业帝国能够从亚欧大陆的两侧同时挤压和限制准噶尔并不是一种历史的偶然。由于农耕定居文化有着较强的累积能力,故而,农业国家在社会组织和技术的发展上越来越领先于草原游牧国家,而这就造成了两者截然不同的历史结局[④]。

小　结

本章解释了为什么历史上游牧或半游牧起源的帝国虽然多次统治

---

① 在当今学界,为了强调那些在西方崛起之前出现的欧亚帝国,比如清帝国、沙俄帝国与奥斯曼帝国,与早期现代(early modern)欧洲帝国在其性质、发展与帝国建构过程中做法上的相似之处,给上述亚欧帝国贴上“早期现代”的标签成了一种流行的风尚。不过,倘使我们对清帝国稍加考察,就会发现它虽然在制度、经济、文化上取得了令人瞩目的成就,且已在 19 世纪早期之前,即已成为欧亚大陆上第一流的帝国,但是,它的发展轨迹却与西欧帝国并不相同。没有西方帝国主义的影响,清帝国绝无可能自动摆脱儒法国家的政治文化框架并走上工业资本主义和工业现代化的道路(见本书第十三章)。相较于近代欧洲的帝国扩张,清代的军事扩张更类似于西汉时期的军事扩张。简言之,虽然传统欧亚帝国与“早期现代”欧洲帝国的军事扩张活动发生在大约**相同**的时期,但它们各自的历史模式和前景却是完全**不同**的。

② 狄宇宙 Di Cosmo (2009b,第 352 页);濮德培 Perdue (2005,第 270—272 页)。

③ 濮德培 Perdue (2005,第 161—173、211—227 页)。

④ 因此,1500 年后,内亚大草原延伸到欧洲的部分成为奥斯曼帝国、奥匈帝国与沙俄帝国的领土,绝不是偶然的(麦克尼尔 McNeill 1964)。

中国,但却无法从根本上改变中国的儒法国家政治体制或其文化。本章还解释了几千年来游牧—中国之间地缘政治竞争的动态发展模式。本章的解释建立在三组结构性因素及其相关机制的相互作用之上,即,气候与生态环境、双方统治者的思维方式,还有最为重要的一条,那就是游牧者与农耕人群由于各自环境条件、生产模式与社会政治组织形态的不同而拥有的比较优势。历史上,游牧者与农耕人群各自轮番享有的比较优势,不仅勾画出游牧—中国之间地缘政治关系的轮廓,同时也为游牧国家在中国乃至亚欧大陆各地的最终衰亡播下了种子。

第十二章
新儒学与"儒家社会"的到来

　　有唐一代,尽管豪门望族的势力日益衰落,但直到唐代中期,它们仍继续影响着政治的走向①。也还是在唐代,尽管佛教的政治影响力与大分裂时代相比衰退了许多,且佛教在中国也日趋本土化,但其影响却依旧遍及社会生活的方方面面,以至于在一些儒家学者的眼中,佛教还仍是威胁②。只有到了宋代,贵族化的"门阀大族"(great families)才完全消亡,儒家思想才变得不仅更具影响力,也更加深入地渗透到社会的每个层面。宋代能有这样的新发展与新变化,离不开新儒学的兴起以及科举选士制度的发展。在这一章,我将探讨的是科举制度在宋代的扩大,以及随之而来的新儒学社会影响力的不断增强。这段历史表明,唐代以后中国的政治力量与意识形态力量之间发展出了愈发紧密的共生关系。

儒学的复兴

　　"新儒学"(Neo-Confucianism)是一个西方人发明的概念。狭义上

---

①　包弼德 Bol(1992,第 36—48 页)。豪门望族的地位一直延续到北宋早期。

②　除唐武宗外(840—846 年在位),唐代皇帝大多支持佛教。唐朝也是佛教哲学发展的黄金时代(沙夫 Sharf 2002,第 5—6 页)。除了韩愈及其追随者,大多数唐代学者对捍卫儒家正统的热情远不及宋代学者(麦大维 McMullen 1988,第 250—262 页)。在武宗灭佛期间,归俗僧尼达 265000 余人,摧毁大型寺院 4000 多所,小型佛庙 40000 余座,收没良田数千万顷,奴婢 150000 人(包弼德 Bol 1992,第 22 页;葛兆光 2001,第 141 页)。从这些被朝廷查没的财产与奴婢的数量,足见唐代佛教规模之庞大。另请参阅谢和耐 Gernet(1995)与威斯坦因 Weinstein(1987)有关唐代佛教发展历程的研究。

讲，它仅仅指的是宋代的"理学"①，其影响在北宋时代即已初露端倪，并在此后塑造着明、清两代的政治、社会与思想环境。但从广义上讲，新儒学又指的是一场肇始于唐代晚期的儒学复兴运动②。这场运动在北宋时代的声势日隆要归功于多方面的因素，它们包括科举制度的扩张与其重要性的不断提升，雕版印刷技术的发展与书籍出版业随之而来的繁荣③，还有当时相对开放的思想环境④。随着儒学复兴运动的推进，涌现出各种各样的学说与学派，它们大体上可以被分为两类，一类带有实用主义/功利主义的倾向，另一类则偏于理想主义。而宫廷政治的诡谲多变、朝中派系的明争暗斗，儒士之间的私人恩怨以及他们在处理政府和社会诸多实际问题时的政见分歧⑤，都进一步加深了思想智识领域的分化，也使儒学复兴之历史变得异常复杂，以至于想要在寥寥数页之内对其予以详尽阐述几乎是不可能办到的事情⑥。但是，除了像陈亮（1143—1194）与叶适（1150—1223）⑦这样一些"事功学派"的思想家，儒学复兴运动中的学者们或多或少都拥有以下一些共同点：

第一，自北宋之初，儒家学者就发展出了强烈的使命感和社会责任感⑧。

---

① 陈荣捷（1986）；狄百瑞 de Bary（1981、1989）；墨子刻 Metzger（1977）；孟旦 Munro（1988）。

② 包弼德 Bol（2008）；蔡涵墨 Hartman（1986）；葛艾儒 Kasoff（1984）；刘述先（1988）；牟复礼 Mote（1999，第 144—149 页）；田浩 Tillman（1992）；余英时（2004）。

③ 自宋代起，中国就一直延续着高度商业化的印刷出版文化（贾晋珠 Chia 2002；周启荣 2004；杜希德 Twitchett 1983）。在明代晚期，金陵的印刷出版商就有 180 家，其中一些规模还很庞大（贾晋珠 Chia 2005）。

④ 据野史记载，宋太祖赵匡胤曾密镌一石碑，立于太庙寝殿的密室中，碑铭告诫后代君主不得诛杀大臣、言官。凡逢节庆祭祀或新君登基，宋代的皇帝都要到密室中默诵碑文，此时，只允许不识字的宦官与皇帝同入密室，以避免外人得知碑文的内容。到 1126 年，金兵攻破宋都汴梁，此碑的秘密才被发现。北宋时期，文官倘若在朝中失势，一般可能只会被贬谪。据我所知，在北宋，没有哪位身居高位的文官是因为政治原因而被处死的。根据余英时（2004，第 383—386 页）的研究，宋代皇室优待文官的家族训诫使宋代的士大夫享有中国历史上罕见的言论自由。

⑤ 比如，在处理与辽、金关系的问题上，南、北两宋的学者与官员分裂成主战与主和两派。

⑥ 李瑞 Levine（2008）；余英时（2004）。余英时（2004，第 7 章）精彩地阐述了政见之分、党争与士大夫的个人性格等因素如何相互交织，影响着宋代政治和思想史的发展。

⑦ 实际上，陈亮、叶适也有许多观念是与其他宋代新儒家相一致的。只是他们的哲学更强调社会与政治层面的效用，而其理想主义倾向的学者则一般将个人修养摆在首位。参见田浩 Tillman（1982）关于陈亮与朱熹（1130—1200）之间著名的"王霸义利之辩"的评析。

⑧ 他们的使命感植根于他们对抑制佛教影响的渴望，对增强国家实力的欲求，以及更根本的，对重新寻回失落千载的所谓"斯文"的强烈愿望（包弼德 Bol 1992；葛艾儒 Kasoff 1984；韦政通 2003，第 28—39 页；余英时 2004）。值得重申的是，宋王朝是一个经济富足但军事软弱的国家。即使是在其全盛时期，宋朝也常被辽与西夏所打败，因而不得不以巨额岁币与敌国媾和。

范仲淹(989—1052)有言:"先天下之忧而忧,后天下之乐而乐。"这句话堪称儒家理想主义者的座右铭。儒家的理想主义者们不仅强调个人修身,也重视实际事功。他们认为真正的儒家士大夫无论居庙堂之高,抑或处江湖之远,都应修身立德、和睦乡邻、诲人不倦。"修身、齐家、治国、平天下"①成为新儒学的道德准则。

　　第二,宋代的新儒家一反汉儒对儒家思想的解读。汉代的儒家遵循荀子(约前313—前238)的学说,认为人性本恶,个人必须通过后天的教育与规训才能成就道德人格;与汉儒不同,宋儒以孟子为师,尤其推重他的"性善论"。孟子思想的内核虽主张人性之善与生俱来,但也强调没有人生来就拥有完美的道德。在孟子看来,人唯有通过不懈的自我修养方可臻于至善之境。汉儒大多推崇《诗经》《尚书》《礼记》《易经》与《春秋》这五部经典(即"五经"),而宋代新儒学的学者们则将《论语》《孟子》《大学》与《中庸》定为儒生需要修习的"四书"②。比较汉儒的"五经"和宋儒的"四书",显然,宋代新儒家们从西周遗产以外的经典中发掘出了许多东西③。

　　第三,新儒学的学者们偏重形而上的玄思,而这一般是佛家的特点,在中国古代思想家中是相当少见的。尽管新儒学复兴运动的出现至少有一部分是为了抵抗佛教的出世思想,但许多宋儒中的头面人物皆与佛教人士过从甚密,且他们也大多精通佛家学说④。佛教思想的博大精深促使宋儒将佛家的概念与思维方式融入他们自己的哲学思考。在宋代各学派的思想中,理学的本体论大致可以被概括为两条:一是程颐(1033—1107)所提出的"理一分殊";二是朱熹所诠释的"格物致知"。宋代的理学家认为,因为"理"显现在万事万物的"分殊"之中,那么,一个人

---

① 此语出自"四书"之一的《大学》。"四书"是宋代新儒家所编定的儒家经典。

② 《大学》与《中庸》是《礼记》中的两章(《十三经注疏》,1980年)。见加德纳Gardner(2007)的"四书"英译本。

③ 但这不意味着新儒家轻视或忽略了"五经"。例如,朱熹就曾撰写过两部关于《周易》的著作(包弼德Bol 2008,第227页)。从重视"五经"到强调"四书",这种转变更多是教学内容上的,而非哲学思想上的。

④ 艾朗诺Egan(1994,第6章);葛艾儒Kasoff(1984,第14—17章)。例如,范仲淹、欧阳修、王安石、苏轼、张载、程颢及朱熹都与佛教徒有密切的交往,且通晓佛教典籍。而当时的佛教僧侣也尽可能使其讲授的内容与儒家伦理相兼容(余英时,2004,第64—109页)。

要想真正了解"理"，就需要到自然界和人类社会中去探求[①]。而朱熹则在程颐的基础上又加了一条"格物致知"[②]。值得注意的是，对于新儒家而言，"理"仅仅指的是道德原则；而朱熹和他的追随者们之所以对"物"——即，人类社会与自然界中的具体事物——抱有兴趣，乃是因为在他们来看，通过"格物"可以揭示出普遍的人性之"理"。虽然，朱熹的"格物"听上去似乎指向了一种经验性的研究，但实际上，"格物"与我们今天所理解的科学研究没有任何关系[③]。

儒家社会的兴起

新儒学并不仅是一种哲学学派。宋代的新儒家们很清楚，要想扩大和提升新儒学这一意识形态在社会中的影响力，他们就必须得到制度和组织层面上的支持。在宋代，许多大儒本身就是某些社会制度的缔造者，尽管宋儒的着力点在南、北两宋有所变化。北宋时期的大儒多把精力集中在强化科举制度上。为此，他们上书朝廷，主张在州府郡县建立官学[④]。迨至南宋，新儒学的学者们则更愿意在乡野之间开设私学[⑤]。在宋儒的努力下，以及在科举考试的重要性日益凸显的情形下，儒学比以往任何时代都更深地渗透到中国人生活的所有领域，这样便造就了一个儒家社会[⑥]。

---

① 当时，其他的新儒家学派并不都持有和理学一样的本体论。"心学"即是理学的一个重要对手，其核心人物是陆九渊（即，陆象山；田浩 Tillman 1992，第 187—230 页）。更重要的是，陆九渊对朱熹"格物致知"的批评主要有两点：其一，既然自然界和人类社会由无数"分殊"所构成，那么，一个人终其一生也不过只能"格"有限的事物，想以此来探求普遍之"理"，毋宁说是在浪费时间；其二，朱熹认为自然界和人类社会遵循的是相同的"理"。但在陆九渊看来，即便自然界与人类社会有关系，关系也不大。而且，一个人对其"周遭自然环境的认识与他的内在良知没有任何关联"。因此，要认识和达到至善之境，"一个人所需要做的只是反躬自省、正心诚意"（林顿 1971，第 223 页）。
② 此语亦出自《大学》。
③ 科恩 Cohen（1994，第 454 页）。
④ 官学教师的收入既有政府给的薪俸，也有学生交的学费，但至于他们是否只靠这些收入生活，我们就不得而知了。
⑤ 并不是所有的新儒家学者都意识到书院制度的价值或认可其必要性。比如，陆九渊本人就从未创办过任何书院，而其弟子则有这样做的。
⑥ 本书之所以将宋代及宋代之后的中国社会称为"儒家社会"，仅是因为，在新儒学兴起后，儒家的理念与制度得以更深入地渗透到中国社会之中。

科举制在隋、唐两代萌芽之初规模还较小①。但到北宋时期,科举制成了一项正式的社会制度。它对新儒学的传播以及政府官员的选拔都起到了至关重要的作用。宋代社会也对科举制度的这种发展迅速予以回应:公元 977 年,大约只有 5200 人参加了省试(或殿试)②,但到公元 992 年,这一数字则上升到 17300 人③。至于比省试低一级的解试,考生数目则从 11 世纪时的 80000 人增长到 13 世纪时的 400000 人④。相对于那些有资格参加解试的考生,可以想象,他们每一个人的背后一定还有不少学子虽也曾为此而学习,但却没能达到参加解试的门槛。科举考试在宋代一定已经"深入到中国各地的每个角落,而各地参加考试的儒生也一定比从各级考试中脱颖而出的佼佼者们多出许多"⑤。

科举制度对宋代社会的影响一直是学术界争论的焦点。学者们的一个重要分歧就在于宋代的社会向上流动究竟达到了怎样的水平。柯睿格(E. A. Kracke)发现,在宋代的进士中有半数以上的人,其父辈三代均没有在朝为官的,据此,他认为当时的中国社会具有较高的社会流动性⑥。但在另一方面,如果从其他一些社会指标来看,比如家庭财富、

---

① 有唐一代,取得进士功名的考生共计 6427 名(史念海 1995,第 911 页)。但在 737 年,政府主要官员中进士出身者仅占 2.5%。如果我们将那些在更低级别的考试中获得功名的考生也都算上,那么,唐代各时期的官员中身有科举功名者大概不会超过 15%(贾志扬 Chaffee 1995,第 15 页)。

② 宋代科举考试是等级化的。简单来说,考生先要在自己所属的州府参加考试(即,"解试";唐、宋时,州府一级的考试为"解试",到元、明、清时则被称为"乡试"。——译者)。解试合格者即成为"举人"。举人有资格参加三年一度在京城举行的"省试",合格者被称为"进士"。最后的"殿试"会根据进士们在策问文章以及应对考官提问中所展现的学识与才华来排出名次。

③ 为了进一步表明科举考试是入仕当官的一种通道,宋太宗(976—997 年在位)在公元 977 年共录取 507 名进士。不过,后来当朝廷发现考取功名者多过所需的官员数目时,省试则改为每三年举行一次,考试通过的门槛也被大大抬高了。根据贾志扬 Chaffee(1995,第 25 页)的统计,1213 年,官僚系统中有进士功名的人占 40.8%。

④ 葛兆光(2001,第 271 页)。北宋时期的人口在 11 世纪末大约有 7000 万到 8000 万之间。南宋王朝人口规模稍小,到 13 世纪,其人口总数最多时大约有 5000 万人(赵文林与谢淑君,1988,第 7 章)。换句话说,虽然宋王朝的人口数量减少了,但参加初级科举考试(解试)的考生人数却增加了 5 倍(见贾志扬 Chaffee,1955,第 50 页)。

⑤ 韩明士 Hymes(1986,第 4 页)。包弼德 Bol(2008,第 222 页)估计,从南宋开始,中国大约有 10% 的成年男性人口都接受过一定程度的教育。到清代,中国南方的许多村庄都设有教授读书写字的乡塾,但只有文脉深厚、英才辈出的地方才有能力兴办可以培养学生走上科举入仕之途的学堂(弗里德曼 Freedman 1966,第 71 页)。另参见贾志扬 Chaffee(1995);艾尔曼 Elman(2000);李弘祺 Lee(1982);罗文 Lo(1987)有关宋及其后历代科举考试方面的更多讨论。

⑥ 柯睿格 Kracke(1947、1953、1967)。

父母双方家庭成员的社会地位、姻亲家族的社会地位等，柯睿格的批评者们则认为宋代中国的社会流动性很低[1]。虽然在宋代乃至宋代之后，中国社会的流动性究竟如何仍是一个悬而未决的问题[2]，但持有正、反两种观点的学者能够达成共识的是，自宋以降，个人的成功与社会地位不再仅仅取决于财富或者出身背景，而取决于个人在科举考试中所取得的成绩[3]。正因如此，世家大族及其文化才逐渐走向消亡[4]，而"儒""贤""士"几乎成为同义词。

北宋一朝为应试的儒生开设官办学堂 430 余所[5]。1022—1085 年间更是兴办官学的顶峰。这反映出当时的政府为了满足日益增长的教育需求作出了不少努力[6]。经由官学教育，越来越多的人接触到新儒学的学说[7]。在儒生中间，那些通过省试的儒生自然可以走上仕途，而至于其他那些只通过了解试，或虽寒窗苦读却没能考取功名，再或者考取功名却不愿为官的儒生，以及那些告老还乡的儒家官员，实际上都成了当地社会中的领袖人物。

官学教育的发展、科举制度的扩大，连同南宋时期各地新儒家私人书院的建立共同促进了"士绅阶层"（gentry class）的出现，且在明、清两代，这一阶层的人口数量与社会影响力都达至巅峰[8]。不同于英国的绅士，中国的士绅是通过教育而非土地与财富来获取社会地位的，而且，中国士绅的地位也不像英国的绅士那样可以世代相袭[9]。士绅是地方生活中的领袖，他们谨庠序之教，申孝悌之义，扶危济困，仲裁纠纷，督修和维护地方上的道路、桥梁和水利工程。士绅们奔走活动于国家与社会之间，承担所有这些社会职能，全然出于他们的自愿，同时，他们代表地方利益（或他们自己的利益）去参与当地的税收、治安以及与地方有关的国

---

[1] 贝蒂 Beattie（1979）；赫若贝 Hartwell（1982）；韩明士 Hymes（1986）。

[2] 何炳棣（1964，第 1 章）；魏伟森 Wilson（1995，第 24—25 页）。

[3] 韩明士 Hymes（1986，第 3 页）；宫崎市定 Miyazaki（1981，第 9 页）。

[4] 包弼德 Bol（1992，第 34 页；2008，第 32—42 页）。

[5] 贾志扬 Chaffee（1995，第 75 页）。北宋时，也有一些私人开设的书院，但到南宋时期，私人书院的数目增多了不少。在明、清时，官学系统同样也得到了扩张（包弼德 Bol 2008，第 234 页；王凯旋 2005，第 43 页）。

[6] 在宋代，学生就读于官学所需的食宿花销大部分由国家承担（李弘祺 Lee 1989）。

[7] 北宋官学在其鼎盛时期约有 20 万名学生就读（贾志扬 Chaffee 1995，第 78 页）。

[8] 在 19 世纪早期，士绅阶层及其家族成员约有 550 万人，占当时中国总人口的 1.3%（张仲礼 1955，第 113 页）。

[9] 张仲礼（1955，第 3—6 页）。

策建议等诸多事务①。

不幸的是,公共教育的发展壮大生产出越来越多得以通过考试的儒生,乃至这些儒生的数目远远超出了官僚体制的接纳能力②。随着人才市场的膨胀,科举考试的难度也在不断增大,于是,更多的读书人只有能力通过最低级别的考试,而许多人甚至连这一级的考试也无法通过。这些仕途无望的儒生不得不靠别的手段来谋生,他们可能成为私塾的塾师、官府中的刀笔小吏、富户豪门的管家,也可能去做礼生、医生、商人或者账房先生,他们中还有些人以创作供人们消遣娱乐的小说与戏剧为生。不过,即便儒生们从事的是这些职业,他们依旧在社会中传播着儒家文化③。尽管有很多士绅或读书人过着清贫的生活,为了生计不得不从事各种职业,而且他们也会阅读许多异于儒家正统的书籍,但作为一个阶层,他们之所以能在社会上具有影响力,乃是因为他们熟知儒家的学问。这些儒生自小就浸淫在新儒学的教育中,他们自然会去宣扬那种已融为他们"第二天性"(second nature)的新儒学思想。他们也就成为了新儒家社会的一个重要基础。

官学教育不是新儒家社会兴起的唯一的制度性因素。宋代的儒家们在提倡新儒学的同时,也意识到官学教育存在的两个问题。首先,虽然科举考试有利于儒学的发展,但为了做官去读书或考试是一种高度工具化的行为(即,一种自利行为),这违背了新儒家的初衷④。其次,新儒学既缺乏像佛寺佛庙那样可以深入社会、扎根于平民百姓之中的基层社会组织,也没有一套可以定期反复践行以培养人们宗教情感的仪式活动⑤。由于这两个问题的存在,宋代的新儒家们便开始有意识地从佛教的组织制度中努力汲取经验,他们发展出了一套可以传布儒家思想和文化的制度与实践活动,这在中国历史上留下了浓重的一笔。

自北宋之初,儒家学者即着手兴建私人书院以传授儒家学问,到南

---

① 张仲礼(1955,第51—70页)。

② 从1046年至1213年,宋代文官官僚机构仅增加了几千人(贾志扬 Chaffee 1995,第 27 页)——这远少于科举应试者人数的增长。

③ 葛兆光(2001,第 277 页);马伯良 McKnight(1971)。

④ 李弘祺 Lee(1989)。

⑤ 伊佩霞 Ebrey(1989)。

宋之时，他们在私学教育上付出了更多的努力①。像岳麓书院、白鹿洞书院这样的大型书院在其鼎盛时期容纳学生达千人之多②。尽管书院的创办者意识到为科举考试而读书的种种弊病，但他们并不是在根本上反对科举考试③。在这些私人书院中，创办者们只不过希望能教授学生真正的儒家学问与道德④。此外，佛教的组织制度也深深地影响了私人书院的兴起与建设。某种程度上，宋儒开办书院的想法是受到了佛教道场的启发；许多书院同佛教道场一样选择在幽深静寂之地开坛授课⑤，甚至还有一些书院沿用了禅宗的教授方式⑥；最后，这些书院格外重视践行儒家的礼仪与仪式，并将之作为其教学的一个部分，这就如同佛教寺院对佛教仪轨的重视一样⑦。

除了兴办书院以外，宋儒还以其他一些方式来推动新儒学的发展⑧。比如，他们编撰家礼，建立乡村宗族组织，依据新儒家伦理制订乡约来管理宗族事务⑨，培养宗族中人们识文断字的能力⑩，提倡以儒家伦

---

① 宋代的私人书院至少有 425 所，其中逾 300 所为南宋时期所建（贾志扬 Chaffee 1995，第 89—94 页；陈振 1995，第 991 页）。许多大儒与地方官员都参与了私人书院的建设，单是朱熹一人就建立了 9 所书院（田浩 Tillman 2003，第 475—488 页）。当时的私人书院多是由在政府中任职的新儒家所建立的，其中的大多数会得到国家的经济支助（陈振 1995，第 990—992 页）。士绅—儒生对儒家教育的大力倡导一直延续到明、清两代，而在此期间，国家有不同程度的参与（艾尔曼 Elman 与吴才德 Woodside 1994；包弼德 Bol 2008）。

② 陈振（1995，第 991 页）。

③ 贾志扬 Chaffee（1995，第 89—94 页）。

④ 虽然朱熹担心"应试教育"的恶果，但最讽刺的是，他的哲学却被抬升为一种国家意识形态，他所编纂的新儒学著作成了后世科举考试的标准教科书和命题来源。

⑤ 陈荣捷 W. Chan（1989，第 389—393 页）。

⑥ 陈振（1995，第 991 页）。

⑦ 据万安玲 Walton（1989，第 472—479 页）研究，南宋时期，许多私人书院在定期举办儒家仪式时，会用到大量礼器、礼服，通过这些繁缛的仪式活动来强化儒家的思想观念。

⑧ 伊佩霞 Ebrey（1989，1991a，第 68—73 页）。

⑨ 朱鸿林（1993）；郝康迪 Hauf（1996）。不过，宗族组织是渐进式发展的，自明代中期之后才壮大起来（科大卫 Faure 2007；何安娜 Gerritsen 2007，第 9 章）。

⑩ 南宋时期已经出现了一些童蒙读物，比如《百家姓》、《劝孝文》、《劝学文》和《谕俗文》等（葛兆光 2001，第 276—277 页；吴百益 1989）。朱熹所著的《家礼》则被普遍视为一部可以提供婚礼、丧礼、祭礼等重大礼仪活动标准仪式流程的工具书（伊佩霞 Ebrey 1989，第 296 页）。英译本参见伊佩霞 Ebrey（1991b）。

理为基础的蒙学教育①，移风易俗②，领导地方的公共事务，组织赈灾救济③，处处以新儒家道德的标准行为处事，表率乡邻④。宋儒的这些努力极大促进了新儒学更深入地渗透到社会生活的方方面面。而所有这一切无不折射出佛教对儒家的影响。新儒家认为，只有通过教育以及在婚葬、节庆、祭祖等场合不断践行新儒家的礼仪与仪式，儒家才能限制佛教对中国社会的影响⑤。儒家礼仪的实践活动使得"儒家家庭也沾染了某些佛寺般的精神气质"⑥，这不仅有利于新儒家社会的兴起，同时也增强了儒家思想文化的类宗教的影响力，并激励着儒家学者进一步探求道德秩序的终极来源⑦。

儒家社会中的国家力量

不少西方学者把新儒家的这些社会实践活动描述为一种试图与国家建立新型"社会契约"（social contract）的努力⑧，还有人将之视为"公共空间"（public space）在中国的萌芽⑨。更有人提出，由于新儒家自发性的社会实践活动的扩张与渗透，晚期帝制中国（late imperial China）的国家力量经历了一个缓慢退出地方社会的过程⑩。但我必须指出的是，

---

① 在宋代，童蒙教育备受重视，蒙学教育书籍得以出现，比如朱熹的《童蒙须知》和吕本中的《童蒙训》。见白莉民（2005）、艾尔曼 Elman 与吴才德 Woodside（1994）关于新儒家蒙学教育的讨论。

② 伊佩霞 Ebrey（1995）。

③ 某些新儒家建立义仓、发展宗族财产（如族田、义庄等）以及其他社会福利，以此来救贫济困（达德斯 Dardess 1974；李文治、江太新 2000；杜希德 Twitchett 1959；万志英 von Glahn 1993；万安玲 Walton 1993）。

④ 到清代，国家为了加强对乡村社会的统治，建立了与士绅主导的乡村自治组织并存的保甲（警察系统）和里甲（税收系统）。为了削弱士绅阶层在地方社会无所不在的影响力，国家规定士绅不得当保长、甲长（萧公权 1960，第 67 页）。

⑤ 伊佩霞 Ebrey（1989，第 283 页）。另外，伊佩霞 Ebrey（1993）还曾评析过北宋儒家对佛教丧礼大行其道的警告，以及由此导致的国家对佛教丧礼仪式的管控。

⑥ 克里和 Kelleher（1989，第 250 页）对朱熹在推进儒家礼仪活动方面的努力有过评论。我认为他的评论同样也适用于大多数其他的新儒家学者。另见弗里德曼 Freedman（1958、1966）的著作。关于儒家在 20 世纪中叶之前一直对乡村一级中国社会发挥的持久影响，该书给出了不少证据。

⑦ 泰勒 Taylor（1990）；汤普森 Thompson（1990）。

⑧ 谢康伦 Schirokauer 与韩明士 Hymes（1993，第 3 页）。

⑨ 兰钦 Rankin（1986）。

⑩ 谢康伦 Schirokauer 与韩明士 Hymes（1993）；万志英 von Glahn（1993）。

在南宋、晚明和晚清,地方自发性(local voluntarism)各有其不同的形成背景。以下,我将先对晚明和晚清的情况加以简要说明,然后再回过头来,重点谈一谈南宋时期的地方自发性。在清代晚期,太平天国起义后,国家力量急剧衰退,种种社会问题接踵而至。在我看来,晚清时期的地方自发性源于儒家士绅阶层对这些社会问题所进行的回应①。但在晚明时期,地方自发性最引人注目的发展大多源自当时的思想运动。这些思想运动是士绅—儒生在面对愈发僵化的新儒家社会体制以及明代国家顽固的专制主义——不过,此时明帝国的国家力量已日趋衰落,几乎无力应对各种迅速出现的社会发展②——所作出反应的一部分。虽说晚明思想就其内容来说对新儒家正统学说的冲击可能要比马丁·路德的九十五条论纲对天主教教会的冲击激烈得多,但晚明的思想运动并没能造成新儒家思想世界的分裂,也未能立刻破坏儒法国家的政治框架,或从长远上对其带来损伤。尽管相较于近代欧洲,晚明时期"社会建构"的发展势头更令人印象深刻,但中国的社会建构是缺乏任何强有力的社会行动者所支持的,且中国的"社会建构者"们自己也缺乏用以捍卫其自身利益并使其成果得以制度化的独立自主的政治力量或军事力量(见第十三章)。

至于南宋时期的地方自发性,它在很大程度上塑造了中国后世王朝士绅阶层的角色及其自我认知。现在,就让我们对此作一番考察。如上所述,南宋的地方自发性发端于北宋时期既已兴起的新儒学。在南宋新儒学的思想氛围中,士绅阶层之所以自愿为社会的公共利益展开各项活动,与其说是由于他们丧失了"对国家能动性的信念"③,倒不如说是因为他们相信儒家化的社会才是儒家国家走向强大的最切实有效的基础④。南宋时期的儒家学者看重国家对他们的认可与支持,乐于见到国家参与到他们的事业中来⑤。在当时,大多数领导地方儒家活动的学者

---

① 例如,在太平天国起义所波及的地区,由于清政府无力提供安全保障,地方士绅便承担起组织地方团练、保卫乡里的职能(伊懋可 Elvin 1996,第 141—142 页;孔飞力 Kuhn 1970)。

② 历史学家卜正民(Timothy Brook)(2005,第 8 页)将这些社会发展称之为"社会建构"(society-making)过程。

③ 史乐民 P. Smith(2003,第 21 页);万志英 von Glahn(1993,第 221 页)。

④ 包弼德 Bol(2003,第 41 页)。

⑤ 根据余英时(2004,第 409—457 页)的研究,儒家学者,即便差别如朱熹和陆九渊那样大,也都同样十分推崇宋神宗(1068—1085 年在位)与王安石之间的君臣关系,他们渴望"得君行道",即,通过皇帝的支持来实现他们的政治主张。

同时也是或者曾经是政府中的高级官员。

对于南宋时期的地方自发性，同样真实的是：虽然儒家精英建立地区性社会组织依据的是新儒学的原则，但他们既不想也没有建立独立于国家权力的"公共空间"。以郑氏宗族为例，这个宗族深受新儒学思想影响，传承 15 代，绵延 350 余载（从南宋到明代），在其家法族规中甚至明确要求郑氏子弟要建立与朝廷官员的紧密联系，掌握有关政府职能与运作的第一手信息[①]。朱熹曾说"臣之事君，犹子之事父，东西南北，惟命之从，此古今不易之理也"[②]。朱熹是南宋时期新儒家社会建构运动中的领军人物，他的这番话精辟地总结了当时地方士绅自发性活动的思想基础。

尽管新儒家学者并非有意要创造一个独立于国家的"公共空间"，但在他们的帮助和推动下，新兴的宗族组织和私人书院却既是"地方性"的，也是"自组织性"（self-organizing）的，也就是说政府并未直接参与这些组织的日常运作。可以肯定的是，地方士绅的自组织活动所带来的结果常常是当初构思这些社会组织的新儒家们所始料不及的[③]。在晚期帝制中国的历史上，某些士绅为了一己私利使这些社会组织背离其宗旨并导致国家对此作出回应的例子可谓屡见不鲜[④]。虽则如此，无论地方社会组织的能动性，或是个人以私害公的事例，都不足以支撑那种认为国家力量因地方自组织活动而退出的观点。前现代帝国严重受制于它对地方社会有限的渗透能力，因而不得不采取间接统治的办法，并且需要依赖地方社会的能动性[⑤]。王安石（1021—1086）任宰相时的北宋政府曾试图通过改革来实现国家对地方社会在一定程度上的直接统治。不过，王安石变法以彻底失败而告终，导致这一结果的原因之一，即是当时的国家缺乏基础性硬件（infrastructural hardware）来使各项改革措施得以有效实行[⑥]。事实上，南宋儒家在很多方面都与王安石抱有相似的

[①]　达德斯 Dardess（1974，第 32 页）。

[②]　韦政通（2003，第 800 页）。

[③]　周绍明 McDermott（1999，第 328—329 页）。

[④]　张仲礼（1955，第 53—56 页）；瞿同祖（1962，第 185—190 页），萧公权（1960，第 124—139，175—179 页）。

[⑤]　克朗 Crown（1974）；恩格斯 Engels（1978）；曼 Mann（1986，第 5 章）。

[⑥]　李华瑞（2004，第 517—521 页）综述了分析王安石变法失败的文献材料。不过，这些文献都忽略了一点，那就是，国家唯有具备现代官僚体制，拥有和现代民族国家一样的社会渗透能力，才能推行王安石变法中最关键的一些改革措施。这就是说，对于前现代国家而言，王安石的改革计划带有强烈的乌托邦色彩。

目标，只不过，他们将更多精力转向地方①。尽管南宋士绅想要走的是一条自发性道路，但同样无可否认的是，他们和政府官员一样读的是儒家经典，持有相近的价值观念，甚至拥有类似的人生轨迹。在他们的领导下，地方社会中的士绅虽然在一定程度上享有自治权，但他们本质上仍效忠于国家。士绅阶层为当地社会提供了许多前现代国家由于其有限的渗透能力而无法提供的公共服务②。在人口迅速增长、商业化和城市化势头正劲的社会形势下，士绅阶层的存在使当时的国家不必大规模扩张官僚系统也可以实现对地方社会的有效控制③。以前的学者们通常认为，在宋及宋以后的中国，中央政府力量较弱，缺乏对地方社会的渗透能力④。虽然这种观点并非毫无根据，但它却忽视了很重要的一点：国家有限的渗透能力可以通过士绅阶层领导下的具有自组织能力的宗族社会得到补偿，而作为地方社会领导者的士绅——儒生则有着与政府官员一样的思考方式与价值观⑤。对一个社会渗透能力不足的前现代帝国来说，这一点无疑是这种社会可能取得的最伟大的成就⑥。

最后，虽然新儒家所建立的宗族组织和私人书院具有自组织性，但

① 有人认为新儒家的私人书院可对应于王安石的官办学堂，民办粮仓则类似于王安石青苗法那样可以平抑高利贷剥削农民的办法，而地方社会的乡约村规则将王安石提出的那种自上而下监管地方的保甲制度转变为自发性的社会契约。见包弼德 Bol(1993)；谢康伦 Schirokauer 与韩明士 Hymes(1993，第 16—23 页)；万志英 von Glahn (1993)。

② 张仲礼 (1955，第 51—70 页)；瞿同祖 (1962，第 10 章)。

③ 例如，宋代与清代的官员总数都大约为 2 万人，但中国人口总数却增加了 4 倍，从 12 世纪末的 1 亿增长到 19 世纪早期的 4 亿(赵文林、谢淑君，1988)。

④ 施坚雅 Skinner(1977，第 21 页)总结说"一个统一的帝国要想平稳维持到帝制晚期，就必须系统性地缩小基层行政职能的范围，并容许地方官僚政府行政效率的下降"。其他学者也有类似的见解(如，郝若贝 Hartwell 1982；兰钦 Rankin 1986；谢康伦 Schirokauer 与韩明士 Hymes 1993，第 1—58 页；斯考契波 Skocpol 1979)。

⑤ 艾尔曼 Elman (1990，第 16—26 页) 在分析明代的士绅、宗族与国家关系时，有过类似的结论。根据艾尔曼的研究，士绅同时是"国家的臣仆与地方社会的领袖"(第 16 页)。在他们的领导下，地方宗族组织"是在县级衙门治下的一股稳定乡村社会的强大力量，因此可以辅助地方官员的工作……宗族是国家在县级或县级以下的辅助性非官方机构"(第 25—26 页)。王国斌(1997，第 117 页)称"在物质福利与道德教化领域，国家与地方精英有着大致相同的目标。在 18 世纪，这一目标在整个农业帝国得以实现，是官员与精英在中央政府垂直管理的协调下共同努力的结果，如果中央政府没有完全控制这一过程的话"。科大卫 Faure (1999)与周绍明 McDermott(1999)在分析乡村仪式与乡约的出现和演进，以及地方乡绅和国家意识形态在此过程中之角色的形成与发展时，也有本质上相同的观点。

⑥ 必须强调的是，虽然不能简单地说中国的国家政府软弱无力，但它也并不是发展导向型的。像所有前现代国家一样，前现代中国国家是以维持统治为导向，而不以目标为导向的(施拉姆 Schram 1987)。

法律并没有赋予这些社会组织以捍卫其自身利益的自治权或其他合法权力,因而,它们的活动很容易就被国家所监督和掌控①。1200 年,朱熹去世后不久,国家即尊奉他的学说为儒家经典。到了 1313 年,元王朝则将朱熹生前所推重的四书及他为四书所作的注解钦定为科举考试的标准教材②。当朱熹的学说被抬升到国家意识形态高度之时,国家采纳的仅是朱熹的教学内容与学程次第,支持的也仅是新儒家的社会建构活动;至于朱熹的理学,对这类学问的研究在很大程度上仍属于知识分子个人兴趣的范畴。具有讽刺意味的是,尽管朱熹坚决反对为考取功名而读书学习,可后世儒生之所以对他所设的课业和学程亦步亦趋,却恰恰是为了在科举考试中取得优异的成绩。与此同时,正像宋代的儒家学者们所曾期望的那样,新儒学确实比之前更深入地渗透到社会之中,但这一过程却是以一种朱熹和他的同辈学人所从未料想到的死板与压抑的方式达成的。

儒家社会与宗教生态的多样性

不过,儒家社会的建立并没有让那些在中国处于强势地位的众多宗教及其他的思想文化传统就此衰落下去。对统治者和大多数的儒家学者而言,佛、道两教的教导开示仍然大有裨益,这些宗教因而可以得到儒家社会的包容与庇护③。另一方面,中国普通百姓的思维方式同样也是折衷性的。对于一般的中国人,在遵守儒家伦理的同时,既礼拜诸佛菩萨,又延请道士禳灾祈福实在是再平常不过的事,儒、释、道三家教义上的出入并不会对中国百姓构成丝毫困扰。在宋代的中国社会,一项引人注目的发展即是那种我们或可称之为"民间宗教"(popular religion)的

①　在 1195 年,朱熹与其弟子卷入了朝廷中的党争。当朱熹一派失去了皇帝的支持,他的学说就被斥为"伪学",并遭到官方否定,直到朱熹去世,也没有得到平反(狄百瑞 de Bary 1981,第一部分;谢康伦 Schirokauer 1975)。

②　朱熹著作的地位在明、清两代也是如此,直到清朝末年取消科举考试。

③　自大分裂时代后半期开始,中国的统治者就尽可能接纳佛教(以及道教)。宋孝宗(1163年—1189 年在位)所说的"以佛修心,以道养生,以儒治世"很好地总结和反映了南宋时期皇室对儒、释、道三教的态度(余英时 2004,第 67 页)。见葛瑞高利 Gregory 与盖兹 Getz(1999)关于佛教在宋代新儒家氛围下的发展。另见卜正民 Brook(1993)对明代中国士绅阶层支助佛教发展的分析。除了佛、道二教以外,伊斯兰教在帝制晚期中国也得到了统治者的宽容和支持(余振贵 1996);萨满教也长期存在于中国社会,并且在清末之前,一直是宫廷仪式的重要组成部分(狄宇宙 Di Cosmo,1999b)。

宗教形态随着新儒学地位的隆升变得愈发重要[1]。就其定义来看,中国的民间宗教是相对于所谓"精英"宗教或者"大传统"(例如,儒家和佛教)而言的一种宗教型态。各种形式的民间宗教也曾被人们称作"地方宗教"(local religion)[2]、"民俗宗教"(folk religion)、"普通人的宗教"[3],或者"小传统"[4]。此外,还有学者视民间宗教为一种弥散性宗教(diffused religion),这是因为其理论、仪式及组织紧密融合(通常是从属)于制度的概念与结构以及日常生活的实践活动中[5]。中国的民间宗教有许许多多不同的存在形式,且极为多变[6]。我们因此很难给它下一个简洁的定义[7]。在接下来的讨论中,我所说的民间宗教将包括所有那些或多或少受到佛教、道教和儒家的影响,但又不在这三种传统范围之内的中国本土宗教。

民间宗教在中国的广泛存在曾令许多之前研究中国的西方学者感到困惑[8]。由于受到以基督教为中心的宗教观之制约,西方研究者要么透过儒家传统观察中国社会,以为中国人从根本上来说是世俗的[9];要么则透过充斥着各种法术、神迹的民间宗教与道教,得出中国人极度迷信的结论[10]。尽管这种以基督教为中心的宗教观带有许多偏见,但西方人并不质疑民间宗教在中国的重要性。由此,便出现了这样一个问题:

---

[1] 伊佩霞 Ebrey 与葛瑞高利 Gregory(1993);韩森 Hansen(1990);韩明士 Hymes(2002);皮庆生(2008);万志英 von Glahn(2004);田海 ter Haar(1998)。

[2] 劳格文 Lagerwey(2004);欧大年 Overmyer(2009)。

[3] 姜士彬 D. Johnson(1995,第 viii 页);蒲慕洲 Poo(1998)。

[4] 桑高仁 Sangren(1984)。

[5] 欧大年 Overmyer(1986,第 51—54 页)。

[6] 姜士彬 D. Johnson(1995,第 viii 页)富有洞见地指出"中国'民间宗教'的一个重要特点在于其多样性,似乎它可以在地方社会发展出无数的变种"。

[7] 民间宗教某教派的信徒可能只是生活在某个或某几个村庄中的"本地"居民,或者是某个特定行业的从业者,但有时候,某种民间宗教也有可能会吸引到几个县或几个省的大批信徒。尽管,民间宗教中的大部分可被认为是"普通人的宗教信仰",但有些民间宗教能吸引相当一部分地方精英参与其中,也是很常见的。最后,虽然大多数民间宗教非常贴合于弥散性宗教(diffused religion)的定义,但有时它们也可能以一种类似于制度性宗教(institutional religion)的形式出现,也就是说,根据杨庆堃(1961,第 20 页)的定义,那是一种自身具有完备的教义系统、仪式体系和组织制度的宗教形态。另见沙哈 Shahar 与魏乐博 Weller(1996)对中国民间宗教各宗派的概述。

[8] 易劳逸 Eastman(1988);姜士彬 D. Johnson(1995);史密斯 Smith(1974)。

[9] 卜德 Bodde(1946);韦伯 Weber(1951)。

[10] 比如,韦伯 Weber(1951,第 200 页)就认为道教"自身并不了解自己的'精神本性';〔对道教而言,〕人的命运取决于仙法道术而不是人的行为方式"。

既然在其他各大文明中,地方宗教都随着世界宗教(world religions)的兴起而纷纷衰落,那么,为什么在儒、释、道三大传统并存的中国,地方宗教依旧能够蓬勃发展?

在我看来,这个问题可以在儒家的性质及儒家社会实践的特征中找到答案。中国的民间宗教极具多样性且高度地方化,它在某种意义上代表的是一种较为本源的宗教发展形态,之所以这样讲,是因为在某一宗教出现之初,其宗教想象总与其诞生地的地方经验紧密地结合在一起[1]。在世界上的绝大部分地区,倘若某一种地方宗教占据了主导性地位,以至于它能调动充足的社会资源建立宗教组织,构建起跨地区性的神学理论和身份认同[2],并可以运用强大的政治力量和军事力量将其他地方宗教推向社会边缘,那么,除它以外的大多数地方性宗教就会被严重地削弱。再者,当某一排他性的(甚至是单一性的)地方宗教成为主导性宗教之后,它的信徒则会将其他地方宗教的追随者视为"异端",并试图改变这些人的宗教信仰或干脆将之消灭,之后他们便会兢兢业业地维护自己宗教的正统地位[3]。不过,因为有儒家传统的存在,中国的情况很不一样。儒家思想中包含着中国人那种实用主义的思维方式,而这种思维方式也正是中国其他几大思想传统所共同拥有的(详见本书第七章和第十章)。虽然,儒家重视的是一种入世的伦理道德,但它也吸收了许多中国古代文化中的宗教元素,比如,祖先崇拜、作为超自然概念的"天"、占卜、命定论以及阴阳宇宙观[4]。由于这些元素同样是中国民间宗教的基本组成部分,它们也就为民间宗教的发展提供了合法性。而

---

[1] 涂尔干 Durkheim(1995)。详见本书第一章和第六章,对意识形态权力的性质在理论层面上的讨论。

[2] 例如,当圣保罗的名言"因信称义"广为流传之后,"信"就成为基督徒身份认同感的首要基础。

[3] 欧大年 Overmyer(1976,第63—65页)认为由于在中世纪的欧洲"缺少一个强有力的中央政权",欧洲的异教教派要比他所研究的中国佛教宗派处于一个更有利的社会环境中。但事实恐怕并非如此。即便中世纪欧洲大多数的异教教派(如保罗派、波格米勒派、凯萨尔派)只不过是为基督教信仰提供了另一套宗教诠释,但它们却因此而接连不断地遭到教廷的清洗(埃布斯特塞尔 Erbstösser 1984;兰伯特 Lambert 1992;莱夫 Leff 1967;罗素 Russel 1971)。相反,中国各类民间宗教或佛教宗派绝不只是儒家的某种延伸。按照欧洲人的传统说法,这些教门、宗派都属于异端邪说或者魔法巫术的范畴。尽管如此,民间宗教仍能在中国得到繁荣发展而不是被彻底取缔。

[4] 这些元素可以说是中国各类宗教的基础,它们的出现可以追溯至战国时代——如果不是更早一些的话(夏德安 Harper 1995)。另见易劳逸 Easterman(1988,第41页);史密斯 Smith(1968,第3章);汤普森 Thompson(1989,第3—5章)。

且,儒家定于一尊的地位也阻碍了佛、道两教势力的发展,避免了主流佛教组织和道教组织利用强制手段对民间宗教进行打压。这就为各种民间宗教的滋生与蔓延创造了更大的空间,以至于不断发展壮大的民间宗教有时还挤压对佛教与道教的生存空间。

为了弘扬儒家价值观,一向持有实用主义态度的中国并没有试图彻底根绝民间宗教,反而努力要把它们吸纳到自己的价值体系之中。在宋代初年,国家便开始不断为民间宗教所供奉的地方神灵授予封号①,而这些神灵在被尊为神之前大多是家喻户晓的文臣武将或当地的英雄豪杰。通过加封或贬抑这些地方神灵,国家不仅宣誓着它对神界同样拥有着可以发号施令的权威,还通过儒家价值观对民间宗教的发展方向予以限制。但与此同时,这种国家行动也进一步增强了民间宗教的合法性,提升了它的社会地位。

儒家国家的性质及其行动并不是促成民间宗教占有重要地位的唯一因素。在宋代的中国,商业主义和城市生活都得到迅猛发展。在一个愈趋复杂的社会中,人们需要功能上更加多样化的神灵来提供庇佑和指引②,而且,随着社会财富的增长,越来越多的钱财会被用于延请当地的宗教专家以及操办各种地方性的节庆活动③。在宋代,中国社会生活中的一些新面相也使民间宗教增添了不少新的神迹,比如,保佑赶考的儒生金榜题名、庇护出海的旅人平安归来、福荫商家财源广进,等等。于是,在这些方面灵验的新神便会得到人们的广泛供奉,而那些对当下社会生活不再重要的神灵则逐渐淡出了人们的视野④。

中国的民间宗教不具备佛教和道教那种强烈的跨地区性身份认同,以及强大的组织能力,但它却拥有着佛、道二教所没有的一项优势,那就是:极强的可变异性。在世界其他文明传统中,地方性的民间宗教并不享有这种优势,这是因为它们受到居于支配地位的制度性宗教的残酷清洗和不断侵蚀,在还没有来得及改变自身之前,它们就可能已经销声匿

---

① 国家对地方神灵封授神位,大多基于以下标准:所封之神必须德行圆满无瑕,其神功圣迹须能够福荫地方百姓(韩森 Hansen1990,第 88—89 页)。假使受香火供奉的神祇并不灵验,国家理论上可以撤销其神位,善男信女很快也就不再敬拜该神。另一方面,各种地方利益也会影响国家封授神位的过程。可以想见,整个过程在现实中会是相当复杂的。

② 随着中国社会劳动分工的细化,神灵的数目也在不断增加,因为每一个行业都会供奉能够施展特定神迹的行业神。

③ 康豹 Katz(1995,第 23 页)。

④ 韩森 Hansen(1990);康豹 Katz(1995,第 22—32 页)。

迹了。但是,当民间宗教能免受制度性宗教压制的时候,譬如中国的例子,民间宗教的这种灵活多变的优势就得到了充分的体现——民间宗教可以自由无碍地从佛教和道教中借取相关宗教要素以创立新兴宗教,甚至有时,新兴的民间教派还能吸引佛、道二教门下的弟子加入其中[①]。这一点对道教来说,尤为如是[②]。事实上,道教原本就是民间宗教中的一种,它的教义与中国日常宗教生活中的各个方面都有着千丝万缕的联系[③]。反过来,这就使民间宗教更容易将道教的各种元素融合到地方节日庆典与民间宗教仪式之中,而在此同时,又不失其自身的关键特征[④]。

　　在承认民间宗教在中国享有各种优势的同时,我们也不能忘记传统中国的国家也对民间宗教进行过各种限制和镇压,且其力度随着时间的推移有所不同。虽然,民间宗教受打压的历史相当曲折复杂,但如下几条规律却是显而易见的:第一,国家想要让所有宗教都接受儒家的正统地位[⑤],并对严重违反国家意识形态者予以惩罚[⑥];第二,以儒家的伦理道德为评判标准,国家严禁民间教派崇拜道德上可疑的神灵或进行不合

[①]　韩森 Hansen(1990);欧大年 Overmyer(1976)。例如,林兆恩(1517—1598 年)所创的三一教,就是将观音菩萨、弥勒佛、老子、孔子,及其他宗教传统中的神灵都一并供奉起来(柏林 Berling,1980;丁荷生 Dean,1998)。

[②]　虽不像道教那样典型,但佛教也有这种倾向。正如许理和 Zürcher(1982,第 173 页)曾深刻地指出,"一旦我们接近最高的一层,眼前呈现的就是一幅完全不同的画面,在为数众多的中国本土宗教的包围和影响下,佛教已经失去了它清晰的轮廓"。另请参见欧大年 Overmyer(1976)和田海 ter Haar(1999)有关中国白莲教起义以及其他民间宗派所发起的佛教运动的分析。

[③]　丁荷生 Dean(1998);韩明士 Hymes(2002);桑高仁 Sangren(1987);施舟人 Schipper(1993);石泰安 Stein(1979);韦尔奇 Welch 与赛德尔 Seidel(1979)。另,劳格文 Lagerwey(2004)详细总结了近年来有关道教与民间宗教紧密关系的研究成果。

[④]　尽管民间宗教很容易将道教元素融入自身的宗教活动中,但道教对民间宗教产生的结构性影响可能并不像施舟人 Schipper(1993)和丁荷生 Dean(1993)所认为的那样强。道教对民间宗教不拥有任何强制力。而且,它也不是民间宗教唯一可资借鉴的宗教传统。事实上,是中国民间宗教对道教有着强烈的结构性影响力。与佛教相比,道教在大众中进行传播的制度性渠道并不强大,如果道教想在民间扎根立足,它就不得不吸收地方民间宗教的各种元素。

[⑤]　据柯若朴 Clart(2003)的研究,当今中国大陆和台湾地区的各类宗教群体普遍开展的许多宗教仪式和活动都可以被认为是儒家式的。

[⑥]　例如,在 1106 年,宋徽宗严令禁止寺庙、道观将佛陀、老子、孔子供奉于同一神坛,尽管这种做法在当时相当普遍。在后世王朝,国家也颁布过类似的政策(杨庆堃 1961,第 98—197 页)。另外,关于中国国家在帝制时期如何迫害那些挑战国家意识形态的民间教派,可参见欧大年 Overmyer(1976)的研究。

于伦理规范的宗教仪式[1];第三,国家会镇压那些显露出政治化迹象或已涉足政治,并且成为政治不稳定因素的民间教派[2]。然而,与欧洲基督教国家对待无神论者和异教徒的态度完全不同,传统中国的国家从来无意于彻底铲除非儒家的意识形态。在中国,任何具有历史重要性的宗教裁判所(inquisition)或宗教战争都不曾出现过。

中华帝国清晰的宗教政策迫使和诱导佛、道两教宣扬孝悌之德,并向人间帝王献上忠诚[3],同时也使各类民间宗教在其仪式与节庆活动中采取儒家道德,支持儒家伦理[4]。尽管中国宗教的儒家化既不系统,也不彻底,但儒家的思想文化具有凌驾于其他任何宗教之上的政治地位,这一点却是毋庸置疑的[5]。

小　结

本章着重探讨了中国在宋代出现的两项至关重要的发展——新儒学的兴起和科举制度的扩张。这些发展造成以门阀大族为核心的贵族传统逐步走向消亡,科举出身的文官得以长期占据政治上的主导性地位,并导致了儒家士绅阶层的出现,宗教生态儒家化和多元化的发展,以

---

[1] 杨庆堃(1961,第96—194页)的著作选录了一大段清朝法令,这些法令界定了哪些宗教对于清代统治者来说是可以被容忍的,而哪些则是需要予以惩罚的异端。虽然,宋代是一个相对"自由"的时代,但正如葛兆光(2001,第258—266页)所阐述的那样,宋代时的国家也不遗余力地打压那些教义和活动不合于儒家道德的民间教派(比如,宗教仪式中有活人献祭与性滥交等活动)。公元1111年,仅开封府一地,就有总计1038座民间宗教寺庙或法坛被国家认定为不合法度,并予以拆除,这反映了在宋代,国家对民间宗教的大力管控。

[2] 韩书瑞 Naquin(1981);欧大年 Overmyer(1976);裴宜理 Perry(2002,76—107页);田海 ter Haar(1999)。

[3] 陈观胜(1973);太史文 Teiser(1988);杨庆堃(1957,第280页)。

[4] 比如,祁泰履 Kleeman(1993)论述了梓潼神,这一源自四川的民间宗教/道教神祇,如何在宋代逐渐演变成主持文运功名、庇佑应考儒生的文昌帝君的过程。另见杨庆堃(1961,第11章)对民间宗教中儒家价值观主导地位的有关分析。

[5] 我虽然强调儒家的主导地位与政府的宗教管控,但我并不支持那种以官僚体制模型来理解中国民间宗教的做法,在这种模型中,中国宗教系统的结构与思维方式被视为是国家结构与国家意识形态的直接反映(如,王斯福 Feuchtwang 1974,2001;劳格文 Lagerwey 1987;沃尔夫 Wolf 1974,第131—182页)。尽管宗教想象势必会受到主导性的世俗政治结构和思维方式的很大影响,不过,这种影响不是绝对的。在中国社会,不仅只存在着国家体制内部的关系或者国家与其臣民之间的关系(韩明士 Hymes 2002)。在社会缝隙中还存在着众多的民间教门和宗派,其社会关系和价值观都被国家认定是"非儒家"式的(沙哈 Shahar 和魏乐博 Weller 1996)。前现代中国的宗教生态是极为复杂的,以至于很难用一两个简单的模型来概括它。

及最重要的变化,那就是,儒家的意识形态与制度向地方社会与人们日常生活的渗透。所有这一切都加强了儒法国家的政治体制,使之在中国得以长久维系至 19 世纪,直到中国在西方帝国主义的压力下被迫启动"现代化工程"(modernization project)为止。

第十三章
儒法国家体制下的市场经济

在宋代,不少发生在思想文化领域中重要的新发展(比如,新儒学运动以及随之而来的科举制度的扩张,还有印刷业、出版业的迅猛发展)使中国的面貌焕然一新。同样是在宋代,中国在农业、手工制造业、商业、金融业、科学技术与城市化等方面也取得了引人瞩目的巨大发展①。宋代以后,虽然技术发展放缓,但直到 19 世纪,中国的商业化与城市化程度以及人均生活水平在大部分时间里都走在世界前列。不过,虽然按照艾力克·琼斯(Eric Jones)的说法,"14 世纪时的中国距离工业化的出现不过一步之遥"②,但工业资本主义毕竟发端于欧洲,而非中国。其中的原因究竟何在呢?

学者们曾尝试从许多不同角度来回答这一问题。不过,现有的文献往往为我们提供的是越来越多的事实碎片,而忽视了这些事实所处的更大的历史图景。这种只见树木不见森林的疏失反映出 20 世纪末西方社会科学机械化、意识形态化与碎片化的特点。各派学者在回应某一问题时,引述材料、运用机制,无不折射出其特定的学术训练背景及其固有的

---

① 宋代出现了沈括(1031—1095)这位中国历史上最伟大的科学家。帝制中国最后一次技术革新浪潮也发生在宋代,出现了包括活字印刷术、指南针在内的技术发明,火药也在军事活动中被普遍使用。

② 琼斯 Jones (1981,第 160 页)。

意识形态观念①。他们中很少会有人去问这样一些问题：某位学者所重视的某些因素是否是解释工业资本主义出现在欧洲而非中国的必要条件或充分条件？所有这些合理的解释因素之间要以什么样的结构关系组织起来才能回答这一问题？这些因素有无可能处于某种等级关系中，即，它们的作用及其相对重要性是否会被更高层次的社会政治条件所塑造？

现在，就让我先把本章的核心观点总结一下：晚期帝制中国的经济虽然在大多数时间内都处于高度商业化状态，但它却并没有为工业资本主义在中国的发生提供任何机会。这既不是因为中国人口数量庞大，以至国家不堪重负，也不是因为中国自然环境恶化、资源贫瘠、技术水平低下、生产方式不可持续，或者存在着不利于经济发展的阶级矛盾或性别关系，更不是因为中国在世界体系中处于劣势地位。中国之所以与工业资本主义失之交臂，其根源在于它是一个儒法国家。诚然，前述的某些因素也曾给晚期帝制中国的经济带来某些负面影响，但这些因素的存在与重要性从根本上讲是被更高层次的结构性条件——中国的意识形态/政治系统（或者儒法国家体制的本性）——所塑造的。例如，在明、清两朝鼎盛之际，中国的商业获得极大繁荣，在大部分相对富庶的地区，人们都能过上丰衣足食的生活。但即便如此，中国在有些方面却没有多少变化，技术创新仍得不到来自社会的鼓励，理论—形式理性也难以充分发展，而儒法国家政治体制也尚未遇到任何挑战，而且，对于工业资本主义的发展最为不利的，乃是商人无法运用自己的财富积聚起足够的政治、军事和意识形态力量来对抗国家的打压与抑制。故而，在晚期帝制中国，商业之所以能维持繁荣局面，并不是因为新儒家世界（Neo-Confucian ecumene）日渐衰落，或者像欧洲那样，资产阶级的财富得到增长、权力不断扩大，而是依靠着帝国巨大的市场（这是由广袤的疆土和庞大的人口所提供的）以及王朝中期长时间政治稳定所带来的和平环境。当欧洲人在19世纪带着先进武器抵达中国的时候，当时的中国并没有走在向着工业革命发展的道路上，而是正经历着历史循环中的又一次王朝衰落。在西方人到来之前，中国的发展自有其独特的时间性

① 比如，布劳特 Blaut（2000，第 200—202 页）就曾列举过文献中出现的解释"欧洲成功"的三十项因素。但"三十"并非确数，因为其中一些因素可以合并减少，而另一些则被遗漏了。但这份总结确实提醒我们这个问题非常复杂，而且也说明，学者们若只把其中某些因素组合在一起，为"欧洲的成功"做一番逻辑合理但却不切中事实要害的解释，是并不困难的。

(temporality)，她不是通过自身发展走进工业化和现代化时代，而是被西方帝国主义和日本帝国主义强行拖曳进来的。

本章分三节。第一节总结了对"西方崛起"(the rise of the West)问题的旧理论与新观点。第二节是我对目前新观点的一些评价与回应。第三节则具体解释了为什么中国在西方文明到来之前不可能经历本土工业资本主义的发展。

需要再次强调的是，我认为工业资本主义无所谓善恶好坏，我也不是说 18 世纪时的中国就比同时期的西欧更落后，抑或更先进。本章使用"成功""失败""发展""成就"和"历史突破"等词语，并不意味着褒扬或贬抑。而且，倘若把"中国没能产生工业资本主义"改换成"中国有效遏制工业资本主义因素"有助于避免偏见的产生，我会欣然为之。接下来的分析仅试图阐明，在工业资本主义兴起与扩张之前，西欧与中国存在着巨大的差异，且它们的发展各有其独特的时间性。

关于"西方崛起"问题的争论

在历史学和历史社会学领域，"西方崛起"—— 即自 19 世纪中叶以来，西方的政治、军事、经济与意识形态在世界上占据主导性地位 —— 是一个不断引发人们思考的话题。在由此所延伸出的学术传统中，中国总会被拿来当作一个与西方进行比较的参照物。学者们试图解释中国与西方的"大分流"(great divergence)现象，或者说，解释是什么造成了中国的"失败"与西方的"成功"，即，前者没能自发进入工业化和现代化，而后者却在 19 世纪时达成了这些历史性突破。这些理论可被粗略地分为两类。第一类理论被打上了"欧洲中心论"和"目的论"的标签，这类理论将东、西历史发展之差异归结于二者在 18 世纪之前既已形成的独特结构与文化。持有这种观点的学者也大多把 13、14 世纪（南宋和元代）视为中国历史发展的关键时期①。他们认为，宋、元以后，中国的经济就渐渐陷入"高水平均衡陷阱"(high-level equilibrium trap)中②，不仅技术

---

① 比如，伊懋可 Elvin (1973，1984)；琼斯 Jones (1981)；兰德斯 Landes (2006)；麦克尼尔 McNeill(1982)；赖肖尔 Reischauer 与费正清 Fairbank (1960)；施坚雅 Skinner (1977) 等，但这也仅是其中的一些学者而已。

② 伊懋可 Elvin (1973)。

发展放缓①，而且，政治体制、土地所有制度与阶级关系②，还有文化环境，均愈发难以与高度商业化的经济和不断膨胀的人口相协调。而当中国停滞不前之时，欧洲这片原本处于相对落后状态的大陆却经过中世纪盛期与文艺复兴而慢慢苏醒了；在16世纪，欧洲便赶上了中国，先是在军事和国家结构方面，而后是在宗教、世俗意识形态和科学等领域，继而是技术和经济领域；最终，在19世纪，欧洲实现了迈向工业化和现代化的历史突破。

不过，这一理论却遭到了另一些被称为"加州学派"的学者的批驳③。因为这些学者对大分流的解释各不相同，所以难以概而论之④，但是，他们或多或少都共同持有以下一些观点：第一，在第二个千年的大部分时间里，是中国和中东，而非欧洲，从经济和技术上主导着世界；第二，欧、亚文明密切相连，且在西方崛起之前，欧、亚几个主要文明全都有着相似的发展步调；第三，对于西方的崛起，外部条件和历史偶然性，以及经济/人口机制，要比宏观结构条件以及人的主观能动因素发挥更为重要的作用；第四，工业资本主义的兴起恰好发生在西方历史发展的关键时刻。比如，詹姆斯·布劳特(James M. Blaut)就曾认为，欧洲和亚洲在制度与文化层面并不存在显著的差异，且在1492年之前，资本主义就在世界上许多地方慢慢萌芽。欧洲抢得先机，仅仅是因为它在地理上比其他大洲更接近新大陆⑤。阿布-卢格霍德(J. Abu-Lughod)和弗兰克(A. G. Frank)也试图表明，工业革命之所以发生于西方，仅仅是因为东方的经济不巧在一个错误的时间出现了暂时的混乱⑥。又比如，金世杰(Jack Goldstone)也曾指出，17世纪中叶以前，欧、亚各大文明的发展步调相似，并在此后趋于保守。唯独英格兰一跃而起(这仍是金世杰的说法)，走到了东、西方各大国的前面，这是因为相较于其他各国，是英格

---

① 兰德斯 Landes (1998)；莫基尔 Mokyr (1990，第9章)。

② 邓钢(2003，第496页)。

③ 比如，阿布-卢格霍德 Abu-Lughod (1989)；布劳特 Blaut (1993)；弗兰克 Frank (1998、2001)；金世杰 Goldstone (2000、2008)；古迪 Goody (1996、2004)；彭慕兰 Pomeranz (2000，第206页)等。但并非所有学者都能被划分于这两种学术传统之下。例如，沃勒斯坦 Wallerstein (1979，1999)就主张资本主义是在16世纪封建危机之后随着现代世界体系的形成而出现的——这一论断弱化了工业资本主义对西方兴起所发挥的作用。

④ 见弗兰克 Frank (2001)与金世杰 Goldstone (2000)对加州学派观点的综述。

⑤ 布劳特 Blaut (1993，第4章)。

⑥ 阿布-卢格霍德 Abu-Lughod (1989)；弗兰克 Frank (1998)。例如，弗兰克就将大分流的时间推定得相当晚，认为它大约发生在18世纪中叶。

兰最早发展出了多元化的政治体制和牛顿式的科学,这些都是工业资本主义兴起不可或缺的条件[①]。

在加州学派近来的研究中,最为人所称道的当数彭慕兰的著作。彭慕兰在书中提出了这样一个问题:为什么 19 世纪时工业革命爆发于英格兰而非中国的江南地区(即,长江三角洲,当时是中国经济最发达的地区)。根据他的研究,到 18 世纪中叶以前,英格兰和中国的江南地区从人们的生活水平(卡路里的消耗量、日用品与纺织品的消费能力、备荒赈灾中储存和分配粮食的能力)到商业化发展的程度,以及在农业与手工业中劳动分工的精细程度,再到人口寿命都存在着惊人的相似,这反映出二者曾有过相同的发展路径。而且,这两个地区也都面临着表现为人口膨胀和资源短缺等形式的类似且严重的发展阻力,因此,它们中没有哪一个必然能踏上工业革命的历史拐点[②]。工业革命爆发于英格兰,只不过是由于两个外在偶然因素:其一,英格兰的煤矿矿藏幸运地分布在距离潜在工业厂区较近的地方;其二,英格兰还能从海外殖民地获取大量资源。而这两点皆是中国所不具备的。

对“加州学派”的评价

我对于“非欧洲中心论”学派的批判性评价主要针对的是彭慕兰的著作。这部“加州学派”的新著确实提出了一些被以往研究“大分流”者所忽视的洞见,但它却又错误地否弃了所谓“欧洲中心论”研究中的下述观点:无论是在 19 世纪期间,还是之前任何时候,还是 19 世纪过后不久,中国几乎不可能出现工业资本主义的本土突破。而且,早在中国的儒法国家体制上升到主导性地位之后,中国与西方的“大分流”就已经开始了,这个时间远比艾力克·琼斯(Eric Jones)和其他一些“欧洲中心论”学者所认为的 14 世纪转折点要早出许多。

新的研究强调,西方的兴起与欧洲之占据主导性地位在世界历史中不过是转瞬即逝的一刹那,其他国家很快便会赶上来。但对此,“欧洲中心论”学者当然也不会提出什么异议。比如,韦伯就曾直截了当地说过,虽然儒家文化阻碍了工业资本主义在中国的萌芽,但同一个儒家文化却

---

① 金世杰 Goldstone(2000、2008)。
② 彭慕兰 Pomeranz(2000,第 206 页)。

完全有能力接受现代市场经济[1]。事实上，西方帝国主义已经将工业资本主义与国际扩张联系在了一起，以至于，一旦英格兰实现了工业资本主义，世界上的其他国家要么选择接受它，要么就有被其消灭之虞[2]。但也只有在西方帝国主义如此凶悍的同构化压力（isomorphic pressure）之下，许多非西方国家才不得不改变甚至抛弃它们的传统文化与制度，从而走上工业化的道路。这其中，似乎只有少数几个"幸运儿"是在"世界历史转瞬即逝的一刹那间"赶上西方的[3]。

　　而在以往传统的研究中，欧洲的工业资本主义被当作是一个既定事实，学者们由此回溯那些造成了欧洲之"成功"与中国之"失败"的各种因素与条件。而这种推理，稍不小心，便往往会将一个社会的结构性条件与其发展模式之间的关系描绘成是一种线性的和（或）决定论式的关系。与此相反，彭慕兰却认为，在 18 世纪时，"世界上没有哪个地方必然会实现工业化的历史突破"[4]。不过，这一思维转向既生出不少洞见，也造成一些谬误。很大程度上正由于这种新思路及其相关研究的出现，我们如今才能充分认识到工业革命得以在某一时间、某一地点——19 世纪的英格兰——诞生，并不像传统研究者所通常描绘的那样，具有高度的必然性。而在另一方面，这种新思路也会让人觉得中国和英格兰有着相同的发展路径，相似的发展速度和发展阻力。然而，事实却并非如此。诚然，欧洲的工业化突破不一定必然发生在 19 世纪的英格兰，但工业革命却绝无在中国发生的可能，无论是在 19 世纪或此前的任何时候。

---

① 韦伯 Weber（1951，第 248 页）曾写道："中国人十之八九有能力将现代文明中经济与技术上都发展成熟的资本主义制度吸纳进来，他们也许比日本人更能做到这一点。显然，对于发展资本主义，中国人并不存在'毫无天分'的问题。但相较于西方国家，中国不完全具备那些促成资本主义发展的外部条件。"中国经济在 1978 年经济改革之后的快速发展印证了韦伯的这一观点。

② 我们只消回想一下，从 19 世纪晚期到 20 世纪早、中期之间，在几乎所有的非西方国家，人们为了实现国家的独立与强大，都试图将工业资本主义及其衍生出的价值观与思想理念（包括马克思主义）引入到本国。

③ 虽然对于持有非欧洲中心论观点的学者而言，中国经济的高速发展或许可以被视为"世界历史转瞬即逝的一刹那"，但对于经历过这"一刹那"的中国人而言，它却是一部曲折动荡的历史，其中有外国列强的入侵，国家的屈辱，民族前途的渺茫，世道人心的茫然无措，意识形态的分裂，还有叛乱、革命、饥荒、狂热主义的浪潮，以及无数人的流离苦难与大规模的死亡。换句话说，虽然中国经济在改革开放几十年的确发展迅速，但不可否认，儒法国家的种种制度是中国走向工业资本主义的重大障碍。即使是在当时经济最为发达的江南地区，这个障碍也可能要比李伯重（2008）所认为的大得多。

④ 彭慕兰 Pomeranz（2000，第 206 页）。王国斌也有相似的看法（1997）。

近来的一些学者,尤其是彭慕兰,通过大量系统化的数据来论证中国和欧洲的最发达地区到 18 世纪中叶时在其经济发展水平和生活质量上所具有的高度相似性。对于彭慕兰有关中国 18 世纪经济状况的描述,黄宗智早已提出过批评[1]。与伊懋可(Mark Elvin)类似,黄宗智也认为明、清两代的经济发展受制于马尔萨斯机制(Malthusian mechanism),也就是说,由于中国庞大的人口规模导致劳力成本低廉,缺乏动力去发展劳动节约型技术,由此,导致单位劳力成本边际收益递减,继而,造成经济发展停滞不前[2]。虽然黄宗智的这番评述在某些方面有着确凿的根据,但彭慕兰有关中国江南地区的经济在 18 世纪时一直保持着"斯密式的增长"(Smithian growth)(即,由劳动分工的深化和贸易量的提高所驱动的经济增长)的基本论断在很大程度上也同样是确凿有据的,而且,他的这一论断也被近几十年来研究类似课题的中国经济史家的发现所证实[3]。

"欧洲中心论"源自 19 世纪时的一种观念,这种观念认为,西方世界充满活力,蓬勃发展,而与之形成鲜明反差的是西方以外的"他者"(包括中国),它们要么落后蒙昧,要么停滞不前。虽然在今天,甚至是那些把工业资本主义视作欧洲文化产物的学者也抛弃了这种观点[4],但在彭慕兰的著作出版以前,能敏锐认识到中国 18 世纪经济繁荣程度的西方学者尚不太多。而中国经济在 18 世纪时的繁荣则有力地驳斥了那种认为中国自 14 世纪的所谓历史拐点之后便愈发停滞不前的传统看法[5]。

不过,彭慕兰的著作也传递了这样一种信息:英格兰和中国江南地区在 18 世纪时的相似性反映了中、英两国在大约相同的时间点上正朝着相同的方向发展,而且,英格兰之所以能一跃而起,仅仅是因为它走运地碰上了几个有利的外部因素——也就是说,英国人当时发现了可供他们移民并攫取资源的新大陆,以及他们的煤矿产地大多靠近当时正在开展工业化的地区。我并不同意他的判断。

因为,虽然 18 世纪的中国江南和英格兰有着相似的经济发展水平

---

① 黄宗智(2002,2003)。

② 黄宗智(1990)。

③ 姜守涛(1992);李伯重(1998、2002、2003);许涤新、吴承明(2000、2003)。彭慕兰对于江南地区在 18 世纪时生活水平与商业化发展的观点,与李中清、王丰(1999,第 3 章)以及石锦 Shih(1992)的发现有很多一致之处。

④ 兰德斯 Landes(2006);莫基尔 Mokyr(1999)。

⑤ 伊懋可 Elvin(1973)。

和生活质量,但其背后的社会条件与制度却**非常**不同①。英国工业革命发生的背景是当时的英国拥有着一支称雄世界的海军,且其资产阶级不仅拥有政治和意识形态领域的自主权,还享有已被高度制度化的私有产权。在 19 世纪之初的英格兰,理论—形式理性和私域导向的工具理性逐渐变成了社会精英阶层的主要思维方式;不但如此,在大学里,乃至全社会范围内,科学的各个门类与技术上的发明创造都得到了广泛的重视与提倡。而在中国,如上的种种都不曾发生过。在中国的各朝各代,经济繁荣的局面之所以反复出现,是因为改朝换代后帝国政权大多对商业活动采取实用主义的态度,而且能维持一段相对长久的王朝中期繁荣(mid-dynasty prosperity)。在这一阶段,帝国控制了庞大的人口与广袤的土地,在一定程度上保证商人可以安全地开展生产活动、积累财富并进行远距离贸易。所有这些条件就使帝国框架下的中国经济发挥出了巨大的潜能——这种情况自宋以降,便一次又一次地反复出现,但却没能给中国带来工业资本主义突破的机会,无论是在 19 世纪,还是在中国历史上的其他任何时期②。

尽管儒家、法家都视商业活动为末流,且中国商人也不具备欧洲商人早就享有的在政治、意识形态和军事领域的自主权(比如,欧洲商人能够控制城市国家的军队,并掌握海外公司和海外殖民地的私人雇佣军)③,但帝制国家从没有打算彻底消灭手工业和商业贸易活动,即便

---

① 两个在制度与文化背景上存在巨大差异的社会都能达到相似的经济发展水平这一现象是一条规律,并非仅仅是一个特例。从苏联和中国的经济发展历史来看,两国在战后重建的早期阶段都施行计划经济政策,其效果并不逊于市场经济,甚至比后者更好。"二战"后的日本是民主国家,而中国到如今仍保持着威权体制,但这两个国家都创造出了经济"奇迹"。再比如,印度和中国的政治经济环境如此不同,但它们都在过去几十年里充当了世界经济发展的引擎。不过,尽管有着不同制度/文化背景的国家并能达到同一经济发展水平,但它们的长期发展轨迹肯定会有很大差异。

② 邓钢(2003,第 479—480 页)曾提出那些解释"中国衰落"的理论都存在一个共同的问题,即他们"不能对中国一开始的繁荣给出令人满意的解释"。但我不明白的是,为什么一个经济体的繁荣与衰落需要遵循相同的逻辑,并需要用同一个理论来解释。中国的强国家传统、高度的历史连续性、长久绵延的各大王朝,以及务实的理性主义都有助于经济发展与技术进步,但即便拥有这些条件,中国仍没能走上工业资本主义的发展道路。邓钢(2003,第 507 页)甚至比彭慕兰更动情地指出"直到 19 世纪,发展上限还未对中国产生严重的负面影响"。即便这并非夸张之辞,我也不能苟同。虽说早期现代中国的经济高度发达,但它有着与欧洲经济不同的方向发展,且经由它的发展道路,不可能出现工业资本主义的突破。

③ 正如库恩 Kuhn(2009,第 207 页)所评述的那样,中国的精英阶层"历来既认为商人不可或缺,又认为他们是可鄙之辈"。

帝国打算这样做,也没有足以根除它们的强大的社会渗透能力。再者,在宋代,商业税收已经成为国家财政收入的一个重要部分[1],而士绅中也有越来越多的精明务实者投身于商业营利活动[2],甚至国家也对某些地区非制度化的私有产权予以一定程度的认可,并对处于国家监管下的商业活动予以保护[3]。

虽说中国的国家政治和文化都为市场活动留有一定的空间,但却是那种自宋代以降反复出现的王朝中期的政治稳定才使市场经济在一种抑商的文化和政治环境中得到了发展。中国的几大王朝大多都有两百年以上的历史,并包含一个相对稳定的长达百年之久的王朝中期阶段。当是之时,帝国内部无匪盗、叛乱之患,向外则开疆拓土;帝国的统治已然有条不紊,但却不乏活力,不至于僵化和朽败;此时的人口数量已经从王朝更迭之际的战乱、饥荒、瘟疫中恢复起来,但其规模尚不太过庞大,不至于妨碍帝国进入斯密式的经济增长期[4]。如此这般在王朝中期出现的繁荣治世,历宋、元、明、清一再出现。如果说中国本土工业资本主义曾有过发展机遇的话,它更有可能出现在宋代,而非政治更趋专制、文化更为保守[5]、技术进步大为放缓的明清两代[6]。

虽然,18世纪的英格兰和江南地区有着极其相似的经济表现,但它们之间也存在着相当大的差异。明、清时期,江南地区的经济得到快速发展,但其发展主要发生在农业和消费品生产领域[7]。从16世纪到18世纪,英格兰取得了在技术层面上以及在钢铁冶炼、建材生产与机器制造等领域生产能力上的巨大进步,相形之下,江南地区的生产能力和技术水平都只有相对较小的发展[8]。英格兰的工业革命是由蒸汽机和其他许多机器技术的发明与改进所带动的,而在这些领域,中国却很落后,并且当时的中国毫无做出这些发明的可能性。江南地区煤炭储量匮乏,

---

① 田中正俊 Masatoshi (1984,第79页)。
② 卜正民 Brook (1993)。
③ 邓钢(2003);费维凯 Feuerwerker (1984);约翰逊 Johnson(1993);王国斌(1999,第226页)。
④ 罗森塔尔 Rosenthal 与王国斌(2011)也有类似的观点。他们认为,帝制晚期中国经济的发展得益于中国庞大的"政治体量"(即政治组织的空间规模和其人口数量)。
⑤ 周佳荣 Chow (1994);万志英 von Glahn (2003);王毓铨(1995)。
⑥ 无论是传统的欧洲中心主义,还是它新近的改良派都认可这一点。参见艾尔曼 Elman (2005);金世杰 Goldstone (2008);兰德斯 Landes (1998);莫基尔 Mokyr (1990)。
⑦ 李伯重 (2002,第92页)。
⑧ 明清时期所用的大多数机器仍处于宋代的水平(李伯重 2002,第1章)。

虽然有时这也会被当作当地经济发展受阻的原因之一，但我认为这一解释并不能令人信服，因为，实际上，清代的许多煤矿都有便捷的水路通达江南①。也就是说，如果江南经济的发展真对煤炭有需求的话，交通运输绝非是无法解决的问题。正如我和其他学者所强调的②，我们必须将市场经济和工业资本主义区分开来。

所以，认为中国 18 世纪时的中期繁荣会以不同于之前王朝的方式收场的观点在我看来毫无道理。简言之，彭慕兰将中国 18 世纪时所取得的繁荣看成是与英国类似的发展模式，但我则认为，这种繁荣（也就是历史学家所称的"康乾盛世"）不过是中国历史上典型的王朝中期繁荣的再度出现而已③。以下事实或许能更进一步地印证我的观点：在 18 世纪末——此时正值乾隆末年，与标志着西方势力到来的鸦片战争爆发相去约有半个世纪——透过白莲教的大规模叛乱和其他一些社会失序的迹象④，我们可以看出，清帝国此时即已开始走向衰退。虽然 19 世纪中叶的太平天国运动（1850—1864）以准基督教教义为其意识形态，但其本质上却是众多农民反叛运动之一，是清王朝大厦将倾的征兆。要言之，即使没有西方势力的到来，中国在经历了 18 世纪的繁荣之后，也不可避免地会走向衰落，随之而来的是火厄兵隳、饥馑荐臻、瘟疫肆虐，此间，18世纪所累积起的财富也会遭到大规模破坏⑤。

仅是依据经济和生活质量指标来比较中国和英格兰实现工业资本主义突破的可能性，不免会使其论证生出经济决定论的毛病来。而彭慕兰所用的比较对象又使这一问题变得更为严重：他比较的不是中国与欧洲，或者中国与英格兰，而是作为中国最富庶地区的江南与作为欧洲最

① 黄宗智（2003，第 164 页）；李伯重（2002，第 404 页）。
② 黄宗智（1990，第 5 页）。
③ "康乾盛世"从公元 1661 年持续到 1795 年。此间，康熙、雍正、乾隆三位皇帝相继统治中国。其中，康熙和乾隆在位时间都很长。
④ 罗威廉 Rowe（2009，第 88—89、148 页）。1794 年，四川、湖北、陕西等地爆发了白莲教起义，清政府用了约十年时间才将它镇压下来。异端宗教与大规模叛乱一直以来是中国王朝走向衰退时会面对的一大问题，而且，对反叛活动进行镇压，不论结果如何，都只会进一步加剧王朝的衰退。
⑤ 根据 18 世纪时江南地区和英格兰的经济水平与生活质量来论证中国和英格兰有着相同的发展方向、相似的发展速度，且遭遇着差不多的发展阻力，其荒唐程度就像是在说，两个不同的函数因其在某个点上的数值相同，故而它们就是一个函数一样。欧洲城市和中国城市的发展也佐证了我的观点。在欧洲（包括英格兰），13 世纪之后，城市规模稳步且迅速地扩大（贝洛赫 Bairoch 1988，第 153—156 页）。而在中国，自北宋以后，城市化发展程度便在同一水平上起伏波动。

发达国家的英格兰。彭慕兰将中国之一地和欧洲之一国进行比较，以此来探讨大分流问题，这就意味着在他的研究中，国家的性质与行为模式以及中、欧文明的文化特性对经济发展进程的影响微乎其微，而这几乎有悖于当代所有的经济发展理论[①]。除此以外，彭慕兰的论证在很多方面都存在着明显的缺陷。比如，在他的书中暗含着这样一个重要预设，即，如果江南地区可以通过向某个"新世界"进行殖民来缓解其生态压力的话，那么，江南地区发生工业革命的可能性将大大增加。可问题是，江南不过是由中国数省所辖的一个地区，而各省官员又都由清廷任命，其本身权力十分有限。江南地区的官员无法制定国家层面的政策，即便他们有心调兵对外殖民，也并无军队供他们驱策。事实上，在中华帝国晚期，由于江南地区是国家财政收入的主要来源，它也就成了当时国家控制最严密的地区之一[②]。既然如此，江南地区的各省衙门又怎么可能像英国政府那样行事，到新世界去探险呢？

从人口视角出发，这个问题是否能得到更好的解释呢？黄宗智就曾把帝制中国晚期的庞大人口视作其经济发展的主要制约因素[③]，但彭慕兰却对此持反对态度，并且，由于这一分歧，双方还展开过激烈的论战[④]。不过，在明代与清代，江南地区的人口数目乃至中国的人口总数变动都很大。伊懋可[⑤]在论述他的"高水平均衡陷阱"理论时，也不忘提及在明清之际，中国人口可能损失了大约 35 ％到 40 ％。以涵盖江南大部分地区的浙江为例，它在 1393 年时人口约有 1100 万，到 1630 年时增至 2360 万[⑥]。但到 1644 年，即明朝灭亡前的最后一年，浙江的人口数目下降到了 2000 万左右。几年之后，满人侵入江南地区，江南军民奋起抵抗。作为报复，满人控制的军队血洗了江南的众多城镇，屠杀了大量人口[⑦]。根据一项估计，大规模的屠城及随后爆发的瘟疫造成浙江人口到

---

① 请参见赵鼎新与霍尔 Hall（1994）对经济发展理论的综述，特别是其中有关"国家中心"传统的讨论。

② 冯贤亮（2002）。

③ 黄宗智（1990、2002）。

④ 参见彭慕兰 Pomeranz（2002、2003）对黄宗智的反驳（2002、2003）。布伦纳 Brenner 与艾仁民 Isett（2002）也参与了辩论。

⑤ 伊懋可 Elvin（1973，第 311 页）。

⑥ 曹树基（2002，第 240—241 页、第 452 页）。

⑦ 有关明清之际清政权对江南地区的屠戮及江南民众的抵抗，参见戴名世（1982）、顾诚（1997）、司徒琳 Struve（1984）等人的讨论。

1661 年锐减至 700 万①。直到一个多世纪以后的 1776 年,浙江人口才又恢复至 2240 万②。然而,尽管浙江乃至整个中国都经历了人口的急剧减少,但这却并没有像 14 世纪黑死病之于欧洲那样,引发生产方式发生重大改变③,并推动劳动节约型技术的发展④。

人口因素在经济中的作用十分复杂。人口增长本身可以引发对经济发展作用截然相反的斯密机制和马尔萨斯机制⑤,而且,人口因素还会以其他社会政治条件为其中介,影响经济的发展。因此,在某种意义上,黄宗智和彭慕兰的观点看似相反,但实际上却非常相似。因为他们都把经济/人口机制看作大分流背后最重要的因素,他们只是在争论到底是什么经济/人口机制在某一特定的历史时刻发挥了作用。彭慕兰和黄宗智之间的争论帮助我们厘清了一些问题,但对于我们理解大分流产生的原因却价值有限。要弄懂中国经济的长时段动态,只盯住经济、人口以及生活质量这些指标来看,眼光就未免有些浅近了。在斯密机制和马尔萨斯机制之外,其他的一些因素可能更会成为导致大分流的深层次原因⑥。

对“大分流”的解释

下面就让我们回到这个问题——为什么中国在 19 世纪之前不能实现工业资本主义的本土突破? 我对这个问题的解释分为两步:首先,总结西方工业资本主义崛起的关键历史过程;其次,以欧洲的经验来对比中国的案例,以解释为何中国自宋代以来虽拥有发达的市场经济,却没能发展出工业资本主义。

---

① 赵文林、谢淑君(1988,第 452 页)。
② 曹树基(2002b,第 113 页)。曹著吸收了何炳棣(1959)对明清人口的研究成果。
③ 安德森 Anderson(1974);布伦纳 Brenner(1977、1986)。
④ 即使我们不考虑像性别关系或劳动力质量之类由人口数量变化所带来的问题,单就人口增长本身而言,它既能引起斯密机制(人口增长导致社会分工的进一步细化),也能触发马尔萨斯机制(人口增长降低劳动成本,从而减缓了劳动节约型技术的发展),这两种机制对经济发展的效果截然相反。
⑤ 博斯拉普 Boserup(1965、1981)。
⑥ 与我对市场经济与工业资本主义的区分相似,黄宗智(1990,第 5 页)也对商业化与资本主义做了清晰的区分,并认为商业化并不一定会导致资本主义的发展。

西方崛起的关键因素

要理解我对于西方崛起的解释,关键在于理解两个概念——市场经济和工业资本主义。在一个社会中,只要大量产品被生产出来是为了进行营利性交换,我们就可以说这个社会的经济体系属于市场经济。向往更好的生活是人之共性,因此,只要社会上有相当数量的剩余产品可被用于交换,且国家缺乏限制商品交换活动的意愿或能力,那么,市场就会随之兴起。这就是说,随着社会生产力的不断提高,贸易和利润导向的生产活动会变得愈发重要,市场经济会自发地出现①。中国的市场经济在东周时期即已出现(见第七章),但其在中国历史上的发展却并非是线性的。到汉代,中国的市场经济仍保持着之前的水平,此后,在大分裂时代的大部分时间内,因为战乱频仍而有所衰退(见第十章)。到大分裂时代晚期,市场经济的重要性得以恢复。自北宋开始,中国经济始终保持着高度的商业化,只在朝代更迭之际战争的破坏下以及明代前期禁商政策的阻遏下有过短暂中断②。

而工业资本主义不同于市场经济:它所指涉的是生产而非交换,具体而言,它是以私人企业使用节约劳动力的机器进行营利性生产活动为其主要生产模式的③。工业资本主义原初兴起的先决条件是:经济行动者必须改变其在社会中的从属地位,掌握政治、军事与意识形态手段来维护他们的利益;而为了获取金钱以及殖民地扩张,国家行动者有着与经济行动者结成联盟的欲望和热情;而社会则须要对以谋取利润为导向的发明创造予以足够的重视,这样,那些对工业资本主义兴起发挥至关重要作用的发明,比如蒸汽机、焦炭熔铸法、珍妮纺纱机等等,才能被发

① 这个概念无关乎韦伯(1981,第334—347页)理论中那种与"理性资本主义"相对的"非理性资本主义",而更接近于布罗代尔对"资本主义"和"市场经济"的区分(布罗代尔 Braudel 1992)。

② 例如,海上贸易在明朝大部分时间里一直被法律所禁止,特别是在1567年之前(见米兰特斯 Mielants 2007,第66页)。

③ 从韦伯(Weber,1951、1958、1981)到布罗代尔(Braudel,1992)、芬纳(Finer,1997)、琼斯(Jones,1981)、曼(Mann,1986)都在不同程度上认可这种观点。然而,我在这里所着重突出的,或许是推动工业资本主义和现代性发展最重要的历史力量,而且,我还强调"私域导向的工具理性主义的价值化"是工业资本主义和现代性萌芽的关键性条件。某种程度上,本书提出的这种因果解释是前人所未发的新观点。

明出来,也才会得到广泛的应用①。从这个意义上说,工业资本主义的诞生是人类历史的一个最为重大的转折点。

所谓的"西方崛起"其实包含了五个相互交叠的历史进程:(1)连绵不断的战争和激烈的经济竞争把欧洲社会推向理性化并且加速了欧洲历史的累积性发展进程②。(2)随着国家力量的增强和天主教世界的分裂,其他宗教与世俗意识形态在欧洲得以竞相兴起。(3)资产阶级的影响力向政治、军事与意识形态领域延伸。(4)新兴政治权力框架的出现。在此框架下,国家权力日益增强,但却同时又受到非政治精英(尤其是日益强大的资产阶级)权力的约束。(5)政府与商人联盟的扩张。其中,政府依靠商人获取财富、管理殖民地;而商人则仰仗政府的保护,进行市场扩张。我对"西方崛起"所做解释的核心,在于欧洲彼此竞争的精英行动者们的性质及其相互关系。在其他文明中,精英们虽然也为争夺主导权而展开竞争,但他们的竞争很少会破坏社会中制度化的精英关系。然而在欧洲,精英的构成极其复杂和多元——包括处于统治地位的国家行动者、贵族、教会以及(在中世纪盛期以后才步入这个显赫圈子的)资产阶级,精英之间的关系自西罗马帝国崩溃以后并没有达到一种稳固的制度化状态③。工业资本主义(民族国家)不期而然地闯入我们的历史,并非是"历史的进步",而是欧洲精英之间的竞争与冲突一直未能被有效制度化的非预期后果,而正是这种未被制度化的竞争,一次又一次地改变着不同精英群体之间的权力格局,并为那些能够催生出工业资本主义和民族国家的新因素的出现创造了空间。但在这里,为了行文简洁,也为了与中国的案例进行对比,下文将集中讨论上述五个历史过程中的两个,即,资产阶级的兴起与天主教世界的分裂,并对它们的后果展开分析。

财富积累活动在理想型意义上具备以下三点特质,而这些特质的存在使人类的"资本主义精神"在传统社会中难以很好地发挥出来:(1)经济力量(或者经济权力)具有去中心化的特点。它会促使社会形成多个权力中心并促进人口的空间流动。这种去中心化倾向会减低国家对商业活动及其参与者的控制能力(这一点在传统社会中尤甚),并且,这一特点也使成功的商人很难建立起一套强大的、中心化的、强制性的制度

---

① 狄根 Degan (2008,第17—33页);兰德斯 Landes (1998);莫基尔 Mokyr (1990)。

② 见第一章有关经济竞争与军事竞争性质的讨论。

③ 芬纳 Finer (1997,第1473—1475页)对此有与我相似的见解。

来维护商人的共同利益。（2）理想型意义上的经济行动者的目标是谋取利润，为达到这一目标，私域导向的工具性计算能力就显得无比重要。然而，所有传统宗教和传统意识形态都将私域导向的工具性计算能力（或称工具理性）看作是自私自利的表现，而经济行动者在这种道德层面的挑战面前则显得不堪一击①。（3）经济力量（或者经济权力）还是一种扩展型的社会权力资源。虽然，所有的社会权力资源都有扩张的趋势，但是经济力量的扩张方式就好似病毒一般，它会动摇任何以维持现状为目标的传统国家的统治基础。因此，传统社会的统治者很少会对商人抱有好感，尽管统治者自身也有聚累财富的需要②。

理论上，经济活动自身带来的上述三个限制是可以被克服的，只要经济行动者能够成为一个高度**"功能博杂"**（functionally multifarious）的社会行动者，也就是说，经济行动者在政治、军事和意识形态领域中能变得主动和强大起来。然而，受制于以上所分析的经济权力性质的限制，传统社会中的经济行动者一般很难做到这种转变。但在欧洲，通过一系列多多少少相互关联着的历史发展，这种转变却在一定程度上得到了实现。这些历史发展包括：竞争性多国体系的形成③，特许城镇（chartered towns）和独立/半独立城市的出现④，宗教改革和文艺复兴，以及那些维护和提倡私域导向的工具理性和个人主义的新哲学与新宗教的兴起。

欧洲的多国体系连同天主教会的强大不仅造成了欧洲的弱国家传统，还导致了连绵不断的战争，而战争反过来又促进了公域导向的工具理性，推动了国家的累积性发展（比如，在生产技术、汲取自然资源的能力、生产能力与组织能力等方面的发展），以及国家力量从中世纪弱国家

---

① 中国的商人非常清楚商业思维中的理性计算很难与儒家价值观相兼容。例如，宋代的一位富商曾对一位儒士说道："大凡致富之道，当先去其五贼。五贼不除，富不可致。五贼即世之所谓仁、义、礼、智、信是也。"（姜锡东 2002，第 367 页）

② 因此，正如麦克尼尔 McNeill（1982，第 22—23 页）敏锐地观察到的，即便传统国家的政治精英意识到政治统治也有赖于财富的支撑，但他们"对商人及市场从业者普遍抱着不信任和轻蔑的态度……因此，尽管贸易和市场行为出现得很早，但在公元 1000 年之前的文明社会中一直处于边缘和从属地位……人类行为后来出现的巨大改变，很可能是应某些社会上层群体的要求而发生的，而非由于供需、买卖关系的变化所致"。

③ 曼 Mann（1986，第 12 到第 14 章）。

④ 巴特利特 Bartlett（1993，第 7 章）；布洛克曼 Blockmans（1997）；陶蒲 Dobb（1946）；米兰特斯 Mielants（2007）；梯利 Tilly（1992）；梯利 Tilly 与布洛克曼 Blockmans（1994）；韦伯 Weber（1981）。

传统中的崛起(见第一章)。在弱国家传统的背景下,特许城镇和独立/半独立商业城市蓬勃发展起来,不但刺激了经济竞争,也使得城市居民(中产阶级)有了对城市的管理权,并可以拥有军队以保卫城市。经济竞争还促进了私域导向的工具理性以及社会的累积性发展,而独立/半独立市镇则赋予经济行动者以不容小觑的政治影响力和军事实力,这就确保资产阶级得以在新兴民族国家中拥有强大的影响力。这也告诉了我们,为什么现代性有着两个相辅相成的基本要素——民族国家的兴起与工业资本主义的出现。它们都是政治行动者和经济行动者激烈竞争的产物,但在相互竞争的同时,这二者也有意愿与对方建立起合作关系。

宗教改革造成天主教世界走向分裂,此后,天主教教会势力大大削弱,而新教中教派林立,欧洲各国获得了对宗教事务越来越多的支配权①。伴随着文艺复兴,宗教改革也进一步推动了欧洲理性思维的风潮。那种植根于希腊—基督教传统的理论—形式理性得到了复兴。

理论—形式理性的复兴之所以重要,背后有这样两点原因。第一,它使城市里那些处于相对自由环境中的资产阶级知识分子发展各种理论来为商业活动的谋利动机正名,于是就出现了诸如自由主义、个人主义、自然法、新教伦理或者"看不见的手"等理论和观念②。渐渐地,工具性的商业活动不再被当作是自私自利的行为而遭到鄙视;它变成一种正面价值,并与其他任何以某种价值观为基础的人类活动享有平等的道德地位。于是,以自我为中心的个人市场行为愈发被视作是一种可以带来自由与繁荣的至高无上的道德力量。我将这一整个过程称之为"私域导向的工具理性主义的价值化"(见第一章)。它为工业资本主义的出现提供了在意识形态、政治与军事领域的存在基础,构成了现代性的核心要件。随着价值化过程的不断深化,工业资本主义也就愈发成为历史发展

① 在国家控制下,宗教愈加服务于统治者而非罗马教皇或基督教领袖,它甚至成为国家建构过程中的一个工具。但宗教对欧洲普通民众生活的影响在这段时间并没有减弱,其影响真正减弱是 19 世纪后才发生的事情(德吕摩 Delumeau 1977;戈尔斯基 Gorski 2000、2003;卡门 Kamen 1997;麦克劳德 Mcleod 2000)。

② 自文艺复兴及宗教改革始,涌现出一大批未成系统的资产阶级意识形态的学说和理论。在这方面,托尼 Tawney (1998) 的著作堪称经典,他论述了以城市为中心的加尔文主义者和资产阶级之间的矛盾与妥协如何促进了个人主义精神在 16 世纪的出现,并促成了自由主义哲学思想后来的胜利。吉莱斯皮 Gillespie (2008) 则分析了个人主义的人文观念如何作为基督教的一种新形式出现在 14 世纪,并论述了这种观念所带来的张力如何推动了宗教改革和现代科学的崛起。

的必然。第二，理论—形式理性与工具理性共同促进着科学的发展。尽
管科学在其发展的早期阶段并未对技术发明产生直接影响，但它孕育了
一种理性的思维方式，并提供了有利于技术革新的知识元素。随着科学
的发展以及出于商业目的的发明创造之不断涌现，科学和技术之间的关
系也就变得愈发密切①。

上述所有这些发展，从多国体系的延续到独立/半独立城市的出现、
天主教世界的崩塌，再到私域导向的工具理性的价值化，都是工业资本
主义崛起至为关键的因素。之所以说它们至为关键，是因为它们都是**高
层级(higher order)**的因素。也就是说，如果没有这些因素，加州学派的
学者们所强调的那些经济、人口、技术层面的机制都会显得无关紧要。
不过，虽然这些高层级因素对工业资本主义的兴起是绝对必要的条件，
但并非是充分条件，因为即使这些条件都具备，工业革命也不会自动到
来。这时，加州学派所提出的一些观点才开始变得有意义。恰巧的是，
许多资本主义发展过程中至关重要的技术早已从中国、印度和伊斯兰世
界传入②。而海外殖民地的存在——西方国家既可以向其输送过剩人
口，又可以掠夺其资源，以及煤炭储备的地理位置，也都可能会对工业资
本主义的兴起发挥重要作用，但前提是，英格兰与西方世界首先要具备
那些"更高层级的因素"才行③。最后，如果当时西方没有实现技术上的
重大突破，随着传统技术收益率的递减，英格兰乃至欧洲人口膨胀所带
来的种种问题就会逐步恶化，可能会导致战争与大规模传染病的爆发，
并造成历史发展的逆转④。诚然，牛顿物理学的发展和蒸汽机的发明确
实都对工业革命非常重要⑤。但是，虽然所有这些西方工业革命的重要
组成部分——从近代西方的技术发展，到英格兰与西方的经济与人口条
件——都很必要，但却都是伴随着欧洲历史大潮的起伏而涌现出的现

---

① 18世纪之后，越来越多的发明创造依赖于科学的发展。科学的发展与传播也让发明家拥
有了崭新的思维方式和实验技术，这些对新发明的出现都是至关重要的（卡德威尔
Cardwell 1972；莫基尔 Mokyr 1990，第167—170页；缪森 Musson 1972）。

② 阿布-卢格霍德 Abu-Lughod (1989)；霍布森 Hobson (2004)；哈夫 Huff (1993)；兰德斯
Landes (1998)；麦克尼尔 McNeill (1982)。

③ 弗兰克 Frank (1998)；古迪 Goody (1996)；彭慕兰 Pomeranz (2000)。

④ 但就另一方面而言，一旦人类工具性的欲望脱离了传统对它的掌控，并获得了社会认可与
赞颂，再把它关回去就很困难了。这样的社会即便经历劫难，也会很快恢复元气，并再度
发展起来。在这样的社会中，技术突破的出现只是时间问题。从这个意义上讲，工业资本
主义是某种"偶然中的必然"。

⑤ 金世杰 Goldstone (2000)。

象,真正决定着近代欧洲历史发展的是其从未被制度化的(或者说是未达到稳定状态的)精英竞争格局。

工业资本主义:传统中国不可能走的路径

虽然,经济、人口、技术等方面的因素——这些在加州学派的学者们看来是造成"大分流"的关键条件——无疑有助于英格兰和西方世界的崛起,但同样毫无疑问的是,这些因素与中国未能出现本土工业资本主义的关系并不大。只要我们仔细审视中国的技术发展历程,就不难发现它有着与西方截然不同的发展模式[①]。至少有两组推动中国技术发展的条件与欧洲的情况存在相当大的差异[②]。中国历史上许多王朝都维持很久,中国历史整体的延续性也无疑远胜欧洲,且帝制中国拥有着强大的中央政府,常常组织修建规模浩大的各类工程。这些都有利于技术创新与知识积累的发生[③]。此外,在 19 世纪之前,中国的大多数发明创造属于培根所说的经验型发明,这就是说,它们在历史上的任何时期都可以被创造出来[④]。而事实上,能做出这类发明也极大地得益于中国人讲求实效且高度折衷性的思维方式。然而,其他一些条件却阻碍着中国高度发达的技术通过不断累积以至达成欧洲式的"重大突破"。中国人偏重整体性思维和历史性思维的倾向减缓了理论—形式理性和现代经

[①]　在 15 世纪,中国拥有当时世界上最强大的舰队,可中国从来没有用它进行海外侵略(邓钢 1997;李露华 Levathes 1994)。直到 18 世纪,中国仍是世界主要的经济中心。根据弗兰克 Frank (1998)的研究,在 1820 年以前,世界上生产的白银,有一半最终都运抵中国。但中国也没有利用这种经济优势进行海外扩张。尽管清代的内亚政策具有一定扩张性,但那不过是农耕国家与游牧国家之间持续了千年之久的拉锯战的一部分而已(第十一章)。清代的内亚政策及其扩张与现代欧洲的殖民主义有着本质区别。

[②]　见卜德 Bodde (1991);劳埃德 Lloyd (1996);中山茂 Nakayama 与席文 Sivin(1973);以及李约瑟(1969)关于中国科学与技术传统的讨论。

[③]　中华帝国不仅修建了长距离运河、大型灌溉网络、规模宏大的宫殿及庞大的远洋舰船,还刊行流布各类农书以传播农业技术,促进农业技术的标准化。出于多方面的目的,国家还主持地理勘查、支持天文研究。凡此种种及其他的国家活动都对中国的技术发展起到了积极的推动作用(邓钢 1993;麦迪森 Maddison 1998,第 1 章;李约瑟 1969)。

[④]　莫基尔 Mokyr(1990,第 167 页)。

验主义在中国的发展①,而在欧洲,17世纪后那些关键的技术发展越来越多地依赖于科学知识与科学的思维方式②。最重要的是,在帝制中国晚期,新技术的发明者无论是士绅还是工匠③,都不会因此得到财富、声望或者权力,这是由儒法国家的性质所取定的④。因此,虽然中国在第二个千年的大部分时间里仍能保持其技术上的优势地位,但在宋代以后中国科技发展的速度大大减慢却也是不争的事实⑤。

在上述对西方崛起的分析中,我集中探讨了两个对欧洲工业资本主义的突破性发展至关重要且相互交织的历史进程,即,天主教世界的分裂与资产阶级力量的扩张。相应地,我将把分析中国历史发展的重点放在非正统的新儒家思想运动以及明、清两代中国商人群体的权力与地位上。这一部分的分析欲达成两个目标:(1)旨在阐明为什么晚明时期的非正统儒家思想运动不能像宗教改革运动撕裂欧洲天主教世界那样摧毁新儒家思想在中国的主宰地位;(2)旨在解释帝制中国晚期市场经济的高度发展为什么没有赋予中国资产阶级以足够强大的政治、军事和意识形态权力来摧毁儒法国家的政治框架。

需要说明的是,以下的分析并没有将帝制中国晚期的某些历史现象纳入讨论范围,比如,15世纪初郑和七下西洋、大量美洲白银涌入中国,还有满人入关后出现过的短暂的多国并存格局。但确实有些学者曾用这些历史现象来论证中国原本有许多机会可以走上另一条发展道路,他们也曾构想如果这些历史现象朝其他方向演进,中国甚至有可能实现本土工业资本主义的突破。然而,我对此持有不同的观点。首先,郑和下

---

① 在我的理解中,现代科学依靠的是控制实验(controlled experiments)。它要求研究者对两个变量在孤立(被控制的)环境中且不考虑其他因素的条件下所具有之关系作出推理性的假设。这种"片面的"思维方式对于我们确立那种定律般的规律性是至关重要的,但对那些习惯于以整体性思维或关联性思维看待世界的人们而言,接受这种思考方式却很困难。关于古代中国理性思维的讨论,请参见本书第六章。这种理性思维从多方面塑造了日后中国人的思想方式与中国科学的性质。

② 比如,自出现之初,蒸汽机技术就是在科学知识不断拓展的背景下发展起来的(莫基尔Mokyr 1990,第84—92页)。

③ 艾尔曼 Elman(2005)正确地指出,许多中国发明家与科学家都是儒家学者。

④ 沈括从未将自己视为一名科学家。他的声名、威望与渊博的学识大多源自他作为政府官员和成功的外交家所拥有的丰富阅历。沈括最有名的著作《梦溪笔谈》尽管包含了不少有关科学的内容,但此书却是他在政治失势后,赋闲在家时才写出来的。席文 Sivin(1982)对沈括的思想与成就以及中国科学的性质有过专门讨论。

⑤ 艾尔曼 Elman(2005);金世杰 Goldstone(2008);兰德斯 Landes(1998);莫基尔 Mokyr(1990)。

西洋是国家主导下展开的活动。尽管历史学家对此事件背后的具体原因仍有争议，但可以达成共识的是，郑和下西洋既不是为了征服，也不是为了贸易。郑和船队的规模几乎百倍于哥伦布的船队，所以，在资金上是难以长久为继的[1]。而且，我们无法想象，单凭郑和的航海活动何以造成新儒家世界的衰落，导致一个实力雄厚、功能多样的资产阶级群体的出现。其次，美洲白银的涌入诚然不仅改变了中国沿海地区的经济结构，还改变了中国的货币和税收制度[2]，甚至可以说它和明朝的灭亡也不无关系。17 世纪初，当来自美洲（以及日本）的大量白银停止流入中国时，明朝也走向了倾崩的边缘[3]。然而美洲白银的输入（或缺乏）并没有对新儒家世界造成任何根本性的破坏，也没有使中国商人的地位在儒法国家体制下获得任何提高。最后，一些学者也曾思考过，在清征服中原以后，假若多国体系能一直维持下去，中国是否会走上一条某种程度上类似于欧洲的发展道路。对此问题，我的回答依旧是否定的。简言之，多国体系早在中国的大分裂时代就已经出现过，而到唐、宋变革之际又再度出现，但它两次出现的结果都是一样的——众多彼此竞争的国家逐渐又都被统一到儒法国家的政治框架之下。17 世纪的结果不可能会与此有所不同。况且，在我之前所指出的对工业资本主义兴起至关重要的五个更高层级的历史条件中，多国体系不过是其中之一而已。要解释本文所关心的问题，单独着眼于这一历史进程，意义可能并不太大。

一场失败的"中国式宗教改革"

明清之际，出现了几波非正统新儒家思想运动，某种程度上，它们与路德宗和加尔文宗在欧洲掀起的宗教改革浪潮相类。倘若中国的这些思想运动获得成功的话，它们可能也会像宗教改革导致天主教世界分崩离析那样，造成新儒家世界的分裂。然而，事实上，中国的非正统儒家思潮并未对新儒家世界造成长久而重大的破坏。这一结果非常值得我们予以具体讨论，因为它不仅揭示了儒法政治体制的强大韧性，还说明在西方势力到来之前，中国是不可能实现本土工业资本主义突破的。

---

[1] 关于郑和下西洋的性质以及为什么此次航海活动没能引发中国的发展，见德雷尔 Dreyer（2007）、李露华 Levathes（1994）、全汉昇（1987，第 3—5 页）等人的讨论。

[2] 阿特韦尔 Atwell（2008）；全汉昇（1987）。

[3] 阿特韦尔 Atwell（1997）；魏斐德 Wakeman（1985）。

非正统儒学出现于明代晚期。一方面,随着正统新儒学日渐僵化、科考竞争日趋激烈,儒家学者与士绅由此蔓生出的不满情绪对非正统儒学的发展起到促进作用;另一方面,在中国南方,市场经济的重要性日益凸显,也成为非正统儒学兴起的又一重要背景。而这一思潮声势日隆还与王阳明的影响有莫大的关系。王阳明(1472—1529)是明代新儒学大家,不仅在朝廷中官居高位,且身为书生,又能领兵打仗,是一位杰出的军事将领[1]。王阳明的学说与朱熹的理学在出发点上很不相同。朱熹理学的基本前提之一是将"理"视为客观存在,故人可以通过"格物"而获得对于"理"的客观认识,而王阳明的学说则从"心即理"这一命题出发[2],认为明辨是非善恶之"心"是人人天生本具的。相较于朱熹所倡导的通过学习与自身修养来提升自我道德,王明阳则认为要达到至善之境,更多地在于对本具之善的"实现",也就是,显露发现此善,依其行为处事,即"致良知"。唯有这样,人才能达到"知行合一"的境界[3]。但是,这种具有理想主义倾向的学说所带来的后果却是王明阳本人所不曾预见到的。他的"心即理"为儒家经典的再阐释打开了大门,这其中既有那种与朱熹新儒学相去不远的相对保守的诠释,也有强调修身之本在于"照见自家本来面目"的个人主义解读[4]。而在中国南方高度商业化的经济环境与明末压抑的政治氛围下,王阳明的学说推动着非正统儒家思想的产生。这一思潮又以两批士人群体为其代表。

李贽(1527—1602)可以说是第一批士人群体中最为激进的一位。他对理学中占主流地位的礼教传统大加鞭挞,而对佛教思想极力推崇。他赞赏赤子之率真,并认为人类自我修养的目的应该是保有一颗"绝假纯真"的童心[5]。他视人类的欲望及谋利活动发乎人类天性,因而正当合理。他还称赞反叛英雄,提倡世人要更平等地对待女性。晚年李贽的

---

[1] 王阳明成功指挥了若干场镇压南方叛乱的战役,并在 1519 年平定宁王之乱中起了关键作用。见秦家懿 Ching(1976)、艾文贺 Ivanhoe(1993,第 5 章)、唐君毅(1970)、杜维明(1976)等人有关王阳明生平与思想的讨论。

[2] 王阳明所谓"良知人人皆有"的说法明显受到禅宗"我心即佛心"的影响。

[3] 王阳明之背离朱熹的正统学说可以被看作是朱熹与陆九渊鹅湖之会辩论的延续。只是这一次,是王阳明的学说——它既是陆九渊"心学"的新版本,又部分地借鉴了朱熹的理学——对正统儒学发起挑战。

[4] 王阳明的哲学不仅吸收了禅宗的元素,还使禅宗思想在当时变得更为流行(葛兆光 2001,第 311—312 页)。

[5] 在儒家正统看来,儿童的心智与行为应当通过教育来予以规范,而并非是学习和仿效的对象。

生活更是离经叛道。在 54 岁那年,他辞官、离家、削发,悠游在僧、儒之间①。批评他的人还指控他常出入酒肆,混迹于烟花柳巷,甚至与尼姑、寡妇过从密切。更令人讶异的是,对于大部分的指责,他甚至不屑于辩解②。

　　虽然第一批非正统儒学学者中如李贽那样的激进者将王阳明哲学中的个人主义倾向推向极致,但第二批学者却是道德上的传统主义者,同时也是政治上的改革派③。这批学者以黄宗羲(1610—1695)、方以智(1611—1671)、顾炎武(1613—1682)、王夫之(1619—1692)等人为代表,他们都经历过明清之际的战火与动荡。尽管满人入主中原让他们备感屈辱与痛苦,但他们将明朝之覆亡归咎于其专制的统治。他们也对李贽离经叛道的思想与言行,乃至和李贽有关的整个泰州学派持批评态度。他们认为正是王阳明思想传统下这激进的一派造成人心涣散、世风日下,甚至认为这些人对明王朝的崩溃也负有责任④。但同时,这批学者也深受王阳明的影响,他们的思想和前一批非正统儒家有不少相似之处。他们所发展出的政治理论大部分可以看作是对明王朝专制主义的回应,我现将其要点大略总结如下⑤:(1)国家乃公器,而非君王的私产。天下为主,君王为客。(2)君与臣应是同事或朋友,而非主人与仆人。(3)通过重设宰相并赋予其实权,以及扩大地方政府自治权等方式来限制君王的权力⑥。而且,君权还要接受儒家士大夫的监督。宦官、外戚的权力应受严格限制,防止其擅政滥权⑦。(4)经商谋利是正当合法的行为⑧,商

①　有关李贽离家后的思想与遭际,参见姜进(2001)的著作;另见陈学霖(1980)对李贽部分著作的英译。
②　黄仁宇(1981,第 205 页);许建平(2005,第 215 页)。
③　这个群体中的许多人都与始于 1604 年的东林党运动有所关联,或是该运动精神上的继承者。他们在无锡开设东林书院,通过开坛授课营造起谋求改革的"公共舆论",在当时颇有影响力。但这场运动因为反对宦官魏忠贤而在 1622 年遭到镇压,其成员多遭酷刑并被杀害(包筠雅 Brokaw 1991,第 21—25 页、第 138—156 页)。
④　麦穆伦 McMorran(1973)。
⑤　此处总结基于以下文献:狄百瑞 de Bary(1983,第 4 章);冯天瑜与谢贵安(2003);龚鹏程(2005b);韦政通(2003,第 876—986 页)。
⑥　明太祖朱元璋为了加强皇帝个人权力,废除了宰相制度。
⑦　历朝历代之中,只有东汉时期宦官专权的严重程度可与明代相提并论(蔡石山,1996)。
⑧　这反映出,到明代晚期,通过中"进士"来获得官位变得愈发困难,而在中国的富庶地区,商业利润越来越丰厚,这就让许多士绅之家转而投身商业活动(卜正民 Brook 1993)。

人不应被看作是士农工商中地位最低的一类人①。

　　即便是从上述相当简略的总结中，我们也不难看出朱熹的新儒学与这两类非正统儒学之间存在显著的差别。这些非正统儒学思想之于程朱理学的冲击，绝不亚于路德贴在维登堡教堂大门上的"九十五条论纲"之于天主教正统学说的摇撼之力。如若这些想法能被付诸实施，定然会引发一场"中国式的宗教改革"，彻底动摇儒法国家意识形态的基础，并为新的历史可能性铺平道路。然而，尽管这些新的观点在儒林人士中具有一定影响力，但它并没有像欧洲宗教改革那样发挥任何实际的社会影响。这其中有两点原因。首先，前现代天主教会不仅坚持认为圣经代表着真理，更强调教会对圣经的阐释是唯一的真理，是走向公义的唯一门径和通往天堂的唯一道路。而路德、加尔文及其信徒也一样坚持认为他们对圣经的阐释具有绝对真理性。宗教改革者和天主教会对圣经阐释的分歧引发了一场激烈的公开辩论，并最终导致天主教世界的分裂。但儒家思想的情形却与此大不一样。在大多数儒家士绅学者的眼中，儒学，甚至新儒学，更多的是一套道德价值体系而不是具有超验性的真理。因此，当李贽发表他那些惊世骇俗的观点之后，所引起的辩论仅发生在李贽与耿定向（即李贽好友耿定理之兄）之间，属于朋友间的私人争论②。明朝政府从没有插手这场论争，更没有惩罚论辩中的任何一方，而当时大多数儒生则更热衷于通过科举考试跻身士林，对他们而言，熟谙朱熹的新儒学才是要务。因此，非正统的儒家思想运动无法导致儒家世界出现严重的分裂。

　　其次，也是更为重要的一点，那就是中国不像欧洲那样存在着多国并立的局面。当路德在维登堡教堂门前贴出他的论纲后，他得到了萨克森选侯腓特烈三世（1486—1525 年在位）的"庇护"，这使他免于遭受来自罗马教廷的迫害。正如迈克尔·曼所指出的那样③，此事"直接阻止

---

① 　例如，何心隐（1517—1579）就改变了传统的职业排序，将商人置于农民、工匠之上，士人之下。黄宗羲则提出"工商皆本"的著名思想（冯天瑜与谢贵安 2003，第 237—239 页）。

② 　但耿定向在做户部尚书时，李贽将书信和文论集结成《焚书》，毫不留情地抨击耿定向的儒家观点。该书虽使李贽蜚声全国，但更重要的是，他离经叛道的生活方式也招来地方士绅的群起攻击。李贽不仅遭到袭击，他寄居的寺庙也被焚毁。但并没有迹象表明这些袭击背后的主使是耿定向或其他高官。事实上，李贽常常受到一些士绅和官员的庇护，而且，当李贽表现出些许和解姿态后，耿定向还不计前嫌，也对他加以保护（黄仁宇 1981；姜进 2001；许建平 2005）。

③ 　曼 Mann（1986，第 467 页）。

了单纯意义上的宗教妥协",导致欧洲在意识形态领域以及政治领域同时出现分裂。但在中国,尽管国家对各类宗教信仰可能抱有更为宽容的态度,可一旦这个统一的国家下决心要打压某种宗教,它也可以切实有效地达成其目标。比如,王阳明的学说之所以不可能在明朝嘉靖年间(1522—1566)被广泛传播,正是因为当时的朝廷将之斥为伪学,禁止天下学习讲授①。又如,在学者非议与地方官员迫害的双重攻击下,李贽最终于1602年自杀,而王阳明心学传统中以李贽为代表的激进派也以李贽之死而告终结②。至于那些活跃在明清之际的第二批非正统儒学学者,他们的改革理想也随着领袖人物去世,随着清王朝建立起儒法国家体制(尽管也保留了不少游牧部族的特点)③,随着新一代儒家学者通过科举考试成为清朝官员,而逐渐失去了影响力④。

再者,在清朝建国以后,虽然明末清初之际改革者的精神一去不返,但其道德保守主义的一面却为统治者所接纳。清初学者的著述与活动之转向保守主义带来了若干社会文化结果,它们包括:乡村中宗族组织势力增强、新儒家礼教得到强化;贞操观念日益根深蒂固,女性受到更为严苛的控制;随着国家对思想文化管控的加强,各类民间文艺和城市娱乐产业逐渐萎缩⑤。

清朝政府在其执政的大部分时间里,实行的是比明朝中、晚期更为专制的思想控制。不仅许多成书于明末和明清之际的著作被列为禁书,清廷还大兴文字狱,严惩那些悖逆儒家正统学说的作者,所有这些都让儒士文人深感畏惧⑥。18世纪的清代学者,一面迫于清朝文禁之严而不得不小心谨慎,一面又承袭了明清之际的学术旨趣。为了不招致祸端,

---

① 葛兆光(2001,第299—330页)。

② 李贽是在北京近郊居住时被缉拿入狱的。显然是李贽离经叛道的生活方式而不是他的言论造成了他的牢狱之灾(姜进2001)。李贽在狱中以剃刀割喉自杀,虽然人们后来才知道,指控李贽的官员只不过打算让他被押解回乡而已。李贽死后,王阳明学派中的激进一脉便衰落了(葛兆光2001,第319页),而李贽的作品在清代也屡屡被禁。

③ 韩书瑞 Naquin 与罗友枝 Rawski(1987,第1章)。

④ 新一代的学者接受了清朝统治,他们中的许多人是明清嬗变之际著名学者的子孙或门生。但他们对清统治者的态度是暧昧的(司徒琳 Struve 1979)。这从多方面影响了他们的学术研究与社会活动,下文将略述之。

⑤ 见周启荣(1994)对清代早、中期转向保守主义的讨论。

⑥ 国家因知识分子的著述而对其进行迫害的"文字狱",在明清时代尤盛。清代统治者对"反满"的词句相当敏感,许多学者因其著作而被满门抄斩,甚至有的时候,士人仅因在诗文中不慎使用了犯忌的字眼就被处死。

他们便转向了对历史材料的研究,由此催生出了一门严谨细致而无涉政治的学问,即考证学(或称"考据学")①。清代的考据家"强调的是精确的研究、严密的分析,并提倡从古代文物、历史档案与文献中搜集客观证据"②。他们的学术研究也颇有可称道之处③。但这一学术运动的主要参与者大多是文化保守主义者④。他们对西方的科学与技术持有文化沙文主义的态度⑤,而他们的主要研究兴趣和研究方法也与前现代欧洲科学研究的旨趣极不相同⑥。此外,朱熹的新儒学继续保持其正统地位,读书人依旧要靠掌握朱熹所定立的儒家经典来求取功名。19世纪,当欧洲帝国主义抵临之际,清帝国已然危机四伏,日渐衰落。但是,儒法国家的政治模式却依然稳如磐石。只有反复经历了军事上的失败与屈辱之后,这样一种政治模式才开始解体,中国才不得不步履蹒跚地踏上了一条通向现代化的道路。也只有到20世纪之初,明末与清末的非正统著述才会被那些试图从中国本土传统中寻找改革思想的改革者誉为"中国的宗教改革"或"中国的思想启蒙运动"⑦。

中国经济行动者的软弱

如前所述,资产阶级力量的崛起是工业资本主义兴起的关键条件之一。在前现代的欧洲,成功的工匠或者商业组织领袖不仅控制着小型的城市国家,还对欧洲大国的政治拥有相当的发言权;大型的跨国商业组织甚至可以掌控一定规模的私人或半私人的武装力量;而具有城市背景的知识分子则著书立说,为商业盈利行为的合法性保驾护航。于是,欧洲的商人阶层就在政治、军事和意识形态等领域中获得了空前强大的力

---

① 应该说明的是,考据学不完全是为了应对清代专制统治与审查制度而发展起来的。这类学术研究兴起的背后,还存在着其他的社会力量(盖博坚 Guy 1987,第3章)。

② 见艾尔曼 Elman(1984,第6页)。我同意艾尔曼的观点,考据学的出现代表了帝制中国思想史上一个重要的转变,考据学者与其明清之际的继承者们在思想上与欧洲文艺复兴时期的思想家颇有相似之处。但另一方面,晚明和清中叶的非正统思想对清代政治、文化和社会的影响远不及文艺复兴时的思潮之对欧洲的影响。

③ 这些学者批评朱熹与宋代新儒学,并试图复兴汉儒对儒家思想的阐释(即"汉学")。

④ 周启荣(1994)。

⑤ 这些学者大多认为,西方人只擅长发明复杂机械,而且他们还认为即便是这些技术也都源于中国(张维屏 1998,第206—212页)。

⑥ 盖博坚 Guy(1987,第46页)。

⑦ 狄百瑞 De Bary(1983,第101页)。

量。接下来,就让我们以欧洲商人阶层为参照,探讨西方势力到来之前
中国商人的地位。

施坚雅(G. William Skinner)在对中国城市的研究中提出的"六角
型模式"(hexagon model)堪称典范,因为这个理论令人信服地阐明了中
国市镇的经济功能①。不过,施坚雅模式最适合用来分析地方基层市
镇,其次是规模比之略大的县府,这是因为到了城市一级或县以上级别
的分析单元,政治因素就对其位置、功能和历史命运变得愈发重要②。
总体而言,自宋代出现"城市革命"以来③,中国的城市逐渐拥有了强大
的经济功能,而帝制晚期中国的城市发展也与前现代欧洲城市的发展有
许多相似之处④。但除去这些相似之处,中国城市的商人阶层显然从未
享有过在政治和法律上的自主权,更不必说掌握任何形式的军事武装力
量⑤。因此,研究中国城市发展的学者普遍认为,王朝更迭、政治与行政
决策对中国城市的命运发挥着决定性的影响⑥。

但是,中国商人自主权力的缺失并不意味着他们没有任何力量,也
不意味着国家全面控制了商业活动或者国家有取缔商业活动的意愿。
除了在明朝初期,皇帝曾有过打压商业的倾向以外,在帝制中国晚期,国
家在大部分时候对于商业活动采取的是一种相当实际的态度(就像它对
待大多数社会事务那样)⑦。多数时候,针对不同的商业活动,国家采取
的行动也不一样,或予以保护,或大力支持,或参与其中,甚或将之垄

---

① 施坚雅 Skinner(1964/1965)。

② 例如,嘉兴府在明代初期只有三个县,到 1429 年增至七个县。在明代,松江府只有三个
县,到清代时发展到九个县。这都是国家推动的结果(冯贤亮 2002,第 2 章)。

③ 伊懋可 Elvin (1978,第 85 页);施坚雅 Skinner(1977,第 3—31 页);崔瑞德 Twitchett
(1968)。

④ 但是,根据罗威廉 Rowe (1989)的研究,19 世纪时欧洲城市与中国城市之间存在着一个明
显的区别。在正进行工业化的西欧,工业革命为发展中的城市带来了大规模的骚乱、阶级
矛盾和社会失序现象,而在同一时期,由于地方官员和社会精英的携手努力,中国城市却
呈现出一派稳定繁荣的局面。除此以外,中国城市之所以在此时没有出现社会动荡的情
况,也得益于中国城市存在着以儒家思想为核心的文化共识,并且,直到西方帝国主义侵
入中国之前,儒法国家政治体制的统治地位不曾有任何动摇。

⑤ 巴特利特 Bartlett (1993,第 7 章);牟复礼 Mote (1999,第 761 页)。

⑥ 冯贤亮 (2002);安东篱 Finnane (1993);张琳德 Johnson (1993);麻姆 Marme (1993);斯波
义信 Shiba (1970);许涤新与吴承明 (2000)。

⑦ 明代晚期,随着国家严苛政治统治的衰弱,市场经济便活跃了起来。清政府则以非常务实
的态度对待商业活动(罗威廉 Rowe 2009,第 132 页),这让明清鼎革之际饱受摧残的经济
得到了迅速的恢复。

断①，同时，根据商人所拥有财产或产品性质的不同，国家也允许他们享有不同程度的"产权"②。

然而，对中国商人来讲，缺乏自主权不仅意味着他们无法像其欧洲同行那样拥有强大的政治权力、军事力量或意识形态武器来捍卫自身利益，还意味着他们能否拥有所谓的"产权"也全然取决于国家的意志。而这一切都严重影响了中国商人的行为模式。以明清两代的商人为例，面对着国家对政治领域的绝对宰制以及新儒学在意识形态领域的绝对支配地位，他们殷切期望后代子孙可以通过接受儒家教育而跻身士林③。他们精心经营着与地方官员之间的密切联系，小心维护着与仕宦家族的婚姻联盟。他们代政府向地方百姓征收税赋，在晚期帝制中国的市镇治理中发挥着作用④。他们还在地方上兴办慈善事业、资助宗教节庆活动，并仿效儒家士绅为人处世的作风，这使他们获得了"义商"的美誉⑤，而他们由此赢得的尊重与信任同时也有利于其商业活动的顺利开展⑥。但作为一个群体，中国商人却始终没能促进和建立诸如自由主义或"看不见的手"这样非传统的价值观来为商业谋利活动辩护并赋予其以正面价值。这一点，连同他们对国家与地方政府的屈从，无不彰显着中国商人阶层的软弱，也更进一步表明，中国在西方势力到来之前不可能发展出本土工业资本主义⑦。

小　结

有宋一朝，大型中心性都会城市得以出现，市场经济之规模获得了极大的扩展。到明清时期，商业的繁荣甚至也吸引了一些儒家士绅参与

---

① 王国斌（1999，第222—226页）。

② 另见冯贤亮（2002）与许涤新和吴承明（2003，第710—726页）有关国家和地方精英控制明清时期经济的详细讨论。

③ 在清代，即使是在市场经济高度繁荣之时，士绅—官员在社会中也仍享有最崇高的威望（韩书瑞 Naquin 与罗友枝 Rawski 1987，第123页）。

④ 曼 Mann（1987）。

⑤ 陆冬远 Lufrano（1997）。

⑥ 卜正民 Brook（1998，第215—216页）；陆冬远 Lufrano（1997）。

⑦ 李贽（1990，第48页）下面这段情真意切的言论生动刻画了明代晚期商人对官员的绝对从属地位。他说："且商贾亦何鄙之有？挟数万之资，经风涛之险，受辱于关吏，忍诟于市易，辛勤万状，所挟者重，所得者末。然必交结于卿大夫之门，然后可以收其利而远其害，安能傲然而坐于公卿大夫之上哉！"

其中①。不过,尽管明清时期的商业能够产生出强大且多样化的经济活力②,但新儒家世界却并没有因此而被削弱,并且,商人阶层虽乘着商业大潮而兴起,却没有掌握具有集中性和强制性的政治权力与军事力量,也不拥有任何可以为其商业谋利活动正名并为这种备受社会鄙薄的行为赋以正面价值的意识形态武器③。中国的经济行动者实在太过于软弱,他们手中的权力也太过于分散化,以至于他们无法撼动儒法国家的统治地位。最后,尽管近代中国与西欧有相似之处,但在西方帝国主义逼迫它之前,中国没有摆脱历史上的儒法国家模式而走上工业资本主义道路的可能性④。

①　卜正民 Brook (1993、1998)。

②　卜正民 Brook (2005,第 8 页)。卜正民 Brook (1993,第 20 页)曾说道:"在某种程度上,晚明历史是一部经济力量起来对抗政治力量的历史,也是一部地方势力起来对抗国家权威的历史。"我可以同意这种看法,但必须要加上一个小的限定条件:尽管当时分散化的经济活动以及地方性的政治势力确实带来了不容小觑的经济活力与文化活力(通常会与新儒家正统相违背),但从长远上看,它们并没有削弱儒法国家在政治和意识形态领域的绝对统治地位,到 19 世纪中叶以前,儒法国家的架构一直完好无损。

③　米兰特斯 Mielants (2007,第 2 到第 4 章)最近对非欧洲文明(包括中国)商人的政治弱点,及这种弱点对该文明中工业资本主义的崛起所发挥的负面影响有进一步的讨论。

④　关于明代晚期的经济,卜正民 Brook (1998,第 201 页)有一段恰到好处的评述,他说:"中国在明代晚期没有产生资本主义,但却创造出了其他东西,也就是一个扩展型的市场经济,这种经济模式不仅利用国家的交通网络打通了与地方的经济连接,还在某些地区将乡村与城市劳动力组织起来投入到连续的生产过程之中而不扰乱作为农业生产基本单元的农户们的生活,并在消费和生产不完全分离的情况下,重组了消费模式,缓慢但稳妥地使自身融为士绅社会的一部分,渐渐改变了儒家传统中对商业活动的鄙弃态度,最后导致清代出现了一个强大的精英利益联合体。但这种市场经济并不是欧洲意义上的资本主义。"卜正民对明代晚期市场经济特征的评论在很大程度上也适用于清代的经济。

结　语

在结语部分,我将讨论两个问题:一是分析中国历史对当今中国的影响;二是回顾我在做研究及撰写本书过程中所采取的方法论与理论立场。

从过去到今天

帝制中国与现代中国之间唯一最大的断裂在于:中国儒家传统在日本帝国主义和西方帝国主义冲击下几乎不可逆转地衰落了。1911 年的辛亥革命终结了长达两千余年之久的儒法国家政治体制。大概从 1919 年五四运动开始,很多人便开始将儒家思想与儒家文化视为中国积弱的根源。自那以后,大多数的中国知识分子都曾力图摧毁中国传统文化并粉碎其背后的制度基础。"文化大革命"期间(1966—1976)狂嚣的激进主义更是将这种打倒传统文化的极端风潮推向顶峰。

但在当今中国,儒家道德及其政治秩序又再度为一些知识分子所大加提倡,甚至也部分地得到了国家的认可。但这些试图将儒家传统恢复为中国主导价值体系的尝试是徒劳的。这种尝试的徒劳,并不仅是因为中国已进行了一个多世纪激进的现代化进程。因为如果现代化是导致儒家传统崩溃的唯一因素,那么,诸如伊斯兰教、印度教、基督教和犹太教等世界性宗教都该会面临相同的命运。而实际上,这些宗教中的每一个都在现代化的冲击下得以幸存下来,且到今天仍不失为一种强大的社会力量①。在这些文明传统中,唯独儒家传统彻底衰落了,这种衰落与

①　伯格 Berger (1999);卡萨诺瓦 Casanova (1994)。

儒家本身的性质有很大的关联。尽管许多学者将儒家传统视为一种宗教,但我们应该记住,这种"宗教"所宣扬的,更多是此世的道德秩序而非彼岸的神圣秩序。儒家之所以能在帝制时期的中国占据主导性地位,不仅因为它为国家权力提供了合法性基础,为社会提供了道德秩序,还因为新儒学传统下的社会制度(特别是科举考试与宗族组织)不断强化着它的地位。一旦这些社会功能和社会制度不复存在,儒家传统自然也就成了无本之木,其影响力也就会大打折扣——儒学在今天的中国已经不再是一种能把国家与社会组织起来的集中且强制的力量,而仅仅是一种弥散的、非强制性的意识形态与哲学。而这正是那些力图恢复儒家传统地位的学者所需面对的核心问题。

现代中国及其不远的未来所具有的许多特性都与儒学的崩溃有关。首先,中国是世界主要文明之一,中国人为此深感自豪,但这种自豪同样也是一种负担。随着中国人财富的增长,某些中国知识分子迫切希望构建起一种现代世界中的中国模式——一种以儒家传统为中心、融合西方元素的国际道德与政治秩序[1]。但日益盛行的西方个人主义观念与儒家价值传统的集体主义取向难以兼容,这就对这种努力构成了严重阻碍。更重要的是,如前所述,儒家传统在今天的中国几乎失去了制度层面的支撑。因此,近来中国知识分子复兴儒家传统的尝试恐怕很难取得什么效果,尽管由此所产生的矛盾与张力将会引发各种真实的社会反响。

其次,在当今中国,即便这些知识分子所关注的一些问题得到了比以前更广泛的社会关注,但热衷于建构与弘扬儒家传统道德与政治观念的知识分子毕竟只是少数。实际上,"西方化"仍是当今中国的发展趋势。所谓中国的"西方化",我指的是,中国人对赚钱致富的普遍追求,中国社会对个人主义文化价值观的愈加认可,以及各种进步史观在当今中国社会的盛行。在其他几个主要世界文明中,其中也包括现代西方文明,由于各种世界性宗教在现代化的冲击下得以幸存,它们可以充当遏制个人主义的制动器,并对社会中各种谋求进步发展的冲动起到平衡作用。不过,儒家传统的崩溃令中国失去了这样的制动机制。和其他国家相比,中国的保守势力相当弱小。政府官员、知识分子与普通民众都普遍具有历史进步意识。因而,"西化"反而在今天的中国得到了

---

[1]　蒋庆(2003);康晓光(2005);陈明主编的《原道》。

最淋漓尽致的表达。

儒法国家的崩溃和儒家文化的衰落也完全改变了中国的宗教生态[1]。在帝制中国,儒家传统为地方民间宗教提供了道德准则。可今天,一旦儒家传统不再占据主导性地位,一些中国官员就会把民间宗教当作一种用来招揽游客的地方民俗节庆资源而推动其发展,中国的普通民众则会热衷于追求民间宗教所提供的各种神迹。更重要的是,儒家传统的崩溃为其他宗教,特别是为基督教的发展创造了空间。目前中国的基督教徒人数还在不断增长[2]。

不过,儒法国家的崩溃和儒家文化的式微并不意味着曾经的那段历史对今日之中国变得无足轻重。儒法国家体制统治中国长达千年之久,使中国形成了"强国家"传统、广袤的核心领土、拥有相同身份认同感的庞大人口,以及注重教育的社会观念。

由于中国有着广阔的领土和众多的人口,即使对于国力鼎盛时代的西方侵略者来说,想要瓜分蚕食中国也是异常困难的。与其他大多数的发展中国家相比,中国人所共有的身份认同感使其民族意识的建构过程变得极其容易。中国的强国家传统则在近年来的经济崛起中发挥了关键性的作用。而中国历史悠久的科举制度则孕育出一种强调以教育作为进身之阶的文化氛围。强大的国家、雄厚的人力资本与有着相同民族意识的庞大人口是促使中国在近年来的经济发展中取得成功的关键条件[3]。

由于儒法国家的存在已有数千年之久,到19世纪时,有百分之九十以上的中国人都浸淫在新儒家文化的氛围中。自18世纪开始,随着中国人口爆炸式的增长,汉人也大量迁居到当时仍由少数族群占据的边疆地区。这种人口迁徙所留下的历史遗产使得少数族群中的一些人,即便有独立的愿望,也几乎无法将之付诸实现。

儒法国家传统也让中国逐渐形成了文官治国的传统,而这在发展中国家中是不多见的。虽然从20世纪10年代末到30年代初,军阀势力主导着中国的政治,但即便如此,这段时期并没有出现军阀公开宣布成

[1] 孙砚菲(2010)。

[2] 此估算的下限来自皮尤研究中心(Pew Research Center)宗教与公共生活论坛所提供的数据(参见 http://www.pewforum.org/files/2011/12/ChristianityAppendixC.pdf)。此估算的上限则来自斯达克 Stark、约翰逊 Johnson 与 孟肯 Mencken(2011)。

[3] 赵鼎新(1994)。

立军政府的现象,而且,地方军阀也全都对各地政府制度的建立发挥着重要作用。实际上,我敢断言,即便中国日后再出现重大的政治不稳定局面,在经过最初的动荡之后,文官统治的政治格局也会因其强大的传统而很快得到恢复。

儒法国家传统所留下的遗产使中国形成了一种内敛的性格。中国漫长的历史和曲折多变的命运没有让西方帝国主义像在其他许多发展中国家那样给国民心理打上永久的烙印①。中国广袤的土地和众多的人口也缓解了中国人对外部威胁的担忧,并迫使中国政府将注意力集中在难以计数的国内问题上。从古至今的大多数时间里,中国一直采取的是温和而非强硬的外交政策,一部分原因是因为文官在中国长期占据着政治上的主导性地位。

在本书第一章中,我曾提出国家政权可以通过三种理想型手段获得其合法性:其一是许诺能把人们带入美好未来的意识形态;其二是人们普遍接受的政治程序(比如,定期竞选);其三则是国家对人们公共物品需求的满足②。我也指出,中国继承了从周代"天命观"中衍生出的强大的绩效合法性传统(第二章)。在今天的中国,绩效合法性意味着政府的统治主要是靠其经济业绩与道德表现来获得合法性的。在绩效合法性的压力下,政府必要为社会提供公共物品而付出更多努力,在改革开放后的中国,中国国家的这一性质是中国经济腾飞以及近几年来人民生活水平普遍提高背后的关键因素③。不过,绩效合法性也让民众会对政府的政绩表现提出越来越高的要求。在帝制时代的中国,政府要维持其绩效合法性,问题不算太大,因为它面对的只是有限的社会需求,维持政权才是其首要的目标。然而,在当今中国,因为政府许下了给人民带来更美好、更幸福生活的诺言,它就需要应对非常多的社会需求。虽然中国人的生活水平在近些年有了很大改善,但对于这刚刚到来的相对富足的生活,人们很快便习以为常了,他们也因之对美好生活抱有越来越高的期待。更重要的是,经济发展带来了一系列新的问题,比如,日益加剧的社会不平等、族群冲突、官员腐败、大规模失业现象以及生态环境的不断恶化。

---

① 例如,中国知识分子从未能创造出像萨义德的"东方主义"之类的理论,尽管中国被西方帝国主义蹂躏了长达一个多世纪的时间。
② 另见赵鼎新(2001、2009b)。
③ 赵鼎新(1994)。

方法论及哲学上的反思

在本书的写作过程中，涌现出了许许多多的问题，不仅有方法论层面上的，更有哲学层面上的。在这些问题的引导下，我提出了一套有关社会变迁的一般性理论，并相应地采用了一种新的叙事风格和分析策略，以便更好地表达我对社会科学研究的理解及对历史的认识。

社会科学研究中存在的问题

社会科学家是做什么的呢？依我看来，我们是一群讲故事的人，希望所讲的故事能更准确地反映过去发生的或现在正在发生的事情。但要做到这一点并非易事。能否获得好的数据永远是困扰着我们的一个问题。虽然新的定量和定性研究方法不断涌现，但现有的研究方法仍不能完全满足我们的研究需要。更重要的是，我们即便拥有了详尽可靠的数据，也未必能保证故事的准确性。此中原因何在？因为，即使我们面对的仅是一小段历史，其中也会包含大量的事件、众多的社会现象和形形色色的个人经验，要想将之详尽无遗地总结出来是不可能办到的。故而，我们必须对数据有所取舍，并把我们拣选出来的数据组织成一个连贯的故事。不过，社会科学家对如何选择与组织数据并没有达成共识。在当下的社会科学研究中，我们可以看到存在着这样三种理想型意义上的叙述策略——第一种以结构为基础，第二种以时间与事件为基础，第三种则旨在理解某种社会行动的意义所在——而每一种叙述策略各有其优劣。简单起见，我将各自遵循这三种叙述策略的研究者分别称之为"社会学家"、"历史学家"和"人类学家"①。这三种类别仅是理想型的分类。实践中，社会科学的每一门学科自身内部又有许多不同的研究兴趣与叙事风格。

理想型意义上的社会学家在讲故事时，遵循的是结构逻辑。在故事的开头，他们先要提出一到多个差异性的历史现象，接下来，则要分析这些差异是如何被他们描绘的那些社会结构性因素所决定的。由于一位

---

① 我认为，理想型意义上的经济学是一门仅采纳少数几条社会学机制并以它们作为中心的学科。至于理想型的政治科学则是一门应用性的社会科学，它从社会科学的其他门类中吸取方法和理论，首先是经济学、社会学、哲学，其次是历史学和人类学。

理想型意义上的社会学家考虑的只有结构性条件与相关机制，这使得他的叙事有较高的确定性的同时，却会忽略人类相互关联的、多变的和寻求意义的行为在历史中所扮演的角色。

历史学家所遵循的则是一套与社会学家根本不同的研究规则：他们相信，历史是由一系列与社会结构性条件关系不大的具体历史事件所叠加起来的，并且，某些历史事件会对历史走向发挥重大影响，甚或彻底改变历史发展的轨迹（像关键性时刻、转折点、决定性时刻、分水岭之类的概念之被创造出来所表达的正是这种观念）。理想型意义上的历史学家就是一类把这种观念发挥到极致的人。他们否认结构性力量的作用，这就打消了他们对长时段、大历史的兴趣，而使他们专注于那些短时段内的小尺度历史，甚至仅着眼于某一小段历史的某一方面。他们坚信，通过对小尺度历史事件进行周详的研究能使其叙事做到更好的情境化（better-contextualized）。不过，这种认识论立场却存在着两个缺陷。首先，关注于一小段历史，或者仅仅是它的某一方面，确实可以让研究结论更充分地反映出人类经验的复杂与多样，但这么做却会忽视历史事件背后更广阔的历史图景及其与更深远的历史过往之间的联系。其次，至少从理论上讲，再小的历史事件所包含的信息也是极其繁多的，以至于历史学家要讲出一个有意义的故事，就不可能将所有信息巨细靡遗地全部包罗其中。到头来，历史学家还必须要在某些特定研究问题的指引下对材料加以筛选，唯有如此，他们才能建构起一个适合于自己研究旨趣的故事。研究旨趣不同，最后讲出的故事也就不会一样。一个研究者所讲的故事可能在某些方面能把情境化处理得好一些，但在另一些方面却会相对薄弱。对于依照这类叙事原则写成的作品，作为读者的我们在评判其优劣之时，其实靠的也只能是主观性很强的个人旨趣和个人品味。

至于理想型意义上的人类学家，他们不相信社会现象可以被解释，也不认为历史的动态变化可以被完全客观地呈现出来。他们强调，生活在过去的历史人物和当今的社会科学家一样都是意义性活动的践行者。历史人物会建立起对世界独特的理解，并为其行动找到合理的根据，而他们对世界的理解及对其行为的辩护不仅推动着历史的发展，还决定着历史被书写和被理解的方式。类似地，对社会科学家阅读史料、提出问题、讲述故事的方式起到塑造作用的，也正是他们自己所持有的价值观，以及在其研究过程中，他们有意无意之间为其课题所赋予的意义性。理想型意义上的人类学家努力追求的不是因果性解释或客观叙述，而是那种旨在颠覆传统理论、取代常规观点的新解读与新视角，他们中有人甚至抱有这样一种希望，那就是，他们的观点一旦被广泛接受，将改变我们对历史的理解，乃至影响未来历史发展的方向。从积极的方面来看，人类学家们对已有理论的解构已让近半个世纪以来的许多社会科学知识成为过去时。而且，这种解构性思维的盛行也使我们在认知不确定性（epistemological uncertainty）这一点上达成了共识，这就要求社会科学家具备更强的反思能力，对所掌握的证据的局限性、提炼概念与进行分类时存在的偏见，及其解读、阐释和理论化过程中所隐含的前提假设都必须要有批判性的认识。但从消极面看，理想型人类学家自己却很少会问，为何某些特定的意识形态与某些意义导向型活动会从众多相互竞争的意识形态与实践活动中脱颖而出，并在社会中占据主导性地位？更具讽刺意味的是，以解构为目标的理想型人类学家们很不善于问自己"为什么"。比如，为什么某一特定版本的故事要比另一版本更准确或更有用，或者，为什么人们会被许多彼此抵牾的论说中的某一种所说服，而这些问题都不是他们关注的重点。因此，解构主义在社会科学中的大行其道也带来了一种隐藏在佶屈聱牙的文字与烦琐生涩的所谓"理论"背后的很糟糕的治学之风。

我希望，本书所采取的叙事策略可以融合上述三种理想型学科的优点而避免其缺陷。同样是为了讲述一个更好的故事，理想型的历史学家重视的是对历史情境的精细重构，理想型的人类学家则对再解读、再诠释情有独钟。但他们都不在意是否有可靠的标准去判别其构建的历史背景客观与否，或是其新解读究竟是有用的还是平庸荒诞的。故而，本书对社科研究加了一条方法论上的限制条件，也即，越是优秀的研究，就一定要能解释越多的问题。作为历史学研究，本书试图对如下四种重要的中国历史模式做出解释，即：为什么东周时期的中国经历了理性化的发展趋势与快速的累积性发展？为什么公元前221年秦统一中国时建立的强大官僚制国家是这种理性化趋势和快速的累积性发展的顶峰？为什么这样一种被我称之为儒法国家的坚韧持久的政治架构在秦统一中国之后不久便诞生了？最后，为什么这种儒法国家的模式在西方势力侵入之前能够延绵如此之久，并使中国的本土工业资本主义在20世纪之前绝无成长起来的任何可能？在处理这几个问题的同时，我又提出了其他许多不同层面的问题，并试图将我对这些问题的回答与中国的历史模式联系起来。换言之，当今大多数的比较历史社会学家都试图根据若干重要的结构性条件与机制来解释一个或少数几个历史模式,而我所做的则是先提出大量的问题,然后尝试在同一理论框架下对它们进行回答。

本书中,我的重点在于对历史模式的分析而非对中国历史的简单叙述。但我从历史学家那里学到的是,尽可能通过时间/事件序列来组织叙事,以便使我的叙事和分析在多个层面上能更加契合于历史情境。同时,在很多地方,我还把历史错综复杂的时间性(temporal pattern)当作需要解释的问题,这就进一步增加了需要研究和解释的问题之数量。

我大量运用宏观结构性条件与社会机制来分析中国的历史模式,但我并不是用单一因素或者一套固定的机制来解释所有的历史现象。同样因为从历史学家那里得到的启发,我强烈地意识到,社会结构性条件塑造历史,但不决定历史,而且,某一社会的结构性条件虽有时能长久保持,但人类活动却能使之发生改变。因此,我非常重视各种宏观结构力量变化的本质、关系及其重要性,以及由此造成的各类微观因素与微观机制的关系与重要性的改变。在本书中,我所做的并不是给读者提供一种以结构为基础的因果性分析——就如同大多数社会学家所做的那样,而是大量运用辩证性的思维来分析历史现象。而且,受到人类学观念的启发,我也相当重视各类意识形态与人类意义性活动在历史上所发挥的作用。但不同于人类学家,我认为,除非创造或推动意识形态的是国家或其他具有强制和半强制性权力的社会行动者,否则,意识形态在很大程度上则是由非强制性、多元化的社会行动者们的努力所造就的。故此,我所要论述的不单是某一多元分散化的过程如何塑造了历史,我更着重于展示人类分散化的活动如何被不同的结构性条件及其相关机制所塑造(而非由其所决定),解释诸意义系统之间的生态性关系,并阐明某一意义系统或意识形态在某一时间和空间中占据主导性地位的原因。

历史的"本质"

本书的理论框架和叙事风格也源于我对历史的理解。但每位研究者又都会因其研究重点的不同,而对历史"本质"的理解在一定程度上有所差异。因为本书的研究目的,我将历史看作由四个"主音"构成的绵延即兴之乐,四个"主音"类比由社会行动者为主导权而竞争所产生的意识形态、经济、政治与军事这四种理想型社会权力。历史是有模式的。因为塑造社会行动者即兴行为的，不仅是四种理想型权力资源差异化的内在本质（在第一章讨论过），还有因四种权力资源关系模式的变化导致的不同结构性条件及相关主导社会机制[1]。

然而，只有社会行动者的意义性行为才推动历史发展。而作为社会行动者竞争性行为的结果，四种权力资源互动关系模式理论上有无数种。社会行动者的活动不仅创造和再创造四种权力资源的互动关系和相关结构性条件，还使得它们再度发生变化。但是反过来，特定社会中的四种权力资源互动关系及相关结构性条件却只能影响而无法决定社会行动者的具体行为。所以，没有哪个历史时刻可以完全预测。因为社会行动者的即兴行为有时微不足道，有时却能掀起滔天巨浪，足以改变特定社会四种权力资源的性质及互动关系。不能全然预测历史还因为社会行动者的行为每一步都在天然地创造不确定性，也因为社会行动者不仅无法使他们的行为协调一致，还无法觉知自己在历史进程中所扮演角色的真正意涵。

历史是被众多彼此竞争的社会行动者所塑造的，而社会行动者的活动又大抵是应变即兴之举，且彼此之间缺乏相互协调，因而历史就具有了某种混杂多样、难以预测的时间性（temporality）。人类的竞争性活动可以创造出四种权力资源的无数种可能的互动关系，而在每个历史转折点上，历史最终所走的道路总是从这许多的可能性与不确定性中生长出来的。正因如此，当代的历史学家们才会将历史的发展变化视为一种非目的论式的过程（a non-teleological process）。事实上，历史既没有目的，也没有注定的结局。

最近，在《历史的逻辑：社会理论与社会转型》这部大作中，威廉·休厄尔（William Sewell）不无遗憾地写道，虽然像他这样的历史学家"早就欣然抛弃了结构决定论，但我们自己社会的型态却随着世界资本主义结构的变化而发生了根本的改变"[2]。休厄尔所表达的，实际是思想知识界与现代社会环境之间令人困惑的脱节现象，因为按理说，后者本应是前者反思的对象。一方面，工业资本主义与国家军事主义（state militarism）占据了主导地位，推动着累积性发展，其势头之强劲，足以使整个 20 世纪看上去似乎就是一个目的论时代（a teleological moment）。

①　比如，在国家社会主义体制下，"搭便车"机制便是工作场所中主导性的社会机制，因为在这种体制中，工人不会因为工作不努力而被解雇。
②　休厄尔 Sewell（2005，第 49 页）。

对这种历史发展,自由主义者倾向于强调其积极意义,视进步为这一历史阶段的主题,但保守主义者和"左"派人士则强调消极的一面,对它的指责从环境恶化、人口爆炸、资源耗竭,到愈发严重的社会不平等与世界范围内的不公正现象,从毒品的泛滥及与之相关的全球性犯罪,到大规模杀伤性武器的扩散与潜在使用,如此种种,不一而足。面对着他们眼中由现代性所带来的这些问题,保守主义者选择的是各种各样原教旨主义式的(fundamentalist)解决方案。而当工人阶级力量衰落,身份政治(identity politics)兴起之后,左派阵营则日益走向分裂。左派学者虽有表达观点的自由,却缺乏可行的替代方案。而此时,由于工业资本主义和国家军事主义的强势地位,使得我们社会仍被线性进步观所主导且正经历着人类历史上最目的论的时代。左派学者于是开始宣扬非目的论的历史观和解构性的分析模式。

　　我的观点是,虽然历史不具目的性,但由于经济竞争与军事竞争的内在性质(见第一章),历史自身的确有着强烈的累积性发展倾向。当经济竞争与(或)军事竞争及其相关制度主导整个社会之时,它们便为推进社会累积性发展提供了相当强大的动力,以至于历史呈现出某种高度"同构化"的面貌或某种"目的论式"的发展趋势。在本书中,我对东周时期中国理性化进程与累积性发展趋势的分析,以及对中国不可能发展出本土工业资本主义的论述都是这种历史观点的反映。这种对历史的理解也让我得出以下结论:虽然,工业资本主义无论在何时何地兴起(比如,在19世纪时的英格兰)都免不了存在一定的不确定性与偶然性,但工业资本主义的发生本身却是"必然的偶然现象"。这是因为,竞争乃人类之天性,且当经济竞争与(或)军事竞争及其相关制度占据社会主导性地位时,人类竞争的天性就将带来势不可挡的拉马克式(Lamarckian)的正反馈发展趋势(见第一章)。学者们强调技术(如复式记账法或蒸汽机等)对工业资本主义兴起的重要性,并强调技术发明在何地何时出现都是不可预料的,这些观点并不错,但另一方面,只要激烈的经济竞争带来了旺盛而强大的社会需求,类似的科技发明注定会出现,只是时间早晚而已。这就如同在长达数世纪军事竞争之后,原子弹必然会被发明出来一样。

　　本书探讨了上下几千年中国历史的变化规律。在撰写这部著作时,我不得不思考一些属于哲学范畴的问题。比如,在本书的杀青阶段,我经常会考虑如下一个问题：如果我提出的社会变迁理论是有道理的，我会更愿意生活在什么样的社会中？

经济竞争和军事竞争会促生大量的具有方向性的正反馈机制。这些正反馈机制既是人类社会的生产力、财富和所有可被称道的成就的动力，也是人类所面临的几乎所有社会问题的源泉。因此，如果我有选择的话，我会更愿意生活在一个军事力量被压缩到维持治安性的警察功能，市场力量被限制在环境可持续和社会平等的框架下运行的社会中。

政治权力是人类社会获得一些最基本的公共物的保证，它总是集中在小部分人的手中，并带有强制性。在现代交通、通信和组织技术的支持下，作为政治权力的集中体现，国家对社会管辖得越来越多，其主宰性地位愈发令人生畏。因此，如果我有选择的话，我会更愿意生活在一个弥散性的社会力量能有效平衡集约性的国家力量、国家政治受到被广为认可的法律和政治程序所制约的社会。

纯粹的意识形态权力不具强制性，纯粹的意识形态竞争也不会给社会带来具有方向的积累性发展。人对意识形态的偏好和理解离不开个人的特殊体验。因此，如果没有带有强制性力量的社会行动者（如国家、中世纪教会）的大力推行，一个社会的意识形态应该是非常多元的。考虑到意识形态权力的这些性质，我会更愿意生活在一个能容忍各种思想的社会，一个在其中政治家能充分理解思想多样性的重要意义，同时不会被任何意识形态所禁锢的社会。思想的多样性是人类社会一种极其重要的公共物，但它却需要一个带有实用主义态度的国家来予以维持。

人类是完全不可能改变其竞争性的本性的。但是我非常希望看到在一个富足的社会中，人类的竞争冲动能释放在一些弥散性的、非强制性的和看上去几乎是无谓的竞争。从这个意义上来说，我非常喜欢我的那些做着"庆祝多样性"式的学问的同事，因为他们是开拓人类无谓竞争方向的先锋。我也非常喜欢体育、音乐、棋牌活动、文学、绘画、旅行、健身、微信、微博等带有大大小小竞争性的社会活动。它们不仅仅给人类带来了各种美好，并且还能大规模地释放人类的竞争冲动。

但是，我并不对我的"理想社会"的实现抱有很大信心。我同时也认为，即使人类能在某时某刻建立一个接近于我的理想（或者任何一种理想）的社会，我们也不能保证这一理想社会就一定能持久。没有一个制度能完美无缺。即使一个制度有着几乎完美的开始，人追逐个人利益的行为会逐渐把这一制度"玩"得千疮百孔，而环境、人口和资源等条件的变化则会使最初完美的制度安排变得过时。今天我们会认为"西方民主制度好",明天就可能会嘲笑西方民主的多重缺陷,并且想不通这一充满毛病的制度怎么曾经会如此兴盛。就此而言,我真希望今天推崇西方民主的人能有一点谦逊,而明天取笑西方民主的人有一点历史感。但是,我清楚地知道我的希望是无谓的。

参考文献

一、古代典籍

班固.汉书.颜师古,注.北京:中华书局,1962.

春秋公羊传//十三经注疏.北京:中华书局,1980.

春秋穀梁传//十三经注疏.北京:中华书局,1980.

范晔.后汉书.李贤,注.北京:中华书局,1965.

冯达甫.老子译注.上海:上海古籍出版社,1996.

公孙龙子.高流水,林恒森,译注.贵州:贵州人民出版社,1990.

国语.上海师范大学古籍整理组,校点.上海:上海古籍出版社,1978.

韩婴.韩诗外传.上海:商务印书馆,1925.

桓宽.盐铁论.王利器,校注.北京:中华书局,1992.

黄怀信,张懋镕,田旭东.逸周书汇校集注.上海:上海古籍出版社,1995.

贾谊.新书校注.阎振益,钟夏,校注.北京:中华书局,2000.

礼记//十三经注疏.北京:中华书局,1980.

李贽.又与焦弱侯//李贽.焚书(卷二).长沙:岳麓书社,1990.

刘文典.淮南鸿烈集解.北京:中华书局,1989.

刘向.说苑.上海:商务印书馆,1925.

陆贾.新语.王利器,校注.北京:中华书局,1986.

吕氏春秋.张双棣,张万彬,殷国光,等,译注.北京:中华书局,2007.

论语//十三经注疏.北京:中华书局,1980.

缪文远.战国策新校注.成都:巴蜀书社,1987.

尚书//十三经注疏.北京:中华书局,1980.

诗经//十三经注疏.北京:中华书局,1980.

石磊,董昕.商君书译注.哈尔滨:黑龙江人民出版社,2003.

司马光,等.资治通鉴(百衲宋本).上海:商务印书馆,1919.

司马迁.史记.裴骃集解,司马贞索隐,张守节正义.北京:中华书局,1959.

苏舆.春秋繁露义证.北京:中华书局,1992.

孙子兵法//《武经七书》鉴赏编委会.《武经七书》鉴赏.北京:军事科学出版
　　社,2002.

王充.论衡全译.袁华忠,方家常,译注.贵州:贵州人民出版社,1993.

王先慎.韩非子集解.北京:中华书局,2003.

王先谦.荀子集解.北京:中华书局,1988.

谢浩范,朱迎平.管子全译.贵州:贵州人民出版社,1990.

杨伯峻.春秋左传注.北京:中华书局,1990.

杨伯峻.孟子译注.北京:中华书局,1980.

仪礼//十三经注疏.北京:中华书局,1980.

张纯一.墨子集解.成都古籍书店影印世界书局本,1988.

周礼//十三经注疏.北京:中华书局,1980.

二、中文论著

安作璋,熊铁基.秦汉官制史稿.济南:齐鲁书社,1984.

白寿彝,高敏,安作璋.中国通史:秦汉时期(第五卷).上海:上海人民出版
　　社,1995.

白奚.稷下学研究:中国古代的思想自由与百家争鸣.北京:生活·读书·新知三
　　联书店,1998.

白音查干.战国时期燕、赵、秦长城新论.内蒙古社会科学,1999(5):51-55.

北京钢铁学院《中国古代冶金》编写组.中国古代冶金.北京:文物出版社,1978.

卜宪群.吏与秦汉官僚行政管理.中国史研究,1996(2):41-50.

卜宪群.秦汉官僚制度.北京:社会科学文献出版社,2002.

曹树基.中国人口史(第四卷):明时期.上海:复旦大学出版社,2000.

曹树基.中国人口史(第五卷):清时期.上海:复旦大学出版社,2000.

晁福林.霸权迭兴:春秋霸主论.北京:生活·读书·新知三联书店,1992.

晁福林.论殷代的神权.中国社会科学,1990(1):99-112.

晁福林.论周代国人与庶民社会身份的变化.人文杂志,2000(3):98-105.

晁福林.夏商西周的社会变迁.北京:北京师范大学出版社,1996.

陈昌远.谈"周公制礼作乐"//陕西历史博物馆.西周史论文集.西安:陕西人民教
　　育出版社,1993:888-898.

陈得芝.中国通史(第十三卷):元时期.上海:上海人民出版社,1995.

陈恩林.先秦军事制度研究.长春:吉林文史出版社,1991.

陈平.关陇文化与嬴秦文明.南京:江苏教育出版社,2005.

陈爽.世家大族与北朝政治.北京:中国社会科学出版社,1998.

陈伟.包山楚简初探.武汉:武汉大学出版社,1996.

陈梧桐,李德龙,刘曙光.中国军事通史(第五卷):西汉军事史.北京:军事科学出
版社,1998.

陈振.中国通史(第十一卷):五代辽宋夏金时期.上海:上海人民出版社,1995.

程世和.汉初士风与汉初文学.北京:中国社会科学出版社,2004.

程涛平.春秋时期楚国的平民阶层.历史研究,1983(6):22-36.

崔春华.关于西周土地制度的几个问题.朝阳师专学报,1984(1):25-34.

崔向东.秦始皇尊奖乌氏倮和巴寡妇清动因分析//秦始皇兵马俑博物馆《论丛》
编委会.秦文化论丛(第9辑).西安:西北大学出版社,2002:388-396.

戴名世.扬州守城纪略//中国历史资料研究论丛.上海:上海书店出版社,1982.

董说.七国考.北京:中华书局,1998.

董作宾.卜辞中的亳与商.大陆杂志,1953(6):8-12.

杜葆仁.西汉诸陵位置考.考古与文物,1980(1):29-33.

杜继文.佛教史.北京:中国社会科学出版社,1991.

杜勇.春秋战国时期商人资本的发展及其历史作用.四川师范学院学报(哲学社
会科学版),1996(1):63-70.

杜正胜.编户齐民:传统政治社会结构之形成.台北:联经出版事业公司,1990.

杜正胜.古代社会与国家.台北:允晨文化事业股份有限公司,1992.

杜正胜.周代城邦.台北:联经出版事业公司,1979.

段连勤.犬戎历史始末述.民族研究,1989(5):82-89.

范文澜.中国通史简编.上海:上海书店出版社,1989.

冯天瑜,谢贵安.解构专制——明末清初"新民本"思想研究.武汉:湖北人民出
版社,2003.

冯天瑜."封建"考论.武汉:武汉大学出版社,2006.

冯贤亮.明清江南地区的环境变动与社会控制.上海:上海人民出版社,2002.

冯友兰.中国哲学简史.北京:北京大学出版社,1996.

傅斯年.傅孟真先生集.台北:台湾大学,1952.

傅仲侠.中国军事史.北京:解放军出版社,1986.

高亨.周代地租制度考.文史哲,1956(10):42-57.

高介华,刘玉堂.楚国的城市与建筑.武汉:湖北教育出版社,1995.

高敏.秦汉史研究.郑州:中州古籍出版社,1998.

高敏.云梦秦简初探.郑州:河南人民出版社,1981.

高至喜.楚文化的南渐.武汉:湖北教育出版社,1996.

葛剑雄.中国人口史.上海:复旦大学出版社,2002.

葛兆光.中国思想史.上海:复旦大学出版社,2001.

葛志毅.周代分封制度研究.哈尔滨:黑龙江人民出版社,1992.

龚鹏程.汉代思潮.北京:商务印书馆,2005.

龚鹏程.晚明思潮.北京:商务印书馆,2005.

谷川道雄.隋唐帝国形成史论.上海:上海古籍出版社,2004.

顾诚.南明史.北京:中国青年出版社,1997.

顾德融,朱顺龙.春秋史.上海:上海人民出版社,2001.

顾栋高.春秋列国不守关塞论//顾栋高.春秋大事表.北京:中华书局,1993:
995-996.

顾颉刚.秦汉统一的由来和战国人对于世界的想象//顾颉刚.古史辨(第2册).
海口:海南出版社,2005.

顾颉刚."周公制礼"的传说和"周官"一书的出现.文史,1979(6):1-40.

郭克煜.鲁国史.北京:人民出版社,1994.

郭沫若.奴隶制时代.北京:人民出版社,1954.

郭沫若.释应监甗.考古学报,1960(1):7-8.

韩连琪.春秋战国时代的郡县制及其演变.文史哲,1986(5):38-47.

韩星.儒法整合:秦汉政治文化论.北京:中国社会科学出版社,2005.

何炳棣.中国现存最古的私家著述《孙子兵法》.历史研究,1999(2):72-89.

何浩,张君.试论楚国的君位继承制.中国史研究,1984(4):3-13.

何怀宏.世袭社会及其解体:中国历史上的春秋时代.北京:生活·读书·新知三
联书店,1996.

何清谷.秦始皇时代的私营工商业.文博,1990(5):30-34.

何润坤.论秦王朝的法律思想//秦始皇兵马俑博物馆《论丛》编委会.秦文化论丛
(第10辑).西安:西北大学出版社,2003:23-36.

何兹全.中国古代社会.北京:北京师范大学出版社,2001.

何兹全.中国通史(第七卷):三国两晋南北朝时期.上海:上海人民出版社,1995.

河南文物研究所.河南温县东周盟誓遗址一号坎发掘简报.文物,1983(3):
78-89.

侯家驹.中国经济史.台北:联经出版事业公司,2005.

侯外庐.侯外庐古代社会史论.石家庄:河北教育出版社,2003.

湖北省荆门市博物馆.荆门郭店一号楚墓.文物,1997(7):35-48.

华觉明.中国古代钢铁冶炼技术.金属学报,1976(2):222-231,267-274.

黄今言,邵鸿,卢星,等.中国军事通史(第六卷):东汉军事史.北京:军事科学出
版社,1998.

黄宽重.南宋地方武力——地方军与民间自卫武力的探讨.台北：东大图书公司,2002.

黄留珠.中国古代选官制度述略.西安：陕西人民出版社,1989.

黄铭崇.山彪镇一号墓的历史座标.古今论衡,2000(5)：2-16.

黄盛璋.关于鄂君启节交通路线的复原问题.中华文史论丛,1962(5)：143-168.

黄盛璋.云梦秦简辩正.考古学报,1979(1)：1-24.

黄中业.春秋时期的"皂隶牧圉"属于平民阶层说.齐鲁学刊,1984(2)：69-75.

黄中业.西周分封制在历史上的进步作用.社会科学战线,1986(3)：160-165.

黄中业.战国盛世.郑州：河南人民出版社,1998.

冀朝鼎.中国历史上的基本经济区与水利事业的发展.北京：中国社会科学出版社,1981.

翦伯赞.先秦史.北京：北京大学出版社,1988.

姜建设.游士宾客在秦汉的兴衰演变.史学月刊,1986(5)：16-21.

姜守鹏.明清社会经济结构.吉林：东北师范大学出版社,1992.

姜涛.历史与人口.北京：人民出版社,1998.

姜锡东.宋代商人和商业资本.北京：中华书局,2002.

蒋福亚.魏晋南北朝经济史.天津：天津古籍出版社,2005.

蒋钦.政治儒学：当代儒学的转向、特质与发展.北京：生活·读书·新知三联书店,2003.

金春峰.汉代思想史.北京：中国社会科学出版社,1997.

金观涛,刘青峰.兴盛与危机：论中国封建社会的超稳定结构.成都：四川人民出版社,1984.

金景芳.中国奴隶社会史.上海：上海人民出版社,1983.

金烨.《秦简》所见之"非公室告"与"家罪"//秦始皇兵马俑博物馆《论丛》编委会.秦文化论丛（第2辑）.西安：西北大学出版社,1993：306-316.

瞿同祖.中国封建社会.上海：上海人民出版社,2003.

康晓光.仁政：中国政治发展的第三条道路.新加坡：新加坡世界科技出版社,2005.

劳干.古代中国的历史与文化.北京：中华书局,2006.

黎虎.中国通史（第八卷）：三国两晋南北朝时期.上海：上海人民出版社,1995.

李伯重.多视角看江南经济史（1250—1850）.北京：生活·读书·新知三联书店,2003.

李伯重.发展与制约——明清江南生产力研究.台北：联经出版事业公司,2002.

李福泉.北伐匈奴是秦亡的重要原因.学术月刊,1985(9)：68-71.

李根蟠.从银雀山竹书《田法》看战国亩产和生产率.中国史研究,1999(4)：

27-35.

李华瑞.王安石变法研究.北京:人民出版社,2004.

李零.楚叔之孙倗究竟是谁//李零.入山与出塞.北京:文物出版社,2004:223-224.

李零.郭店楚简校读记.北京:北京大学出版社,2002.

李孟存,李尚师.晋国史.太原:山西古籍出版社,1999.

李铨.邹衍与秦政//秦始皇兵马俑博物馆《论丛》编委会.秦文化论丛(第6辑).西安:西北大学出版社,1998:141-154.

李树.中国科举史话.济南:齐鲁书社,2004.

李廷勇.孔门七十二贤.西安:三秦出版社,1999.

李文治,江太新.中国宗法宗族制和族田义庄.北京:社会科学文献出版社,2000.

李学勤.简帛佚籍与学术史.南昌:江西教育出版社,2004.

李学勤.郿县李家村铜器考.文物参考资料,1957(7):58-59.

李学勤.睡虎地秦简《日书》与楚秦社会.江汉考古,1985(4):60-64.

李亚农.欣然斋史论集.上海:人民出版社,1962.

李养正.道教概说.北京:中华书局,1989.

李玉福.秦汉制度史论.济南:山东大学出版社,2002.

李玉洁.楚国史.开封:河南大学出版社,2002.

李玉洁.中国早期国家性质——中国古代王权和专制主义研究.开封:河南大学出版社,1999.

李云泉.朝贡制度史论——中国古代对外关系体制研究.北京:新华出版社,2004.

李众.中国封建社会前期钢铁冶炼技术发展的探讨.考古学报,1975(2):1-22.

梁漱溟.中国文化要义.北京:学林出版社,1996.

廖伯源.简牍与制度:尹湾汉墓简牍官文书考证.桂林:广西师范大学出版社,2005.

廖平.今古学考.上海:国学扶轮社,1911.

林剑鸣.秦汉史.上海:上海人民出版社,2003.

林剑鸣.秦史稿.上海:上海人民出版社,1981.

林丽月.王者佐·社稷器——宰相制度//郑钦仁.立国的宏规.北京:生活·读书·新知三联书店,1992:89-138.

刘海年.战国齐国法律史料的重要发现.法学研究,1987(2):72-82.

刘和惠.楚文化的东渐.武汉:湖北教育出版社,1995.

刘焕曾.略论春秋时代战争的原因.锦州师院学报,1985(1):74-78.

刘少奇.论共产党员的修养.北京:人民出版社,1951.

刘绪贻.中国的儒学统治:既得利益抵制社会变革的典型事例.北京:中国人民大学出版社,2006.

刘雨.西周金文中的祭祖礼.考古学报,1989(4):495-552.

刘源.商周祭祖礼研究.北京:商务印书馆,2004.

刘玉堂.楚国经济史.武汉:湖北教育出版社,1996.

刘泽华.先秦士人与社会.天津:天津人民出版社,2004.

刘展.中国古代军制史.北京:军事科学出版社,1992.

逯耀东.从平城到洛阳:拓跋魏文化转变的历程.台北:联经出版事业公司,1979.

逯耀东.魏晋史学的思想与社会基础.北京:中华书局,2006.

吕文郁.吕文郁集.北京:中国社会科学出版社,1998.

吕振羽.中国经济之史的发展阶段.文史(创刊号),1934:1-24.

罗宗强.玄学与魏晋士人心态.天津:天津教育出版社,2005.

毛泽东.和美国记者安娜·路易斯·斯特朗的谈话//毛泽东.毛泽东选集.北京:人民出版社,1991.

孟祥才.论秦汉的迁豪徙民政策//孟祥才.先秦秦汉史论.济南:山东大学出版社,2001.

明慧.试论秦汉徙豪政策与其王朝兴亡关系//秦始皇兵马俑博物馆《论丛》编委会.秦文化论丛.西安:西北大学出版社,2006(13):26-37.

南炳文,何孝荣.明代文化研究.北京:人民出版社,2006.

庞朴.孔孟之间:郭店楚简的思想史地位.中国社会科学,1998(5):88-95.

彭安玉.殊途同归:春秋战国改革的历史走向.南京:南京大学出版社,2000.

皮庆.宋代民众祠神信仰研究.上海:上海古籍出版社,2008.

齐思和.西周地理考.燕京学报,1946(30):63-106.

钱穆.国史大纲(上册).北京:商务印书馆,1994.

钱穆.秦汉史.北京:生活·读书·新知三联书店,2004.

钱穆.周初地理考.燕京学报,1931(10):1955-2008.

丘文山,张玉书,张杰,等.齐文化与先秦地域文化.济南:齐鲁书社,2003.

曲英杰."工商食官"辨析.中国史研究,1985(2):3-12.

曲英杰.齐都临淄复原研究.中国历史地理论丛,1991(1):83-105.

全汉昇.明清经济史研究.台北:联经出版事业公司,1987.

群力.临淄齐国故城勘探纪要.文物,1972(5):45-54.

任继愈.中国道教史.上海:上海人民出版社,1990.

任伟.西周封国考疑.北京:社会科学文献出版社,2004.

容肇祖.三晋法家的思想.重庆:史学书局,1944.

沈长云,魏建震,白国红,等.赵国史稿.北京:中华书局,2000.

沈长云.上古史探研.北京:中华书局,2002.

石璋如.周都遗迹与彩陶遗存.大陆杂志(特刊第一辑),1952:357-385.

史建群."周礼"乡遂组织探源.郑州大学学报(哲学社会科学版),1986(2):51-57.

史念海.河山集.北京:生活·读书·新知三联书店,1963.

史念海.西周与春秋时期华族与非华族的杂居及其地理分布(上篇).中国历史地理论丛,1990(1):9-40.

史念海.西周与春秋时期华族与非华族的杂居及其地理分布(下篇).中国历史地理论丛,1990(2):57-84.

史念海.中国通史(第九卷):隋唐时期.上海:上海人民出版社,1995.

睡虎地秦墓竹简整理小组.睡虎地秦墓竹简.北京:文物出版社,1978.

斯维至.论庶人.社会科学战线,1978(2):103-110.

宋公文,张君.楚国风俗志.武汉:湖北教育出版社,1995.

宋镇豪.夏商社会生活史.北京:中国社会科学出版社,2005.

孙同勋.拓跋氏的汉化及其他//北魏史论文集.台北:稻乡出版社,2005.

孙筱.两汉经学与社会.北京:中国社会科学出版社,2002.

谭其骧.鄂君启节铭文释地//中华文史论丛,1962(2):169-190.

谭其骧.晋永嘉丧乱后之民族迁徙.燕京学报,1934(15):51-76.

谭其骧.中国历史地图集(第一册).北京:中国地图出版社,1982.

唐长孺.魏晋南北朝隋唐史三论.武汉:武汉大学出版社,1993.

唐赞功.云梦秦简官私奴隶问题试探//中华文史论丛,1981(3):143-165.

陶贤都.魏晋南北朝霸府与霸府政治研究.长沙:湖南人民出版社,2007.

田昌五.解井田制之谜.历史研究,1985(3):59-68.

田广金,郭素新.北方文化与匈奴文明.南京:南京教育出版社,2005.

田浩.行动中的知识分子与官员:中国宋代的书院和社仓//田浩.宋代思想史论.北京:社会科学文献出版社,2003:475-488.

童书业.春秋史.上海:上海人民出版社,2003.

童书业.春秋左传研究.上海:上海人民出版社,1980.

汪清.两汉魏晋南朝州、刺史制度研究.合肥:合肥工业大学出版社,2006.

王彩梅.燕国简史.北京:紫禁城出版社,2001.

王长华.春秋战国士人与政治.上海:上海人民出版社,1997.

王晖.商周文化比较研究.北京:人民出版社,2000.

王凯旋.明代科举制度考论.沈阳:沈阳出版社,2005.

王雷生.平王东迁原因新论.人文杂志,1998(1):86-90.

王明珂.游牧者的抉择:面对汉帝国的北亚游牧部落.桂林:广西师范大学出版

社，2008.

王绍东. 秦朝兴亡的文化探讨. 呼和浩特：内蒙古大学出版社，2004.

王亚南. 中国官僚政治研究. 北京：中国社会科学出版社，1981.

王玉清，雒忠如. 秦始皇陵调查简报. 考古，1962(8)：407-411，419.

王育民. 中国人口史. 南京：江苏人民出版社，1995.

王毓铨. 中国通史(第 15 卷)：明时期. 上海：上海人民出版社，1995.

王志民. 齐文化概论. 济南：山东人民出版社，1993.

王仲荦. 魏晋南北朝史. 上海：上海人民出版社，2003.

王子今. "秦德"考鉴//秦始皇兵马俑博物馆《论丛》编委会. 秦文化论丛(第九
　　辑). 西安：西北大学出版社，2002：48-69.

韦政通. 中国思想史. 上海：上海书店出版社，2003.

魏德胜. 睡虎地秦墓竹简词汇研究. 北京：华夏出版社，2003.

文崇一. 楚文化研究. 台北：东大图书公司，1990.

吴浩坤. 西周和春秋时代宗法制度的几个问题. 复旦学报，1984(1)：87-92.

吴慧. 桑弘羊研究. 济南：齐鲁书社，1981.

武丽娜，王树金. 试论秦汉法律中的宗法思想//秦始皇兵马俑博物馆《论丛》编委
　　会. 秦文化论丛(第十二辑). 西安：西北大学出版社，2005：507-517.

咸阳市文管会，咸阳市博物馆，咸阳地区文管会. 秦都咸阳第三号宫殿建筑遗址
　　发掘简报. 考古与文物，1980(2)：34-41.

熊铁基. 秦汉新道家论稿. 上海：上海人民出版社，1984.

徐复观. 两汉思想史. 台北：学生书局，1979.

徐鸿修. 先秦史研究. 济南：山东大学出版社，2002.

徐连城. 五霸//中国历史大辞典：先秦史. 上海：上海人民出版社，1996：69.

徐喜辰，斯维至，杨钊. 中国通史：上古时代(第 3、4 卷). 上海：上海人民出版
　　社，1995.

徐喜辰. 晋"作爰田"解并论爰田即井田. 中国古代史论丛，1983(8)：261-276.

徐喜辰. 周代兵制初论. 中国古代史论丛，1985(4)：3-12.

许涤新，吴承明. 中国资本主义的萌芽. 北京：人民出版社，2003.

许建平. 李贽思想演变史. 北京：人民出版社，2005.

许倬云. 西周史. 北京：生活·读书·新知三联书店，1994.

许倬云. 许倬云自选集. 上海：上海教育出版社，2002.

严耕望. 严耕望史学论文选集. 台北：联经出版事业公司，1991.

阎步克. 乐师与史官：传统政治文化与政治制度论集. 北京：生活·读书·新知三
　　联书店，2001.

阎步克. 品位与职位：秦汉魏晋南北朝官阶制度研究. 北京：中华书局，2002.

杨伯峻.《左传》成书年代论述. 文史,1979(6):65-75.

杨东晨. 从民族文化心理论秦朝的灭亡//秦汉史论丛(第六辑). 西安:西北大学出版社,1994:280-293.

杨鸿年. 汉魏制度丛考. 武汉:武汉大学出版社,2005.

杨宽. 西周史. 上海:上海人民出版社,1999.

杨宽. 西周中央政权机构剖析. 历史研究,1984(1):78-91.

杨宽. 战国史. 上海:上海人民出版社,1998.

杨宽. 中国古代都城制度史研究. 上海:上海人民出版社,2003.

杨权喜. 楚文化. 北京:文化出版社,2003.

杨善群. 关于西周分封制的几个问题. 求是学刊,1984(3):78-83.

杨善群. 爰田释义辨正. 文物杂志,1983(5):88-92,100.

杨生民. 汉武帝传. 北京:人民出版社,2001.

杨师群. 东周秦汉社会转型研究. 上海:上海古籍出版社,2003.

杨师群. 试论中西方上古社会的平民阶层. 学术月刊,2004(11):55-63.

杨向奎. 关于周公"制礼作乐". 文史知识,1986(6):26-31.

杨向奎. 宗周社会与礼乐文明. 北京:人民出版社,1992.

杨志刚. 中国礼仪制度研究. 上海:华东师范大学出版社,2001.

姚汉源. 鄂君启节释文. 安徽考古学会会刊,1983(7):1-18.

姚汉源. 中国水利发展史. 上海:上海人民出版社,2005.

于豪亮,李均明. 秦简所反映的军事制度//云梦秦简研究. 北京:中华书局,1981.

于豪亮. 云梦秦简所见官职述略. 文史,1980(8):5-25.

于省吾. 略论西周金文中的"六师"和"八师"及其屯田. 考古,1964(3):152-155.

于迎春. 秦汉士论. 北京:北京大学出版社,2000.

余英时. 朱熹的历史世界:宋代士大夫政治文化的研究. 北京:生活·读书·新知三联书店,2004.

余振贵. 中国历代政权与伊斯兰教. 银川:宁夏人民出版社,1996.

曾瑞龙. 经略幽燕:宋辽战争军事灾难的战略分析. 香港:香港中文大学出版社,2003.

曾瑞龙. 拓边西北:北宋中后期对夏战争研究. 香港:中华书局,2006.

张海鹏,张海瀛. 中国十大商帮. 合肥:黄山书社,1993.

张弘. 战国秦汉时期商人和商业资本研究. 济南:齐鲁书社,2003.

张金光. 试论秦自商鞅变法后的土地制度. 中国史研究,1983(2):26-41.

张锦高,袁朝. 荆楚文化的现代价值. 武汉:崇文书局,2005.

张晋藩. 中国法制史论丛. 北京:法律出版社,1982.

张秋生. 天人纠葛与历史运演:两汉儒家历史观的现代诠释. 济南:齐鲁书

社,2003.

张维屏.纪昀与乾嘉学术.台北:台湾大学出版中心,1998.

张正明.楚史.武汉:湖北教育出版社,1995.

章义和.地域集团与南朝政治.上海:华东师范大学出版社,2002.

赵鼎新.当今中国会不会发生一场革命.二十一世纪,2012(134):4-16.

赵枫.中国军事伦理思想.北京:军事科学出版社,1996.

赵文林,谢淑君.中国人口史.北京:人民出版社,1988.

赵秀昆,等.中国军事史(第三卷):兵制.北京:解放军出版社,1987.

郑殿华.论春秋时期的楚县与晋.清华大学学报(哲学社会科学版),2002(4):
  3-8.

郑钦仁.帝国遗规两千年——中国政治制度的特色//郑钦仁.立国的宏规.北京:
  生活·读书·新知三联书店,1992:11-28.

郑肇经.中国水利史.上海:商务印书馆,1939.

中国社科院考古所安阳工作队.1969—1977年殷墟西区墓葬发掘报告.考古学
  报,1979(1):27-146.

周谷城.中国通史.上海:上海人民出版社,1999.

周桂钿.秦汉思想史.石家庄:河北人民出版社,2000.

周建江.太和十五年:北魏政治文化变革研究.广州:广东人民出版社,2001.

周生春,曹建刚,胡倩.中国历史上的农本工商末思想与政府政策的嬗变.浙江大
  学学报(人文社会科学版),2004(34):13-22.

周予同.周予同经学史论著选集.朱维铮,编.上海:上海人民出版社,1983.

周元廉,孙文良.中国通史(第十七卷):清时期.上海:上海人民出版社,1995.

竺可桢.中国近五千年来气候变迁的初步研究.考古学报,1972(1):15-38.

滋贺秀三.清代诉讼制度之民事法源的概括性考察——情、理、法//王亚新,等.
  明清时期的民事审判与民间契约.北京:法律出版社,1998:19-53.

邹昌林.晋文公的大分封和晋国中期贵族土地所有制的变化.中国社会科学研究
  生院学报,1986(4):59-65.

邹易林.黄淮海平原历史地理.合肥:安徽教育出版社,1997.

三、英文论著

Abbott, Andrew. 2001. *Time Matters: On Theory and Method*. Chicago:
  University of Chicago Press.

Abrams, Philip. 1982. *Historical Sociology*. Ithaca: Cornell University Press.

Abu-Lughod, Janet. 1989. *Before European Hegemony: the World System A.
  D. 1250—1350*. New York: Oxford University Press.

Adams, Julia. 2005. *The Familial State: Ruling Families and Merchant Capitalism in Early Modern Europe*. Ithaca: Cornell University Press.

Adams, Julia, Elisabeth S. Clemens, eds. 2005. *Remaking Modernity: Politics, History, and Sociology*. Durham: Duke University Press.

Alexander, Jeffrey C. 1988. *Action and Its Environments: Toward a New Synthesis*. New York: Columbia University.

Alexander, Jeffrey C., and Paul Colomy, eds. 1990. *Differentiation Theory and Social Change: Comparative and Historical Perspectives*. New York: Columbia University Press.

Ames, Roger T. 1994. *The Art of Rulership: A Study of Ancient Chinese Political Thought*. Albany, NY: State University of New York Press.

Anderson, Benedict. 1991. *Imagined Communities: Reflections on the Origin and Spread of Nationalism*. New York: Verso.

Anderson, Perry. 1974. *Passages from Antiquity to Feudalism*. London: NLB.

——. 1979. *Lineages of the Absolutist State*. London: Verso.

Andreski, Stanislav. 1971. *Military Organization and Society*, 2nd ed. Berkeley: University of California Press.

Artzrouni, M., and J. Komlos. 1996. "The Formation of the European State System: A Spatial 'Predatory' Model." *Historical Methods* 29: 126-34.

Atwell, William S. 1997. "A Seventeenth-Century 'General Crisis' in East Asia?" pp. 235-54, in *The General Crisis of the Seventeenth Century*, 2nd ed., edited by Geoffrey Parker and Lesley M. Smith. London: Routledge.

——. 2008. "Ming China and the Emerging World Economy, c. 1470—1650." pp. 376-416, in *The Cambridge History of China*, vol. 8, *The Ming Dynasty*, 1368—1644, *Part 2*, edited by Denis Twitchett and Frederick W. Mote. Cambridge: Cambridge University Press.

Axelrod, Robert M. 1984. *The Evolution of Cooperation*. New York: Basic Books.

Backman, Clifford R. 2003. *The Worlds of Medieval Europe*. New York: Oxford University Press.

Baechler, Jean. 1975. *The Origins of Capitalism*. Oxford: Blackwell.

Bai, Limin. 2005. *Shaping the Ideal Child: Children and Their Primers in Late Imperial China*. Hong Kong: Chinese University Press.

Bailey, Anne M., and Josep R. Llobera, eds. 1981. *The Asiatic Mode of*

Production: *Sciences and Politics*. London: Routledge.

Bairoch, Paul. 1988. *Cities and Economic Development*: *From the Dawn of History to the Present*. Chicago: University of Chicago Press.

Balazs, Etienne. 1964. *Chinese Civilization and Bureaucracy*: *Variations on a Theme*. New Haven: Yale University Press.

Balot, Ryan K. 2006. *Greek Political Thought*. Malden, Mass. : Blackwell Publishing.

Barfield, Thomas J. 1989. *The Perilous Frontier*: *Nomadic Empires and China*, 221 B. C. to A. D. 1757. Cambridge, Mass. : Blackwell.

——. 2011. "Nomadic Pastoralism in Mongolian and Beyond. " pp. 104-24, in *Mapping Mongolia*: *Situating Mongolia in the World Geologic Time to the Present*, edited by Paula L. W. Sabloff. Philadelphia: University of Pennsylvania Museum of Archaeology and Anthropology.

Barrett, T. H. 1996. *Taoism under the T'ang*: *Religion and Empire during the Golden Age of Chinese History*. London: Wellsweep.

Barth, F. 1961. *Nomads of South Persia*. Oslo: Oslo University Press.

Bartlett, Robert. 1993. *The Making of Europe*: *Conquest*, *Colonization and Cultural Change* 950—1350. Princeton: Princeton University Press.

Bayley, Calvert C. 1961. *War and Society in Renaissance Florence*. Toronto: University of Toronto Press.

Beattie, Hilary Jane. 1979. *Land and Lineage in China*: *A Study of T'ung-Cheng County*, *Anhwei*, *in the Ming and Ch'ing Dynasties*. Cambridge: Cambridge University Press.

Becker, Gary, and George Stigler. 1974. "Law Enforcement, Malfeasance, and Compensation of Enforcers. " *Journal of Legal Studies* 3:1-18.

Beckwith, Christopher I. 2009. *Empires of the Silk Road*: *A History of Central Eurasia from the Bronze Age to the Present*. Princeton: Princeton University Press.

Beetham, David. 1974. *Max Weber and the Theory of Modern Politics*. London: Ruskin House.

——. 1991. *The Legitimation of Power*. London: Macmillan.

Bell, Daniel A. 2008. *China's New Confucianism*: *Politics and Everyday Life in a Changing Society*. Princeton: Princeton University Press.

Bendix, Reinhard. 1962. *Max Weber*: *An Intellectual Portrait*. Berkeley: University of California Press.

Berger, Peter L., ed. 1999. *The Desecularization of the World: Resurgent Religion and World Politics*. Grand Rapids, Mich.: William B. Eermans Publishing Company.

Berling, Judith. 1980. *The Syncretic Religion of Lin Chao-en*. New York: Columbia University Press.

Best, Geoffrey. 1982. *War and Society in Revolutionary Europe*, 1770—1870. New York: St. Martin's Press.

Bielenstein, Hans. 1980. *The Bureaucracy of Han Times*. Cambridge: University of Cambridge Press.

Black, Jeremy. 1991. *Military Revolution? Military Change and European Society*, 1550—1800. New York: St. Martin's Press.

Blakeley, Barry B. 1977a. "Functional Disparities in the Socio-Political Traditions of Spring and Autumn China (I)." *Journal of the Economic and Social History of the Orient* 20: 208-43.

——. 1977b. "Functional Disparities in the Socio-Political Traditions of Spring and Autumn China (II)." *Journal of the Economic and Social History of the Orient*. 20: 307-43.

——. 1979. "Functional Disparities in the Socio-Political Traditions of Spring and Autumn China (III)." *Journal of the Economic and Social History of the Orient*. 22: 81-118.

——. 1999. "The Geography of Chu." pp. 9-20, in *Defining Chu: Image and Reality in Ancient China*, edited by Constance A. Cook and John S. Major. Honolulu: University of Hawaii Press.

Blaut, James M. 1993. *The Colonizer's Model of the World: Geographical Diffusionism and Eurocentric History*. New York: Guilford Press.

Bleiker, Roland. 2001. "East-West Stories of War and Peace: Neorealist Claims in the Light of Ancient Chinese Philosophy." pp. 177-201, in *The Zen of International Relations: IR Theory from East to West*, edited by Stephen Chan, Peter Mandaville and Rolland Bleiker. Hampshire, UK: Palgrave.

Bloch, Marc. 1961. *Feudal Society*. Chicago: University of Chicago Press.

Blockmans, Wim P. 1997. "The Impact of Cities on State Formation." pp. 256-71, in *Resistance, Representation, and Community*, edited by Peter Blickle. Oxford: Clarendon Press.

Bloom, Irene. 1998. "Mencius and Human Rights." pp. 94-116, in *Confucianism and Human Rights*, edited by Wm. Theodore de Bary and

Weiming Tu. New York: Columbia University Press.

Blute, Marion. 1981. "Learning, Social Learning, and Socio-Cultural Evolution: A Comment on Langton." *American Journal of Sociology* 86: 1401-6.

Bodde, Derk. 1938. *China's First Unifier: A Study of the Ch'in Dynasty as Seen in the Life of Li Ssu* (280—208 B.C.). Leiden: E. J. Brill.

——. 1946. "Dominant Ideas." pp. 18-28, in *China*, edited by Harley Farnsworth MacNair. Freeport, NY: Libraries Press.

——. 1986. "The State and Empire of Ch'in." pp. 20-102, in *The Cambridge History of China*, vol. 1: *The Ch'in and Han Empires*, 221 B. C. - A. D. 220, edited by Denis Twitchett and Michael Loewe. Cambridge: Cambridge University Press.

——. 1991. *Chinese Thought, Society, and Science: The Intellectual and Social background of Science and Technology in Pre-modern China*. Honolulu: University of Hawaii Press.

Boegehold, Alan B. , and Adele C. Scafuro, eds. 1994. *Athenian Identity and Civic Ideology*. Baltimore: Johns Hopkins University Press.

Bokenkamp, Stephen. 2002. "Record of the Feng and Shan Sacrifices." pp. 386-95, in *Religions of Asia in Practice*, edited by Donald S. Lopez, Jr. Princeton, NJ. : Princeton University Press.

Bol, Peter K. 1992. *"This Culture of Ours": Intellectual Transitions in T'ang and Sung China.*. Stanford: Stanford University Press.

——. 1993. "On the Political Visions of Ssu-ma Kuang and Wang An-shih." pp. 128-92, in *Ordering the World: Approaches to State and Society in Sung Dynasty China*, edited by Robert P. Hymes and Conrad Schirokauer. Berkeley: University of California Press.

——. 2003. "The 'Localist Turn' and 'Local Identity' in Later Imperial China." *Late Imperial China* 24: 1-50.

——. 2008. *Neo-Confucianism in History*. Cambridge, Mass. : Harvard University Press.

Boltz, William G. 1993. "Chou li." pp. 24-32, in *Early Chinese Texts: A Bibliographical Guide*, edited by Michael Loewe. Berkeley: The Society for the Study of Early China.

Bonney, Richard. 1978. *Political Change in France under Richelieu and Mazarin*, 1624—1661. New York: Oxford University Press.

Boserup, Ester. 1965. *The Conditions of Agricultural Growth : The Economics of Agrarian Change under Population Pressure.* New York: Aldine.

——. 1981. *Population and Technological Change : A Study of Long-Term Trends.* Chicago: University of Chicago Press.

Bossy, John. 1985. *Christianity in the West* 1400—1700. Oxford: Oxford University Press.

Boylan, Edward S. 1982. "The Chinese Cultural Style of Warfare." *Comparative Strategy* 3: 341-46.

Bradshaw, Timothy, ed. 1998. *Grace and Truth in the Secular Age.* Grand Rapids, Mich. : William B. Eermans Publishing Company.

Braudel, Fernand. 1980. *On History.* Chicago: University of Chicago Press.

——. 1992. *Civilization and Capitalism*, 15th-18th Century, 3 vols. Berkeley: University of California Press.

Brauer, Jurgen, and Hubert van Tuyll. 2008. *Castles, Battles and Bombs : How Economics Explains Military History.* Chicago: University of Chicago Press.

Brenner, Robert. 1977. "The Origins of Capitalistic Development: A Critique of Neo-Smithian Marxism." *New Left Review* no. 104: 25-92.

——. 1986. "The Social Basis of Economic Development." pp. 23-53, in *Analytical Marxism*, edited by John Roemer. Cambridge: Cambridge University Press.

Brenner, Robert and Christopher Isett. 2002. "England's Divergence from China's Yangzi Delta: Property Relations, Microeconomics, and Patterns of Development." *Journal of Asian Studies* 61: 609-62.

Brokaw, Cynthia J. 1991. *The Ledgers of Merit and Demerit : Social Change and Moral Oder in Late Imperial China.* Princeton: Princeton University Press.

Brook, Timothy. 1993. *Praying for Power : Buddhism and the Formation of Gentry Society in Late-Ming China.* Cambridge, Mass. : Council on East Asian Studies, Harvard University Press.

——. 1998. *The Confusions of Pleasure : Commerce and Culture in Ming China.* Berkeley: University of California Press.

——. 2005. *The Chinese State in Ming Society.* London: Routledge Curzon.

Brooke, Christopher. 2000. *Europe in the Central Middle Ages : 962-1154, 3rd ed.* London: Longman.

Brown, Peter. 1971. *The World of Late Antiquity*: AD 150—750. London: Harcourt Brace Jovanovich, Inc.

Bruce, Steve. 2002. *God is Dead*: *Secularization in the West*. Oxford: Blackwell.

Bryson, Reid A., and Christine Padoch. 1981. "On the Climate of History." pp. 3-17, in *Climate and History*: *Studies in Interdisciplinary History*, edited by Robert I. Rotberg and Theodore K. Rebb. Princeton: Princeton University Press.

Bull, Hedley. 1977. *The Anarchical Society*. New York: Cambridge University Press.

——. 1990. "The Importance of Grotius in the Study of International Relations." pp. 65-93, in *Huge Grotius and International Relations*, edited by Hedley Bull, Benedict Kingsbury and Adam Roberts. Oxford: Clarendon Press.

Bull, Hedley, and Adam Watson, eds. 1984. *The Expansion of International Society*. Oxford: Clarendon Press.

Burckhardt, Jocob. 1958. *The Civilization of the Renaissance in Italy*. New York: Harper & Row.

Burke, Edmund. 1987. *Reflections on the Revolution in France*. Indianapolis, Ind.: Hackett Publishing Co.

Burke, Peter. 1986. "City States." pp. 137-53, in *State in History*, edited by John A. Hall. Oxford: Basil Blackwell.

——. 1992. *History and Social Theory*. Ithaca: Cornell University Press.

Burke, Victor Lee. 1997. *The Clash of Civilizations*: *War-Making and State Formation in Europe*. Cambridge, UK: Polity Press.

Buzan, Barry, Charles Jones, and Richard Little. 1993. *The Logic of Anarchy*. New York: Cambridge University Press.

Campbell, Brian. 2002. *War and Society in Imperial Rome*, 31 BC-AD 284. London: Routledge.

Cardwell, D. S. L. 1972. *Technology*, *Science and History*. London: Heinemann.

Casanova, José. 1994. *Public Religions in the Modern World*. Chicago: University of Chicago Press.

Censer, Jack R., and Jeremy D. Popkin, eds. 1987. *Press and Politics in Pre-Revolutionary France*. Berkeley: University of California Press.

Chaffee, John W. 1995. *The Thorny Gates of Learning in Sung China: A Social History of Examinations*. Albany: State University of New York Press.

Chan, Alan K. L., ed. 2002. *Mencius: Contexts and Interpretations*. Honolulu: University of Hawaii Press.

Chan, Hok-lam. 1980. *Li Chih, 1527—1602, in Contemporary Chinese Historiography: New Light on His Life and Works*. White Plains, N. Y.: M. E. Sharpe.

———. 1984. *Legitimation in Imperial China: Discussions under the Jurchen-Chin Dynasty (1115—1234)*. Seattle: University of Washington Press.

Chan, Wing-tsit, ed. 1986. *Chu Hsi and Neo-Confucianism*. Honolulu: University of Hawaii Press.

———. 1989. "Chu Hsi and the Academies." pp. 389-413, in *Neo-Confucian Education: The Formative Stage*, edited by Wm. Theodore de Bary and John W. Chaffee. Berkeley: University of California Press.

Chang, Chun-shu. 2007. *The Rise of the Chinese Empire: Nation, State, and Imperialism in Early China, ca. 1600 B.C.-A.D. 8, vol. 1*. Ann Arbor, Mich.: University of Michigan Press.

Chang, Chung-li. 1955. *The Chinese Gentry: Studies on Their Role in Nineteenth-Century Chinese Society*. Seattle: University of Washington Press.

Chang, Kwang-Chih. 1980. *Shang Civilization*. New Haven: Yale University Press.

———. 1983. *Art, Myth, and Ritual: Path to Political Authority in Ancient China*. Cambridge, Mass.: Harvard University Press.

Charlton, Thomas H., and Deborah L. Nichols. 1997. "The City-State Concept." pp. 1-14, in *The Archaeology of City-States: Cross-Cultural Approaches*, edited by Deborah L. Nichols and Thomas H. Charlton. Washington and London: Smithsonian Institution Press.

Ch'en, Kenneth K. S. 1973. *The Chinese Transformation of Buddhism*. Princeton: Princeton University Press.

Cheng, Anne. 1993. "Ch'un ch'iu, Kung yang, Ku liang and Tso chuan." pp. 67-76, in *Early Chinese Texts: A Bibliographical Guide*, edited by Michael Loewe. Berkeley: Institute of East Asian Studies, University of California.

——. 1998—1999. "Review Article of Sarah A. Queen, *From Chronicle to Canon.*" *Early China* 23-24: 353-366.

Chia, Lucille. 2002. *Printing for Profit: The Commercial Publishers of Jianyang, Fujian (11th-17th Centuries).* Cambridge, Mass.: Harvard University Asia Center, Harvard University Press.

——. 2005. "Of Three Mountains Street." pp. 107-51, in *Printing and Book Culture in Late Imperial China*, edited by Cynthia J. Brokaw and Kai-wing Chow. Berkeley: University of California Press.

Chilton, Jacob. 2006. "The Modernization of Christianity." pp. 431-84, in *Religious Foundations of Western Civilization*, edited by Jacob Neusner. Nashville: Abingdon Press.

Ching, Julia. 1976. *To Acquire Wisdom: The Way of Wang Yang-ming.* New York: Columbia University Press.

Chirot, Daniel. 1985. "The Rise of the West." *American Sociological Review* 50: 181-95.

Chou, Chin-Sheng. 1974. *An Economic History of China.* Translated by Edward H. Kaplan. *Western Washington State College Program in East Asian Studies. Occasional paper*, no. 7.

Chow, Kai-wing. 1994. *The Rise of Confucian Ritualism in Late Imperial China: Ethics, Classics, and Lineage Discourse.* Stanford: Stanford University Press.

——. 2004. *Publishing, Culture, and Power in Early Modern China.* Stanford: Stanford University Press.

Chu, Hung-lam. 1993. "The Communal Compact in Late Imperial China: Notes on Its Nature, Effectiveness, and Modern Relevance." *Woodrow Wilson Center Asia Program Occasional Paper*, no. 52.

Chü, Tung-tsu. 1961. *Law and Society in Traditional China.* Paris: Mouton.

——. 1962. *Local Government in China under the Ch'ing.* Cambridge, Mass.: Harvard University Press.

——. 1972. *Han Social Structure.* Seattle: University Of Washington Press.

Clark, G. Norman. 1958. *War and Society in the Seventeenth Century.* Cambridge: Cambridge University Press.

Clark, Samuel. 2005. "Human Intentionality in the Functionalist Theory of Social Change: The Role of French Provincial Intendants in State-Society Differentiation." *Archives Europeennes De Sociologie* 46: 213-62.

Clart, Philip. 2003. "Confucius and the Mediums: Is There a 'Popular Confucianism'" *T'oung Pao* 89: 1-38.

Cohen, H. Floris. 1994. *The Scientific Revolution: A Historiographical Inquiry*. Chicago: University of Chicago Press.

Coleman, James S. 1990. *Foundations of Social Theory*. Cambridge, Mass. : Cambridge University Press.

Collins, Randall. 1978. "Long-tern Social Change and the Territorial Power of States." *Research in Social Movements, Conflicts, and Change* 1: 1-34.

———. 1986. *Weberian Sociological Theory*. New York: Cambridge University Press.

Constant, Benjamin. 2003. *Principles of Politics Applicable to All Governments*. Indianapolis: Liberty Fund.

Cook, Constance A. 1999. "The Ideology of the Chu Ruling Class. " pp. 67-76, in *Defining Chu: Image and Reality in Ancient China*, edited by Constance A. Cook and John S. Major. Honolulu: University of Hawaii Press.

Cook, Constance A. , and John S. Major, eds. 1999. *Defining Chu: Image and Reality in Ancient China*. Honolulu: University of Hawaii Press.

Coser, Lewis. 1956. *The Functions of Social Conflict: An Examination of the Concept of Social Conflict and Its Use in Empirical Sociological Research*. New York: Free Press.

Crawford, Michael H. 1974. *Roman Republican Coinage*. London: Cambridge University Press.

Creel, Herrlee G. 1964. "The Beginning of Bureaucracy in China: The Origin of the Hsien. " *Journal of Asian Studies* 23: 155-84.

———. 1970. *The Origins of Statecraft in China*, vol. 1: *The Western Chou Empire*. Chicago: The University of Chicago Press.

———. 1974. *Shen Pu-Hai: A Chinese Political Philosopher of the FourthCentury B.C.* Chicago: University of Chicago Press.

Creighton, Colin, and Martin Shaw, eds. 1987. *The Sociology of War and Peace*. London: Macmillan Press Ltd.

Crone, Patricia. 1986. "The Tribe and the State. " pp. 48-77, in *States in History*, edited by John A. Hall. Oxford: Oxford University Press.

———. 1989. *Pre-industrial Societies*. Oxford, UK. : Basil Blackwell.

Crossley, Pamela K. 1999. *A Translucent Mirror: History and Identity in Qing Imperial Ideology*. Berkeley: University of California Press.

Crown, Alan David. 1974. "Tidings and Instructions: How News Traveled in the Ancient Near East." *Journal of the Economic and Social History of the Orient* 17:244-71.

Crump, J. I. 1996. *Chan-kuo Ts'e*. Ann Arbor, Mich.: Center for Chinese Studies, the University of Michigan Press.

Csikszentmihalyi, Mark, and Michael Nylan. 2003. "Constructing Lineages and Inventing Traditions through Exemplary Figures in Early China." *T'oung Pao* 89: 59-99.

Dardess, John W. 1974. "The Cheng Community Family: Social Organization and Neo-Confucianism in Yuan and Early Ming China." *Harvard Journal of Asiatic Studies* 34: 7-52.

Davidson, Steve, and Michael Loewe. 1993. "Ch'un ch'iu fan lu." pp. 77-87, in *Early Chinese Texts: A Bibliographical Guide*, edited by Michael Loewe. Berkeley: The Society for the Study of Early China.

de Bary, Wm. Theodore. 1960. *Sources of Chinese Tradition*. New York: Columbia University Press.

——. 1981. *The Message of the Mind in Neo－Confucianism*. New York: Columbia University Press.

——. 1983. *The Liberal Tradition in China*. Hong Kong: The Chinese University Press.

——. 1989. *Neo－Confucian Orthodoxy and the Learning of the Mind－and Heart*. New York: Columbia University Press.

de Crespigny, Rafe. 1981. "Inspection and Surveillance Officials under the Two Han Dynasties." pp. 40-79, in *State and Law in East-Asia: Festschrift Karl Bünger*, edited by Dieter Eikemeier and Herbert Franke. Wiesbaden: Harrassowitz.

——. 1990. *Man from the Margin: Cao Cao and the Three Kingdoms*. Canberra: Australian National University.

de Vries, Jan. 1980. "Measuring the Impact of Climate on History: The Search for Appropriate Methodologies." *Journal of Interdisciplinary History* 10: 599-630.

Dean, Kenneth. 1993. *Taoist Ritual and Popular Cults of Southeast China*. Princeton: Princeton University Press.

——. 1998. *Lord of the Three in One: The Spread of a Cult in Southeast China*. Princeton: Princeton University Press.

Degan, Robert A. 2008. *The Triumph of Capitalism*. New Brunswick, NJ. : Transaction Publishers.

Delumeau, Jean. 1977. *Catholicism between Luther and Voltaire: A New View of the Counter-Reformation*. Philadelphia: Westminster Press.

Demiéville, Paul. 1986. "Philosophy and Religion from Han to Sui." pp. 808-72, in *The Cambridge History of China: Volume I, The Ch'in and Han Empires*, 221 B. C. -A. D. 220, edited by Denis Twitchett and Michael Loewe. Cambridge: Cambridge University Press.

Deng, Keng G. 1993. *Development versus Stagnation: Technological Continuity and Agricultural Progress in Pre-modern China*. Westport, Conn. : Greenwood Press.

——. 1997. *Chinese Maritime Activities and Socioeconomic Development*, c. 2100 B. C. -1900 A. D. Westport, Conn. : Greenwood Press.

——. 2003. "Development and Its Deadlock in Imperial China, 221 B. C. -1984 A. D." *Economic development and Cultural Change* 51: 479-521.

Deutsch, Karl. 1966. *Nationalism and Social Communication*. Boston: MIT Press.

Di Cosmo, Nicola. 1994. "Ancient Inner Asian Nomads: Their Economic Basis and its Significance in Chinese History." *Journal of Asian Studies* 53: 1092-1126.

——. 1998. "Qing Colonial Administration in Inner Asia." *International History Review* 20: 287-309.

——. 1999a. "The Northern Frontier in Pre-Imperial China." pp. 885-966, in *The Cambridge History of Ancient China*, edited by Michael Loewe and Edward L. Shaughnessy. Cambridge: Cambridge University Press.

——. 1999b. "Manchu Shamanic Ceremonies at the Qing Court." pp. 352-98, in *State and Court Ritual in China*, edited by Joseph P. McDermott. Cambridge: Cambridge University Press.

——. 2001. *Ancient China and Its Enemies: The Rise of Nomadic Power in East Asian History*. Cambridge: Cambridge University Press.

——. 2009a. *Military Culture in Imperial China*. Cambridge, Mass. : Harvard University Press.

——. 2009b. "The Qing and Inner Asia: 1636—1800." pp. 333-62, in *The*

Cambridge History of Inner Asia：*The Chinggisid Age*，edited by Nicola Di Cosmo，Allen J. Frank and Peter Golden. Cambridge：Cambridge University Press.

Diamond，Jared M. 2005. *Collapse*：*How Societies Choose to Fail or Succeed*. New York：Viking.

——. 1997. *Guns*，*Germs*，*and Steel*：*The Fates of Human Societies*. New York：Norton.

Dien，Albert E. 2007. *Six Dynasties Civilization*. New Haven：Yale University Press.

DiMaggio，Paul，and Walter W. Powell. 1983. "The Iron Cage Revisited：Institutional Isomorphism and Collective Rationality in Organizational Fields." *American Sociological Review* 48：147-160.

Dobb，Maurice. 1946. *Studies in the Development of Capitalism*. London：Routledge.

Dopfer，Kurt，ed. 2005. *The Evolutionary Foundations of Economics*. Cambridge：Cambridge University Press.

Downing，Brian M. 1992. *Military Revolution and Political Change*：*Origins of Democracy and Autocracy in Early Modern Europe*. Princeton，NJ：Princeton University Press.

Downs，Anthony. 1967. *Inside Bureaucracy*. Boston：Little，Brown and Company.

Dreyer，Edward L. 2007. *Zheng He*：*China and the Oceans in the Early Ming Dynasty*，1405—1433. New York：Pearson Longman.

Duncan-Jones，Richard. 1994. *Money and Government in the Roman Empire*. Cambridge：Cambridge University Press.

Durkheim，Emile. 1951. *Suicide*：*A Study in Sociology*. Glencoe，IL：Free Press.

——. 1995. *The Elementary forms of Religious Life*. New York：Free Press.

Duyvendak，J. J. L.，trans. 1928. *The Book of Lord Shang*. Chicago：University of Chicago Press.

Eastman，Lloyd E. 1988. *Family*，*Fields*，*and Ancestors*：*Constancy and Change in China's Social and Economic History*，1550—1949. New York：Oxford University Press.

Eberhard，Wolfram. 1965. *Conquerors and Rulers*：*Social Forces in Medieval China*. Leiden：Brill.

Ebrey, Patricia Buckley. 1989. "Education through Ritual: Efforts to Formulate Family Rituals during the Sung Period." pp. 277-306, in *Neo-Confucian Education: The Formative Stage*, edited by Wm. Theodore de Bary and John W. Chaffee. Berkeley: University of California Press.

——. 1991a. "The Chinese Family and the Spread of Confucian Values." pp. 45-83, in *The East Asian Region: Confucian Heritage and Its Modern Adaptation*. Princeton: Princeton University Press.

——. 1991b. *Chu Hsi's Family Rituals: A Twelfth-Century Chinese Manual for the Performance of Cappings, Weddings, Funerals, and Ancestral Rites*. Princeton: Princeton University Press.

——. 1993. "The Response of the Sung State to Popular Funeral Practices." pp. 209-39, in *Religion and Society in T'ang and Sung China*, edited by Patricia Buckley Ebrey and Peter N. Gregory. Honolulu: University of Hawaii Press.

——. 1995. "The Liturgies for Sacrifices to Ancestors." pp. 104-36, in *Ritual and Scripture in Chinese Popular Religion, Five Studies*, edited by David Johnson. Berkeley, CA: Chinese Popular Culture Project.

——. 2001. "Preface." pp. xi-xii, in *Culture and Power in the Reconstitution of the Chinese Realm, 200-600*, edited by Scott Pearce, Audrey Spiro and Patricia Ebrey. Cambridge, Mass.: Harvard University Press.

Ebrey, Patricia Buckley, and Peter N. Gregory, eds. 1993. *Religion and Society in T'ang and Sung China*. Honolulu: University of Hawaii Press.

Egan, Ronald. 1994. *Word, Image, and Deed in the Life of Su Shi*. Cambridge, Mass.: Harvard-Yenching Institute Monograph Series.

Ehrenberg, Victor. 1960. *The Greek State*. Oxford: Basil Blackwell.

Eisenberg, Andrew. 1998. "Weberian Patrimonialism and Imperial Chinese History." *Theory and Society* 27: 83-102.

Eisenstadt, Shmuel N. 1963. *The Political Systems of Empires*. London: Free Press of Glencoe.

——. 1986. *The Origins and Diversity of Axial Age Civilizations*. Albany: State University of New York Press.

——. 1987. *European Civilization in a Comparative Perspective: A Study in the Relations between Culture and Social Structure*. London: Norwegian University Press.

——. 2000. "Multiple Modernities." *Daedalus* 129: 1-29.

Eisenstein, Elizabeth L. 2005. *The Printing Revolution in Early Modern Europe*, 2nd ed. Cambridge: Cambridge University Press.

Elliott, Mark C. 2001. *The Manchu Way: The Eight Banners and Ethnic Identity in Late Imperial China*. Stanford: Stanford University Press.

Elman, Benjamin A. 1984. *From Philosophy to Philology: Intellectual and Social Aspect of Change in Late Imperial China*. Cambridge, Mass. : Council on East Asian Studies, Harvard University Press.

——. 1990. *Classicism, Politics, and Kinship: The Ch'ang-chou School of New Text Confucianism in Late Imperial China*. Berkeley: University of California Press.

——. 2000. *A Cultural History of Civil Examinations in Late Imperial China*. Berkeley: University of California Press.

——. 2005. *On Their Own Terms: Science in China*, 1550—1900. Cambridge, Mass. : Harvard University Press.

Elman, Benjamin A. , and Alexander Woodside, eds. 1994. *Education and Society in Late Imperial China*. Berkeley: University of California Press.

Elster, Jon. 1998. "A Plea for Mechanisms. " pp. 45-73, in *Social Mechanisms*, edited by Peter Hedstrom and Richard Swedberg. Cambridge: Cambridge University Press.

Elvin, Mark. 1973. *The Pattern of the Chinese Past*. Stanford: Stanford University Press.

——. 1978. "Chinese Cities since the Sung Dynasty. " pp. 79-89, in *Towns in Societies: Essays in Economic History and Historical Sociology*, edited by Philip Abrams and E. A. Wrigley. Cambridge: Cambridge University Press.

——. 1984. " Why China Failed to Create an Endogenous Industrial Capitalism. " *Theory and Society* 13: 379-92.

——. 1996. "The Gentry Democracy in Chinese Shanghai, 1905—1914. " pp. 140-65, in *Another History: Essays on China from a European Perspective*. Broadway, Australia: Wild Peony.

——. 2004. *The Retreat of the Elephants: An Environmental History of China*. New Haven: Yale University Press.

Engels, Donald W. 1978. *Alexander the Great and the Logistics of the Macedonian Army*. Berkeley: University of California Press.

Eno, Robert. 2003. "The Background of the Kong Family of Lu and the Origins of Ruism. " *Early China* 28: 1-41.

——. 2009. "Shang State Religion and the Pantheon of the Oracle Texts. " pp. 41-102, *in Early Chinese Religion: Part one: Shang through Han* (1250 *BCE*-220 *AD*), edited by John Lagerwey and Marc Kalinowski. Leiden: Brill.

Erbstösser, Martin. 1984. *Heretics in the Middle Ages.* Leipzig: Edition Leipzig.

Ertman, Thomas. 1997. *Birth of the Leviathan: Building States and Regimes in Medieval and Early Modern Europe.* Cambridge: Cambridge University Press.

Fairbank, John King. 1942. "Tributary Trade and China's Relations with the West. " *Far Eastern Quarterly* 1(2): 129-49.

——. 1953. *Trade and Diplomacy on China Coast.* Stanford: Stanford University Press.

——, ed. 1968. *The Chinese World Order: Traditional China's Foreign Relations.* Cambridge: Harvard University Press.

Fairbank, John King, and Merle Goldman. 2006. *China: A New History*, *2nd enlarged edition.* Cambridge, Mass. : Belknap Press of Harvard University Press.

Falkenhausen, Lothar von. 2006. *Chinese Society in the Age of Confucius* (1000-250 *BCE*): *The Archaeological Evidence.* Los Angeles: Costen Institute of Archaeology at UCLA.

Faure, David. 1999. "The Emperor in the Village: Representing the State in South China. " pp. 267-98, in *State and Court Ritual in China*, edited by Joseph P. McDermott. Cambridge: Cambridge University Press.

——. 2007. *Emperor and Ancestor: State and Lineage in South China.* Stanford: Stanford University Press.

Feuchtwang, Stephan. 1974. "Domestic and Communal Worship in Taiwan. " pp. 105-29, in *Religion and Ritual in Chinese Society*, edited by Wolf, Arthur P. Stanford: Stanford University Press.

——. 2001. *Popular Religion in China: The Imperial Metaphor.* UK: Curzon Press.

Feuerwerker, Albert. 1984. "The State and the Economy in Late Imperial China. " *Theory and Society* 13: 297-326.

Finer, Samuel E. 1975. "State-and Nation-Building in Europe: The Role of the

Military. " pp. 84-163, in *The Formation of National States in Western Europe*, edited by Charles Tilly. Princeton: Princeton University Press.

——. 1988. *The Man on Horseback: The Role of the Military in Politics*. Boulder, CO: Westview Press.

——. 1997. *The History of Government from the Earliest Times*, vol. 1-3. Oxford: Oxford University Press.

Finnane, Antonia. 1993. "Yangzhou: A Central Place in the Qing Empire. " pp. 117-49, in *Cities of Jiangnan in Late Imperial China*, edited by Linda Cooke Johnson, Albany, NY: State University of New York Press.

Fox, Edward Whiting. 1971. *History in Geographic Perspective: The Other France*. New York: W. W. Northon & Company.

Frank, Andre Gunder. 1998. *Reorient: Global Economy in the Asian Age*. Berkeley: University of California Press.

——. 2001. "Review of *The Great Divergence*. " *Journal of Asian Studies* 60: 180-2.

Freedman, Maurice. 1958. *Lineage Organization in Southeastern China*. London: Athlone Press.

——. 1966. *Chinese Lineage and Society: Fukien and Kwangtung*. London: Athlone Press.

Fried, Morton H. 1983. "Tribe to State or State to Tribe in Ancient China. " pp. 467-94, in *The Origins of Chinese Civilization*, edited by David N. Keightley. Berkeley: University of California Press.

Ganshof, François-Louis. 1964. *Feudalism*. New York: Harper & Row.

Gardner, Daniel K. 2007. *The Four Books: The Basic Teachings of the Later Confucian Tradition*. Indianapolis: Hackett Publishing Company.

Gellner, Ernest. 1983. *Nations and Nationalism*. Ithaca: Cornell University Press.

Genovese, Eugene D. , and Leonard Hochberg, eds. 1989. *Geographic Perspectives in History*. UK: Basil Blackwell.

Gernet, Jacques. 1995. *Buddhism in Chinese Society: An Economic History from theFifth to the Tenth Centuries*. New York: Columbia University Press.

——. 1996. *A History of Chinese Civilization*, 2nd ed. Cambridge: Cambridge UniversityPress.

Gernet, Jacques, with Jean-Paul Vernant. 1988. "Social History and the

Evolution of Ideals in China and Greece from the Sixth to the Second Centuries B. C. " pp. 79-100, in *Myth and Society in Ancient Greece*, edited by Jean-Paul Vernant. New York: Zone Books.

Gerritsen, Anne. 2007. *Ji'an Literati and the Local in Song-Yuan-Ming China*. Leiden: Brill.

Giddens, Anthony. 1990. *The Consequences of Modernity*. Stanford: Stanford University Press.

Gillespie, Michael Allen. 2008. *The Theological Origins of Modernity*. Chicago: University of Chicago Press.

Gilpin, Robert. 1981. *The Political Economy of International Relations*. Princeton: Princeton University Press.

Given-Wilson, Chris. 1986. *The Royal Household and the King's Affinity: Service, Politics and Finance in England*, 1360—1413. New Haven: Yale University Press.

Goldstone, Jack A. 1991. *Revolution and Rebellion in the Early Modern World*. Berkeley: University of California Press.

——. 2000. "The Rise of the West-or not? A Revision to Socio-economic History." *Sociological Theory* 18: 175-94.

——. 2008. *Why Europe? The Rise of the West in World History*, 1500—1800. Boston: McGraw Hill, Higher Education.

Goodwin, Jeff. 2001. *No Other Way Out: States and Revolutionary Movements*, 1945—1991. Cambridge: Cambridge University Press.

Goody, Jack. 1983. *The Development of the Family and Marriage in Europe*. Cambridge: Cambridge University Press.

——. 1996. *The East in the West*. New York: Cambridge University Press.

——. 2004. *Capitalism and Modernity: The Great Debate*. Cambridge, UK: Polity Press.

Goossaert, Vincent. 2006. "1898: The Beginning of the End for Chinese Religion?" *Journal of Asian Studies* 65: 307-35.

Gorski, Philip S. 2000. "Historicizing the Secularization Debate: Church, State, and Society in Late Medieval and Early Modern Europe, ca. 1300 to 1700." *American Sociological Review* 65: 138-67.

——. 2003. *The Disciplinary Revolution: Calvinism and the Rise of the State in Early Modern Europe*. Chicago: University of Chicago Press.

Gould, Roger V. 2003. *Collision of Wills: How Ambiguity about Social Rank*

Breeds Conflict. Chicago: University of Chicago Press.

Gourou, Pierre. 1980. *The Tropical World: Its Social and Economic Conditions and Its Future Status.* London: Longman.

Graff, David A. 2002a. *Medieval Chinese Warfare*, 300-900. London: Routledge.

——. 2002b. "The Tang Defeat of the Eastern Turks, 629-630. " pp. 33-71, in *Warfare in Inner Asian History* (500—1800), edited by Nicola Di Cosmo. Leiden: Brill.

Graff, David A. , and Robin Higham, eds. 2002. *A Military History of China.* Boulder, CO: Westview Press.

Grafflin, Dennis. 1990. "Reinventing China: Pseudobureaucracy in the Early Southern Dynasties. " pp. 139-70, in *State and Society in Early Medieval China*, edited by Albert Dien. Stanford: Stanford University Press.

Graham, A. C. 1986. *Studies in Chinese Philosophy and Philosophical Literature.* Singapore: The Institute of East Asian Philosophies.

Granet, Marcel. 1964. *Chinese Civilization.* Cleveland: Meridian Books.

Gregory, Peter N. , and Daniel A. Getz, Jr. , eds. 1999. *Buddhism in the Sung.* Honolulu: University of Hawaii Press.

Griffeth, Robert and Carol G. Thomas, eds. 1981. *The City-State in Five Cultures.* Santa Barbara, Calif. : ABC-Clio.

Grousset, René. 1990. *The Empire of the Steppes: A History of Central Asia.* New Brunswick, NJ: Rutgers University Press.

Guy, R. Kent. 1987. *The Emperor's Four Treasuries: Scholars and the State in the Late Ch'ien-Lung Era.* Cambridge, Mass. : Harvard University Press.

Habermas, Jürgen. 1984. *The Theory of Communicative Action.* Boston: Beacon Press.

——. 1989. *The Structural Transformation of the Public Sphere: An Inquiry into a Category of Bourgeois Society.* Cambridge, Mass. : MIT Press.

Hale, Rigby J. 1985. *War and Society in Renaissance Europe*, 1450—1620. New York: St. Martin's Press.

Hall, David, and Roger Ames. 1987. *Thinking through Confucius.* Albany, NY: State University of New York Press.

Hall, John A. 1986. *Powers and Liberties: The Causes and Consequences of the Rise of the West.* London: Penguin Books.

——. 1987. "War and the Rise of the West. " pp. 37-53, in *The Sociology of War and Peace*, edited by Colin Creighton and Martin Shaw. London: Macmillan Press Ltd.

——. 1996. *International Orders*. Cambridge, UK: Polity Press.

——. 2003. "Aligning Ontology and Methodology in Comparative Politics. " pp. 373-404, in *Comparative Historical Analysis in the Social Sciences*, edited by James Mahoney and Dietrich Rueschemeyer. Cambridge: Cambridge Universit Press.

Hansen, Mogens Herman, ed. 2000. *A Comparative Study of Thirty City-State Cultures*.

Hansen, Valerie. 1990. *Changing Gods in Medieval China*, 1127—1276. Princeton: Princeton University Press.

Harbsmeier, Christoph. 1998. *Science and Civilization in China*, vol. 7 part 1, *Language and Logic*. Cambridge: Cambridge University Press.

Harper, Donald J. 1995. "Chinese Religions: The State of Field, Part I: Warring States, Chin and Han Periods. " *Journal of Asian Studies* 54: 152-60.

—— 1998. *Early Chinese Medical Literature: The Mawangdui Medical Manuscripts*. London: Kegan Paul International.

Hartman, Charles. 1986. *Han Yü and the T'ang Search for Unity*. Princeton: Princeton University Press.

Hartwell, Robert M. 1971. "Historical Analogism, Public Policy, and Social Science in Eleventh-and Twelfth Century China. " *American Historical Review* 76: 690-727.

——. 1982. "Demographic, Political and Social Transformations of China, 750—1550. " *Harvard Journal of Asiatic Studies* 42: 365-442.

Hauf, Kandice. 1996. "The Community Covenant in Sixteenth Century Ji'an Prefecture, Jianhxi. " *Late Imperial China* 17: 1-50.

Head, Thomas, and Richard Landes, eds. 1992. *The Peace of God: Social Violence and Religious Response in France around the Year* 1000. Ithaca: Cornell University Press.

Hechter, Michael. 2009. "Legitimacy in the Modern World. " *American Behavioral Scientist* 53: 279-88.

Hegel, Georg Wilhelm Friedrich. 1956. *The Philosophy of History*. Translated by J. Sibree. New York: Dover Publications.

Henneman, John B. 1971. *Royal Taxation in Fourteenth-Century France: The Development of War Financing*, 1322—1356. Princeton, Princeton University Press.

Hevia, James L. 1995. *Cherishing Men From Afar: Qing Guest Ritual and the Macartney Embassy of* 1793. Durham and London: Duke University Press.

Hickey, Daniel. 1986. *The Coming of French Absolutism: The Struggle for Tax Reform in the Province of Dauphiné*, 1540—1640. Toronto: University of Toronto Press.

Hildinger, Erik. 2001. *Warriors of the Steppe: A Military History of Central Asia*, 500 *B. C. to* 1700 *A. D.* Cambridge, Mass. : Da Capo.

Hintze, Otto. 1975. "Military Organization and the Organization of the State. " pp. 178-215, in *The Historical Essays of Otto Hintze, edited by Felic Gilbert*. New York: Oxford University Press.

Hirschman, Albert O. 1970. *Exit, Voice, and Loyalty: Responses to Decline in Firms, Organizations, and States*. Cambridge: Harvard University Press.

——. 1977. *The Passions and the Interests: Political Arguments for Capitalism before Its Triumph*. Princeton: Princeton University Press.

Ho, Ping-ti. 1959. *Studies on the Population of China*, 1368—1953. Cambridge: Harvard University Press.

——1964. *The Ladder of Success in Imperial China*. New York: John Wiley & Sons.

Hobson, John M. 2004. *The Eastern Origins of Western Civilization*. Cambridge: Cambridge University Press.

Hodgson, Geoffrey M. 1993. *Economics and Evolution: Bringing Life Back into Economics*. Ann Arbor: University of Michigan Press.

Holsti, Kalevi J. 1991. *Peace and War: Armed Conflicts and International Order* 1648—1989. Cambridge: Cambridge University Press.

——. 1996. *The State, War and the State of War*. Cambridge: Cambridge University Press.

Holsti, Ole R. , P. Terrence Hopmann, and John D. Sullivan. 1973. *Unity and Disintegration in International Alliances: Comparative Studies*. New York: John Willey & Sons.

Hopkins, Keith. 2009. 'The Political Economy of the Roman Empire. " pp. 178-

204, in *The Dynamics of Ancient Empires: State Power from Assyria to Byzantium*, edited by Ian Morris and Walter Scheidel. Oxford: Oxford University Press.

Hostetler, Laura. 2001. *Qing Colonial Enterprise: Ethnography and cartography in Early Modern China*. Chicago: University of Chicago Press.

Howard, Michael. 1976. *War in European History*. Oxford: Oxford University Press.

Hsiao, Kung-chuan. 1960. *Rural China: Imperial Control in the Nineteenth Century*. Seattle: University of Washington Press.

——. 1979. *A History of Chinese Political Thought*, *vol.* 1. Princeton, NJ: Princeton University Press.

Hsiung, James C. 1997. *Anarchy and Order: The Interplay of Politics and Law in International Relations*. Boulder: Lynne Rienner Publishers.

Hsu, Cho-yun. 1965. *Ancient China in Transition: An Analysis of Social Mobility*, 722—222 B.C. Stanford: Stanford University Press.

Hsu, Cho-yun. 1999. "The Spring and Autumn Period." pp. 545-86, in *The Cambridge History of Ancient China*, edited by Michael Loewe and Edward L. Shaughnessy. Cambridge: Cambridge University Press.

Hsu, Cho-yun, and Katheryn M. Linduff. 1988. *Western Chou Civilization*. New Haven: Yale University Press.

Huang, Chichung. 1997. *The Analects of Confucius*. New York: Oxford University Press.

Huang, Philip. 1990. *The Peasant Family and Rural Development in the Yangzi Delta*, 1350—1988. Stanford: Stanford University Press.

——2002. "Development or Involution in Eighteenth-Century Britain and China?" *Journal of Asian Studies* 61: 501-38.

——2003. "Further Thoughts on Eighteenth-Century Britain and China: Rejoinder to Pomeranz's Response to My Critique." *Journal of Asian Studies* 62: 157-67.

Huang, Ray. 1981. *1587, A Year of No Significance: The Ming Dynasty in Decline*. New Haven: Yale University Press.

——. 1997. *China, a Macro History*. Armonk: M. E. Sharpe.

Hucker, Charles O. 1966. *The Censorial System of Ming China*. Stanford: Stanford University Press.

——. 1975. *China's Imperial Past*: *An Introduction to Chinese History and Culture*. Stanford: Stanford University Press.

Huff, Toby E. 1993. *The Rise of Early Modern Science*: *Islam*, *China*, *and the West*. Cambridge: Cambridge University Press.

Hui, Victoria Tin-bor. 2001. "The Emergence and Demise of nascent ConstitutionalRights: Comparing Ancient China and Early Modern Europe." *Journal of Political Philosophy* 9: 372-402.

——. 2004. "Toward a Dynamic Theory of International Politics: Insights from Comparing Ancient China and Early Modern Europe." *International Organization* 58: 175-205.

——. 2005. *War and State Formation in Ancient China and Early Modern Europe*. Cambridge: Cambridge University Press.

Hulsewé, A. F. P. 1985. *Remnants of Ch'in Law*. Leiden: E. J. Brill.

Huntington, Samuel P. 1996. *The Clash of Civilizations and the Remaking of World Order*. New York: Simon &. Schuster.

Hymes, Robert P. 1986. *Statesmen and Gentlemen*: *The Elite of Fu-Chou*, *Chiang-Hsi*, *in Northern and Southern Sung*. Cambridge: Cambridge University Press.

——. 2002. *Way and Byway*: *Taoism*, *Local Religion*, *and Models of Divinity in Sungand Modern China*. Berkeley: University of California Press.

Innis, Harold A. 1950. *Empire and Communications*. Oxford: Clarendon Press.

Ivanhoe, Philip J. 1993. *Confucian Moral Self Cultivation*. New York: Peter Lang.

Jackson, Peter. 2009. "The Mongol Age in Eastern Inner Asia." pp. 26-45, in *The Cambridge History of Inner Asia*: *The Chinggisid Age*, edited by Nicola Di Cosmo, Allen J. Frank and Peter Golden. Cambridge: Cambridge University Press.

Jagchid, Sechin, and Van Jay Symons. 1989. *Peace*, *war*, *and Trade along the Great Wall*. Bloomington: Indiana University Press.

Jervis, Robert. 1988. "Realism, Game Theory, and Cooperation." *World Politics* 40: 317-49.

Jervis, Robert, and Jack Snyder, eds. 1991. *Dominoes and Bandwagons*. New York: Oxford University Press.

Jiang, Jin. 2001. "Heresy and Persecution in Late Ming Society: Reinterpreting the Case of Li Zhi. " *Late Imperial China* 22: 1-34.

Johnson, Alastair Iain. 1995. *Cultural Realism: Strategic Culture and Grand Strategy in Chinese History*. Princeton: Princeton University Press.

Johnson, David, ed. 1995. *Ritual and Scripture in Chinese Popular Religion: Five Studies*. Berkeley, CA : Chinese Popular Culture Project.

Johnson, Linda Cooke, ed. 1993. *Cities of Jiangnan in Late Imperial China*. Albany, NY: State University of New York Press.

Jones, Eric. 1981. *The European Miracle: Environments, Economics and Geopolitics in the History of Europe and Asia*. Cambridge: Cambridge University Press.

Jordan, William Chester. 2001. *Europe in the High Middle Ages*. London: Allen Lane.

Kaeuper, Richard W. 1988. *War, Justice, and Public Order: England and France in the Later Middle Ages*. New York: Oxford University Press.

Kalberg, Stephen. 1980. "Max Weber's Types of Rationality: Cornerstones for the Analysis of Rationalization Processes in History. " *American Journal of Sociology* 85: 1145-79.

Kamen, Henry. 1997. *The Spanish Inquisition, an Historical Revision*. London: Weidenfeld & Nicolson.

Kasoff, Ira E. 1984. *The Thought of Chang Tsai (1020—1077)*. Cambridge: Cambridge University Press.

Katz, Paul R. 1995. *Demon Hordes and Burning Boats: The Cult of Marshall Wen in Late Imperial Chekiang*. Albany, NY: State University of New York Press.

Keene, Edward 2002. *Beyond the Anarchical Society: Grotius, Colonialism and Order in World Politics*. Cambridge, UK: Cambridge University Press.

Kegley, Charles W. Jr. , and Gregory A. Raymond. 1990. *When Trust Breaks Down*. Columbia, S. C. : University of South Carolina Press.

Keightley, David N. 1976. "Where Have All the Swords Gone? Reflections on the Unification of China. " *Early China* 2 (fall): 31-4.

——. 1978. "The Religious Commitment: Shang Theology and the Genesis of Chinese Political Culture. " *History of Religions* 17: 211-25.

——. 1980. "Akatsuka Kiyoshi and the Culture of Early China: A Study in

Historical Method. " *Harvard Journal of Asiatic Studies* 42(1): 267-320.

——. 1983. "The Late Shang State: When, Where, and What?" pp. 523-64, in *The Origins of Chinese Civilization*, edited by David N. Keightley. Berkeley: University of California Press.

——. 1990. "Early Civilization in China: Reflections on How It Became Chinese. " pp. 15-54, in *Heritage of China: Contemporary Perspectives on Chinese Civilization*, edited by Paul S. Ropp. Berkeley: University of California Press.

——. 1999. "The Environment of Ancient China. " pp. 30-6, in *The Cambridge History of Ancient China*, edited by Michael Loewe and Edward L. Shaughnessy. Cambridge: Cambridge University Press.

——. 2000. *The Ancestral Landscape: Time, Space, and Community in Late Shang China (ca. 1200—1045 B. C.)*. Berkeley: Institute of East Asian Studies, University of California Press.

Kelleher, M. Theresa. 1989. "Back to Basics: Chu Hsi's Elementary Learning (Hsiao-hsüeh). " pp. 219-251, in *Neo-Confucian Education: The Formative Stage*, edited by Wm. Theodore de Bary and John W. Chaffee. Berkeley: University of California Press.

Keohane, Robert O. 1986. *Neorealism and Its Critics*. New York: Columbia University Press.

Kern, Martin. 2000. *The Stele Inscriptions of Ch'in Shih-huang: Text and Ritual in Early Chinese Imperial Representation*. New Haven, Conn. : American Oriental Society.

Khazanov, Anatoly M. 1984. *Nomads and the Outside World*. Cambridge: Cambridge University Press.

Kierman Jr. Frank A. , and John King Fairbank, eds. 1974. *Chinese Ways in Warfare*. Cambridge, Mass. : Harvard University Press.

Kiser, Edgar. 1994. "Markets and Hierarchies in Early Modern Tax Systems. " *Politics and Society* 22(3): 284-315.

Kiser, Edgar, and Yong Cai. 2003. "War and Bureaucratization in Qin China: Exploring an Anomalous Case. " *American Sociological Review* 68: 511-39.

Kleeman, Terry F. 1993. "The Expansion of the Wen-Ch'ang Cult. " pp. 45-73, in *Religion and Society in T'ang and Sung China*, edited by Patricia Buckley Ebrey and Peter N. Gregory. Honolulu: University of Hawaii

Press.

Kracke, Edwartd A. Jr. 1947. "Family versus Merit in Chinese Civil Service Examinations under the Empire." *Harvard Journal of Asiatic Studies* 10: 103-23.

———. 1953. *Civil Service in Early Sung China*, 960—1067. Cambridge, Mass.: Harvard University Press.

———. 1967. "Region, Family and Individual in the Chinese Examination System." pp. 251-68, in *Chinese Thought and Institutions*, edited by John K. Fairbank. Chicago: University of Chicago Press.

Krücken, Georg, and Gili S. Drori, eds. 2009. *World Society: The Writings of John W. Meyer*. New York: Oxford University Press.

Kuhn, Dieter. 2009. *The Age of Confucian Rule: The Song Transformation of China*. Cambridge, Mass.: Belknap Press of Harvard University Press.

Kuhn, Philip. 1970. *Rebellion and Its Enemies in Late Imperial China: Mobilization and Social Structure*, 1796—1864. Cambridge, Mass.: Harvard University Press.

Lachmann, Richard. 2000. *Capitalists in Spite of Themselves: Elite Conflict and Economic Transitions in Early Modern Europe*. New York: Oxford University Press.

———. 2010. *States and Power*. Cambridge, UK: Polity Press.

Lagerwey, John. 1987. *Taoist Ritual in Chinese Society and history*. New York: Macmillan.

———. ed. 2004. *Religion and Chinese Society*, *Volume II: Taoism and Local Religion in Modern China*. Hong Kong: The Chinese University Press.

Lai, Ming-Chiu. 2007. "Legitimation of Qin-Han China: From the Perspective of the Feng and Shan Sacrifices (206 B. C. —A. D. 220)." pp. 1-26, in *The Legitimation of New Orders: Case Studies in World History*, edited by Philip Yuen-sang Leung. Hong Kong: The Chinese University Press.

Lambert, Malcolm. 1992. *Medieval Heresy: Popular Movement from the Gregorian Reform to the Reformation*. Oxford, UK: Blackwell.

Landels, John Gary. 1980. *Engineering in the Ancient World*. London: Chatto & Windus.

Landes, David S. 1998. *The Wealth and Poverty of Nations: Why Some Are so Rich and Some so Poor*. New York: W. W. Norton & Company.

———. 2006. "Why Europe and the West? Why not China?" *Journal of*

Economic Perspectives 20: 3-22.

Langton, John. 1979. "Darwinism and the Behavioral Theory of Socio-Cultural Evolution: An Analysis." *American Journal of Sociology* 85: 288-309.

Lattimore, Owen. 1951. *Inner Asian Frontiers of China*. New York: Capital Publishing Co. , Inc.

Lau, D. C. , trans. 1970. *Mencius*. London: Penguin Classics.

——, trans. 1963. *Lao-tzu: Tao te ching*. London: Penguin Classics.

Lau, D. C. , and Roger T. Ames, trans. 2003. *Sun Bin: The Art of Warfare*. Albany, NY: State University of New York Press.

Lau, Nap-yin. 2000. "Waging War for Peace? The Peace Accord between the Song and the Liao in AD 1005." pp. 180-221, in *Warfare in Chinese History*, edited by Hans Van de Ven. Leiden: Brill.

Lawton, Thomas, ed. 1991. *New Perspectives on Chu Culture during the Eastern Zhou Period*. Washington, D. C. : Smithsonian Institution.

Ledderose, Lothar. 2000. *Ten Thousand Things: Module and Mass Production in Chinese Art*. Princeton: Princeton University Press.

Lee, James Z. 1978. "Migration and Expansion in Chinese History." pp. 20-47, in *Human Migration: Patterns and Politics*, edited by William H. McNeill and Ruth Adams. Boston: American Academy of Arts and Sciences.

Lee, James Z. , and Feng Wang. 1999. *One Quarter of Humanity: Malthusian Mythology and Chinese Realities*, 1700—2000. Cambridge, Mass. : Harvard University Press.

Lee, Thomas. H. C. 1982. *Government Education and Examinations in Sung China*. Hong Kong: Chinese University Press.

——. 1989. "Sung Schools and Education Before Chu Hsi." pp. 105-36, in *Neo-Confucian Education: The Formative Stage*, edited by Wm. Theodore de BaryAnd John W. Chaffee. Berkeley: University of California Press.

Leff, Gordon. 1967. *Heresy in the Later Middle Ages*. New York: Barnes & Noble.

Levathes, Louise. 1994. *When China Ruled the Seas: The Treasure Fleet of the Dragon Throne* 1400—1433. New York: Simon & Schuster.

Levenson, Joseph R. 1965. *Confucian China and Its Modern Fate: A Trilogy*. Berkeley: University of California Press.

Levi, Jean. 1993. "Shang Chün Shu." pp. 368-75, in *Early Chinese Texts: A Bibliographical Guide*, edited by Michael Loewe. Berkeley: The Society for the Study of Early China.

Levine, Ari Daniel. 2008. *Divided by a Common Language*. Honolulu: University of Hawaii Press.

Lewis, Mark Edward. 1990. *Sanctioned Violence in Early China*. Albany: State University of New York Press.

——. 1999. "The Spring and Autumn Period." pp. 587-650, in *The Cambridge History of Ancient China*, edited by Michael Loewe and Edward L. Shaughnessy. Cambridge: Cambridge University Press.

——. 1999. *Writing and Authority in Early China*. Albany, NY: State University of New York Press.

——. 2000a. "The City-State in Spring-and-Autumn China." pp. 359-73, in *A Comparative Study of Thirty City-state Cultures*, edited by Mogens Herman Hansen. Denmark: Kongelige Danske Videnskabernes Selskab

——. 2000b. "The Han Abolition of Universal Military Service." pp. 33-76, in *Warfare in Chinese History*, edited by Hans Van de Ven. Leiden: Brill.

——. 2007. *The Early Chinese Empires: Qin and Han*. Cambridge, Mass.: The Belknap Press.

Li, Bozhong. 1998. *Agricultural Development in Jiangnan*, 1620—1850. New York: St. Martin's Press.

Li, Bozhong. 2008. "Chinese Economic History in a New Perspective: Focusing on the Late Imperial Rural Economy in Jiangnan." *Pacific Economic Review* 13: 308-19.

Li, Dun J., ed. 1967. *The Essence of Chinese Civilization*. New York: Van Nostrand Reinhold Company.

——. 1971. *The Ageless Chinese: A History*, *2nd ed*. New York: Charles Scribner's Sons.

Li, Feng. 2001/2002. "'Offices' in Bronze Inscriptions and Western Zhou Government Administration." *Early China* 26-27: 1-72.

——. 2003. "'Feudalism' and Western Zhou China: A Criticism." *Harvard Journal of Asiatic Studies* 63: 115-44.

——. 2004. "Succession and Promotion: Elite Mobility during the Western Zhou." *Monumenta Serica* 52: 1-35.

——. 2006. *Landscape and Power in Early China*. Cambridge: Cambridge University Press.

——. 2008. *Bureaucracy and the State in Early China: Governing the Western*

Zhou. Cambridge: Cambridge University Press.

Liu, James T. C. 1988. *China Turning Inward: Intellectual-Political Changes in the Early Twelfth Century*. Cambridge, Mass. : Council on East Asian Studies, Harvard University Press.

Liu, Shufen. 2001. "Jiankang and the Commercial Empire of the Southern dynasties: Change and Continuity in Medieval Chinese Economic History." pp. 35-52, in *Culture and Power in the Reconstitution of the Chinese Realm*, 200-600, edited by Scott Pearce, Audrey Spiro and Patricia Ebrey. Cambridge, Mass. : HarvardUniversity Press.

Liu, Shu-hsien. 1998. *Understanding Confucian Philosophy: Classical and Sung-Ming*. Westport, CT. : Greenwood.

Liu, Wu-Chi. 1955. *Confucius, His Life and Time*. Westport, CT. : Greenwood.

Lloyd, Geoffrey E. R. 1996. *Adversaries and Authorities: Investigations into AncientGreek and Chinese Science*. Cambridge: Cambridge University Press.

——. 2002. *The Ambitions of Curiosity: Understanding the World in Ancient Greece and China*. New York: Cambridge University Press.

——. 2004. *Ancient World, Modern Reflections*. Oxford: Oxford University Press.

——. 2005. *The Delusions of Invulnerability: Wisdom and Morality in Ancient Greece, China and Today*. London: Duckworth.

Lloyd, Geoffrey E. R. , and Nathan Sivin. 2002. *The Way and the Word: Science and Medicine in Early China and Greece*. New Haven: Yale University Press.

Lo, Winston. 1987. *An Introduction to the Civil Service of Sung China*. Honolulu: University of Hawaii Press.

Locke, John. 1980. *Second Treatise of Government*. Indianapolis: Hackett Publishing.

Loewe, Michael. 1965. *Imperial China: The Historical Background to the Modern Age*. New York: Praeger.

——. 1974. "The Campaigns of Han Wu-ti." pp. 67-122, in *Chinese Ways in Warfare*, edited by Frank A. Kierman, Jr. and John King Fairbank. Cambridge, Mass. : Harvard University Press.

——. 1986. "The Former Han Dynasty" and "The Structure and Practice of

Government." pp. 103-222, and pp. 463-90, in *Cambridge History of China: The Ch'in and Han Empires*, 221 B. C. -A. D. 220, edited by Denis Twitchett, Michael Loewe, John King Fairbank. Cambridge: Cambridge University Press.

——, ed. 1993. *Early Chinese Texts: A Bibliographical Guide*. Berkeley: Institute of East Asian Studies, University of California.

——. 1994. "China's Sense of Unity as Seen in the Early Empires." *T'oung Pao* 80: 6-26.

——. 2000. *A Biographical Dictionary of the Qin, Former Han and Xin Periods* (221 BC-AD 24). Leiden: Brill.

——. 2005. *Faith, Myth and Reason in Han China*. Indianapolis, IN: Hackett Publishing Company, Inc.

——. 2006. *The Government of the Qin and Han Empires* 221 BCE-220 CE. Indianapolis, IN. : Hackett Publishing Company, Inc.

Lorge, Peter, ed. 2005a. *Warfare in China to* 1600. Burlington, VT: Ashgate.

——. 2005b. *War, Politics and Society in Early Modern China*, 900-1795. London: Routledge.

——. 2010. "Han Ideas of Qin: A Revisionist History," forthcoming in a volume to be published by the Jerusalem Institute for Advanced Study, and edited by Yuri Pines and Gideon Shelach.

Lousse, Emile. 1964. "Absolutism." pp. 43-8, in *The Development of the Modern State*, edited by Heinz Lubasz. New York: Macmillan.

Lufrano, Richard John. 1997. *Honorable Merchants: Commerce and Self-Cultivation in Late Imperial China*. Honolulu: University of Hawaii Press.

Lundahl, Bertil. 1992. *Han Fei Zi: The Man and the Work*. Stockholm: Institute of Oriental Languages, Stockholm University.

Maddison, Angus. 1998. *Chinese Economic Performance in the Long Run*. Paris: OECD.

Mahoney, James, and Dietrich Rueschemeyer, eds. 2003. *Comparative Historical Analysis in the Social Sciences*. Cambridge: Cambridge University Press.

Mann, Michael. 1986. *The Sources of Social Power*, *vol.* 1: *A History of Power from the Beginning to* A. D. 1760. Cambridge: Cambridge

University Press.

———. 1993. *The Sources of Social Power*, vol. 2: *The Rise of Classes and Nation-states*, 1760—1914. Cambridge: Cambridge University Press.

Mann, Susan. 1987. *Local Merchants and the Chinese Bureaucracy*, 1750—1950. Stanford: Stanford University Press.

Manville, Philip Brook. 1990. *The Origins of Citizenship in Ancient Athens*. Princeton: Princeton University Press. 1966:1189-1194.

Marmé, Michael. 1993. "Heaven on Earth: The Rise of Suzhou, 1127—1550." pp. 17-45, in *Cities of Jiangnan in Late Imperial China*, edited by Linda Cooke Johnson, Albany, NY: State University of New York Press.

Marshall, Thomas Humphrey. 1964. *Class, Citizenship, and Social Development*. Garden City, NY: Doubleday & Company.

Martin, David. 1978. *A General Theory of Secularization*. Oxford: Basil Blackwell.

Marx, Karl. 1985. "Preface to a Critique of Political Economy." pp. 388-91, in *Karl Marx, Selected Writings*, edited by David McLellan. Oxford: Oxford University Press.

Masatoshi, Tanaka. 1984. "Rural Handicraft in Jiangnan in the Sixteenth and Seventeenth Centuries." pp. 79-100, in *State and Society in China: Japanese Perspectives on Ming-Qing Social and Economic History*, edited by Linda Grove and Christian Daniels. Tokyo: University of Tokyo Press.

Mather, Richard B. 1990. "Intermarriage as a Gauge of Family Status in the Southern dynasties." pp. 211-28, in *State and Society in Early Medieval China*, edited by Albert Dien. Stanford: Stanford University Press.

McClellan, James, and Harold Dorn. 1999. *Science and Technology in World History*. Baltimore: Johns Hopkins University Press.

McCloskey, Deirdre N. 2006. *The Bourgeois Virtues: Ethics for an Age of Commerce*. Chicago: University of Chicago Press.

McDermott, Joseph P. 1999. "Emperor, Elites, and Commoners: The Community Pact Ritual of the Late Ming." pp. 299-351, in *State and Court Ritual in China*, edited by Joseph P. McDermott. Cambridge: Cambridge University Press.

McKnight, Brian E. 1971. *Village and Bureaucracy in Southern Sung China*. Chicago: University of Chicago Press.

McLeod, Hugh. 1997. *Religion and the People of Western Europe*. Oxford:

Oxford University Press.

——. 2000. *Secularisation in Western Europe*, 1848—1914. New York: St. Martin's Press.

McMorran, Ian. 1973. "Late Ming Criticism of Wang Yang-ming: The Case of Wang Fu-chih." *Philosophy East and West* 23: 91-102.

McMullen, David. 1988. *State and Scholars in T'ang China*. Cambridge: Cambridge University Press.

McNeill, William H. 1964. *Europe's Steppe Frontier: 1500—1800*. Chicago: The University of Chicago Press.

——. 1968. *The Rise of the West*. Chicago: University of Chicago Press.

——. 1982. *The Pursuit of Power: Technology, Armed Forces, and Society since A. D. 1000*. Chicago: The University of Chicago Press.

Mearsheimer, John J. 1994/1995. "The False Promise of International Institutions." *International Security* 19: 5-49.

Merton, Robert K. 1967. "On Sociological Theories of the Middle Range." pp. 39-72, in *On Theoretical Sociology*. New York: Free Press.

——. 1968. "The Self-fulfillment Prophecy." pp. 475-90, in *Social Theory and Social Structure*. New York: Free Press.

Metzger, Thomas A. 1977. *Escape from Predicament: Neo-Confucianism and China's Evolving Political Culture*. New York: Columbia University Press.

Meyer, Andrew. 2010—2011. "'The Altars of the Soil and Grain are Closer than Kin'社稷戚於親: The Qi 齊 Model of Intellectual Participation and the Jixia 稷下 Patronage Community." *Early China* 33-34: 37-99.

Michael, Franz H. 1964. "State and Society in Nineteenth-Century China." pp. 57-69, in *Modern China*, edited by Albert Feurwerker. Englewood Cliffs, NJ.: Prentice-Hall.

——. 1965. *The Origin of Manchu Rule in China: Frontier and Bureaucracy as Interacting Forces in the Chinese Empire*. New York: Octagon Books.

Mielants, Eric H. 2007. *The Origins of Capitalism and the "Rise of the West"*. Philadelphia: Temple University Press.

Mitchell, Stephen. 1988. *Tao Te Ching*. New York: Perennial Classics.

Miyazaki, Ichisada. 1981. *China's Examination Hell: The Civil Service Examinations of Imperial China*. New haven: Yale University Press.

Mokyr, Joel. 1990. *The Lever of Riches: Technological Creativity and*

Economic Progress. New York: Oxford University Press.

——. 1999. "Eurocentricity Triumphant." *American Historical Review* 104: 1242-6.

Moore, Barrington. 1966. *Social Origins of Dictatorship and Democracy.* Boston: Beacon Press.

Moraw, Peter. 1989. "Cities and Citizenry as Factors of State Formation in the Roman-German Empire of the Late Middle Ages." *Theory and Society* 18 (5): 631-62.

Morris, Ian. 1987. *Burial and Ancient Society: The Rise of the Greek City-State*. Cambridge: Cambridge University Press.

——. 2010. *Why the West Rules-for Now: The Patterns of History, and What They Reveal About the Future.* New York: Farrar, Straus and Giroux.

Morris, Ian, and Walter Scheidel, eds. 2009. *The Dynamics of Ancient Empires: State Power from Assyria to Byzantium.* Oxford: Oxford University Press.

Moses, Larry. 1976. "Tang Tribute Relations with the Inner Asian Barbarians." pp. 60-89, in *Essays on T'ang Society*, edited by J. C. Perry and B. L. Smith. Leiden: Brill.

Mote, Frederick W. 1971. *Intellectual Foundations of China.* New York: Alfred A. Knopf.

——. 1999. *Imperial China*, 900-1800. Cambridge, Mass.: Harvard University Press.

Munro, Donald J. 1988. *Images of Human Nature: A Sung Portrait.* Princeton: Princeton University Press.

Musson, A. E., ed. 1972. *Science, Technology, and Economic Growth in the Eighteenth Century.* London: Methuen & Co Ltd.

Nakayama, Shigeru, and Nathan Sivin, eds. 1973. *Chinese Sciences: Explorations of an Ancient Tradition.* Cambridge: MIT Press.

Naquin, Susan. 1981. *Shantung Rebellion: The Wang Lun Uprising of 1774.* New Haven: Yale University Press.

Naquin, Susan, and Evelyn S. Rawski. 1987. *Chinese Society in the Eighteenth Century.* New Haven: Yale University Press.

Needham, Joseph. 1959. *Science and Civilization in China*, *vol.* 3, *Mathematics and Sciences of the Heavens and the Earth.* Cambridge:

Cambridge University Press.

——. 1965. *Science and Civilization in China*, vol. 4 part 2, *Mechanical Engineering*. Cambridge: Cambridge University Press.

——. 1969. *The Grand Titration: Science and Society in East and West*. London: Allen & Unwin.

——. 1971. *Science and Civilization in China*, vol. 4 part 3, *Civil Engineering and Nautics*. Cambridge: Cambridge University Press.

Needham, Joseph, and Nathan Sivin. 1980. *Science and Civilization in China*, vol. 5 part 4, *Spagyrical Discovery and Invention*. Cambridge: Cambridge University Press.

Nef, John U. 1950. *War and Human Progress: An Essay on the Rise of Industrial Civilization*. Cambridge, Mass.: Harvard University Press.

Nelson, Richard R., and Sidney G. Winter. 1982. *An Evolutionary Theory of Economic Change*. Cambridge, Mass.: Belknap Press of Harvard University Press.

Nicholas, David. 1992. *The Evolution of the Medieval World: Society, Government and Thought in Europe*, 312—1500. London: Longman.

Nivison, David Shepherd. 1999. "The Classical Philosophical Writings." pp. 745-812, in *The Cambridge History of Ancient China*, edited by Michael Loewe and Edward L. Shaughnessy. Cambridge: Cambridge University Press.

Nylan, Michael. 1994. "Ku Wen Controversy in Han Times." *T'oung Pao* 80: 83-145.

——. 1999. "A Problematic Model: The Han 'Orthodox Synthesis,' Then and Now." pp. 17-56, in *Imagining Boundaries: Changing Confucian Doctrines, Texts, and Hermeneutics*, edited by Kai-wing Chow, On-cho Ng, and John B. Henderson. Albany: State University of New York Press.

——. 2000. "Textual Authority in Pre-Han and Han." *Early China* 25: 1-54.

——. 2001. *The Five "Confucian" Classics*. New Haven: Yale University Press.

——. 2010. "*Yin-Yang*, Five Phases, and *Qi*." pp. 398-414, in *China's Early Empires: A Re-appraisal*, edited by Michael Nylan and Michael Loewe. New York: Cambridge University Press.

Nylan, Michael, and Thomas Wilson. 2010. *Lives of Confucius: Civilization's*

Greatest Sage through the Age. New York: Doubleday.

Olson, Mancur. 1965. *The Logic of Collective Action*. Cambridge, Mass. : Harvard University Press.

——. 1984. *Rise and Decline of Nations: Economic Growth, Stagflation, and Social Rigidities*. New Haven: Yale University Press.

——. 2000. *Power and Prosperity: Outgrowing Communist and Capitalist Dictatorships*. Oxford: Oxford University Press.

Osiander, Andreas. 1994. *The State System of Europe, 1640—1990: Peacemaking and the Conditions of International Stability*. Oxford, UK: Clarendon Press.

——. 2001. "Sovereignty, International Relations and the Westphalian Myth." *International Organization* 55: 251-87.

Overmyer, Daniel L. 1976. *Folk Buddhist Religion: Dissenting Sects in Late Traditional China*. Cambridge, Mass. : Harvard University Press.

——. 1986. *Religions of China*. New York: Harper Collins Publishers.

——. 2009. *Local Religion in North China in the Twentieth Century: The Structure and Organization of Community Rituals and Beliefs*. Leiden: Brill.

Oxnam, Robert B. 1975. *Ruling from Horseback: Manchu Politics in the Oboi Regency 1661—1669*. Chicago: University of Chicago Press.

Pankenier, David W. 1995. "The Cosmo-political Background of Heaven's Mandate." *Early China* 20: 121-76.

——. 1999. "Applied Field-Allocation Astrology in Zhou China: Duke Wen of Jin and the Battle of Chengpu (632 B. C.)." *Journal of the American Oriental Society* 119(2): 261-79.

Parker, Geoffrey. 1988. *The Military Revolution: Military Innovation and the Rise of the West, 1500—1800*. Cambridge: Cambridge University Press.

——. 2004. *Sovereign City: The City-State through History*. London: Reaktion.

Pearce, Scott, Audrey Spiro, and Patricia Ebrey. 2001. *Culture and Power in the Reconstitution of the Chinese Realm, 200—600*. Cambridge, Mass. : Harvard University Press.

Perdue, Peter C. 1998. "Comparing Empires: Manchu Colonialism." *International History Review* 20: 255-86.

——. 2002. "Fate and Fortune in Central Eurasian Warfare: Three Qing

Emperors and their Mongol Rivals." pp. 369-404, in *Warfare in Inner Asian History* (500—1800), edited by Nicola Di Cosmo. Leiden: Brill.

——. 2005. *China Marches West: The Qin Conquest of Central China*. Cambridge, Mass. : Harvard University Press.

Perry, Elizabeth J. 2002. *Challenging the Mandate of Heaven: Social Protest and State Power in China*. Armonk: M. E. Sharpe.

Peters, Heather A. 1999. "Towns and Trade: Cultural Diversity and Chu Daily Life." pp. 99-117, in *Defining Chu: Image and Reality in Ancient China*, edited by Constance A. Cook and John S. Major. Honolulu: University of Hawaii Press.

Peyrefitte, Alain. 1993. *The Collision of Two Civilizations: The British Expedition to China in* 1792-4. London: Harvill.

Pierson, Paul. 2004. *Politics in Time: History, Institutions, and Social Analysis*. Princeton: Princeton University Press.

Pines, Yuri. 1997. "Intellectual Change in the Chunqiu Period—The Reliability of the Speeches in the *Zuo Zhuan* as Sources of Chunqiu Intellectual History." *Early China* 22: 77-132.

——. 2002. *Foundations of Confucian Thought: Intellectual Life in the Chunqiu Period*, 722-453 B. C. E. Honolulu: University of Hawaii Press.

——. 2009. *Envisioning Eternal Empire: Chinese Political Thought of the Warring States Era*. Honolulu: University of Hawaii Press.

——. 2012. *The Everlasting Empire: The Political Culture of Ancient China and Its Imperial Legacy*. Princeton: Princeton University Press.

Poggi, Gianfranco. 1990. *The State, Its Nature, Development and Prospectus*. Oxford: Polity Press.

Polanyi, Karl. 1957. *The Great Transformation*. Boston: Beacon Press.

Pomeranz, Kenneth. 2000. *The Great Divergence: Europe, China, and the Making of the Modern World Economy*. Princeton, NJ: Princeton University Press.

——. 2002. "Beyond the East-West Binary: Resituating Development Paths in the Eighteenth-Century World." *Journal of Asian Studies* 61: 539-90.

——. 2003. "Facts are Stubborn Things: A Response to Philip Huang." *Journal of Asian Studies* 62: 167-81.

Poo, Mu-chou. 1998. *In Search of Personal Welfare: A View of Ancient Chinese Religion*. Albany, NY: State University of New York Press.

Porter, Bruce D. 1994. *War and the Rise of the State: The Military Foundations of Modern Politics*. New York: Free Press.

Prušek, Jaroslav. 1971. *Chinese Statelets and the Northern Barbarrians in the Period* 1400-300 *B. C.* New York: Humanities Press.

Psarras, Sophia-Karin. 2004. "Han and Xiongnu: A Reexamination of Cultural and Political Relations (II). " *Monumenta Serica*, 52: 37-93.

Puett, Michael J. 2001. *The Ambivalence of Creation: Debates Concerning Innovation and Artifice in Early China*. Stanford: Stanford University Press.

Pulleyblank, Edwin G. 1955. *The Background of the Rebellion of An Lu-shan*. London: Oxford University Press.

——(Ch'ien, Mu). 1982. Traditional Government in Imperial China: A Critical Analysis. NewYork: St. Martin's Press.

Queen, Sarah A. 1996. *From Chronicle to Canon: The Hermeneutics of the Spring and Autumn, according to Tun Chung-shu*. Cambridge: Cambridge University Press.

——. 2003. "Inventories of the Past: Rethinking the "School" Affiliation of the *Huainanzi.* " *Asia Major* 14: 51-72.

Ragin, Charles C. 1997. "Turning the Tables: How Case-Oriented Research Challenges Variable-Oriented Research. " *Comparative Social Research* 16: 27-42.

Rand, Christopher C. 1979. "Li Ch'üan and Chinese Military Thought. " *Harvard Journal of Asiatic Studies* 39(1): 107-37.

Rankin, Mary. 1986. *Elite Activism and Political Transformation in China: Zhejiang Province*, 1865—1911. Stanford: Stanford University Press.

Rasler, Karen A. , and William R. Thompson. 1989. *War and Statemaking: The Shaping of the Global Power*. Boston, Mass. : Unwin Hyman.

Rawls, John. 1971. *A Theory of Justice*. Cambridge, Mass. : Belknap Press of Harvard University Press.

Rawson, Jessica. 1990. *Western Zhou Ritual Bronzes from the Arthur M. Sackler Collections*. Cambridge, Mass. : Arthur M. Sackler Museum, Harvard University: Distributed by Harvard University Press.

——. 1999. "Western Zhou Archaeology. " pp. 352-449, in *The Cambridge History of Ancient China*, edited by Michael Loewe and Edward L. Shaughnessy. Cambridge: Cambridge University Press.

Reischauer, Edwin O. , and John K. Fairbank. 1960. *East Asia : The Great Tradition*. Boston: Houghton Mifflin Company.

Reiter, Erich, and Heinz Gärtner. 2001. *Small States and Alliances*. Austria: Physica-Verlag.

Reynolds, Frank E. , and Theodore M. Ludwig, eds. 1980. *Transitions and Transformations in the History of Religions*. Leiden: Brill.

Reynolds, Susan. 1994. *Fiefs and Vassals: The Medieval Evidence Reinterpreted*. Oxford: Clarendon Press.

Rhoads, Edward. 2000. *Manchus and Han: Ethnic Relations and Political Power in Late Qing and Early Republican China*, 1861—1928. Seattle: University of Washington Press.

Rickett, W. Allyn. 1993. "Kuan tzu." pp. 244-51, in *Early Chinese Texts: A Bibliographical Guide*, edited by Michael Loewe. Berkeley: The Society for the Study of Early China.

Rokkan, Stein, and Derek W. Urwin, eds. 1982. *The Politics of Territorial Identity: Studies in European Regionalism*. Beverly Hills, Calif. : SAGE.

Ronan, Colin A. , and Joseph Needham. 1978, 1981, 1986, 1994, 1995. *The Shorter Science and Civilisationin China: An Abridgement of Joseph Needham's Original Text*, vol. 1-5. New York: Cambridge University Press.

Rosen, Sydney. 1978. "Changing Conceptions of the Hegemon in Pre-Ch'in China." pp. 99-114, in *Ancient China: Studies in Early Civilization*, edited by David T. Roy and Tsuen-hsuin Tsien. Hong Kong: The Chinese University Press.

Rosenthal, Jean-Laurent, and Bin Wong. 2011. *Before and Beyond Divergence: The Politics of Economic Change in China and Europe*. Cambridge, Mass. : Harvard University Press.

Roth, Harold D. 1992. *The Textual History of Huai-Nan Tzu*. Ann Arbor, Mich. : AAS Monogrph Series.

Rousseau, Jean-Jacques. 1997. *Rousseau: The Social Contract and Other Later Political Writings*, edited and translated by Victor Gourevitch. Cambridge: Cambridge University Press.

Rowe, William T. 1989. *Hankow: Conflict and Community in a Chinese City*, 1796—1895. Stanford: Stanford University Press.

——. 2007. *Crimson Rain: Seven Centuries of Violence in a Chinese County*.

Stanford: Stanford University Press.

——. 2009. *China's Last Empire: The Great Qing*. Cambridge, Mass. : Belknap Press of Harvard University Press.

Roy, Kaushik, ed. 2006. *War and Society in Colonial India*, 1807—1945. New Delhi: Oxford University Press.

Rubin, Vitaly A. 1976. *Individual and State in Ancient China: Essays on Four Chinese Philosophers*. New York: Columbia University Press.

Runciman, W. G. 2003. *The Social Animal*. Ann Arbor: University of Michigan Press.

Russell, Frederick H. 1976. *The Just War in the Middle Ages*. Cambridge: Cambridge University Press.

Russell, Jeffrey Burton, ed. 1971. *Religious Dissent in the Middle Ages*. New York: John Wiley & Sons.

Ryor, Kathleen. 2009. "Wen and Wu in Elite Cultural Practices during the Late Ming." pp. 219-42, in *Military Culture in Imperial China*, edited by Nicola Di Cosmo. Cambridge, Mass. : Harvard University Press.

Sadao, Nishijima. 1986. "The Economic and Social History of Former Han." pp. 545-607, in *The Cambridge History of China*, vol. 1: *The Ch'in and Han Empires*, 221 B. C. -A. D. 220, edited by Denis Twitchett and Michael Loewe. Cambridge: Cambridge University Press.

Sage, Steven F. 1992. *Ancient Sichuan and the Unification of China*. Albany: State University of New York Press.

Sahlins, Marshall. 1974. *Stone Age Economy*. London: Tavistock.

——. 1977. *The Use and Abuse of Biology: An Anthropological Critique of Sociobiology*. Ann Arbor: The University of Michigan Press.

Sangren, Paul Steven. 1984. "Great Tradition and Little Traditions Reconsidered: The Question of Culture Integration in China." *Journal of Chinese Studies* 1: 1-24.

——. 1987. *History and Magical Power in a Chinese Community*. Stanford: Stanford University Press.

Sawyer, Ralph D. trans. 1993. *The Seven Military Classics of Ancient China*. Boulder, CO: Westview Press.

Schaberg, David C. 1997. "Remonstrance in Eastern Zhou Historiography." *Early China* 22: 133-79.

——. 2001. *A Patterned Past: Form and Thought in Early Chinese*

Historiography. Cambridge, MA: Harvard University Asian Center.

Scheidel, Walter. 2009. "The Monetary Systems of the Han and Roman Empires." pp. 137-207, in *Rome and China: Comparative Perspectives on Ancient World Empires*, edited by Walter Scheidel. Oxford: Oxford University Press.

Schipper, Kristofer. 1993. *Taoist Body*. Berkeley: University of California Press.

Schirokauer, Conrad. 1975. "Neo-Confucians under Attack: The Condemnation of Wei-hsüeh." pp. 163-98, in *Crisis and Prosperity in Sung China*, edited by John Winthrop Haeger. Tucson, AR: University of Arizona Press.

Schirokauer, Conrad, and Robert P. Hymes, eds. 1993. *Ordering the World: Approaches to State and Society in Sung Dynasty China*. Berkeley: University of California Press.

Schmidt, Alfred. 1971. *The Concept of Nature in Marx*. London: NLB.

Schram, S. R. ed. 1987. *Foundations and Limits of State Power in China*. London: School of Oriental and African Studies, University of London.

Schwartz, Benjamin I. 1985. *The World of Thought in Ancient China*. Cambridge, Mass.: The Belknap Press of Harvard University Press.

Sewell, William H. 2005. *Logics of History: Social Theory and Social Transformation*. Chicago: University of Chicago Press.

Shahar, Meir, and Robert P. Weller, eds. 1996. *Unruly Gods: Divinity and Society in China*. Honolulu: University of Hawaii Press.

Sharf, Robert H. 2002. *Coming to Terms with Chinese Buddhism: A Reading of the Treasure Stone Treaties*. Honolulu: University of Hawaii Press.

Shaughnessy, Edward L. 1988. "Historical Perspectives on the Introduction of the Chariot into China." *Harvard Journal of Asian Studies* 48: 189-237.

——. 1991. *Sources of Western Zhou History: Inscribed Bronze Vessels*. Berkeley: University of California Press.

——. 1993. "I Chu Shu." pp. 229-33, in *Early Chinese Texts: A Bibliographical Guide*, edited by Michael Loewe. Berkeley: The Society for the Study of Early China.

——. 1997. *Before Confucius: Studies in the Creation of the Chinese Classics*. Albany: State University of New York Press.

——. 1999a. "Calendar and Chronology." pp. 19-29, in *The Cambridge History of Ancient China*, edited by Michael Loewe and Edward L.

Shaughnessy. Cambridge: Cambridge University Press.

——. 1999b. "Western Zhou History." pp. 292-351, in *The Cambridge History of Ancient China*, edited by Michael Loewe and Edward L. Shaughnessy. Cambridge: Cambridge University Press.

Shiba, Yoshinobu. 1970. *Commerce and Society in Sung China*, translated by Mark Elvin. Ann Arbor: University of Michigan, Center for Chinese Studies.

Shih, James C. 1992. *Chinese Rural Society in Transition: A Case Study of the Lake Tai Area*, 1368—1800. Berkeley: Institute of East Asian Studies, University of California, Berkeley.

Shim, Jae-Hoon. 2002. "The Political Geography of Shanxi on the Eve of the Zhou Conquest of Shang." *T'oung Pao*. 88: 1-26.

Shryock, John K. 1932. *The Origin and Development of the State Cult of Confucius*. New York: The Century Co.

Sinor, Denis. 1981. "The Inner Asian Warriors." *Journal of the American Oriental Society* 101: 133-44.

——. ed. 1990. *The Cambridge History of Early Inner Asia*. Cambridge: Cambridge University Press.

Sivin, Nathan. 1969. "Cosmos and Computation in Early Chinese Mathematical Astronomy." *T'oung Pao* 55: 1-73.

——. 1982. "Why the Scientific Revolution Did Not Take Place in China—Or Didn't It?" pp. 89-106, in *Explorations in the History of Science and Technology in China*, edited by Daojing Hu. Shanghai: Shanghai Chinese Classics Publishing House.

——. 1995. "The Myth of the Naturalists." Chapter 3, in *Medicine, Philosophy and Religion in Ancient China*, edited by Nathan Sivin. Aldershot, England: Variorum.

Skinner, G. William. 1964-65. "Marketing and Social Structure in Rural China," *Journal of Asian Studies* 24(1-3): 3-43, 195-228, 363-99.

——, ed. 1977. *The City in Late Imperial China*. Stanford, Calif. : Stanford University Press.

Skocpol, Theda. 1979. *States and Revolutions: A Comparative Analysis of France, Russia, and China*. Cambridge: Cambridge University Press.

——, ed. 1984. *Vision and Method in Historical Sociology*. Cambridge: Cambridge University Press.

Smith, Bardwell L. , ed. 1977. *Religion and Legitimation of Power in Thailand, Laos, and Burma*. Chambersburg, PA: ANIMA Books.

Smith, Christian. 1998. *American Evangelicalism: Embattled and Thriving*. Chicago: University of Chicago Press.

Smith, Howard D. 1968. *Chinese Religions*. New York: Holt, Rinehart and Winston.

———. 1973. *Confucius*. New York: Charles Scribner's Sons.

Smith, Kidder. 2003. "Sima Tan and the Invention of Daoism, 'Legalism,' 'et cetera'." *Journal of Asian Studies* 62: 129-56.

Smith, Paul Jakov. 2003. "Introduction: Problematizing the Song-Yuan-Ming Transition." pp. 1-34, in *The Song-Yuan-Ming Transition in Chinese History*, Edited by Paul Jakov Smith and Richard von Glahn. Cambridge, Mass. : Harvard University Asia Center, Harvard University Press.

Smith, Robert J. 1974. "Afterword." pp. 337-48, in *Religion and Ritual in Chinese Society*, edited by Arthur P. Wolf. Stanford: Stanford University Press.

Smith, Steve. 1995. "The Self-Images of a Discipline: A Genealogy of International Relations Theory." pp. 1-37, in *International Relations Theory Today*, edited by Ken Booth and Steve Smith. University Park, Penn. : Pennsylvania State University Press.

So, Jenny F. 1995. *Eastern Zhou Ritual Bronzes from the Arthur M. Sackler Collections*. Washington, D. C. : Arthur M. Sackler Foundation.

Speed, Peter, ed. 1996. *Those Who Fought: An Anthology of Medieval Sources*. New York: Italica Press.

Spencer, Herbert. 1967. *The Evolution of Society*. Chicago: University of Chicago Press.

Spruyt, Hendrik. 1994. *The Sovereign State and Its Competitors: An Analysis of Systems Change*. Princeton, NJ: Princeton University Press.

Stark, Rodney, Byron Johnson, and Carson Mencken. 2011. "Counting China's Christians." *First Things* no. 213:14-16.

Stein, R. A. 1979. "Religious Taoism and Popular Religion from the Second to the Seventh Centuries." pp. 53-81, in *Facets of Taoism: Essays in Chinese Religion*, edited by Holmes Welch and Anna Seidel. New Haven: Yale University Press.

Steinmetz, George. 2006. "Imperialism or Colonialism? From Windhoek to

Washington, by Way of Basra. " pp. 135-56, in *Lessons of Empire*, edited by Craig Calhoun, Frederick Cooper, and Kevin W. Moore. New York: The New Press.

Stinchcombe, Arthur L. 1991. "The Conditions of Fruitfulness of Theorizing about Mechanism in Social Science. " *Philosophy of the Social Sciences* 21: 367-88.

Strayer, Joseph Reese. 1980. *The Reign of Philip the Fair*. Princeton: Princeton University Press.

Strayer, Joseph Reese, and Dana C. Munro. 1970. *The Middle Ages*, 395-1500. New York: Appleton-Century-Crofts.

Struve, Lynn A. 1979. "Ambivalence and Action: Some frustrated Scholars of the K'ang-hsi Period. " pp. 323-65, in *From Ming to Ch'ing: Conquest, Religion, and Continuity in Seventeenth-Century China*, edited by Jonathan D. Spence and John E. Wills, Jr. New Haven: Yale University Press.

——. 1984. *The Southern Ming*, 1644—1662. New Haven: Yale University Press.

Sun, Yanfei. 2010. *Religions in Sociopolitical Context: The Reconfiguration of Religious*

Ecology in Post-Mao China, Ph. D. dissertation. Chicago, IL: University of Chicago.

Suzuki, Shogo. 2009. *Civilization and Empire: China and Japan's Encounter with European International Society*. London: Routledge.

Talmon, Jacob Leib. 1952. *The Origins of Totalitarian Democracy*. London: Secker & Warburg.

Tambiah, Stanley Jeyaraja. 1976. *World Conqueror and World Renouncer: A Study of Buddhism and Polity in Thailand against a Historical Background*. Cambridge: Cambridge University Press.

Tang, Chun-I. 1970. "The Development of the Concept of Moral Ming from Wang yang-ming to Wang Chi. " pp. 93-119, in *Self and Society in Ming Thought*, edited by Wm. Theodore de Bary and the Conference on Ming Thought. New York: Columbia University Press.

Tawney, Richard Henry. 1998. *Religion and the Rise of Capitalism: A Historical Study*. New Brunswick, NJ: Transaction Publishers.

Taylor, Rodney. 1985. "Confucianism: Scripture and the Sage. " pp. 181-202, in *The Holy Book in Comparative Perspective*, edited by Frederick M. Denny and Rodney Taylor. Columbia: University of South Carolina.

——. 1990. *The Religious Dimensions of Confucianism*. Albany, NY: State University of New York Press.

Teiser, Stephen F. 1988. *The Ghost Festival in Medieval China*. Princeton, NJ: Princeton University Press.

ter Haar, Barend J. 1998. *Ritual and Mythology of the Chinese Triads: Creating an Identity*. Leiden: Brill.

——. 1999. *The White Lotus Teachings in Chinese Religious History*. Honolulu: University of Hawaii Press.

Teschke, Benno. 2003. *The Myth of 1648: Class Geopolitics, and the Making of Modern International Relations*. London: Verso.

Thatcher, Melvin P. 1977—1978. "Structural Comparison of the Central Governments of Ch'u, Ch'i, and Chin." *Monumenta Serica* 33: 140-61.

Thompson, Kiril. 1990. "The Religious in Neo-Confucianism." *Asian Cultural Quarterly* 15: 44-57.

Thompson, Laurence G. 1989. *Chinese Religion: An Introduction*. Belmont, CA: Wadsworth Publishing Company.

Thompson, P. M. 1979. *The Shen Tzu Fragments*. Oxford: Oxford University Press.

Tillman, Hoyt Cleveland. 1982. *Utilitarian Confucianism: Ch'en Liang's Challenge to Chu Hsi*. Cambridge, Mass.: Harvard University Press.

——. 1992. *Confucian Discourse and Chu Hsi's Ascendancy*. Honolulu: University of Hawaii Press.

Tilly, Charles. 1975. "Reflections on the History of European State-Making." pp. 3-83, in *The Formation of National States in Western Europe*, edited by Charles Tilly. Princeton: Princeton University Press.

——. 1985. "War Making and State Making as Organized Crime." pp. 169-191 in *Bringing the State Back In*, edited by Peter B. Evans, Dietrich Rueschemeyer, and Theda Skocpol. Cambridge, UK: Cambridge University Press.

——. 1992. *Coercion, Capital, and European States, AD* 990-1992. Cambridge, Mass.: Basil Blackwell.

Tilly, Charles, and Wim P. Blockmans. 1994. *Cities and the Rise of States in Europe, A. D.* 1000 *to* 1800. Boulder: Westview Press.

Trigger, Bruce G. 1993. *Early Civilizations: Ancient Egypt in Context*. Cairo: The American University in Cairo Press.

Tsai, Shih-shan. 1996. *The Eunuchs in the Ming Dynasty*. Albany, NY: State University of New York Press.

Tsou, Tang. 1991. "The Tiananmen Tragedy: The State-Society Relationship, Choices, and Mechanisms in Historical Perspective." pp. 265-327, in *Contemporary Chinese Politics in Historical Perspective*, edited by Brantly Womack. Cambridge: Cambridge University Press.

Tu, Wei-ming. 1976. *Neo-Confucian Thought in Action*, *Wang Yang-ming's Youth* (1472—1509). Berkeley: University of California Press.

——. 1979. "*Li* as Process of Humanization." pp. 17-34, in *Humanity and Self-Cultivation: Essays in Confucian Thought*. Berkeley: Asian Humanities Press.

——. 1985. *Confucian Thought: Selfhood as Creative Transformation*. Albany: State University of New York Press.

Turner, Bryan S. 1992. *Max Weber: From History to Modernity*. London: Routledge.

Turner, Jonathan H. 2003. *Human Institutions: A Theory of Societal Evolution*. Lanham: Rowman & Littlefield.

Turner, Karen. 1989. "The Theory of Law in the *Ching-fa*." *Early China* 14: 55-76.

——. 1992. "Rule of Law Ideals in Early China." *Journal of Chinese Law* 6:1-44.

——. 1993. "War, Punishment, and the Law of Nature in Early Chinese Concepts of the State." *Harvard Journal of Asiatic Studies* 53: 285-324.

Twitchett, Denis C. 1959. "The Fan Clan's Charitable Estate, 1050—1760." pp. 97-133, in *Confucianism in Action*, edited by David S. Nivison and Arthur F. Wright. Stanford: Stanford University Press.

——. 1968. "Merchant, Trade and Government in Late T'ang" *Asia Major* no. 14, part1: 63-95.

——. 1983. *Printing and Publishing in Medieval China*. London: Wynkyn de Worde Society.

Underhill, Anne P. 1991. "Pottery Production in Chiefdoms: The Longshan Period in North China." *World Archaeology* 23: 12-27.

Ungor, Ugur Umit. 2011. *The Making of Modern Turkey: Nation and State* in Eastern Anatolia, 1913—1950. New York: Oxford University Press.

Vainshtein, Sevyan. 1980. *Nomads of South Siberia: The Pastoral Economy of Tuva*. Cambridge: Cambridge University Press.

Vankeerberghen, Griet. 2001. *The Huainanzi and Liu An's Claim to Moral Authority*. Albany, NY: State University of New York Press.

Vernant, Jean-Pierre. 1990. *Myth and Society in Ancient Greece*. New York: Zone Books.

Viraphol, Sarasin. 1977. *Tribute and Profit: Sino-Siamese Trade*, 1652—1853. Cambridge, Mass.: Harvard University Press

von Glahn, Richard. 1993. "Community and Welfare: Chu Hsi's Community Granary in Theory and Practice." pp. 221-54, in *Ordering the World: Approaches to State and Society in Sung Dynasty China*, edited by Robert P. Hymes and Conrad Schirokauer. Berkeley: University of California Press.

——. 2003. "Towns and Temples: Urban Growth and Decline in the Yangzi Delta, 1100—1400." pp. 176-211, in *The Song-Yuan-Ming Transition in Chinese History*, edited by Paul Jakov Smith and Richard von Glahn. Cambridge, Mass.: Harvard University Asia Center, Harvard University Press.

——. 2004. *The Sinister Way: The Divine and the Demonic in Chinese Religious Culture*. Berkeley: University of California Press.

Wakeman, Frederic Jr. 1985. *The Great Enterprise: The Manchu Reconstruction of Imperial Order in Seventeenth-Century China*, in two volumes. Berkeley: University of California Press.

Waley-Cohen, Joanna. 2006. *The Culture of War in China: Empire and the Military under the Qing Dynasty*. London: I. B. Tauris.

Walker, Richard Louis. 1971. *The Multi-State System of Ancient China*. Westport, CT: Greenwood.

Wallerstein, Immanuel. 1979. *The Capitalist World Economy: Essays*. Cambridge: Cambridge University Press.

——. 1999. "The West, capitalism, and the Modern World-System." pp. 10-56, in *China and Historical Capitalism*, edited by Timothy Brook and Gregory Blue. Cambridge: Cambridge University Press.

Walt, Stephen M. 1987. *The Origins of Alliances*. Ithaca: Cornell University Press.

Walton, Linda. 1989. "The Institutional Context of Neo-Confucianism: Scholars, Schoolsand shu-yüan in Sung-Yüan China." pp. 457-92, in *Neo-Confucian Education: The Formative Stage*, edited by Wm. Theodore de Bary and John W. Chaffee. Berkeley: University of California Press.

——. 1993. "Charitable Estates as an Aspect of Statecraft in Southern Sung China." pp. 255-79, in *Ordering the World: Approaches to State and Society in Sung Dynasty China*, edited by Robert P. Hymes and Conrad Schirokauer. Berkeley: University of California Press.

Waltz, Kenneth. 1979. *Theory of International Politics*. Boston: Addison-Wesley.

Walzer, Michael. 1977. *Just and Unjust of Wars: A Moral Argument with Historical Illustrations*. New York: Basic Book.

Wang, Gungwu. 1963. *The Structure of Power in North China during the Five Dynasties*. Kuala Lumpur: University of Malaya Press.

Watson, Adam. 1984. "Russia and European states System." pp. 61-74, in *The Expansion of International Society*, edited by Hedley Bull and Adam Watson. Oxford: Clarendon Press.

Watson, Burton, trans. 1968. *Chuang-tzu*. New York: Columbia University Press.

——, trans. 2003a. *Xunzi: Basic Writings*. New York: Columbia University Press.

——, trans. 2003b. *Han Feizi: Basic Writings*. New York: Columbia University Press.

Watson, George Ronald. 1969. *The Roman Soldier*. Ithaca: Cornell University Press.

Weber, Max. 1949. *The Methodology of the Social Sciences*. Glencoe, Ill. : Free Press.

——. 1951. *The Religion of China: Confucianism and Taoism*. Glencoe, Ill. : Free Press.

——. 1958. *The Protestant Ethic and the Spirit of Capitalism*. New York: Charles Scribner's and Sons.

——. 1968. *Economy and Society: An Outline of Interpretive Sociology*, vol. 3. New York: Bedminster Press.

——. 1970. *From Max Weber: Essays in Sociology*. New York: Oxford University Press.

——. 1978. "The Nature of Social Action. " pp. 7-32, in *Max Weber: Selections in Translation*, edited by W. G. Runciman and E. Mathews. Cambridge: Cambridge University Press.

——. 1981. *General Economic History*. New Brunswick, NJ: Transaction Books.

Wei, Francis C. M. 1977. *The Political Principles of Mencius*. Shanghai: Printed at the Presbyterian Mission Press.

Weinstein, Stanley. 1987. *Buddhism under the T'ang*. Cambridge: Cambridge University Press.

Welch, David A. 1993. *Justice and the Genesis of War*. Cambridge: Cambridge University Press.

Welch, Holmes. 1957. *The Parting of the Way: Lao Tzu and the Taoist Movement*. Boston: Beacon Press.

Welch, Holmes, and Anna Seidel, eds. 1979. *Facets of Taoism: Essays in Chinese Religion*. New Haven: Yale University Press.

Wendt, Alexander. 1992. "Anarchy is What States Make of It: The Social Construction of Power Politics. " *International Organization* 46: 391-425.

——. 1999. *Social Theory of International Politics*. Cambridge: Cambridge University Press.

Wheatley, Paul. 1971. *The Pivot of the Four Quarters*. Chicago: Aldine Publishing Company.

Wight, Martin. 2005. *Four Seminal Thinkers in International Theory: Machiavelli: Grotius, Kant and Mazzini*. Oxford: Oxford University Press.

Wilson, Thomas A. 1995. *Genealogy of the Way: The Construction and Uses of the Confucian Tradition in Late Imperial China*. Stanford: Stanford University Press.

Winter, Jay M. 1975. *War and Economic Development: Essays in Memory of David Joslin*. Cambridge: Cambridge University Press.

Wittfogel, Karl A. 1957. *Oriental Despotism: A Comparative Study of Total Power*. New Haven: Yale University Press.

Wolf, Arthur P. 1974. *Religion and Ritual in Chinese Society*. Stanford: Stanford University Press.

Wolf, John B. 1968. *Louis XIV*. New York: Norton.

Wong, R. Bin. 1997. *China Transformed: Historical Change and the Limits of European Experience*. Ithaca: Cornell University Press.

——. 1999. "The Political Economy of Agrarian Empire and Its Modern Legacy." pp. 210-45, in *China and Historical Capitalism*, edited by Timothy Brook and Gregory Blue. Cambridge: Cambridge University Press

Woodside, Alexander. 2006. *Lost Modernities: China, Vietnam, Korea, and the Hazards of World History*. Cambridge, Mass.: Harvard University Press.

Wright, Arthur F. 1967. *Buddhism in Chinese History*. New York: Atheneum.

Wu, Pei-yi. 1989. "Education of Children in the Sung." pp. 307-42, in *Neo-Confucian Education: The Formative Stage*, edited by Wm. Theodore de Bary and John W. Chaffee. Berkeley: University of California Press.

Wyatt, Don J. 2009. "Unsung Men of War: Accultured Embodiments of the Martial Ethos in the Song Dynasty." pp. 192-218, in *Military Culture in Imperial China*, edited by Nicola Di Cosmo. Cambridge, Mass.: Harvard University Press.

Xu, Dixin, and Wu Chengming, eds. 2000. *Chinese Capitalism*, 1522—1840. New York: St. Martin's Press.

Yang, C. K. 1957. "The Functional Relationship between Confucian Thought and Chinese Religion." pp. 269-90, in *Chinese Thought and Institutions*, edited by John K. Fairbank. Chicago: University of Chicago Press.

——. 1961. *Religion in Chinese Society*. Prospect Heights. IL: Waveland Press.

Yates, Robin D. S. 1995. "State Control of Bureaucrats under the Qin: Techniques and Procedures." *Early China* 20: 331-65.

——. 1997. "The City-State in Ancient China." pp. 71-90, in *The Archaeology of City-States: Cross-Cultural Approaches*, edited by Deborah L. Nichols and Thomas H. Charlton. Washington and London: Smithsonian Institution Press.

——. 2009. "Law and the Military in Early China." pp. 23-44, in *Military Culture in Imperial China*, edited by Nicola Di Cosmo. Cambridge, Mass.: Harvard University Press.

Yu, Ying-shih. 1967. *Trade and Expansion in Han China: Study in the Structure of Sino-Barbarian Economic Relations*. Berkeley: University of California Press.

——. 1986. "Han Foreign Relations." pp. 377-462, in *The Cambridge History of China*, Vol. 1: *The Ch'in and Han Empires*, 221 B. C.-A. D. 220, edited by Denis Twitchett and Michael Loewe. Cambridge: Cambridge University Press.

Zhao, Dingxin. 1994. "Defensive Regime and Modernization." *Journal of Contemporary China* 3: 28-46.

——. 2001. *The Power of Tiananmen: State-Society Relations and the* 1989 *Beijing Student Movement*. Chicago: The University of Chicago Press.

——. 2004. "Spurious Causation in a Historical Process: War and Bureaucratization in Early China." *American Sociological Review* 69: 603-607.

——. 2009a. "Authoritarian Regime and Contentious Politics." pp. 459-76, in *Handbook of Politics: State and Society in Global Perspective*, edited by Kevin T. Leicht, and Craig C. Jenkins. Springer Science.

——. 2009b. "The Mandate of Heaven and Performance Legitimation in Historical and Contemporary China." *American Behavioral Scientist*. 53: 416-433.

Zhao, Dingxin, and John A. Hall. 1994. "State Power and Patterns of Late Development: Resolving the Crisis of the Sociology of Development." *Sociology* 28: 211-230.

Zufferey, Nicolas. 2003. *To the Origins of Confucianism: The ru in Pre-Qin times and during the early Han Dynasty*. Bern: Peter Lang.

Zürcher, Erik. 1959. *The Buddhist Conquest of China: The Spread and Adaptation of Buddhism in Early Medieval China*. Leiden: Drill.

——. 1982. "Perspectives in the Study of Chinese Buddhism." *Journal of the Royal Asiatic Society* 2: 161-76.

附　录

书评及回应[①]

---

① 《儒法国家：中国历史新论》(*The Confucian-Legalist State：A New Theory of Chinese History*)英文版自出版以来，广受国内外学界关注，2016 年荣获美国社会学学会政治社会学分会年度杰出专著奖。《中国社会学评论》(*Chinese Sociological Review*)相继邀请八位国际知名学者为该书撰写书评。附录所包含的八篇书评均已陆续发表在《中国社会学评论》(2018，Vol. 50，Iss. 4，pp. 474-479 & 2019，Vol. 51，Iss. 1，pp. 57-113)，中文译稿亦发表于《开放时代》(2019 年第 4 期)。八位学者中既有对该书理论影响甚巨的迈克尔·曼(Michael Mann)，也有作者的恩师约翰·霍尔(John Hall)，还有某种意义上该书的"论敌"，即作为"加州学派"代表人物的金世杰(Jack A. Goldstone)、王国斌。这些评论者有着迥异的学术背景和研究旨趣，各自从历史社会学、经济史学、国际关系等研究视角出发，对《儒法国家》的整体理论和具体论述展开讨论，而赵鼎新亦撰文回应，进一步阐释了其方法论的要义所在。附录中的书评排序根据赵鼎新的回应文章，将其重点回应的迈克尔·曼、金世杰的文章列在前位，其余文章按作者姓氏字母顺序排列；赵鼎新的回应文章则置于最后。——译者

社会权力来源与赵鼎新对中国历史的解读

迈克尔·曼(Michael Mann)[①]

　　从书名上看,似乎只有那些研究中国的专家才会对这部书抱有兴趣。而该书的内容也确实涵盖的是中国从公元前 770 至前 221 年的古代历史,这恐怕更会加深人们的这种看法,但此书也是宏观社会学(macro sociology)领域的一部力作。它不但探讨了中国从古代直至 18 世纪、19 世纪的历史,还将之与欧洲的历史发展相比较。这里,作者对所谓"欧洲中心主义"与"加州修正主义"(California revisionism)之争做出了极有价值的贡献。这部著作还提出了一套人类社会理论——是的,就是人类社会理论——它为此书提供了一个更深的层次。关于这套理论,此书在第一章做了简要的解释,但它贯穿于余下各章之中,读者着实应该从后面章节的整体语境中来把握它。我在这里将对该书所涉及的三个层次加以讨论。由于它们与我的研究有很强的关联性,无论我赞不赞成书中的某些观点,阅读这部书都让我感到无比兴奋。

　　该书资料最详尽的部分关注的是中国古代历史,且尤聚焦于中国古代的战争。这是因为战争也是现存中国古代史籍与其他著述中所重点关注的对象。鼎新发现,经由这些材料可以建构起长时段内有关古代战争爆发次数、伤亡人数与行军距离的统计数据。这项可敬的工作成果最先引起了我的好奇之心,因为这些数据完美地契合了我当时对战争起因问题的研究兴趣。在读此书之前,我曾论定,大约在公元 1000 年至 1945 年之间西欧战争异常频仍,有可能在如此长的一段时间内,其战争数目之多远超过世界其他地区。不过,简单了解了一些古代中国的历史资料后,我才知道,在相对长的一段时期内——春秋战国时期(前 770—前 221)——中国的战争可能在其频率和破坏性上与欧洲不分伯仲,甚至会超过后者。我之所以说"可能",是因为人类历史上可靠的战争数据并不多见。这与现代的情形不同,比如,现有的始自 1816 年的战争数据

---

① 　迈克尔·曼(Michael Mann):美国加利福尼亚大学洛杉矶校区社会学系(Department of Sociology,University of California,Los Angeles)教授。

就清楚地显示出，欧洲人发动的战争比世界上剩余人口之总和所发动的战争还要多。但鼎新出色的数据使我的推测得到了印证——实际上看到这些数据，我也希望欧洲中世纪的有关研究能达到类似的水准。这是此书的第一大成就。

然而，除此相似之处以外，欧洲战争与古代中国战争有着不同的结局，这是鼎新在书中着重讨论的部分。古代中国战争的结果是霸权国家体制的大获全胜——秦国在公元前 221 年统一中国，以及此后在公元前 206 年至公元 220 年汉王朝期间这一国家形态得到了稳定的制度化。这一结果使得下一个千年中发生在国与国之间的战争数目大大地减少了。相形之下，欧洲国家称霸的企图全都落了空，在欧洲大陆，多国文明体系得以保存下来，而多国战争也长久持续。是什么造成了中国与欧洲之间的这种差异，自然是比较社会学与历史社会学领域中最重要的问题之一。

鼎新直面这一问题，并给出了独到的解答。他的回答由两个部分构成。他先从意识形态力量的角度对中国与欧洲的差别予以解释。在中国，儒、法二家的思想主导着意识形态话语，但自身均无独立性。自汉代以降，它们鼓吹赞颂的是秩序、稳定、官僚制度与精英治国，强化的则是单一国家政权对整片领土的统治，且它们自身也受到这种统治的支配。其次，他主张，商人与城市也同样从属于国家，是国家官员管理着城市。而欧洲全然不是如此，天主教会、城市与商人通常保有独立于领土国家的相当大的自主权。我觉得鼎新的这些论断是令人信服的，这是他的第二大成就。

但我也想要借由鼎新实证研究的辛勤成果提出一点补充意见，希望能提供另一套解释，不但能说明中、欧两地战争频仍的原因，亦可阐明两者结局截然不同的道理。起初，英国中世纪史学家罗伯特·巴特利特（Robert Bartlett）的著作（1994，第 24—26 页）打开了我的眼界。由于注意到战争对欧洲中世纪的重要作用，这位史学家发现，在规模较大、组织较好的国家吞并小国与无国家人群（stateless peoples）的过程中，前者就像小型"帝国"那样，通过武力征服那些散布于欧洲大陆事实上的"殖民地"。巴特利特重点关注的多是被他称之为"贵族移民"（aristocratic diaspora）的法兰克/诺曼骑士，他们自 11 世纪开始，征服了英格兰、爱尔兰、东日耳曼、西班牙、南意大利与地中海诸岛，而商人、工匠、农民与教士（"灵魂的拯救者"）则是他们征服之旅的同伴。所有这些人一起建立了殖民与商贸活动的庞大网络。我对巴特利特理论的补充，是我认识到这场不断吞灭军事弱者的殖民扩张会使战争成为侵略者一方愈发理性的选择，这一方的战士（如他所观察到的）很可能是那些家庭中没有继承权的次子，为了掠夺土地和农民，他们心甘情愿冒着生命的危险参与战争。这就是欧洲战争格外频繁的最初原因。

我后来又把他的模型拓展为三个历史阶段：第一阶段就是巴特利特所指的那个时期，在后罗马时代，同时也是后蛮族部落时代，无国家人群几乎全被征服了；第二阶段始自 14 世纪，此时，欧洲大陆上遍布大大小小许多国家，大国征服小国的战争接连不断；第三阶段则始于 16 世纪，组织更加紧密的国家开始对世界其他地区进行征服与殖民。这三个阶段的共同之处在于，战争主要发动者进行战争的理性程度不断提升，导致欧洲的战争格外频繁并带来了制度化的军事扩张。诚然，在这三个阶段中，欧洲主要国家有时也会兵戎相见，但这些欧洲大国全都幸存了下来，而不像古代中国的诸侯国那样被最终消灭掉。即便这些欧洲大国在战争中失利，它们可能也就损失几个附属国，要么顶多就是丧失掉一些边境地带有争议的领土，或者在第三阶段，它们通过和平协议所得到的土地可能会比战胜国的要差一些。战争对于发动者来说，无关乎自身的生死存亡，这是因为它们可以把战争成本"转嫁"到其他人那里去，这在第三阶段尤甚，战争的输家其实是成千上万被殖民的土著居民。

鼎新的历史数据立刻引起我注意的，是中国和欧洲在第一阶段的相似性。他也发现在后东周时代的第一个历史阶段，小型"城市国家"存在于大片"人烟稀少"或者"蛮族"栖居的无国家区域里。而后，城市国家对这些区域进行征服与殖民，并在那里定居下来。大部分的城市国家皆得益于这种帝国主义行径。中国的第二阶段也和欧洲颇有相似之处，组织较好的大国打败并吞并小国，尽管不同之处在于，中国北方的诸侯国仍在向蛮族领地扩张，而且，它们增强实力、扩张地盘所需的成本相对较低。

然而，中国的第三阶段却与欧洲大不一样。中华文明不再扩张其领土，国家的数目在这几个世纪内大约从 15 个降到 7 个再到 3 个，这是国家之间生死搏杀的结果，而要转移战争成本却是不可能的。战争变得不再理性，却仍在持续，直到决出唯一的赢家。我们显然需要另一套理论来解释这发生的一切。鼎新注意到，这个阶段的战争得到了稳固的制度化，并被所有国家视作一种常态。但他也对血腥战争的不断升级给出了解释,即法家改革的推进使官僚制度不断巩固,并强行动员民众参与战争和经济活动。似乎这是一个不错的解释,尽管我没有做过这方面的专门研究,难以严格地评价它。

欧洲的情况却不同。三个世纪的帝国主义海外扩张让欧洲免于这样残酷的生死决战,因为承担着战争冲击的是世界各地的土著居民,而不是欧洲人本身。全球扩张时代的及时到来延缓了中国式的战争结局。但当国家与帝国遍布全世界的时候,确实曾两次有人企图扫灭全部对手,建立起单一的帝国统治。当然,拿破仑和希特勒被其他的欧洲势力——英国——所打败,但这也是在英国获得了西欧以外的大国援助——第一次是俄国,第二次则是苏联和美国——之后方有可能。此后再出现的武器则变得太具杀伤性,以至于使用它们不再是理性的选择。尽管如此,两个超级大国仍可将它们的冲突化为与其代理人的间接斗争,尽管它们总是佯装自己并没有这样的意图。苏联解体以后,美国短暂地成为世界霸主,但实际上由于不能动用其全部武器,且美国人也不愿意为了建立真正的全球帝国而做出牺牲,其军事扩张因而受到了限制。中国和俄国的再度崛起则确保多国文明体系的长久持续,但愿这期间不再发生战争,那么,世界的未来就不会变成古代中国或中世纪与前现代欧洲那样的结局了。

鼎新还对"欧洲中心主义者"与"加州学派"之间关于欧洲率先发展出现代科学、资本主义及现代工业之原因的讨论做出了重要贡献。究竟这是因为欧洲内在的发展倾向(欧洲中心主义),抑或是受到了世界其他地区的影响,加上某些纯粹的历史偶然性(加州学派)?鼎新接受了加州学派理论中的三个观点——欧洲借鉴了亚洲的技术(特别是中国的技术),欧洲通过海外殖民所攫取资源的重要性,以及煤炭资源地理位置恰好具备的优势——虽然他之前曾质疑过煤炭地理位置这一条。那些坚定的欧洲中心论者和我一样都为这三条因素的解释力所折服,但他却将此看成不过些附带条件而已,它们附属于很早就先于它们存在的社会结构,也就是他所说的那些"更高层次的因素"(factors of a higher order)。实际上,对于两个地区开始产生重要差异的时间点,他确定的时间几乎比其他任何人推定的都更加古远,也就是汉代儒法国家的体制化,即"那种集政治与意识形态力量于一身,可动用军事力量并将经济力量边缘化的政府体制"出现之时。这个体制既运用法家的统治技术,又采纳儒家的道德秩序,它与由经济力量产生的任何去中心化倾向都相对立，而经济去中心化却恰是资本主义发展所需要的，而且，这个体制具有"如此强大的韧性与适应性，这使它得以历经千灾百劫而幸存下来并一直延续到1911年辛亥革命"（Zhao 2015，第14页）。

鼎新承认，我们可以认为中国曾经出现过相当活跃的市场并达到了一定程度的繁荣，但仅限于朝代中期，当时国家政权稳固，确保了社会秩序的稳定。不过，经济的迅猛发展却从来没有带来现代工业或者孕育资本主义出现所需的独立的资产阶级。相反，它们在一次次王朝的危机和随之而来的战祸中土崩瓦解了。我不认为这种理论有更强的解释效力，但我欢迎作者对那个"几乎"将要出现资本主义工业突破，甚至是资本主义的王朝，也就是11世纪的北宋王朝能做更多的解释。宋代为何未能出现资本主义可能是对鼎新理论的重要检验。但他说，对于中国，在这个由主要意识形态为其合法性提供基础的单一帝国政权的统治下，精英之间的竞争得到制度化；对于欧洲，则保持着相对自治的精英阶层、商人与城镇、教会，以及贵族，而它们之间的斗争最终导致了资本主义和现代工业的历史发展趋势。批评者或许也可以把这一论断称为是"欧洲中心论"。这和我本人的观点是很类似的，但在中国与欧洲的比较中，作者可以通过他对中国历史更深入的理解来论证这一观点。此为本书第三项重大成就。

由这一论述转而产生出此书最具普遍意义的一个层次，即其宏观社会学理论。在书的开头，作者大胆地提出"竞争与制度化之间的辩证运动是历史发展的主要动力"（Zhao 2015，第31页），但他对此并没有做详细阐述。我能理解竞争的产物何以会是制度化，但不明白制度化何以又会反过来再导致竞争。这也是为什么我引入了了"缝隙中涌现"（interstitial emergence）的概念，也就是说，即便在制度化程度再高的社会，新的社会力量仍能从其缝隙中涌现出来，创造出新的社会行动者群体，而它们必须要找到属于自己的新制度。但鼎新不喜欢这种观点。接下来，他说，竞争包含了四种理想型的社会权力资源——经济力量、军事力量、意识形态力量与政治力量。他慨然承认这些内容是他从我的研究中借鉴来的。这些年来，我一直试图对这四者的性质予以简单概括，比如，经济力量是四种权力资源中植根于日常生活最深的一种，意识形态力量的爆发只是时或有之，可一旦爆发却汹涌澎湃，政治力量在社会中是一种最保守的制度化力量，而军事力量则令人恐怖畏惧，如此等等。但鼎新对我的模型并不满意，因为由此不能得出较有力的因果解释——

这个意义上，我和他一样对我的模型是不满意的。他希望能走得更远些，通过这四种社会权力资源提出一套有关人类发展的真实理论。我钦佩他的雄心壮志，他的这种尝试常常让人感到有趣与兴奋，有的论述也很合理。但根本上说，我还是发现其理论中存在着一些令人不甚满意之处。

他指出，四种权力资源中的两者区别于其他两者是因为它们具有精确的可计算性以及工具理性。在经济与军事力量关系中的竞争者容易评估其表现并因此做出相应调整。由于输赢胜负了然可见，行动者就会不断寻求更有效率的办法以获得胜利。该论述很有道理，一般经济力量所包含的结果更具可计算性，其行动也比其他三种力量更具工具理性。但我要补充的是，相较于政府决策，这一点可能更适用于私人和公司的决策。政府的经济政策通常更取决于意识形态，而非科学。今天的经济成长是市场不受干预的结果呢，还是政府干预刺激社会需求的结果呢？无论经济学能否解决这一备受争论的问题，政府还是会根据其偏右或偏左的意识形态来做出决定。

军事力量的理性因素似乎或多或少弱于经济力量，尽管如上所述，能将战争成本转移到弱者那里的确有助于提高强大一方的胜算。军事将领也的确常会计算战胜的概率并想尽办法来取得胜利。如鼎新所说，他们会根据以往的战争经验及他们对潜在敌人优劣之势的认知，不断提高战术和发展武器。但大多数将军也认识到战争的胜负成败具有偶然性，"战争的运数"（fortunes of war）会影响最终结果。他们知道，那些根据可计数的因素——像军队的人数、武器的质量、将士的训练水平——所做的计算可能会被全盘打乱，要么是因为某些意外行动，要么是对阵双方某些将士士气高涨或斗志消沉，要么则是遇到了难以预料的天气和地理条件。美国内战期间的葛底斯堡战役中，罗伯特·李将军完全有理由相信他麾下这支所向披靡的联盟军，在士气和训练方面都远胜于敌对一方的联邦军，但联邦军的指挥官米德少将采取了据守策略，他认为这会迫使手下那些不太靠得住的士兵们奋勇战斗而不是临阵逃脱。历史证明米德的做法是正确之举，而李将军的估计却错了。数次正面交战之后，李将军最终被迫撤退。但这场决定双方命运的战役也可能很容易就走向另一种结局。有些将军不以人数多寡、武器优劣为计算成败的考量，他们看重的是所谓将士们昂扬的斗志，就如20世纪日本将领所重视的"精神"（せいしん）。这种求胜精神的确让日本人在与俄国军队1905

年的较量中大获全胜，但它却无法战胜美国军队的先进武器和巨大的人数优势。通常，即便交战双方都通过计算认为他们能战胜对方，但最后的结果当然不可能是双赢，有时甚至会是两败俱伤。战争的风险是难以计算的，倘若胜负的概率确实可以被精确地计算出来，那么大大小小的战争和冲突就会远少于和平谈判和投降屈服出现的频率了。一旦被真的调动起来，军事力量是极其情绪化的，它所负载的东西包括仇恨、原则，以及有关正义、文明、男子气概、荣誉等观念，所有这一切都驱使对战双方做出不理智的行为。想一想美国近几十年来的军事干预行动吧——这是一连串的战败记录或是未实现目标的失败之举，从越南战争到阿富汗战争，再到针对伊拉克、利比亚和叙利亚的战争，这些战争中的大多数还造成了伊斯兰势力对西方世界的反击。在所有这些战争中，计算在哪里？逻辑又在何处？愚蠢也和理智一样是人类行动的原因，对于战争而言，尤其如此。鼎新还主张经济力量与军事力量带来了累积性发展，且只有当它们占据主导地位时，发展才会加速。关于经济力量，我能理解他的意思，但在什么意义上军事力量也能引发发展，我却是有疑问的。军事力量或许能发展出更有效的、能屠戮更多人的战争手段，但在现代以前，一旦出现了国家和大规模的部落联盟，即便是这种类型的发展也相当有限。在冷兵器时代，武器的杀伤力都非常类似（Dupuy，1980）。我们也还记得发生在定居农耕社会的步兵与游牧部族的骑兵射手之间那种长期以来此消彼长的军事平衡，这就如中国自身的历史发展所展现的那样。更"先进"的文明一直与马背上的射手们争斗不休，有时获胜，有时战败，却不见得有多少累积性发展。只有到了现代，大规模武器杀伤能力的累积性发展才开始出现（Mann 2016，第 219—221 页）。鼎新还说，军事力量在经济上也有促进生产力的作用，因为"军事竞争中的胜利者比起它们的对手能够更有效率地生产并汲取自然资源，这就引发了累积性发展"（Zhao 2015，第 34 页）。真是这样吗？古代多数军队常用的策略之一便是行军途中就地掳掠资源，这几乎不可能促进生产。

　　我不愿把这种质疑推进得太远。我承认，军事力量有时也会是累积性的。在《社会权力的来源》的第一卷中，讨论到被我称为古罗马的"军团经济"（legionary economy）时，我就有过类似主张。早期现代的航海革命一旦与舰载排炮（ship-board gun batteries）相结合，便使欧洲人有能力建立起全球性的大帝国，这当然对英国与荷兰的经济是大有益处的，尽管对欧洲其他各国的经济未必如此（这方面的数据，请见 O'Brien

& Prados de la Escosura，1998）。但土著居民是否也从帝国的发展中收获了利益却仍令人感到怀疑（Mann 2012，第 26—49 页）。总的来说，我会认为战争的影响是破坏多于建设。鼎新还看到了军事力量的另一个好处：如果战争取胜，他说"战胜一方的人们或多或少都会获得些利益"。我要再次回应一下这一点，有时或许是这样，但有时却并非如此。罗马共和国的胜利把罗马农民及罗马的同盟者都逼到了赤贫的境地，而战争最大的受益者则是统治阶层和身经百战的幸存将士。这就是为什么农民和罗马同盟者们纷纷揭竿而起反抗罗马共和国，史称同盟者战争（Social Wars）[①]。至于三十年战争（Thirty Years War），或第一次世界大战，再或者最近美国发动的若干战争，很难看出它们给哪个国家带来了集体利益。鼎新的确也认识到军事力量有消极的一面，它如果被集中起来，则会使国家走向专制主义，而经济竞争则促进了分散化的社会力量的发展（Zhao 2015，第 10 页）。这一点不假，尽管某些游击武装力量算是例外。

鼎新对经济力量持有一种相当温和的态度。他说"纯粹的经济交易只能在交易双方自愿的基础上发生"（Zhao 2015，第 34 页）。他主张，期望通过交换获得利润是"人的内在本性"，在任何一个社会，只要有剩余产品的存在，且国家缺乏限制其发展的意愿或能力，市场经济都会出现（Zhao 2015，第 351 页）。但凡国家不予干涉，市场就会繁荣，这正是今天我们所熟悉的但又是被人们争论不休的新自由主义观点。然而，除了国家，还有另一些因素会限制市场的发展。比如，基于家族、种族或地区组织的再分配，还有垄断的出现，农民与企业满足于现有状态而不是追求利润最大化，这些都会造成对自由市场的限制。于是，我们必须把能维持市场稳定存在的力量放在首要的位置，这也是为了让市场可以多少具备些可计算性。在这些力量中，最重要的是国家或其他集体组织对市场的调控。市场需要法律或规范的约束，这样市场交易才会得到人们的尊重。没有这一点，资本主义便不可能出现。当然，非市场形式的经济也有类似的需要。在历史上许多时候，由君主向商人发放经营执照，允许其垄断行为，都是商人获得利润的一个重要来源，直到今日，这在君主制和总统制的政体中仍有其重要性。在这些情况下，经济行动者会去计

[①] 同盟者战争（Social Wars，"social"源于拉丁文"socii"，即"同盟者"）又称意大利战争，爆发于公元前 91 至前 88 年，是意大利"同盟者"为争取罗马公民权而展开的反抗罗马统治的战争。——译者

算对政府施加影响所需的成本以及在获得垄断权后可能得到的利润。

涉及经济力量,鼎新显然想到的是西方的资本主义,特别是资本主义中市场交换的部分。但在其生产领域,资本主义经常使用的(并在今天世界大部分地区仍旧使用的)却是奴隶制、种族隔离制与契约劳工制(indentured labor),这些显然都不是建立在自由和自愿基础上的雇佣制度。甚至在那些劳工享有自由的地方,劳工的自由也比资本家的自由要少得多。后者拥有的是生产方式,前者拥有的只是其劳动力而已,一旦进入企业,劳工就要受雇主强制性命令的摆布。当然,在今天发达国家的资本主义体制下,劳动法、工会与职业协会降低了强制化的程度。但即便如此,工人的选择无外是要么服从雇主,要么被解雇,他们中很少有人会认为这种选择真是自由的。所有经济系统都包含权力和强制力的等级结构。

接下来,鼎新转向了对意识形态力量的讨论。他说,虽然意识形态之间也彼此竞争,但这并不会激发社会的累积性发展,"因为人类生产能力的增长不可能是靠口头上的争论来实现的",并且,这种竞争也不存在明显而客观的胜负标准(Zhao 2015,第40页)。他认为除科学以外,大多数的意识形态都是无法被证伪的。这是一个很好的观点。意识形态确实有一种很弱的可证伪的形式:说服力(plausibility)。在现有意识形态无法解决的危机中,众多新的意识形态涌现出来,它们相互竞争,一般而言,胜出者是那种其解决方案看上去会对更多人更具说服力的意识形态。

但鼎新一定不会同意马克斯·韦伯(Max Weber)的那种基督教(特别是新教)对经济发展起到了主要的正面作用的观点。我猜测,这是因为他自己有关中国法家和儒家思想的研究,强调的是这些意识形态保守与负面的作用。

鼎新虽然承认政治竞争有明确的胜负标准(如选举结果),但却说这一点被政治"难以引发效率导向型的物质生产和资源分配,因而对累积性发展贡献甚微"的这一事实所抵消了(Zhao 2015,第40页)。这一论断的背后,显然是在对比"强国家、弱发展"的帝制中国与"弱国家、强发展"的欧洲。不过,如他自己所指出的那样,欧洲国家的政治竞争催生出更有效率的财政系统,推进了资本主义的发展。事实上,他对欧洲案例的这种处理恰恰表明四种社会权力资源全都对现代性的突破进展发挥过重大作用。这似乎不太符合他的基本理论。而我并不认为四种权力资源就其产生累积性发展的能力而言有什么判然可辨的差别。

由于有这些疑问，我觉得很难接受他关于权力资源影响历史变迁的最终结论。他做了两点概括，即，在四种权力资源中，意识形态力量最弱，而政治力量最强，且是"最有可能占据主导地位的一种"。但在世界上大部分地方，崛起的几大拯救性宗教（salvation religions）——印度教、佛教、基督教和伊斯兰教——都曾压倒其他几种社会力量（包括国家在内），且其势力皆维持长达千余载之久。当前，伊斯兰运动主导着中东地区和一些北非国家，并试图在信奉基督教的西方世界中制造一定程度的骚乱。虽然到现在，它们大多已经远去，但在今天，美国民众中的民族主义却正威胁着美国的政治体制。至于政治力量，虽然鼎新论证了它在帝制中国所占据的主导地位，但我不认为这对今天的西方世界同样成立。尽管我在我的著作中曾强调，在今天，民族国家（nation-state）仍未衰落，但我想，它还不如全球资本主义的力量那般强大。国家能否对离岸银行与避税行为实施有效管控？这个问题尚无定论。但贸然对这些彼此各异的权力资源之相对强弱做出整体性评价，可能无论如何都将是徒劳的。

最后，鼎新低估了帝制中国的伟大成就。这个由单一政权支配的国家在很久以前就以其巨大的社会发展领先于世界各国。当王朝稳定之时，社会井然有序，经济随之繁荣。人口增长，人民基本生活水平、农业产量，或许还有劳动生产效率也都得到了提高，出现了大量对外贸易活动，而中国的精英阶层也有许多科学发现和技术发明，其中一些后来被欧洲人欣然采用。他们建立起一个庞大的文明体，被亚洲许多国家乃至北方的"蛮族"入侵者尊为霸主。最后，相较于欧洲人，中国人较少发动战争，较少屠戮土著居民，这也是先进文明的一种标志。

在《社会权力的来源》第一卷中，我将古代的"多权力行动者的文明"（multi-power actor civilizations）与"主导型帝国"（empires of domination）区分开来。古希腊和古罗马帝国分别是这两个概念的典型代表。这二者都率先实现了累积性发展，但其发展方式却各有不同。虽然，众多权力行动者的参与带来了激烈的竞争，但在其整体文化氛围内提供的却是最低程度的规范性团结（normative solidarity）；帝国则通过其单一政权提供了秩序、法律、行为的可预测性，以及官僚制度（Mann 1986，第三至九章）。前现代的欧洲和周代初期的中国可被视为是前者的代表，中华帝国则属于后者。如鼎新所强调的，中国这个过于保守的国家对秩序的迷恋似乎为其帝国发展路径强加了许多限制。而多权力行动者的文明由于竞争太过激烈造成了无止无休的战争——除非它可以把战争转嫁给他人。我必须要承认，对这两种似乎可能的社会发展选项，我还没有做进一步的研究，别人也一样没有。这需要有人继续研究下去，而鼎新将会是理想的人选。

（巨桐　译／韩坤、周盼　校）

参考文献：

Bartlett，Robert. 1994. *The Making of Europe. Conquest，Colonization and Cultural Change*，950—1350. Princeton，NJ：Princeton University Press.

Dupuy，Trevor N. 1980. *The Evolution of Weapons and Warfare*. New York：Bobbs-Merill.

Mann，Michael. 2016. "Have human societies evolved? Evidence from history and pre-history". *Theory and Society*，vol 45，No. 3，pp 203-237.

Mann，Michael. 2012. *The Sources of Social Power Vol. 3：Global Empires and Revolution*，1890—1945. Cambridge：Cambridge University Press.

Mann，Michael. 1986. *The Sources of Social Power Vol. 1：A History of Power from the Beginning to A. D. 1760*. Cambridge：Cambridge University Press.

O'Brien，Patrick & Leandro Prados de la Escosura(eds.). 1998. "The Costs and Benefits for Europeans from their Empires Overseas," *special issue of Revista de Historia Economica*，pp. 29-92.

Zhao，Dingxin. 2015. *The Confucian-Legalist State：A New Theory of Chinese History*. Oxford：Oxford University Press.

真正古老的"大分流"

金世杰(Jack Goldstone)[①]

　　赵鼎新(以下简称赵)给我们带来的这部著作对中国上起西周(约前1000年)、下迄清末的国家形成过程做了全面而具有原创性的研究。在该书的历史叙述中,赵关于中国与周边游牧民族的关系,佛教之传入与吸收,文官政治与军事力量之间的关系,多样而折衷的中国哲学传统之发展等诸多问题,都提出了新颖的见解。但赵所关注的主要是中国国家组织制度的演进,以及这种国家组织制度如何使中国走上了不同于西方的历史道路——中国走向分裂的趋势以及工业资本主义在中国的出现都受到愈来愈强的阻碍。

　　若与欧洲历史相较,中国历史存在着彼此相关的两大问题。第一个问题关乎政治。中国与地中海世界都由公元前6世纪时众多分散着的城市国家发展成为公元前3世纪之初的几大王国。在中国,最重要的国家是魏、齐、楚、秦四国;在地中海世界,则是迦太基、罗马以及地处希腊、埃及与中东地区的几个希腊化王国。对这二者而言,都出现了一个主导性的政权,并由它建立起一个单一的且可控制整个地区的帝国。在地中海地区,到公元2世纪时,罗马帝国的版图南至苏格兰边境,北至摩洛哥,西达西班牙,东及美索不达米亚平原。而在同一时期的中国,西汉帝国的疆域向南达至越南,向东延伸到朝鲜半岛中北部,向西则沿丝绸之路深入中亚地区。不过,数世纪后,两大帝国都陷入分裂之中。到公元500年,中国已一分为二,鲜卑人南侵中国,在北方建立起北魏王朝,同时,中国南方则由南齐王朝所统治。而这南、北两个政权都是从之前的混乱动荡与众多王朝国家(dynastic states)中发展而来的。在欧洲,到公元500年,罗马西面的半壁江山为日耳曼部落所占据,日耳曼人建立起许多王朝国家;东面的另一半疆土则由官方语言为希腊语但施行罗马制度的拜占庭帝国所统治。在这一时期,中国与罗马帝国也都经历了宗

① 金世杰(Jack Goldstone):美国乔治梅森大学公共政策学院(School of Public Policy,George Mason University)教授。

教动荡的局面，此间，基督教传布于罗马帝国，而佛教则流行于中国。

不过在此之后，两大帝国长久以来近于平行的历史发展就分道扬镳了。在地中海地区，到公元6世纪末，查士丁尼大帝再次统一了许多原本属于罗马帝国的土地，光复了非洲北部、西班牙南部以及意大利全境，同时控制了整个埃及与近东地区，使地中海再度成为罗马的内海。然而，在他死后，帝国再度分裂，到公元700年，昔日强盛的罗马帝国只剩下版图大幅缩水的拜占庭，其所辖之疆域仅略大于今天的土耳其。地中海地区及整个欧洲剩下的部分则仍处于长久分裂之中，并一直延续到今天。在当时，统治北非与埃及的是阿拉伯人的王朝，统治中东其余地区的是土耳其人的王朝，而欧洲则被众多信奉基督教的王国所瓜分。相形之下，中国则于6世纪被隋朝皇帝再度统一，到公元700年，强盛的唐帝国几乎控制了之前属于汉王朝的全部疆土，还要加上满洲地区与越南的部分领土。而且，尽管中国历史间或有内部分裂与外族入侵的事变，但除去五代十国（907—960）与南宋（1127—1279）总计大约200年的时间以外，整个中国一直处于单一政权的控制之下，直到今天亦是如此。那么，中国与罗马帝国何以有着这样多的差异呢？

第二个问题则关乎经济。公元700年，中国正发展成为世界上最富有和技术最发达的社会，而欧洲与北非的大多数国家则仍陷于部落战争之中，罗马帝国的财富被消耗殆尽，技术也大多失传。甚至在1100年，当欧洲正迈向中世纪文化的哥特式巅峰，伊斯兰地区的艺术与科学也有突飞猛进的发展之时，北宋时期的中国在冶铁铸造领域仍保持着领先地位，其技术水平是欧洲数世纪后仍望尘莫及的。甚至再到1700年，当欧洲殖民新大陆，并将其商业帝国拓展至非洲、印度以及印度尼西亚等地的海岸之时，欧洲商人所获得的大部分财富，又以黄金、白银的形式源源不断地流向中国，以此交换中国生产的诸如丝绸、茶叶、瓷器等一系列欧洲难以匹敌的产品。然而，到1850年，形势却显然出现了逆转：欧洲在制造工艺和技术水平上都赶超了中国，那些曾令中国皇帝不屑一顾的欧洲商人们控制了中国沿海的港口、商埠，并迫使中国皇帝接受他们开出的通商条件。问题来了，欧洲和中国相对经济地位如此突然的反转是怎样发生的？

赵的著作为上述这两个问题提供了新颖而有力的回答。虽然，我并不完全认同他给出的答案，但我确实认为它们相较此前的研究是一大进步，尤其是在精细程度上以及对史料的运用上。

对于中国政治的大一统传统,赵认为对这一传统的形成起到关键作用的历史事件发生在战国时代的后半期,即公元前419—前221年,这段时期又被赵称为"全民战争时代"。在这一时期,魏、齐、秦三国为了谋求生存而发动了大规模的战争,并为了战争的缘故调动了大部分的人口。而这就需要国家建立起强大而高效的官僚体制,用以汲取资源,提供军队粮草补给,运筹管理军事活动。这些强有力的国家组织阻止了任何竞争性组织的产生——独立的城市、宗教组织或贵族阶层均不会出现。这种为了战争的需要,以严密控制人口,竭力获取资源为目的所设计出来的"法家式"结构在秦国那里得到进一步完善,终于,秦国得以击败所有对手,掌握了对整个中国的控制权。

但是,如此紧密的控制是建立在密切的人口监控和强大的国家强制力基础上的,历史证明要在整个中国社会的庞大尺度上实现这种控制实在是难以办到的事情。尽管后世历代君主始终存有这样一种观念,那就是,统治中国依靠的是由中央掌握人事任命并受其管控的官僚体制,除此之外,并不需要任何其他自治组织(autonomous organizations)的存在,而且,皇权统治也不应受任何限制。但自汉代以降直至清代,统治者也学会了通过建立道德合法性来巩固其统治。为此,他们让饱学之士以儒家伦理教化万民,并从儒生中选拔出成绩最优异者在中央和地方政府中任职。赵观察到,在"全民战争时代",身具经世之才的士人奔走流转于彼此激烈竞争的列国之间,为了提升政府效率,促成战争胜利,他们提出了各种各样的学说。此后再经过数个世纪,在"全民战争时代"五花八门的著作中,有许多都通过国家支持的数场新儒学运动而被逐渐收集起来,得以经典化和体制化。将树立政权的道德合法性与开明但绝对的官僚统治(enlightened but absolute bureaucratic rule),这儒、法两个方面综合起来,便创造出了国家—精英相结合的极其强大的政治架构,以至于尽管朝代荣败更迭,甚或外族席卷中原,这套架构都被历朝历代反复采纳运用以统御整个中国。

比较而言,西方历史在其早期就不存在这样一段消灭了一切自治组织的全民战争时期。相反,在公元前4世纪,希腊和罗马的城市国家即在公民权和人民主权(popular sovereignty)的基础上建立起许多领地。此后,虽然希腊和罗马帝国都抛弃了民众参政的政治模式,拥立具有绝对权力的统治者,拜占庭帝国甚至采用了颇似中国儒、法并蓄的统治模式——在基督教合法性的加持下,半神化的皇帝通过一套精英化的官僚体系来施行绝对统治，但是，西欧在罗马帝国衰落之后还是走上了一条非常不同于中国的道路。在西方，罗马的崩溃首先造成了天主教教会得以建立自己的官僚体制，大到教廷国，小到无数的主教辖区和修道院都拥有着规模可观的财富与领土。且在当时，众多日耳曼王国之间为扩大自身影响力而展开竞争。这一方面给商业中心城市的发展创造了机会，使它们能够与统治者进行讨价还价或离间各国以从中获利，由此便形成了自由城市与共和国；另一方面王国之间的竞争也让数量庞大的骑士和地主有机会向势力较弱的国王争取其自身的地位和特权。虽然，从查理曼大帝到拿破仑，许多人都曾试图将欧洲再度置于单一君主的统治之下，但此类尝试没有一次能取得长久的成功。这是因为，自罗马帝国衰落之后的最初几个世纪中，城市、贵族阶层、教廷，以及其他政治实体或自治组织都得到了发展壮大。到此时，这些组织所享有的特权已经由来已久，这就使那些政治强人无法调动整个社会的力量来进行全民战争。实际上，欧洲统治者常常为了战争不得不从商人和银行家那里借款，于是，作为交换条件，商业利益就会得到统治者的保护，商人贸易的自由也会得到扩大。在欧洲，特许商业公司、商业共和国（佛罗伦萨、威尼斯、热那亚、荷兰、汉萨城镇［the Hanse towns］）繁荣发展，保护贵族土地与权利的各国议会蓬勃壮大，这些现象都是中国闻所未闻的。甚至对欧洲最有权势的君主而言，这些组织的出现也有力地限制了他们称霸欧洲，施行绝对主义统治的野心。

对于赵而言，对第二个问题的回答直接与对第一个问题的回答关联在一起。也就是说，那使欧洲赶超中国的工业革命只可能出现在商业利益享有相对自主性和一定影响力并受到相应保护的社会之中，唯有这样的社会才会鼓励人们对商业技术领域的投资，以及促进抽象理性思维的发展。而中国之所以不曾兴起工业革命，是因为：第一，占据主导地位的儒法哲学注重的是历史理性与道德理性，而非抽象理性的思维方式。无所不能的国家又有效地将任何偏离新儒学学说的思想予以边缘化。第二，商人与商业活动在中国也同样处于边缘地位，因此无法吸引到那些能够引发生产方式系统性革命所需的思想、实践与资本层面的投资。故而，中国虽能发展出高产的劳动密集型农业、高水平的手工工艺及产品、规模庞大的商贸活动，但这些都绝不会像蒸汽机或者贝塞迈炼钢炉（Bessemer steel furnace）那样带来技术上的革命性突破。

赵对中国历史研究领域中的"资本主义萌芽派"以及世界史研究领

域中的"加利福尼亚学派"都提出了尖锐的批评。前一派的观点认为，到清末时，中国正在走向进步，只不过这种进步被西方帝国主义打断而已，若无西方列强的入侵，中国自身原本是可以发展出工业资本主义的；而后一派则认为，中国和欧洲直到相对晚近的时代都有着类似的经济/技术发展轨迹，只是大约到了1700年之后，由于欧洲幸运地利用了新大陆上的殖民地及其廉价、便于开采的煤炭资源，后者才超越了前者。然而赵认为，早在公元前4世纪，欧洲和中国就已经踏上了不同的发展路径，当儒、法之道在中国开始融汇综合之时，公民权、人民主权以及共和制的观念在古希腊和古罗马也正在发展。在此后的几个世纪中，儒、法并蓄的政治框架得到了制度化，这使中国政府能够不断恢复和长久维系大一统的统治局面，但也阻碍了中国未来工业化发展的道路。与此同时，在欧洲，公民共和国的传统在接下来的几个世纪中得到不断复兴，在此过程中，还出现了其他许多或受保护，或享有特权的社会组织，它们的存在使欧洲君主称霸整个大陆的野心成为泡影，而这些传统同样也保护着商业组织和思想创新，这两点为工业发展提供了必要的基础。

比起我在这篇书评中所总结的，赵的论述要更加精到、细腻，且总体而言，他的说理透辟有力，论断也令人信服。对他在书中提出的观点——中国有着一条自古就被塑造下来的独特历史轨迹，它维系了中国的统一，妨碍了工业创新的出现——实际上，我是完全同意的。

我与赵不同的地方在于，他认为欧洲的多元性（pluralism）是造成工业化发展的关键因素。而我认为，虽然欧洲多国竞争、分立的格局可能也发挥着一定的作用，但欧洲研发、利用蒸汽机，现代机械技术与科学的进步，是种种复杂因素相叠加的结果，就此而言，欧洲的多元性既不是工业化的充分条件也非其必要条件。我的理由如下：

首先，我认为赵的观点带有过强的历史决定论色彩，对历史中的偶然性（contingencies）没有予以足够的重视。试想，若不是查士丁尼大帝迫不得已既要在东边与再度振兴的萨珊波斯帝国（Sassanid Persian Empire）交战，又要在西边忙着光复丧失的欧洲领土，或许他本可以打败散布在欧洲大陆上众多的日耳曼人王国，并重建罗马对欧洲的统治。相反，如果唐朝被迫要同时面对来自日本和朝鲜，还有越南，以及北方游牧民族的军事压力，或许中国可能会再度分裂，并且像罗马分裂成东罗马与西罗马那样，永远地分成南、北两个国家：北方被蛮族所统治，南方则仍在汉人王朝的控制下。

其次，赵对亚洲的处理太过中国中心主义（Sino-centric）。诚然，中国千余年来一直是一个大一统的帝国，但若考虑亚洲其他国家与地区，亚洲整体的情形又是怎样的呢？从日本、朝鲜，或中南半岛，再或东南亚的角度来看，亚洲不是一个单一的大帝国，而是一个由许多独立且彼此竞争的国家构成的整体。为什么日本、菲律宾或者马六甲王朝，抑或列国交战绵延不断的印度支那就没能在公元前 500 年到公元 1500 年之间发展出不同的社会组织与制度，就像欧洲的葡萄牙或英格兰那样？毕竟，在工业化进程中一马当先的并不是荷兰、意大利共和国，或者日耳曼帝国的自由城市，反倒是力图独立于天主教欧洲（Christian Europe）影响之外的大不列颠圣公会王国（the Anglican Kingdom of Great Britain）才是工业革命的领导者。

工业革命兴起的必要条件不单只是拥有政治自主权的商人阶层的形成，或者国家权力受到限制，还要有社会的全面推陈出新，以至于社会能发展并运用新知识。归根结底，在蒸汽机与机械工程发展的背后，一系列科学发现与原理所建立之基础在于相关科学知识能够在社会中得到传播，要知道，这些知识既与日常观察相悖，又与人类千年以来积累的知识传统背道而驰。伽利略的抛体运动规律与牛顿的运动定律可以流行于世，取决于社会接受了一套新的运动法则，这套法则不仅意味着地球在宇宙空间中飞速运动，而且还以不可思议的极高速度绕地轴自转；活塞式大气压蒸汽机（atmospheric engines）的发明，也需要社会对一种新知识的广泛认可，那就是大气深厚如大海，我们生活在它的最底部，而大气在手掌大小的一块面积上所产生的压力远比一个成年人所受的重力要大得多。无论在中国、日本、东南亚，还是在中东、北非地区，抑或在欧洲，没有哪个社会能轻易相信上述的说法。特别是当这些知识还违背了与统治者权威有关的神圣经典上的金科玉律，那它们能被接受就更加困难了，统治者势必想要消灭此等异端邪说。在意大利，重要的并不是佛罗伦萨或者威尼斯曾经是高度自治的城市国家，而是当伽利略的著作威胁到教廷的权威时，它们全被封禁了。在欧洲的其他地方，反对宗教改革的势力也试图阻止牛顿式的科学在社会中生根发芽，他们的努力在西班牙、意大利和波兰取得了很大成功。甚至在法国，1685 年以后，当清教徒被驱逐时，甚或在荷兰，当开尔文派发现牛顿的学说威胁着教会时，许多科学创新活动都因之中辍了。

唯有在以基督教圣公宗为国教的英国，牛顿式的科学才得以广泛传

播、蓬勃发展起来,而这又诚然是因为这个清教徒王国把罗马教皇以及
那些信奉天主教的欧洲君主视为了自己的对立面。假使,身为天主教徒
的英格兰女王玛丽一世能活得更长久些,再生下一个将来会统一英格兰
与西班牙的王子,或者,假若西班牙无敌舰队打败了玛丽一世的妹妹伊
丽莎白一世,再或者,信仰天主教的詹姆斯二世战胜他的敌人(包括艾萨
克·牛顿),解散英国皇家学会,并派天主教领袖执掌大学,那么在欧洲,
可能就不会存在现代科学乃至现代工业全面发展的空间。但随着历史
事件的逐一展开,1689年以后,英格兰不仅引领着打击绝对主义、限制
皇室权力的历史潮流,还发展出了国家教会①,英格兰的教会倡导牛顿
式的科学,并以此作为一种取代欧洲耶稣会科学的新科学。

此外,赵在处理欧洲与中国关系时亦有疏失。在他的书中,欧洲与
中国仿佛没有历史交集,毫不相干似的。然而,早在古罗马时期和中世
纪,欧洲人就对中国的富庶惊叹不已。迨至1700年,当欧洲把大部分从
美洲获得的财富用于购买亚洲的高级产品之时,为了自己也能生产出像
印度棉花、中国瓷器那样的产品,欧洲付出了很大努力,正是这种努力激
发着欧洲工业的创新。事实上,就连发现新大陆这件事情本身,也是由
于欧洲想要找到一条捷径,通往中国这个传说中遍地黄金的国度。因
此,促成欧洲后来工业进步的一个主要原因是欧洲意识到与中国相比它
自身的落后。

当然,任何一种古老的宗教传统都可能会有思想上的局限性,会对
新知识和新技术抱有敌对态度。在西方世界,从公元前500年到公元
1500年之间发展建立起来的基督教—亚里士多德式的宇宙观,后来一
直是大学教育与研究的核心所在。这种宇宙观及其以地心说为基础的
托勒密的天文学,以欧洲为中心的地理学,都否定真空存在的可能性,且
认为宇宙由特殊物质②所构成,并被转动着的水晶天球所层层环绕。恰
如印度教、伊斯兰教、佛教或者儒教中的传统信念一样,欧洲的天主教及
其传统信念也需得被搁置一边,现代的科学和技术才能有发展空间。

实现这种发展的并非是商业协会,或者自由城市,再或新教异端,它
们直到18世纪之初仍处于绝对君主制或者神权政治的统治之下。科学
技术发展最初的原动力来自于一系列新的探索与发现,首先是发现美洲

---

① 英格兰圣公会(the Church of England),在亨利八世(1509—1547年在位)时脱离罗马教皇
的统治而成为英国国家的独立教会。——译者
② 以太。——译者

新大陆粉碎了托勒密的地理学说，其次则是新的天文发现以及望远镜和更精密的天文观测手段的发明使人们知道：其他行星也拥有卫星；彗星与地球相去甚远，且不是一种大气现象；现有的恒星会发生爆炸，演化成为超新星；地球邻近行星的运动轨迹不是圆形而是椭圆形的。当然，中国人也知道这其中不少的观察结果，但了解这些知识并没有对中国人的传统认知和信念造成相同的破坏性影响，因为——正如赵所指出的那样——中国人认为现实世界迁流不息，充满历史变化，这种观点与上述的种种观察是相恰相容的，但却与亚里士多德式的完美、不变的宇宙观正相对立、无法兼容。对于欧洲，还要再花一个世纪的时间，那种建立在经验主义、仪器驱动的试验探索以及数理逻辑基础上的新的思维模式才能取代天主教—亚里士多德式的世界观，而在此之前，在欧洲的大部分地区，进一步的创新也因为反宗教改革势力的阻碍而受挫或被中止。不过，在欧洲的边缘，英国由于拥有着高度自治且奉新教为国教的君主制度，变成了新的实验性科学和牛顿式科学的庇护所，也成为工业革命的发源地。

赵对中国历史的这项新研究详细地分析了中国独特的政治、文化结构在战国时期的发展过程，以及相关组织架构对中国政治与经济未来走向的塑造，堪称一部具有里程碑意义的作品。他成功地展示了，尽管中国在数世纪之前比欧洲在城市化、生产力和技术资源等方面拥有更高水平，但它却和欧洲有着截然不同的发展轨迹。

但要真正理解欧洲和中国的差异，需要的不仅只是对两者不同之处的简单对比，例如，对比中国的统一与欧洲的分裂，更需要将两者的历史一并看作是全球历史的一部分——它包含着欧洲与中国之间的互动及其相对地位的变化，而且，对欧洲历史的处理，也需要有赵在这部大作中论述中国的政治、文化发展时的那种周详谨密。

（巨桐　译/韩坤、张帆　校）

在比较的视野下——中国历史的模式

约翰·霍尔(John Hall)[①]

非常荣幸能被邀请为这部精彩的著作写一份简短的书评。第一次与该书作者见面时，他还是就读于麦吉尔大学的学生，自那时起，我就对他很是钦佩，而今天他对中华文明特质的阐释工作圆满完成，我为他感到高兴。我在本文中的评论只不过是把作者书中所讲的内容又强调了一遍，原因极为简单，因为我自己的观点(Hall，1985)与作者的非常一致。等一下再来说我的评论，其中有一部分，我将引入一个比较的维度来为作者的主要观点提供进一步的支持。但在此之前，有必要谈一下我对该书整体上的两点粗浅感受。首先，作者总体的理论立场在我看来既新颖而又令人兴奋。鼎新一方面接受了马克斯·韦伯(Max Weber)的主张，即人类社会生活包含着权力、财富与信仰这三种因素之间的互动；另一方面他又采纳了迈克尔·曼(Michael Mann)的理论，将军事因素引入到这一模型中，但他为这个模型加上了一道更具刚性的边界(a harder edge)。他相当合乎情理地将互动以达尔文式的术语表述为无止境的持续斗争。对所有这四种因素的性质，他都做了有趣的论述，其中，他对宗教和国家相联系的论述尤其引人注目。不过，有别于韦伯和曼，他坚持主张这些社会权力资源之间通常存在着等级关系：在他看来，政治权力主导一切，甚至比军事实力更为重要。这个观点发人深省，且是从实证研究中得出，但我不太确定是否能完全接受作者的这种看法。一方面，伊斯兰文明得以长期保持其凝聚力当然依靠的是意识形态手段而非军事手段；另一方面，不单如作者所言经济和军事力量会不断发展，宗教本身也在发展——至少盖尔纳(Gellner，1988)就曾对此做过有趣的论述。而且，理论模型的益处仅仅在于它能打磨提炼我们的思想，但在实际生活中，我们会看到很多与理论不相符合的现象，我最近的研究就让自己开始稍稍跨出这种韦伯式的理论框架来进行思考。比如，

---

① 约翰·霍尔(John Hall)：加拿大麦吉尔大学社会学系(Department of Sociology, Mc Gill University)教授。

历史记忆就似乎是一个很重要的变量。我近来有一种感觉，欧洲在可怕的 20 世纪所经历的许多历史教训正在被人们遗忘。西方学者常常强调伊曼努尔·康德（Immanuel Kant）关于自由国家彼此互不侵犯的主张，可他们却忘了，康德还认为其他地方的战争有其存在的必要，因为这样，那些自由国家才能一直认识到和平是对它们有益处的。至于我对该书整体上的第二点粗浅感受，简单来讲，就是它为历史社会学中非常多的问题都分别做出了高水平的社会学分析。例如，作者对魏特夫"水利社会"理论（hydraulic society thesis）的质疑（Zhao 2015，第 204—207 页）就无疑是正确的，再如，他在第十一章中有关游牧社会与农耕社会之间关系的分析本身就足以令人拍案称绝。这一点简单总结起来，就是作者的学术见解非常深刻。此外，19 世纪英国伟大的公共知识分子托马斯·卡莱尔（Thomas Carlyle）曾说[①]，在东英格兰的大沼泽地（the Fens of Eastern England）漫步丰富了他为奥利弗·克伦威尔（Oliver Cromwell）[②]作传的材料与灵感。该书也是一样。鼎新探访了他书中所描述的那些地区，并在相关章节中添加了不少考古出土的材料以佐证其观点——在这些材料中，有一些是新近才出土的，另一些则是地方博物馆收藏的文物。

这部著作的主要观点带给我很多喜悦，其中之一，便是该书认识到那种渐进式发展，即那种时进时退、震荡起伏中的发展，最终导致中国社会形成了其独特的社会模式。此处，我不再详述这一转变过程，仅就这套模型中的两个要素展开讨论。在该书中，作者搜集了早期中国历史上三段被明确划分的历史时期中有关战争的后勤补给能力、参战人数与伤亡人数的数据，这些数据的质量极高，这使作者能将这段血腥残酷的历史清晰地呈现给读者。这些战争愈演愈烈，直至彻底走向了全民战争。作者对这段历史的描述周详细致，叙述脉络惊人地清晰明了，就算是那些不熟悉早期中国历史的人也很容易就能理解。这些战争与欧洲战争之间最为重要的区别，是前者有着明确的最终结果。国家的力量随着时间的推移而越来越强，直到一个国家征服其所有对手。很大程度上，这

---

① 托马斯·卡莱尔曾编著有《奥利弗·克伦威尔书信演说集》（*Oliver Cromwell's Letters and Speeches*），书中导言部分详细介绍了克伦威尔的生平与家族背景。——译者

② 奥利弗·克伦威尔（1599—1658），英国的政治家、军事家与宗教领袖。在 17 世纪英国资产阶级革命中，作为资产阶级新贵族集团的代表人物，他逼迫英王退位，解散国会，建立英吉利共和国。他出生于英格兰东部的亨廷登郡，该地属于大沼泽地区（the Fens）。——译者

是推行法家思想及其政治实践活动所造成的后果。这也许可被称作是霍布斯主义（Hobbesianism）的更纯粹的形式。因为，实际上霍布斯论述了国家权力绝对化所需的全部条件，但缺乏一套此后仍可让市民社会的组织及其能力蓬勃发展的办法。相比之下，权力在中华文明中注定是绝对的权力。这里必须要展开谈一下具体细节。一方面，秦朝出现的第一次统一非常短暂，这很大程度上是因为当时国家还没有强大到可以彻底走上大一统的道路。历史证明，后来的西汉王朝实现了更为有效的国家统治，因为他们与残存的贵族势力达成了妥协。但根据这个系统的逻辑，这种造成分裂的封建因素迟早会随时间的推移而消失，最终产生出一种独特的国家模式。到这一步，模型中的第二个要素才凸显出来。没有哪一个前工业化国家有能力控制社会中发生的一切。换句话说，国家或许能打败它的对手，但单靠它自身是无法带来社会稳定的。于是，儒家学说被添加到法家学说中，两者之间的充分融合直到宋代才最终结晶（crystallizing）。这里有两个特点值得注意。首先，儒家学说为社会提供了日常的合法秩序。但这也是分阶段的，它是从精英群体逐渐深入到某些社会关系中，最后扩散到整个社会层面的。儒家伦理本身让我这个英国人想起了那些在全世界都很有名的英国私立学校：在那里，责任永远凌驾于激情之上的理性，坚忍不拔的精神被认作最为重要的品性。其次，儒家学说最终赋予国家一种特殊的形式。虽然皇帝偶尔会突然做出一些"圣意独裁"之举，但在更深层次上，他们仍受到官僚集团的严格约束。

为了更好地理解这一模型的解释效力，我们可以拿中国与伊斯兰文明以及西方文明来做比较。首先需要指出的是，内亚（Inner Asia）的游牧民族与来自阿拉伯地区的游牧民族之间有着天壤之别。该书中的几个精彩段落（Zhao 2015，第 299 页）就指出，内亚游牧民族之所以最终被中国社会同化吸收，很大程度上是因为中国没有可以替代官僚体制的制度。伊斯兰武士则与之完全不同，因为他们将武力与信仰熔为一炉，也就是说，一种世界性宗教与军事权力媾和在一起（Cook & Crone，1977），这因此影响了国家权力的性质。统治者的合法性取决于他们是否能遵循圣规圣训，某种意义上，这很容易使统治者招致不敬神明的指责。加之，正如 14 世纪的伟大学者与社会学家伊本·卡尔敦（Ibn Khaldun）①所强调的那样，地中海盆地的生态环境导致这里一直有游牧民族存在，这也造成了国家的不稳定性。对此，有人或许可以强调说，这一地区部落之间的血缘纽带不断威胁着国家权力。中国则与此有着巨大的差异：正如鼎新在书中揭示的那样，这个文明的稳定性与凝聚力建立在血缘关系对国家支持的基础上，而这很大程度上是通过血缘关系对地方社会秩序的维系来实现的。这里可以再多引申一点，鼎新的言外之意是西方国家的权力相对弱小。从某种意义上说，这种看法也不无道理。在西方，意识形态力量和政治力量的确不像在中国那样被紧密地结合在一起，而这并不仅仅是因为世界上存在着许多意识形态选项。政教合一（Caesaropapism）对于西方世界不过是一场梦幻。然而，他却忘了，西方国家也会以有别于伊斯兰国家的方式强化它们的权力。由于贪图大家族的财产，天主教教会破坏了家族血亲的势力，同时也就削弱了世俗社会对它的反抗力量（Goody，1983）。

鼎新关于中国与西方战争差异的论述值得引起我们的注意，这些论述有很强的说服力。首先，他强调了地理的作用。中国的战争发生在温带地区，因而战争持续不断，直至出现定于一尊的最终结果。在欧洲，情况当然不是这样，比如法国和德国等中等力量的国家必须同时处理来自海洋和陆地上的战事，可能还要面对俄罗斯酷寒的冬天。因而，称霸欧洲几乎是不可能实现的。尽管德国在第一次世界大战期间或许可以做到这一点：当时，俄国已遭受重创，而且若不是德国做出了发动潜艇战②的重大决定，让美国也被卷入进来，它本有可能统治整个欧洲大陆。但除此以外，同样有趣的是，他还指出中国没有形成一套规范战争行为的共同准则，这就让优先建立帝国统治成了具有历史决定意义的最终结果。欧洲则大不相同。毫无疑问，欧洲历史上也出现过战争准则荡然无存的时候——比如在宗教战争、大革命时期，以及在 20 世纪极权主义巨头剧烈冲突的时候。即使如此，在很长一段时间里，欧洲各国共存于同

① 伊本·卡尔敦（1332—1406），阿拉伯著名历史学家，著有《历史学导论》（*The Muqaddimah*），分析了奥斯曼帝国的兴衰，他被西方学者誉为"近代社会科学与文化史学的始祖"。——译者

② 无限制潜艇战，是德国海军在一战期间施行的一种潜艇作战方法，即德国潜艇可以不发出任何警告，直接击沉进入英国水域的船只，目的是对英国进行封锁。德军于 1917 年宣布无限制潜艇战后不久，美国便正式对德宣战。——译者

一"社会"之中——尽管这还不能算作一个社会,各国领导人对彼此都有清楚的认识——如此,他们便知晓对方的意图,因而避免了矛盾冲突不断升级走向极端(Hall,1996)。

鼎新也同样非常有力地论述了历史哲学中可能最重要的一个问题,即西方的兴起(the rise of the West)——以及为什么同样的现象没有发生在世界其他地方,尤其是为什么没有发生在中国。这诚然是该书在探讨中国古代战争之后的第二大主题。中国没有创造出现代世界,也不存在所谓"东方的兴起",这一点常被视作是中国的失败。因此,对于中国读者而言,了解帕特里夏·克罗恩(Patricia Crone)的观点或许会有些益处,这位已故的研究早期伊斯兰历史的伟大学者于 25 年前在一场关于"欧洲奇迹"的会议结束时,以犀利的言辞表达了她的不满。既然伟大的文明提供的是秩序和安定的生活方式,她诘难道,那么西北欧(Northwestern Europe)——这个动荡不安、群龙无首、暴力冲动不断的地方——就应该被裁决为少年犯了。她愤怒的背后有着一套成熟的社会演进理论。适应环境带来的是稳定,而进化通常来自边缘、来自失败。这一点对于这个历史哲学上的关键问题也同样适用。该书给了中国一个恰切的评价,说它是"自我维持"(self-maintaining)的国家(Zhao 2015,第 341 页),而相比之下,西方世界则是纷乱无序的。

这并不是说,鼎新对欧洲发展的描述是错误的,我仅仅是以另一种不同的实际上也还算恰当的眼光来审视它。事实上,他的论述十分优秀,充分运用了四种不同社会行动者之间的互动。这种互动的后果带来了缝隙中发展的可能性。这里尤其值得称赞的,是他注意到了现代科学的出现,特别是提及了英国剑桥的艾萨克·牛顿(Isaac Newton)对西方兴起的作用。在回应由彭慕兰(Kenneth Pomeranz)的《大分流》(Pomeranz,2000)所引发的一系列学术辩论时,他的论述同样深刻尖锐。他认为,将中国的一个地区和整个英国相比较并没有多大意义,因为这样做忽视了那个地区得以存在的整体政治环境。而他的主要观点则与彭慕兰的截然不同,既清晰明了,又令人信服:在中国古代建立起来的制度结构是如此强大,以至于它限制并塑造了中国后来全部的发展。

(巨桐、孙金　译/张帆　校)

参考文献:

Cook，M. & P. Crone. 1977. *Hagarism：The Making of the Islamic World*. Cambridge：Cambridge University Press.

Gellner，E. A. 1988. *Plough，Sword and Book：The Structure of Human History*，London，Harvill.

Goody，J. 1983. *The Development of the Family and Marriage in Europe*. Cambridge：Cambridge University Press.

Hall，J. A. 1996. *International Orders*. Cambridge：Polity.

Hall，J. A. 1985. *Powers and Liberties：The Causes and Consequences of the Rise of the West*. Oxford：Basil Blackwell.

Pomeranz，K. 2000. *The Great Divergence，China，Europe，and the Making of the Modern World Economy*. Princeton：Princeton University Press.

Zhao，Dingxin. 2015. *The Confucian-Legalist State：A New Theory of Chinese History*. Oxford：Oxford University Press.

《儒法国家》中的"竞争"概念

乔纳森·赫恩(Jonathan Hearn)[1]

　　赵鼎新(以下简称赵)的《儒法国家:中国历史新论》颇具学术雄心,视野宏大,洞察清晰,是一项可观的学术成就。我无法评价其解释中国历史的准确性,只能说该书似乎应当在中国的史学争鸣中占有一席之地。这里,我的评论将侧重于理论方面,重点关注的是此书理论的核心——"竞争"这一概念。这不仅是因为我对社会学及社会科学中"竞争"概念的运用较感兴趣,而且还因为,我也希望这一概念能在社会历史分析中变得更加重要并获得更多关注。

　　在这部著作中,赵提出了横跨两千余载的"中国历史模式的社会学分析框架"(Zhao 2015,第 3 页)。为了使读者对此书有所了解,在此我将简要概述书中所勾勒的中国历史脉络。首先,根据书中的描述,东周时期(前 770—前 221)的政治是从西周时期(前 1045—前 771)以宗族为基础的"封建"秩序的"土壤"上生长起来的。在东周时期不断扩大与升级的战争压力之下,许多彼此攻伐的城市国家逐渐兼并,发展成为官僚制统治下的领土国家。到这一时期的末尾,即"全民战争"阶段(前 419—前 221),"士"这一效力于统治者与国家的阶层渐渐崛起。在这个背景下,那些被后世称为儒家、道家和法家的各种思想学术流派蓬勃发展、百花齐放,其中,法家的一套"现实政治"(real politik)[2]学说成为战国时期官僚制国家的主要意识形态。在专制且短命的秦帝国,这一进程的发展达到高峰,历经王朝更迭的战祸之后,政治上相对温和的西汉帝国(前 206—8)代秦而兴,儒家思想也再度兴起,并与法家学说相调和,于是,在皇帝、儒生、中央官僚与地方官吏之间的平衡得以建立起来,"儒法国家"由此诞生,并为中国提供了一套长久绵延的基本国家模式,一直持续到 1911 年辛亥革命的爆发。虽然,在此后的各大王朝(北宋、明、

---

① 乔纳森·赫恩(Jonathan Hearn):英国爱丁堡大学社会与政治学院(School of Social and Political Science,University of Edinburgh)教授。
② 原为德语词(后被英语沿用),由普鲁士王国的宰相俾斯麦所提出,核心内容是以国家利益为内政外交的最高考量。——译者

清），商业都有所发展，却并未产生一个以经济力量为基础并能与国家体制相抗衡的资产阶级。总而言之，"儒法国家"是从战争及其结果的累积性影响中结晶出来的，且它一旦形成，就倾向于束缚中国历史的累积性发展。

为了将这段历史及其诸多历史进程予以概念化，赵以迈克尔·曼（Michael Mann，1986）的方法为基础，将与意识形态（ideological）、经济（economic）、军事（military）和政治（political）活动相关联的社会组织与社会网络所组成的四个关键集合视为社会权力的主要"资源"（迈克尔·曼语，即"IMEP"）模型。虽然，这四种权力资源没有因果关系上的先后次序，并在时间与空间中，可以有无数种结合方式，但四种权力资源总是交汇于国家之上，国家也就往往成为这种分析最终的落脚点。这也就为赵的历史论述和比较分析提供了一个全面而灵活的理论框架。至于赵对这个理论框架所进行的拓展工作，我将在后文中讨论。

赵同时还采用了马克斯·韦伯（Weber 1978）的概念。他认为合法性分为三种类型："程序合法性""意识形态合法性""绩效合法性"。其中前两种合法性是对韦伯合法性分类中法理型、魅力型与传统型三种模式的重组。至于"绩效合法性"，赵（Zhao 2009）强调这是韦伯范式中所缺失的一种合法性形式。这种类型的合法性完全取决于国家维护社会秩序与社会福祉的绩效表现，即取决于人们认为他们能通过服从于某一政权所获得的利益。作为社会秩序最终的协调者，唯有国家才能宣称享有这种形式的合法性。

赵还对两种类型的工具理性（手段—目的理性）做出了重要区分：一类以私人利益为导向，典型的例子是经济活动；另一类则以公共利益为导向，比如国家行为。赵还将韦伯的"理论"理性与"形式"理性合而为一，即"理论—形式理性"，这种理性的目标是从经验观察中抽象出分析与演绎性的模型。这被他视作现代思想与科学思维的特征。在此基础上，赵又加入了一种新的理性形式，即"历史理性"，它以整体性（holistic）思维和归纳性思维为特点，反对将事件抽离其所处的具体情境。赵认为，这种理性是诸子百家思想的特点，西汉之前已然存在，而后又绵延至历代王朝。赵意识到，在某种程度上，西方思想传统中存在于社会"科学"与人文学科之间的张力关系也可以被看作"理论—形式理性"与"历史理性"之间对立的翻版。

究其根本，赵认为，自己"将竞争/冲突逻辑加入到迈克尔·曼的韦伯式理论中"(Zhao 2015,第 4 页)。下面我就针对这一点展开讨论。首先,赵的理论是对曼原有理论的调整,他主张,与四种权力资源相关联的竞争每一种都有其不同的运作逻辑。而对曼来说,四种权力资源所对应的并非是明确的因果过程(causal processes),它更不包含可以借此分析和比较因果过程的历史分析范畴。正如赵所指出的,对于曼,要展开更直接的解释,所需要的是那些更具体的模式或进程,比如,从较大的社会结构之间的"缝隙中涌现"(interstitial emergence)出新的力量和社会群体,再如,社会行动的"非期然后果"(unintended consequences),此外,我还要加上曼所提出的各阶层的"社会笼"效应。赵则更多地将社会权力的四种资源视为"社会行动者之间发生竞争的场所",将"竞争与制度化之间的辩证互动……视为历史变迁的关键动力"(Zhao 2015,第 33 页)。

赵的理论上的一个基本前提是军事竞争和经济竞争为工具理性的发展提供了养分,因为一般来说,这两种竞争最终都有着明确的"胜者和输家",且手段与目的之间关系相对显明。和赵对韦伯工具理性概念的调整相一致,他又视经济竞争的目标为"私人物品"(如收入、利润等),视军事竞争的目标为"公共物品"(如安全、资源、领土等)。正因如此,军事竞争和经济竞争都具有"累积性发展"(cumulatively developmental)的态势。在这两种竞争中,社会行动都是根据其所追求之目标而被组织起来并被予以调整的,这两种竞争也就倾向于以相应的方式来推动社会的变迁。

相形之下,在政治和意识形态领域,推动社会变迁朝某一方向发展的动力就相对较弱了。虽然,政治领域中的竞争也有明确的胜负之分,但它自身却不能带来任何物质上的进步,而且由于统治者利益的需要,它有着保守主义维持现状的倾向。在意识形态领域,胜负的评判标准不十分明确,且对胜负的认定更具争议性。尽管意识形态力量也需要物质与制度上的保障,以及来自国家强制力的支持,而且,它还深受历史情境——如,社会危机——的制约,但是,即便是在自由、开放的辩论环境中,也无法保证"最好"的思想能脱颖胜出。这种自由辩论的环境只能保证价值的多元化(pluralism)(赵承认,"科学"对此是一个例外。这一点我将在后文谈到)。

简言之,根据赵的理论,与四种权力资源相关联的竞争中,既有相对静态的模式(意识形态竞争、政治竞争),也有相对动态的模式(军事竞争、经济竞争）。"只有当四种权力资源中的经济竞争和（或）军事竞争占据主导地位时，社会中的积累式发展才会加速。"（Zhao 2015，第36页）赵和曼一样都把集中化与去集中化的制度性趋势作为分析中的一组基本对立关系。对赵而言，军事竞争具有强烈的集中化趋势，而经济竞争则具有强烈的去中心化倾向。这种性质上的对立也让它们各有不同的累积性发展倾向。与曼一样，赵所说的政治力量，同军事力量类似，都是集中化且具有强制性的，但这也正是"绩效合法性"能够成立的关键所在。

我再来谈一谈这些理论前提对赵的历史叙述有怎样的影响。在他的历史叙述中，残酷的军事竞争推动了军事组织和军事技术的发展，也推动了社会规模与政治规模的壮大，国家从城市国家发展为王国，进而成为帝国。随着这种发展模式达到极限（在秦与西汉时期），它便结晶成高度官僚化（且极具军事实力）的国家，且国家的管理者是通过激烈竞争的科举考试选拔出来的文官阶层，这种国家也就是"儒法国家"。虽然，在这一体制中，商业经济仍有发展的空间，但这从不是社会变迁的核心，真正的核心是庞大的文官官僚体制维持其对整个军事力量的宰制。

作为与中国历史的对比，赵在结论一章中指出，欧洲有着完全不同的社会发展动态。在欧洲，与中国相似的是军事竞争促进了国家发展，但最终，却被贸易机会所激发的经济竞争所取代，而且，形式—理论理性尤对经济活动有助益之功。如他所言："按韦伯的说法，官僚制本身与现代性没有太大关系。"造就现代性的并不是工具理性和官僚制的兴起，更确切地说，应该是伴随着资本主义崛起的"私域导向工具理性的价值化及其占据主导地位"（Zhao 2015，第48页）。因此，古代中国建立了以国家与军队相联合为基础的社会体制，而对于欧洲，正如韦伯（Weber，2003）所说，其社会体制是以国家与商人的联合为基础的。

不过，对这一分析中的"竞争"概念，我要指出如下一些问题。第一，赵从此书的开篇就断言"人类是具有竞争性和易于发生冲突的动物。人类的个人或集体为争夺主导权而展开竞争"（Zhao 2015，第10页）。我怀疑这是否是对这一观点的最佳表达方式，因为所谓"具有竞争性"可以被划分成两种情况：一种指的是某种天性或心理倾向，另一种则是作为基本社会既定条件的"竞争"。文化习染特质的"竞争性"很容易与与生俱来的好斗禀性相混淆。且我对后者的存在是有所怀疑的。或许一种更准确的说法是，人类像大多数生物一样有着谋求生存和繁衍的倾向，而怀着这种倾向，人类所面临的是种种竞争环境。在竞争中，他们要和对手争夺有限的社会资源（比如，食物、领地、婚爱、荣誉等）。在一定的社会环境下，当这些竞争以一种特定的方式得以常态化，那么，在面对某些特定目标时，人类的争强好胜或许看起来就像是某种天性一样，但实际上充满了历史的偶然性。可以肯定的是，人类总会发现自己不可避免地处于某种竞争之中，而且还不得不去适应它。但我们很难同样肯定地说，人类天生就具有竞争性。

第二，接续上文，对所谓"自然发生"（naturally arising）的竞争（注意，并不是"与生俱来"的竞争）与我们或可称之为"人为"（artificial）的竞争加以区分是有帮助的。对于前者，比如，对那些由于基本生存资源的匮乏所引发的竞争；而于后者，经典的例子则包括各类竞技活动，从国际象棋到围棋，从古希腊奥林匹克运动会到中世纪的比武大会（它源于军事训练的目的）。当然，儒法国家举行的选拔官员的科举考试也属于后者。而且，科举是人类历史上较早运用人为竞争来满足基本制度性需求的例子。虽然根据赵的理论，中国各派的哲学思想之间固有的意识形态竞争可能相对是没有方向性的，但科举制度本身却有助于不断造就一批一批儒家士大夫为帝国效力。简而言之，竞争有两类：一类是人类不经意间所卷入的竞争，另一类则是他们精心创造出来的。理解这两者之间的张力关系，将有助于我们对人类竞争活动的分析。

第三，如果我们将竞争看作为争取有限资源而展开的较量，我们就有必要注意，这种竞争会带来各种各样的效果。其中，我们可能最先想到的是"淘汰"（elimination）——比如，军队输掉了战争或者商人没赚到利润，赔掉了本金，在最极端的情况下，他们都会被淘汰掉，就如中国王朝历史所见证的那样。但竞争的另一种影响是"分化"（differentiation），这在生物进化和经济演化领域中都被大量阐述过。当众多对手发生冲突时，有一种可能性，是他们朝着不同的特定方向发生分化，从而避免零和（zero-sum）对抗的出现。之所以会出现形式上愈趋复杂的现象，比如生物领域中的特化（speciation）现象、社会领域中的劳动分工，一部分就是由于个体应对竞争所致。最后，我们需要记住的是，"合作"本身也往往是竞争的产物。合作不只是与竞争相对立，紧密协作通常也是为了应对竞争所带来的种种挑战，因为，相互联合是为了更有效地展开竞争。行文至此，我想说的不过是，当社会科学家引入竞争这一概念并强调竞争的"淘汰"作用时，他们都很容易被人们认为是社会达尔文主义者。但当我们记住竞争具有多种效果后，这类误会可能会有所减少。此外，对于"累积性发展"，我们或许不应将之仅理解为成功的一方取代了不甚成功的另一方，还应看到这一过程也加强了整体上的分化，增进了合作（尽管通常，合作仍是为了展开竞争）。

第四，赵指出，由于着眼于竞争，他将"斯宾塞式的元素"融入了曼的理论中。但我怀疑这是否是一种十分正确的说法。正如赵所言，斯宾塞确实强调战争对促进社会整合、增强社会复杂性的推动作用，尽管他（在早年也曾乐观地）期待，和平的工业社会取代各国混战的时代将会来临。但在这里，我更关注的是斯宾塞进化理论中"竞争"所发挥的作用。斯宾塞将"进化"理解为增长、分化和整合的普遍法则，这一法则贯穿于物理学、生物学、社会学在内的所有科学领域。但奇怪的是，虽然斯宾塞由于其个人自由主义的伦理观，不赞同国家对穷人和不幸者提供援助，而主张这些人要学会适应社会（即，通过竞争以求生存）和改善社会，但在他的整个进化理论中，竞争并非是一个强大的解释机制。他的理论更多遵循的是一种目的论式的个体发展（ontogenic）逻辑，而很少用到竞争原则（Peel 1971，第 146—153 页）。简言之，斯宾塞的理论是否真的契合赵的解释模型？

第五，也是最后一点，如上所提及的，有一个令人好奇的问题：赵有关意识形态竞争具有非累积性的观点如何能与科学——这一广义上的意识形态——相兼容。为了解决这个问题，我们或许可以将科学置于意识形态之外，把它完全视作另一类思想和实践。比如，曼曾打趣地说，科学或可被视为第五种"权力资源"（Mann 2011，第 165 页）。在处理科学这个例外时，赵指出，科学之所以在现代世界中日益得到重视，部分原因在于它不仅为"私域导向的工具理性主义"提供了合法性基础，还使之得到极大拓展（Zhao 2015，第 45 页）。换句话说，科学与资本主义的发展形成某种唇齿相依的特殊关系。但似乎将科学置于整个知识传统之外，也就是我们一般广义上所认为的意识形态（如赵在第六章中讨论的各类中国哲学思想）之外，也不尽合理。也许在某些条件下，意识形态也具有成为某种"累积性发展"力量的潜质。尽管可以肯定的是，在美学领域和道德领域的意识形态竞争确乎难有根本上的是非对错之分，但就狭义实证主义意义上的科学而言，它确实自有一套办法淘汰那些失败的观念，创造出更完善的知识。当然，人文科学往往居于这两者的中间状态。

接近本文的尾声，我将再讨论一下此书的最后一章。这一章探讨了欧洲与中国在 18 世纪至 19 世纪发生的"大分流"现象。对此，书中先是问"中国为何如此发展"，继而又问"这种发展何以与欧洲的如此不同"。值得注意的是，有时有关这些问题的辩论背后所掩盖的是认为欧洲和中国在进行某种"追逐现代性的比赛"或者某种"优劣之争"，仿若比赛输赢的正当性需要事后予以论证似的。当然，这种比赛是根本不存在的。要从整体上为中国与欧洲的大分流找到解释，关键之处同时也是令人困惑之处都在于，中国和欧洲作为世界的两个部分，虽彼此有所联系，但各自有着相对独立、因果各异的历史。一句话，它们相互关联，但并非彼此竞争。

最后，赵认为，推动历史变迁的两个主架"引擎"分别是军事竞争和经济竞争。在中国的故事里，军事竞争最终为官僚制国家所利用，且官僚制国家一面限制和监控着哲学思想领域的竞争，另一面又建立起科举制度，使儒生为了跻身士林、获取权力而展开竞争。对于赵来说，在欧洲的故事中，经济竞争最终以工业资本主义的面貌呈现，同时也被国家所利用，创建出"国家与商人的联盟"。此外，军事力量和意识形态力量在这一核心进程中则居于次要地位。总之，中国和欧洲有着两个相对独立的故事：对于前者，军事这架"引擎"在很早之前就被中国通过政治力量与意识形态力量的结合——儒法国家——而牢牢掌握在手中；对于后者，经济这架"引擎"则被欧洲在后来所掌握，再强调一下，欧洲做到这一点是基于一种与中国不同的政治与意识形态架构，我们或可称其为"资本—自由主义"国家（"Capitalist-Liberal"state）。

能以自己的方式重新审视中国历史，并对历史和社科领域中最重要的论题——"西方"何以兴起——予以深入探讨，无疑是一项非凡的成就。赵对竞争在宏观社会学和历史发展中的作用做出了系统全面的分析，对此，我要献上我最热切的欢迎，这类研究正是我期待已久的。如同所有伟大的社科研究和历史研究一样，本书对历史的再诠释开启了我们对经验材料的全新理解，使它们得以通过一种新的方式来被审视，并被赋予了崭新的意义。

（韩坤　译/周盼、巨桐　校）

参考文献：

Peel，J. D. Y. 1971. *Herbert Spencer：The Evolution of a Sociologist*. London：Heinemann.

Mann，Michael. 2011. *Power in the 21st Century：Conversations with John A. Hall*. Cambridge：Polity.

Mann，Michael. 1986. *The Sources of Social Power*，Volume 1：*A History of Power from the Beginning to A. D. 1760*. Cambridge：Cambridge University Press.

Weber，Max. 2003（1927）. *General Economic History*. Mineola，NY：Dover Publications，Inc.

Weber，Max. 1978. *Economy and Society*，*Volumes* 1 & 2. Berkeley：University of California Press.

Zhao，Dingxin. 2015. *The Confucian-Legalist State：A New Theory of Chinese History*. Oxford：Oxford University Press.

Zhao，Dingxin. 2009. "The Mandate of Heaven and Performance Legitimation in Historical and Contemporary China." *American Behavioral Scientist*，Vol. 53，pp. 416-433.

"儒法国家"：政治权力与意识形态权力的稳定结合

理查德·拉赫曼（Richard Lachmann）[1]

　　美国学者从进入幼儿园到博士毕业几乎没有接触过中国历史（事实上，典型的美国学生对易洛魁人[2]的了解比对整个亚洲的了解还要多），这是少有例外的。这种无知导致的一个悲哀的后果便是比较历史社会学家和比较政治学家所构建的理论都不涉及中国。我们的国家形成理论与帝国比较研究均基于欧洲的经验。对于我们工作中的这种狭隘，我感到惭愧。

　　当学者们试图超出大多数比较研究中所用的那几个有限的比较对象时，他们会引入那些曾作为欧洲殖民地的国家，或着眼于曾是欧洲一部分的俄罗斯和奥斯曼帝国。譬如，简·伯班克（Jane Burbank）和弗雷德里克·库珀（Frederick Cooper）备受赞誉的著作《世界历史中的帝国：权力与差异政治》[3]，在这本500多页的书中，只有两个章节（总共36页）是写中国的。对中国如此简短的考察使伯班克和库珀得出结论，认为中国两千余年的历史变化不大，反过来，这个结论也为他们对中国历史关注之少做了辩解，在他们看来，那不过是一系列平淡无奇的历史事件罢了。

　　那种认为亚洲，特别是中国，实际上乃至整个非欧洲世界的历史，总体上都是一成不变的观点由来已久。马克思和韦伯在他们的大部分著作中都以亚洲作为反例，来衬托欧洲历史发展的活力。这种做法影响甚大，不仅因为它导致了对中国历史及其社会发展过于简单化的、错误的解读，更因为它提供了一种对欧洲政治体制不切实际的看法。一些著述者相信，只有欧洲才具备促成资本主义或理性行动的鲜活动力，他们发现，不难从历史中拣取某个单一事件（比如新教改革，或更准确点，即韦

---

① 理查德·拉赫曼（Richard Lachmann）：美国纽约州立大学奥尔巴尼校区社会学系（Department of Sociology, State University of New York, Albany）教授。
② 易洛魁人（Iroquois）是北美洲印第安人中的一支。——译者
③ Jane Burbank & Frederick Cooper. *Empires in World History：Power and the Politics of Difference*. Princeton：Princeton University Press, 2010.

伯的那种缺乏历史知识的对宗教改革的错误解读)或发生在某个特定地区的一连串历史事件(如英国圈地运动、法国大革命)建立起用以解释世界何以会分为变革地区与落后地区的普遍理论。

对于大多数西方社科研究中对中国的忽视和无知,《儒法国家:中国历史新论》(以下简称《儒法国家》)一书是一剂强有力的解药。这部内容丰富的著作对读者承诺的不少,而实际做到的则更多。赵教授优雅而清晰地概述了中国社会两千余年的发展历史,指出中国与欧洲在政治体制上的差异,并阐释了推动文官政府在中国出现的动力,正是这种政府体制有效地将军事精英边缘化,它的作为是在过去几百年任何一个成规模的社会都无法办到的。

赵教授以迈克尔·曼(Michael Mann)所区分出的社会权力之经济、军事、政治和意识形态四种形式为起点。不过,对于曼而言,在任何特定社会的某些历史时刻,是一种还是多种形式的力量占据主导性地位,理论上是不可知的(而且他坚持认为任何一种形式的社会力量在历史上都没有因果逻辑上的首要性),但赵教授的观点则是,在历史的每个时刻总会有某一形式的力量占据主导性地位。事实上,他认为政治力量具有"绩效合法性,这是其他三种力量所不具备的"(Zhao 2015,第40页)。这种绩效合法性来源于统治者对公共物品的提供,而到最近数世纪之前,能被提供的公共物品仍十分有限(赵教授将法律、治安以及赈济救灾视作前现代时期公共物品的主要形式)。提供公共物品是那些长于暴力统治的专家在变成统治一方领土的政治行动者之后才可能的(即通过"社会笼"才有可能实现,这是曼对前资本主义社会之论述的核心所在)。赵教授主张,即使在封闭的空间中,政治领导者的绩效合法性,即他们对公共物品的提供,也无法一直满足人们日益增长的对领导者所应提供公共物品的期望。

赵教授分析中的这一点多少有些时代错置(anachronistic)之嫌。直到数世纪之前,人类对物质生活或社会进步尚没有多少期待,这很大程度上是因为当时物质条件没有多大发展,社会进步也并不明显。那种认为事物可以且应该变得更好的看法是一种现代式的理念,也是过去数世纪以来人们才拥有的经验。如果中国人在数世纪甚至千余年前就对他们的政府提出了更多的要求,那将标志着中国在欧洲陷入落后停滞之时却出现了非同寻常的物质进步。正如赵教授所说,这可以解释中国领导者在通过动员意识形态力量支撑其统治合法性的过程中所满足的需求与所获得的价值。

再者,赵教授发现,在中国占据主导性地位的是政治和意识形态力量,而在欧洲的第二个千年里,则是军事和经济力量。这种全球性差异产生了深远的影响,因为在赵教授的分析中,"当政治竞争和意识形态竞争主导社会时,社会的累积性发展潜能将受到抑制"(Zhao 2015,第10页)。这就意味着中国的物质条件并未出现太大的进步,那么,所谓中国人对政府能够和应当提供什么抱以越来越高期望的观点便会大打折扣了。在任何情况下,统治者都更乐于见到这种物质停滞情况的出现。事实上,用赵教授的话说就是"前现代的政治行动者和意识形态行动者一般不喜欢累积性发展,因为它总会动摇政治和意识形态的基础"(Zhao 2015,第10、40页)。

统治者倾向于专注并支配某一两种形式的社会权力,这塑造着他们的利益诉求。故而,他们的地位有赖于他们能否约束或压制那些会为其竞争对手提供权力平台的其他权力形式,而不是在所有四种权力形式中变得具有功能上的多样性。这是一种理解精英如何建立其权力策略的新方式,会让人们对权力持有者对其对手权力资源的种种破坏与限制予以必要的关注,这主要涉及的是冲突和统治的方面,而不是通过追溯其实力增强的过程来给出解释。

在人类历史的大部分时间里,政治和意识形态行动者比经济行动者更具优势,因为追求财富曾被视为是一种不创造任何社会价值的自私之举。赵教授认为,逐渐认可私人谋利活动所具有的社会价值是现代性的核心特征,这使工业资本主义的兴起成为可能。只有同时具备如下三个条件,这种首先发生在西方世界的转变才有可能出现:第一,城市自治的兴起让商人有了获取政治力量与军事力量的空间;第二,彼此竞争的国家政治行动者为了得到击败其敌国所需的财政资源而与商人结为同盟;第三,出现了那种使知识分子对私人谋利活动进行重新诠释并赋予其积极价值的理性思想。在当今中国,只存在第一个条件,偶尔第二个条件也存在。这就引出了一个问题,中国为何没有发展出像欧洲那样的思想。赵教授通过追溯儒、法意识形态的发展和周期性的重塑过程,在该书的历史叙述中给出了他的答案。他解释了这种意识形态的每一版本是如何在历史上不断贬抑私人谋利活动的。

实质上，赵教授的论述走向了与兰德尔·柯林斯（Randall Collins）①对哲学思想出现突破性发展的分析的反方向。柯林斯把哲学思想的创新，即重要的新学派之出现，归结于政治和经济的变革。因此，社会结构的僵化意味着哲学思想无法出现新的突破。而当赵教授发现在充满政治危机的时代，不仅出现了儒家、道家、法家，还出现了实力更为强大的官僚制城市时，他的分析就难以苟同于柯林斯的了。对于柯林斯，社会停滞和思想停滞之间存在着相关性。

赵教授揭示了哲学创新何以影响社会关系。观念，或按赵教授更准确的说法，即具有权力的社会行动者对旧观念的阐释与提倡，为政府官员带来了团结及合法性，同时削弱了商人借以反对政府官员的道德基础和关系纽带。因此，意识形态的稳定性是造成社会停滞的主要原因。在赵教授对一个单一社会世界（social world）长时段的历史叙述中，柯林斯的某些分析内容就显得更具偶然性，这些内容依前者来看就成了政治精英为对抗现实或潜在的竞争对手而维持自身权力所采取权力策略的结果。因此，赵教授分析意识形态领域所用的方法与他处理其他几种权力形式的方法是一样的。权力是通过排除那些可取而代之者而得来的，包括其他的思维方式及其他的制度和社会关系。

在赵教授的论述中，中国历史上的精英们一直在做策略性选择。指导他们做出这些选择的，是他们对自身结构性地位，对其意识形态的重要性以及对对手优劣形势的一般较为准确的解读。交战各国的统治者动员臣民参加战斗的方式也建立在他们对其政府潜在的组织优势及他们可用以强化其政权合法性的各种意识形态资源的理解上，我再说一次，这种理解一般是较为准确的。赵教授以此便能解释秦国何以在全民战争时代末期成为战国七雄中实力最强的国家。

与此类似，中国统治者认识到"儒家学说是对于统治最为有利的一种意识形态，也是国家与社会进行合作的最坚实的基础"（Zhao 2015，第293页），这使中国文明延续的时间远远超过罗马。尽管罗马帝国拥有更强大的军队，以及或许货币化程度更高的经济，但罗马宗教的多元性削弱了其意识形态的合法性基础。换言之，中国存在着一个深层国家

① Randall Collins. *The Sociology of Philosophies：A Global Theory of Intellectual Change*. Cambridge：Harvard University Press，1998.

(deep state)①,或更准确地说是一个深层的官僚化知识分子世界,它经历无数朝代而绵延不绝,而罗马的军事化国家组织、共同的语言及文化仅限于精英阶层,甚至由于没有共同的宗教信仰,其上层社会十分粗陋浅薄。因此,罗马不能长久存续,它最终在军事和社会压力之下走向灭亡,而这些压力也曾让中华王朝数度覆灭,却并不能使中国文化有所中断。中国的意识形态力量之所以长久绵延,依靠的仍旧是精英阶层对其最实际的政治利益的准确计算,而且,这种计算的连贯性导致社会结构稳定不变,这使中国即便在多国竞争的大分裂时代(the Age of Disunion)②也仍能维持儒法意识形态在激励官员、赢得民心方面的功效。这种意识形态同样也为文官集团提供了一个施展拳脚的平台,使其在唐朝立国之后得以重新建立起高于军阀势力的权威,并以此平台对所征服的游牧族群势力进行吸收同化。而到了宋代与明代,儒家意识形态则使儒家官员及儒家学者渗透到地方社会之中。

最后,赵教授挑战了加州学派的观点,他提出了一套对中国没能发展出资本主义的新解释。在这套解释中,儒法国家抑制了政治精英和国家政权间的冲突,最重要的是,它阻断了那种企图通过为城市商人赋予权力以与之结成联盟的策略。这就确保了商人与官员之间只能是一种前者恳求后者,渴望获得后者支持的关系,而无法结成同盟。为了提高自身地位,商人们所能做的就是把钱花在子孙的教育和功名上,以此来换取权力与声望。只有外国势力"天纵神兵"(deus ex machina)般的介入才能永久地打破儒法国家束缚在中国身上的意识形态枷锁,才能给新式精英的出现创造空间,这些精英的根基在于政治权力,但又有调动经济资源的兴趣,而后他们以经济增长为自己提供合法性基础,从而建立起一个新的社会系统。

赵教授的论述之精巧、说服力之强,既有赖于他对四种权力形式的敏锐区分,也有赖于他对调动每一种权力资源的精英所做的深入分析。他对中国与欧洲的比较虽然所占篇幅不长却具有启发性,在其比较中,他假设欧洲的权力持有者们也类似地具有各自独特的性质。然而,在欧洲,精英们不仅可以调动多种形式的权力,而且,不同类型的精英还可以调动同一种形式的权力。当不同的精英为了谁该使用某一特定类型的

---

① "深层国家"也被称为"国中之国",指的是在国家政治体制内存在一个影响极大的秘密网络,通常由军队、情报机构、警察部门及依附它们的文官组织构成。——译者
② 大分裂时代,即魏晋南北朝时期(220—589)。——译者

权力而斗争时,各种矛盾就会随之爆发,而哪种精英能获得胜利往往要看它利用已有权力撬动(leverage)其他权力形式的能力。例如,地主和教士都在经济上对农民具有支配权,而教士和贵族都拥有政治权力。国王、贵族、教士和城市商业组织都可以调动军队。通常,名义上由国王领导的军队里,军人效忠的对象可能是其他的政治行动者。这些行动者可以命令忠诚于他们的军人把矛头指向国王,或者更常发生的是,如果军人不喜欢名义上统治者的目标、战略或战术,他们就会卸甲还家。

在中国,尤其是在中国的政治与意识形态的联合中,赵教授发现了这种撬动(leveraging)机制。中国的稳定性及其在世界历史中独一无二的政治与意识形态精英绵延长久的联合统治,也同样缩小了处于不同权力组合中及具有不同社会地位的精英之间的冲突范围。中国的权力之争发生在有着同等结构地位的精英之间,这就是为什么尽管中国政府在其规模、复杂程度与地方渗透能力等方面都有所增强,但中国社会结构仍能保持稳定不变。赵教授给我们带来的这部著作既极大地发展了曼的理论,又廓清了中国的历史。

此外,《儒法国家》一书也必将引发人们对国家理论的广泛反思。欧洲和美国的理论家们中,除去迈克尔·曼这位卓越的学者以外,其他人关于国家权力的论述无外乎有两种:其一,国家利用武力建立起垄断性权力(这是韦伯的著名论点),并利用这种垄断性权力来支配政府之外的其他社会行动者;其二,以马克思理论为基础,认为经济权力占据首要地位,它通过各种途径实现对国家的控制。而赵教授的分析则另辟蹊径。按照他的观点,国家并没有如此多地支配经济和军事力量,以至于将其自身及其权力完全封闭起来,从而隔绝了市场变化和市场资源,以及军事专家的专门技术。

一种解读《儒法国家》的方式是将它视为对乔瓦尼·阿里吉(Giovanni Arrighi)观点审慎而证据翔实的确证,即中国建立了一套与那种相继由热那亚人①、荷兰人、英国人和美国人所建立的霸权有着本质区别的世界体系。在《亚当·斯密在北京:二十一世纪的谱系》②一书

---

① 热那亚人曾于 12 世纪至 17 世纪建立起一个强大的海洋共和国。热那亚共和国从今天的热那亚(即意大利的利古里亚大区首府)延伸至利古里亚与皮埃蒙特,其殖民地遍布地中海沿岸。——译者
② Giovanni Arrighi. *Adam Smith in Beijing*:*Lineages of the Twenty-First Century*. London:Verso,2007.

中，阿里吉提出中国从未试图通过军事征服来建立一个全球性帝国。赵教授的著作则解释了为什么中国统治者（包括皇帝和官僚集团）会将这种帝国视作是对他们根本利益和政权长治久安的一种威胁。因此，《儒法国家》应成为研究世界体系的学者们所需阅读的基本书籍。

《儒法国家》所讨论的远不止于对世界体系的分析。它为探索国家形成问题提供了一种不同的思考方式。赵教授既没有将国家和帝国的形成解释为征服权力竞争者的过程（如参见查尔斯·梯利的《强制、资本和欧洲国家》[①]），也没有和我一样将之解释为在精英及其组织能力被整合在单一组织中时才会出现的现象[②]，正如我们所见到的那样，他把国家形成看作是一个使竞争对手的权力资源被边缘化或被限制的进程。

中国与欧洲的区别或许就在于中国的统治者将政治和意识形态力量抬高到军事和经济力量的地位之上，但该书也应该会激起人们对世界上其他地方类似现象的研究，即那些试图将与之竞争的权力形态在组织制度和思想观念上进行边缘化的一系列努力。这样的探究，反过来，应该会引导我们去思考为什么政治行动者能够建立"绩效合法性"，而运用其他三种权力形式的行动者则没有取得如此大的成功。这究竟是许多世纪以来，中国特有的制度建设和意识形态建构的遗赠，还是政治权力中存在某些固有的东西，使之比其他三种形式的权力产生出更好的结果？在人类历史的大部分时间里，如果政治力量都能超过经济力量，那么资本主义是否改变了这种二者之间的平衡，抑或市场比政治更有优势不过只是一种说辞，一种由富可敌国的资本家势力所支持的虚假主张？我们只能通过比较研究来回答这些问题。

这本书也对军事力量的地位提出了质疑。曼确定了在许多地方的不同时期内军事力量都会成为首要的权力形式。这是除中国以外世界其他地方所独有的特点？还是说，军事力量本身可能极其强大，但只有当拥有军事权力者尚未被其他形式权力的持有者所打败、吸收或边缘化之前，在相对短的时间内，它才能发挥它的效力？当然，中国的情况即是如此。我们需要重新审视世界上的其他地区，看一看究竟是以前的分析过分夸大了军队的作用，还是中国与其他社会有着巨大的差异。

赵教授的著作是以曼的四种权力形态作为理论基础进行比较分析

---

① Charles Tilly. *Coercion, Capital, and European States, AD 990—1992*. Wiley-Blackwell, 1992.

② Richard Lachmann. *States and Power*. Cambridge: Polity Press, 2010.

的典范之作。与此同时，《儒法国家》展示出何以将中国置于比较历史分析的中心是具有重要意义的。我希望新一代的历史社会学家都能阅读这部著作，并从赵教授的研究成果中获得启发。

（张帆　译/巨桐　校）

参考文献：

Zhao, Dingxin. 2015. *The Confucian-Legalist State：A New Theory of Chinese History*. Oxford：Oxford University Press.

关于国家力量社会来源的商榷

乔治·劳森(George Lawson)[1]

一、中国国家力量的社会来源

在我们生活着的当今世界，中国已经是一个大国了（这里的"大国"指的是一个在世界多个地区拥有相当强大影响力的国家）。然而，我们应该如何理解中国国家力量的"来源"(sources)呢？赵鼎新（以下简称赵）的这部著作给了我们一个新的答案。赵认为，自秦朝统一中国到20世纪初清王朝崩溃的这两千余年，中国的政治体制可以用"儒法国家"这个宏大的概念框架予以把握。这一融等级制度和国家集权为一体的富有弹性的体制给中国带来了巨大的优势——它造就了强大的国家，确立了任人唯贤的官僚体制，实现了意识形态的统一。但是这些导致中国长期稳定的因素也同时成了中国最大的劣势——它们阻碍了经济的发展。与早期现代欧洲不同，中国商人并没有将他们的经济财富转化为政治实力。许多世纪以来，这一点并不显得特别重要。因为世界上大部分地区都与中国相距遥远，且世界上也没有哪个国家比中国更富有或比它有更强的生产力。到了19世纪，这种情况才起了变化。一旦少数几个西方国家开始利用工业力量发展起来，中国很快就被彻底地甩在了后面。赵在书中写道："正是这种儒法国家的性质使中国与工业资本主义失之交臂。"(Zhao 2015，第348页)工业化，以及与之相伴的现代化发展潮流，加速了中国儒法国家体制的崩溃，并开启了一个动荡喧嚣的世纪，它充斥着革命、军阀混战，还有近几十年来高速的经济发展。当下，"现代化"是中国的必要之路。没有了儒法国家的过往历史所给予中国的统一，及其所带来的种种束缚，中国为重建国家力量进行了一个世纪的漫长奋斗。

---

[1] 乔治·劳森(George Lawson)：英国伦敦政治经济学院国际关系系(Department of International Relations, the London School of Economics and Political Science)教授。

　　首先应该说明的是,我并非研究中国问题的专家,而是一位历史社会学家,我的学科背景是国际关系研究。因此,我将把赵书中有关历史细节方面的内容留给其他更有资格的评论家来讨论。关于这个部分,我只能说,这部著作研究全面,论证严谨,观点具有原创性,它将原始资料、二手文献与作者的实地考察、访谈及其他新颖的研究手段相结合,是一部堪称典范的学术著作。一方面,赵加入了那些试图展现中国历史长时段连续性的学者行列(比如 Pines,2012)。同时,对我这个非专业人士来说,他对中国历史的再阐释见解深刻,引人入胜,让我了解到那些我所不熟悉的地方、历史与民族。然而,本文并不侧重于谈赵对中国史学的贡献,而是要提出我对其理论论述部分的四点保留意见,以及由此延伸出的两个会令研究国际关系的读者感兴趣的潜在问题。

二、我的几点保留意见

　　赵将人类看作是"具有竞争性和易于发生冲突的动物"(Zhao 2015,第 10 页),他们有着"为获得支配地位而竞争的强烈倾向"(Zhao 2015,第 29 页)。赵从这些基本理论动机出发,构建了一个以迈克尔·曼的社会权力四种来源(Michael Mann 1986,第 33 页)为基础的理论,其中,围绕支配权展开的竞争是这一理论的核心。对赵而言,军事竞争导致国家集权,而经济竞争则分散社会权力,后者涉及"私域"理性,前者则关乎"公共"理性。在四种权力资源中,政治力量包含着"绩效合法性"(Zhao 2015,第 40 页),它以对竞争的管控为基础。意识形态力量代表着重要社会行动者对"合法化价值观"的传播,"对其竞争成果的制度化",以及对公众进行的价值观"灌输"(Zhao 2015,第 10—11 页)。在中国,通过军事竞争,儒、法学说合而为一,发展成为一种国家权力的意识形态;在早期现代欧洲,发生的则是军事竞争和经济竞争的融合。束缚欧洲国家权力的因素,包括转变为城市资产阶级的商人阶层、政治上的制衡关系(如君主与议会之间的制约关系),以及其他的意识形态力量,特别是教会的势力(Zhao 2015,第 220、242—243 页)。这意味着商人们不仅能够作为国家"储备充足的金库"(Zhao 2015,第 359 页),还能利用新的策略和新的意识形态渗透国家权力。国家和商人之间的联盟催生出累积性发展,这是儒法国家体制难以望其项背的。

　　我对以上观点有几点不同的看法。第一,赵的论述建立在这样一种认识上,即他认为追求权力、参与竞争是人类本性使然。如他所言,竞争是"历史变迁的终极动力"(Zhao 2015,第 29 页)。但对我来讲,这种准功能主义(quasi-functionalist)和准进化论(quasi-evolutionary)式的理论并没有说服力。诚然,人类的确有竞争的能力,甚或具有某种竞争与冲突的倾向。但他们至少也拥有同样强大的互助能力与合作能力。与其他动物相比,人类并不适合于暴力活动——在其童年阶段的数年里,人类几乎不具备自我保护能力,到了成年阶段,也不像许多其他动物那样拥有尖牙利爪、强健的下颌、锐利的犄角、致命的毒液、迅猛的速度、灵敏的嗅觉与视觉等诸多优势(Maleševia 2017,第 310 页)。事实上,或许正是由于人类在暴力竞争上的相对劣势,才促使他们在其他领域,尤其是在认知领域得到发展。心智的发育,连同其他一系列微小变化,为人类在更高层面的社会聚集(social aggregation)留下了一份充满不确定性的遗产。总之,将宏观社会学的论述建立在人类的原始冲动之上,不是一种稳妥的做法。

第二,赵书试图解释中国两千多年历史发展的主要模式,尽管这份雄心壮志令人钦佩,但能否用从现代世界提炼出来的理论术语来把握中国古代的历史,是令人怀疑的。对这一点,赵在书中用了一些篇幅(尤其是在书的导论部分)进行讨论,但这些讨论并不令我信服。譬如,他观点中有这样一个基本假设——私域(经济)理性与公域(政治)理性是彼此区分的——这是一种典型的现代建构。三四个世纪以前,"公共"和"私人"的含义就与今天完全不同,更不消说在两千多年以前了。举个明显的例子,英国东印度公司所进行的贸易活动就对现代意义上"公共"和"私人"观念的发展具有重大意义(Erikson 2017)。这种贸易活动是"公共"的,因为它是一种由议会法令(特许状)所批准的垄断性贸易。而"私人"的贸易活动则是由在这些垄断部门之外工作的个体进行的。欧洲的世袭政权拥有售卖官位以及为国王提供服务的特权。例如,在 17 世纪中叶的英国,受王室青睐的贵族创办"公共"垄断性产业,比如埃德蒙·弗尼爵士(Sir Edmund Verney)的烟草产业、萨立斯伯雷伯爵(the Earl of Salisbury)的丝绸产业,等等。我们现在对公与私的区分(及将它们具体归属为政治和经济两个领域)是现代世界才有的,尤其是当单一政治经济领域转变为市场交换的私人领域以及受政治管控的公共领域之时。为了理解这些关系,我们需要的不是从公共/私人的角度来思考,而是要从垄断之于自由贸易,教会神权之于世俗主权,君主专制之于君主立宪制,以及世袭权力等方面来思考。不同的历史环境需要不同的概念。对古代中国,当然也是一样。

第三,与此相关的是,赵的很多解释都紧紧围绕着经济竞争的作用而展开。他写道:"现代性最重要的特征是私域导向工具理性的价值化及其获得主导性地位。"(Zhao 2015,第 44、361 页)如前所述,欧洲商人可以将商业的精神文化贩售到政治领域,而中国的儒法国家体制则阻碍了经济发展。但这种论述会引来一系列问题,其中一个问题是,如何在这一框架中解释日本相对较早的工业化发展——尽管日本的制度并不完全是儒法国家式的,但其权威主义的、保有等级结构的现代化形式肯定与儒法国家有着血脉相承的相似性。和许多国家一样,日本的现代化并没有经历从私域理性到公域理性的转变,相反,则是通过国家主导的发展来实现的,这种发展带有等级化的特点,且通常是权威主义式的(Buzan & Lawson 2015,第五章)。这种发展模式的例子,19 世纪末的德国是一个,继而有战后的,再就是现在的中国。如今,从新加坡到卡塔尔,都可以看到保守主义国家(通常也是威权主义国家)与资本主义的融合。对 19 世纪那些分析工业资本主义的研究者来说,这种看上去稳定的融合并不令人感到惊讶——无论对其批评者还是倡导者而言,资本主义都有着寡头垄断的发展趋势。由于资本主义涡轮(turbocharges)[①]的运动变化,其发展过程总伴随着增长、不平等、效率、稳定之间的此消彼长。资本主义的合法性取决于它通过增长和利润的形式创造财富,但对这种财富的分配却是不平等的,且从长期来看,资本回报率(尤其是所继承遗产的资本回报率)超过收入增长或产出增长的趋势会使分配不平等进一步加剧(Piketty,2014)。当代有关资本主义的寡头垄断属性以及贫富分化加剧的争论表明,在私人/公共、资本/国家,以及经济力量/政治力量之间的关系远比赵所论述的要复杂得多。

第四,赵将工业革命视为欧洲现象(Zhao 2015,第 4 页注释 4),但实际上工业化是一个全球性事件。有些地方(如英国)的工业化趋势与其他一些地方(如印度)强烈的去工业化(deindustrialization)趋势紧密相

---

① 爱德华·勒特韦克(Edward Luttwak)在 20 世纪 90 年代末提出"涡轮资本主义"(Turbo-Capitalism)的概念,指出在经济自由化和全球化的背景下,资本主义进入了新的阶段,在其扩大经济效益的同时,也使"经济先于公民利益"绝对化,造成"社会失效",不可避免地带来了一系列社会问题,如失业率增长、贫富差距加剧等。此处,作者借此概念为喻,指出资本主义动力机制如同涡轮转动一般,会带来发展过程中诸条件的消长变化。——译者

连。例如，对产自印度的纺织品，英国曾一度或禁止其进口，或对其征收高额关税——在 18 世纪 90 年代，英国政府对印度产品的关税提高至三倍，到 19 世纪的头 20 年又增至九倍之多。相反，英国的制造业产品则以零关税强行出口到印度（Wolf 1997，第 151 页）。1814—1828 年，英国出口印度的布匹从 80 万码[①]增加到 4000 多万码；与此同时，印度对英国的布匹出口则减少了一半（Goody 1996，第 131 页）。在现代性来临之前的数世纪里，印度的商人阶层曾"为全世界提供了衣装"（Parthasarathi 2011，第 22 页）。但到 1850 年，兰开夏郡（Lancashire）[②]则成为新的全球纺织业中心。不出一两代人的时间，南亚在诸如布染、造船、冶金和制枪等行业中掌握数世纪之久的技术便逐渐失传了（Arnold 2000，第 100—101 页；Parthasarathi 2011，第 259 页）。跨国商业网络以及权力的不对称是工业化出现的基础——也就是说，印度的纺织工人与英国的工程师一样，都与现代性的兴起息息相关（Burbank & Cooper 2010，第 238 页）。

相比之下，赵的解释在本质上是一种"内在化"（internalist）的解读——他对中国历史型态解释的参照点"内在于"中国本身的历史变迁。他书中所引用的参考文献极少涉及中国之外的地缘政治，中国对其他国家行政和商业实践的借鉴，以及思想和技术的跨国传播等方面的内容。读者还有很多想要知道的问题，但该书却语焉不详，比如，中国与中亚游牧民族冲突的影响，远程贸易所扮演的角色，中国航海探索活动在郑和下西洋后的戛然而止，以及其他类似的历史事件（不过，书中篇幅不长的第十一章是一个例外。另参见 Zhao 2015，第 363—364 页）。换言之，赵在很大程度上忽视了中国历史发展的"跨社会"（inter-societal）特点，即，历史发展嵌入在人群、地点与思想的跨界循环（transboundary circuits）之中（Go and Lawson，2017）。这些特点并不是在 19 世纪才突然出现的。两千年前，罗马帝国和汉帝国就知道彼此的存在，两者之间还有过奢侈品和香料的重要贸易往来。到了早期现代，中国更是被嵌入在白银、丝绸、瓷器以及后来鸦片的全球贸易网络中。然而，赵的叙述几乎完全停留在中国政治体制的框架之内，那些超出中国国家边界的众多影响因素则全都被刨除在外。

---

① 英制 1 码（yard）约等于 0.91 米，30 码为 1 匹。——译者
② 英格兰西北部的一个郡，被认为是英国工业革命的发源地。——译者

三、开放讨论

在最后一部分,我想讨论一下从赵的论述中可能延伸出的两个问题,它们一定会让研究国际关系的读者感兴趣。赵在讨论法家时(Zhao 2015,第 184—193 页),以及在分析秦国如何能够统一中国而不是创造出一个对立的诸侯同盟时(如,Zhao 2015,第 260—261 页),他的讨论直接涉及国际关系问题。赵认为法家学说是一种"专为统治服务的意识形态"(Zhao 2015,第 193 页),其治国之道是将社会军事化,结果是国家转变为"战争机器"(Zhao 2015,第 221、248 页)。春秋战国时期,国家间的秩序是"霍布斯式无政府状态"的一种表现(Zhao 2015,第 260 页),而欧洲国家间的竞争则以国际性的规范、法律和制度为中介(Zhao 2015,第 251—252 页)。最重要的是,秦国的敌对国家都无法建立起维系同盟长久存在所需的彼此信任。与欧洲国家不同的是,中国的政治体制并没有为各国留下退出这一体制的选项——比起欧洲,中国的战争舞台太过狭小。这使单一政权更容易成为主导性力量。这些讨论包含了一系列深刻的洞见,但现实主义的国际关系理论(Realist International Relationship theory)认为,针对野心勃勃的霸权国家,总会出现一股与之相对立的制衡势力,即使它仅是一个因权宜之计而形成的联盟,或者仅被限制在一个相对有限的区域内。毕竟,当查理曼大帝、拿破仑和希特勒试图统一欧洲时,欧洲接下来发生的事情就是这样的。然而,所有这些对抗霸权的联盟全都不是靠互信关系形成或维系的。更为重要的是,将"普遍帝国"(universal empire)扼杀在其发展进程之中是欧洲国家的必然之举。从这个意义上说,赵的论证和他在解释秦统一中国时所引用的机制可以被用来进一步完善权力平衡理论,特别是那些将这一理论扩展到现代西方经验之外的研究工作(如 Kaufman,et al.,2007)。

第二个开放性话题关乎赵所描绘的战争形成、国家集权与国际秩序三者之间的关系。对赵来说,军事竞争是国家集权和国际秩序形成的核心。这一观点需要得到进一步的具体阐述。举例而言,1650—1780 年,法国平均每三年就有两年处于战争状态。然而,法国战争频仍带来的结果是政治权力的分散,而不是国家权力的集中——事实上,权力分散对于大革命前的旧制度来说是致命性的。因此,战争对国家权力的影响不是单一性和决定性的——它既可能导致国家的崩溃,也可能强化国家的权力。换句话说，战争可能造就国家，也可能毁灭国家。一个明显的例子便是第二次世界大战。二战给欧洲国家带来了沉重的创伤，无论战胜国或战败国皆是如此：到战争结束时，德国的 GDP 已降到 1890 年时的水平，而英国的生活水平下降了三分之一（Frieden 2006，第 261 页）；相比之下，美国经济则增长了 50%。这些例子都不支持赵关于战争"必然"会带来国家权力增长的论断。战争只是有时会带来如他所说的那种后果，有时却未必如是。这就是现实主义的国际关系学者对战争抱有警惕态度的原因之一。与那种崇尚战争的思想文化及其相关观念（也包括赵书中的某些观点在内）截然相反，现实主义理论出于对政治激进倾向的担忧，提倡小心谨慎的外交政策。对许多现实主义者来说，战争是国家最大的破坏者。在这个意义上，进一步阐发赵在书中的一些观点——他对现实主义理论与法家思想的比较，以及他所建立的战争、国家形成与国际秩序的构成关系——是很有益处的。

我在本文中提出这些看法，并无意于贬低赵的这部杰出著作中所包含的真知灼见。阅读此书令我获益匪浅，我从中学到的东西远非这篇简短书评所能详述。我写作本文是为了从《儒法国家》中提炼出更具广泛意义的一些启示，以起到抛砖引玉的作用。对于由此引发的精彩讨论，我当然会持续关注。

（刘伟 译/韩坤、巨桐 校）

参考文献：

Arnold，David．2000．*The Cambridge History of India*．Cambridge：Cambridge University Press．

Burbank，Jane & Frederick Cooper. 2010. *Empires in World History*. Princeton NJ：Princeton University Press．

Buzan，Barry & George Lawson. 2015. *The Global Transformation*. Cambridge：Cambridge University Press．

Chin，Gregory & Fahimul Quadir. 2012. "Rising States，Rising Donors and the Global Aid Regime"，*Cambridge Review of International Affairs* 25（4），pp. 493-506.

Erikson，Emily. 2017. "The Influence of Trade with Asia on British Economic Theory and Practice"，in：Julian Go & George Lawson eds. *Global Historical Sociology*. Cambridge：Cambridge University Press，pp. 182-199.

Frieden，Jeffry. 2006. *Global Capitalism：Its Rise and Fall in the Twentieth*

Century. New York: Norton.

Go, Julian & George Lawson . 2017. "Towards a Global Historical Sociology", in: Julian Go & George Lawson eds. *Global Historical Sociology*. Cambridge: Cambridge University Press, pp. 1-44.

Goody, Jack . 1996. *The East in the West*. Cambridge: Cambridge University Press.

Kaufman, Stuart, Richard Little, and William Wohlforth eds. 2007. *The Balance of Power in World History* . London: Palgrave.

Maleševi, Siniša. 2017. *The Rise of Organised Brutality*. Cambridge: Cambridge University Press.

Mann, Michael. 1986. *The Sources of Social Power*, *Vol*. 1. Cambridge: Cambridge University Press.

Parthasarathi, Prasannan . 2011. *Why Europe Grew Rich and Asia Did Not*. Cambridge: Cambridge University Press.

Piketty, Thomas. 2014. *Capital in the Twenty-First Century*. Cambridge, MA: Belknap.

Pines, Yuri. 2012. *The Everlasting Empire*. Princeton, NJ: Princeton University Press.

Shambaugh, David. 2013. *China Goes Global*. Oxford: Oxford University Press.

Wolf, Eric. 1997. *Europe and the People without History*. Berkeley: University of California Press.

Zhao, Dingxin. 2015. *The Confucian-Legalist State* : *A New Theory of Chinese History*. Oxford: Oxford University Press.

中国的"儒法国家"与欧洲的"企业国家"

威廉·休厄尔（William Sewell）[1]

  首先，我要向这部著作及其著者赵鼎新（以下简称赵）致以深深的敬意。这本书基于著者长期、大量和深入的研究与理论反思，不仅对我们理解一个世界伟大文明的长时段历史发展做出了根本性贡献，而且还加深了我们对普遍的历史动态与历史结构的理解。我将之视为世界史研究与历史社会学的当代经典，它与诸如马克斯·韦伯（Max Weber）、费尔南·布罗代尔（Fernand Braudel）、马克·布洛赫（Marc Bloch）、巴林顿·摩尔（Barrington Moore）、威廉·麦克尼尔（William McNeill）、查尔斯·梯利（Charles Tilly）和迈克尔·曼（Michael Mann）等学者的作品同属一个行列。

  不得不承认，在读该书之前，我对中国历史的了解甚是匮乏。而现在，这种匮乏至少有所改善。那些比我学识渊博的人，也许想要挑战赵在书中对中国三千年历史不同时期或趋势的一些具体解读。但我在这里的评论将主要关注的是更宏观和更理论的层面，对于该书的具体章节，我将仅对有关所谓中国和欧洲经济发展"大分流"的最后一章作出评论。

  追随迈克尔·曼——作者的智识偶像之一，赵对历史的阐释集中于广义的政治过程，也即权力的结构及其动态变化。赵试图理解一种长久绵延的特定权力构型（configuration）——他所谓的"儒法国家"——在中国的形成。也许，我们还应在这个词上加上"帝国"二字，使之成为"儒法帝国"。因为在古代中国，国家也就是"帝国"，即一个领土广袤、地方行政多元化的复杂官僚制国家。

  从比较世界史的角度来看，这种帝国形式有着非同寻常的持久性。除了从相对隔绝的尼罗河谷中发展起来的古埃及，其他帝国在覆灭之前少有能持存数个世纪的，它们最终会被结构迥异的其他政治体系所取

---

① 威廉·休厄尔（William Sewell）：美国芝加哥大学历史学系（Department of History, University of Chicago）教授。

代,要么是帝国制,要么是别的什么制度。在中国,也同样发生着王朝与帝国政权的更迭:从公元前 221 年秦始皇统一中国到 1911 年辛亥革命的两千多年来,新王朝取代旧王朝,有时两个王朝之间也存在漫长的过渡期。但与其他地区相比较,比如,印度次大陆或小亚细亚地区,更不要说欧洲了,两千余年来中国的新王朝莫不紧随之前历代王朝的制度模式:采用一样的书写系统,都号称自己顺应"天命",官僚系统中法家和儒家的思想因素也在不断增多,并且,自公元 7 世纪的唐朝以降,竞争激烈的科举考试成为国家选拔官员的手段。这种统治形式如此牢固,以至于像元、清这些由外来征服者所建立的政权也只能适应这种已然成熟的儒法帝国统治形式而别无其他选择。

简言之,赵认为,中国历史具有独特而极其强大的发展模式,它使中国成为一个规模巨大、国力强盛、社会繁荣、绵延不衰的前现代帝国。对于这一长久持存的帝国形式,为了重构其历史的渐进发展,赵搜集了大量证据,其中既包括古代文献,又有现代学术研究成果,且他通过批判性的社会学思维——他的这种思维常常对现在的某些已取得共识的历史解读提出挑战,将现有的历史事实有机地组织起来。如他在书中所承认的,他最后讲述出的历史显然是一部累积性发展的,带有方向性的历史,但他也坚持认为,历史不具有目的性(not teleological)。应该承认,我一直是"历史目的论"的主要批评者,并提倡要去认识偶然事件对历史的重要性①。但赵使我确信,他的历史论述也同样不是目的论式的。他并没有宣称中国从一开始就注定要成为一个持存千余载的儒法国家。相反,他追溯了在"全民战争时代"(the Age of Total War)军事化国家如何采纳了当时涌现出的法家学说,并建立起相对高效的官僚制度——这一制度被历史证明是那个时代国家取得成功的关键。而后,法家学说被秦国所采纳,使之从全民战争中脱颖而出,秦国成为后世所有承继帝国统续的诸王朝之榜样。不过,后世的帝制王朝——汉、晋、唐、宋、元、明、清又将儒家的伦理道德加入到原本的法家理性之中,并建立起科举制度使官员选拔方式得以规范化。这条发展道路既非一路平坦,也并非必然如

---

① 请特别参见 William H. Sewell, Jr. "Three Temporalities: Toward an Eventful Sociology," in Terrence J. McDonald, ed. *The Historic Turn in the Human Sciences*. Ann Arbor: University of Michigan Press, 1996, pp. 245-280. 该文重刊于 William H. Sewell, Jr. *Logics of History: Social Theory and Social Transformation*. Chicago: University of Chicago Press, 2004.

此，但对那些想要在王朝转型时期的分裂和战祸中幸存下来的统治者及其臣民来说，儒法国家模式已经取得了足够的成功，并拥有足够的吸引力。赵的论述承认历史发展充满偶然且曲折多变，但在我看来，他仍坚持认为中国的历史轨迹比世界上其他大多数文明具有更强的一致性。

中国特定发展轨迹的一个重要后果，是它虽然拥有人口稠密的城市，且商业也曾经历数度繁荣，但商人阶层及其利益却始终受制于儒法国家的统治。中国不乏富商巨贾，却不存在欧洲意义上的资产阶级——也即是说，中国的商人阶层在国家中缺乏某种独立性和被社会认可的地位（其地位不过是从属性的）——因此也就没有能力系统地增进其权益。儒法国家主要意识形态固有的保守性，使商人阶层无法巩固那些我们想象中由财富赋予他们的潜在权力。高度复杂的商业和制造业活动在中国出现的时间至少可以追溯至宋朝（960—1279），这远早于欧洲。此外，在每个王朝的和平时期，中国百姓至少和西欧国家的人民一样富裕。然而，在1911年中国辛亥革命之前，没有任何迹象表明，现代资本主义的突破性经济增长会在中国出现。

换句话说，赵并不认同我们在芝加哥大学共同的同事彭慕兰（Kenneth Pomeranz）（及其他"加州学派"经济历史学家）的理论，即，直至18世纪中叶以前，西北欧并不天然就比中国最富庶的江南地区更接近于实现现代经济的增长[1]。赵认为，在18世纪中叶，整个西北欧，尤其是英格兰地区，与长江下游地区有着截然不同的历史轨迹，对此，我是赞同的。长江下游地区固然十分繁荣，但它仍是中国儒法帝国的一个组成部分，而非一个独立的国家。这意味着它要服从于更高层面上帝国的政策和约束，而这些政策的目的是维持稳定，而不是实现经济活力最大化。正因如此，长江下游地区并不会走上工业资本主义的发展道路。

但是，我不能完全同意赵关于西北欧发展轨迹的解释。首先，在为中国选取一个恰当的西方比较对象的问题上，赵的论述似有前后不一致的地方。有时似乎他接受了彭慕兰的观点，认为英国可以作为一个合理的比较对象。而多数时候，他又引述了一长串使欧洲整体上更具发展活力的特征，这些繁多的特征包括：长期分裂中的贵族、教会、资产阶级和

---

[1] Kenneth Pomeranz. *The Great Divergence: China, Europe, and the Making of the Modern World Economy*. Princeton, NJ: Princeton University Press, 2000; Roy Bin Wong. *China Transformed: Historical Change and the Limits of European Experience*. Ithaca, NY: Cornell University Press, 1997.

军事精英，文艺复兴、宗教改革和科学革命，以及，存在于欧洲的是竞争激烈的多国体系而非统一的帝国。我认为，拿欧洲大陆作为一个整体的比较单元会更恰当些，它在多样性和规模上均可与清代时的中国相提并论。中国和欧洲之间主要的区别在于政治上的差异：欧洲由许多相互竞争的独立国家组成，自 16 世纪中叶起，欧洲大陆上规模最大、实力最强的国家——法国、英国、西班牙、普鲁士、荷兰和哈普斯堡帝国为争夺陆地和海洋上的军事霸权而展开了持续不断的战争。

在我看来，关键的历史转折点是荷兰于 17 世纪早期成为欧洲大陆的主导性力量。这一历史发展着实令人震惊。当时的荷兰不过是一个多沼泽湖泊的弹丸小国，其人口只有 150 万，但通过对海洋的控制，它成为整个大西洋世界的经济中心，荷兰积累了惊人的财富和军事力量——它使像英国（在 17 世纪初拥有约 600 万人口）和法国（约 1800 万人口）这样的大国处于被动防守之势（对于荷兰当时的优势，一项衡量标准是，在 17 世纪中叶，它所拥有的船只数量超过了英国、法国和西班牙船只数量的总和）。我认为，荷兰人发明了一种新的国家形式——我将之称为"企业国家"（enterprise state）——它以强大的商业和海军实力积累了迄今为止都令人难以想象的政治和军事力量。这种企业国家的一项关键策略即是它对被杰森·W. 摩尔（Jason W. Moore）称之为"商贸边境"（commodity frontiers）的系统性开放。荷兰利用其制海权及其处于优势地位的金融机构，从海洋和边缘社会中以低廉的成本攫取了大量重要商品（数量巨大，以至于在生态上是不可持续的）：北海的鲱鱼、北大西洋的鳕鱼、挪威和东波罗的海的木材、波兰的廉价谷物、瑞典的铁、西非的奴隶和巴西北部的蔗糖。这些商品使荷兰人用很低的投入成本就能建造房屋、建立他们的主要产业（造船业），也为其人民提供了便宜的食物，以及那些使他们在与他国交易中获利颇丰的货品。实际上，阿姆斯特丹这座伟大的城市正是建立在那些被夯入泥壤的由挪威巨木所制成的桩基之上——这就有了 17 世纪人们常说的那句话："阿姆斯特丹屹立在挪威之上。"[1]

在 17 世纪期间，欧洲其他国家也发展出各自版本的企业国家，它们鼓励商业和制造业，组建自己的大规模商业船队和海军船队，日益完善

---

[1] Jason W. Moore. "'Amsterdam is Standing on Norway', Part Two：The Global Atlantic in the Ecological Revolution of the Long Seventeenth Century," *Journal of Agrarian Change*，Vol. 10，No. 2，2010，pp. 188-227.

其金融机构。结果，17世纪末的英国和18世纪时的法国先后超过荷兰成为欧洲的主要强国，最终，当英国于18世纪取得了对法国在陆地和海洋上的军事胜利之后，它逐渐成为欧洲的霸主。英国棉纺工业是工业革命爆发的起点，但英国若不是作为一个成功的企业国家进行海外扩张的话，其棉纺工业的发展将绝对是不可想象的。棉布最初由英国的东印度公司从印度引入英国，正是对外来印度棉布的巨大市场需求才造就了英国的棉纺工业。当然，在英国种植棉花是不可能的，但在英国位于加勒比海地区和北美南部殖民地的商贸边境上，棉花却可以茁壮生长，而在这些地区，种植棉花的人又是从非洲运来的奴隶。简而言之，正是在英国企业国家支持下的商业殖民活动，为英国生产商的纺车和织机提供了源源不断的棉花原料。如果没有世界范围的商业和殖民活动，就不会有英国的棉纺工业，也许更不会有英国的工业革命了。

总之，尽管欧洲精英阶层的分裂，以及文艺复兴、宗教改革和现代科学都很重要，但与中国的发展相比，却是这种独特的国家形式之演进使具有欧洲特色的发展道路成为可能，在这一道路上，欧洲实现了资本主义持续发展的重大突破。从17世纪初开始，欧洲各国谋求从商业和制造业中获取利润并不断拓展商贸边境，以这种特殊手段来聚累政治和军事力量，促成了欧洲历史发展的动力。在17世纪末和18世纪的英国，这种发展态势最为壮观，但它所标志的是英国自身的突破作为西北欧模式的一部分所能达到的程度。在西北欧模式下，到19世纪上半叶，法国、比利时、瑞士、美国和德国均成功实现了工业化。我认为，这一侧重于欧洲新的国家形式之发展的论述，比赵在其书中对欧洲发展相对支离、分散的解释，在理论和方法上更贴合于他对中国国家发展的历史叙事。从这个意义上，人们或许可以说，我是在为赵睿智而发人深省的论述提供一个有益的赵鼎新式的修正方案。

（张帆　译/巨桐　校）

中国帝制统治的最后千年与中国现代经济的兴起

王国斌（R. Bin Wong）[①]

　　赵鼎新（以下简称赵）对中国历史的整体评价视野之广令人叹为观止，而他对历史知识传统及社会学解释传统的细致观察亦发人深省——这些传统既造就了我们今天看待中国的方式，又影响着我们对中国古代史料的运用。赵建立了一套关于中国历史的新理论，将早期帝国历史及其之前所形成的国家特质置于整个理论解释的首要和核心的地位。这一部分内容占全书 70% 左右的篇幅。而这一研究是围绕着历史理论建构的方法论实践展开的，此外，书中还有几章论述了儒法国家在 3 世纪及以后的绵延存续。全书共十三章，最后两章则分别就某些重大主题展开讨论，并将它们与早期儒法国家的帝国形成联系起来。处理如此大胆而宏大的问题，很可能无法避免地要用大量篇幅来阐发观点、罗列证据，这样做即便不能完全论证，但对于这部杰作中有关儒法国家概念自中国的早期帝国时代延伸至帝制末期的某些发展，至少也能起到补充说明的作用。

一、跨越广阔疆土、基于庞大人口的政治秩序构建

　　第十二章"新儒学与'儒家社会'的到来"重点论述了宋代（960—1279）的两个显著特征——新儒学的兴起以及科举制度作为国家官僚体制选拔官员手段的日益扩张。新儒学作为一种意识形态，渗透到中华帝国多元化的地方宗教世界中，激发了一系列社会制度与社会实践。从儒家绅士阶层中选贤任能的官员选拔制度巩固了文官在政治秩序建构中的首要地位。这两方面的发展"有助于儒法政治体制在中国的长久维系，直至 19 世纪，中国在西方帝国主义的压力下被迫开启'现代化工程（modernization project）'为止"（Zhao 2015，第 346 页）。关于这些宋代

---

① 王国斌（R. Bin Wong）：美国加利福尼亚大学洛杉矶校区历史系（Department of History, University of California, Los Angeles）教授。

历史新发展所具有的重要性，赵的结论无疑是正确的，但这些结论可能仍存在着两方面的不足。第一，是什么使得这些发展既区别于欧洲，又不同于其他帝国。还有，这些发展如何影响了赵所谓的中国"现代化工程"的特性。这些问题都值得进一步商榷。第二，在 14 世纪之后，中国在社会与政治的制度及实践方面还出现了一些其他特征，它们既区别于新儒学因素，又不同于官员选拔与官僚系统运作中的文官政府因素，并使这个中原帝国在 20 世纪初谢幕以前又至少延续了大约六个世纪的时间。

当新儒学意识形态渗透中国社会的同时，在整个农业帝国范围内，涌现了一批旨在建立理想社会政治秩序的地方组织。值得注意的是，这些地方组织是由当地官员和士绅精英所资助和管理的。其中一些通常得到精英的资助，比如像地方宗族的慈善产业，还有一些则由相关的官员负责管理，比如，在 18 世纪清帝国的 1300 余个县中，大多数都建有储粮备荒的常平仓（ever-normal granaries），另外，还有很多组织是官员与地方精英共同创办的。对于这些地方组织，官员与精英在其中作用的大小，因地、因时各有不同，而这可以被视为常规国家能力（formal state capacity）在帝制时代晚期的整个帝国内增强与减弱的标志。在更普遍的帝国历史语境中，这种新儒学社会政治秩序取决于意识形态要素与制度要素的共同发展，而这些要素形成了一系列早期帝国在其结构上还不具备的可能性。在帝制时代晚期，官僚制国家的国家常规能力是广义上"良好统治"（good governance）的政治构成要素，它同样也社会性地嵌入在地方精英的社会活动中。在一个更大的比较框架中，如果我们将欧亚大陆上其他早期现代文明也囊括在内，那么，晚期帝制中国的官员与地方精英之间呈现出的就是一种与欧洲或其他的领土性帝国（territorial empires）截然不同的模式，即竞争与合作并存的模式。在早期现代欧洲，国家建构（state making）是统治者与精英阶层基于各自利益讨价还价的竞争性协商过程，当其利益出现交集时，他们才能与对方合作。其他领土性帝国则拥有十分有限的官僚机构，它们的统治可以通过直接权力与间接权力不同程度的结合来实现，后者是一种代表性权力（delegated authority），即，精英代替官员或者接受官方头衔成为官员，在地方享有独立于中央权威的权力。

对于研究中国的美国历史学家来说，早期现代国家向来被认为腐败丛生。这种对腐败现象的关注常使我们无法看清一个更广阔的视野，忽视了晚期帝制国家单就其官僚体制而言的实际能力范围。当我们将晚期帝制中国置于一个更大的比较框架中时，这一点也很重要——因为似乎晚期帝制中国所能做到之事，是任何早期现代国家，无论是欧洲还是其他地方的国家都没有能力或有意愿去做的——其中包括那些社会福利事业（比如 18 世纪的民用粮仓系统）以及那些试图建立共同信念与实践的活动（比如帝制晚期的婚丧礼仪，以及为神祇兴修官办寺观）。我认为，晚期帝制中国的国家能力及其处事优先次序之独特性很大程度取决于它拥有一个与欧亚大陆其他国家不大相似的官僚体制，但同时我还认为，国家能力所包括的东西远超出迈克尔·曼（Michael Mann）在《社会权力的来源》一书中（所定义）的那几种基本类型，而这些基本类型却是赵用以理解儒法国家而构建部分理论工具的基础。我们或可将这些国家能力称为"运动式统治"（campaign governance）——通过"运动"的形式来动员物质资源与包括官员、精英和普通民众在内的人力资源，以实现某些特定目标。为了一直保证物质福利与意识形态控制，清帝国在主要的赈济救灾活动中投入了越来越多的力量，并大兴文字狱，查禁那些被认为是抨击或不敬满族统治者的著述，以及（实际上或想象中）表达异端信仰、宣扬异端活动的文字。这些超乎寻常的举动是国家出于紧急需要或当它认为出现严重危机时所做出的应激反应，至于晚期帝制国家怎样定义危机，则通常取决于它想要通过官僚体制及其与地方精英的联系达成怎样的统治效果。因此，与之形成鲜明对比的，是那些我们现在也称之为"运动"的活动，或者至少是那些发生在早期近代欧洲的非常规的国家活动。它们本质上一般带有很强的军事色彩，运动的不断增多也需要国家以超常的努力去动员人力与物力资源，这一点和中国的那种目标远超出军事领域之外的国家活动颇有相似之处。不仅国家转型的动态过程在早期近代的中国与欧洲各有不同，而且，赵在最后一章所提到的中国经济转型也明显区别于欧洲的情况。

二、工业资本主义世界中的中国现代经济

在最后一章"儒法国家体制下的市场经济"中，赵继上一章讨论完儒法国家在宋代出现的新特征后，进一步主张"晚期帝制中国的经济虽然是高度商业化的，但它没有为工业资本主义在中国的发展提供任何机会"（Zhao 2015，第 348 页）。在对以彭慕兰（Kenneth Pomeranz）所著

《大分流:欧洲、中国及现代世界经济的发展》(*The Great Divergence*:*Europe,China,and the Making of the Modern World Economy*)为代表的"加州学派"进行批判后,他认为"中国之所以与工业资本主义失之交臂,其根源在于它儒法国家的本性"(Zhao 2015,第 348 页)。在我对他的分析做出评论之前,应该向读者澄清的是,我常被人们认为是"加州学派"的修正主义者,尽管赵并没有把我归入被贴上这种标签的学者之中。虽然如此,我还是认同赵的部分观点。我的看法已经在《转变的中国:历史变迁与欧洲经验的局限》(*China Transformed*:*Historical Change and the Limits of European Experience*,1997)一书中有所表达,其中包括商业经济与资本主义经济的基本区别,以及技术发展对工业资本主义出现所起到的关键作用。我和赵两人都将欧洲多国体系与中华帝国之间的鲜明对比作为影响不同经济形态出现的政治条件,这个命题在我与让-洛朗·罗森塔尔(Jean-Laurent Rosenthal)合著的《大分流之外:中国和欧洲经济变迁的政治》(*Before and Beyond Divergence*:*The Politics of Economic Change in China and Europe*,2011)中有更充分的论述。对于中国在帝制晚期和现代时期的评价,我和赵的不同之处在于:第一,政治差异对解释工业资本主义出现在欧洲而非中国的重要性;第二,在我看来,有必要将工业与资本主义作为分析中两种不同的概念加以区别,这样才能对中国的经济转型做出合理的解释。

关于第一点,赵秉承了传统观点,认为早期现代欧洲的竞争性国家缔造过程(the process of competitive state building)对经济发展具有重要意义——政治竞争如同经济竞争一样可以促进经济增长。韦伯曾强调,对运用有组织的强制性暴力予以合法化是现代国家的标志。注意到政治竞争的具体发生方式及欧洲的国家缔造者们发动战争的显著作用,同样有助于我们理解韦伯此言背后的深意。不过,战争的爆发同样破坏了商品贸易,并使迁入城市成为手工业生产者们的合理选择。在乡村,当没有战争威胁时,手工业本来有着较低的生产成本,这是因为乡村的食物更便宜,人们的寿命也更长,这就造就了廉价的劳动力。可由于有了更便捷的监控信贷流通的手段,城市中的资本成本(the costs of capital)[①]就会比乡村中的更低,一旦如此,企业家们就会倾向于用资本取代劳动力——这种考虑到城乡资本成本与劳动力成本比例存在差异

---

① 即,资本投资于其他具有同等风险的项目所得到的最大收益,又作"机会成本"。——译者

的观点,反过来,也可用以说明为什么生产过程中的技术创新更有可能发生在欧洲而非中国。与欧洲相反,中国在工业化之前表现出的是城乡经济均等(economic parity)的现象。另外,对于为什么技术创新更可能发生在欧洲而不是中国,很可能还会有其他更好的解释,但我们真的没必要用它们来计算工业生产领域的重大突破会在何地发生的相对可能性。

与此相关,无论是英国人掌握了比印度手工业成本更低的棉纺制造技术,还是如彭慕兰所强调的英国人可以从南美奴隶种植园获得廉价的棉花,这些都并没有带来那种可以释放工业革命潜力的关键性技术变革。真正的关键性变革是蒸汽机的出现及其逐渐完善(与更新升级),还有就是这种动力被应用于那些没有它就不可能实现的新型生产形式。反过来,对于这种新型动力而言,如果不是煤炭作为一种能源被利用起来,它的出现同样也是不可想象的,这个观点始自雷格莱(E. A. Wrigley),我和彭慕兰都将之运用到中欧比较研究中。事实上,可以想象,即便没有棉纺工业的出现,现代经济增长仍会发生,因为蒸汽机在英格兰和欧洲大陆都在不断发展,最终还是会推动两地新产品与新技术的出现。而且,正是由于持续的技术变革,19世纪末重工业的出现使德国和美国的经济分别在欧洲和全球范围内超越了英国经济。需要说明的是,正如彭慕兰一书的副标题所提示的那样,他要解决的是"现代世界经济起源"的问题,这个宏大的题目与现代经济增长的起源和特征问题是不同的。英国的棉纺制造业是它在国际贸易中占据主导地位的一个关键要素,并且也对它在整个19世纪取得经济成功有着至关重要的作用。然而,现代经济增长的先行者并不一定就是英国,也可能是西欧某些其他地区。在比较中国和欧洲的时候,欧洲某些地区确实要比中国任何地方都更有可能出现技术创新,并由此导致现代经济的增长。在欧洲,规模不一的国家之间在政治上的差异及其彼此竞争的存在造成了非预期的经济后果,提高了欧洲实现经济突破性发展的概率。

对赵而言,解释工业资本主义兴起的是一系列被欧洲历史学家和历史社会学家所熟知的要素。"所有这些发展,从多国体制的延续到独立/半独立城市的出现,天主教世界的崩塌,再到私人利益导向工具理性的价值化,都是工业资本主义崛起至为关键的因素,这是因为它们是更高层级的要素。"(Zhao 2015，第 361 页)①虽然所有这些条件和特征都可以在工业资本主义兴起之前的欧洲看到，但作为解释后者发展的原因，它们中每一个的解释效力恰如它们被细致地呈现出来那样的细琐。从方法论上讲，我们几乎没有办法确定哪些因素（如果有的话）是必要条件，哪些因素是充分条件。只有当缺乏必要条件的时候，充分条件才不排除其他替代性条件也能产生类似的结果。

对赵有关早期现代与现代经济变迁的论述，我的保留意见总结在下述对"工业资本主义"一词的考察中。在我看来，"工业资本主义"这个术语所代表的那种经济类型取决于两个经验上截然不同的组成要素："工业"与"资本主义"。其中任何一个要素都可以脱离于另一个而独立存在。早期现代欧洲在工业化之前就已经拥有了商业资本主义，而中国和苏联在 20 世纪的部分时期都存在着非资本主义的工业。资本主义一词具有多重含义。两卷本的《剑桥资本主义史》（*Cambridge History of Capitalism*）就部分地反映了这种多重性，其中有些章节探讨了许多出现于前工业时代被认为具有资本主义因素的经济形态，而该书第二卷则分析了始自 19 世纪下半叶作为一个单一全球体系存在的工业资本主义。至于世界如何从多种资本主义经济转变为单一资本主义体系，该书却没有作任何连接性的论述，但是，工业化之后产生的资本主义——当然，它是从欧洲先开始的——似乎并不必然也会在非欧洲地区发生。而社会学理论也并不太有助于厘清工业和资本主义之间的关系。当代比较历史社会学中最重要的两位宗师——马克思和韦伯，就干脆把历史变迁叙事的欧洲版本放在了他们对全球现代社会起源论述的中心位置。在他们的叙事中，资本主义在工业出现之前就已经开始发展壮大了，而这正是他们需要解释的核心问题。马克思主义者认为，工业的产生内在于历史发展过程，在这一过程中，生产力的发展打破了旧有的生产方式，并催生出新的生产方式。韦伯主义者则转而探讨社会与政治的背景性因素，这也就是赵所说的"更高层次的因素"。

一些经济学家和历史学家则以一个相对有限的主题为切入口，就像我在前文简要指出的那样，由于政治因素影响下出现的资本成本与劳动力成本的经济差异，现代经济的增长更可能发生在欧洲而不是中国。另

---

① 在原书中，上述"更高层级"的要素被认为是工业资本主义兴起的必要条件，赵鼎新认为"加州学派"所强调的经济、人口、技术方面的机制是充分不必要条件（Zhao 2015，第 361 页）。——译者

一种将工业化进程和作为一系列经济结构特征的资本主义进行区分的途径，是注意到英国商业资本主义也将英国东印度公司从印度进口所产生的利润包括在内。而且，英国国内棉纺织制造业的壮大有赖于众多参与市场竞争的企业，而不是垄断或寡头企业，这意味着，英国棉布最初的工厂化生产是建立在市场基础上的，而非资本主义基础上的。如果把工业资本主义定义成是少数企业在经济主要部门中占据主导地位，就像荷兰和英国的东印度公司在 17 世纪至 18 世纪的商业资本主义中发挥的核心作用那样，那么，工业资本主义就只发生在 19 世纪末作为世界两大主要经济体的德国和美国，当时这两个国家的关键行业集中化程度很高，以至于少数几个公司主宰了整个市场，它们由此所榨取的额外利润是在更纯粹的竞争性市场环境中无法获得的。

总而言之，当我们把工业化与资本主义分离开来并认识到两者的不同之处，无论它们之间的联系从 19 世纪末以后变得多么紧密，我们能确定比"更高层次的"条件在数量上更少的因素，并且通过一个更具普遍经济特征的因果机制将它们与工业化进程更紧密地联结起来。我们无须诉诸"儒法国家"来解释为什么工业资本主义没有在中国出现。相反，对于那些有待深入解释的经济发展过程，我们可以更简单、更精确地分析其发展目标，并为那些目前仍主要属于历史社会学领域的研究发现提供可能的替代方案。

对于晚期帝制时代的中国历史，仍有许多问题需要进一步的研究与更充分的理解，特别是如何从中国的历史发展中有效地揭示出更普遍的社会学理论，以对那些从欧洲历史经验中发展出来的社会学命题加以补充，这些欧洲的历史经验在已故的社会学家查尔斯·梯利（Charles Tilly）那里，被总结为构建现代世界的两大主要进程——现代国家的形成和资本主义的发展。赵关于中国早期帝制国家形成所作的这项重要研究，为深入思考中国历史后续的发展动态提供了一个新的起点。这一领域仍需要其他学者的参与并在这一重要研究的基础上有所建树。

（周盼　译／巨桐　校）

参考文献：

Zhao, Dingxin. 2015. *The Confucian-Legalist State：A New Theory of Chinese History*. Oxford：Oxford University Press.

《儒法国家》与基于理想类型集的理论构建

赵鼎新

本文旨在对八位欧美历史社会学界领军学者对《儒法国家：中国历史新论》的评论作出两点回应：第一点关乎我书中提出的社会变迁理论，第二点关乎我对为什么高度商业化的明清中国不可能自发地产生工业资本主义这一问题作出的回答。通过这两点回应，我想阐明两个社会学研究的方法论问题：第一个是理想类型集概念，以及以理想类型集为基础的演绎在社会学理论建构中的意义；第二个是历史比较背后的三个方法论问题。本文还想强调拙作中的一个关键论点：历史是累积性发展的，而不是进步的。

拙著《儒法国家：中国历史新论》的出版让我感到喜悦，而今天有幸能对八位世界顶级历史社会学家为该书所写的书评作以回应，则更令人欢欣备至。这些社会学家的书评不仅对拙著不吝褒扬之辞，还认识到此书的理论雄心，对此我深表感谢。事实上，我在写作本书时，也确实有意以中国历史为例来阐释我的社会变迁理论，并希望我的理论能更好地阐明历史哲学中的许多重要议题，包括（但不限于）国家和宗教在现代社会到来之前的发展规律以及工业资本主义与现代社会得以兴起的原因。

不过，八位评论者的研究兴趣各异，他们的文章所侧重的方面也大不相同。在这有限的篇幅内，要对每位评论者的评论都花相同的笔墨予以一一回应，还要保证此篇小文连贯一致，是很难办到的。作为妥协，我决定在这篇文章中仅对诸位评论者所共同关心的两个最重要的问题予以回应：第一个关乎我在书中所发展的社会变迁理论，第二个则涉及我对中国虽有着高度商业化的经济却为何不能实现本土工业资本主义突破这一问题所作的解释。

一、我的社会变迁理论

针对这一话题,我将主要侧重于迈克尔·曼(Michael Mann)的书评,一方面是因为曼在这方面花的笔墨最多,并且表述得最为系统;另一方面则是因为他对我的一些批评其背后的逻辑亦见诸乔纳森·赫恩(Jonathan Hearn)与乔治·劳森(George Lawson)的文章之中。首先,为了说明曼的观点,我从他的文章中摘录了如下四段话:

> (赵)是对的,一般经济权力所包含的结果更具可计算性,其行动也比其他三种权力更具工具理性。但我要补充的是,相较于政府决策,这一点可能更适用于私人和公司的决策。

> (赵)对经济权力持有一种相当温和的态度。他说"纯粹的经济交易只能在交易双方自愿的基础上发生"(Zhao 2015,第 34 页)……但在其生产领域,资本主义经常使用(并在今天世界大部分地区仍旧使用的)奴隶制、种族隔离制与契约劳工制这些显然都不是建立在自由和自愿基础上的雇佣制度……所有经济系统都包含权力和强制力的等级结构。

> (赵)主张政治竞争"难以引发效率导向型的物质生产和资源分配,因而对累积性发展贡献甚微"(Zhao 2015,第 40 页)……不过,如他自己所指出的那样,欧洲国家的政治竞争催生出更有效率的财政系统,推进了资本主义的发展。

> (赵)做了两点概括,即,在四种权力资源中,意识形态权力最弱,而政治权力最强,且是"最有可能占据主导地位的一种"。但在世界上大部分地方,崛起的几大拯救性宗教——印度教、佛教、基督教和伊斯兰教——都曾压倒其他几种社会力量(包括国家在内),且其势力皆维持长达千余载之久。当前,伊斯兰运动主导着中东地区和一些北非国家,并试图在信奉基督教的西方世界中制造一定程度的骚乱。

首先应当明确的是,我完全同意曼在经验层面的分析。现实世界是纷然杂乱的。曼的例子所表达的是他的一个我非常认可的观点,即,社会行动者是混杂的(promiscuous)(或如我书中所言,是"博杂的"[multifarious][Zhao 2015,第 32 页]),且它们总试图利用不同种类的权力资源来扩展它们的权力（Mann 1986，第 17 页）。事实上，谁能否认政府的经济活动少有以经济利润为唯一动机的，谁又能否认经济生产中常常存在着那种依靠政治/军事强制力而维系的奴役关系，或者，意识形态行动者总会试图利用其他形式的权力资源来达成它们的目的？尽管如此，倘若读者仔细审视我的理论构建策略，就会发现曼的批评并未切中要害。在我的理论中，政治行动者、军事行动者、经济行动者以及意识形态行动者都是理想型的行动者（ideal-type actor），而且，它们之间的竞争也同样是理想型意义上的竞争。以理想型为基础所演绎出来的种种因果机制自然无法完全符合现实世界中发生在国家、部落、军队、商团或教会这些行动者两两之间或多者之间的竞争活动。

现实世界中，很少能见到与理想型的政治、军事、经济或意识形态竞争相类似的事例。因此，我们必须转而通过想象力创造出理想型场景（ideal-type scenarios）以达成我们理论构建之目的。在我的社会变迁理论中，理想型的意识形态竞争被理解成一场发生在两群互不相识者之间的辩论。但在这场辩论中，哪怕只是知晓了辩论者的身份，它都不再是一场理想型的意识形态竞争了，因为一方的某些成员如若有着较高的社会地位和较大的权力，就可能会让另一方的成员感到威胁而不能据理力争。在我的理论中，理想型的经济竞争被看作是一群商人为了谋取利润，仅以生产品质更好、价格更低的商品作为手段而展开的竞争。但在第三世界国家的集市中，有时游客会被小贩强迫着买些东西，这已经不再是一种理想型的经济竞争了，因为这种"既不自由也不情愿"的交易背后有强制性力量的存在。以此类推，我们不难想见理想型的军事竞争和政治竞争该有怎样的场景。

在此，我想再尽量简短地阐述一下以理想型为基础的推理演绎（deductions）所具有的价值以及我理论构建策略的意义。和曼一样，我也将人类政治性的、领土性的（军事性的）、经济性的以及意识形态性的行为作为四种主要的社会权力资源，但除此以外，我还要再加上两条假设。其一，人类注定要面临彼此竞争的境遇，因为政治、领土、经济和意识形态资源几乎全都是有限的①；其二，竞争与制度化之间的辩证性互动（dialectic interactions），而非"缝隙中发展"（interstitial development），才是社会变迁的动力②。我的策略是把四种社会权力资源当作四个彼此相互独立的维度，它们由此构成一个理想类型集，然后再去推理演绎出每一个维度所具有的因果逻辑。为了限定本文所讨论的范围，我仅从三个方面来阐明该理论的价值，并将把讨论的重点完全放在对理想型意识形态力量及其因果逻辑的讨论上，因为这是我的理论受曼诟病最多的部分，而且我对于曼其他的批评也全都可以用类似的逻辑进行回应。

首先，我的这一理论使我们能分清四种社会权力资源不同的性质与各异的因果逻辑。比如，它告诉我们理想型意识形态竞争没有明确的胜负评判标准，也不会促成累积性的社会发展。它还告诉我们，理想型意识形态力量是非强制性的，而且本质上是多元化的。此外，这些意识形态的理想型特点势必引出其他一些因果逻辑（Zhao 2015，第41页）："在特定的时间与地区，决定一种意识形态或者一位思想家能否被广泛接受的，往往不是该意识形态或思想家著作的品质，而是：（1）是否有来自强制性的（如国家、军队）或半强制性的（如宗教组织、一流大学、主流媒体）社会行动者直接与间接的支持；（2）人们是否对重大历史事件享有共同

---

① 针对赫恩（2019）的批评，我要从三个方面为我的理论进行辩护：首先，我不认为有必要将"竞争性"分成内在的竞争倾向与作为基本社会既定条件下的竞争性，因为对于某一物种，如果竞争是一种基本的既定条件，那它就会被反映在那一物种的基因中。这就是为什么我们人类的近亲——猴子、黑猩猩和大猩猩——全都是极其好斗的动物。其次，我也不认为有必要在我的理论中引入"分化"（differentiation）的概念。虽然竞争的确会导致生态位分化（niche differentiation），但这并不会从长期上降低竞争的强度，这是因为，分化力量所创造出的新生态位很快就会被占据，每一生态位内的竞争又将会重现。最后，将合作引入我的理论同样是不必要的。人类合作要么发生在非零和（non-zero）的情况中，要么是为了达到非竞争性的集体目标，但促成合作的最重要的动力之一便是通过合作可以形成规模更大的群体，从而更有效地与其他群体展开竞争。再者，如果我们将人类分成竞争倾向强与弱的两类，我们很容易设想，竞争倾向弱的一类人可能会更适应现有的游戏规则，而竞争倾向强的人则倾向于改变游戏规则，使之变得对自己更为有利。换言之，竞争倾向强的人在社会变迁中担当着更重要的角色。

② 这不意味着我否定"缝隙中发展"在社会变迁中的重要性。比如，在我阐述为什么满洲半游牧族群虽然军事力量并不强大，但仍能在中国建立起几个国祚长久的帝国时，我的解释就与曼的"缝隙中发展"理论完全一致。但我不愿过分强调这一点，只因为，"缝隙中发展"往往出现在已有精英阶层难以对其社会竞争所累积的成果进行制度化的那些地方（很高兴约翰·霍尔[2019]在他的书评文章的结尾处也提到了类似的观点）。因此，历史的发展动力不是"缝隙中发展"，而是竞争与制度化之间的辩证张力。

经验(如人们对第二次世界大战或者苏联解体的共同经验)。然而,那些经由重大历史事件而产生的社会共识终会烟消云散,而且它的消散总比其拥护者所预期的要快。这是因为四种力量背后的行动者们有着不同的利益诉求,他们会利用这种社会共识达到不同的目的,也因为社会共识会产生难以预料的重大社会后果,还因为后代子孙不再享有父辈们的那些能够产生这种社会共识的生活经验。"

无论现在还是过去,都有不少学者天真地认为,基督教、自由主义等思潮之兴起及占据主导地位取决于这些意识形态的内在性质甚或其目标属性(如 Fukuyama,1992;Inglehart,1997;Inglehart & Welzel,2005;Meyer et al. ,1997;Stark,1996、2003)。但上述这些因果逻辑告诉我们,我们必须从其他方面为某一意识形态的成功寻找原因。我认为,当我们考察任何一类价值观念因素和意识形态因素占有较大比重的社会现象时,这些因果逻辑都应被当作处理问题的基本前提。换句话说,一种新的意识形态大行其道,通常并不是因为——按照曼的说法——它"看上去对更多人更具有说服力",而是因为在它背后存在着强制或半强制性的力量。这就是我的社会变迁理论可以带给我们的第一条启示。

其次,理想型意识形态之非累积性、非强制性与多元性使它成为了一种相较于理想型的政治力量与军事力量而言的软性力量(soft power)。理想型意识形态的这种性质迫使宗教领袖或知识分子建立起诸如教会、党派或大学等半强制性组织,因为如若不这样的话,他们的声音不过是吵嚷的噪音而已。这也告诉我们为什么宗教领袖或知识分子热切希望获得来自国家的支持,因为没有什么比得到强制性国家的支持更能有效地传播某种宗教、某种世俗意识形态或者某种历史记忆的了。而且,这还告诉我们国家的力量越是强大,期望获得国家支持的欲求也就越大。这就是为什么争夺国家的认可与支持,是几乎每一位早期中国哲学家不遗余力所做的事情(Zhao 2015,第六章)。

再次,我关于理想型意识形态权力的因果特性的分析不应被理解成是在主张意识形态力量不具备重要历史作用。意识形态拥有一种合法化功能(a legitimating function),这是所有社会行动者都迫切需要的。另一方面,理想型意识形态权力"软"的一面也让现实生活中的意识形态行动者的行为方式变得极其混杂,从而扩展了意识形态的潜在力量。再者,一个政治实体,比如国家,无论因何种目的声称自己是某种意识形态的捍卫者,它的这种行动就使之陷于那种意识形态的教条当中,这就让意识形态在特定时空中成了一种最重要的权力资源。

这种基于理想类型集的演绎推理是一种相对新颖的方法。因此,有必要对它多做一些介绍。在我的方法论中,社会科学之运用基于理想类型集的演绎方法,其逻辑可类比于自然科学之运用对比实验。但二者的区别在于:自然科学家是从变量严格控制的实验环境中归纳科学原理的,而我们社会科学家做的则是思想上的对比实验,即从理想型场景中推导出社会机制。我的这种理论建构策略受到了笛卡尔分析几何学的启发。我将四种权力资源看作是一个理想类型集,或者说是一个四维空间,其中每一个维度都具有不同的因果效力。这就意味着,如果我们能找到一种办法可以将主导性权力在特定时空中的结晶(crystallization)在这个四维空间中进行定位,我们实际上就能确定在这一结晶下最重要的社会行动者以及在历史进程中最重要的因果逻辑。我在书中确定特定时空中主导性权力结晶在四维空间中的位置时,遵循的是这样一种认识论标准,即,被确定下来的权力结晶所能解释经验问题的数量(Zhao 2015,第24—25页)。最重要的是,拙作揭示出,儒法国家这一高度稳定的结晶在西汉王朝(前206—8)形成之后,政治行动者和意识形态行动者逐渐合二为一,这使军事行动者和经济行动者被边缘化,并削弱了与军事力量和经济力量相关的因果逻辑在中国历史上的重要性。

我的社会变迁理论稍有些复杂,因为它包含了四个维度,且每个维度又包含多重因果逻辑。为了让读者能更好地理解这种方法的潜力所在,让我举一个相对简单的例子来加以说明。在本书及其他文章中(Zhao,2001,2009,2015),我曾主张,国家只有三种理想型手段来为其统治赋予合法性:通过某种意识形态,通过它提供公共物品的绩效表现①,以及通过普遍认可的选举制度和政治协商程序。国家合法性三个理想型基础中的每一个都与微观层面上的人类理性以如下三种因果逻

---

① 拉赫曼(2019)在他的书评中认为,使用绩效合法性这个概念多少有些时代错位(anachronistic)之嫌,他的理由是"直到数世纪之前,人类对物质生活或社会进步尚没有多少期待,这很大程度上是因为当时物质条件既没有多大发展,社会进步也并不明显"。确实,传统国家都是以延续政权而非发展为其导向的,且前现代国家所需提供的公共物品也相当之少,在这个意义上,我同意拉赫曼的观点。但尽管如此,前现代国家仍旧需要在某些领域提供一定数量的公共物品,比如军事国防、法律与社会治安、道路和灌溉系统的修建以及赈济救灾等。当一个国家提供这些公共物品的能力大大减弱之时,就会触发反叛活动、社会骚乱或导致政权倾覆。这就是为什么泰德·格尔(Gurr,1970)主张,在前现代社会中,人们的不满情绪往往主要来自社会供给的减少,而不是来自社会供给增多无法跟上人们日益增长的期待。

辑关联起来；第一，国家合法性基础越是被建立在一系列共享的意识形态上，则价值理性就越是会对该国人民的政治行为和思维方式发挥重要作用；第二，国家合法性基础越是被建立在国家提供公共物品的绩效表现上，工具理性就越会对该国人民的政治行为和思维方式发挥重要作用；第三，国家合法性基础越是被建立在普遍接受的程序上，理论/形式理性就越会对该国人民的政治行为和思维方式发挥重要作用（见图 1）。显然，在不同的社会，国家合法性来源的不同，会对其社会心理、公共舆论、媒体行为以及国家—社会之间的关系模式产生巨大的影响。

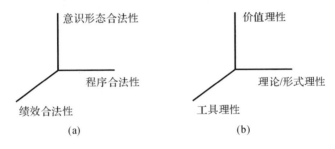

图 1　国家合法性来源及其社会心理基础

在我的社会变迁理论中，社会行动可被视作是一群酩酊大醉者在一架巨大的四弦乐器上（每一根弦代表的是四种社会权力资源中的一种）胡乱蹦跳。这些社会行动者所制造出的各种熙攘喧嚣之声常常会被解释为有意义的，甚或是美妙悦耳的音乐。历史其实是没有目的的，因为四种权力资源会形成无数种组合方式，带来无限的可能性；但是历史却是有规律可循的，因为尽管这些迷醉的社会行动者都会以为自己有着很大的自由空间，但他们的行为方式及其行为所造成的影响却被四个维度上的因果逻辑所塑造。

目前，韦伯的理想型方法在社会科学中主要是被作为一种解读工具。虽然也有很少数的哲学家和社会科学家尝试将笛卡尔的分析几何学运用于社会科学之中，但大多徒劳无功。我希望我所创造的这种基于理想类型集的演绎法能为上述两种众所周知的方法注入一股新鲜的活力，也希望上述的解释能让读者对我的理论和方法有一个更为深入的认识。不过，这并不是说我的社会变迁理论完美无瑕，不存在进一步完善的空间。基于理想型的演绎方法仍然处于初级的发展阶段，而且，我在书中所推出的因果逻辑也并非周详无遗。如果此种方法能吸引来追随者的话，以后的学者肯定会觉得我现在的努力只是一个初步尝试。

此外,针对曼的批评,我还想再多补充一点,以此结束我对他的回应:曼不大喜欢我所提出的如果战争取胜,那么"战胜一方的人们或多或少都会获得些利益"这一观点。曼也给出了他对战争之社会影响的评价:"总的来说,我会认为战争的影响是破坏多于建设⋯⋯至于三十年战争,或第一次世界大战,再或者最近美国发动的若干战争,很难看出它们给哪个国家带来了集体利益。"我要澄清的是,当我在这里谈及战胜一方所获得"利益"的时候,我是将它与胜利一方倘若输掉战争时所要付出的代价相比较的,并且,我所处理的并不是战争对现实世界的破坏性或建设性,而是理想型军事竞争对于社会变化所施加的影响。我曾在书中非常明确地写道:

> 由于过度扩张,军事力量可以导致一个国家的衰落,乃至崩溃,且军事竞争所制造的破坏有时可以导致一个地区或整个文明的普遍衰退。不过,迄今为止的历史呈现出如下趋势[①]:当一个国家因为军事过度扩张而衰落时,其他国家将会趁此机会发展壮大;当一个国家或者一个文明被战争毁灭时,它在军事竞争中所获得的组织能力和技术经验并不会完全丧失,反而会成为推动进一步累积性发展的至关重要的动力。(Zhao 2015,第 34 页注释 21)

比如,对于欧洲人而言,三十年战争带来的破坏无疑是巨大的,但三十年战争期间不断得以完善的武器装备和战争技术却对基督教联军在 1683 年的维也纳战役中打败奥斯曼土耳其帝国起到了决定性作用,正是这场战争阻止了奥斯曼土耳其帝国对欧洲大陆的扩张势头。

二、中国与工业资本主义

关于我对 18 世纪的中国虽有着高度商业化的经济却不能实现本土工业资本主义突破所作的解释,金世杰(Jack Goldstone)、乔治·劳森(George Lawson)、威廉·休厄尔(William Sewell)与王国斌(R. Bin Wong)都从不同层面提出了他们的看法。我将主要针对金世杰的评论作以回应,因为他的评论所涉及的内容尤为广泛,且特别具有代表性。金世杰的评论可被浓缩成如下三点,而我对此所作的回应也全都和社会

[①] 我之所以说是"迄今为止",乃因为倘若今天两个军事超级强国之间爆发了核战争,那么,一切也就都将结束了。

科学的方法论有关。

第一，金世杰提出了两个"假设性"问题（"what if"question）：倘若查士丁尼一世重新建立起罗马帝国的统治，欧洲是不是就可以维持相对统一的状态？倘若唐朝不得不同时面对与日本、朝鲜、越南和游牧民族的冲突，中国是不是就会陷入永久的分裂之中？通过提出这一类问题，金世杰指出我的历史观未免带有太强的决定论色彩。对此，我的回答是：为了让这类假设性分析具有意义，一个基本的原则是，该分析应该尽可能少地去改写历史。金世杰所假设的这两种历史场景都不符合这条方法论标准。虽然查士丁尼一世的确收复了一些以前属于罗马帝国的领土，但是他对东哥特王国（Ostrogothic Kingdom）①的战争却拖了很久，持续的战争大大加重了税赋，并且引发了地方叛乱。最终，他完全没有能力把他的军事力量投射到西罗马帝国的其他地区，包括（却不限于）今天的西班牙北部、法兰西、英格兰与德意志东部等地。而且，萨珊波斯帝国（Sassanid Empire）虽然在当时的伊朗高原上是一个相对年轻的国家，该地在几千年来却涌现了众多的帝国，且波斯地区的帝国与欧洲各大帝国在数世纪以来也都形同水火。换言之，把萨珊波斯帝国从查士丁尼一世征服的历史图景中抽走，这就意味着我们彻底改变了这一地区在当时的地缘政治现实。中国的例子也同样如此。如果唐王朝真的要被迫同时面对与日本、朝鲜、越南和北方游牧族群的冲突，其结果很可能会有所不同。但这种情况发生的概率能有多大呢？毕竟，抛开游牧民族不谈，日本、越南与朝鲜王国在唐朝以前从来不是中原帝国的主要威胁。更何况，自汉代以后，虽然中国有两段较长的时期是处于分裂状态并被多个国家所统治，一段是从3世纪到6世纪，另一段则是从10世纪到13世纪，但这两次过渡性的分裂状态都以国家的再度统一为其终结，随之而来的是儒法国家政治架构的恢复与强化。此外，儒家学说是朝鲜与越南的主导性意识形态，对前现代时期的日本也有重要的影响。因此，即便我们假设日本、越南和朝鲜在这幅历史图景中，也需要问一问，把这些国家加进来是否真会对中国历史有很大影响，也就是说，这是否真能破坏儒法国家的政治体制，因为正是这种体制阻碍了中国谋求工业资本主义本土化发展的可能性。

---

① 东哥特王国是由日耳曼民族的一支东哥特人（Ostrogoths）于5世纪末在意大利建立的王国。查士丁尼一世曾与东哥特人在意大利交战长达二十年之久。——译者

　　我敢说，金世杰之所以认为我的历史观过于决定论，他的这个印象并不来源于我的论述，而源自社会学分析的性质。社会学作为一个学科的合法性取决于我们是否有能力证明某种结构或某种机制在一个具体案例中具有重要性。但我们都知道，结构或机制仅仅只塑造而非决定着现实。既然如此，我们应当怎样做呢？作为社会学家，我们是否应该在社会学分析中的每一步都反思具体事物发展过程中的不确定性？理想上讲，我认为我们应当这么做，但在现实中，如果试图在结构/机制性叙事分析中的每一步都做这样的反思，那么我们的叙事一定会很混乱。作为一名社会学家，我采取的叙事策略就是首先让我的结构逻辑叙事能顺畅推进，但同时着重处理在几个最重要节点上的历史可能性问题，比如，帝制儒学在中国的出现（Zhao 2015，第六章），佛教传入中国（Zhao 2015，第十章），或者游牧民族统治中国给历史进程所带来的各种影响（Zhao 2015，第十一章）。因为我所采取的叙述策略，我的因果分析就有可能被解读成是决定论式的分析，尽管这二者之间差异很大。拙作仅仅解释了儒法政治体制在历史中的出现、持存与发展，以及为什么在这种政治体制下，不可能出现工业资本主义的本土化突破。书中没有一处是在主张，中国历史上许多其他重要方面所真实发生的事情都是注定会发生的，我也从没说过儒法国家在中国漫长的历史上没有遭遇过严重的挑战。

　　第二，金世杰说我对亚洲的处理过于中国中心主义（Sino-centric），而且，他说在我的分析中，"欧洲与中国仿佛没有历史交集，毫不相干"。对这一批评中的两个部分，我的回应仍是基于我对社会科学方法论的理解。重复一下，我想解释的是：为什么中国在其历史早期阶段形成了统一的大帝国，为什么儒法政治体制能长久维系，以及为什么这样一种政治体制排除了中国在西方帝国主义到来以前走上工业资本主义本土化发展道路的可能性。当我在分析游牧民族—农耕民族关系时（Zhao 2015，第十一章），我并不是中国中心主义的（Sino-centric），因为游牧民族入主中原也许会成为儒法政治体制走向衰弱的重要潜在因素。在我的分析中，我的确没有将日本、朝鲜或中南半岛包括进来，从这个角度上说，我是中国中心主义的，但不将这些国家包括进来，是因为这些地区对我所感兴趣的研究问题并不十分重要。如果我的研究重点与移民、商贸、宗教传播、疾病扩散等话题相关，这些地区乃至其他地区自然会变成我论述图景中的一部分。

同样的道理,欧洲和中国被视为是两个相互联系的文明,还是彼此分隔的两个地区,也仅仅取决于我们有怎样的研究问题。当我讨论佛教在中国历史上的角色时(Zhao 2015,第十章),以及当我指出来自中国、伊斯兰世界和新大陆的技术、观念与资源是如何推动了近代早期欧洲发展时(Zhao 2015,第 361—362 页),我将欧亚大陆视为一个联系着的整体。可是,儒法政治体制的出现与长久绵延主要是中国的事情,欧洲与中国的接触直到现代性来临之前都不能从根本上改变这一点。换言之,在探究拙作所提出的主要研究问题时,中国和西方可以被看作是两个分立的文明体。我敢说,在社会科学中,唯有研究问题才是具有本体论意义(ontological)的,除此以外都不具有。直截了当地讲,如果没有研究问题,就不会存在有意义的研究方案与研究视角,也不会存在方法论,更不要说研究数据了。

第三,金世杰称,拙作一部分是建立在"欧洲多元性(pluralism)是工业化发展的关键因素的信条"之上。在某种程度上,金世杰是正确的,但我想强调的是,他的这一印象主要来自于社会科学比较方法中存在的一个关键的方法论困境。在对此详细展开之前,请允许我先澄清一下:我想要解释的是为什么中国不可能发展出工业资本主义,而不是为什么是英国,而非其他欧洲国家,率先实现了工业资本主义突破。那么现在,对于我的研究问题,哪种研究策略是最好的选择呢? 毕竟,工业资本主义兴起于英国。所以,看上去拿中国与英国进行比较可能是最好的策略。但这一类比较会导致某些论断,它们对英国的案例具有一定意义,而对中国却是无关紧要的。换句话说,那些被彭慕兰(Pomeranz,2002)视为对"大分流"(the great divergence)发挥了重要作用的经济、人口与技术因素,的确对英国工业革命发挥了作用,但它们却与中国能否走向工业资本主义的关系不大。无论中国的煤矿有怎样的地理分布,或其可汲取的资源数量是多是寡,也无论中国的社会环境能否产生出像牛顿物理学那样的科学发展,或者 18 世纪的中国社会对蒸汽机的发明是否会有强烈的需求,中国都不会向着工业资本主义的方向发展。因此,另一种研究策略则是把中国和欧洲而非英国进行比较,就像我自己和其他一些学者所做的那样(如,Hall,1986;Jones,1981;Mann,1986)。这就是为什么我找到了五条被金世杰总结成"欧洲多元性"的欧洲特有条件。在书中,我主张中国并不满足这五个条件,因此不具备发展出本土工业资本主义的可能性。我还主张,这些都是更高层级的(a higher order)因素。

没有这些因素,加州学派所强调的经济/人口机制以及技术因素就只是些无关紧要的条件了。

但中国与欧洲之间的比较也存在着缺陷。最重要的是,虽然从这种比较中我们推出的结论足够解释为什么中国没有走上工业资本主义的发展道路,但它们却不足以用来理解为什么是英国而非其他欧洲国家取得了工业资本主义突破。毕竟,尽管我所指出的五个条件都具备,工业革命也不会自动到来。我认为,要恰当地阐述工业资本主义在英国兴起的原因,最佳的研究策略是用一个章节来解释欧洲相较于其他几大文明的独特性,并把剩下篇幅的焦点放在欧洲上,也就是,解释为什么是英国而非其他欧洲国家实现了这种突破。牛顿式科学的发展与蒸汽机的发明,这些被金世杰认为是对工业革命至关重要的因素,确实在英国这个案例中发挥着关键作用,尽管如此,我们也必须记住科学/技术发展在早期现代西方世界的普遍趋势以及导致英格兰工业革命的经济/人口条件,都是欧洲历史发展的组成部分。

曼认为,我对中国不可能发展出工业资本主义的分析低估了"帝制中国的伟大成就"。我想在本文的结尾摘录拙作中的两段话来表明事实并非如此。拙作中,我主张:

> 在其他文明中,精英们虽然也为争夺主导权而展开竞争,但他们的竞争很少会破坏社会中制度化的精英关系。然而在欧洲,精英的构成极其复杂和多元——包括处于统治地位的国家行动者、贵族、教会以及(在中世纪盛期以后才步入这个显赫圈子的)资产阶级——精英之间的关系自西罗马帝国崩溃以后并没有达到一种稳固的制度化状态。工业资本主义(以及民族国家)不期而然地闯入我们的历史,并非是"历史的进步",而是欧洲精英之间的竞争与冲突一直未能被有效制度化的非预期后果,而正是这种未被制度化的竞争,一次又一次地改变着不同精英群体之间的权力格局,并为那些能够催生出工业资本主义和民族国家的新因素的出现创造了空间。(Zhao 2015,第 359 页)

在其他文章中,我也曾指出:

> 在当今,欧洲带给全世界的是一种不可逆转的现实,而不是一个值得庆贺的历史进步。在工业资本主义发展不到二百年的历史里(这甚至比中国那些大型王朝的寿命还要短一些),它已经制造出

了足以摧毁人类文明数次的强大武器，造成了自然环境的持续恶化，并在可预见的未来会将石油和其他一些天然资源消耗殆尽。儒学传统下的国家模式在中国存续了两千余载；我强烈怀疑工业资本主义是否也能存续这样长久。（Zhao 2017，第 167 页）。

在第一段引文中，我所表达的观点与帕特丽夏·克劳恩（Patricia Crone）对"欧洲奇迹"的评论颇有相似之处，约翰·霍尔在他的书评中对此有恰当的引述，而第二段引文根据的则是我对所谓"中国智慧"的理解。我深受道家哲学的影响，并且，我相信，对于任何一种社会组织或制度，无论其性质如何，当其在社会中变得愈发重要时，对它起破坏作用的社会机制和力量同样也将变得愈发强大起来。拙作的目标之一即是试图指出历史是累积性发展的，而不是线性进步的过程，且"进步"仅仅是为胜利者提供合法性的意识形态而已。过高或过低地评价中国的成就，皆不是我的本意。

（巨桐　译/周盼、刘伟　校）

参考文献：

Fukuyama, Francis. 1992. *The End of History and Last Man*. New York: Free Press.

Goldstone, Jack A. 2008. *Why Europe? The Rise of the West in World History*, 1500—1800. Boston: Mc Graw Hill, Higher Education.

Gurr, Ted Robert. 1970. *Why Men Rebel*. Princeton, NJ: Princeton University Press.

Hall, John A. 1986. *Powers and Liberties: The Causes and Consequences of the Rise of the West*. London: Penguin Books.

Inglehart, Ronald & Christian Welzel. 2005. *Modernization, Cultural Change and Democracy: The Human Development Sequence*. Cambridge: Cambridge University Press.

Inglehart, Ronald. 1997. *Modernization and Postmodernization: Cultural, Economic, and PoliticalChanges in 43 Societies*. Princeton, NJ: Princeton University Press.

Jones, Eric. 1981. *The European Miracle: Environments, Economics and Geopolitics in the Historyof Europe and Asia*. Cambridge: Cambridge University Press.

Mann, Michael. 1986. *The Sources of Social Power Vol. 1: A History of*

Power from the Beginning to A. D. 1760. Cambridge: Cambridge University Press.

Meyer, John W., et al. 1997. "World Society and the Nation-State," *American Journal of Sociology*, Vol. 103, No. 1, pp. 144-181.

Pomeranz, Kenneth. 2000. *The Great Divergence: Europe, China, and the Making of the Modern World Economy*. Princeton, NJ: Princeton University Press.

Stark, Rodney. 2003. *One True God: Historical Consequences of Monotheism*. Princeton, NJ: Princeton University Press.

Stark, Rodney. 1996. *The Rise of Christianity: A Sociologist Reconsiders History*. Princeton, NJ: Princeton University Press.

Zhao, Dingxin. 2017. "Max Weber and Patterns of Chinese History," in Thomas C. Ertman(eds.), *Max Weber's Economic Ethic of the World Religions*. New York: Cambridge University Press, pp. 137-171.

Zhao, Dingxin. 2015. *The Confucian-Legalist State: A New Theory of Chinese History*. Oxford: Oxford University Press.

Zhao, Dingxin. 2009. "The Mandate of Heaven and Performance Legitimation in Historical and Contemporary China," *American Behavioral Scientist*, Vol. 53, pp. 416-433.

Zhao, Dingxin. 2001. *The Power of Tiananmen: State-Society Relations and the* 1989 *Beijing Student Movement*. Chicago: University of Chicago Press.

图书在版编目(CIP)数据

儒法国家:中国历史新论 / 赵鼎新著；徐峰，巨
桐译. —杭州:浙江大学出版社，2022.6(2025.10 重印)
　　书名原文：The Confucian－Legalist State
　　ISBN 978-7-308-21521-3

　　Ⅰ．①儒… Ⅱ．①赵… ②徐… ③巨… Ⅲ．①中国历
史—研究 Ⅳ．①K207

中国版本图书馆 CIP 数据核字(2021)第 121379 号

浙江省版权局著作权合同登记图字:11-2020-337

儒法国家:中国历史新论

赵鼎新 著　徐　峰　巨　桐 译

出 品 人	褚超孚
策划编辑	袁亚春　陈佩钰
责任编辑	陈佩钰　吴伟伟
责任校对	陈　翮　赵　珏
封面设计	程　晨
出版发行	浙江大学出版社
	(杭州市天目山路 148 号　邮政编码 310007)
	(网址:http://www.zjupress.com)
排　　版	大千时代(杭州)文化传媒有限公司
印　　刷	杭州宏雅印刷有限公司
开　　本	710mm×1000mm　1/16
印　　张	37.25
字　　数	600 千
版 印 次	2022 年 6 月第 1 版　2025 年 10 月第 9 次印刷
书　　号	ISBN 978-7-308-21521-3
定　　价	139.00 元

审图号:GS(2021)8537 号

版权所有　侵权必究　　印装差错　负责调换
浙江大学出版社市场运营中心联系方式：0571-88925591;http://zjdxcbs.tmall.com

The Confucian-Legalist State : A New Theory of Chinese History was originally published in English in 2015. This translation is published by arrangement with Oxford University Press. The Zhejiang University Press is solely responsible for this translation from the original work and Oxford University Press shall have no liability for any errors, omissions or inaccuracies or ambiguities in such translation or for any losses caused by reliance thereon.